四书五经是延续中华传统文化的千古名篇，是人类文明的共同财产。

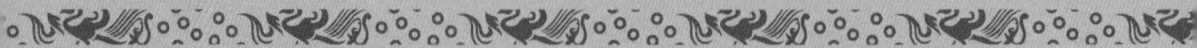

图解

四书五经

（春秋）孔子等 著

思履 注

北京联合出版公司
Beijing United Publishing Co.,Ltd.

图书在版编目（CIP）数据

图解四书五经 / (春秋) 孔子等著；思履注 .— 北京：北京联合出版公司，2016.8(2019.5 重印)
ISBN 978-7-5502-8208-7

Ⅰ .① 图… Ⅱ .① 孔…② 思… Ⅲ .① 四书—图解 ② 五经—图解
Ⅳ .① B222.1-64 ② Z126.1-64

中国版本图书馆 CIP 数据核字（2016）第 167867 号

图解四书五经

著　者：（春秋）孔子等

注　者：思　履

责任编辑：孙志文

封面设计：韩立强

责任校对：于海娣　贾　娟

美术编辑：刘欣梅

插图绘制：陆铭蓓　孔文鹏

北京联合出版公司出版

（北京市西城区德外大街83号楼9层　100088）

北京市松源印刷有限公司印刷　新华书店经销

字数1340千字　　720毫米×1020毫米　1/16　29印张

2019年5月第2版　2019年5月第3次印刷

ISBN　978-7-5502-8208-7

定价：68.00元

前言

四书五经是"四书"和"五经"的合称，它是儒家思想文化的重要核心载体，是中华民族宝贵的精神财富。古代上至帝王将相、下至黎民百姓，修身、齐家、治国、立德都以四书五经为根本依据。现代人要想真正了解中华国学传统文化经典，就必须阅读四书五经。

四书五经之名始见于南宋，南宋著名理学家朱熹将"四书""五经"进行编校整理后合称四书五经。所谓"四书"，是指《大学》《论语》《孟子》《中庸》这四本书，它们为儒家传道、授业的基本教材；所谓"五经"，是《易经》《尚书》《诗经》《礼记》和《春秋》这五本书的合称，经朱熹编订之后广为流传。四书五经自南宋定名后一直延续至今，影响极为深远。

四书五经内容博大精深，蕴含着丰富的文化内涵，阅读时必须仔细琢磨品味。南宋理学家朱熹在阅读"四书"时曾说，要"先读《大学》，以定其规模；次读《论语》，以定其根本；次读《孟子》，以观其发越；次读《中庸》，以求古人之微妙处"。按照这个由浅入深的次序，我们将逐一介绍"四书"，以便对"四书"的大致内容有个基本的把握。

《大学》原本是《礼记》中的一篇，相传经由孔子的学生曾参整理成文，是孔子讲授"初学入德之门"的要籍。主要讲述"修身""齐家""治国""平天下"的重要思想，这也成为儒家传统思想中知识分子尊崇的信条和最高的理想。

《论语》由孔子的弟子及其再传弟子编撰而成，是儒家学派的经典著作之一，集中体现了孔子的政治主张、伦理思想、道德观念及教育原则等。

《孟子》由孟子和他的弟子记录并整理而成，是孟子言论的汇编，记录了孟子的治国思想、政治观点（仁政、王霸之辨、民本、格君心之非，民为贵社稷次之君为轻）和政治行动，成书大约在战国中期，属儒家经典著作。

《中庸》也是《礼记》中的重要一篇，相传是"孔门传授心法"的著作，是孔子的孙子子思"笔之子书，以授孟子"的。中庸是儒家的一种主张，意思是"执两用中"。中庸也是完美之意，即在处理问题时不要走极端，而是要找到处理问题适合的方法，使人生变得完美。

《大学》《论语》《孟子》和《中庸》这"四书"一起表达了儒学的基本思想体系，是研治儒学的重要文献。与"四书"相比，"五经"则是儒家学子重要的五本基础研究书籍。

　　《易经》被誉为"群经之首，大道之源"，是我国古老且深邃的哲学经典。《易经》在内容上特别强调宇宙变化生生不已的性质，提出了"天地之大德曰生""生生之谓易"的主张；又提出通变观念，"穷则变，变则通，通则久"，发挥了"物极必反"的思想，强调"居安思危"的忧患意识；还肯定了变革的重要意义。

　　《尚书》是我国现存最早的官方史书，是上古历史文献的汇编。该书分为《虞书》《夏书》《商书》和《周书》四个部分，主要记录虞夏、商、周各代一部分帝王的言行。其最引人注目的思想倾向，是以天命观念解释历史兴亡，以便为现实提供借鉴。

　　《诗经》是我国第一部诗歌总集，收录西周初年至春秋中叶三百余首诗歌，根据音乐不同划分为"风""雅""颂"三部分，全面反映了先秦时期社会生活的方方面面，同时诗中广泛运用赋、比、兴的写作手法，并开创了我国传统诗歌的现实主义之先河。

　　《礼记》是一部儒家思想的资料汇编，里面包含的儒家思想史料相当丰富。它的思想理论性内容深厚而丰富，它以礼乐为核心，内容主要是记载和论述先秦的礼制、礼仪，记录孔子和其弟子等的问答，记述修身做人的准则等，涉及政治、伦理、哲学、美学、教育、宗教、文化等各方面的思想学说。

　　《春秋》是中国现存最早的一部编年体史书，据传是由孔子修订的。记载了从鲁隐公元年（公元前722年）到鲁哀公十四年（公元前481年）的历史，内容包括诸侯国间的聘问、会盟、征伐、婚丧、篡弑等。书中几乎每个句子都暗含褒贬之意，这种"微言大义"的写法被后人称为"春秋笔法"。

　　四书五经是中国历史悠久、地位崇高的文化典籍，这些经典中蕴含了华夏先哲的智慧，记述了儒家学说的核心思想，内容涉及历史、政治、哲学、文学等方面。自西汉"独尊儒术"后，这些经典就一直备受推崇。阅读四书五经，既可修身养性，又可增智广识，还可立德励志。然而，传统国学经典对我们多数人来说可能存在着某些阅读障碍，因此我们在编辑本书时，增加注音、注释、译文等辅助性项目，为读者扫除了字、词、句等阅读障碍，使几千年前的经典浅显易解。同时，为帮助读者更为直观地理解和领会古代先贤的思想与精神，本书选取了与正文相契合的精美插图示意，原汁原味地再现了当时历史背景、社会生活和人物的情感、精神风貌，诠释圣贤的思想和言论。对于文章中难于理解的部分，更做详细图解，让人一目了然。图文配合，意境悠远，与经典古籍相得益彰，为读者的阅读增添了不少趣味，使阅读变为一种赏心悦目的视觉享受。

　　阅读四书五经，通晓古今智慧，塑造完整人格，丰富美好情感，同时改进我们的生活态度、工作态度和思维方式，成就不一样的人生。

目录

第五卷　诗经

第九卷 礼记

儒家的经典——四书五经

四书

南宋理学家朱熹将《礼记》中《大学》《中庸》两篇拿出来单独成书，和《论语》《孟子》合为四书，为儒家传道、授业的基本教材。宋之后各朝皆以"四书"列为科举考试范围，因而造就"四书"独特的地位。

《大学》，曾参著，"初学入德之门"。

《中庸》，子思著，"孔门传授心法"。

《论语》，孔子弟子及再传弟子记录整理，记载孔子及学生言行。

《孟子》，孟子及弟子所作，记载孟子及学生言行。

五经

"五经"是儒家作为研究基础的古代五本经典书籍的合称，孔子进行了编辑或修改。儒家本来有六经，《诗经》《尚书》《仪礼》《乐经》《易经》和《春秋》。秦始皇"焚书坑儒"，《乐经》从此失传。

《诗经》，作者不知，孔子进行了编辑工作，我国最古老的一部诗歌总集。

《尚书》，成书始于孔子，中国最古的皇室文集。

《礼记》，戴圣著，儒家思想的资料汇编。

《周易》，作者不知，儒家经典之首。

《春秋》，孔子作，中国最早的编年体史书。

四书的来源

《大学》《论语》《孟子》和《中庸》这"四书"一起表达了儒学的基本思想体系，是研治儒学的最重要文献。

《大学》原是《礼记》中第四十二篇，相传经由孔子的学生曾参整理成文，是孔子讲授"初学入德之门"的要籍。主要讲述"修身""齐家""治国""平天下"的重要思想。

《中庸》原是《礼记》中第三十一篇，相传是"孔门传授心法"的著作，是孔子的孙子子思"笔之子书，以授孟子"的。中庸是儒家的一种主张，意思是"执两用中"。"中"即是在两个极端中间找到最适合的那一个，而不是中间的那一个。

《论语》由孔子的弟子及其再传弟子编撰而成，它是儒家学派的经典著作之一，集中体现了孔子的政治主张、伦理思想、道德观念及教育原则等。汉有鲁《论》《齐论》《古论》，今本以鲁《论》为主。

《孟子》由孟子和他的弟子记录并整理而成，它是战国时期孟子言论的汇编，记录了战国时期思想家孟子"仁政"的治国思想和"民本"的政治策略，同时它从性善论的角度出发，提出了"兼爱""非攻""尚贤"的德治主张和用人原则。

五经的来源

"五经"是儒家学子最为重要的五本基础研究书籍。

先秦时孔门教材是"六经"：《诗》（《诗经》），《书》（《尚书》），《易》（《周易》），《礼》（"三礼"），《乐》（《乐经》），《春秋》。至汉代，《乐经》失传，成"五经"，即《诗经》《书经》《易经》《礼经》《春秋》。所谓的《礼经》，原本是以《仪礼》一书为经，后来《礼记》的地位提高，后人遂将立于学官的《周礼》一并合称为"三礼"，即《仪礼》《礼记》《周礼》。

经的意义和范围

"经"是纺织的时候织物组织中纵向的线，（横线叫作纬线）有经纬才能构成一个织物。（《说文解字》解释"经"："织纵丝也"），由于"经"是构成织物的最基本的线，我们的先人就把那些构成我们文化的最基本最重的书称为"经"了。

中国最基本的经典，也就是经书，是"六经"，也称为"六艺"。最早提出"六经"之说的是庄子，他说："《诗》以道志，《书》以道事，《礼》以道行，《乐》以道和，《易》以道阴阳，《春秋》以道名分。"（《庄子·天下》）。

第二位是司马迁，他引用了孔子的话说："六艺于治一也。礼以节人，乐以发和，书以道事，诗以达意，易以神化，春秋以道义。"（《史记·滑稽列传》）。

庄子像

"六经"的次序

有两种不同的排列法：一、《易》《书》《诗》《礼》《乐》《春秋》；二、《诗》《书》《礼》《乐》《易》《春秋》。第一种排列法是依著作的时代先后为序的，认为"六经"是周公的旧典。第二种排列法是依著作本身程度的深浅为序的，认为"六经"是孔子所作。这中间也反映了今文家和古文家对于经学见解的不同，这里我们就不讨论了。

司马迁像

需要说明的是人们始终没有见到《乐经》这部书。历代所说的六经实际上只有五经就是《诗》《书》《易》《礼》《春秋》。

从汉以后，又有过"七经"之说、"九经"之说、"十经"和"十二经"之说。至迟到宋代就已经有了"十三经"之说。南宋光宗绍熙年间已有《十三经注疏》的合刊本，成为经部的一部丛书。其内容是：

1. 五经：《诗》《书》《易》《礼》《春秋》。《汉书·武帝纪》记载说武帝置五经博士。又东汉灵帝熹平四年（175年），诏诸儒正定五经，刊之石碑，树之太学，蔡邕著名的隶书《熹平石经》即是指此。

2. 六经：《诗》《书》《礼》《乐》《易》《春秋》（《庄子·天运》）。

3. 七经：其说有五，最早者为《后汉书·张纯传》李贤注，指《诗》《书》《礼》《乐》《易》《春秋》《论语》。

4. 九经：其说有六，最早者为唐所立学官，以《易》《诗》《书》三《礼》三《传》为九经。唐玄宗开元八年，国子司业李元璀奏定以九经取士。

5. 十三经：南宋时于十二经之外，又加《孟子》，合刻《十三经注疏》。

六经

"四书"的地位与影响

"四书"蕴含了儒家思想的核心内容，是儒学认识论和方法论的集中体现。"四书"在汉族思想史上产生过深远的影响，至今读来，仍不失其深刻的教育意义和启迪价值。

四书地位

《四书》自宋代以来是中国人必读的书，其主要内容通过私塾乡校、教书先生、唱戏的、说书的等从各种渠道流向社会，影响世道人心。

梁启超认为，《论语》《孟子》等是两千年国人思想的总源泉，支配着中国人的内外生活，其中有益身心的圣哲格言，一部分早已在全社会形成共同意识。

四书影响

"四书"影响深远，宋以后成为封建教育的教科书，使儒家思想成为中国封建社会的主导思想。时至今日，"四书"在社会规范、人际交流、社会文化等方面仍有不可估量的影响。

第一卷·大学

大 学

《大学》虽然只有 2000 多字，却讲了齐家、治国、平天下的大道理。孙中山先生称之为中国最有系统的政治哲学。

《大学》

| 作者 曾参 | 时代 春秋末年 | 内容 初学入德之门 |

曾子，姓曾，名参，字子舆。他出身没落的贵族家庭，性格相当豪放。他勤奋好学，是儒学的积极推广者，是孔子之后具有承上启下作用的重要人物。

西戎、犬戎与申侯伐周，杀周幽王于骊山，镐京大乱，周平王东迁洛邑。周室衰微，诸侯兼并相篡弑，诸侯领地动辄百里，王畿仅数里。礼崩乐坏，时局动荡，战祸不息，历时数百年。

朱熹自《礼记》中取出《大学》一篇，分经一章，传十章，并且做了注。

曾子的学生把老师阐释的"大学之道"记录下来，编成书本。但在当时，这本书没有得到应有的重视，学者们只把它收在《礼记》中。一直到了唐朝，《大学》才受到了大儒韩愈的推崇。及至宋代，朱熹还把它定为"四书"的第一部书，并特意为《大学》作章句集注。

"三纲八目"是"大学之道"的核心。"三纲"指的是明德、新民、至善；"八目"是格物、致知、诚意、正心、修身、齐家、治国、平天下。实际上，儒家学说都是围绕"大学之道"展开的，若是懂得了它，就好比抓住了一把打开儒学大门的金钥匙，到时就可以登堂入室，领略儒学经典中蕴藏的全部精义了。

曾参认为，早在夏商周时代，就已经开始强调品德之事了，他还引用《尚书》中的《康诰》《太甲》《帝尧》来论证："《康诰》篇上说：'能够光大美好的品德。'《太甲》篇上说：'上天赋予的光明禀性是应该经常被注视的。'《帝尧》篇上说：'伟大美德能够得以弘扬。'这些都是在说光明正大的美德应该得到发扬。"

格物致知是"大学之道"的第一个阶梯，是要我们研究了解每一种事物，这样的话心中的知识才有可

曾子得到了孔子的真传。

孔子之后，曾子将儒学继续发扬光大。

能推究到极点。人的心灵最为敏锐，能够认识各种事物；而天下的各种事物，都有一定的道理可寻。只是对这些道理深入研究，就能让知识充实。

看得出，《大学》一书的形成和成熟，不但有孔子的智慧，也有曾子的智慧，甚至于朱熹的智慧也渗透其间。因此，也可以说《大学》是中国知识分子集体智慧的结晶。

三纲领

"大学之道，在明明德，在亲民，在止于至善"，这就是《大学》的第一句话，它讲的正是儒家学者的终极理想。儒家认为成人学习的根本有三点：

明明德

首先是要"明明德"，就是要把原本人自身所具备的善良通明的品德展现出来。虽然每个人都有这样的品德，但不是每个人都能将它们展现出来。所以儒家首先要倡导彰显自身的光明的德行，以光明整个社会。

亲民

其次是要"亲民"，就是要身躬力行地与周遭人相亲近，知其所难，助其所危。这是一个很广义的说法，我们知道每个儒家学者都有治国平天下的理想，所以所谓亲民，大的是指要亲近治下的民众，小的则是指要关心周遭的每个人，无论为官还是为民，都要有为民着想、关心社会的心，这样才可以创造一个和谐的社会环境。

止于至善

最后是要"止于至善"，就是将事物做到尽善尽美而不动摇。这是一个很高的境界。

儒家心目中有一个理想的大同世界，在这个世界里，人们单纯善良，不欺互助，和谐无间。而要实现这样的大同，无疑需要每个人的努力。"明明德""亲民""止于至善"，统称为《大学》的三纲目，是儒家教育希望每个儒者应该具备的人生终极目的。

7

八条目

| 格物 | 就是要求人们亲历其事，亲操其物，即物穷理，增长见识。在读书中求知，在实践中求知，而后明辨事物，穷尽事物之理。 |

格物　就是要求人们亲历其事，亲操其物，即物穷理，增长见识。在读书中求知，在实践中求知，而后明辨事物，穷尽事物之理。

致知　就是从推格事物之理中，求为真知。所谓知，指道德意识而言，知既至，则能明是非、善恶之辨，闻见所及，胸中了然。物格而后知至。

诚意　诚意，就是要意念诚实。好善之意发于心之自然，非有所矫饰，自然能做到不欺人，亦不自欺，要在"慎独"上下功夫，严格要求自己，修养德性。

正心　正心，就是要除去各种不安的情绪，不为物欲左右，保持心灵的安静。心得其正，则公正诚明，无所偏倚。故意诚而后心正。

修身　修身，就是要不断提高自己的品德修养。只有自身的品德端正，修养深厚，无偏见，无邪念，才能为人民所拥护。

齐家　齐家，就是要整治好自己的家庭，只有教育好自己的家庭成员，才能教化人民。

治国　治国，就是要为政以德，实行德治，施仁政于国中。君主要像保护赤子那样保护人民，以至善之德教化人民，使人民除旧布新。

平天下　平天下，就是要布仁政于天下，使天下太平。平天下最重要的是要求君主具有"絜矩之道"，即以度己之心度人的崇高品质，作为人民的榜样。

六个步骤

止

知止是知道目的和标准。人生要有方向，事业要有目标，做人要有本分。事物之优劣，人事之是非都有标准，所以无论治国、齐家、修身都要知道目的和标准是什么。

定

目的既明，方向明确，则心志便能确定不移了。人生最怕没有方向，心志飘移，蹉跎岁月，一事无成。

静

心志确定下来，知道为了什么而活着，向着哪个方向去努力，就会平心静气了。浮躁归于宁静，宁静方能致远。

安

"安"是随处而安稳。朱子释"安"字为"安，谓随处而安"。《管子·内业》曰："圣人与时变而不化，从物而不移，能正能静，然后能定。"

虑

"虑"是思考精审。朱子《大学章句》释"虑"字为"虑，谓处事精详"。凡事需周密考虑后再行动，方能最大限度地避免各种偏颇与失误。

得

"得"有完成、达成的意思。朱子《大学章句》释"得"字为"得，谓得其所止"，就是最终达到当初所设定的目的和标准。

伟大的孙中山先生说："我们今天要恢复民族精神，不但是要唤醒固有的道德，就是固有的知识也应该唤醒他。中国有什么固有的知识呢？就人生对于国家的观念，中国古时有很好的政治哲学。我们以为欧美的国家，近来很进步，但是说到他们的新文化，还不如我们政治哲学的完全。中国有一段最有系统的政治哲学，在外国的大政治家还没有见到，还没有说到那样清楚的，就是大学中所说的'格物、致知、诚意、正心、修身、齐家、治国、平天下'那一段话。把一个人从内发扬到外，由一个人的内部做起，推到平天下止。像这样精微开展的理论，无论外国什么政治哲学家都没有见到，都没有说出，这就是我们政治哲学的知识中独有的宝贝，是应该要保存的。这种正心、诚意、修身、齐家的道理，本属于道德的范围，今天要把他放在知识范围内来讲，才是适当。我们祖宗对于这些道德上的功夫，从前虽然是做过了的，但是自失了民族精神之后，这些知识的精神，当然也失去了。所以普通人读书，虽然常用那一段话做口头禅，但是多是习而不察，不求甚解，莫明其妙的。"

【原文】

　　大学之道①，在明明德②，在亲民③，在止于至善④。

　　知止而后有定⑤，定而后能静，静而后能安，安而后能虑，虑而后能得⑥。

　　物有本末⑦，事有终始。知所先后，则近道矣。

　　古之欲明明德于天下者，先治其国；欲治其国者，先齐其家；欲齐其家者，先修其身；欲修其身者，先正其心；欲正其心者，先诚其意；欲诚其意者，先致其知；致知在格物⑧。

古之欲明明德于天下者先治其国。

　　物格而后知至，知至而后意诚，意诚而后心正，心正而后身修，身修而后家齐，家齐而后国治，国治而后天下平。

　　自天子以至于庶人，壹是皆以修身为本⑨。

　　其本乱⑩，而末治者，否矣。其所厚者薄，而其所薄者厚，未之有也。

【注解】

①道：指一定的人生观、世界观、政治主张和思想体系。②明明德：前一个"明"为动词，使……明显。明德，就是美德，光明的德行。③亲民：亲，当作"新"，动词，使……革旧更新。民，天下的人。④止：达到。至善：指善的最高境界。至，极。⑤止：所到达的地方，作用名词，指上文所说的"止于至善"。⑥得：获得。⑦本：树的根本。末：树梢。⑧致知：致，达到，求得。知，知识。格物：推究事物的原理。⑨壹是：一切。⑩乱：紊乱。这里指破坏的意思。

【译文】

　　大学的主旨，在于使人们的美德得以显明，在于鼓励天下的人革除自己身上的旧习，在于使人们达到善的最高境界。

　　知道所应达到的境界是"至善"，而后才能有确定的志向，有了确定的志向，而后才能心静不乱，心静不乱而后才能安稳泰然，安稳泰然而后才能行事思虑精详，行事思虑精详而后才能达到善的最高境界。

　　世上万物都有本有末，万事都有了结和开始，明确了它们的先后秩序，那么就与道接近了。

　　在古代，想要使美德显明于天下的人，首先要治理好他的国家；想要治理好自己国家的人，首先要整治好他的家庭；想要整治好自己家庭的人，首先要努力提高自身的品德修养；想要提高自身品德修养的人，首先要使他心正不邪；想要心正不邪，首先要使他自己意念诚实；想要意念诚实，首先要获得一定的知识；而获得知识的方法就在于穷究事物的原理。

　　只有将事物的原理一一推究到极处，而后才能彻底地了解事物，只有彻底地了解事物，而后才能意念诚实，只有意念诚实，而后才能心正不邪，只有心正不邪，而后才能提高自身的品德修养，只有提高了自身的品德修养，而后才能整治家庭，只有整治好家庭，而后才能治理好国家，只有治理好国家，而后才能使天下太平。

　　从天子到老百姓，都要以提高自身品德修养作为根本。

　　自身的品德修养这个根本被破坏了，却要家齐、国治、天下平，那是不可能的。正如我所厚待的人反而疏远我，我所疏远的人反而厚待我，这样的事情是没有的。

【原文】

　　《康诰》曰①："克明德②。"

　　《太甲》曰③："顾諟天之明命④。"

《帝典》曰⑤："克明峻德⑥。"皆自明也。

【注解】

①《康诰》：是《尚书·周书》中的篇名。周公在平定三监（管叔、蔡叔、霍叔）武庚所发动的叛乱后，便封康叔于殷地。这个诰就是康叔上任之前，周公对他所作的训辞。②克：能够。明：崇尚。③《太甲》：是《尚书·商书》中的篇名。④顾谓天之明命：这是伊尹告诫太甲的话。顾，回顾，这里指想念。谓，是，此。明命，即明德，古人认为是天所赋予的，故称为明命。⑤《帝典》：即《尧典》，《尚书·虞书》中的篇名，主要记述尧、舜二帝的事迹。⑥峻：大。

【译文】

《康诰》中说："能够崇尚美德。"

《太甲》中说："经常想念上天赋予的美德。"

《尧典》中说："使大德能够显明。"这些都是说要使自己的美德得以发扬。

【原文】

汤之盘铭曰①："苟日新②，日日新，又日新。"

《康诰》曰："作新民。"

《诗》曰③："周虽旧邦④，其命维新⑤。"

是故，君子无所不用其极⑥。

【注解】

①汤：即商汤，商朝的建立者。盘：青铜制的盥洗器具。铭：是镂刻在器皿上用以称颂功德或申鉴戒的文字，后来成为一种文体。②苟：假如，如果。③《诗》：指《诗经》。是我国第一部诗歌总集。这里所引的两句诗，出自《诗经·大雅·文王》，这是一首歌颂周文王的诗。④周：指周国。邦：古代诸侯封国之称。⑤命：天命。⑥君子：这里指统治者。极：尽头，顶点。

【译文】

商汤在盘器上镂刻警辞说："如果能在一天内洗净身上的污垢,那么就应当天天清洗,每日不间断。"

《康诰》中说："振作商的遗民，使他们悔过自新。"

《诗经》中说："周国虽是一个旧的诸侯国，但由于文王初守天命除旧布新，所以它的生命力还是旺盛的。"

所以，那些执政者在新民方面，没有一处不用尽心力，达到善的最高境界。

【原文】

《诗》云："邦畿千里①，维民所止②。"

《诗》云："缗蛮黄鸟③，止于丘隅④。"子曰："于止，知其所止，可以人而不如鸟乎⑤？"

《诗》云："穆穆文王，于缉熙敬止⑥。"为人君，止于仁；为人臣，止于敬；为人子，止于孝；为人父，止于慈；与国人交，止于信。

《诗》云："瞻彼淇澳⑦，菉竹猗猗⑧。有斐君子⑨，如切如磋⑩，如琢如磨⑪。瑟兮僩兮⑫，赫兮咺兮⑬。有斐君子，终不可谖兮⑭！""如切如磋"者，道学也；"如琢如磨"者，自修也；"瑟兮僩兮"者，恂慄⑮也；"赫兮喧兮"者，威仪也；"有斐君子，终不可谖兮"者，道盛德至善，民之不能忘也。

《诗》云："于戏⑯！前王不忘。"君子贤其贤而亲其亲，小人乐其乐而利其利，此以没世不忘也⑰。

【注解】

①邦畿（jī），古代指直属于天子的疆域。即京都附郭地区，以后多指京城管辖地区。千里：方圆千里②维：犹"为"。

止，居住。③缗（mín）蛮：鸟鸣声。缗，原诗为"绵"字。黄鸟：即麻雀。④止：栖息。丘：多树的土山。隅：原诗为"阿（ē）"字，即较大的丘陵。这两句诗引自《诗经·小雅·绵蛮》篇。⑤"子曰"一句：孔子这段话的意思是，鸟都知道在应该栖息的地方栖息，那么人更应当努力达到善的最高境界。⑥于：同"於"，乌的古字，叹词。缉熙：光明的样子。止：语气词。这两句诗引自《诗经·大雅·文王》篇。⑦淇：淇水，在今河南省北部。澳（yù）：水弯曲的地方。⑧猗猗：优美茂盛的样子。⑨斐：有文采的样子。君子：指卫武公。⑩如切如磋：切，用刀切断。磋，用锉锉平。指治学应如切锉骨器那样严谨。

帮畿千里，维民所止。

⑪如琢如磨：琢，用刀雕刻。磨，用沙磨光。指修身应如琢磨玉器那样精细。⑫瑟：庄重。僩（xiàn）：威严。⑬赫：光明。喧（xuān）：有威仪貌。⑭谊：忘记。⑮恂：惶恐。慄：恐惧。恂慄，即谦恭谨慎的样子。⑯于戏：音义同"呜呼"，叹词，相当于现代汉语的"哎呀"。⑰没世：终身，一辈子。

【译文】

《诗经》中说："方圆千里的京都，那里都为许多百姓所居住。"

《诗经》中说："缗蛮叫着的黄鸟，栖息在山丘多树的地方。"孔子说："黄鸟在栖息的时候，都知道栖息在它所应当栖息的处所，难道人反而不如鸟么？"

《诗经》中说："端庄美好的周文王啊，为人光明磊落，做事始终庄重谨慎。"做君主的要尽力施行仁政，做臣子的要尽力恭敬君主，做儿女的就要尽力孝顺父母；做父亲的就要尽力做到对儿女慈爱，与他人交往，要尽力做到诚实守信。

《诗经》中说："看那淇水弯曲的岸边，绿竹优美茂盛。那富有文采的卫武公，研究学问如切磋骨器，修炼自身如琢磨美玉，认真精细。他的仪表庄重威严，他的品德光明显赫。这样的一位文采斐然的卫武公，真是令人难忘啊！""如切如磋"，是说他研求学问的功夫；"如琢如磨"，是说他省察克治的功夫；"瑟兮僩兮"是说他戒慎恐惧的态度；"赫兮喧兮"，是说他令人敬畏的仪表；"有斐君子，终不可谊兮"，是说他盛大德性臻于至善的地步，人民所以不能忘记他啊。

《诗经》上说："呜呼！前代贤王的德行我们不能忘记啊！"后世的贤人和君主，仰赖前代贤王的教化，尊敬他们所尊敬的贤人，亲近他们所亲近的亲人；后世的人民，也仰赖前代贤王的教化，享受他们赐予的安乐和福利。所以在他们没世以后永久也不会被人们忘记啊！

【原文】

子曰："听讼，吾犹人也，必也使无讼乎①！"无情者不得尽其辞②。大畏民志③，此谓知本。

【注解】

①"子曰"一句：引自《论语·颜渊》。听：处理，判断。讼：诉讼，争讼。②无情：情况不真实。辞：此处指虚诞之辩。③畏：作动词，让……敬服。意谓在上者之明德既明，自然能使人民的心志为之畏服。

听讼，吾犹人也，必也使无讼。

【译文】

孔子说："听诉讼审理案子，我也和

别人一样，最要紧的，在于使诉讼不再发生。"使隐瞒真实情况的人不敢陈说虚诞的言辞来控告别人，自然没有争讼。让人民敬服圣德，没有争讼，这才叫知道根本。

【原文】

此谓知本①。此谓知之至也②。

【注解】

①此谓知本：这一句和上一章的末句相同，程子以为是"衍文"，就是多余的一句，应该删去。②此谓知之至也：朱子以为这一句的上面有阙文，这是阙文结尾的一句。

【译文】

这才叫知道听讼的根本。这才叫了解得彻底。

【原文】

所谓诚其意者，毋自欺也①。如恶恶臭②，如好好色③，此之谓自谦④。故君子必慎其独也⑤。

小人闲居为不善⑥，无所不至。见君子而后厌然⑦，掩其不善⑧，而著其善⑨。人之视己，如见其肺肝然，则何益矣！此谓诚于中，形于外。故君子必慎其独也。

曾子曰："十目所视，十手所指，其严乎⑩！"

富润屋，德润身⑪，心广体胖⑫，故君子必诚其意。

【注解】

①自欺：自己欺骗自己。②恶（wù）恶（è）：前一个"恶"字，动词，憎也。后一个"恶"字，形容词，不善也。③好（hào）好（hǎo）：前一个"好"字，动词，爱也。后一个"好"字，形容词，美也。④谦：同"慊（qiè）"，快也，足也。⑤独：独处也。⑥闲居：即独处。⑦厌然：闭藏貌。就是藏藏躲躲见不得人的样子。⑧掩：覆蔽也，就是遮掩的意思。⑨著：显明。⑩其严乎：严，敬畏也。其严乎，是说敬畏之甚也。⑪润身：谓润益其身，荣泽见于外也。可引申为修养身心之意。润，益也，泽也。⑫心广体胖（pán）：广，宽大之意。胖，舒坦。

【译文】

经文中所说"诚其意"的意思，是说不要自己欺骗自己。要使厌恶不好的事物如同厌恶腐坏的气味一样，喜爱善良如同喜爱美色一样，这就是求得满足，没有丝毫矫饰的意思。所以君子致力于自修，在一个人独处，所行所为没别人知道的时候特别慎重。

小人在他一个人独处的时候做坏事，无所不为，见到君子便藏藏躲躲地掩盖他的坏处，彰显他的善良。可是别人看来，看到他的坏处如看见他的肺腑一样清清楚楚，这样掩饰，又有什么益处呢？这就是说，一个人内心的真实，一定会表现于外的。所以君子致力于自修，在一个人独处，所行所为没有别人知道的时候特别慎重。

曾子说："在一个人独处的时候，就像有十只眼睛在注视着自己，十只手在指着自己，这是多么严峻而可畏啊！"

财富可以修饰房屋，道德可以修饰人身，使心胸宽广而身体舒泰安康。所以，品德高尚的人一定要使自己的意念真诚。

【原文】

所谓修身，在正其心者。身有所忿懥①，则不得其正；有所恐惧，则不得其正；有所好乐，则不得其正；有所忧患，则不得其正。

心不在焉，视而不见，听而不闻，食而不知其味。

此谓修身，在正其心。

【注解】

①身：程颐认为应为"心"。忿懥（zhì）：愤怒。

【译文】

经文中所说"修身在正其心"的意思，是说心里有了忿怒，于是心就不得端正；有了恐惧，于是心就不得端正；有了贪图，于是心就不得端正；有了愁虑，心就不得端正。

如果心不专注，心中有了忿怒、恐惧、贪图、愁虑而不知检察，为它们所支配。那么，眼睛看着东西却像没有看到，耳朵听着声音却像没有听到，口里吃着东西也不知道是什么滋味了。

所以说修身在于端正自己的心。

【原文】

所谓齐其家，在修其身者。人之其所亲爱而辟焉①，之其所贱恶而辟焉，之其所畏敬而辟焉，之其所哀矜而辟焉②，之其所敖惰而辟焉③。故好而知其恶，恶而知其美者，天下鲜矣！

故谚有之曰："人莫知其子之恶，莫知其苗之硕④。"

此谓身不修，不可以齐其家。

【注解】

①之：同"于"，对于。辟：偏向。②哀矜：同情，怜悯。《诗经·小雅·鸿雁》："爰及矜人，哀此鳏寡。"③敖：倨慢。惰：怠慢，不敬。④硕：本谓头大，引申为大，这里是茂盛的意思。

【译文】

经文中所说"齐其家在修其身"的意思，是说一般人对于自己所亲近爱护的人往往有过分亲近的偏向；对于自己所轻蔑厌恶的人往往有过分轻蔑厌恶的偏向；对于自己所畏服敬重的人往往有过分敬畏尊重的偏向；对于自己所哀怜悯恤的人往往有过分爱怜悯恤的偏向；对于自己所鄙视怠慢的人往往有过分鄙视怠慢的偏向。所以，喜爱一个人而又能了解他的坏处，厌恶一个人而又能了解他的好处，这种人真是天下少有了。

因此谚语有说："人都不知道自己儿子的缺点，不满足自己禾苗的苗壮。"

这就叫作不提高自身的品德修养，就不能整治好家庭。

【原文】

所谓治国，必先齐其家者，其家不可教而能教人者无之。故君子不出家而成教于国。孝者，所以事君也；弟者，所以事长也；慈者，所以使众也。

《康诰》曰："如保赤子①。"心诚求之，虽不中，不远矣，未有学养子而后嫁者也。

一家仁，一国兴仁；一家让，一国兴让；一人贪戾，一国作乱；其机如此。此谓一言偾事②，一人定国。

尧、舜帅天下以仁而民从之③。桀、纣帅天下以暴而民从之，其所令，反其所好，而民不从。是故，君子有诸己而后求诸人④；无诸己而后非诸人，所藏乎身不恕，而能喻诸人者，未之有也。

故治国，在齐其家。

《诗》云："桃之夭夭，其叶蓁蓁。之子于归，宜其家人⑤。"宜其家人，而后可以教国人。

欲治其国先齐其家。

《诗》云："宜兄宜弟⑥。"宜兄宜弟，而后可以教国人。

《诗》云："其仪不忒，正是四国⑦。"其为父子兄弟足法，而后民法之也。

此谓治国，在齐其家。

【注解】

①赤子：初生的婴儿。孔颖达疏："子生赤色，故言赤子。"《尚书·周书·康诰》原文作"若保赤子。"②偾（fèn）事：犹言败事。偾，覆盖。③帅：同"率"，率领，统帅。④有诸己：为自己所有的。这里指自己有了善的品德。诸，"之于"的合音。⑤"桃之"四句：这四句诗引自《诗经·周南·桃夭》的最后一段。《桃夭》这首诗是祝贺女子出嫁时所唱的歌。夭夭：草木茂盛的样子。诗以桃树喻少女。蓁蓁（zhēn）：树叶茂盛的样子。之子：那个少女，指待嫁少女。于归：出嫁。⑥宜兄宜弟：这句诗引自《诗经·小雅·蓼萧》。《蓼萧》是一首感恩祝福的诗歌。宜兄宜弟意为使家中兄弟互相友爱。⑦"其仪"两句：这两句诗引自《诗经·曹风·鸤鸠》。仪：指礼仪。忒：差错。正是：亦作"是正""整正"的意思。

桃之夭夭，其叶蓁蓁。之子于归，宜其家人。

【译文】

所谓治理国家，必须首先治好家庭，意思是说，如果连自己的家人都不能教育好而能教育好一国人民的人，那是没有的。所以君子能够不出家门，就把他的教化推广于全国。在家里孝顺父母，就是能待奉君主的；在家里恭敬兄长，就是能待奉尊辈长上的；在家里慈爱子女，就是能善于使用属下和民众的。

要以爱护婴儿一样的心情去爱护百姓。

《康诰》中说："（爱护百姓）如同爱护婴儿一样。"这就要求做父母的以诚恳之心去忖度婴儿的心情。虽然不能完全中意，但是也不会差得很远。爱子之心出于天性，人人都有。谁也没有见过女子先学会抚养孩子的方法而后再出嫁的。

国君的一家能够践行仁爱，仁爱就会在一个国家里盛行起来；国君的一家能够践行礼让，礼让就会在一个国家里盛行起来；要是国君自己贪婪暴戾，那么一国的人也会跟着起来作乱了。国君所作所为的关键作用竟有这样的重要。这就叫作一句话可以败坏事业，一个人的行为可以安定国家。

尧、舜用仁政率天下，于是人民就跟随着仁爱；桀、纣以暴政统率治天下，那么人民也就跟他们不讲仁爱。他们要人民从善的政令，与他们喜好暴虐的本性是相违背的，于是人民不服从他们的政令。所以说，国君自己有了善的品德而后才能要求别人为善，自己身上没有恶习而后才能去批评别人，使人改恶从善。如果自己不讲恕道，却去开导别人讲恕道，那是办不到的事。

所以君主要治理好国家，首先要治好他的家庭。

《诗经》中说："桃花是那么娇嫩美好，叶子又是那么茂盛，像花一样美好的这个女子，嫁到夫家，一定会和他的家人和睦相处。"君主只有使一家人和睦相亲，而后才能教育全国的人民。

《诗经》中说："家中兄弟和睦友爱。"君主只有使自家兄弟和睦相处，互相友爱，而后才能教育全国的人民。

《诗经》中说："他的行为规范仪容端庄没有差错，才能整正好各国。"国君要使自己家中的人，做父亲的讲慈爱，做儿子的讲孝顺，做兄长的讲友爱，只有使他们的言行足以成为全国人民的标准，然后全国人民才会效法。

这些都说明，国君需要治理好国家，首先要治理好他的家庭。

【原文】

所谓平天下，在治其国者，上老老而民兴孝①，上长长而民兴弟②，上恤孤而民不倍③，是以君子有絜矩之道也④。

所恶于上，毋以使下；所恶于下，毋以事上；所恶于前，毋以先后；所恶于后，毋以从前；所恶于右，毋以交于左；所恶于左，毋以交于右，此之谓絜矩之道。

《诗》云："乐只君子⑤，民之父母。"民之所好好之，民之所恶恶之。此之谓民之父母。

《诗》云："节彼南山，维石岩岩。赫赫师尹，民具尔瞻。"有国者不可以不慎，辟则为天下僇矣⑥。

《诗》云："殷之未丧师，克配上帝。仪监于殷，峻命不易⑦。"道得众，则得国；失众，则失国。

是故君子先慎乎德⑧。有德此有人，有人此有土，有土此有财，有财此有用。

德者，本也；财者，末也。

外本内末，争民施夺⑨。

是故财聚则民散，财散则民聚。

是故言悖而出者，亦悖而入；货悖而入者，亦悖而出。

《康诰》曰："惟命不于常⑩。"道善则得之；不善则失之矣。

《楚书》曰："楚国无以为宝，惟善以为宝。"

舅犯曰："亡人无以为宝，仁亲以为宝⑪。"

《秦誓》曰："若有一个臣，断断兮无他技⑫。其心休休焉⑬，其如有容焉。人之有技，若己有之。人之彦圣，其心好之，不啻若自其口出⑭。寔能容之⑮。以能保我子孙黎民，尚亦有利哉。人之有技，媢疾以恶之⑯。人之彦圣，而违之俾不通⑰。寔不能容，以不能保我子孙黎民，亦曰殆哉！"

唯仁人放流之，迸诸四夷⑱，不与同中国⑲。此谓"唯仁人为能爱人，能恶人"。

见贤而不能举，举而不能先，命也⑳。见不善而不能退㉑，退而不能远，过也。

好人之所恶，恶人之所好，是谓拂人之性，菑必逮夫身㉒。

是故君子有大道，必忠信以得之，骄泰以失之。

生财有大道，生之者众，食之者寡，为之者疾，用之者舒㉓，则财恒足矣！

外本内末，争民施夺。

见贤而不能举，举而不能先，命也。

仁者以财发身，不仁者以身发财。

未有上好仁，而下不好义者也；未有好义，其事不终者也㉔；未有府库财，非其财者也。

孟献子曰㉕："畜马乘㉖，不察于鸡豚㉗；伐冰之家㉘，不畜牛羊；百乘之家㉙，不畜聚敛之臣，与其有聚敛之臣，宁有盗臣。"此谓国不以利为利，以义为利也。

长国家而务财用者，必自小人矣。彼为善之㉚，小人之使为国家，菑害并至，虽有善者，亦无如之何矣。此谓国不以利为利，以义为利也。

唯仁人为能爱人。

【注解】

①老老：尊敬老人。②长长（zhǎng）：尊重长上。③恤：体恤，怜爱。倍：同"背"，违背。④絜：量度。矩：制作方形的工具。⑤只：犹"哉"，语气词。⑥节：高峻，雄伟的样子。维：发语词。岩岩：高峻的山崖。赫赫：显赫。师尹：太师尹氏的简称。师，太师，周王朝执政大臣之一。具：通"俱"。瞻：望。这里是"注视"的意思。僇（lù）：通"戮"，杀戮。⑦丧：丧失。师：众人。克：能。配：符合。仪监于殷：是说应以失败的殷商为借鉴。峻命：指天命。峻，大。⑧乎：在。⑨争民：使人民争斗。施夺：进行抢夺。⑩惟：只。命：指天命。不于常：没有一定常规。⑪亡人：流亡在外的人。⑫断断：诚恳的样子。⑬休休：平易宽容的样子。⑭不啻（chì）：不仅，不但。⑮寔："实"的异体字。《尚书》为"是"，可以通用。是，"这"的意思。⑯媢（mào）疾：嫉妒。"媢"，《尚书》为"冒"。⑰俾：使。不通：即不达于君。通，《尚书》为"达"。⑱迸：通"屏"，驱除。四夷：古代泛指我国边境的少数民族。东夷、西戎、南蛮、北狄，谓之四夷。⑲中国：汉族多建都于黄河南北，故称其地为"中国"。⑳先：尽早地使用。命：当作"慢"字，是怠慢的意思。㉑退：离去。引申为摈斥。㉒菑："灾"的异体字，灾祸。逮：及，到。㉓舒：舒缓，适当。㉔终：完成。㉕孟献子：鲁国的大夫。姓仲孙名蔑。㉖乘（shèng）：古时一车四马为一乘。㉗察：细看。引申为计较。㉘伐：凿。㉙百乘之家：指诸侯之下的大夫，有封邑，可出兵车百辆。㉚彼为善之：朱注："此句上下，疑有阙文误字。"

【译文】

所谓要使天下太平在于治理好国家，是因为国君尊敬老人，便会使孝敬之风在全国人民中兴起，国君尊敬长上，便会使敬长之风在全国人民中兴起，国君怜爱孤幼，便会使全国人民照样去做。所以，做国君应当作到推己及人，在道德上起示范的作用。

我憎恶上面的人以无礼待我，我就不能以无礼对待我下面的人；我憎恶下面的人以不忠诚待我，我就不能以不忠诚来侍奉我上面的人；我憎恨前面的人以不善待我，我就不能把不善加在我后面人的身上；我憎恶后面的人以不善待我，我就不能以不善施于我前面的人；我憎恶右边的人以不善待我，我就不能以不善施于我左边的人；我憎恨我左边的人对我不善，我就不能以不善对待我右边的人。这就是所说的道德上的示范作用。

《诗经》中说："快乐啊国君，你是全国人民的父母。"国君应当喜爱人民所喜爱的东西，憎恶人民所憎恶的东西。这才应称为人民的父母。

《诗经》中说："雄伟高峻那南山，石崖高峻不可攀。权势显赫尹太师，人民目光把你瞻。"掌握了国家大权的人不可不慎重，如有偏差，就会被天下人民所不容。

《诗经》中说："殷代没有丧失众人拥护的时候，还能与上天的旨意相配合。今天我们周朝应以殷商的失败为借鉴，因为天命是不容易获得的。"国君能在道德上起模范作用，就会得到众人的拥护，也就会得到国家；否则，就会失去众人的拥护，也就会失去国家。

所以，国君首先要在道德修养上慎重从事，有了道德就会有人；有了人就会有国土；有了国土就会有财富；有了财富国家就好派用场。

道德像是树的根本，财富像是树的枝梢。

如果国君把道德和财富二者本末倒置，就会使人民相互争斗、抢夺。

所以，国君只是聚敛财富，就会使人民离散；国君把财富散发给人民，就会使人民归聚在他的周围。

所以，用违背情理的言语出口去责备别人，别人也将以违背情理的言语来回敬；用违背道理的手段聚敛来的财富，最终也会被别人用违背道理的手段掠夺去。

《康诰》中说："只有天命的去留没有常规。"好的道德就能得到天命，没有好的道德就会失去天命。

《楚书》说："楚国没有什么可以当作宝贝的，只有把'善'当作宝贝。"

（晋献公之丧，秦穆公使人吊公子重耳）重耳的舅舅子犯教晋文公回答说："逃亡在外的人没有什么可以当作宝贝的，只有把热爱父亲当作宝贝。"

《秦誓》中说："假如我有这样一个臣子，忠诚老实而没有其他本领，但是他品德高尚，胸怀宽广，能够容人，别人有才能，就像他自己有才能一样；别人具有美德，他打从内心喜爱，不只是像从他口中说出来的那样，这种胸怀宽广的人如果加以重用，那是完全可以保住我子孙后代和人民的幸福的，是完全可以为我子孙后代和人民谋利益的。如果别人有才能，便嫉妒和憎恨他；别人有美德，便对人家进行压抑，使别人的美德不能被国君所了解，这种心胸狭窄的人如果加以任用，那是不能够保住我子孙后代和人民的幸福的，这种人也是太危险了啊！

只有有仁德的人，才能把这种避贤忌才的人给予流放，驱逐他到边远蛮荒的地方，不许他们与贤能的人同留在中原地区。这就是说"只有有仁德的人，才懂得爱什么人，恨什么人"。

见到贤才而不能荐举，或是虽然推举却又不能先于己而重用，这是以怠慢的态度对待贤才；见到坏人而不能予以黜退，或是已予黜退却有不能驱之远离，这是政治上的失误。

如果你喜爱大家所厌恶的坏人，厌恶大家所喜爱的好人，这叫作违背了人的本性，灾祸必然会降临到你的身上。

所以国君要有在道德上起示范作用的大道理，必须以忠诚老实的态度才能获得它，如果傲恣放纵，那就会失掉它。

创造财富有个重要方法，这就是让众多的人投入到生产中去，减少消费的人数，并且要使生产加快，使用资财留有余地。这样才能使国家财富经常充足。

有仁德的国君会用散财使自身兴起，没有仁德的国君会用尽心机专门聚敛财富。

从来没有在上的国君爱行仁政，而在下的臣民不以忠义事君的事情；从来没有臣民都爱好仁义，而有什么事情做不成功的道理；没有听说过人民爱好忠义，而不能把国家府库中的财富当成自家财富那样给予保护的道理。

鲁国的贤大夫孟献子曾说："有四匹马拉车的大夫之家，不应该去计较那些饲养鸡豚的微利；能够凿冰丧祭的卿大夫之家，不应该饲养牛羊以图利；有兵车百乘并有封地的卿大夫之家，不应该蓄养只懂得聚敛民财的家臣。与其有这种敛财的家臣，还不如有盗窃府库的家臣。这就是说，一个国家不应该以财货为利，而应该以仁义为利。

治理国家的君主专门致力于财富的聚敛，这一定是受了来自小人好利心理的影响。那些小人想以此投其所好，以获得国君的喜爱。如果国君重用那些小人来治理国家，那么天灾人祸就会同时到来。到那时，虽然有善人贤才，也是无可奈何，挽救不了的。这说明治理国家的人不能以自己的私利为利益，而应当以仁义为利益。

这些都说明，国君要治理好国家，首先要整治好他的家庭。

若有一个臣，断断兮无他技。其心休休焉，其如有容焉。

第二卷 · 中庸

中 庸

宋代朱熹说，《中庸》是"孔门"传授心法。《中庸》的内容，论述了人性、社会、政治、哲学，提出了具有普遍意义的中庸之道。

《中庸》

作者 子思　　　　时代 战国初年　　　　内容 孔门心法

子思是孔子的孙子，子思的父亲早在孔子在世时就死了，但子思却获得了经常与孔子交流的机会。孔子死后，子思又拜曾子为师，成为儒家八派中的一个代表，他将他所得真传传给了孟子，便是《中庸》。我们现在经常说孔孟之道，要知道在孔子和孟子之间，还有曾子和子思为儒家作出的贡献。

战国始于公元前475年，或者从韩、赵、魏三家分晋（公元前403年）算起，至公元前221年秦并六国。战国时期，齐、楚、燕、韩、赵、魏、秦这七个诸侯强国连年征战，在军事、政治、外交各方面的斗争十分激烈。由于秦国的商鞅变法发挥了富国强兵的重要作用，秦国终于后来居上，逐一灭掉了其他六国，完成了"秦王扫六合"的统一大业。

不偏不倚　　过犹不及　　忠恕之道

中庸，其实是一种处世方法，这种方式融入人的行为方式，就自然成为一种道德素养；融入国家管理，则成为政治管理原则。这里所讲的，就是这种处世方法的理论和运用。

安贫守志的子思

鲁缪公曾多次邀请子思做官，子思坚持不受。为了潜心研究学问，他移居到了宋国，以免被人打扰。鲁缪公这人倒是很执着，一次被拒绝了不死心，就派了使者去宋国拜见子思，还带了一份厚礼。子思二话没说，当即把人赶了出去。子思一辈子也没做官，学生求学时给他的一点见面礼就成了他唯一的生活来源，所以他一辈子住在破旧的陋巷中度日，过着饥寒交迫的日子，跟颜回有点像。饱受生活折磨的子思，到了六十二岁的时候再也支撑不下去了，终于离开了人世。

子思作《中庸》。

何为"中庸"？《中庸》里主要讲了什么？

所谓中庸，宋代程颐解为："不偏之谓中，不易之谓庸。"《中庸》云："喜怒哀乐之未发，谓之中；发而皆中节，谓之和。中也者，天下之大本；和也者，天下之达道也。致中和，天地位焉，万物育焉。"这是《中庸》的核心思想，写出了天地和谐的自然天

中 和 诚

性，是宇宙的本来状态，而天地之间的人一旦拥有这样的和谐状态，就达到很高的境界。天地万物达到一种和谐无碍的境界，人与天地合为一体，行事自在，万物欣欣向荣，人则可以得到可持续的发展。

　　《中庸》不长，不到一万字，却是跟《论语》《孟子》并列的经典，它主要说的是什么呢？说白了就是中庸之道，就是用中正、中和的方式做人做事，这是《中庸》最核心的东西。

天地万物有其相生相息，并因此得以和谐发展的规律。

人的喜怒哀乐，都以"礼"来节制，就可以做到"和"。

喜　忧　悲　人　怒　和

　　"中"原意不是现在人想的"持中，中立"那么简单，它其实是有点玄机的，首先是叫人不要过头了、极端了，不偏不倚为中，万事都要刚好才行。就像是一道菜，火候适中时候才能烧好。《中庸》里还说"喜怒哀乐之未发谓之中"，可见它还指人的本心，人人心里都有个"礼"，喜怒哀乐变成行为的时候，这个"礼"就让行为做到恰当、自如不过分。"庸"如何解呢？孔子说"不易之谓庸"，庸就是稳定不变的东西。一句话，中庸就是让人的内心和行为做到协调，做事情不要有过和有不及。

　　如果说《大学》是治世哲学，那《中庸》可称得上修身哲学，如书中说"自诚明，谓之性；自明诚，谓之教。诚则明也，明则诚也"，说的是心诚跟明理的关系，如果理顺了，读书人可受益一辈子。所以历史上的朱熹、顾炎武、曾国藩诸人，读懂了《中庸》，才做到了至善、至诚的中庸境界。

　　《中庸》还提出了"诚"的概念。人要想与天地并列，达到天人合一的境界，就必须要"至诚"。曾子也把"诚"作为达到最高理想的必要修养，子思把诚发挥到极致。只有诚，才能充分发挥自己固有的天性，才能发挥事物最大的能力，才能参与天地化育。

高明之道，中庸不是折中主义

　　孔子的中庸思想长时间被人误读。很多人觉得中庸就是"折中主义"，做到中庸的人就表现为唯唯诺诺，软弱无能，"好好先生"。其实呢，中庸所揭示的道理，非但不是这般消极悲观的，而且还是积极乐观的。承认矛盾，重视统一，这是中庸反映的道理，这也是儒家思想重要的一部分。这种"无过无不及"的"恰到好处"，就是儒家道德的最高准则。

　　《中庸》解释的不单是做人的道德准则，还涉及国计民生的问题，所以它才会成为人们终身受用的经典和"实学"。

中

【原文】

天命之谓性①，率性之谓道②，修道之谓教③。

道也者，不可须臾离也；可离，非道也。是故君子戒慎乎其所不睹，恐惧乎其所不闻。莫见乎隐④，莫显乎微⑤。故君子慎其独也。

喜怒哀乐之未发，谓之中⑥；发而皆中节⑦，谓之和。中也者，天下之大本也；和也者，天下之达道也。致中和，天地位焉，万物育焉。

【注解】

①天命之谓性：人的本性是上天所赐予的。命，令也。性，指天赋予人的本性。②率：循，遵循。道：是指事物运动变化所应遵循的普遍规律。③教：教化，政教。④见：通"现"，表现。隐：隐蔽，暗处。⑤微：细事。⑥中：指不偏不倚，过与不及之间。⑦发：表露。中（zhòng）：合乎，符合。节：法度。

【译文】

天所赋予人的就是本性，遵循着本性行事发展就是道，把道加以修明并推广于众就是教化。

道，是不可以片刻离开的，如果可以离开，那就不是道了。所以，君子就是在没有人看见的地方也是谨慎小心的，在没有人听见的地方也是有所戒惧的。要知道，最隐暗的地方，也是最容易发现的。最微细得看不见的事物也是最容易显露的。因此，君子要特别谨慎一个人独居的时候。

人们喜怒哀乐的感情没有表露出来的时候无所偏向，叫作中；表现出来以后符合法度，叫作和。中，是天下万事万物的根本；和，是天下共行的普遍标准。达到"中和"的境界，那么，天地一切都各安其所，万物也都各遂其生了。

【原文】

仲尼曰："君子中庸①，小人反中庸，君子之中庸也，君子而时中②。小人之反中庸也，小人而无忌惮也。"

【注解】

①中庸：不偏不倚，无过不及。②时中：做事恰到好处。

【译文】

孔子说："君子的言行都符合中庸不偏不倚的标准，小人的言行违背了中庸的标准，君子之所以能够达到中庸的标准，是因为他们的言行处处符合中道。小人之所以处处违背中庸的标准，是因为他们无所顾忌和畏惧！"

【原文】

子曰："中庸其至矣乎！民鲜能久矣①。"

【注解】

①鲜：少。

【译文】

孔子说："中庸是最高的道德标准了吧！可是人民已经长时间不能做到了。"

【原文】

子曰："道之不行也①，我知之矣：知者过

君子慎独。

之②，愚者不及也。道之不明也，我知之矣：
贤者过之，不肖者不及也③。人莫不饮食也，
鲜能知味也。"

【注解】

①道：中庸之道。②知者：指智慧超群的人。知，通
"智"，智慧，聪明。③不肖者：柔懦的庸人，与贤者
相对。

子曰："人莫不饮食也，鲜能知味也。"

【译文】

　　孔子说："中庸之道不能在天下实行，我知
道原因了：聪明的人自以为是，实行的时候超过
了它的标准，而愚蠢的人智力不及，不能达到它的标准。中庸之道不能为人所明了，我也知道原因了：
有德行的人要求过高，因而把它神秘化了，没有德行的人要求又太低，因而把它庸俗化了。这正像人
们没有谁不吃不喝，却很少有人能够真正品尝滋味。"

【原文】

　　子曰："道其不行矣夫①！"

【注解】

①其：助词，表示推测。矣夫：感叹语，意犹未尽的意思。

【译文】

　　孔子说："中庸之道恐怕不能在天下实行了啊！"

【原文】

　　子曰："舜其大知也与！舜好问而好察迩言①，隐恶而扬善，执其两端，用其中于民。其斯
以为舜乎！"

【注解】

①迩言：浅近的话。《诗经·小雅·小旻》："维迩言是听，维迩言是争。"

【译文】

　　孔子说："舜帝可算是一个拥有大智慧的人吧！他乐于向别人请教，而且喜欢对那些浅近的话进
行仔细审察。他替别人包涵缺点而表扬优点，他度量人们认识上"过"与"不
及"两个极端的偏向，用中庸之道去引导人们。这就是舜之所以成为
舜的原因吧！"

【原文】

　　子曰："人皆曰'予知'，驱而纳诸罟擭陷阱之
中①，而莫之知辟也。人皆曰'予知'，择乎
中庸，而不能期月守也②。"

【注解】

①罟（gǔ）：网的总称。擭（huò）：装有机关的捕
兽木笼。罟擭陷阱，这里比喻利的圈套。②期（jī）
月：一整月。

人皆曰"予知"，驱而纳诸罟擭陷阱之中，而莫之知辟也。

【译文】

孔子说："人人都说'我是明智的'，但是在利欲的驱使下，他们却都像禽兽那样落入捕网木笼的陷阱中，连躲避都不知道。人人都说'我是明智的'，但是选择了中庸之道却连一个月也不能坚持下去。"

【原文】

子曰："回之为人也①，择乎中庸。得一善，则拳拳服膺②，而弗失之矣。"

【注解】

①回：即颜回，字子渊，鲁国人，孔子最得意的门生。②拳拳：奉持之貌，牢握不舍的意思。服膺：谨记在心。

【译文】

孔子说："颜回的为人，选择了中庸之道。他得到了这一善道，就牢牢地把它记在心中，丝毫不敢忘却。"

【原文】

子曰："天下国家可均也①，爵禄可辞也②，白刃可蹈也③，中庸不可能也。"

【注解】

①均：平治。②爵禄：爵位俸禄。辞：辞掉。③蹈：踩踏。

【译文】

孔子说："天下国家是可以平治的，官爵俸禄是可以辞掉的，利刃是可以践踏上去的，只有中庸之道是不容易做到的。"

【原文】

子路问强。子曰："南方之强与？北方之强与？抑而强与①？宽柔以教，不报无道②，南方之强也，君子居之。衽金革③，死而不厌④，北方之强也，而强者居之⑤。故君子和而不流⑥，强哉矫⑦！中立而不倚，强哉矫！国有道，不变塞焉⑧，强哉矫！国无道，至死不变，强哉矫！"

子路问强。子曰："南方之强与？北方之强与？"

【注解】

①抑：抑或，表示选择。而：同"尔""汝"，指子路。②报：报复。无道：横暴无礼。③衽金革：枕着武器、盔甲睡觉。衽，卧席，这里作动词用。金，指刀枪剑戟之类。革，指盔甲之类。④厌：悔恨。⑤居之：属这一类。⑥流：随波逐流，无原则地迁就。⑦矫：强盛的样子。⑧不变塞：不改变穷困时的操守。塞，原指堵塞，这里指穷困。

【译文】

子路问孔子要怎样才算得刚强。孔子回答说："你问的是南方人的刚强呢，还是北方人的刚强呢，还是像你这样的刚强呢？用宽容温和的态度去教化别人，即便别人对我蛮横无礼也不加以报复，这是南方人的刚强，君子就属于这一类。经常枕着刀枪、穿着盔甲睡觉，在战场上拼杀，战死而不悔，这是北方人的刚强，性格强悍的人属于这一类。所以，君子善于与人协调，又决不无原则地迁就别人，这才是真正的刚强啊！君子真正独立，不偏不倚，这才是真正的刚强啊！国家太平、政治清明时，君子不改变穷苦时的操守，这才是真正的刚强啊！国家混乱，政治黑暗时，君子到死坚持操守，这才是真正的刚强啊！"

【原文】

子曰："素隐行怪①，后世有述焉，吾弗为之矣。君子遵道而行，半途而废，吾弗能已矣。君子依乎中庸，遁世不见知而不悔②，唯圣者能之。"

【注解】

①素：据《汉书》，应为"索"，寻求。②遁世：避世。

【译文】

孔子说："世上有些人总爱去追求那些隐僻的道理，去做那些怪异荒诞的事情，虽然后代有人称道他们，但是我绝不会做这样的事。有些君子遵循中庸之道行事，却往往半途而废，但我是不会中途停止的。有些君子依着中庸之道行事，虽然避世隐居不为人们所了解，他也不悔恨，这只有圣人才能做到。"

【原文】

君子之道，费而隐。

夫妇之愚可以与知焉①，及其至也②，虽圣人亦有所不知焉。夫妇之不肖，可以能行焉，及其至也，虽圣人亦有所不能。天地之大也，人犹有所憾③。故君子语大，天下莫能载焉；语小，天下莫能破焉。

《诗》云："鸢飞戾天，鱼跃于渊④。"言其上下察也。

君子之道，造端乎夫妇⑤，及其至也，察乎天地。

君子之道，造端乎夫妇。

【注解】

①夫妇：非指夫妻之夫妇，而是指匹夫匹妇。②至：最，指最精微之处。③憾：不满意。④"鸢飞"两句：这两句诗引自《诗经·大雅·旱麓》。《旱麓》是一首赞扬有道德修养的人，求福得福，能培养人才的诗。戾：到达。
⑤造端：开始。

【译文】

君子所持的中庸之道，作用非常广泛而且本体非常精微。

匹夫匹妇虽然愚昧，但是对于日常的道理他们也是可以知道的，若要论及这些道理的精微之处，那即使是圣人也会有不知道的奥秘。匹夫匹妇虽然不贤。但是对于日常的道理他们也是能够实行的，若是达到这些道理的最高标准，那即使是圣人也有不能达到的地方。天地可以说是十分辽阔广大的了，但仍然不能使人一切都感到满意。因此，君子所持的道，就大处来讲，天下没有什么能承载得了的；就小处来讲，天下没有谁能剖析得了的。

《诗经》中说："老鹰高飞上青天，鱼儿跳跃在深渊。"这两句诗是比喻持中庸之道的人能够对上对下进行详细审察。

君子所持的中庸之道，开始于匹夫匹妇之间，达到最高境界，便彰明于天地之间，到处存在。

【原文】

子曰："道不远人。人之为道而远人，不可以为道。

"《诗》云：'伐柯伐柯，其则不远①。'执柯以伐柯，睨而视之②，犹以为远。故君子以人治人，改而止。

"忠恕违道不远③，施诸己而不愿，亦勿施于人。

"君子之道四④，丘未能一焉⑤。所求乎子以事父，未能也；所求乎臣以事君，未能也；所求乎弟以事兄，未能也；所求乎朋友先施之，未能也。庸德之行⑥，庸言之谨，有所不足，不敢不勉，有余不敢尽。言顾行，行顾言，君子胡不慥慥尔⑦！"

【注解】

①"伐柯"两句：这两句诗引自《诗经·豳风·伐柯》。《伐柯》是一首描写关于婚姻的诗。伐：砍。柯：斧柄。②睨：斜视。③忠恕：儒家伦理思想。尽己之心为"忠"；推己及人为"恕"。④君子之道四：即孝、悌、忠、信。⑤丘：孔子自称其名。⑥庸德：平常的道德。⑦胡：何。慥慥（zào）：笃厚真实的样子。

【译文】

孔子说："中庸之道并不是远离人们的，假若有的人在行道时使它远离人们，那就不可以叫作中庸之道了。

"《诗经》中说：'砍斧柄啊砍斧柄，斧柄的样子在眼前。'拿着斧柄作样子来砍制斧柄，斜着眼睛瞧瞧就看得见，但对砍制斧柄的人来说，还算是离得远的。所以，君子以其人之道还治其人之身，直到他们改了为止。

"能够做到忠和恕，那就离中庸之道不远了。何为忠恕？心中不乐意别人加给自己的东西，也施加给别人。

"君子之道有四种，我孔丘一种也不能做到。做儿子的道理在于孝，我常要求做儿子的必须孝顺父母，但我却不能完全做到这一点；做臣子的道理在于忠，我常要求臣子必须忠于国君，但我自己却不能对国君尽忠；做弟弟的道理在于尊敬兄长，我常要求做弟弟的这样做，但我自己往往不能完全做到这一点；做朋友的道理在讲信用，我常要求别人这样做，但我自己往往不能首先这样做。在平常道德的实行上，在日常语言的谨慎上，我有许多做得不够的地方，这使我不敢不努力去加以弥补，有做得较好的地方，也不敢把话全部说尽。言语要照顾到行动，行动也要照顾到言语。如果能这样做，那么君子的心中还有什么不笃实的呢！"

【原文】

君子素其位而行①，不愿乎其外②。素富贵，行乎富贵；素贫贱，行乎贫贱；素夷狄，行乎夷狄；素患难，行乎患难；君子无入而不自得焉。

在上位，不陵下③。在下位，不援上④。正己而不求于人，则无怨，上不怨天，下不尤人。故君子居易以俟命⑤，小人行险以徼幸⑥。

子曰："射有似乎君子⑦，失诸正鹄⑧，反求诸其身。"

【注解】

①素：处在。位：地位。②愿：倾慕，羡慕。其外：指本位之外的东西。③陵：同"凌"，凌虐，欺压。④援：攀附，巴结。⑤居易：处在平

射有似乎君子。

易而不危险的境地。俟：等候。命：天命。⑥行险：即冒险。儌："侥"的异形字。⑦射有似乎君子：这句是以射箭的道理来比喻君子"正己而不求于人"的道理。⑧失诸正鹄：指未射中靶子。失，这里指没有射中。正鹄，箭靶。

【译文】

君子在自己所处的地位上行使自己所奉行的道理，从来不会倾慕本位之外的东西。处于富贵的地位上，就做富贵地位上所应该做的事情；处于贫贱的地位上，就做在贫贱地位上所应该做的事情；处在夷狄的地位上，就做在夷狄地位上所应该做的事情；处于患难中，就做处在患难中应该做的事情。君子无论处于什么地位，都不会感到不安适的。

君子高居上位，不会去凌虐居于下位的人。君子居于下位，也不会去巴结居于上位的人。自己正直就不会去乞求别人，这样，就无所怨恨，对上不怨恨天命，对下不归咎别人。所以，君子按照自己现时所处的地位来等候天命的到来，而小人则企图以冒险的行为来求得偶然成功或意外地免除不幸。

孔子说："射箭的道理与君子'正己而不求于人'的道理有相似之处。比如没有射中靶子，应该回过头来从自己身上去找原因。"

【原文】

君子之道①，辟如行远，必自迩；辟如登高，必自卑。

《诗》曰："妻子好合，如鼓瑟琴。兄弟既翕，和乐且耽。宜尔室家，乐尔妻孥②。"子曰："父母其顺矣乎！"

【注解】

①君子之道：指求取君子之道的方法。②"妻子"六句：这几句诗引自《诗经·小雅·棠棣》。《棠棣》是一首称述家庭和睦、兄弟友爱的诗。鼓：弹奏。琴瑟：是古代两种拨弦乐器的名称，比喻夫妻感情和谐。翕：聚合。耽：久。原诗为"湛"字。妻孥：妻子儿女的统称。孥，儿子。

妻子好合，如鼓瑟琴。

【译文】

求取君子之道的方法，就像走远路一样，一定要从近处开始；就像登高处一样，一定要从低处开始。

《诗经》中说："你和妻子很和好，就像琴瑟声调妙；兄弟相处极和睦。团聚快乐实在好。组织一个好家庭，你和妻儿感情深。"孔子赞叹说："像这样，父母就能安乐无忧，心情舒畅啊！"

【原文】

子曰："鬼神之为德①，其盛矣乎！视之而弗见；听之而弗闻；体物而不可遗。使天下之人，齐明盛服②，以承祭祀③，洋洋乎如在其上④，如在其左右。

"《诗》曰：'神之格思，不可度思，矧可射思⑤。'夫微之显⑥，诚之不可揜，如此夫！"

【注解】

①鬼：古代迷信者认为人死后精灵不灭，称之为鬼。一般指已死的祖先。神：宗教及古代神话中所幻想的主宰物质世界，超乎自然，具有人格和意识的精灵。②齐明：在祭祀之前必须斋戒沐浴，以示虔诚。齐（zhāi），同"斋"。盛服：衣冠穿戴整齐华美。③承：奉。祭祀：指祭鬼神和神。④洋洋：舒缓漂浮的样子。⑤"神之"五句：这几句诗引自《诗经·大雅·抑》。《抑》主要写的是规劝周朝统治者修德守礼，指责某些执政者的昏庸。格：至，来。思：语助词，无意义。矧（shěn）：况且。射（yì）：厌弃。⑥微：这里指鬼神的事情隐匿虚无。显：指鬼神可将祸福显现于人间，所以又是明显的。

【译文】

孔子说："鬼神的德行可真是大得很啊！看它也看不见，听它也听不到，但它却体现在万物之中使人无法离开它。天下的人都斋戒净心，穿着庄重整齐的服装去祭祀它，无所不在啊！好像就在你的头上，好像就在你左右。

《诗经》说：'神的降临，不可揣测，怎么能够怠慢不敬呢？'从隐微到显著，真实的东西就是这样不可掩盖！"

鬼神之为德，其盛矣乎。

【原文】

子曰："舜其大孝也与！德为圣人，尊为天子，富有四海之内，宗庙飨之①，子孙保之。故大德，必得其位，必得其禄，必得其名，必得其寿。故天之生物，必因其材而笃焉，故栽者培之，倾者覆之。

《诗》曰：'嘉乐君子，宪宪令德。宜民宜人，受禄于天。保佑命之，自天申之②。'故大德者必受命。"

舜其大孝也与。德为圣人，尊为天子。

【注解】

①宗庙飨之：指在宗庙里受祭献。飨，祭献。②"嘉乐"六句：这是《诗经·大雅·假乐》中的第一章。《假乐》是一首为周成王歌功颂德的诗。嘉乐：喜欢，快乐。嘉，原诗为"假"字。宪宪：原诗为"显显"，意同，即盛明的样子。令德：美德。令，善，美。民：泛指庶人。人：不包括庶人的"民"在内，一般指士大夫以上的人，即在位的人。这句意为，周成王既能与在下之民相处得好，又能与在位之人相处得好。

【译文】

孔子说："舜帝可以说是个大孝子吧！他有圣人的崇高品德，有天子的尊贵地位，普天下都是他的财富，世世代代在宗庙中享受祭献，子子孙孙永保祭祀不断。所以，像舜这样有大德大仁的人，必然会获得天下至尊的地位，必然会获得厚禄，必然会获得美好的名声，而且必然会获得高寿。所以，天生万物，必定要由各自资质的本身来决定是否给予厚施，能够栽培的就一定会去栽培它，而要倾覆的也就只能让它倾覆。

《诗经》中说：'欢喜快乐周成王，美德盛明放光芒。善处庶人百官中，获得天赐厚禄长。上帝保佑周成王，使他福禄能长享。'所以说，有崇高道德品质的人，一定会受到上天的命令而成为天下的君主。"

【原文】

子曰："无忧者，其惟文王乎①！以王季为父②，以武王为子③，父作之④，子述之⑤，武王缵大王、王季、文王之绪⑥，壹戎衣而有天下⑦，身不失天下之显名，尊为天子，富有四海之内，宗庙飨之，子孙保之。

"武王末受命，周公成文武之德⑧，追王大王、王季⑨，上祀先公以天子之礼。斯礼也，达乎诸侯、大夫，及士、庶人。父为大夫，子为士，葬以大夫，祭以士；父为士，子为大夫，葬以士，祭以大夫。期之丧⑩，达乎大夫；三年之丧，达乎天子；父母之丧，无贵贱，一也。"

【注解】

①文王：指周文王。②王季：名季烈，周太王子，周文王之父。③武王：周武王，西周王朝的建立者。④父作之：指父亲王季为文王开创了基业。作，开创，创始。⑤子述之：指儿子武王继承文王的遗志，完成统一大业。述，循、继承。⑥缵：继承。大王："大"古读"太"。大王，即王季之父古公亶父。绪：事业，这里指前人未竟的功业。⑦壹戎衣：即歼灭大殷。壹，同"殪"，歼灭。戎，大。衣，"殷"之误读。⑧周公：西周初年的政治家。姓姬名旦，武王之弟，故又称"叔旦"，因采邑周地，又称"周公"。⑨王：第一个"王"为动词，即尊……为王。⑩丧：丧礼。

【译文】

　　孔子说："自古帝王中，无忧无虑的大概只有周文王吧！因为他有贤明的王季做父亲，有英勇的武王做儿子，父亲王季为他开创了基业，儿子武王继承了他的遗志，完成了他所没有完成的事业。武王继承了太王、王季、文王的未竟功业，灭掉了殷朝，取得了天下。周武王这种以下伐上的行动，不仅没有使他自身失掉显赫天下的美名，反而被天下人尊为天子，普天下都是他的财富，世世代代在宗庙中享受祭献，子子孙孙永保祭祀不断。

　　"周武王直到晚年才受上天之命而为天子，因此他也有许多没有完成的事业。武王死后，周公辅助成王才完成了文王和武王的功德，追尊太王、王季为王，用天子的礼节来追祭祖先，并且把这种礼节一直用到诸侯、大夫以及士和庶人中间。周公制定的礼节规定：如果父亲是大夫，儿子是士的，当父亲亡故时，那就必须以大夫的礼节来安葬他，在祭祀时儿子只能用士的礼节。父亲是士，儿子是大夫的，当父亲亡故时，那就必须以士的礼节来安葬他，在祭祀时儿子用大夫的礼节。为期一年的丧礼，只能在大夫中使用；为期三年的丧礼，就只有天子才能使用；至于父母的丧礼，没有贵贱之分，天子、庶人都是一样的。"

【原文】

　　子曰："武王、周公其达孝矣乎！夫孝者，善继人之志；善述人之事者也。春秋①，修其祖庙，陈其宗器②，设其裳衣，荐其时食③。

　　"宗庙之礼，所以序昭穆也④；序爵，所以辨贵贱也；序事，所以辨贤也；旅酬下为上⑤，所以逮贱也⑥；燕毛⑦，所以序齿也⑧。

　　"践其位，行其礼，奏其乐，敬其所尊，爱其所亲；事死如事生，事亡如事存，孝之至也。

　　"郊社之礼⑨，所以事上帝也；宗庙之礼，所以祀乎其先也。明乎郊社之礼，禘尝之义⑩，治国其如示诸掌乎⑪！"

【注解】

①春秋：四季的代称。这里指祭祖的时节。②陈：陈列。宗器：古代宗庙祭祀时所用的器物。③荐：进献。时食：指古代祭祀祖先所进献的时鲜食品。④昭穆：是古代一种宗法制度。宗庙的次序是有规定的，始祖庙居中，以下是父子（祖、父）递为昭穆，左为昭，右为穆。昭穆，在这里指祭祀的时候，可以排出父子、长幼、亲疏的次序。⑤旅：众。酬：以酒相劝为酬。⑥逮：及。⑦燕毛：指祭祀完毕，举行宴饮时，以毛发的颜色来区别老少长幼，安排宴会的座次。燕，同"宴"，宴会。毛，头发。⑧序齿：即根据年龄的大小来定宴会的席次及饮酒的次序。齿，年龄。⑨郊社：周代于冬至的时候，在南郊举行祭天的仪式，称为"郊"；夏至的时候，在北郊进行祭地的仪式，称之为"社"。⑩禘尝：在此应为宗庙四时祭祀之一，每年夏季举行。尝，也是四时祭祀之一，在秋季举行。《礼记·王制》："天子诸侯宗庙之祭，春曰礿，夏曰禘，秋曰尝，冬曰烝。"⑪示：同"视"。

武王周公其达孝乎！

【译文】

孔子说:"周武王和周公,他们可以算达到孝的最高标准吧!所谓孝的标准,就是要像周武王和周公那样,善于继承前人的遗志;善于完成前人所未完成的事业。在春秋祭祀的时节,及时整修祖宗庙宇;陈列祭祀要用的祭器,摆设先王遗留下来的衣裳;进献时鲜食品。

"按照宗庙的礼节,就能把父子、长幼、亲疏的次序排列出来;把官职爵位的秩序排列出来,就能将贵贱分辨清楚;排列祭祀时各执事的秩序,就能分辨清楚才能的高低;在众人劝酒时,晚辈必须为长辈举杯,这样就能使爱抚之情延伸到地位低下的人身上;以毛发的颜色来决定宴席的座次,就能使老老少少秩序井然。

"站立在先前排定的位置上,行使祭祀的礼节;奏起祭祀的音乐;尊敬那些理应尊敬的人;爱护那些理应亲近的人;侍奉死去的人就像侍奉活着的人一样;侍奉亡故的人就像侍奉生存着的人一样,这才是孝的最高标准。

"制定了祭祀天地的礼节,是用来侍奉上帝;制定了宗庙的礼节,是用来祭祀祖先。明白了郊社的礼节和夏祭秋祭的意义,那么治理天下国家的道理,也就像看着自己手掌上的东西那样明白容易啊!"

【原文】

哀公问政①。子曰:"文武之政,布在方策②。其人存,则其政举;其人亡,则其政息。人道敏政③,地道敏树④。夫政也者,蒲卢也⑤。

"故为政在人,取人以身,修身以道,修道以仁。仁者,人也⑥,亲亲为大⑦。义者,宜也,尊贤为大。亲亲之杀⑧,尊贤之等,礼所生也⑨。

"在下位不获乎上,民不可得而治矣⑩。故君子不可以不修身;思修身,不可以不事亲;思事亲,不可以不知人;思知人,不可以不知天。

"天下之达道五,所以行之者三。曰:'君臣也;父子也;夫妇也;昆弟也⑪;朋友之交也'。五者,天下之达道也。'知、仁、勇'三者⑫,天下之达德也。所以行之者一也⑬。

为政在人,取人以身。

"或生而知之,或学而知之,或困而知之,及其知之一也。或安而行之,或利而行之,或勉强而行之,及其成功一也。"

"子曰:"好学近乎知,力行近乎仁,知耻近乎勇。

"知斯三者,则知所以⑭修身;知所以修身,则知所以治人;知所以治人,则知所以治天下国家矣。

"凡为天下国家有九经⑮,曰:修身也;尊贤也;亲亲也;敬大臣也;体群臣也;子庶民也⑯;来百工也⑰;柔远人也⑱;怀诸侯也⑲。

"修身,则道立;尊贤,则不惑;亲亲,则诸父昆弟不怨;敬大臣,则不眩⑳;体群臣,则士之报礼重㉑;子庶民,则百姓劝;来百工,则财用足;柔远人,则四方归之;怀诸侯,则天下畏之。

"齐明盛服㉒,非礼不动,所以修身也;去谗远色㉓,贱货而贵德,所以劝贤也;尊其位,重其禄,同其好恶,所以劝亲亲也;官盛任使㉔,所以劝大臣也;忠信重禄,所以劝士也;时使薄敛㉕,所以劝百姓也;日省月试,既禀称事㉖,所以劝百工也;送往迎来,嘉善而矜不能,所以柔远人也;继绝世㉗,举废国,治乱持危,朝聘以时㉘,厚往而薄来,所以怀诸侯也。凡为天下国家有九经,所以行之者一也。

"凡事豫则立，不豫则废。言前定，则不跲[29]；事前定，则不困；行前定，则不疚；道前定，则不穷。

"在下位不获乎上，民不可得而治矣；获乎上有道，不信乎朋友，不获乎上矣；信乎朋友有道，不顺乎亲，不信乎朋友矣；顺乎亲有道，反诸身不诚，不顺乎亲矣；诚身有道，不明乎善，不诚乎身矣。

"诚者，天之道也；诚之者，人之道也。诚者，不勉而中，不思而得，从容中道[30]，圣人也。诚之者，择善而固执之者也[31]。

"博学之，审问之，慎思之，明辨之，笃行之。有弗学，学之弗能弗措也；有弗问，问之弗知弗措也；有弗思，思之弗得弗措也；有弗辨，辨之弗明弗措也；有弗行，行之弗笃弗措也。人一能之，己百之；人十能之，己千之。果能此道矣，虽愚必明，虽柔必强。"

诚者，天之道也。

信乎朋友有道，在顺乎亲。

有弗问，问之弗知弗措也。

【注解】

①哀公：即鲁哀公，名蒋。春秋时鲁国国君，在位二十七年，谥号哀公。②布：陈列。方策：指典籍。方，方版，古时书写用的板。策，同"册"，竹简。③人道：是我国古代哲学中与"天道"相对的概念。这里指以人施政的道理。敏：迅速。④地道：谓以沃土种植的道理。⑤蒲卢：即芦苇。⑥仁者，人也：意思是说，所谓仁就是人民之间相亲相爱。⑦亲亲为大：意思是说，人们虽然相互亲爱，但都是以爱自己的亲属为主要方面。亲亲，前一个"亲"为动词，意为"爱"。后一个"亲"指亲属。⑧杀（shài）：降等。⑨礼所生也：这句是说"亲亲之杀，尊贤之等。"都是从礼仪中产生。礼，泛指奴隶社会或封建社会贵族等级制的社会规范和道德规范。⑩此句疑误印，与下文重复。⑪昆弟：兄弟。昆，兄长。⑫知、仁、勇：这三种是儒家的伦理思想，被誉为通行于天下的美德。⑬一：专一，诚实。⑭所以：怎样。⑮经：常规。⑯子：动词，即爱……如子。庶民：众民，指一般的人民。⑰来：招来，召集。百工：西周时对工奴的总称，春秋时沿用此称，并作为各种手工业工匠的总称。⑱柔：安抚，怀柔，引申为优待。远人：这里指远方的来客，即外族人。⑲怀：安抚。⑳眩：眼花，引申为迷惑。㉑报：报答。礼：这里是敬意。重：深厚。㉒齐明：这里专指内心虔诚。盛服：衣冠穿戴整齐，这里指外表仪容端庄。㉓去谗：摒弃谗佞小人的坏话。去，摒弃。谗，谗佞小人的坏话。远色：远离女色。㉔官盛：官属众多。任使：听任差使。㉕时使：使用百姓要适时。薄敛：减轻赋税的征收。㉖既禀：与"饩廪"同。饩廪，古代指月给的薪资粮米。称：相称。事：工效。㉗绝世：指卿大夫子孙中已经失去世禄的人。㉘朝聘：古代诸侯定期朝见天子。《礼记·王制》："诸侯之于天子也，比年一小聘，三年一大聘，五年一朝。"㉙跲（jiá）：窒碍。㉚从容：举止行动。㉛固执：坚守不渝。执，握住。

【译文】

鲁哀公向孔子询问政事。孔子回答说："周文王和周武王的政治理论都记载在典籍上。如果今天有像周文王和周武王那样的人存在，那么他们的政治理论便能实施；如果今天没有像周文王和周武王那样的人存在，那么他们的政治理论也就废弛了。以人施政的道理在于使政治迅速昌明；以肥沃土地种植树木的道理在于使树木迅速生长。以人施政最容易取得成效，就像种植蒲苇那样容易生长。

"所以国君处理政事的方法就在于获得贤才，而获得贤才的方法，就在于国君努力提到自身的品德修养，要提高自身的品德修养，就在于使自己的言行符合道德规范；要使自己的言行符合道德规范，就在于树立仁爱之心。所谓仁，就是人与人之间相互亲爱，而以爱自己的亲属最为重要。所谓义，就是说人们相处应该适宜得当，而以尊敬贤人最为重要。爱自己的亲属有等级，尊敬贤人有级别，这些都是从礼仪中产生出来的。

"处在下位的人不能够得到上面的信任和支持，那么他就不可能管理好人民。所以，君子不能不努力提高自身的品德修养；想提高自身的品德修养，就不能不侍奉好自己的亲人；想侍奉好自己的亲人，就不能不知道尊贤爱人；想知道尊贤爱人，就不能不了解和掌握自然的法则。

或生而知之，或学而知之，或困而知之。

"天下普遍共行的大道有五种，而实行这些大道的美德有三种。就是说：'君臣之道，父子之道，夫妇之道，兄弟之道，交朋友之道。'这五种就是天下共行的大道。'智慧，仁爱，勇敢'这三种，就是天下共行的美德。而实行这些大道和美德的方法只能是诚实专一。

"有的人生来就知道这些道理，有的人通过学习才知道这些道理，有的人是在遇到困难后去学习才知道这些道理。虽然人们掌握这些道理有先有后，但是到了真正知道这些道理，他们又都是一样的了。有的人心安理得去实行这些道理，有的人是看到了它的益处才去实行这些道理，有的人则是勉强去实行这些道理。虽然人们实行这些道理有差别，但是当他们获得了成功的时候，却又都是一样了。"

孔子说："爱好学习的人接近智，努力行善的人接近仁，知道羞耻的人接近勇。

"知道这三项的人，就知道怎样提高自身的品德修养；知道怎样提高自身的品德修养，就知道怎样治理别人；知道怎样治理别人，就知道怎样去治理天下国家了。

"大凡治理天下国家有九条常规，那就是：努力提高自身的品德修养，尊重贤人，爱护自己的亲人，敬重大臣，体恤众臣，像爱自己的儿子那样去爱人民，召集各种工匠以资国用，优待远方的来客，安抚四方的诸侯。

"能够提高自己的品德修养，就能树立一个良好的道德典范；能够尊重贤人，就不会被事物的假象所迷惑；能够爱自己的亲人，就不会使叔伯、兄弟产生怨恨；能够尊敬大臣，在处理事情时就不会感到迷惑不定；能够体恤众臣，那些为士的人就会重重报答恩德；能够做到爱民如子，百姓们就会更加勤奋努力；能够召集各种工匠，就可以使国家财务充足；能够优待远方的来客，四方的人都会归顺；能够安抚各国诸侯，全天下的人都会自然敬畏。

"必须内心虔诚外表端庄，不符合礼节的事绝不要去干，这才是提高自身品德修养的方法；摒弃那些谗佞小人的坏话，远离那些诱人的女色，轻视钱财货物，珍视道德品质，这才是劝勉贤人最好的方法；加升他们的爵位，重赐他们的俸禄，与他们的喜好厌恶相同，这才是劝勉人们去爱自己亲人的好方法；为大臣多设属官，这才是奖励大臣的好方法；对待士要讲究'忠''信'，并以厚禄供养他们，这才是劝勉士为国效力的好方法；役使百姓要适时，赋税征收要减轻，这才是劝勉百姓努力从事生产的好方法；天天省视工匠的工作情况，月月考查他们的技术本领，发给他们的粮米薪资要与他们的工效相称，这才是劝勉各种工匠努力工作的好方法；对于远方的客人，要盛情相迎，热情相送，对其中有善行的人要给予嘉奖，对其中能力薄弱的人要给予同情，这才是招徕远方来客的好方法；延续已经绝禄的世家，复兴已经废灭的国家，整顿已经混乱的秩序，扶救处于危难之中的国家，让诸侯各自选择适当的时节来朝聘，贡礼薄收，赏赐厚重，这才是安抚四方诸侯的好方法。大凡治理天下国家有九条常规，但是，实行这些常规的方法只是一条，即诚实专一。

　　"无论做什么事情，如能预先确立一种诚实态度，就一定能成功，不能这样，就不能成功。人们在讲话之前能规定自己必须诚实，讲起话来就会流畅而无障碍；做事以前规定自己必须诚实，做事时就不会感到有什么困难；行动之前规定自己必须诚实，行动之后就不会产生内疚；实行道德之前规定自己必须诚实，实行时就不会有什么行不通的地方。

　　"处在下位的人不能得到上面的信任和支持，那就不可能治理好人民。要想得到上面的信任和支持，有一定的道理，这就是在交朋友时要讲信用，如果连朋友都不信任自己，那么就不能得到上面的信任和支持；要使朋友信任自己，有一定的道理，这就是要孝顺父母，如果不能孝顺父母，那么就不能得到朋友的信任；要孝顺父母，有一定的道理，这就是要使自己内心诚实，不能使自己内心诚实，就不能孝顺父母；要使自己内心诚实，有一定的道理，这就是要显出自己善的本性来，如果不能使自己善的本性显出来，那么就不能使自己的内心诚实了。

　　"诚，是上天赋予人们的道理；实行这个'诚'，那是人为的道理。天生诚实的人，不必勉强，他为人处世自然合理，不必苦苦思索，他言语行动就能得当，他的举止，不偏不倚，符合中庸之道。这种人就是我们所说的'圣人'，要实行这个诚，就必须选择至善的道德，并且坚守不渝才行。

　　"要广泛地学习各种知识，详尽细密地探究事物的原理，对自己所学的东西要谨慎思考，辨清是非，当获得了真理之后，就要坚决地去实践它。有的东西不学习也就罢了，学了，就一定要掌握它，如果还不能掌握，那就不要停止学习；有的东西不问也就罢了，问就得问一个清楚，如果还没有弄清楚，那就不要罢休；有的问题不思考也就罢了，要思考就要有切身体会，如果不能获得什么体会，那就不要停止思考；有的事情不辨别也就罢了，要辨别就一定要把是非辨清，如果不能辨清，那就不要停止辨别；有的措施不实践也就罢了，要实践就一定要做到彻底，如果不彻底，那就不要停止实践。别人一遍能做好的，我做它一百遍也一定能做好；别人十遍能做好的，我做它一千遍也一定能做好。一个人如果能够按照这个道理去做，那么即使是愚蠢的人，也一定会变得聪明；即使是柔弱的人，也一定会变得刚强。"

【原文】

　　自诚明[1]，谓之性；自明诚，谓之教；诚则明矣，明则诚矣。

【注解】

①自：由于。

【译文】

　　由于内心诚实而明察事理，这叫作天赋的本性；由于明察事理后达到内心真诚，这叫作后天的教育感化。凡心真诚也就会自然明察事理，而明察事理也就会做到内心诚实。

【原文】

　　唯天下至诚，为能尽其性[1]；能尽其性，则能尽人之性；能尽人之性，则能尽物之性；能尽物之性，则可以赞天地之化育；可以赞天地之化育，则可以与天地参矣[2]。

自诚明，谓之性。

【注解】

①尽其性：即尽量发挥自己的天赋本性。②与天地参：与天地并列为三。参，并立。

四圣与四书

至圣孔子

弟子 →

儒家学派的创始人，开创私人讲学，被后世尊为"至圣先师"、"万世师表"。

论语

《论语》：孔子弟子及再传弟子编纂，集中反映了孔子的思想。

宗圣曾参

弟子 →

编《论语》、著《大学》、写《孝经》、著《曾子十篇》，被后世尊奉为"宗圣"。

大学

《大学》：孔子弟子曾参整理成文，是孔子讲授"初学入德之门"要籍。

述圣子思

弟子 →

上承曾参，下启孟子，发挥孔子"中庸"思想并使之系统化，被后人尊称"述圣"。

中庸

《中庸》：孔子孙子、曾参弟子子思所作，是"孔门传授心法"著作。

亚圣孟子

继承孔子仁学思想并将其发展成为"仁政"思想，被称为"亚圣"。

孟子

《孟子》：孟子和弟子记录并整理而成，记载孟子及其学生言行的书。

"四书"根本上是教人如何做人，四书里很多内容告诉人们做人的尊严、人格的力量、人生的价值与意义。

如何读"四书"

次序的问题

朱熹之读四书

先读《大学》，以定其规模。定下三纲领、八条目的修己治人的思想规模。

次读《论语》，以定其根本。打下儒学的理论基础。

次读《孟子》，以观其发越。理解儒家学说的进一步发挥。

次读《中庸》，以求古人之微妙处。探索圣人"微妙而难见"的道心。

障碍的问题

文言文

缺点：生涩难懂，阅读困难。
优点：圣贤智慧，原汁原味。

白话文

缺点：古今差异，易生误解。
优点：阅读顺畅，理解容易。

解 先读文言文，次看白话文，再看各家注解，横向比较。

深入的问题

参详前人诗文中运用相关词句的地方。

抽取词汇是运用。

化作典故是运用。

辩驳诘难是运用。

插科打诨是运用。

阅读四书的具体方法

死记《大学》：记住纲、目，才能明白其他书说什么。

冷看《论语》：一字一句地去读，涵咏在心，仔细思索。

熟读《孟子》：一大段一大段地读，首尾通贯，熟读则文义自见。

细翻《中庸》：经常翻看，才能探索圣人"微妙而难见"的道心。

【译文】

只有天下至诚的圣人，才能尽量发挥自己天赋的本性；能尽量发挥自己天赋的本性，就能尽量发挥天下人的本性；能尽量发挥天下人的本性，就能尽量发挥万物的本性；能尽量发挥万物的本性，就可以帮助天地对万事万物进行演化和发展；能帮助天地对万事万物进行演化和发展，就可以与天地并立为三了。

【原文】

其次致曲①，曲能有诚，诚则形，形则著，著则明，明则动，动则变，变则化，唯天下至诚为能化。

【注解】

①致曲：推究出细微事物的道理。致，推致。曲，郑玄注："犹小小之事也。"

【译文】

那些次于圣人的贤人，如果能通过学习而推究一切细微事物的道理，那么由此也能达到诚；内心诚实了就会表现出来，表现出来了就会日益显著，日益显著就会更加光明，更加光明而后能使人心感动，就会使人发生转变，使人发生了转变，就可以化育万物，只有天下至诚之人才能做到化育万物。

【原文】

至诚之道，可以前知。国家将兴，必有祯祥；国家将亡，必有妖孽。见乎蓍龟①，动乎四体②。祸福将至：善，必先知之；不善，必先知之。故至诚如神。

【注解】

①见乎蓍（shī）龟：从蓍草、龟甲的占卜中发现。蓍龟，即蓍草和龟甲，古代用来占卦。②动乎四体：即从人们的仪表、行动中察觉。四体，四肢。

【译文】

掌握了至诚之道，就可以预知未来的事。国家将要兴旺，一定有吉祥的征兆；国家将要衰亡，必然会有妖孽出来作祟。这些或呈现在蓍草龟甲上，或表现在人的仪表上。祸福即将要来临时，是吉兆，是一定可以预先知道的；是凶兆，也一定可以预先知道。所以说掌握了至诚之道的人就像神灵一样。

至诚之道，可以前知。

【原文】

诚者，自成也；而道，自道也。诚者①，物之终始，不诚无物。是故君子诚之为贵。诚者，非自成己而已也，所以成物也。成己，仁也；成物，知也。性之德也，合外内之道也，故时措之宜也。

【注解】

①诚：此处的诚，是从广义上讲，指的是贯穿于一切事物中的实理，即事物的本质和发展规律。

【译文】

诚，就是完成自身道德修养的要素；道，就是知道自己走向完成品德修养所应该走的道路。诚，是天地自然之力，它贯穿在世界上万事万物之中，而始终不能离开，没有"诚"就没有世界上的万事万物。所以，君子把"诚"看作是一种高贵的品德。所谓诚，并不仅仅是完成自身的品德修养就算到头了，而是要使万物都得到完成。完成自身的品德修养便是"仁"；使万物得到完成便是"智"，"仁"和"智"都是人们天性中所固有的美德，它们内外结合，便是"成己""成物"的道理，所以经常实行就没有不适宜的地方。

【原文】

故至诚无息，不息则久，久则征①，征则悠远，悠远则博厚，博厚则高明。博厚，所以载物也；高明，所以覆物也；悠久，所以成物也。博厚配地，高明配天，悠久无疆。如此者，不见而章，不动而变，无为而成。

天地之道，可一言而尽也：其为物不贰②，则其生物不测。天地之道：博也，厚也，高也，明也，悠也，久也。今夫天，斯昭昭之多③，及其无穷也，日月星辰系焉④，万物覆焉。今夫地，一撮土之多，及其广厚，载华岳而不重⑤，振河海而不洩⑥，万物载焉。今夫山，一卷石之多⑦，及其广大，草木生之，禽兽居之，宝藏兴焉。今夫水，一勺之多⑧，及其不测，鼋鼍蛟龙鱼鳖生焉，货财殖焉。

《诗》云："维天之命，於穆不已⑨。"盖曰天之所以为天也⑩。"於乎不显⑪，文王之德之纯⑫。"盖曰：文王之所以为文也，纯亦不已。

【注解】

①征：验证，证明。②不贰：无二心。③斯昭昭之多：这句是指天由小小的明亮所积累。昭昭，小小的光明。④星辰：星系的总称。系：悬系。⑤华岳：即西岳华山，为五岳之一。⑥振：郑玄注"振，犹收也。"此处引申为"收容"的意思。洩：同"泄"，泄露。⑦一卷石之多：山由小小石堆积累而成。⑧勺：古代舀酒用的器具。⑨"维天"两句：这两句诗引自《诗经·周颂·维天之命》。《维天之命》这首诗是祭祀周文王的乐歌。於：叹词。穆：庄严，肃穆。不已：不止。⑩盖：推原之词。⑪於乎：与"呜呼"同。显：光明。⑫纯：纯洁无瑕。

【译文】

所以，至诚的道理是从来不会止息的。没有止息就会长久流传，长久流传就会得以验证，得以验证就会悠远，悠远就会广博深厚，广博深厚就会精明高妙。广博深厚，所以能承载天下万物；精明高妙，所以能覆盖天下万物；悠远长久，所以能生成天下万物。广博深厚可以与地相比，精明高妙可以与天相比，悠远长久则是永无止境。像这样，虽然不加以表现，却自然彰明；虽然不去行动，却自然可以感人化物；虽然无所作为，却自然会获得成功。

天地的道理用一句话就可以全部概括：它自身诚一不贰，而化生万物，形形色色，难以测知其中奥秘。天地的道理还在于：广博，深厚，高妙，精明，悠远，长久。现在就拿天来说吧，它只不过是由点点光明所积累，可是论到天的整体，那真是无穷无尽，日月星辰都靠它维系，世界万物都靠它覆盖。现在拿地来说吧，地，不过是由一撮土一撮土聚积起来的，可是论及地的全部，那真是广博深厚，承载像华山那样的崇山峻岭也不觉得重，容纳那众多的江河湖海也不会泄漏，世间万物都由它承载了。再说山吧，不过是由拳头大的石块聚积起来的，可等到它高大无比时，草木在上面生长，禽兽在上面居住，宝藏在上面储藏。再说水吧，不过是一勺一勺积累起来的，可等到它浩瀚无涯时，蛟龙鱼鳖等都在里面生长，珍珠珊瑚等值价的东西都在里面繁殖。

《诗经》中说，"只有那天命啊，肃穆庄严，运转不停！"这大概就是说的天之所以为天的原因吧。"多么显赫光明啊，文王之德大而且纯！"这大概就是说的文王之所以被称为"文"王的原因吧，就是因为它纯洁无瑕的品德常行不止。

【原文】

大哉，圣人之道！洋洋乎发育万物，峻极于天①。优优大哉②，礼仪三百③，威仪三千④。

待其人而后行。故曰：苟不至德，至道不凝焉。故君子尊德性而道问学，致广大而尽精微，极高明而道中庸，温故而知新，敦厚以崇礼。是故居上不骄，为下不倍⑤。国有道，其言足以兴；国无道，其默足以容⑥。《诗》曰："既明且哲，以保其身⑦。"其此之谓与！

君子居上不骄，为下不倍。国有道，其言足以兴；国无道，其默足以容。

【注解】

①峻极：极其高峻。于：至。②优优：宽裕充足的样子。③礼仪：经礼，典礼制度。④威仪：曲礼，指礼的细节。⑤倍：同"悖"，违背。⑥其默足以容：谓缄默不语，足以为执政者所容，因而也就可以远避灾祸。⑦"既明"两句：这两句诗引自《诗经·大雅·烝民》。《烝民》是一首歌颂仲山甫（周宣王的臣子）的诗。

【译文】

伟大啊，圣人的道德！充满于天地之间，使万物生长发育，它高及苍天，无所不包。真是充裕而又伟大啊，礼的大纲多到三百天，礼的细节有三千多条。一定要等那有才德的圣人出来才能够实行。所以说，假如不是像伟大的圣人那样具有最高的德行，那么伟大的道理就不会凝聚在他心中。因此君子一定要恭敬奉持天生的德行，广泛学习，探究事理，使学问和天赋德行日臻广大，达到精深高妙的境界，不偏不倚，遵循中庸之道。在学习方面，要做到温习已有的知识从而获得新知识；在道德修养方面，要使专诚之心更加充实，用以崇尚礼仪。所以身居高位不骄傲，身居低位不自弃，国家政治清明时，他的言论足以振兴国家；国家政治黑暗时，他的沉默足以保全自己。《诗经》说："既明智又通达事理，可以保全自身。"大概就是说的这个意思吧！

【原文】

子曰："愚而好自用①；贱而好自专②；生乎今之世，反古之道③；如此者，灾及其身者也。"

非天子，不议礼，不制度④，不考文⑤。今天下，车同轨⑥，书同文⑦，行同伦⑧。虽有其位，苟无其德，不敢作礼乐焉⑨；虽有其德，苟无其位，亦不敢作礼乐焉。

子曰："吾说夏礼⑩，杞不足征也⑪；吾学殷礼⑫，有宋存焉⑬。吾学周礼，今用之，吾从周。"

【注解】

①自用：只凭自己的主观意图行事。②自专：按自己的主观意志独断专行。③反：同"返"，引申为恢复。④制：制定。度：法度。⑤考：考订。文：指文字的笔画和形体。⑥轨：车子两轮间的距离。古代制车，两轮之间的距离都有定制。⑦书同文：书写的是同样的文字。⑧伦：指伦理道德。⑨乐：音乐。古代天子治理作乐，以治天下。⑩说，解说。一说为"悦"，喜爱。夏礼：夏代的礼法。⑪杞：古国名。⑫殷礼：殷代礼法。⑬宋：古国名，开国君主是商纣的庶兄微子启。

【译文】

孔子说："愚昧的人往往喜欢凭自己的主观意图行事；卑贱的人却常常喜欢独断专行。他们生于现在的时代不遵守当今的法律，却一心想去恢复古代的法律。这样的人，灾祸一定会降到他们的身上。"

不是天子，不敢议论礼制，不敢制订法度，不敢考订文字的笔画形体。现在天下车子的轮距一致，文字的字体统一，实行的伦理道德相同。虽然处在天子的地位，如果没有圣人的德行，是不敢制作礼乐制度的；虽然有圣人的美德，如果没有天子的地位，也是不敢制作礼乐制度的。

孔子说："我解说夏朝的礼制，但是夏的后代已经衰败，现在只有一个杞国存在，所以不足以验证；我学习殷朝的礼制，现在还有它的后代宋国存在；我学习周朝的礼制，它正是当今所使用的，所以我遵从周礼。"

【原文】

王天下有三重焉，其寡过矣乎！上焉者[1]，虽善无征；无征不信；不信民弗从。下焉者[2]，虽善不尊[3]；不尊不信；不信民弗从。故君子之道，本诸身，征诸庶民，考诸三王而不缪[4]，建诸天地而不悖，质诸鬼神而无疑[5]，百世以俟圣人而不惑。质诸鬼神而无疑，知天也；百世以俟圣人而不惑，知人也。

君王治理天下要做好议订礼仪，制订法度，考订文字规范这三件大事。

是故，君子动而世为天下道，行而世为天下法，言而世为天下则。远之则有望，近之则不厌。

《诗》曰："在彼无恶，在此无射。庶几夙夜，以永终誉[6]。"君子未有不如此，而蚤有誉于天下者也[7]。

【注解】

①上焉者：指远于当今之世的礼仪制度，如前文所说的夏礼、商礼。②下焉者：指虽为圣人，而地位在下，他主张的礼仪制度虽善却不能实施。③不尊：没有尊贵的地位。④三王：指夏禹、商汤、周文王。缪：通"谬"，错误。⑤质：证实，保证。一说为质问。⑥"在彼"四句：这四句诗引自《诗经·周颂·振鹭》。《振鹭》这首诗是周王设宴招待来朝的诸侯时，在宴席上唱的乐歌。在彼无恶：彼，诸侯所在国。无恶，无人憎恨。这句是说，诸侯勤于政事，本国无人憎恨。在此无射：此，指周王所在地，即朝廷。无射，不厌恨。这句是说，诸侯来到朝廷朝见天子，朝廷里没有人厌恨他。庶几夙夜：庶几，差不多。夙夜，早晚，犹言早起晚睡。这句是说，各诸侯早起晚睡，勤于政事。以永终誉：永，长。终，"众"的假借字。誉，赞誉。这句是说，各诸侯能长受众人的称赞。⑦蚤：通"早"。

【译文】

君王治理天下能够做好议订礼仪、制订法度、考订文字规范这三件重要的事，他的过失就会减少了。离当今社会很远的礼仪制度，虽然好，但由于年代相隔太远，因而得不到验证，得不到验证就不能取信于民，不能取信于民，老百姓就不会听从。身为圣人而身处下位的人，他所主张的礼仪制度虽然好，但由于没有尊贵的地位，也不能取信于民；不能取信于民，老百姓就不会听从。所以君子治理天下的道理，应该以自身的品德修养为根本，并从老百姓那里得到验证和信任，用夏、商、周三代的礼仪制度来考察而没有谬误，建立于天地自然之间而没有违背之处，得到了鬼神的证实而没有疑问，这样就是等到百世以后的圣人来实行也不会有什么疑惑之处了。得到鬼神的证实而没有疑误不明的地方，这是因为了解和掌握了天理；等到百世以后的圣人来实行也不会有什么疑惑之处了，这是因为知道了人的情理。

所以君王的言语行动能世世代代成为天下共行的道理，君王的所作所为能世世代代成为天下遵循的法度，君王言谈话语能世世代代成为天下必守的准则。隔得远的则有仰慕之心，离得近的也不会有厌恶之意。

《诗经》说："诸侯在国没有人憎恶，在朝同样没有人厌烦，早起晚睡政事勤，众人称赞美名存。"君王中没有不这样做而能够早早在天下获得名望的。

【原文】

仲尼祖述尧、舜[1]，宪章文、武[2]，上律天时[3]，下袭水土[4]。辟如天地之无不持载[5]，无不覆帱[6]。辟如四时之错行，如日月之代明[7]。万物并育而不相害[8]，道并行而不相悖[9]，小德川流，大德敦化，此天地之所以为大也。

【注解】

①祖述：遵循前任的行为或学说。这句是说孔子遵循尧舜二帝的道统。②宪章文、武：宪章，效法。这句是说效法周文王和周武王的典章制度。③上律天时：律，效法。天时，谓自然变化的时序，或言节气、气候或言阴晴寒暑的变化。"天时"在古时用意很广。④袭：合符。水土：犹言地理环境。⑤"辟如"句：这句是说天地广博深厚没有什么不能承载。⑥无不覆帱：没有什么不能覆盖。覆帱，覆盖的意思。⑦代：交替的意思。⑧并育：即同时生长。相害：互相妨害。⑨道：指天地之道，即四季更迭，日月交替之道。悖：违背。

【译文】

　　孔子遵循尧舜二帝的道统，效法文王、武王所定制的典范，上依据天时变化规律，下符合地理环境。譬如天地广博深厚，没有什么不能承载，没有什么不能覆盖。又譬如四季的更迭运行，日月的交替照耀。天地间万物同时生长而互不妨害，天地之道同时并行而互不冲突。小的德行如河水一样长流不息，大的德行使万物敦厚淳朴，无穷无尽。这就是天地之所以盛大的原因。

【原文】

　　唯天下至圣，为能聪明睿知，足以有临也①；宽裕温柔，足以有容也②；发强刚毅，足以有执也③；齐庄中正④，足以有敬也；文理密察⑤，足以有别也⑥。

　　溥博渊泉⑦，而时出之⑧。溥博如天，渊泉如渊。见而民莫不敬，言而民莫不信，行而民莫不说⑨。

　　是以声名洋溢乎中国，施及蛮貊⑩；舟车所至，人力所通，天之所覆，地之所载，日月所照，霜露所队⑪，凡有血气者，莫不尊亲⑫，故曰配天。

唯天下至圣，为能聪明睿知。

【注解】

①临：本指高出朝向低处，后引申为上对下之称。②容：包容，容纳。③执：操持决断天下大事。④齐庄：庄重恭敬。中正：不偏不倚。⑤文理：条理。密察：详察细辨。⑥别：分别是非邪正。⑦溥博渊泉：溥博，普遍广博。溥，普遍。渊泉，深潭。《列子·黄帝》："心如渊泉，形如处女。"后引申为思虑深远。⑧而时出之：出，溢出。这句是说，至圣的人的美德就像渊泉外溢一样，常常表现出来。⑨说：同"悦"，喜悦。⑩施：传播。及：到。蛮貊：谓南蛮北狄等边远少数民族。⑪队：同"坠"，坠落。⑫尊亲：尊重亲近。"尊、亲"二字后面省略了宾语。

发强刚毅，足以有执也。

【译文】

　　只有天下最圣明伟大的人，才能做到聪明智慧，足以居上位而临下民；宽博优裕，温和柔顺，足以包容天下的人和事；奋发图强，刚强坚毅，足以操持决断天下大事；庄重恭敬，处事中正，足以获得人民的尊敬；条理清晰，祥辨明察，足以分辨是非邪正。

　　圣明伟大的人，他们的美德广博而深厚，并常常会表露出来。他们的美德就像天空一样广阔，就像潭水一样幽深。这种美德表现在仪容上，老百姓没有谁不敬佩；表现在言谈中，老百姓没有谁不信服；表现在行动上，老百姓没有谁不喜悦。

　　因此，他们美好的名声充满了整个中原地区，并且传播到边远少数民族的地方；凡是船只车辆所能到达的，人所能通行的，苍天所能覆盖的，大地所能承载的，太阳和月亮所能照耀着的，霜露所能坠落到的地方，凡是有血气生命的人，没有不尊重和不亲近他们的；所以说圣人的美德可以和天相配。

【原文】

唯天下至诚，为能经纶天下之大经①，立天下之大本②，知天地之化育。夫焉有所倚？肫肫其仁③，渊渊其渊④，浩浩其天⑤。苟不固聪明圣知⑥，达天德者⑦，其孰能知之？

【注解】

①经纶：原指整理丝缕，这里引申为创制天下的法规。大经：指常道，法规。②大本：根本大德。③肫肫：诚挚，与"忳忳"同。忳，恳诚貌也。④渊渊其渊：意思是说圣人的思虑如潭水一般幽深。渊渊，水深。⑤浩浩其天：圣人的美德如苍天一般广阔。浩浩，原指水盛大的样子。⑥固：实。⑦达天德者：通达天赋美德的人。

【译文】

只有天下达到诚的最高境界的人，才能创制天下的法规，才能树立天下的根本大德，掌握天地化育万物的道理，这怎么会有偏向呢？他的仁心是那样的真诚，他的思虑像潭水般幽深，他伟大的美德像苍天一样广阔。假如不是具有真正聪明智慧而通达天赋美德的人，谁又能真正了解他呢？

【原文】

《诗》曰："衣锦尚绢①。"恶其文之著也。故君子之道，闇然而日章②；小人之道，的然而日亡③，君子之道，淡而不厌，简而文，温而理，知远之近④，知风之自⑤，知微之显⑥，可与入德矣。

《诗》云："潜虽伏矣，亦孔之昭⑦。"故君子内省不疚⑧，无恶于志⑨。君子之所不可及者，其唯人之所不见乎！

《诗》云："相在尔室，尚不愧于屋漏⑩。"故君子不动而敬，不言而信。

《诗》曰："奏假无言，时靡有争⑪。"是故君子不赏而民劝⑫，不怒而民威于鈇钺⑬。

《诗》曰："丕显惟德，百辟其刑之⑭。"是故君子笃恭而天下平。

《诗》云："予怀明德，不大声以色⑮。"子曰，"声色之于以化民，末也。"《诗》曰："德輶如毛⑯。"毛犹有伦⑰，"上天之载，无声无臭⑱。"至矣。

【注解】

①"衣锦"句：这句诗引自《诗经·卫风·硕人》。《硕人》写的是庄姜初嫁庄公为妻时的场景。衣：动作词，穿。锦：这里指色彩华美的丝绸服装。尚：加在上面。绢：用麻纱制作的单罩衣。尚绢：即加上麻纱罩衣。②闇然，暗淡的样子。闇，"暗"的异体字。日章：日渐彰明。章，同"彰"。③的然：鲜艳的样子。的，鲜艳，显著。④知远之近：意思是要往远处去必从近处开始。⑤知风之自：风，谓教化。这句话是说，教化别人必须从自己做起。⑥知微之显：微，隐蔽之处。这句是说，隐蔽之处对明显之处也有一定的影响。⑦"潜虽"两句：这两句诗引自《诗经·小雅·正月》。《正月》是一首揭露现实的诗。潜：潜藏。伏：隐匿。孔：很，甚。昭：明。⑧内省（xǐng）：经常在内心省察自己。疚：原意为久病，引申为忧虑不安。⑨无恶：引申为"无愧"。志：心。⑩"相在"两句：这两句诗引自《诗经·大雅·抑》。相：看。在尔室：你独自一个人在室。尚：当。不愧于屋漏：意指心地光明，不再暗中做坏事或者起坏

君子之道，淡而不厌。

念头。屋漏，指古代室内西北角阴暗处。⑪ "奏假"两句：这两句诗引自《诗经·商颂·烈祖》。《烈祖》是商的后代宋在祭祀祖先时唱的乐歌。奏假：祷告。无言：默默无声。⑫不赏而民劝：不需赏赐就能使人民受到鼓励。⑬铁钺：古代执行军法时用的斧子，与"斧钺"同。这里引申为刑戮。⑭ "丕显"两句：这两句诗引自《诗经·周颂·烈文》。《烈文》是周王在举行封侯仪式上所唱的乐歌。丕显：充分显扬。丕，大。百辟：谓诸侯。刑：同"型"，法则。⑮ "予怀"两句：这两句诗引自《诗经·大雅·皇矣》。《皇矣》是一首史诗，叙述周朝祖先开国创业的历史。⑯ "德辅"句：这句诗引自《诗经·大雅·烝民》。德：指德的微妙。辅：古时候一种轻便车辆，引申为轻。毛：羽毛。⑰毛犹有伦：这句是说羽毛虽然轻微，但还是有东西可以类比的。⑱ "上天"两句：这两句诗引自《诗经·大雅·文王》。载，事。臭（xiù），气味。这句诗的大意是说，上天化育万物的道理，没有声音和气味，世上没有什么东西可以形容它的高妙。

【译文】

《诗经》说："身穿锦绣衣服，外面罩件套衫。"这是为了避免锦衣花纹太鲜艳。所以，君子为人的道理在于，外表黯然无色而内心美德才日益彰明；小人的为人之道在于，外表色彩鲜艳，但是随着时间的推移便会日渐黯淡。君子为人的道理还在于，外表素淡而不使人厌恶，外表简朴而内含文采，外表温和而内有条理，知道远是从近开始，知道感化别人是从自己做起，知道微小隐蔽的地方会影响到显著的地方，能够掌握以上这些道理的，就可以进到圣人崇高的美德中去了。

《诗经》说："即使鱼潜藏很深，但仍然会看得明显的。"所以君子经常在内心省察自己，就不会有过失和内疚，就不会有愧心。由此可知，人们之所以不能超越君子的原因，大概就是因为君子在这些不被人看见的地方也严格要求自己。

《诗经》说："看你独自在室内的时候，应当也无愧于神明。"所以，君子就是在没做什么事的时候也是怀着敬畏谨慎的心理，在没有言语的时候就已经诚信专一了。

《诗经》说："默默无声暗祈祷，今时不再有争斗。"所以，君子不用赏赐而老百姓也会受到鼓励；不用发怒而老百姓畏惧他就会胜过刑戮的威严。

《诗经》说："弘扬好的德行，诸侯们便会来效法。"所以，君子笃实恭敬，就能使天下太平。

《诗经》说："怀念文王光明的美德，从不用厉声厉色。"孔子说："用厉声厉色去感化老百姓，这是没有抓住根本。"《诗经》说："美德轻如羽毛。"羽毛虽轻微细小，但还是有东西可以类比。《诗经》中说"化育万物上天道，无声无息真微妙"这才是达到了最高的境界啊。

小人之道，的然而日亡。

相在尔室，尚不愧于屋漏。

予怀明德，不大声以色。

第三卷 · **论语**

论语

《论语》是记载孔子和他的弟子们言行的典籍，全书20篇508章，一万余字。一般认为，《论语》是由孔子弟子所辑录。

《论语》

作者 孔门弟子

时代 春秋末期至战国初期

内容 孔门言行录

《论语》一书真实而生动地记录了孔子的言行和他与弟子们的对话，这应该是孔门弟子在孔子生前就开始了记录。孔子逝世以后，弟子们继续追忆编纂成书。

传说孔子有弟子三千人，至于最后由谁来最终编撰在一起的，已经无可考证了。最后编订当在战国初期。今天的《论语》版本，是东汉末年的大学者郑玄根据几个古本作的《论语注》。今注本有杨伯峻的《论语译注》。

为最早的语录体书籍

现存《论语》共20篇，492章。其中记录孔子跟弟子或其他人谈话的约有444章。记录孔门弟子之间相互言论的有48章。内容以伦理教育为主，对中国文化影响极为深远。

孔子与《论语》

孔子是中国古代伟大的思想家、教育家。由他开创的儒家学派在历史上产生过深远影响，儒家文化一直成为封建时代中华民族的主体文化。但是孔子"述而不作"，没有留下完整、系统的学术专著。两千多年间，只有一部记录了孔子及其学生的言论与事迹的语录体著作流传了下来，这就是《论语》。

此书共20篇，492章，总约一万余字。这些文字，是我们今天研究孔子思想最宝贵的材料。

何以书名《论语》，诸家说法不一。一般认为，"论"是"论纂"，"语"是"语言"，因此，"论语"就是把孔子及其弟子的对话"论纂"起来的意思。《论语》各篇都以每篇开始的两字或三字为篇名。如第一篇的第一章以"学而时习之，不亦说乎"为首句，于是第一篇便定名为"学而篇"；第二十篇以"尧曰"开头，因此第二十篇便称为"尧曰篇"。

《论语》的编纂，约始于春秋末年，而成书于战国初年。

孔子像

孔子其人 ----- 孔子生平大略 -----

孔子，名丘，字仲尼，春秋时鲁国陬邑（今山东曲阜东南）人。历史上对孔子的生卒年月一直争论不休，但意见相差也不过一两年。大多学者认为是生于周灵王二十一年、鲁襄公二十二年（公元前 551 年），死于周敬王四十一年、鲁哀公十六年（公元前 479 年），享年 73 岁。

孔子是殷商的苗裔。周武王灭殷商后，封殷商的微子启于宋。孔子的祖先便是宋国的宗室。后来家世衰微，失掉了贵族的地位。孔子的父亲叔梁纥，曾做过鲁国鄹地（今山东曲阜县境内）的地方长官，在孔子 3 岁那年就去世了。孔子从小与寡母相依为命。孔子曾说："吾少也贱，故多能鄙事。"（《子罕》）他不得不从事各种劳动，广泛地接触了下层社会。

30 岁前后，孔子开始收徒讲学，创办了中国历史上第一所私学，孔子以"学而不厌，诲人不倦"的精神，培养了"贤人七十，弟子三千"。50 岁时，孔子在鲁国做官，先后做过中都宰（中都的长官）、司空和大司寇（主管司法），但时间不长，终因鲁国的动乱而离开了鲁国。此后他周游列国，到过卫、曹、宋、陈、蔡等国，向各国君主宣传自己建立社会秩序、尊重人爱护人的主张，但都没有被采用。68 岁，孔子又返回鲁国，开始专心于教育和整理、传授古代文化的工作。中华上古文化正是因为有了孔子才流传下来、普及开来，前人说："天不生仲尼，万古长如夜。"孔子的光辉永远不会熄灭。

《论语》的内容

《论语》的内容非常丰富，涉及社会与人的各个方面，有人誉之为"东方的圣经"，并不为过。《论语》的核心内容是"仁"。它既是孔子理想中最高的政治原则，又是最高的道德准则。"仁"的根本含义则是"仁者爱人"。

"忠恕"是由"仁"派生出来的，忠恕之道的基本要求是以诚待人，推己及人。具体内容是，己立立人，己达达人；己所不欲，勿施于人（《卫灵公》）。由此中国人形成了"四海之内皆兄弟"的宽广情怀。

"仁"推广到政治就是"仁政"。孔子认为治理好国家，君主一定要重视人品、道德，要讲究信用，爱护民众，这是治国的基本原则。子曰："道千乘之国，敬事而信，节用而爱人，使民以时。"

《论语》中，讲到"仁"109 次，讲到"礼"75 次。孔子认为有了"仁"的本质还要通过"礼"的实践而达到全社会的遵守。

少年贫贱，勤奋好学。

青年时已博学多艺，开始授徒。

中年时入朝为官，鲁国因此大治。

其道不行，周游列国，历经坎坷。

回到鲁国，整理遗产，聚徒授业。

圣人离世，光照千古。

学而篇第一

【原文】

子曰①："学而时习之②，不亦说乎③？有朋自远方来，不亦乐乎④？人不知而不愠⑤，不亦君子乎⑥？"

学而时习之，不亦说乎。

【注解】

①子：中国古代对有学问、有地位的男子的尊称。《论语》中"子曰"的"子"都是指孔子。②习："习"字的本意是鸟儿练习飞翔，在这里是温习和练习的意思。③说（yuè）：同"悦"，高兴、愉快的意思。④乐（lè）：快乐。⑤愠（yùn）：怒，怨恨，不满。⑥君子：《论语》中的"君子"指道德修养高的人，即"有德者"；有时又指"有位者"，即职位高的人。这里指"有德者"。

【译文】

孔子说："学到的东西按时去温习和练习，不也很高兴么？有朋友从很远的地方来，不也很快乐么？别人不了解自己，自己却不生气，不也是一位有修养的君子么？"

【原文】

子曰："巧言令色①，鲜矣仁②！"

【注解】

①巧言令色：巧，好。令，善。巧言令色，即满口说着讨人喜欢的话，满脸装出讨人喜欢的脸色。②鲜：少的意思。

【译文】

孔子说："花言巧语，伪装出一副和善的面孔，这种人是很少仁德的。"

巧言令色，鲜矣仁。

【原文】

曾子曰①："吾日三省吾身②：为人谋而不忠乎？与朋友交而不信乎？传不习乎③？"

【注解】

①曾子：孔子晚年的学生，名参（shēn），字子舆，比孔子小四十六岁。生于公元前505年，鲁国人，是被鲁国灭亡了的鄫国贵族的后代。曾参是孔子的得意门生，以孝著称，据说《孝经》就是他撰写的。②三省（xǐng）：多次反省。③传：老师讲授的功课。

【译文】

曾参说："我每天从多方面反省自己：替别人办事是不是尽心竭力了呢？与朋友交往是不是诚实守信了呢？对老师传授的功课，是不是用心复习了呢？"

【原文】

子曰："弟子入则孝①，出则弟②，谨而信③，泛爱众，而亲仁④。行有余力⑤，则以学文⑥。"

【注解】

①弟子：有二义，一是指年幼之人，弟系对兄而言，子系对父而言，故曰弟子；二是指学生。此处取前义。入：古时父子分别住在不同的居处，学习则在外舍。入是人父宫，指进到父亲住处；或说在家。②出：与"入"相对而言，指外出拜师学习。出则弟，是说要用悌道对待师长，也可泛指年长于自己的人。③谨：寡言少语称之为谨。④仁：指具有仁德的人，即温和、善良的人。此形容词用作名词。⑤行有余力：指有闲暇时间。⑥文：指诗、书、礼、乐等文化知识。

【译文】

孔子说："小孩子在父母跟前要孝顺，出外要敬爱师长，说话要谨慎，言而有信，和所有人都友爱相处，亲近那些具有仁爱之心的人。做到这些以后，如果还有剩余的精力，就用来学习文化知识。"

【原文】

子夏曰①："贤贤易色②；事父母，能竭其力；事君，能致其身③；与朋友交，言而有信。虽曰未学，吾必谓之学矣。"

【注解】

①子夏：姓卜，名商，字子夏，孔子的高足，以文学著称。比孔子小四十四岁，生于公元前507年。孔子死后，他在魏国宣传孔子的思想主张。②贤贤：第一个"贤"字作动词用，尊重的意思。贤贤即尊重贤者。易：有两种解释，一是改变的意思；二是轻视的意思，即尊重贤者而看轻女色。③致其身：致，意为"奉献"、"尽力"。这里是要尽忠的意思。

【译文】

子夏说："一个人能够尊重贤者而看轻女色；侍奉父母，能够竭尽全力；服侍君主，能够献出自己的生命；同朋友交往，说话诚实、恪守信用。这样的人，即使他自己说没有学过什么，我也一定要说他已经学习过了。"

【原文】

子曰："君子不重则不威①，学则不固②，主忠信③。无友不如己者④。过则勿惮改⑤。"

【注解】

①重：庄重、自持。②学则不固：所学不牢固。与上句联系起来就可理解为：一个人不庄重就没有威严，所学也不牢固。③主忠信：以忠信为主。④无：通"毋"，不要的意思。不如己者：指不忠不信的人，"不如己者"是比较委婉的说法。⑤过：过错、过失。惮（dàn）：害怕、畏惧。

【译文】

孔子说："一个君子，如果不庄重，就没有威严；即使读书，所学也不会牢固。行事应当以忠和信这两种道德为主。不要和不忠不信的人交朋友。有了过错，要不怕改正。"

【原文】

有子曰："礼之用，和为贵。先王之道①，斯为美，小大由之。有所不行，知和而和，不以礼节之，亦不可行也。"

【注解】

①先王之道：指的是古代圣王治国之道。

【译文】

有子说："礼的功用，以遇事做得恰当和顺为可贵。以前的圣明君主治理国家，最可贵的地方就在这里。他们做事，无论事大事小，都按这个原则去做。如遇到行不通的，仍一味地追求和顺，却并不用礼法去节制它，也是行不通的。

礼之用，和为贵。

【原文】

子曰："君子食无求饱，居无求安，敏于事而慎于言，就有道而正焉①，可谓好学也已。"

【注解】

①有道：指有道德、有学问的人。正：匡正，端正。

【译文】

孔子说："君子饮食不追求饱足；居住不追求安逸；对工作勤奋敏捷，说话却谨慎；接近有道德有学问的人并向他学习，纠正自己的缺点，就可以称得上是好学了。"

【原文】

子贡曰："贫而无谄，富而无骄，何如？"子曰："可也。未若贫而乐、富而好礼者也。"子贡曰："《诗》云：'如切如磋，如琢如磨①'，其斯之谓与②？"子曰："赐也③，始可与言《诗》已矣，告诸往而知来者④。"

【注解】

①如切如磋，如琢如磨：出自《诗经·卫风·淇奥》篇。意思是：好比加工象牙，切了还得磋，使其更加光滑；好比加工玉石，琢了还要磨，使其更加细腻。②其：表测度语气，可译为"大概"。③赐：子贡的名。孔子对学生一般都称名。④来者：未来的事，这里借喻为未知的事。

【译文】

子贡说："贫穷却不巴结奉承，富贵却不骄傲自大，怎么样？"孔子说："可以了，但还是不如虽贫穷却乐于道，虽富贵却谦虚好礼。"子贡说："《诗经》上说：'要像骨、角、象牙、玉石等的加工一样，先开料，再粗锉，细刻，然后磨光'，那就是这样的意思吧？"孔子说："赐呀，现在可以同你讨论《诗经》了。告诉你以往的事，你能因此而知道未来的事。"

【原文】

子曰："不患人之不己知，患不知人也。"

【译文】

孔子说："不要担心别人不了解自己，应该担心的是自己不了解别人。"

为政篇第二

【原文】

子曰："为政以德，譬如北辰，居其所而众星共之①。"

【注解】

①北辰：北极星。共（gǒng）：同"拱"，环绕。

【译文】

孔子说："用道德的力量去治理国家，自己就会像北极星那样，安然处在自己的位置上，别的星辰都环绕着它。"

【原文】

子曰："《诗》三百①，一言以蔽之②，曰：'思无邪'。"

【注解】

①《诗》三百：《诗经》中共收诗三百零五篇。"三百"是举其整数而言。②蔽：概括。

【译文】

孔子说："《诗经》三百多篇，用一句话来概括它，就是'思想纯正'。"

【原文】

子曰："吾十有五而志于学①，三十而立②，四十而不惑，五十而知天命，六十而耳顺③，七十而从心所欲不逾矩。"

为政以德，譬如北辰，居其所而众星共之。

子曰：《诗》三百，一言以蔽之，思无邪。

【注解】

①有（yòu）：同"又"。古文中表数字时常用"有"代替"又"，表示相加的关系。②立：站立，成立。这里指立身处世。③耳顺：对于外界一切相反相异、五花八门的言论，能分辨真伪是非，并听之泰然。

【译文】

孔子说："我十五岁立志学习，三十岁在人生道路上站稳脚跟，四十岁心中不再迷惘，五十岁知道上天给我安排的命运，六十岁听到别人说话就能分辨是非真假，七十岁能随心所欲地说话做事，又不会超越规矩。"

【原文】

子曰："温故而知新，可以为师矣。"

【译文】

孔子说："在温习旧的知识时，能有新的收获，就可以当老师了。"

【原文】

子贡问君子，子曰："先行其言而后从之。"

【译文】

子贡问怎样才能做一个君子。孔子说："对于你要说的话，先实行了，然后说出来。"

【原文】

子曰："君子周而不比①，小人比而不周。"

【注解】

①周：团结多数人。比：勾结。

【译文】

孔子说："德行高尚的人以正道广泛交友但不互相勾结，品格卑下的人互相勾结却不顾道义。"

【原文】

子曰："学而不思则罔①，思而不学则殆②。"

【注解】

①罔：迷惘，没有收获。②殆：疑惑。

【译文】

孔子说："学习而不思考就会迷惘无所得；思考而不学习就不切于事而疑惑不解。"

【原文】

子曰："攻乎异端①，斯害也已②！"

【注解】

①攻：做。异端：中庸的两端，指"过"和"不及"。②斯：连词，这就、那就的意思。也已：语气词。

【译文】

孔子说："做事情过或不及，都是祸害啊！"

【原文】

子曰："由①！诲女，知之乎②？知之为知之，不知为不知，

学而不思则罔。

知之为知之，不知为不知，是知也。

是知也。"

【注解】

①由：孔子的高足，姓仲，名由，字子路，卞（故城在今山东泗水县东五十里）人。②知：作动词用，知道。

【译文】

孔子说："由啊，我教给你的，你懂了吗？知道就是知道，不知道就是不知道，这才是真正的智慧！"

【原文】

子曰："人而无信①，不知其可也。大车无輗②，小车无軏③，其何以行之哉？"

【注解】

①而：如果。信：信誉。②大车：指牛车。輗（ní）：大车辕和车辕前横木相接的关键。③小车：指马车。軏（yuè）：马车辕前横木两端的木销。

【译文】

孔子说："一个人如果不讲信誉，真不知他怎么办。就像大车的横木两头没有活键，小车的横木两头少了关扣一样，怎么能行驶呢？"

人而无信，不知其可也。

【原文】

子张问："十世可知也①？"子曰："殷因于夏礼②，所损益可知也；周因于殷礼，所损益可知也；其或继周者，虽百世，可知也。"

【注解】

①世：古时称三十年为一世，一世为一代。也有的把"世"解释为朝代。也：表疑问的语气词。②殷：殷朝，即商朝，商王盘庚迁都于殷（今河南安阳西北），后来就称商朝为"殷"。因：因袭，沿袭。

【译文】

子张问："今后十代的礼制现在可以预知吗？"孔子说："殷代承袭夏代的礼制，其中废除和增加的内容是可以知道的；周代继承殷代的礼制，其中废除和增加的内容，也是可以知道的。那么以后如果有继承周朝的朝代，就是在一百代以后，也是可以预先知道的。"

【原文】

子曰："非其鬼而祭之，谄也。见义不为，无勇也。"

【译文】

孔子说："祭祀不该自己祭祀的鬼神，那是献媚；见到合乎正义的事而不做，那是没有勇气。"

八佾篇第三

【原文】

孔子谓季氏①，"八佾舞于庭②，是可忍也③，孰不可忍也？"

孔子闻季氏舞八佾于庭曰：是可忍也，孰不可忍也。

【注解】

①季氏：季孙氏，鲁国大夫。②八佾（yì）：古代奏乐舞蹈，每行八人，称为一佾。天子可用八佾，即六十四人；诸侯六佾，四十八人；大夫四佾，三十二人。季氏应该用四佾。③忍：忍心，狠心。

【译文】

孔子谈到季孙氏说："他用天子才能用的八佾在庭院中奏乐舞蹈，这样的事都狠心做得出来，还有什么事不能狠心做出来呢？"

【原文】

三家者以《雍》彻①。子曰："'相维辟公，天子穆穆②'，奚取于三家之堂？"

【注解】

①三家：鲁国当政的三家大夫孟孙、叔孙、季孙。《雍》：《诗经·周颂》中的一篇，为周天子举行祭礼后撤去祭品、祭器时所唱的诗。彻：同"撤"，古代祭礼完毕后撤祭馔，乐人唱诗以娱神。②"相维辟公，天子穆穆"二句：诸侯都在助祭，天子恭敬地主祭。见《雍》诗。相（xiàng），助祭的人。维，用于句中的助词，可以译为"是"。辟（bì）公，诸侯。穆穆，庄严肃穆。

【译文】

孟孙、叔孙和季孙三家祭祖时，唱着《雍》这首诗歌来撤除祭品。孔子说："《雍》诗说的'诸侯都来助祭，天子恭敬地主祭'怎么能用在三家大夫的庙堂上呢？"

【原文】

子曰："人而不仁，如礼何①？人而不仁，如乐何？"

【注解】

①如礼何：怎样对待礼仪制度。

【译文】

孔子说："做人如果没有仁德，怎么对待礼仪制度呢？做人如果没有仁德，怎么对待音乐呢？"

【原文】

子夏问曰："'巧笑倩兮①，美目盼兮②，素以为绚兮③'。何谓也？"子曰："绘事后素。"

曰："礼后乎？"子曰："起予者商也^④！始可与言《诗》已矣。"

【注解】

①倩：笑容美好。②盼：眼睛黑白分明。③绚（xuàn）：有文采。这三句诗前两句见《诗·卫风·硕人》，第三句可能是逸诗。④起：阐明。

【译文】

子夏问道："'轻盈的笑脸多美呀，黑白分明的眼睛多媚呀，好像在洁白的质地上画着美丽的图案呀。'这几句诗是什么意思呢？"孔

巧笑倩兮，美目盼兮，素以为绚兮。

子说："先有白色底子，然后在上面画画。"子夏说："这么说礼仪是在有了仁德之心之后才产生的了？"孔子说："能够发挥我的思想的是卜商啊！可以开始和你谈论《诗经》了。"

【原文】

子贡欲去告朔之饩羊^①。子曰："赐也！尔爱其羊，我爱其礼。"

【注解】

①去：去掉，废除。告朔之饩（xì）羊：告朔，朔为每月的第一天。周天子于每年秋冬之交向诸侯颁布来年的历书，历书包括指明有无闰月、每月的朔日是哪一天，这就叫"告朔"。诸侯接受历书后，藏于祖庙。每逢初一，便杀一头羊祭于庙。羊杀而不烹叫"饩"（烹熟则叫"飨"）。告朔饩羊是古代一种祭礼制度。

【译文】

子贡想把每月初一告祭祖庙的羊废去不用。孔子说："赐呀！你爱惜那只羊，我则爱惜那种礼。"

【原文】

子曰："事君尽礼，人以为谄也。"

【译文】

孔子说："按照礼节去侍奉君主，别人却认为这是在讨好君主哩。"

【原文】

定公问^①："君使臣，臣事君，如之何？"孔子对曰："君使臣以礼，臣事君以忠。"

【注解】

①定公：鲁国国君，姓姬名宋，"定"是谥号。

【译文】

鲁定公问："国君役使臣子，臣子服侍君主，各应该怎么做？"孔子答道："君主应该按照礼节役使臣子，臣子应该用忠心来服侍君主。"

【原文】

子曰："《关雎》乐而不淫^①，哀而不伤。"

子曰：《关雎》乐而不淫，哀而不伤。

【注解】

①《关雎（jū）》：《诗经》中的第一篇。

【译文】

孔子说："《关雎》这首诗快乐而不放荡，悲哀而不悲伤。"

【原文】

哀公问社于宰我①。宰我对曰："夏后氏以松，殷人以柏，周人以栗，曰：使民战栗。"子闻之，曰："成事不说，遂事不谏②，既往不咎。"

【注解】

①社：土地神，祭祀土神的庙也称社。宰我：名予，字子我，孔子的学生。②遂事：已完成的事。

【译文】

鲁哀公问宰我，做土地神的神位应该用什么木料。宰我回答说："夏代人用松木，殷代人用柏木，周代人用栗木，目的是使百姓战战栗栗。"孔子听到这些话，告诫宰我说："已经过去的事不用解释了，已经完成的事不要再劝谏了，已过去的事也不要再追究了。"

【原文】

子曰："管仲之器小哉①！"或曰："管仲俭乎？"曰："管氏有三归②，官事不摄③，焉得俭？""然则管仲知礼乎？"曰："邦君树塞门④，管氏亦树塞门。邦君为两君之好，有反坫⑤，管氏亦有反坫。管氏而知礼，孰不知礼？"

【注解】

①管仲：名夷吾，齐桓公时的宰相，辅助齐桓公成为诸侯的霸主。②三归：三处豪华的公馆。③摄：兼任。④树：树立。塞门：在大门口筑的一道短墙，以别内外，相当于屏风、照壁等。⑤反坫（diàn）：古代君主招待别国国君时，放置献过酒的空杯子的土台。

子曰：管仲之器小哉！

【译文】

孔子说："管仲的器量太小啦！"有人问："管仲节俭吗？"孔子说："管仲有三处豪华的公馆，他手下的人从不兼职，怎么能称得上节俭呢？""那么管仲懂礼仪吗？"孔子说："国君在宫门前立了一道影壁，管仲也在自家门口立了影壁；国君设宴招待别国君主、举行友好会见时，在堂上设有放置空酒杯的土台，管仲宴客也就有这样的土台。如果说管仲知礼，那还有谁不知礼呢？"

【原文】

子语鲁大师乐①，曰："乐其可知也：始作，翕如也②；从之③，纯如也④，皦如也⑤，绎如也⑥，以成⑦。"

【注解】

①语（yù）：告诉，作动词用。大（tài）师：太师，乐官名。②翕（xī）：意为合，聚，协调。③从（zòng）：放纵，展开。④纯：美好、和谐。⑤皦（jiǎo）：音节分明。⑥绎：连续不断。⑦以成：以之而成，即以从之纯如、皦如、绎如三者而成。

【译文】

　　孔子给鲁国乐官讲奏乐过程："奏乐过程是可以了解的：开始演奏时，各种乐器合奏，声音洪亮而优美，听众随着乐声响起而为之振奋；乐曲展开后美好而和谐，节奏分明，连续不断，如流水绵绵流淌，直至演奏结束。"

乐其可知也：始作，翕如也；从之，纯如也，皦如也，绎如也。

【原文】

　　仪封人请见①，曰："君子之至于斯也，吾未尝不得见也。"从者见之②。出曰："二三子何患于丧乎③？天下之无道也久矣，天将以夫子为木铎④。"

【注解】

①仪：地名。封人：镇守边疆的小官。请见：请求会见孔子。②从者：随从之人。见之：让他被接见。③二三子：你们这些人。患：忧愁，担心。丧（sàng）：失掉官位。④木铎：以木为舌的铜铃，古代用以宣布政教法令。

【译文】

　　仪地的一个小官请求会见孔子，说："凡是到这个地方的君子，我没有不求见的。"孔子的学生们领他去见孔子。出来以后，他说："你们几位为什么担心失去官位呢？天下无道已经很久了，因此上天将以孔夫子为圣人来教化天下。"

【原文】

　　子谓《韶》①："尽美矣②，又尽善也③。"谓《武》④："尽美矣，未尽善也。"

【注解】

①《韶》：相传是舜时的乐曲名。②美：指乐曲的声音言。③善：指乐曲的内容言。④《武》：相传是周武王时的乐曲名。

【译文】

　　孔子评论《韶》，说："乐曲美极了，内容也好极了。"评论《武》，说："乐曲美极了，内容还不是完全好。"

【原文】

　　子曰："居上不宽，为礼不敬，临丧不哀，吾何以观之哉！"

【译文】

　　孔子说："居于统治地位的人，不能宽宏大量，行礼的时候不恭敬，遭遇丧事时不悲伤哀痛，这个样子，我怎么看得下去呢？"

里仁篇第四

【原文】

子曰："里仁为美①。择不处仁，焉得知②？"

【注解】

①里：可作名词讲，居住之地；也可以作动词讲，居住。均通。今从第二义。②知：同"智"。

【译文】

孔子说："居住在有仁风的地方才好。选择住处，不居住在有仁风的地方，怎能说是明智呢？"

里仁为美。

【原文】

子曰："不仁者不可以久处约①，不可以长处乐。仁者安仁，知者利仁②。"

【注解】

①约：穷困之意。②知（zhì）：同"智"。

【译文】

孔子说："没有仁德的人不能够长久地安于穷困，也不能够长久地处于安乐之中。有仁德的人长期安心于推行慈爱精神，聪明的人认识到仁对他有长远的利益而实行仁。"

【原文】

子曰："唯仁者能好人①，能恶人②。"

【注解】

①好（hào）：爱好。②恶（wù）：厌恶。

【译文】

孔子说："只有讲仁爱的人，才能够正确地喜爱某人、厌恶某人。"

【原文】

子曰："苟志于仁矣，无恶也。"

【译文】

孔子说："如果立志追求仁德，就不会去做坏事。"

【原文】

子曰："富与贵，是人之所欲也，不以其道得之，不处也。贫与贱，是人之所恶也，不以其道得之，不去也。君子去仁，恶乎成名①？君子无终食之间违仁，造次必于是②，颠沛必于是③。"

【注解】

①恶（wū）乎：怎样。②造次：急促、仓猝。③颠沛：用以形容人事困顿，社会动乱。

【译文】

孔子说："金钱和地位，是每个人都向往的，但是，以不正当的手段得到它们，君子不享受。贫困和卑贱，

富与贵是人之所欲也，不以其道得之，不处也。

是人们所厌恶的，但是，不通过正当的途径摆脱它们，君子是不会摆脱的。君子背离了仁的准则，怎么能够成名呢？君子不会有吃一顿饭的时间离开仁德，即使在匆忙紧迫的情况下也一定要遵守仁的准则，在颠沛流离的时候也和仁同在。"

【原文】

子曰："朝闻道①，夕死可矣。"

【注解】

①道：道理，指真理。

【译文】

孔子说："早晨能够得知真理，即使当晚死去，也没有遗憾。"

【原文】

子曰："君子怀德，小人怀土；君子怀刑，小人怀惠。"

君子怀德，小人怀土。

【译文】

孔子说："君子心怀的是仁德；小人则怀恋乡土。君子关心的是刑罚和法度，小人则关心私利。"

【原文】

子曰："不患无位，患所以立。不患莫己知，求为可知也。"

【译文】

孔子说："不愁没有职位，只愁没有足以胜任职务的本领。不愁没人知道自己，应该追求能使别人知道自己的本领。"

【原文】

子曰："参乎！吾道一以贯之①。"曾子曰："唯。"子出。门人问曰："何谓也？"曾子曰："夫子之道，忠恕而已矣②。"

【注解】

①贯：贯穿，贯通。如以绳穿物。②忠恕：据朱熹注，尽己之心以待人叫作"忠"，推己及人叫作"恕"。

不患无位，患所以立。

【译文】

孔子说："曾参呀！我的学说可以用一个根本的原则贯通起来。"曾参答道："是的。"孔子走出去以后，其他学生问道："这是什么意思？"曾参说："夫子的学说只不过是忠和恕罢了。"

【原文】

子曰："君子喻于义①，小人喻于利。"

【注解】

①喻：通晓，明白。

子曰：参乎！吾道一以贯之。

【译文】

孔子说："君子懂得大义，小人只懂得小利。"

【原文】

子曰："见贤思齐焉①，见不贤而内自省也②。"

【注解】

①贤：贤人，有贤德的人。齐：看齐。②省：反省，检查。

【译文】

孔子说："看见贤人就应该想着向他看齐；见到不贤的人，就要反省自己有没有类似的毛病。"

【原文】

子曰："事父母几谏①。见志不从，又敬不违，劳而不怨②。"

【注解】

①几（jī）：轻微，婉转。②劳：劳心；担忧。

【译文】

孔子说："侍奉父母，对他们的缺点应该委婉地劝止，如果自己的意见没有被采纳，仍然要对他们恭敬，不加违抗。只在心里忧愁而不怨恨。"

【原文】

子曰："父母在，不远游，游必有方。"

【译文】

孔子说："父母活着的时候，子女不远游外地；即使出远门，也必须要有一定的去处。"

事父母几谏。见志不从，又敬不违。

【原文】

子曰："三年无改于父之道，可谓孝矣。"

【译文】

孔子说："如果能够长时间地不改变父亲生前所坚持的准则，就可说做到了孝。"

【原文】

子曰："父母之年，不可不知也。一则以喜，一则以惧。"

【译文】

孔子说："父母的年纪不能不知道，一方面因其长寿而高兴，一方面又因其年迈而有所担忧。"

【原文】

子曰："君子欲讷于言而敏于行①。"

【注解】

①讷（nè）：说话迟钝。

【译文】

孔子说："君子说话应该谨慎，而行动要敏捷。"

孔子和他的弟子

孔子对一生各阶段的总结

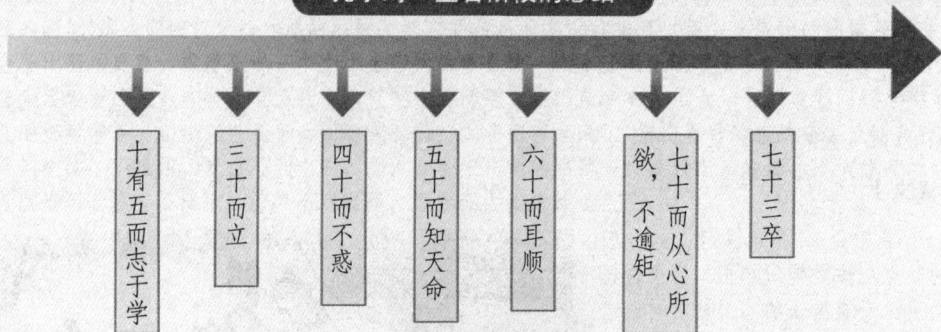

十有五而志于学 · 三十而立 · 四十而不惑 · 五十而知天命 · 六十而耳顺 · 七十而从心所欲，不逾矩 · 七十三卒

孔子有多少弟子

3000人之说

"委质为弟子者三千人，达徒七十二人。"《吕氏春秋·遇合》

"孔子以诗书礼乐教，弟子盖三千焉，身通六艺者七十有二人。"《史记》

"孔子弟子七十，养徒三千人，皆入孝出悌，言为文章，形为仪表，教之所成也。"《淮南子》

70人之说

"以德服人者，中心悦而诚服也，如七十子之服孔子也。"《孟子·公孙丑》

27人之说

钱穆作《孔子弟子通考》，将传世文献中能够落实的孔子弟子全列出来，确认有名字和籍贯记录的仅27人。

孔子弟子三千的说法，钱穆先生认为是捕风捉影的虚构，不足为信。

钱穆《孔子弟子通考》录行迹可考，有国邑的27个孔子弟子。

钱穆

公冶长篇第五

【原文】

　　孟武伯问："子路仁乎？"子曰："不知也。"又问。子曰："由也，千乘之国，可使治其赋也。不知其仁也。""求也何如？"子曰："求也，千室之邑，百乘之家，可使为之宰也①，不知其仁也。""赤也何如②？"子曰："赤也，束带立于朝，可使与宾客言也。不知其仁也。"

【注解】

①宰：古代县、邑一级的行政长官。卿大夫的家臣也叫宰。②赤：公西赤，字子华，孔子的学生。

【译文】

　　孟武伯问："子路算得上有仁德吗？"孔子说："不知道。"孟武伯又问一遍。孔子说："仲由呵，一个具备千辆兵车的大国，可以让他去负责军事。至于他有没有仁德，我就不知道了。"又问："冉求怎么样？"孔子说："求呢，一个千户规模的大邑，一个具备兵车百辆的大夫封地，可以让他当总管。至于他的仁德，我弄不清。"孟武伯继续问："公西赤怎么样？"孔子说："赤呀，穿上礼服，站在朝廷上，可以让他和宾客会谈。他仁不仁，我就不知道了。"

【原文】

　　子谓子贡曰："女与回也孰愈①？"对曰："赐也何敢望回？回也闻一以知十，赐也闻一以知二。"子曰："弗如也，吾与女弗如也②。"

【注解】

①愈：胜过，超过。②与：有两种解释：其一，同意、赞成；其二，和。此处取后一种说法。

【译文】

　　孔子对子贡说："你和颜回相比，哪个强一些？"子贡回答说："我怎么敢和颜回相比呢？颜回他听到一件事就可以推知十件事；我呢，听到一件事，只能推知两件事。"孔子说："赶不上他，我和你都赶不上他。"

子谓子贡曰：女与回也孰愈？

【原文】

　　宰予昼寝。子曰："朽木不可雕也，粪土之墙不可杇也①。于予与何诛②？"子曰："始吾于人也，听其言而信其行；今吾于人也，听其言而观其行。于予与改是。"

【注解】

①杇（wū）：同"圬"，指涂饰，粉刷。②与（yú）：语气词。诛：意为责备、批评。

【译文】

宰予在白天睡觉。孔子说:"腐朽了的木头不能雕刻,粪土一样的墙壁不能粉刷。对宰予这个人,不值得责备呀!"孔子又说:"以前,我对待别人,听了他的话便相信他的行为;现在,我对待别人,听了他的话还要观察他的行为。我是因宰予的表现而改变了对人的态度的。"

【原文】

子贡问曰:"孔文子何以谓之'文'也①?"子曰:"敏而好学,不耻下问,是以谓之'文'也。"

【注解】

①孔文子:卫国大夫,姓孔,名圉(yǔ),"文"是谥号。

【译文】

子贡问道:"孔文子为什么谥他'文'的称号呢?"孔子说:"他聪明勤勉,喜爱学习,不以向比自己地位低下的人请教为耻,所以谥他'文'的称号。"

敏而好学,不耻下问。

【原文】

子谓子产①:"有君子之道四焉:其行己也恭,其事上也敬,其养民也惠,其使民也义。"

【注解】

①子产:姓公孙,名侨,字子产,郑国大夫。做过正卿,是郑穆公的孙子,为春秋时郑国的贤相。

【译文】

孔子评论子产说:"他有四个方面符合君子的标准:他待人处世很谦恭,侍奉国君很负责认真,养护百姓有恩惠,役使百姓合乎情理。"

【原文】

季文子三思而后行①。子闻之,曰:"再,斯可矣。"

【注解】

①季文子:鲁国的大夫,姓季孙,名行父,"文"是谥号。

【译文】

季文子办事,要反复考虑多次后才行动。孔子听到后,说:"考虑两次就可以了。"

【原文】

子曰:"巧言、令色、足恭,左丘明耻之①,丘亦耻之。匿怨而友其人,左丘明耻之,丘亦耻之。"

子曰：巧言、令色、足恭，左丘明耻之，丘亦耻之。

【注解】

①左丘明：鲁国史官，姓左丘，名明。一说姓左，名丘明。相传是《春秋左氏传》和《国语》的作者。

【译文】

　　孔子说："花言巧语，面貌伪善，过分恭敬，这种人，左丘明认为可耻，我也认为可耻。把仇恨暗藏于心，表面上却同人要好，这种人，左丘明认为可耻，我也认为可耻。"

【原文】

　　颜渊、季路侍①。子曰："盍各言尔志？"子路曰："愿车马衣轻裘与朋友共，敝之而无憾。"颜渊曰："愿无伐善②，无施劳。"子路曰："愿闻子之志。"子曰："老者安之，朋友信之，少者怀之③。"

【注解】

①季路：即子路。②伐善：夸耀功劳。伐，夸耀。③怀：关怀，照顾。

【译文】

　　颜渊、季路在孔子身边。孔子说："你们为什么不各自谈谈自己的志向？"子路说："我愿意拿出自己的车马、穿的衣服，和朋友们共同使用，即使用坏了也不遗憾。"颜渊说："我愿意不夸耀自己的长处，不宣扬自己的功劳。"子路说："我们希望听听老师的志向。"孔子说："我愿老年人安度晚年，朋友之间相互信任，年幼的人得到照顾。"

雍也篇第六

【原文】

　　哀公问：“弟子孰为好学？”孔子对曰：“有颜回者好学，不迁怒①，不贰过②。不幸短命死矣③。今也则亡④，未闻好学者也。”

【注解】

①不迁怒：不把对此人的怒气发泄到彼人身上。②不贰过：“贰”是重复、一再的意思。这是说不犯同样的错误。③短命死矣：颜回死时年仅三十一岁。④亡：同“无”。

【译文】

　　鲁哀公问：“你的学生中谁最爱好学习？”孔子回答说：“有个叫颜回的最爱学习。他从不迁怒于别人，也不犯同样的过错。只是他不幸短命死了。现在没有这样的人了，再也没听到谁爱好学习的了。”

【原文】

　　子华使于齐①，冉子为其母请粟②，子曰：“与之釜③。”请益，曰：“与之庾④。”冉子与之粟五秉⑤。子曰：“赤之适齐也，乘肥马，衣轻裘。吾闻之也，君子周急不继富。”

子华使于齐。

【注解】

①子华：孔子的学生，姓公西，名赤，字子华，鲁国人。②冉子：姓冉，名求，字子有，鲁国人。粟：小米。③釜：古代量器，六斗四升为一釜。④庾（yǔ）：古代量器，二斗四升为一庾。⑤秉（bǐng）：古代量器，十六斛为一秉。一斛为十斗。

【译文】

　　子华出使齐国，冉有替子华的母亲向孔子请求补助一些小米。孔子说：“给她六斗四升。”冉有请求再增加一些，孔子说：“再给她二斗四升。”冉有却给了她八百斗。孔子说：“公西赤到齐国去，骑肥马，穿着又轻又暖和的皮袍。我听人说：君子应该救济有紧急需要的穷人，而不应该给富人添富。”

【原文】

　　子曰：“贤哉，回也！一箪食①，一瓢饮，在陋巷，人不堪其忧，回也不改其乐。贤哉，回也！”

【注解】

①箪（dān）：古代盛饭的竹器。

【译文】

　　孔子说：“真是个大贤人啊，颜回！用一个竹筐盛饭，用一只瓢喝水，住在简陋的巷子里。别人

谁能出不由户？何莫由斯道也。

都忍受不了那穷困的忧愁，颜回却能照样快活。真是个大贤人啊，颜回！"

【原文】

子曰："谁能出不由户？何莫由斯道也？"

【译文】

孔子说："谁能够走出屋子而不经过房门呢？为什么没有人走这条必经的仁义之路呢？"

【原文】

子曰："质胜文则野，文胜质则史。文质彬彬①，然后君子。"

【注解】

①文质彬彬（bīn）：文质配合适当。

【译文】

孔子说："质朴多于文采就难免显得粗野，文采超过了质朴又难免流于虚浮，文采和质朴完美地结合在一起，这才能成为君子。"

【原文】

子曰："人之生也直，罔之生也幸而免①。"

【注解】

①罔：诬罔不直的人。

【译文】

孔子说："人凭着正直生存在世上，不正直的人也能生存，那是靠侥幸避免了祸害啊。"

【原文】

子曰："知之者不如好之者，好之者不如乐之者。"

【译文】

孔子说："（对于任何学问、知识、技艺等）知道它的人，不如爱好它的人；爱好它的人，又不如以它为乐的人。"

【原文】

子曰："中人以上，可以语上也①；中人以下，不可以语上也。"

【注解】

①语（yù）：告诉，讲说，谈论。

知之者不如好之者。

【译文】

孔子说："中等以上资质的人，可以给他讲授高深的学问；而中等以下资质的人，不可以给他讲授高深的学问。"

【原文】

樊迟问知①，子曰："务民之义，敬鬼神而远之②，可谓知矣。"问仁，曰："仁者先难而后获，可谓仁矣。"

【注解】

①樊迟：孔子的学生，姓樊，名须，字子迟。②远（yuàn）：作及物动词，疏远，避开。

【译文】

樊迟问怎么样才算聪明，孔子说："努力从事人民认为合理的工作，尊敬鬼神，但要疏远它们，这

樊迟问知。子曰：务民之义。

样可以称得上是聪明了。"樊迟又问怎么样叫作有仁德，孔子说："有仁德的人先付出艰苦的努力，然后得到收获，这样可以说是有仁德了。"

【原文】

子曰："知者乐水①，仁者乐山。知者动，仁者静。知者乐，仁者寿。"

【注解】

①乐（lè）：喜爱。

子曰：觚不觚，觚哉！觚哉！

【译文】

孔子说："聪明的人乐于水，仁德的人乐于山。聪明的人爱好活动，仁德的人爱好沉静。聪明的人活得快乐，仁德的人长寿。"

【原文】

子曰："齐一变，至于鲁；鲁一变，至于道。"

【译文】

孔子说："齐国的政治一有改革，便可以达到鲁国的这个样子；鲁国一有改革，就可以达到合符大道的境界了。"

【原文】

子曰："觚不觚，觚哉！觚哉！"

【译文】

孔子说："觚不像个觚的样子，这还叫觚吗！这还叫觚吗！"

【原文】

子曰："君子博学于文，约之以礼，亦可以弗畔矣夫^①！"

【注解】

①畔：通"叛"。矣夫：语气词，表示较强烈的感叹。

【译文】

孔子说："君子广泛地学习文化知识，再用礼来加以约束，这样也就不会离经叛道了。"

述而篇第七

【原文】

子曰："述而不作，信而好古，窃比于我老彭①。"

【注解】

①比于我老彭：把自己比作老彭。我，表示亲近。老彭，商代的贤大夫彭祖。

【译文】

孔子说："阐述而不创作，相信并喜爱古代文化，我私下里把自己比作老彭。"

【原文】

子曰："默而识之①，学而不厌，诲人不倦，何有于我哉？"

【注解】

①识（zhì）：通"志"，记住。

【译文】

孔子说："把所见所闻默默地记在心上，努力学习而从不满足，教导别人而不知疲倦，这些事我做到了多少呢？"

子曰：默而识之，学而不厌，诲人不倦，何有于我哉。

【原文】

子曰："德之不修，学之不讲，闻义不能徙，不善不能改，是吾忧也。"

【译文】

孔子说："不去培养品德，不去讲习学问，听到义在那里却不能去追随，有缺点而不能改正，这些都是我所忧虑的。"

【原文】

子曰："不愤不启①，不悱不发②。举一隅不以三隅反，则不复也。"

【注解】

①愤：思考问题时有疑难想不通。②悱（fěi）：想表达却说不出来。发：启发。

【译文】

孔子说："教导学生，不到他冥思苦想仍不得其解的时候，不去开导他；不到他想说却说不出来的时候，不去启发他。给他指出一个方面，如果他不能由此推知其他三个

子曰：不愤不启，不悱不发。举一隅不以三隅反，则不复也。

方面，就不再教他了。"

【原文】

子在齐闻《韶》①，三月不知肉味②。曰："不图为乐之至于斯也！"

【注解】

①《韶》：相传是大舜时的乐章。②三月：很长时间。"三"是虚数。

【译文】

孔子在齐国听到《韶》这种乐曲后，很长时间内即使吃肉也感觉不到肉的滋味，他感叹道："没想到音乐欣赏竟然能达到这样的境界！"

子在齐闻《韶》，三月不知肉味。

【原文】

子曰："饭疏食①，饮水，曲肱而枕之②，乐亦在其中矣。不义而富且贵，于我如浮云。"

【注解】

①饭：吃。名词用作动词。疏食：糙米饭。②肱（gōng）：胳膊。

【译文】

孔子说："吃粗粮，喝清水，弯起胳膊当枕头,这其中也有着乐趣。而通过干不正当的事得来的富贵，对于我来说就像浮云一般。"

【原文】

子曰："加我数年①，五十以学《易》②，可以无大过矣。"

【注解】

①加：这里通"假"字，给予的意思。②《易》：《易经》，又称《周易》，古代一部用以占筮（卜卦）的书，其中卦辞和爻辞是孔子以前的作品。

【译文】

孔子说："给我增加几年的寿命，让我在五十岁的时候去学习《易经》，就可以没有大过错了。"

【原文】

叶公问孔子于子路①，子路不对。子曰："女奚不曰②：其为人也，发愤忘食，乐以忘忧，不知老之将至云尔③。"

【注解】

①叶（shè）公：楚国大夫沈诸梁，字子高。封地在叶邑，今河南叶县南三十里有古叶城。②奚（xī）：何，为什么，怎么。③云尔：云，如此。尔，同"耳"，而已。

【译文】

叶公问子路孔子是个怎样的人，子路没有回答。孔子说："你为什么不这样说：他的为人，发愤用功到连吃饭都忘了，快乐得忘记了忧愁，不知道衰老将要到来，如此等等。"

【原文】

子曰："三人行^①，必有我师焉。择其善者而从之^②，其不善者而改之。"

【注解】

①行：行走。②善：优点。从：顺从，学习。

【译文】

孔子说："三个人同行，其中必定有人可以作为值得我学习的老师。我选取他的优点而学习，如发现他的缺点则引以为戒而加以改正。"

【原文】

子以四教：文，行^①，忠，信。

【注解】

①行（xìng）：作名词用，指德行。

【译文】

孔子以四项内容来教导学生：文化知识、履行所学之道的行动、忠诚、守信。

【原文】

子钓而不纲^①，弋不射宿^②。

【注解】

①纲：动词，用大绳系住网，断流以捕鱼。②弋（yì）：用带生丝的箭来射鸟。宿：归巢歇宿的鸟。

【译文】

孔子只用鱼竿钓鱼，而不用大网来捕鱼；用带绳的箭射鸟，但不射归巢栖息的鸟。

子钓而不纲，弋不射宿。

【原文】

子曰："奢则不孙^①，俭则固^②。与其不孙也，宁固。"

【注解】

①孙（xùn）：同"逊"，恭顺。不孙，即为不逊，这里指"越礼"。②固：简陋、鄙陋，这里是寒酸的意思。

【译文】

孔子说："奢侈豪华就会显得不谦逊，省俭朴素则会显得寒伧。与其不谦逊，宁可寒伧。"

【原文】

子曰："君子坦荡荡，小人长戚戚。"

【译文】

孔子说："君子的心地开阔宽广，小人却总是心地局促，带着烦恼。"

泰伯篇第八

【原文】

子曰："泰伯①，其可谓至德也已矣。三以天下让，民无得而称焉。"

【注解】

①泰伯：又叫太伯，周朝祖先古公亶父的长子。古公有三个儿子：泰伯、仲雍、季历。季历的儿子就是姬昌（周文王）。传说古公预见到姬昌的圣德，想打破惯例把君位传给幼子季历。长子泰伯为使父亲愿望实现，便偕同仲雍出走他国，使季历和姬昌顺利即位，后来姬昌之子统一了天下。

【译文】

孔子说："泰伯，那可以说是道德最崇高的人了。他多次把社稷辞让给季历，人民简直都找不出恰当的词语来称颂他。"

【原文】

子曰："恭而无礼则劳，慎而无礼则葸①，勇而无礼则乱，直而无礼则绞②。君子笃于亲③，则民兴于仁，故旧不遗，则民不偷④。"

【注解】

①葸（xǐ）：拘谨、畏惧的样子。②绞：说话尖刻，出口伤人。③笃：厚待，真诚。④偷：淡薄，不厚道。

【译文】

孔子说："一味恭敬而不知礼，就未免会劳倦疲乏；只知谨慎小心，却不知礼，便会胆怯多惧；只是勇猛，却不知礼，就会莽撞作乱，心直口快却不知礼，便会尖利刻薄。君子能用深厚的感情对待自己的亲族，民众中则会兴起仁德的风气；君子不遗忘背弃他的故交旧朋，那民众便不会对人冷淡漠然了。"

【原文】

曾子有疾，召门弟子曰："启予足①，启予手，《诗》云：'战战兢兢，如临深渊，如履薄冰②。'而今而后，吾知免夫！小子！"

【注解】

①启：通"晵"，看。②"战战兢兢"三句：见《诗经·小雅·小旻》。

【译文】

曾子生病，把他的弟子召集过来，说道："看看我的脚！看看我的手！《诗》上说：'战战兢兢，好像面临着深渊，好像走在薄薄的冰层上。'从今以后，我才知道自己可以免于祸害刑戮了！学生们！"

曾子有疾，召门弟子。

【原文】

　　曾子有疾，孟敬子问之①。曾子言曰："鸟之将死，其鸣也哀；人之将死，其言也善。君子所贵乎道者三：动容貌，斯远暴慢矣；正颜色，斯近信矣；出辞气，斯远鄙倍矣②。笾豆之事③，则有司存④。"

【注解】

①孟敬子：鲁国大夫仲孙捷。②鄙倍：鄙陋，错误。倍，通"背"，背理，错误。③笾豆：祭礼中使用的器皿，笾是竹制的，豆是木制的。笾豆之事，在此代表礼仪中的一切具体细节。④有司：主管祭祀的官吏。

【译文】

　　曾子生病了，孟敬子去探问他。曾子说："鸟将要死时，鸣叫声是悲哀的；人将要死时，说出的话是善意的。君子所应当注重的有三个方面：使自己的容貌庄重严肃，这样就可以避免别人的粗暴和怠慢；使自己面色端庄严正，这样就容易使人信服；讲究言辞和声气，这样就可以避免粗野和错误。至于礼仪中的细节，自有主管部门的官吏在那里。"

【原文】

　　曾子曰："士不可以不弘毅①，任重而道远。仁以为己任，不亦重乎？死而后已，不亦远乎？"

【注解】

①弘毅：弘大刚毅。

【译文】

　　曾子说："士人不可以不弘大刚毅，因为他肩负的任务重大而路程遥远。把实现仁德作为自己的任务，难道不是重大吗？到死方才停止下来，难道不是遥远吗？"

【原文】

　　子曰："兴于诗①，立于礼②，成于乐③。"

【注解】

①兴：兴起，开始。②立：成立，建立。③成：完成。

【译文】

　　孔子说："从学习《诗》开始，把礼作为立身的根基，掌握音乐使所学得以完成。"

【原文】

　　子曰："不在其位，不谋其政。"

【译文】

　　孔子说："不在那个职位上，就不考虑它的政务。"

【原文】

　　子曰："学如不及，犹恐失之。"

【译文】

　　孔子说："学习就像追赶什么似的，生怕赶不上，学到了还唯恐会丢失了。"

子罕篇第九

【原文】

子绝四：毋意①，毋必②，毋固③，毋我④。

【注解】

①意：通"臆"，主观地揣测。②必：绝对。③固：固执。④我：自以为是。

【译文】

孔子杜绝了四种毛病：不凭空臆测，不武断绝对，不固执拘泥，不自以为是。

【原文】

颜渊喟然叹曰①："仰之弥高②，钻之弥坚，瞻之在前，忽焉在后。夫子循循然善诱人③，博我以文，约我以礼，欲罢不能。既竭吾才，如有所立卓尔④。虽欲从之，末由也已⑤。"

【注解】

①喟（kuì）然：叹气的样子。②弥：更加，越发。③循循然：有步骤地。④卓尔：高高直立的样子。尔，相当于"然"。⑤末：无。

夫子循循然善诱人。

【译文】

颜渊感叹地说："我的老师啊，他的学问道德，抬头仰望，越望越觉得高；努力钻研，越钻研越觉得深。看着好像在前面，忽然又像在后面了。老师善于有步骤地引导我们，用各种文献来丰富我们的知识，用礼来约束我们的行为，我们想要停止学习都不可能。我已经用尽自己的才力，似乎有一个高高的东西立在我的前面。虽然我想要追随上去，却找不到可循的路径。"

【原文】

子疾病，子路使门人为臣①。病间②，曰："久矣哉，由之行诈也！无臣而为有臣。吾谁欺？欺天乎？且予与其死于臣之手也，无宁死于二三子之手乎？且予纵不得大葬③，予死于道路乎？"

【注解】

①为臣：臣，指家臣，总管。孔子当时不是大夫，没有家臣，但子路叫门人充当孔子的家臣，准备由此人负责总管安葬孔子之事。②病间（jiàn）：病情减轻。间，空隙，引申为有时间距离，再引申为疾病稍愈。③大葬：指大夫的隆重葬礼。

【译文】

孔子病重，子路让孔子的学生充当家臣准备料理丧事。后来，孔子的病好些了，知道了这事，说："仲由做这种欺诈的事情很久啦！我没有家臣而冒充有家臣。我欺骗谁呢？欺骗上天吗？况且我与其死在家臣手中，也宁可死在你们这些学生手中啊！而且我纵使不能按照大夫的葬礼来安葬，难道会死在路上吗？"

【原文】

子在川上曰："逝者如斯夫！不舍昼夜。"

【译文】

孔子站在河边，说："消逝的时光就像这河水一样呀，日夜不停地流去。"

【原文】

子曰："吾未见好德如好色者也。"

【译文】

孔子说："我没有见过像好色那样好德的人。"

【原文】

子曰："譬如为山，未成一篑①，止，吾止也。譬如平地，虽覆一篑，进，吾往也。"

【注解】

①篑（kuì）：盛土的筐子。

【译文】

孔子说："好比堆土成山，只差一筐土就完成了，这时停下来，是我自己要停下来的。又好比平整土地，虽然只倒下一筐土，如果决心继续，还是要自己去干的。"

【原文】

子曰："语之而不惰者①，其回也与②！"

【注解】

①语（yù）：告诉。②与：同"欤"。

【译文】

孔子说："听我说话而能始终不懈怠的，大概只有颜回吧！"

子曰：譬如为山，未成一篑，止，吾止也。

【原文】

子谓颜渊，曰："惜乎！吾见其进也，未见其止也。"

【译文】

孔子谈到颜渊，说："可惜啊！我看到他不断地前进，没有看到过他停止。"

【原文】

子曰："苗而不秀者有矣夫①！秀而不实者有矣夫②！"

【注解】

①苗：庄稼出苗。秀：吐穗开花。②实：结果实。

【译文】

孔子说："有只长苗而不开花的吧！有开了花却不结果实的吧！"

【原文】

子曰："后生可畏，焉知来者之不如今也？四十、五十而无闻焉，斯亦不足畏也已。"

【译文】

孔子说："年轻人是可敬畏的，怎么知道他们将来赶不上现在的人呢？一个人如果到了四五十岁的时候还没有什么名望，这样的人也就不值得敬畏了。"

后生可畏。

【原文】

子曰："三军可夺帅也^①，匹夫不可夺志也^②。"

【注解】

①三军：古代大国三军，每军一万二千五百人。②匹夫：男子汉，泛指普通老百姓。

【译文】

孔子说："一国的军队，可以强行使它丧失主帅；一个男子汉，却不可能强行夺去他的志向。"

【原文】

子曰："岁寒，然后知松柏之后凋也^①。"

【注解】

①凋：凋零。

【译文】

孔子说："寒冷的季节到了，才知道松柏的叶子是最后凋零的。"

岁寒，然后知松柏之后凋也。

【原文】

子曰："知者不惑，仁者不忧，勇者不惧。"

【译文】

孔子说："聪明的人不疑惑，仁德的人不忧愁，勇敢的人不畏惧。"

【原文】

子曰："可与共学，未可与适道；可与适道，未可与立^①；可与立，未可与权^②。"

【注解】

①立：立于道而不变，即坚守道。②权：本义为秤锤，引申为权衡轻重，随机应变。

【译文】

孔子说："可以和自己一同学习的人，未必可以和自己走共同的道路；可以和自己走共同的道路，未必可以和自己事事依礼而行；可以和自己事事依礼而行，未必可以和自己一起变通灵活处事。"

孔子思想的道德观

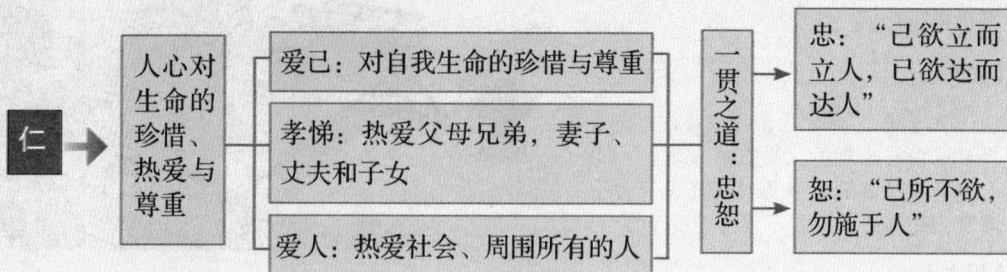

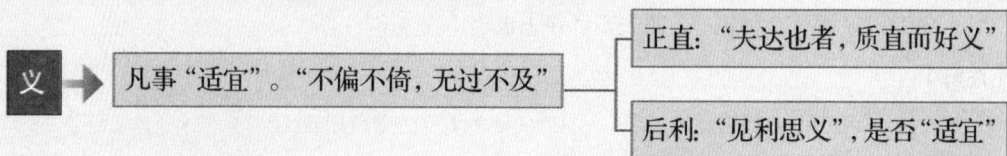

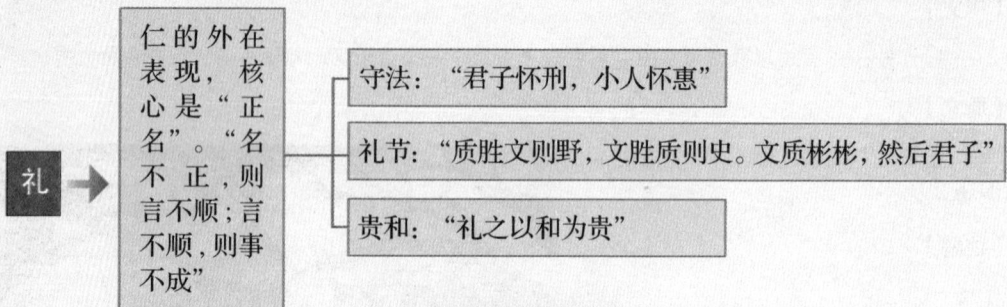

仁 → 人心对生命的珍惜、热爱与尊重

- 爱己：对自我生命的珍惜与尊重
- 孝悌：热爱父母兄弟，妻子、丈夫和子女
- 爱人：热爱社会、周围所有的人

一贯之道：忠恕

- 忠："己欲立而立人，己欲达而达人"
- 恕："己所不欲，勿施于人"

义 → 凡事"适宜"。"不偏不倚，无过不及"

- 正直："夫达也者，质直而好义"
- 后利："见利思义"，是否"适宜"

礼 → 仁的外在表现，核心是"正名"。"名不正，则言不顺；言不顺，则事不成"

- 守法："君子怀刑，小人怀惠"
- 礼节："质胜文则野，文胜质则史。文质彬彬，然后君子"
- 贵和："礼之以和为贵"

道德的本质

寝不尸

居不客

"寝不尸，居不客"，即使睡姿和在家中坐姿这样不为外人所知的家居小节，孔子也是十分重视的，不会人前一套，人后一套，这即是孔子"慎独"的体现。

道德的本质是自律。"求仁而得仁"，"我欲仁，斯仁致矣"。孔子认为，道德在于君子的理性自觉，并主张君子应该"慎独"。

乡党篇第十

【原文】

入公门，鞠躬如也①，如不容。立不中门②，行不履阈③。过位，色勃如也，足躩如也，其言似不足者。摄齐升堂④，鞠躬如也，屏气似不息者⑤。出，降一等，逞颜色，怡怡如也。没阶，趋进，翼如也。复其位，踧踖如也。

入公门，鞠躬如也。

【注解】

①鞠躬：此不作曲身讲，而是形容谨慎恭敬的样子。②中门：中于门，表示在门的中间。"中"用作动词。③阈（yù）：门限，即门槛。④摄齐（zī）：提起衣裳的下摆。齐，衣裳的下摆。⑤屏（bǐng）气：憋住气。

【译文】

孔子走进朝堂的大门，显出小心谨慎的样子，好像没有容身之地。他不站在门的中间，进门时不踩门槛。经过国君的座位时，脸色变得庄重起来，脚步也快起来，说话的声音低微得像气力不足似的。他提起衣服的下摆走上堂去，显得小心谨慎，憋住气，好像不呼吸一样。走出来，下了一级台阶，面色舒展，怡然和乐。走完了台阶，快步向前，姿态好像鸟儿展翅一样。回到自己的位置，显得恭敬而不安的样子。

【原文】

执圭①，鞠躬如也，如不胜。上如揖，下如授。勃如战色，足蹜蹜②，如有循。享礼③，有容色。私觌④，愉愉如也。

【注解】

①圭（guī）：一种玉器，上圆下方。举行典礼时，君臣都拿着。②蹜（sù）蹜：脚步细碎紧凑，宛如迈不开步一样。③享礼：使者向所访问的国家献礼物的礼节。④觌（dí）：会见。

【译文】

（孔子出使到别的诸侯国，行聘问礼时）拿着圭，恭敬而谨慎，好像拿不动一般。向上举圭时好像在作揖，向下放圭时好像在交给别人。神色庄重，战战兢兢；脚步紧凑，好像在沿着一条线行走。献礼物的时候，和颜悦色。私下里和外国君臣会见时，则显得轻松愉快。

【原文】

食不厌精，脍不厌细①。食饐而餲②，鱼馁而肉败③，不食。色恶，不食。臭恶④，不食。失饪⑤，不食。不时，不食。割不正，不食。不得其酱，不食。肉虽多，不使胜食气⑥。唯酒无量，不及乱。沽酒市脯⑦，不食。不撤姜食，不多食。

【注解】

①脍（kuài）：切过的鱼或肉。
②餲（yì）：食物经久发臭。餲（ài）：食物经久变味。③馁（něi）：鱼腐烂。败：肉腐烂。④臭：气味。
⑤饪（rèn）：煮熟。⑥食气（xì）：饭料，即主食。气，同"饩"。
⑦脯（fǔ）：肉干。

【译文】

　　粮食不嫌舂得精，鱼和肉不嫌切得细。粮食腐败发臭，鱼和肉腐烂，都不吃。食物颜色难看，不吃。气味难闻，不吃。烹调不当，不吃。不到该吃饭时，不吃。切割方式不得当的食物，不吃。没有一定的酱醋调料，不吃。席上的肉虽多，吃它不超过主食。只有酒不限量，但不能喝到神志昏乱的地步。从市上买来的酒和肉干，不吃。吃完了，姜不撤除，但吃得不多。

食不厌精，脍不厌细。

【原文】

　　祭于公，不宿肉①。祭肉不出三日。出三日，不食之矣。

【注解】

①不宿肉：从公家分回的祭肉（胙），不要留着过夜。

祭于公，不宿肉。

【译文】

　　参加国家祭祀典礼，分到的祭肉（当天就食用，）不放过夜。一般祭肉的留存不超过三天。放超过了三天，就不吃了。

【原文】

　　食不语，寝不言。

【译文】

　　吃饭的时候不谈话，睡觉的时候不言语。

【原文】

　　厩焚。子退朝，曰："伤人乎？"不问马。

【译文】

　　马厩失火了。孔子退朝回来，说："伤到人了吗？"没问马怎么样了。

先进篇第十一

【原文】

季康子问："弟子孰为好学？"孔子对曰："有颜回者好学，不幸短命死矣，今也则亡。"

【译文】

季康子问："你的学生中哪个好学用功呢？"孔子回答说："有个叫颜回的学生好学用功，不幸短命早逝了，现在没有这样的人了。"

【原文】

季路问事鬼神，子曰："未能事人，焉能事鬼？"曰："敢问死①。"曰："未知生，焉知死？"

【注解】

①敢：冒昧之词，用于表敬。

季康子问：弟子孰为好学？

【译文】

季路问服侍鬼神的方法。孔子说："人还不能服侍，怎么能去服侍鬼神呢？"季路又说："敢问死是怎么回事。"孔子说："对生都知道得不清楚，哪里能知道死呢？"

【原文】

子贡问："师与商也孰贤？"子曰："师也过，商也不及。"曰："然则师愈与？"子曰："过犹不及。"

【译文】

子贡问道："颛孙师（即子张）与卜商（即子夏）谁更优秀？"孔子说："颛孙师有些过分，卜商有些赶不上。"子贡说："这么说颛孙师更强一些吗？"孔子说："过分与赶不上同样不好。"

子曰：师也过，商也不及。

【原文】

季氏富于周公①，而求也为之聚敛而附益之②。子曰："非吾徒也，小子鸣鼓而攻之可也。"

【注解】

①周公：泛指周天子左右的卿士。一说为周公旦。②聚敛：积聚和收集钱财，即搜刮。

【译文】

季氏比周天子左右的卿士还富有，可是冉求还为他搜刮，再增加他的财富。孔子说："冉求不是我的学生，你们大家可以大张旗鼓地去攻击他。"

【原文】

子路问："闻斯行诸？"子曰："有父兄在，如之何其闻斯行之？"冉有问："闻斯行诸？"子曰："闻斯行之。"公西华曰："由也问'闻斯行诸'，子曰'有父兄在'；求也问'闻斯行诸'，子曰'闻斯行之'。赤也惑，敢问。"子曰："求也退[1]，故进之；由也兼人[2]，故退之。"

子曰：求也退，故进之；由也兼人，故退之。

【注解】

①求也退：冉有性懦弱，遇事退缩不前。②由也兼人：子路好勇过人。

【译文】

子路问："一听到就行动吗？"孔子说："父亲和兄长都在，怎么能听到就行动呢？"冉有问："一听到就行动吗？"孔子说："一听到就行动。"公西华说："仲由问'一听到就行动吗'，您说'父亲和兄长都在，怎么能一听到就行动呢'；冉求问'一听到就行动吗'，您说'一听到就行动'。我有些糊涂了，斗胆想问问老师。"孔子说："冉求平日做事退缩，所以我激励他；仲由好勇胜人，所以我要压压他。"

【原文】

子路、曾皙、冉有、公西华侍坐[1]。子曰："以吾一日长乎尔[2]，毋吾以也。居则曰[3]：'不吾知也！'如或知尔，则何以哉？"

子路率尔而对曰[4]："千乘之国，摄乎大国之间[5]，加之以师旅，因之以饥馑[6]，由也为之，比及三年[7]，可使有勇，且知方也[8]。"夫子哂之[9]。

"求，尔何如？"对曰："方六十，如五六十[10]，求也为之，比及三年，可使足民。如其礼乐，以俟君子。"

"赤，尔何如？"对曰："非曰能之，愿学焉。宗庙之事，如会同，端章甫[11]，愿为小相焉[12]。"

子路、曾皙、冉有、公西华侍坐。

"点，尔何如？"鼓瑟希[13]，铿尔，舍瑟而作[14]，对曰："异乎三子者之撰[15]。"子曰："何伤乎？亦各言其志也。"曰："莫春者[16]，春服既成，冠者五六人，童子六七人，浴乎沂[17]，风乎舞雩[18]，咏而归。"夫子喟然叹曰[19]："吾与点也[20]！"

三子者出，曾皙后。曾皙曰："夫三子者之言何如？"子曰："亦各言其志也已矣。"曰："夫子何哂由也？"曰："为国以礼，其言不让，是故哂之。""唯求则非邦也与[21]？""安见方六七十如五六十而非邦也者？""唯赤则非邦也与？""宗庙会同，非诸侯而何？赤也为之小[22]，孰能为之大？"

【注解】

①曾晳：名点，字子晳，曾参的父亲，也是孔子的学生。②以：认为。尔：你们。③居：平日。④率尔：轻率，急切。⑤摄：迫近。⑥因：仍，继。饥馑（jǐn）：饥荒。⑦比及：等到。⑧方：方向，指道义。⑨哂（shěn）：讥讽的微笑。⑩如：或者。⑪端：玄端，古代礼服的名称。章甫：古代礼帽的名称。⑫相（xiàng）：傧相，祭祀和会盟时主持赞礼和司仪的官。相有卿、大夫、士三级，小相是最低的士一级。⑬希：同"稀"，指弹瑟的速度放慢，节奏逐渐稀疏。⑭作：站起来。⑮异乎：不同于。撰：具，述。⑯莫（mù）春：夏历三月。莫，同"暮"。⑰沂（yí）：水名，发源于山东南部，流经江苏北部入海。⑱风：迎风纳凉。舞雩（yú）：地名，原是祭天求雨的地方，在今山东曲阜。⑲喟（kuì）然：长叹的样子。⑳与：赞许，同意。㉑唯：语首词，没有什么意义。㉒之：相当于"其"。

子路率尔而对曰：千乘之国，摄乎大国之间，加之以师旅，因之以饥馑；由也为之，比及三年，可使有勇，且知方也。

莫春者，春服既成。冠者五六人，童子六七人，浴乎沂，风乎舞雩，咏而归。

【译文】

　　子路、曾晳、冉有、公西华四人陪同孔子坐着。孔子说："我比你们年龄都大，你们不要因为我在这里就不敢尽情说话。你们平时总爱说没有人了解自己。如果有人了解你们，那你们怎么办呢？"

　　子路轻率而急切地回答说："如果有一个千乘之国，夹在几个大国之间，外面有军队侵犯它，国内又连年灾荒，我去治理它，只要三年，就可以使那里人人有勇气、个个懂道义。"孔子听后讥讽地笑了一笑。

　　又问："冉求，你怎么样？"回答说："方圆六七十里或五六十里的小国家，我去治理它，等到三年，可以使人民富足。至于礼乐方面，只有等待贤人君子来施行了。"

　　孔子又问："公西赤，你怎么样？"回答说："不敢说我有能力，只是愿意学习罢了。宗庙祭祀或者同外国盟会，我愿意穿着礼服，戴着礼帽，做一个小傧相。"

　　孔子接着问："曾点！你怎么样？"他弹瑟的节奏逐渐稀疏，"铿"的一声放下瑟站起来，回答道："我和他们三位所说的不一样。"孔子说："那有什么妨碍呢？也不过是各人谈谈志愿罢了。"曾晳说："暮春三月的时候，春天的衣服都穿在身上了，我和五六位成年人，还有六七个儿童一起，在沂水岸边洗洗澡，在舞雩台上吹风纳凉，唱着歌儿走回来。"孔子长叹一声说："我赞赏你的主张。"

　　子路、冉有、公西华三个人都出来了，曾晳后走。他问孔子："他们三位同学的话怎么样？"孔子说："也不过各人谈谈自己的志愿罢了。"曾晳说："您为什么讥笑仲由呢？"孔子说："治理国家应该注意礼仪，他的话一点也不谦逊，所以笑他。"曾晳又问："难道冉求所讲的不是有关治理国家的事吗？"孔子说："怎么见得方圆六七十里或五六十里的地方就算不上一个国家呢？"曾晳再问："公西赤讲的就不是国家吗？"孔子说："有宗庙、有国家之间的盟会，不是国家是什么？公西华只能做小傧相，谁能做大傧相呢？"

颜渊篇第十二

【原文】

　　颜渊问仁，子曰："克己复礼为仁①。一日克己复礼，天下归仁焉。为仁由己，而由人乎哉？"

　　颜渊曰："请问其目。"子曰："非礼勿视，非礼勿听，非礼勿言，非礼勿动。"

　　颜渊曰："回虽不敏，请事斯语矣。"

【注解】

①克己复礼：克制自己，使自己的行为归到礼的方面去，即合于礼。复礼，归于礼。

【译文】

　　颜渊问什么是仁。孔子说："抑制自己，使言语和行动都走到礼上来，就是仁。一旦做到了这些，天下的人都会称许你有仁德。实行仁德是由自己，难道是靠别人？"

　　颜渊说："请问实行仁德的具体途径。"孔子说："不合礼的事不看，不合礼的事不听，不合礼的事不言，不合礼的事不动。"

　　颜渊说："我虽然不聪敏，请让我照这些话去做。"

【原文】

　　仲弓问仁，子曰："出门如见大宾，使民如承大祭。己所不欲，勿施于人。在邦无怨①，在家无怨②。"

　　仲弓曰："雍虽不敏，请事斯语矣。"

【注解】

①邦：诸侯统治的国家。②家：卿大夫的封地。

【译文】

　　仲弓问什么是仁。孔子说："出门好像去见贵宾，役使民众好像去承担重大祀典。自己所不想要的事物，就不要强加给别人。在邦国做事没有抱怨，在卿大夫之家做事也无抱怨。"

　　仲弓说："我冉雍虽然不聪敏，请让我照这些话去做。"

【原文】

　　司马牛问仁，子曰："仁者，其言也讱①。"曰："其言也讱，斯谓之仁已乎？"子曰："为之难，言之得无讱乎？"

【注解】

①讱（rèn）：说话谨慎，不容易出口。

在邦无怨。

【译文】

　　司马牛问什么是仁，孔子说："仁人，他的言语显得谨慎。"司马牛说："言语谨慎，这就可以称作仁了吗？"孔子说："做起来难，说话能不谨慎吗？"

【原文】

　　司马牛问君子，子曰："君子不忧不惧。"曰："不忧不惧，斯谓之君子已乎？"子曰："内省不疚^①，夫何忧何惧？"

【注解】

①疚（jiù）：内心痛苦，惭愧。

【译文】

　　司马牛问怎样才是君子。孔子说："君子不忧愁，不恐惧。"司马牛说："不忧愁，不恐惧，这就叫君子了吗？"孔子说："内心反省而不内疚，那还有什么可忧虑和恐惧的呢？"

司马牛问仁。

【原文】

　　司马牛忧曰："人皆有兄弟，我独亡。"子夏曰："商闻之矣：'死生有命，富贵在天。'君子敬而无失，与人恭而有礼，四海之内皆兄弟也。君子何患乎无兄弟也？"

【译文】

　　司马牛忧愁地说："别人都有兄弟，唯独我没有。"子夏说："我听说过：'死生由命运决定，富贵在于上天的安排。'君子认真谨慎地做事，不出差错，对人恭敬而有礼貌，四海之内的人，就都是兄弟，君子何必担忧没有兄弟呢？"

【原文】

　　子张问明。子曰："浸润之谮^①，肤受之愬^②，不行焉，可谓明也已矣。浸润之谮，肤受之愬，不行焉，可谓远也已矣。"

【注解】

①浸润之谮（zèn）：像水浸润物件一样逐渐传播的谗言。谮，诬陷。②肤受之愬（sù）：像皮肤感受到疼痛一样的诬告，即诽谤。愬，同"诉"。

【译文】

　　子张问什么是明智。孔子说："暗中传播的谗言，切身感受的诽谤，在你这儿都行不通，就可以称得上明智了。暗中传播的谗言，切身感受的诽谤，在你这里都行不通，就可以说是有远见了。"

【原文】

　　子贡问政。子曰："足食，足兵^①，民信之矣。"子贡曰："必不得已而去，于斯三者何先？"曰："去兵。"子贡曰："必不得已而去，于斯二者何先？"曰："去食。自古皆有死，民

无信不立。"

【注解】

①兵：武器，指军备。

【译文】

　　子贡问怎样治理政事。孔子说："粮食充足，军备充足，民众信任政府。"子贡说："如果迫不得已要去掉一些，三项中先去掉哪一项呢？"孔子说："去掉军备。"子贡说："如果迫不得已，要在剩下的两项中去掉一项，先去掉哪一项呢？"孔子说："去掉粮食。自古以来，人都是要死的，如果没有民众的信任，那么国家就站立不住了。"

【原文】

　　棘子成曰①："君子质而已矣②，何以文为③？"子贡曰："惜乎，夫子之说君子也④！驷不及舌⑤。文犹质也，质犹文也。虎豹之鞟犹犬羊之鞟⑥。"

【注解】

①棘子成：卫国大夫。古代大夫尊称为"夫子"，故子贡以此称之。②质：质地，指思想品德。③文：文采，指礼节仪式。④说：谈论。⑤驷（sì）不及舌：话一出口，四匹马也追不回来，即"一言既出，驷马难追"。⑥鞟（kuò）：去毛的兽皮。

【译文】

　　棘子成说："君子有好本质就行啦，要文采做什么呢？"子贡说："可惜呀！夫子您这样谈论君子。一言既出，驷马难追。文采如同本质，本质也如同文采，二者是同等重要的。假如去掉虎豹和犬羊的有文采的皮毛，那这两样皮革就没有多大的区别了。"

君子质而已矣。

【原文】

　　哀公问于有若曰："年饥，用不足，如之何？"有若对曰："盍彻乎①？"曰："二，吾犹不足，如之何其彻也？"对曰："百姓足，君孰与不足②？百姓不足，君孰与足？"

【注解】

①盍（hé）彻乎：盍，何不。彻，西周时流行于诸侯国的一种田税制度。旧注曰："什一而税谓之彻。"②孰与：与谁，同谁。

【译文】

　　鲁哀公问有若说："年成歉收，国家备用不足，怎么办呢？"有若回答说："何不实行十分抽一的税率呢？"哀公说："十分抽二，尚且不够用，怎么能去实行十分抽一呢？"有若回答说："如果百姓用度足，国君怎么会用度不足呢？如果百姓用度不足，国君用度怎么会足呢？"

【原文】

　　子张问崇德辨惑①。子曰："主忠信②，徙义③，崇德也。爱之欲其生，恶之欲其死，既欲其生，又欲其死，是惑也。'诚不以富，亦祇以异④'。"

【注解】

①崇德：提高道德修养的水平。惑：迷惑，不分是非。②主忠信：以忠厚诚实为主。③徙义：向义靠拢。徙，迁移。
④诚不以富，亦祗以异：见《诗经·小雅·我行其野》。这两句诗引在这里，颇觉费解。有人认为是错简。今按朱熹
《四书集注》中解释译出。

【译文】

　　子张向孔子请教怎样去提高品德修养和辨别是非。孔子说："以忠厚诚实为主，行为总是遵循道义，
这就可以提高品德。对于同一个人，爱的时候希望他长期活下去；厌恶的时候，又希望他死去。既要
他长寿，又要他短命，这就是迷惑。'这样对自己实在是没有益处，也只能使人感到奇怪罢了'。"

【原文】

　　齐景公问政于孔子，孔子对
曰："君君，臣臣，父父，子子。"
公曰："善哉！信如君不君，臣不
臣，父不父，子不子，虽有粟，
吾得而食诸？"

【译文】

　　齐景公向孔子询问政治。孔子
回答说："国君要像国君，臣子要像
臣子，父亲要像父亲，儿子要像儿
子。"景公说："好哇！如果真的国
君不像国君，臣子不像臣子，父亲
不像父亲，儿子不像儿子，即使有粮食，我能够吃得着吗？"

君君，臣臣，父父，子子。

【原文】

　　子曰："片言可以折狱者①，其由也与？"子路无宿诺②。

【注解】

①折狱：即断案。狱，案件。②宿诺：拖了很久而没有兑现的诺言。宿，久。

【译文】

　　孔子说："根据单方面的供词就可以判决诉讼案件的，大概只有仲由吧？"子路没有说话不算数
的时候。

【原文】

　　子曰："听讼，吾犹人也。必也使无讼乎！"

【译文】

　　孔子说："审理诉讼案件，我同别人一样。重要的是必须使诉讼的案件根本不发生！"

【原文】

　　子张问政，子曰："居之无倦，行之以忠。"

【译文】

　　子张问怎样治理政事，孔子说："居于官位不懈怠，执行君令要忠实。"

子路篇第十三

【原文】

子路问政。子曰："先之，劳之。"请益，曰："无倦。"

【译文】

子路问为政之道。孔子说："自己先要身体力行带好头，然后让老百姓辛勤劳作。"子路请求多讲一些，孔子说："不要倦怠。"

【原文】

仲弓为季氏宰，问政，子曰："先有司，赦小过，举贤才。"曰："焉知贤才而举之？"子曰："举尔所知。尔所不知，人其舍诸？"

子路问政。子曰：先之，劳之。请益。曰：无倦。

【译文】

仲弓做了季氏的总管，问怎样管理政事，孔子说："自己先给下属各部门主管人员做出表率，原谅他人的小错误，提拔贤能的人。"仲弓说："怎么知道哪些人是贤能的人而去提拔他们呢？"孔子说："提拔你所知道的，那些你所不知道的，别人难道会埋没他吗？"

【原文】

子路曰："卫君待子而为政，子将奚先？"子曰："必也正名乎！"子路曰："有是哉，子之迂也！奚其正？"子曰："野哉，由也！君子于其所不知，盖阙如也①。名不正则言不顺，言不顺则事不成，事不成则礼乐不兴，礼乐不兴则刑罚不中②，刑罚不中则民无所措手足。故君子名之必可言也，言之必可行也。君子于其言，无所苟而已矣③。"

【注解】

①阙：通"缺"。缺而不言，存疑的意思。②中（zhòng）：得当。③苟：随便，马虎。

【译文】

子路说："卫国国君要您去治理国家，您打算先从哪些事情做起呢？"孔子说："首先必须正名分。"子路说："有这样做的吗？您真是太迂腐了。这名怎么正呢？"孔子说："仲由，真粗野啊。君子对于他所不知道的事情，总是采取存疑的态度。名分不正，说起话来就不顺当合理，说话不顺当合理，事情就办不成。事情办不成，礼乐也就不能兴盛。礼乐不能兴盛，刑罚的执行就不会得当。刑罚不得当，百姓就不知怎么办好。所以，君子一定要定下一个名分，必须能够说得明白，说出来一定能够行得通。君子对于自己的言行，是从不马虎对待的。"

【原文】

子曰:"其身正,不令而行;其身不正,虽令不从。"

【译文】

孔子说:"(作为管理者)如果自身行为端正,不用发布命令,事情也能推行得通;如果本身不端正,就是发布了命令,百姓也不会听从。"

其身正,不令而行。

【原文】

子适卫①,冉有仆②。子曰:"庶矣哉③!"冉有曰:"既庶矣,又何加焉④?"曰:"富之。"曰:"既富矣,又何加焉?"曰:"教之。"

【注解】

①适:往,到……去。②仆:动词,驾御车马。亦作名词用,指驾车的人。③庶:众多。④加:再,增加。

【译文】

孔子到卫国去,冉有为他驾车子。孔子说:"人口真是众多啊!"冉有说:"人口已经是如此众多了,又该再做什么呢?"孔子说:"使他们富裕起来。"冉有说:"已经富裕了,还该怎么做?"孔子说:"教育他们。"

子适卫,冉有仆。

【原文】

子曰:"苟正其身矣,于从政乎何有?不能正其身,如正人何?"

【译文】

孔子说:"如果端正了自己的言行,治理国家还有什么难的呢?如果不能端正自己,又怎么能去端正别人呢?"

【原文】

叶公问政,子曰:"近者说①,远者来。"

【注解】

①说：同"悦"。

【译文】

　　叶公问怎样治理国家。孔子说："让近处的人快乐满意，使远处的人闻风归附。"

【原文】

　　子夏为莒父宰①，问政，子曰："无欲速，无见小利。欲速则不达，见小利则大事不成。"

【注解】

①莒（jǔ）父：鲁国的一个城邑，在今山东省莒县境内。

叶公问政。子曰：近者说，远者来。

【译文】

　　子夏做了莒父地方的长官，问怎样治理政事。孔子说："不要急于求成，不要贪图小利。急于求成，反而达不到目的；贪小利则办不成大事。"

【原文】

　　子曰："君子和而不同①，小人同而不和。"

【注解】

①和：和谐，协调。同：人云亦云，盲目附和。

【译文】

　　孔子说："君子追求与人和谐而不是完全相同、盲目附和，小人追求与人相同、盲目附和而不能与人和谐。"

君子和而不同，小人同而不和。

【原文】

　　子曰："君子泰而不骄，小人骄而不泰。"

【译文】

　　孔子说："君子安详坦然而不骄矜凌人；小人骄矜凌人而不安详坦然。"

【原文】

　　子曰："刚、毅、木、讷，近仁。"

【译文】

　　孔子说："刚强、坚毅、质朴、慎言，具备了这四种品德的人便接近仁德了。"

宪问篇第十四

【原文】

子曰："士而怀居①，不足以为士矣。"

【注解】

①怀居：留恋家室的安逸。怀，思念，留恋。居，家居。

【译文】

孔子说："士人如果留恋安逸的生活，就不足以做士人了。"

【原文】

子曰："邦有道，危言危行①；邦无道，危行言孙②。"

【注解】

①危：直，正直。②孙（xùn）：通"逊"。

【译文】

孔子说："国家政治清明，言语正直，行为正直；国家政治黑暗，行为也要正直，但言语应谦逊谨慎。"

【原文】

子曰："有德者必有言，有言者不必有德。仁者必有勇，勇者不必有仁。"

子曰：邦有道，危言危行；邦无道，危行言孙。

【译文】

孔子说："有德的人一定有好的言论，但有好言论的人不一定有德。仁人一定勇敢，但勇敢的人不一定有仁德。"

【原文】

子路曰："桓公杀公子纠①，召忽死之，管仲不死。"曰："未仁乎？"子曰："桓公九合诸侯②，不以兵车，管仲之力也！如其仁③！如其仁！"

【注解】

①公子纠：齐桓公的哥哥。齐桓公曾与其争位，杀掉了他。②九合诸侯：指齐桓公多次召集诸侯盟会。③如：乃，就。

【译文】

子路说："齐桓公杀了公子纠，召忽自杀以殉，但管仲却没有死。"接着又说："管仲是不仁吧？"孔子说："桓公多次召集各诸侯国盟会，不用武力，都是管仲出的力。这就是他的仁德！这就是他的仁德！”

【原文】

子曰：“古之学者为己，今之学者为人。”

【译文】

孔子说：“古代学者学习是为了充实提高自己，现在的学者学习是为了装饰给别人看。”

【原文】

子曰：“不在其位，不谋其政①。”曾子曰：“君子思不出其位。”

古之学者为己。

【注解】

①这两句重出，见《泰伯篇第八》第十四章。

【译文】

孔子说：“不在那个职位上，就不去谋划那个职位上的政事。”曾子说：“君子所思虑的不越出他的职权范围。”

【原文】

子曰：“君子耻其言而过其行①。”

【注解】

①而：用法同“之”。

【译文】

孔子说：“君子把说得多做得少视为可耻。”

【原文】

子曰：“君子道者三，我无能焉：仁者不忧，知者不惑，勇者不惧。”子贡曰：“夫子自道也。”

【译文】

孔子说：“君子所遵循的三个方面，我都没能做到：仁德的人不忧愁，智慧的人不迷惑，勇敢的人不惧怕。”子贡说道：“这是老师对自己的描述。”

【原文】

子贡方人①，子曰：“赐也贤乎哉？夫我则不暇。”

【注解】

①方人：讥评、诽谤别人。

【译文】

子贡议论别人。孔子说："你端木赐就什么都好吗？我就没有这种闲暇。"

【原文】

子曰："不患人之不己知，患其不能也。"

【译文】

孔子说："不担心别人不知道自己，只担心自己没有能力。"

【原文】

子曰："骥不称其力①，称其德也。"

【注解】

①骥：千里马。

【译文】

孔子说："对于千里马不是称赞它的力气，而是要称赞它的品德。"

【原文】

或曰："以德报怨，何如？"子曰："何以报德？以直报怨，以德报德。"

子曰：骥不称其力，称其德也。

【译文】

有人说："用恩德来回报怨恨，怎么样？"孔子说："那用什么来回报恩德呢？用正直来回报怨恨，用恩德来回报恩德。"

【原文】

子曰："莫我知也夫！"子贡曰："何为其莫知子也？"子曰："不怨天，不尤人①，下学而上达。知我者其天乎②！"

【注解】

①尤：责怪。②其：前句中"其"字是用于句中的助词，无义。本句中"其"字用于拟议不定，可以译为"大概"或"恐怕"。

【译文】

孔子说："没有人了解我啊！"子贡说："为什么没有人了解您呢？"孔子说："不埋怨天，不责备人，下学人事而上达天命。了解我的大概只有天吧！"

【原文】

子曰："贤者辟世①，其次辟地，其次辟色，其次辟言。"子曰："作者七人矣②。"

【注解】

①辟（bì）：通"避"，逃避。②七人：即伯夷、叔齐、虞仲、夷逸、朱张、柳下惠、少连。

【译文】

孔子说:"贤人逃避恶浊乱世而隐居,其次是择地方而住,再其次是避开不好的脸色,再其次是避开恶言。"孔子说:"这样做的人有七位了。"

【原文】

子路宿于石门①。晨门曰②:"奚自?"子路曰:"自孔氏。"曰:"是知其不可而为之者与?"

【注解】

①石门:地名,鲁国都城的外门。
②晨门:早上看守城门的人。

子曰:贤者辟世,其次辟地,其次辟色,其次辟言。

【译文】

子路在石门住宿了一夜。早上守城门的人说:"从哪儿来?"子路说:"从孔子家来。"守门人说:"就是那位知道做不成却还要做的人吗?"

【原文】

子击磬于卫,有荷蒉而过孔氏之门者①,曰:"有心哉,击磬乎!"既而曰:"鄙哉,硁硁乎②!莫己知也,斯己而已矣③。深则厉,浅则揭④。"子曰:"果哉!末之难矣⑤。"

【注解】

①蒉(kuì):土筐。②硁(kēng)硁:抑而不扬的击磬声。③斯己而已矣:就相信自己罢了。④深则厉,浅则揭:穿着衣服涉水叫厉,提起衣襟涉水叫揭。这两句是《诗经·卫风·匏有苦叶》中的诗句。这里用来比喻处世也要审时度势,知道深浅。⑤末:无。难:责问。

【译文】

孔子在卫国,一次正在击磬,有一个挑着草筐的人经过孔子门前,说:"这个磬击打得有深意啊!"过了一会儿又说:"真可鄙呀,磬声硁硁的,没有人知道自己,就自己作罢好了。水深就索性穿着衣服趟过去,水浅就撩起衣服走过去。"孔子说:"说得真果断啊!真这样的话,就没有什么难的了。"

【原文】

子张曰:"《书》云:'高宗谅阴①,三年不言。'何谓也?"子曰:"何必高宗,古之人皆然。君薨②,百官总己以听于冢宰三年③。"

【注解】

①高宗:殷高宗武丁,是商朝中兴的贤王。谅阴:古时天子守丧之称。②薨(hōng):君主时代诸侯或大官死叫薨。
③冢宰:官名。听于冢宰是说百官都听命于冢宰,继位的新君可不理政事。

【译文】

子张说:"《尚书》上说:'殷高宗守丧,三年不谈政事。'这是什么意思?"孔子说:"不只是殷高宗,古人都是这样。国君死了,所有官员都各司其职,听从冢宰的命令长达三年。"

孔子被圣人化的过程

春秋末期

孔子在世时，虽已名扬天下，但并没有成为公认的圣人。

战国时期

孔子去世后，其弟子出于对老师的忠诚与景仰，圣化孔子。这时期，只有孔门弟子、再传弟子、私淑弟子（如孟子）以及儒者尊奉孔子为圣人。

汉代

汉武帝采纳大儒董仲舒"推明孔氏，抑黜百家"的主张，儒家学说从此上升为官方的意识形态，孔子由此得到空前的尊崇。

北魏

孝文帝谥孔子为"文圣尼父"。

北周

静帝宇文衍追封孔子为"邹国公"。

隋代

文帝杨坚称孔子为"先师尼父"。

唐代

唐初，立孔子庙堂于国学，以宣父（孔子）为"先圣"。唐玄宗时，追谥孔子为"文宣王"。

宋代

宋真宗加谥孔子为"玄圣文宣王"，后改谥为"至圣文宣王"。

元代

元武宗时，加封孔子为"大成至圣文宣王"。

明代

朱元璋下诏"以太牢祀孔子于国学"，派遣朝廷特使到曲阜致祭。府县庠学皆设"至圣先师孔子"神位，以为礼敬祀拜。

清代

顺治时，诏封孔子为"大成至圣先师"。

总的来说，"才德全尽谓之圣人"。圣人最初出于对"至善""至美"人格的追求，所以圣人的原意，是专门指向完美的。尧、舜、禹是诸子百家公认的圣人。

舜 尧 禹

卫灵公篇第十五

【原文】

子曰："志士仁人，无求生以害仁，有杀身以成仁。"

【译文】

孔子说："志士仁人，不会为了求生损害仁，却能牺牲生命去成就仁。"

【原文】

子贡问为仁，子曰："工欲善其事，必先利其器。居是邦也，事其大夫之贤者，友其士之仁者。"

【译文】

子贡问怎样培养仁德，孔子说："工匠要想做好工，必须先把器具打磨锋利。住在这个国家，就要侍奉大夫中的贤人，结交士中的仁人。"

【原文】

颜渊问为邦，子曰："行夏之时①，乘殷之辂②，服周之冕③，乐则《韶》、《舞》④，放郑声，远佞人⑤。郑声淫，佞人殆⑥。"

【注解】

①夏之时：夏代的历法，便于农业生产。②辂（lù）：天子所乘的车。殷代的车由木制成，比较朴实。③冕（miǎn）：礼帽。周代的礼帽比以前的华美。④《韶》：舜时的乐曲。《舞》：同《武》，周武王时的乐曲。⑤佞人：用花言巧语去谄媚人的小人。⑥殆：危险。

子贡问为仁，子曰：居是邦也，事其大夫之贤者，友其士之仁者。

【译文】

颜渊问怎样治理国家。孔子说："实行夏朝的历法，乘坐殷朝的车子，戴周朝的礼帽，音乐就用《韶》和《舞》，舍弃郑国的乐曲，远离谄媚的人。郑国的乐曲很淫秽，谄媚的人很危险。"

【原文】

子曰："人无远虑，必有近忧。"

【译文】

孔子说："人没有长远的考虑，一定会有眼前的忧患。"

【原文】

子曰："已矣乎！吾未见好德如好色者也。"

【译文】

孔子说："罢了罢了！我没见过喜欢美德如同喜欢美色一样的人。"

【原文】

子曰："臧文仲其窃位者与①？知柳下惠之贤而不与立也②。"

子曰：吾未见好德如好色者也。

【注解】

①窃位：身居官位而不称职。②柳下惠：春秋中期鲁国大夫，姓展名获，又名禽，他受封的地名是柳下，"惠"是他的谥号，所以被人们称为柳下惠。立（wèi）：同"位"。

【译文】

孔子说："臧文仲大概是个窃据官位（而不称职）的人吧！他知道柳下惠贤良，却不给他官位。"

【原文】

子曰："躬自厚而薄责于人①，则远怨矣。"

【注解】

①躬自：亲自。

【译文】

孔子说："严厉地责备自己而宽容地对待别人，就可以远离别人的怨恨了。"

【原文】

子曰："不曰'如之何，如之何'者，吾末如之何也已矣①。"

【注解】

①末：无。

【译文】

孔子说："不说'怎么办，怎么办'的人，我对他也不知道该怎么办了。"

【原文】

子曰："群居终日，言不及义，好行小慧，难矣哉！"

【译文】

孔子说："整天聚在一起，言语都和义理不相关，喜欢卖弄小聪明，这种人很难教导。"

【原文】

子曰："君子义以为质，礼以行之，孙以出之，信以成之。君子哉！"

【译文】

孔子说："君子把义作为本质，依照礼来实行，用谦逊的言语来表述，用诚信的态度来完成它。这样做才是君子啊！"

【原文】

子曰："君子病无能焉，不病人之不己知也。"

【译文】

孔子说："君子担心自己没有才能，不担心别人不知道自己。"

【原文】

子曰："君子疾没世而名不称焉。"

【译文】

孔子说："君子担心死后自己的名字不被人称道。"

【原文】

子曰："君子求诸己，小人求诸人。"

【译文】

孔子说："君子要求自己，小人苛求别人。"

君子求诸己，小人求诸人。

【原文】

子曰："君子矜而不争①，群而不党。"

【注解】

①矜（jīn）：庄重的意思。

【译文】

孔子说："君子矜持庄重而不与人争执，合群而不与人勾结。"

【原文】

子曰："君子不以言举人，不以人废言。"

君子矜而不争，群而不党。

【译文】

孔子说："君子不因为一个人的言语（说得好）而推举他，也不因为一个人有缺点而废弃他好的言论。"

【原文】

子贡问曰："有一言而可以终身行之者乎①？"子曰："其恕乎②！己所不欲，勿施于人。"

【注解】

①一言：一个字。言，字。②恕：推己及人，即"己所不欲，勿施于人"。

【译文】

子贡问道："有一个可以终身奉行的字吗？"孔子说："大概是'恕'吧！自己不想要的，不要施加给别人。"

【原文】

子曰："吾之于人也，谁毁谁誉？如有所誉者，其有所试矣。斯民也，三代之所以直道而行也。"

【译文】

孔子说："我对于别人，毁谤了谁？赞誉了谁？如果有所赞誉的话，一定对他有所考察。有了这样的民众，夏、商、周三代所以能直道而行。"

【原文】

子曰："吾犹及史之阙文也。有马者，借人乘之①。今亡矣夫②！"

【注解】

①有马者，借人乘之：有人认为此句系错出，难以索解，存疑而已。②亡（wú）：无。

【译文】

孔子说："我还能够看到史书中存疑空阙的地方。有马的人（自己不会调教）先借给别人骑，现在没有这样的了。"

【原文】

子曰："巧言乱德。小不忍，则乱大谋。"

【译文】

孔子说："花言巧语会败坏道德。小事上不忍耐，就会扰乱了大的谋略。"

【原文】

子曰："众恶之，必察焉；众好之，必察焉。"

【译文】

孔子说："众人都厌恶他，一定要去考察；大家都喜爱他，也一定要去考察。"

【原文】

子曰："人能弘道，非道弘人。"

【译文】

孔子说："人能够把道发扬光大，不是道能把人发扬光大。"

【原文】

子曰："过而不改，是谓过矣。"

【译文】

孔子说："有了过错而不改正，这就真叫过错了。"

【原文】

子曰："吾尝终日不食，终夜不寝，以思，无益，不如学也。"

【译文】

孔子说："我曾经整天不吃、整夜不睡地去思索，没有益处，不如去学习。"

【原文】

子曰："当仁，不让于师。"

【译文】

孔子说："面临仁时，对老师也不必谦让。"

【原文】

子曰："有教无类。"

【译文】

孔子说："人人都教，没有高低贵贱的等级差别。"

【原文】

子曰："道不同，不相为谋①。"

【注解】

①为（wèi）：与，对。

【译文】

孔子说："志向主张不同，不在一起谋划共事。"

有教无类。

【原文】

子曰："辞达而已矣。"

【译文】

孔子说："言辞能表达出意思就可以了。"

季氏篇第十六

【原文】

季氏将伐颛臾①。冉有、季路见于孔子②，曰："季氏将有事于颛臾。"孔子曰："求！无乃尔是过与③？夫颛臾，昔者先王以为东蒙主④，且在邦域之中矣，是社稷之臣也。何以伐为⑤？"冉有曰："夫子欲之，吾二臣者皆不欲也。"孔子曰："求！周任有言曰⑥：'陈力就列，不能者止。'危而不持，颠而不扶，则将焉用彼相矣⑦？且尔言过矣。虎兕出于柙⑧，龟玉毁于椟中，是谁之过与？"

季氏将伐颛臾，冉有、季路见于孔子。

冉有曰："今夫颛臾，固而近于费⑨。今不取，后世必为子孙忧。"孔子曰："求！君子疾夫舍曰欲之而必为之辞。丘也闻有国有家者，不患寡而患不均，不患贫而患不安⑩。盖均无贫，和无寡，安无倾。夫如是，故远人不服，则修文德以来之。既来之，则安之。今由与求也，相夫子，远人不服，而不能来也；邦分崩离析，而不能守也；而谋动干戈于邦内。吾恐季孙之忧，不在颛臾，而在萧墙之内也⑪。"

【注解】

①颛（zhuān）臾（yú）：鲁国的附属国，在今山东省费县西。②见于：被接见。③无乃：岂不是。尔是过：责备你。"过"用作动词，表示责备。"是"用于颠倒动宾之间，无义。④东蒙主：东蒙，蒙山。主，主持祭祀的人。⑤为：用于句末的语气词。这里表诘问语气。⑥周任：人名，周代史官。⑦相（xiàng）：搀扶盲人的人叫相，这里是辅助的意思。⑧兕（sì）：雌性犀牛。⑨费：季氏的采邑。⑩不患寡而患不均，不患贫而患不安：当作"不患贫而患不均，不患寡而患不安"。据俞樾《群经平议》。⑪萧墙：照壁屏风，指宫廷之内。

【译文】

季氏准备攻打颛臾。冉有、子路去拜见孔子，说："季氏准备对颛臾用兵了。"孔子说："冉求！难道不是你的过错吗？颛臾，以前先王让它主持东蒙山的祭祀，而且它在鲁国的疆域之内，是国家的臣属，为什么要攻打它呢？"冉有说："季孙大夫想去攻打，我们两人都不同意。"孔子说："冉求！周任说过：'根据自己的才力去担任职务，不能胜任的就辞职不干。'盲人遇到了危险不去扶持，跌倒了不去搀扶，那还用辅助的人干什么呢？而且你的话说错了。老虎、犀牛从笼子里跑出来，龟甲和美玉在匣子里被毁坏了，是谁的过错呢？"

冉有说："现在颛臾，城墙坚固，而且离季氏的采邑费地很近。现在不攻占它，将来一定会成为子孙的祸患。"孔子说："冉求！君子痛恨那些不说自己想那样做却一定要另找借口的人。我听说，对于诸侯和大夫，不怕贫穷而怕财富不均；不怕人口少而怕不安定。因为财富均衡就没有贫穷，和睦团结就不觉得人少，境内安定就不会有倾覆的危险。像这样做，远方的人还不归服，那就再修仁义礼乐的政教来招致他们。他们来归服了，就让他们安心生活。现在，仲由和冉求你们辅佐季孙，远方的人不归服却又不能招致他们；国家分崩离析却不能保全守住；反而谋划在国内动用武力。我恐怕季孙的忧患不在颛臾，而在他自己的宫墙之内呢。"

【原文】

孔子曰："天下有道，则礼乐征伐自天子出；天下无道，则礼乐征伐自诸侯出。自诸侯出，盖十世希不失矣①；自大夫出，五世希不失矣；陪臣执国命②，三世希不失矣。天下有道，则政不在大夫。天下有道，则庶人不议。"

【注解】

①希：少。②陪臣：大夫的家臣。

【译文】

孔子说："天下政治清明，制礼作乐以及出兵征伐的命令都由天子下达；天下政治昏乱，制礼作乐以及出兵征伐的命令都由诸侯下达。政令由诸侯下达，大概延续到十代就很少有不丧失的；政令由大夫下达，延续五代后就很少有不丧失的；大夫的家臣把持国家政权，延续到三代就很少有不丧失的。天下政治清明，国家的政权就不会掌握在大夫手中；天下政治清明，普通百姓就不会议论朝政了。"

【原文】

孔子曰："禄之去公室五世矣①，政逮于大夫四世矣②，故夫三桓之子孙微矣。"

【注解】

①禄：俸禄，这里指政权。公室：诸侯的家族。②逮（dài）：及。四世：指季孙氏文子、武子、平子、桓子四世。

【译文】

孔子说："国家政权离开了鲁国公室已经五代了，政权落到大夫手中已经四代了，所以鲁桓公的三家子孙都衰微了。"

【原文】

孔子曰："益者三友，损者三友。友直，友谅①，友多闻，益矣。友便辟②，友善柔，友便佞③，损矣。"

【注解】

①谅：诚信。②便（pián）辟：逢迎谄媚。③便（pián）佞：用花言巧语取悦于人。

【译文】

孔子说："有益的朋友有三种，有害的朋友有三种。同正直的人交友，同诚信的人交友，同见闻广博的人交友，是有益的。同逢迎谄媚的人交友，同表面柔顺而内心奸诈的人交友，同花言巧语的人交友，是有害的。"

益者三友，友直，友谅，友多闻。

阳货篇第十七

【原文】

　　阳货欲见孔子①，孔子不见，归孔子豚②。孔子时其亡也③，而往拜之。遇诸途。谓孔子曰："来！予与尔言。"曰："怀其宝而迷其邦，可谓仁乎？曰："不可。""好从事而亟失时④，可谓知乎⑤？"曰："不可。""日月逝矣，岁不我与。"孔子曰："诺，吾将仕矣。"

【注解】

①阳货：又叫阳虎，季氏的家臣。②归（kuì）：通"馈"，赠送。豚：小猪。古代礼节，大夫送士礼品，士必须在大夫家里拜受礼物。③时：通"伺"，窥伺，打听。④亟（qì）：屡次。⑤知（zhì）：通"智"。

【译文】

　　阳货想要孔子去拜见他，孔子不去，他便送给孔子一头蒸熟了的小猪。他不在家时，孔子去回拜表谢。途中遇见阳货。阳货说："来！我同你说话。"孔子走过去，阳货说："一个人怀藏本领却听任国家迷乱，可以叫作仁吗？"孔子说："不可以。""喜好参与政事而屡次错失时机，可以叫作聪明吗？"孔子说："不可以。""时光很快地流逝了，岁月是不等人的。"孔子说："好吧，我将去做官了。"

【原文】

　　子曰："性相近也，习相远也。"

【译文】

　　孔子说："人们的本性是相近的，后天的习染使人们之间相差甚远了。"

【原文】

　　子曰："唯上知与下愚不移。

【译文】

　　孔子说："只有上等的智者与下等的愚人是改变不了的。"

阳货欲见孔子，孔子不见，遇诸途。

【原文】

　　子之武城，闻弦歌之声。夫子莞尔而笑，曰："割鸡焉用牛刀？"子游对曰："昔者偃也闻诸夫子曰：'君子学道则爱人，小人学道则易使也。'"子曰："二三子！偃之言是也。前言戏之耳。"

【译文】

　　孔子到了武城，听到管弦和歌唱的声音。孔子微笑着说："杀鸡何必用宰牛的刀呢？"子游回答说："以前我听老师说过：'君子学习了道就会爱人，老百姓学习了道就容易使唤。'"孔子说："学生们，言偃的话是对的。我刚才说的话是同他开玩笑罢了。"

【原文】

　　子张问仁于孔子，孔子曰："能行五者于天下，为仁矣。""请问之。"曰："恭，宽，信，敏，惠。恭则不侮，宽则得众，信则人任焉，敏则有功，惠则足以使人。"

【译文】

　　子张向孔子问仁。孔子说："能够在天下实行五种美德，就是仁了。"子张问："请问是哪五种？"孔子说："恭敬，宽厚，诚信，勤敏，慈惠。恭敬就不会招致侮辱，宽厚就会得到众人的拥护，诚信就会得到别人的任用，勤敏则会取得功绩，慈惠就能够使唤人。"

【原文】

　　子曰："色厉而内荏，譬诸小人，其犹穿窬之盗也与！"

【译文】

　　孔子说："外表严厉而内心怯懦，用小人作比喻，大概像个挖洞爬墙的盗贼吧。"

【原文】

　　子曰："道听而途说，德之弃也。"

【译文】

　　孔子说："把道路上听来的东西四处传说，是背弃道德的行为。"

【原文】

　　子曰："巧言令色，鲜矣仁。"

【译文】

　　孔子说："花言巧语，伪装和善，这种人很少有仁德。"

【原文】

　　子贡曰："君子亦有恶乎①？"子曰："有恶：恶称人之恶者，恶居下流而讪上者②，恶勇而无礼者，恶果敢而窒者③。"曰："赐也亦有恶乎？""恶徼以为知者④，恶不孙以为勇者，恶讦以为直者。"

【注解】

①恶（wù）：厌恶。②流：晚唐以前的本子没有"流"字。③窒（zhì）：阻塞，不通事理，顽固不化。④徼（jiāo）：偷袭。

【译文】

　　子贡问："君子也有憎恶的人或事吗？"孔子说："是有所憎恶的。憎恶宣扬别人过错的人，憎恶身居下位而毁谤身居上位的人，憎恶勇敢而无礼的人，憎恶果敢而顽固不化的人。"孔子问："赐，你也有憎恶的人和事吗？"子贡说："我憎恶抄袭他人之说而自以为聪明的人，憎恶把不谦逊当作勇敢的人，憎恶揭发别人的隐私却自以为直率的人。"

【原文】

　　子曰："唯女子与小人为难养也，近之则不孙，远之则怨。"。

【译文】

　　孔子说："只有女子和小人是不容易相处的。亲近了，他们就会无礼；疏远了，他们就会怨恨。"

【原文】

　　子曰："年四十而见恶焉，其终也已。"

【译文】

　　孔子说："年已到了四十还被众人所厌恶，他这一辈子也就算完了。"

微子篇第十八

【原文】

楚狂接舆歌而过孔子曰[①]："凤兮，凤兮，何德之衰？往者不可谏，来者犹可追。已而，已而，今之从政者殆而！"孔子下，欲与之言。趋而辟之，不得与之言。

【注解】

①接舆：楚国的隐士。一说他姓接名舆，一说因他接孔子之车而歌，所以称他接舆。

【译文】

楚国的狂人接舆唱着歌经过孔子的车子，说："凤凰啊，凤凰啊！为什么道德如此衰微，过去的已经不能挽回，未来的还来得及改正。算了吧，算了吧！现在那些从政的人危险呀！"孔子下车，想要同他说话。接舆快走几步避开了孔子，孔子没能同他交谈。

楚狂接舆歌而过孔子。

【原文】

长沮、桀溺耦而耕[①]，孔子过之，使子路问津焉[②]。长沮曰："夫执舆者为谁[③]？"子路曰："为孔丘。"曰："是鲁孔丘与？"曰："是也。"曰："是知津矣[④]。"问于桀溺，桀溺曰："子为谁？"曰："为仲由。"曰："是鲁孔丘之徒与？"对曰："然。"曰："滔滔者天下皆是也，而谁以易之[⑤]？且而与其从辟人之士也[⑥]，岂若从辟世之士哉？"耰而不辍[⑦]。子路行以告。夫子怃然曰[⑧]："鸟兽不可与同群，吾非斯人之徒与而谁与？天下有道，丘不与易也。"

孔子下，欲与之言。趋而辟之，不得与之言。

【注解】

①长沮、桀溺：两位隐士，真实姓名和身世不详。耦而耕：两个人合力耕作。②津：渡口。③执舆：执辔（揽着缰绳）。本是子路的任务。因为子路下车去问渡口，暂时由孔子代替。④是知津矣：这话是认为孔子周游列国，应该熟悉道路。⑤谁以易之：与谁去改变它呢。以，与。⑥而：同"尔"，你，指子路。辟：通"避"。⑦耰（yōu）：播下种子后，用土覆盖上，再用耙将土弄平，使种子深入土里，鸟不能啄，这就叫耰。⑧怃（wǔ）然：失意的样子。

【译文】

长沮和桀溺并肩耕地，孔子从他们那里经过，让子路去打听渡口在哪儿。长沮说："那个驾车的人是谁？"子路说："是孔丘。"长沮又问："是鲁国的孔丘吗？"子路说："是的。"长沮说："他应该知道渡口在哪儿。"子路又向桀溺打听，桀溺说："你是谁？"子路说："我是仲由。"桀溺说："是鲁国孔丘的学生吗？"子路回答说："是的。"桀溺就说："普天之下到处都像滔滔洪水一样混乱，和谁去改变这种状况呢？况且你与其跟从逃避坏人的人，还不如跟从逃避污浊尘世的人呢。"说完，还是不停地用土覆盖播下去的种子。子路回来告诉孔子。孔子怅然若失地说："人是不能和鸟兽合群共处的，我不和世人在一起又能和谁在一起呢？如果天下有道，我就不和你们一起来改变它了。"

【原文】

子路从而后，遇丈人，以杖荷蓧①。子路问曰："子见夫子乎？"丈人曰："四体不勤，五谷不分②，孰为夫子？"植其杖而芸③。子路拱而立。止子路宿，杀鸡为黍而食之，见其二子焉④。明日，子路行以告。子曰："隐者也。"使子路反见之，至，则行矣。子路曰："不仕无义。长幼之节，不可废也；君臣之义，如之何其废之？欲洁其身而乱大伦。君子之仕也，行其义也。道之不行，已知之矣。"

子路从而后，遇丈人。

【注解】

①蓧（diào）：古代在田中除草的工具。②五谷：古书中有不同的说法，最普通的一种指稻、黍、稷、麦、菽。稻麦是主要粮食作物；黍是黄米；稷是粟，一说是高粱；菽是豆类作物。③芸：通"耘"。④见其二子：使其二子出来见客。

止子路宿，杀鸡为黍而食之，见其二子焉。

【译文】

子路跟随孔子落在后面，遇到一个老人，用手杖挑着除草用的工具。子路问道："您看见我的老师了吗？"老人说："四肢不劳动，五谷分不清。谁是你的老师呢？"说完，把手杖插在地上开始锄草。子路拱着手站在一边。老人便留子路到他家中住宿，杀鸡做饭给子路吃，还叫他的两个儿子出来相见。第二天，子路赶上了孔子，并把这事告诉了他。孔子说："这是个隐士。"叫子路返回去再见他。子路到了那里，他已经出门了。子路说："不出来做官是不义的。长幼之间的礼节，不可以废弃；君臣之间的道义，又怎么可以废弃呢？我想保持自身纯洁，却破坏了重大的伦理道德。君子出来做官，是为了实行君臣义。至于我们的政治主张行不通，是早就知道的了。"

子张篇第十九

【原文】

子夏曰："日知其所亡，月无忘其所能，可谓好学也已矣。"

【译文】

子夏说："每天知道自己以前所不知的，每月不忘记以前所已学会的，可以说是好学了。"

【原文】

子夏曰："博学而笃志，切问而近思，仁在其中矣。"

【译文】

子夏说："广泛地学习并且笃守自己的志向，恳切地提问并且常常思考眼前的事，仁就在这中间了。"

【原文】

子夏曰："百工居肆以成其事，君子学以致其道。"

【译文】

子夏说："各行各业的工匠在作坊里完成他们的工作，君子则通过学习来掌握道。"

【原文】

子夏曰："小人之过也必文①。"

【注解】

①文（wèn）：掩饰。

【译文】

子夏说："小人犯了错误一定会加以掩饰。"

【原文】

子夏曰："君子有三变：望之俨然①，即之也温②，听其言也厉。"

【注解】

①俨然：庄严的样子。②即：接近。

小人之过也必文。

【译文】

子夏说："君子会使人感到有三种变化：远远望去庄严可畏，接近他时却温和可亲，听他说话则严厉不苟。"

【原文】

子夏曰："君子信而后劳其民，未信，则以为厉己也；信而后谏，未信，则以为谤己也。"

【译文】

子夏说："君子在得到民众的信任之后才去役劳他们，没有得到信任就去役劳，民众就会认为是在虐害他们。君子得到君主的信任之后才去进谏，没有得到信任就去进谏，君主就会以为是在诽谤自己。"

【原文】

子夏曰："大德不逾闲，小德出入可也。"

【译文】

子夏说："大的道德节操上不能逾越界限，在小节上有些出入是可以的。"

大德不逾闲，小德出入可也。

【原文】

子游曰："子夏之门人小子，当洒扫应对进退则可矣，抑末也①。本之则无，如之何？"

子夏闻之，曰："噫！言游过矣！君子之道，孰先传焉？孰后倦焉②？譬诸草木③，区以别矣。君子之道，焉可诬也？有始有卒者，其惟圣人乎！"

【注解】

①抑：连词，表示转折。这里是"可是"的意思。②倦："诲人不倦"的倦。这里指教诲。③譬诸草木：譬之于草木。草木有大小，比喻学问有深浅，应当分门别类，循序渐进。

【译文】

子游说："子夏的学生们，做洒水扫地、接待客人、趋进走退一类的事，是可以的，不过这些只是细枝末节的事。根本的学问却没有学到，这怎么行呢？"

子夏听到这话，说："咳！言游说错了！君子的学问，哪些先传授、哪些后传授，就好比草木一样，是区分为各种类别的。君子的学问，怎么能歪曲呢？有始有终地循序渐进，大概只有圣人吧！"

【原文】

子夏曰："仕而优则学，学而优则仕。"

【译文】

子夏说："做官仍有余力就去学习，学习成绩优异就去做官。"

【原文】

子贡曰："君子之过也，如日月之食焉：过也，人皆见之；更也，人皆仰之。"

【译文】

子贡说："君子的过失，就像日食和月食一样：有过错时，人人都看得见；他改正了，人人都仰望他。"

尧曰篇第二十

【原文】

尧曰："咨^①！尔舜！天之历数在尔躬，允执其中^②。四海困穷，天禄永终。"舜亦以命禹。

曰："予小子履敢用玄牡^③，敢昭告于皇皇后帝：有罪不敢赦，帝臣不蔽，简在帝心^④。朕躬有罪，无以万方；万方有罪，罪在朕躬。"

周有大赉^⑤，善人是富。"虽有周亲，不如仁人。百姓有过，在予一人^⑥。"

谨权量^⑦，审法度^⑧，修废官，四方之政行焉。兴灭国，继绝世，举逸民，天下之民归心焉。

所重：民，食，丧，祭。

宽则得众，信则民任焉^⑨，敏则有功，公则说。

帝尧授命与帝舜。

【注解】

①咨：即"嗟"，感叹词，表示赞美。②允：诚信。③履：商汤的名。④简：有两种解释：一、阅，计算，引申为明白的意思；二、选择。⑤赉（lài）：赏赐。⑥"虽有"四句：是周武王伐纣之辞。周亲，至亲。⑦权：秤锤，指量轻重的标准。量：斗斛，指量容积的标准。⑧法度：量长度的标准。⑨信则民任焉：汉行经无此五字，有人说是衍文。

【译文】

尧说："嗟嗟！你舜啊！按照上天安排的次序，帝位要落到你身上了，你要真诚地执守中正之道。如果天下的百姓贫困穷苦，上天给你的禄位也就永远终止了。"舜也这样告诫禹。

商汤说："我小子履谨用黑色的公牛作为祭品，明白地禀告光明伟大的天帝：有罪的人我不敢擅自赦免。您的臣仆的罪过我也不敢掩盖隐瞒，这是您心中知道的。我本人如果有罪，不要牵连天下万方；天下万方有罪，罪责就在我一个人身上。"

周朝实行大封赏，使善人都富贵起来。周武王说："虽然有至亲，也不如有仁人。百姓有罪过，罪过都在我一人身上。"

谨慎地检验并审定度量衡，恢复废弃了的职官，天下四方的政令就会通行了。复兴灭亡了的国家，承续已断绝的宗族，提拔被遗落的人才，天下的百姓就会诚心归服了。

所重视的是：民众，粮食，丧礼，祭祀。

宽厚就会得到众人的拥护，诚恳守信就会得到民众的信任，勤敏就能取得功绩，公正则大家心悦诚服。

【原文】

子张问于孔子曰："何如斯可以从政矣？"子曰："尊五美，屏四恶，斯可以从政矣。"子张曰："何谓五美？"子曰："君子惠而不费，劳而不怨，欲而不贪，泰而不骄^①，威而不猛。"子张曰："何谓惠而不费？"子曰："因民之所利而利之，斯不亦惠而不费乎？择可劳而劳之，又谁怨？欲仁而得仁，又焉贪？君子无众寡，无小大，无敢慢，斯不亦泰而不骄乎？君子正其衣子曰：尊五美，屏四恶，斯可以从政矣。

冠，尊其瞻视，俨然人望而畏之，斯不亦威而不猛乎？"子张曰："何谓四恶？"子曰："不教而杀谓之虐；不戒视成谓之暴；慢令致期谓之贼；犹之与人也②，出纳之吝谓之有司③。"

【注解】

①泰：安宁。②犹之与人：犹之，同样的意思。与，给予。犹之与人，同样是给人。③出纳：出和纳两个相反的意义连用，其中"纳"的意义虚化而只有"出"的意义。有司：古代管事者之称，职务卑微。

【译文】

子张向孔子问道："怎样才可以治理政事呢？"孔子说："推崇五种美德，摒弃四种恶政，这样就可以治理政事了。"子张说："什么是五种美德？"孔子说："君子使百姓得到好处却不破费，使百姓劳作却无怨言，有正当的欲望却不贪求，泰然自处却不骄傲，庄严有威仪而不凶猛。"子张说："怎样是使百姓得到好处却不破费呢？"孔子说："顺着百姓想要得到的利益就让他们能得到，这不就是使百姓得到好处却不破费吗？选择百姓可以劳作的时间去让他们劳作，谁又会有怨言呢？想要仁德而又得到了仁德，还贪求什么呢？无论人多人少，无论势力大小，君子都不怠慢，这不就是泰然自处却不骄傲吗？君子衣冠整洁，目不斜视，态度庄重，庄严的威仪让人望而生敬畏之情，这不就是庄严有威仪而不凶猛吗？"子张说："什么是四种恶政？"孔子说："不进行教化就杀戮叫作虐，不加申诫便强求别人做出成绩叫作暴，起先懈怠而又突然限期完成叫作贼，好比给人财物，出手吝啬叫作小家子气的官吏。"

【原文】

子曰："不知命，无以为君子也①；不知礼，无以立也；不知言②，无以知人也。"

【注解】

①无以："无所以"的省略。②知言：善于分析别人的言语，辨别其是非善恶。

【译文】

孔子说："不懂得天命，就没有可能成为君子；不懂得礼，就没有办法立身处世；不知道分辨别人的言语，便不能了解别人。"

第四卷 · 孟子

孟 子

《孟子》一书虽然只有 7 篇 34000 余字。但是对中国社会、中国人有着极其深远的影响，而且早已是世界文化遗产的一部分。孟子不仅在哲学论理上发展了孔子的思想，而且建立了以"民本"为基础的政治思想体系——"仁政"学说。

《孟子》

作者 孟子及其弟子

孟子名轲，是山东人，他的先祖是鲁国贵族，可后来家道衰微。孟子三岁丧父，母亲十分注重他的教育，"孟母三迁""三断机杼"都成了中国人教子的成语典故。孟子成为孔子之后影响最大的一代大儒，被后世称为"亚圣"。

时代 战国

战国时期（公元前476年，一说前453年或前403年～前221年），简称战国，是中国历史上分裂对抗最严重且最持久的时代之一。这一时期各国混战不休，故被后世称之为"战国"。伴随着私田制和铁器的广泛运用，社会新兴阶层的崛起，战国时期的中国从政治、经济、文化、科技上迎来变革的高峰，各国为了获取土地、财富、人口，不断开展兼并战争；辩士纵横捭阖，宿将战场争锋，杰出人物大量涌现。战国承春秋乱世，启帝秦发端，中续百家争鸣的文化潮流。孟子生活的战国时代，大国都致力于富国强兵，孟子的仁政学说被认为是迂远而不切实际的事情。

内容

《孟子》共7篇：《梁惠王》上、下；《公孙丑》上、下；《滕文公》上、下；《离娄》；《万章》上、下；《告子》上、下；《尽心》上、下。孟子从性善论的角度出发，主张"仁政""王道"。《孟子》一书记述了孟子所从事的政治活动，阐发了他把孔子"仁"的思想发展成的"仁政"学说，并建立了以"性善论"为理论基础的养性、养气、养心的哲学论理。特别是他提出的"民为贵君为轻"的政治思想，像一把炬火，两千多年来在历史中闪耀着光辉。

孟子生平

孟子，名轲，字子舆，是鲁国贵族孟孙氏的后裔。约公元前 372 年，他诞生在邹国（今山东邹县一带），孟孙氏家族没落后迁居于此。孟子三岁时，父亲就死了，靠母亲织布维持生计。

孟子的家本来住在郊外靠近墓地的山边。孟母见儿子很喜欢模仿着玩丧礼、祭礼的游戏，便决定迁居到城里去居住。

不想迁到城里后，住在一个市场附近，孟子看到商贩们做生意，又玩起了讨价还价的游戏。

孟母又把家迁到一个学堂附近，孟子就跟着读书人学习起礼仪来。

孟子八岁时，孟母省吃俭用将他送进学堂，但孟子起初学习并不努力，不能坚持用功。孟母看到这种情况，忿然用剪刀剪断织布机上的布，对孟子说："你读书没有恒心，半途而废，和这又有什么差别呢！"孟子从此刻苦攻读。

孟子年岁稍长，便到鲁国去游学，到了鲁国的国都曲

孟母择邻。

阜。这时，孔子的孙子子思已经去世了，孟子便受教于子思的门人。他日夜攻读，学业迅速长进，他决心继承孔子的学说并发扬光大。

邹穆公听说孟子贤能，便请他回国，但不久孟子便发现邹穆公并不采纳他的建议，于是率领门人离开邹国，周游列国，向诸侯游说实现王道和仁政的理想。

孟子首先到了齐国。齐威王虽将孟子待为上宾，并拜他为卿，却不给他实权。孟子感到在齐国难以施展他的政治抱负，便辞去官职。齐威王再三挽留，并赠以黄金百镒，被孟子婉拒。

孟母断机。

之后孟子先后到过宋国、梁国、滕国，又返回到齐国，但都未能实现自己的政治理想。公元前 311 年，孟子结束了十年游说诸侯的生活，回到邹国，专心著述，阐扬孔子的学说。公元前 289 年，孟子去世，终年 84 岁。他的学说对后世儒学影响极大，被公认为孔子学说的继承者，尊为"亚圣"。

游说诸侯，推行仁政。

孟子的思想及其政治主张

孟子根据战国时期的经验，总结各国治乱兴亡的规律，提出一个富有民主性精华的著名命题："民为贵，社稷次之，君为轻。"认为君主应以爱护人民为先，要保障人民权利。主张保国爱民，礼贤下士，提出要让人民有基本的生活保障，还要为民制产，藏富于民。而且人民有权决定君主的名义与地位。孟子这一思想在中国思想界是破天荒的。《孟子》所阐述的要勇于担当道义的思想造就了许许多多富贵不淫、威武不屈、贫贱不移的大丈夫。

孟子的思想和政治主张可以总结为以下四大要点：

1.提出以民为本的思想，主张仁政，人们是可贵的，国家社稷应该是为人民的，君主所作所为应该是为了国家社稷和人民的。孟子的这一思想在中国历史上影响极为深远，有民主思想精华的思想家们都从这里得到理论的支持，而坚持专制的统治者如朱元璋则痛恨孟子的学说。

2."道性善"。孟子解析心的内容为四端，即"恻隐之心""羞恶之心""辞让之心""是非之心"这仁、义、礼、智"四端"。证明人性的本善，这为儒家的人文主义思想奠定了基础。孟子以"心"论"性"，宋代的陆九渊、明代的王阳明就是在孟子论心、论性的基础上发展出了"心即理"的心学理论。

3."明浩然之气"。孟子提出了一整套锻炼、修养、成就人格的学说，为两千多年以来，有志于成就事业的人指出了下功夫的途径，并鼓舞了无数的志士仁人去克服困难，建功立业。

4."黜五霸而尊三王"。孟子继承孔子学说和先圣先王的道统，发扬周公"制礼作乐"的精神，他提出"辟杨、墨"。孟子提出了一整套做人做事和社会生活的价值判断标准，他强调义利之辨、人兽之辨和取予之道，为中华民族建立礼乐型的教化系统作出了贡献。

梁惠王章句上

本篇主要记载了孟子与梁惠王、梁襄王和齐宣王的谈话，集中体现了孟子的仁政思想。针对战国时代战乱频繁、人民生活动荡不安的现状，孟子明确提出了自己的政治主张，即用仁义来对抗暴力。孟子极力主张仁义，反复论述了道德力量的强大，认为实行仁义之政，必定能得到本国乃至各国人民的拥护，这样也就必然会无敌于天下。基于此，他反对诸侯间为谋取私利而进行的战争，对统治者率兽食人的暴虐政治给予了直言不讳的抨击。强调了人民的重要性，指出只要统治者不嗜杀人，就能争取到民心，并进而统一天下。他还提出了一套具体的仁政方略，即让人民拥有五亩之宅和百亩之田的"恒产"，保障人民的基本生活，在此基础上对人民进行礼义道德教育，提高人民的向善之心，通过这样的措施来感化天下的百姓，从而达到统一天下的目的。这是孟子的政治蓝图，具有浓郁的人道主义色彩，虽然难以被当时力求富国强兵的诸侯所接受，但对后世儒家政治思想的影响是非常深远的。

◎第一章◎

【原文】

孟子见梁惠王①。王曰："叟②，不远千里而来，亦将有以利吾国乎？"孟子对曰："王何必曰利？亦有仁义而已矣③。

"王曰，何以利吾国，大夫曰④，何以利吾家，士庶人曰⑤，何以利吾身，上下交征利⑥，而国危矣。

"万乘之国⑦，弑其君者⑧，必千乘之家⑨；千乘之国，弑其君者，必百乘之家。万取千焉，千取百焉，不为不多矣。苟为后义而先利⑩，不夺不餍⑪。

"未有仁而遗其亲者也，未有义而后其君者也。王亦曰仁义而已矣，何必曰利？"

【注解】

①子：对人的一种尊称，和现在称"先生"差不多。梁惠王：即魏惠王，名罃（yīng），公元前（下面一律简称前）370年即位，前334年死。魏与韩、赵三家春秋时本是晋国的大夫，后来逐渐吞灭晋国其他世族，三分晋国，到前403年，东周威烈王正式承认他们为诸侯，史书多是把这一年作为战国时代的开始。魏惠王因避秦兵威胁，从安邑（今山西安邑）迁都大梁（今河南开封），所以魏国又称梁国。王本是天子的称号，但随着周室衰微，战国时，魏、齐、秦、韩、赵、燕、楚也都称王。②叟（sǒu）：年老的男人，这里是对长老的尊称。③仁义：仁，爱，重在思想；义，宜（指应做的事），重在行为。④大夫：周代官制分卿、大夫、士三个等级。⑤庶人：古时候称小官吏为庶人。⑥上下：指从王到庶人。交：互相。征：取，求。⑦万乘（shèng）之国：古代兵车一辆称一乘，国家的大小强弱可以根据拥有兵车的数量来衡量。万乘之国，指能出兵车万乘的国家。⑧弑（shì）：古代臣杀君、子女杀父母叫弑。⑨千乘之家：古代卿大夫大都有一定的封邑，这种卿大夫统治的封邑称之为家。有封邑当然也有兵车。卿大夫的封邑大，可以出兵车千乘；卿大夫的封邑小，可以

孟子见梁惠王，谈"义"与"利"。

出兵车百乘。⑩苟为：如果真是。
⑪不夺不餍：夺，篡夺；餍（yàn），
满足。

第四卷　孟子

【译文】

孟子谒见梁惠王。惠王说：
"老先生，不辞千里而来，也将有
什么有利于我国吗？"孟子回答
道："大王何必讲利？有仁义也就
够了。

"大王说，有什么有利于我
国，大夫们说，有什么有利于我家，
士和庶人们说，有什么有利于我
自身，（这样）上下交相追逐私利，
那么，国家就危险了。

孟子曰：未有义而后其君者也。王曰仁义而已矣，何必曰利？

"能出兵车万乘的国家，谋杀那个国家的君主的，必然是能出兵车千乘的卿大夫之家；能出兵
车千乘的国家，谋杀那个国家的君主的，必然是能出兵车百乘的卿大夫之家。（卿大夫）在拥有万乘兵
车的国家中获得兵车千乘，在拥有千乘兵车的国家中获得兵车百乘，不能说是不多了。假如真个是轻
义而重私利，那就非闹到篡夺君位的地步是不能满足的。

"从来没有讲'仁'的人会遗弃他的双亲的，从来没有讲'义'的人而对他的君主有所怠慢的。
大王您也只要讲仁义就够了，何必讲利呢？"

◎第二章◎

【原文】

孟子见梁惠王，王立于沼上①，顾鸿雁麋鹿②，曰："贤者亦乐此乎？"孟子对曰："贤者
而后乐此，不贤者虽有此不乐也。《诗》云③：'经始灵台④，经之营之⑤，庶民攻之⑥，不日成
之。经始勿亟⑦，庶民子来。王在灵囿⑧，麀鹿攸伏⑨，麀鹿濯濯⑩，白鸟鹤鹤⑪。王在灵沼，
於牣鱼跃⑫。'文王以民力为台为沼，而民欢乐之，谓其台曰'灵台'，谓其沼曰'灵沼'，乐其
有麋鹿鱼鳖。古之人与民偕乐，故能乐也。

"《汤誓》曰⑬：'时日害丧，予及女皆亡⑭。'民欲与之偕亡，虽有台池鸟兽，岂能独乐哉？"

【注解】

①沼（zhǎo）：水池。②顾：望着。③《诗》云：《诗》指《诗经》。下面的十二句诗，引自颂扬周文王建造灵台、享
受苑囿钟鼓之乐的《大雅·灵台》诗。④经：测量。灵台：台名，故址在今陕西西安西北。旧说文王所造，由于百姓的
共同操作，落成很快，如有神帮助，所以叫灵台（下"灵囿""灵沼"同）。⑤营：筹划。⑥庶民：众民。攻：建造。
⑦亟（jí）：急。"勿亟"是说文王不加督促。⑧囿（yòu）：古代帝王豢养禽兽、种植花木的园林。⑨麀（yōu）鹿：
母鹿。攸：在上古文献里同"所"。"攸伏"是说（母鹿）安于它原来所在的地方，没有被惊动。⑩濯濯（zhuó）：肥
大而毛有光泽的样子。⑪鹤鹤：《诗经》作翯翯（hè），羽毛洁白的样子。⑫於（wū）：感叹词。牣（rèn）：充满。这
句是赞叹鱼儿充满水池，蹦蹦跳跳。⑬《汤誓》：《尚书》篇名，是伊尹辅佐商汤伐夏桀时的誓词。⑭时：是，这个。
害：读（hé），同"曷"，何时。丧（sāng）：灭亡。夏朝的暴君桀曾说过，"我有天下，就如同天上有太阳一样；太阳
毁灭了，我才会灭亡呢。"老百姓对他的暴虐怨恨到了极点，所以冲着他说："这个太阳什么时候毁灭呢？要是它会毁
灭，那我们即使跟它一块儿灭亡也在所不惜。"

【译文】

孟子谒见梁惠王，惠王站在池塘边，望着（那许多）鸿雁麋鹿，（问孟子）说："贤德的人也喜

欢享受这些东西吗？"孟子回答说："是贤德的人然后才能享受到这些东西，不是贤德的人，尽管拥有这些东西也享受不到。《诗》里面说：'开始筹建灵台，又是测量又是筹划。百姓齐来建造它，不几天便落成。动工不用多督促，百姓都如子女自动来。文王偶来游灵囿，母鹿伏地自悠悠。母鹿肥大毛色润，白鸟素洁世无俦！文王来到灵沼旁，啊！满池鱼儿蹦得欢！'文王用百姓的劳力建台开池，百姓却欢欢喜喜，称他的台为'灵台'，称他的沼为'灵沼'，为他能享受到麋鹿鱼鳖的奉养而感到快乐。古时的贤者能够与民同乐，所以能得到快乐。

"《尚书》里的《汤誓》（载着百姓诅咒暴君夏桀的话）说：'这个太阳何时灭亡呢？我宁愿跟你一同灭亡。'百姓要跟他一同灭亡，那他即使有台池鸟兽，难道能够独自享受么？"

◎第三章◎

【原文】

梁惠王曰："寡人之于国也，尽心焉耳矣[1]！河内凶，则移其民于河东，移其粟于河内[2]；河东凶亦然[3]。察邻国之政，无如寡人之用心者。邻国之民不加少，寡人之民不加多[4]，何也？"

孟子对曰："王好战，请以战喻：填然鼓之[5]，兵刃既接，弃甲曳兵而走[6]，或百步而后止，或五十步而后止，以五十步笑百步，则何如[7]？"

曰："不可；直不百步耳[8]，是亦走也。"

曰："王如知此，则无望民之多于邻国也。不违农时，谷不可胜食也；数罟不入洿池[9]，鱼鳖不可胜食也；斧斤以时入山林[10]，材木不可胜用也。谷与鱼鳖不可胜食，材木不可胜用，是使民养生丧死无憾也[11]。养生丧死无憾，王道之始也[12]。

"五亩之宅，树之以桑，五十者可以衣帛矣[13]；鸡豚狗彘之畜，无失其时[14]，七十者可以食肉矣；百亩之田，勿夺其时，数口之家，可以无饥矣；谨庠序之教[15]，申之以孝悌之义[16]，颁白者不负戴于道路矣[17]。七十者衣帛食肉，黎民不饥不寒；然而不王者[18]，未之有也[19]。

"狗彘食人食而不知检[20]，涂有饿莩而不知发[21]；人死，则曰：'非我也，岁也。'是何异于刺人而杀之，曰：'非我也，兵也。'王无罪岁，斯天下之民至焉。"

五十步笑百步。

孟子向梁惠王言说保护资源和人力的重要性。

【注解】

①寡人：古时王侯自我的谦称。焉耳矣：三个语气词叠用，在于加重语气，表示恳切的情感。②凶：发生灾荒。河内：魏地，在今

河南济源一带。河东：也是魏地，在今山西安邑一带。③亦然：也是这样做。④加：在这里作"更"字解。⑤填然：鼓声冬冬的样子。鼓：击鼓，名词动用。之：语气词，没有实际意义。古时击鼓进兵，鸣金退兵。⑥兵：兵器。既：已经。曳（yè）：拖着。走：奔逃。⑦何如：怎么样？⑧直：只是。耳：语气词，表限止，有"罢了"的意思。⑨数（cù）：密。罟（gǔ）：网。洿（wū）：低洼的地方。⑩斤：斧。时：指草木零落的季节。⑪养生：养活生者。丧（sāng）死：安葬死者。憾（hàn）：恨。⑫王道：指古代政治哲学中君主以仁义治天下，以德政安抚臣民的政策，与凭借武力、刑法、权势等进行统治的霸道是对立的。⑬衣（yì）：穿，名词动用。帛（bó）：丝织品的总称。⑭豚（tún）：小猪。彘（zhì）：猪。畜：牲畜。时：指交配、繁殖和饲养的适当时机。⑮谨：认真办好。庠（xiáng）序：古代乡学，商代叫序，周代叫庠，这里泛指学校。⑯申：反复陈述。孝悌（tì）：尽心侍奉父母为孝，敬爱兄长为悌。⑰颁（bān）白：同"斑白"，头发花白。负戴：负是背东西，戴是用头顶东西。⑱王（wàng）：使天下归服，名词动用。⑲未之有也：是"未有之也"的倒装。⑳检：制约。㉑涂：同途，路上。莩（piǎo）：同"殍"，饿死的人。发：指发放仓里的存粮以赈救饥民。

【译文】

梁惠王说："我对于治理国家，（真是）尽心竭力了呀！河内发生了灾荒，就将那里的灾民移往河东，将河东的粮食运送到河内。当河东发生了灾荒时，我也是这样做。看看邻国的君主办理政事，没有一个像我这样尽心的。可是，邻国的人民并不见减少，而我的人民并不见增多，这是什么缘故呢？"

孟子回答道："大王您喜欢打仗，就让我拿战争来打比方吧。战鼓冬冬地敲响了，兵刃已经相接，（打了败仗的）就丢下盔甲，拖着

五亩之宅，树之以桑，五十者可以衣帛矣。

武器，狼狈逃窜，有的逃了上百步停下来，有的逃了五十步住了脚，逃了五十步的拿自己只逃了五十来步这点去讥笑逃了上百步的（胆子小），（您觉得）怎么样呢？"

梁惠王说："不行；只不过没有跑到百步罢了，可这也是逃跑呀。"

孟子说："大王您既然懂得了这个道理，就不必去巴望您国家的人民比邻国增多啦。（治理国家的人）只要不去剥夺农民耕种的时间，那粮食就会吃不尽；不拿过于细密的渔网到池塘中去捞鱼，那鱼类水产便吃不完；砍伐林木有一定的时间，那木材便用不尽。粮食和鱼类水产吃不完，木材用不尽，这样便使老百姓供养生人、安葬死者都不感到有什么不满。老百姓对养生送死没有什么不满，这便是王道的开端。

"五亩大的宅园，种上桑树，上了五十岁的人就可以穿上丝绵袄了；鸡和猪狗一类家畜，不耽误它们饲养繁殖的时间，上了七十岁的人就可以有肉吃了。一家人百亩的耕地，农事不失其时，几口人的家庭就不会挨饿。认真地搞好学校教育，反复地阐明孝顺父母、敬爱兄长的重要意义，须发花白的老人们就不再会肩背着、头顶着（重物件）出现在道路上了。七十岁上的人有丝绵衣穿，有肉吃，一般老百姓饿不着、冻不着，这样还不能使天下归服，是从来不曾有过的事。

"（现在）猪狗一类家畜吃着人吃的粮食却不知道设法制止，路上出现了饿死的人却不知道开仓赈济饥民。老百姓死了，却说：'（致他们于死的）不是我，是凶年饥岁。'这和拿刀把人刺杀，却说'杀人的不是我，是兵器'有什么不同呢？大王您要是能够不归罪于凶年饥岁，这样，普天之下的老百姓便会涌向您这儿来了。"

◎第七章◎

【原文】

齐宣王问曰①："齐桓、晋文之事②，可得闻乎？"

孟子对曰："仲尼之徒，无道桓文之事者，是以后世无传焉，臣未之闻也。无以③，则王乎？"

曰："德何如则可以王矣？"

曰："保民而王，莫之能御也。"

曰："若寡人者，可以保民乎哉？"

曰："可。"

曰："何由知吾可也？"

曰："臣闻之胡龁曰④，王坐于堂上，有牵牛而过堂下者，王见之，曰：'牛何之？'对曰：'将以衅钟⑤。'王曰：'舍之！吾不忍其觳觫⑥，若无罪而就死地。'对曰：'然则废衅钟与？'曰：'何可废也？以羊易之！'不识有诸⑦？"

曰："有之。"

曰："是心足以王矣。百姓皆以王为爱也，臣固知王之不忍也。"

王曰："然，诚有百姓者，齐国虽褊小⑧，吾何爱一牛？即不忍其觳觫，若无罪而就死地，故以羊易之也。"

曰："王无异于百姓之以王为爱也。以小易大，彼恶知之？王若隐其无罪而就死地⑨，则牛羊何择焉？"

王笑曰："是诚何心哉？我非爱其财而易之以羊也，宜乎百姓之谓我爱也。"

曰："无伤也，是乃仁术也⑩，见牛未见羊也。君子之于禽兽也，见其生，不忍见其死；闻其声，不忍食其肉。是以君子远庖厨也⑪。"

王说曰⑫："《诗》云：'他人有心，予忖度之⑬。'夫子之谓也⑭。夫我乃行之，反而求之，不得吾心。夫子言之，于我心有戚戚焉⑮。此心之所以合于王者何也？"

曰："有复于王者曰⑯：'吾力足以举百钧⑰，而不足以举一羽；明足以察秋毫之末⑱，而不见舆薪⑲。'则王许之乎？"

曰："否。"

"今恩足以及禽兽，而功不至于百姓者，独何与？然则一羽之不举，为不用力焉；舆薪之不见，为不用明焉；百姓之不见保，为不用恩焉。故王之不王，不为也，非不能也。"

曰："不为者与不能者之形何以异？"

曰："挟太山以超北海⑳，语人曰：'我不能。'是诚不能也。为长者折枝㉑，语人曰：'我不能。'是不为也，非不能也。故王之不王，非挟太山以超北海之类也；王之不王，是折枝之类也。

【注解】

①齐宣王：姓田，名辟疆，齐威王的儿子，在位十八年。据推测，孟子在见了梁襄王之后便离开魏国到了齐国，这时齐宣王即位不过两年。②齐桓、晋文：齐桓公，姓姜，名小白；晋文公，姓姬，名重耳。他们先后称霸于春秋时代。③以：通"已"。无以，犹言"如果一定要说下去"。④胡龁（hé）：齐宣王左右的近臣。⑤衅（xìn）钟：衅，是古代血祭新制的器物衅的一种仪式。衅钟就是宰杀牲口，血祭新铸成的钟的仪式。⑥觳（hú）觫（sù）：因恐惧而浑身发

齐宣王问曰：齐桓、晋文之事，可得闻乎？

抖。⑦诸："之乎"二字的合音。⑧褊（biǎn）：狭小。⑨隐：哀怜之义。⑩无伤：不妨事，没有关系。仁术：行仁政的方法。⑪远（yuàn）：使远离。⑫说（yuè）：通"悦"，高兴。⑬"他人"两句：这两句诗引自《诗经·小雅·巧言》。忖（cǔn）度（duó）：推测，揣想。⑭夫子：古代对人的敬称，和称先生、长者差不多，后沿用为对老师的专称。⑮戚戚：心动的样子；由于切合本意而感到心动。⑯覆：禀白，报告。⑰钧：古代三十斤为一钧。⑱秋毫之末：鸟兽到秋天换毛，新长的毛细，尖端尤其锐小，叫作秋毫。秋毫之末，比喻极细微的东西。⑲舆薪：车子装着的木柴。⑳挟：用腋夹着东西。太山：即泰山。超：跳过。北海：即渤海。㉑折枝：古来有三种解释，一说折取树枝，一说弯腰行礼，一说按摩肢体，这里取第一种解释。

【译文】

齐宣王问（孟子）道："（您先生可以把）春秋时齐桓公和晋文公称霸于诸侯的事迹讲给我听听吗？"

孟子回答说："孔子的学生们没有谈到齐桓公和晋文公的事迹的，所以后世不曾传下来，我没有听说过。如果一定要我说下去，就谈谈（君主以仁义治天下，以德政安抚臣民）使天下归服的王道好吗？"

齐宣王问道："要具备怎样的道德才能够使天下归服呢？"

孟子答道："通过护育百姓（让他们安居乐业）的方法使天下归服，那是没有谁能阻挡得了的。"

有人曰：吾力足以举百钧，而不足以举一羽。

齐宣王又问："像我这样的人，可以护育百姓吗？"

孟子答道："可以。"

齐宣王又问："您怎么知道我可以呢？"

孟子回答说："我听到您的近臣胡龁说，有一次大王坐在堂上，有个牵着牛走过堂下的人，您问他道：'牵牛上哪儿去？'那人答道：'要把它杀了去祭钟。'您说：'放掉它吧！我实在不忍心看它吓得发抖的样子，没有罪过却被往死地里送。'那个人回问道：'那么，就废止祭钟的仪式吗？'您说：'怎么可以废止？拿只羊去换吧！'不知有没有这回事？"

齐宣王说："有这回事。"

孟子说："有这样的好心就足以（施行王道）使天下归服了。百姓都以为大王是吝啬，我本来就知道您是于心不忍哩。"

齐宣王说："对，假如真个是像百姓所想的，齐国地方虽不大，我怎么会舍不得一头牛呢？就是因为不忍心看到它吓得发抖，这样毫无罪过却要往死地里送，所以才用羊去换它。"

孟子说："百姓以为您吝啬，大王也不必奇怪。拿小小的羊去换头大牛来，他们又怎么知道您的用意呢？您要是哀怜牲畜没有罪过却往死地里送，那么在牛羊两者之中又有什么区别呢？"

齐宣王不禁发笑道："这真个是什么心理呢？我并不是吝惜钱财才拿只羊去替换它（牛），（您这么一说）百姓要说我吝啬是理所当然的了。"

孟子说："（百姓这样误解）没有关系，（王这种不忍之心）正是仁爱之道，因为你只见到牛而没有见到羊。一个有仁爱之心的人对于那些家禽家畜，看见它们活着，就不忍心看到它们死去；听到它们悲鸣哀号，便不忍心吃它们的肉。因此君子总是要把厨房安排在远离自己的自己的地方。"

齐宣王听了高兴地说："《诗》里面讲过：'别人有想法，我能猜中它。'说的就是夫子这样的人。我自己做了这件事，回过头来反问自己（为什么要这样做），却说不出所以然来。经您老先生这样一讲，我心里感到有些触动了。这种心地为什么就能与王道相合呢？"

孟子说："有人向大王禀白道：'我的力气能够举起三千斤重的东西，却拿不起一根羽毛；（我的）视力能够看清秋天里刚换过的兽毛的末梢，却看不见一大车木柴。'那么，您大王会相信他这种说法吗？"

齐宣王说:"不会。"

孟子(马上接着)说:"现在您大王一片仁心使禽兽沾恩,却不能使百姓得到好处,这是什么原因呢?这样看来,一根羽毛拿不起来,是因为不愿用手力;一车木柴看不见,是因为不愿用目力;百姓不被爱护,是因为不愿广施恩泽。所以大王的不能(通过行王道)使天下归服,是不肯做,并不是不能做。"

齐宣王问道:"不肯做和不能做从现象上说来有什么不同?"

孟子说:"要一个人将泰山挟在腋下跳过渤海,他告诉别人说:'我不能做。'这的确是不能做。叫一个人替年迈力衰的长辈折取树枝,他告诉别人说:'我不能做。'这是不肯做,不是不能做。所以大王的不能(通过行王道)使天下归服,不是属于将泰山挟在腋下跳过渤海一类事情;大王的不能(通过行王道)使天下归服,是属于替年迈力衰的长辈折取树枝一类的事情。"

【原文】

"老吾老,以及人之老;幼吾幼,以及人之幼①,天下可运于掌。《诗》云:'刑于寡妻,至于兄弟,以御于家邦②。'言举斯心加诸彼而已。故推恩足以保四海,不推恩无以保妻子。古之人所以大过人者,无他焉,善推其所为而已矣。今恩足以及禽兽,而功不至于百姓者,独何与?

老吾老,以及人之老。

"权③,然后知轻重;度④,然后知长短。物皆然,心为甚⑤。王请度之⑥!

"抑王兴甲兵,危士臣,构怨于诸侯,然后快于心与?"

王曰:"否,吾何快于是?将以求吾所大欲也。"

曰:"王之所大欲,可得闻与?"

王笑而不言。

曰:"为肥甘不足于口与?轻暖不足于体与?抑为采色不足视于目与⑦?声音不足听于耳与?便嬖不足使令于前与⑧?王之诸臣皆足以供之,而王岂为是哉?"

曰:"否,吾不为是也。"

曰:"然则王之所大欲可知已。欲辟土地,朝秦楚⑨,莅中国而抚四夷也⑩。以若所为⑪,求若所欲,犹缘木而求鱼也。"

王曰:"若是其甚与?"

曰:"殆有甚焉⑫。缘木求鱼,虽不得鱼,无后灾;以若所为,求若所欲,尽心力而为之,后必有灾。"

曰:"可得闻与?"

曰:"邹人与楚人战⑬,则王以为孰胜?"

曰:"楚人胜。"

曰:"然则小固不可以敌大,寡固不可以敌众,弱固不可以敌强。海内之地,方千里者九,齐集有其一⑭。以一服八,何以异于邹敌楚哉?盖亦反其本矣⑮。

【注解】

①老吾老,以及人之老:第一个"老"字是动词,指敬爱、敬重;第二、三个"老"字是名词,指先辈、年长者。幼吾幼,以及人之幼:第一个"幼"字是动词,指爱护;第二、三个"幼"字是名词,子弟。②"刑于寡妻"三句:这三句诗出自《诗经·大雅·思齐》篇。刑:典范,榜样。这里作动词用。御:治理。③权:本指秤锤,这里作动词,称量。

④度：本指计量长短的标准，这里作动词，测量。⑤心为甚：意思是说物的轻重长短难齐，一定要称一称、量一量然后才知道。心的轻重长短，和物相比较就更难齐一了。⑥度（duó）：衡量，斟酌。⑦采色：即"彩色"。⑧便（pián）嬖（bì）：左右受宠爱的人。⑨朝（cháo）：使之来朝见，使动用法。⑩莅（lì）：临。中国：指当时的中原。莅中国，是说君临（即统治）中原。抚四夷：安抚四方边远少数民族地区。⑪若：第二人称代词，你。⑫殆（dài）：副词，表示不肯定。可译为"几乎""可能""大概"。⑬邹：当时小国，在今山东邹县一带。楚：当时大国，原在今湖北和湖南北部，后来扩展到今河南、安徽、江苏、浙江、江西和四川。齐集有其一：是说集合齐国的土地，占到天下土地的九分之一。⑭盍（hé）：同"盍"，何不。

【译文】

"尊奉自家的长辈，推广开去也尊奉别人家的长辈；爱护自家的儿童，推广开去也爱护别人家的儿童，那么，治理天下便可以像把一件小东西放在手掌上转动那么容易了。《诗》里面说过：'在家先为妻子立榜样，然后兄弟也照样，再行推广治家邦。'这不过是说拿自己的一片仁爱之心加到别人的身上罢了。所以推广恩泽就足以能保有天下，不推广恩泽连自己的老婆孩子也护育不了。古代那些圣明的国君之所以能远远超过一般人，没有别的什么秘诀，只不过善于推行他们的好行为罢了。现在大王的恩泽能够沾被禽兽，而百姓们却得不到点滴好处，这是为什么呢？

"称一称，然后才知道轻重；量一量，然后才知道长短。凡是物体，没有不是这样的，心的长短轻重就较一般物体更难齐一，尤其需要衡量。请您大王细加衡量吧！

"难道您大王要动员军队，使您的臣下和士兵冒生命的危险，和诸侯结下深仇大恨，然后心里才感到快活吗？"

齐宣王说："不，我怎么会对这个有快感呢？我之所以这样做，是想借此得到我所十分希望得到的东西。"

孟子问道："大王所十分希望得到的东西，可以说给我听吗？"

齐宣王笑而不言。

孟子（先故意用试探的口吻）问道："是为了肥美的食物不够味吗？轻暖的衣着不够舒适吗？还是为了文采美色不中看吗？美妙的音乐不中听吗？侍奉左右的宠臣不够役使吗？大王的臣子这些方面都能充分供给，您难道为的是这些么？"

齐宣王说："不，我不是为这些。"

孟子说："那么，您所十分希望得到的东西可以知道了，您是想扩张国土，使秦、楚等大国都来朝贡，统治整个中原地带，安抚四方边远部族地区。凭您现在的所作所为，去追求您所想得到的东西，简直像是爬到树上去抓鱼一样。"

齐宣王问道："竟然有这样严重吗？"

孟子说："恐怕还要更严重哩。爬到树上去抓鱼，尽管抓不到鱼，却不会有什么后患；凭您的所作所为，去追求您所希望得到的东西，要是尽心竭力地去做，必然会留下灾祸在后头。"

齐宣王说："（这是什么道理呢？）可以讲给我听吗？"

孟子反问道："假如邹国人跟楚国人开战，那么您大王认为谁会得胜呢？"

齐宣王回答道："当然楚国人会得胜。"

孟子说："这样说来，小国本来就不可以抵挡大国，人数少的本来就不可以抵挡人数多的，势力弱的本来就不可以抵挡势力强的。现在天下拥有千里见方的土地的一共只有九个，齐国的土地凑合起来也不过只占九分之一。拿九分之一的地方去征服九分之八的地方，这跟邹国去和楚国对敌又有什么分别呢？您为什么不回到根本上去求得问题的解决呢？

【原文】

"今王发政施仁，使天下仕者皆欲立于王之朝，耕者皆欲耕于王之野，商贾皆欲藏于王之市，行旅皆欲出于王之涂，天下之欲疾其君者，皆欲赴愬于王①。其若是，孰能御之？"

王曰："吾惛②，不能进于是矣。愿夫子辅吾志，明以教我。我虽不敏，请尝试之。"

曰："无恒产而有恒心者③，惟士为能。若民，则无恒产，因无恒心。苟无恒心，放辟邪

行旅皆欲出于王之涂。

孟子劝齐宣王发政施仁。

侈④，无不为已。及陷于罪，然后从而刑之，是罔民也⑤。焉有仁人在位，罔民而可为也？是故明君制民之产，必使仰足以事父母，俯足以畜妻子，乐岁终身饱，凶年免于死亡；然后驱而之善，故民之从之也轻。

"今也制民之产，仰不足以事父母，俯不足以畜妻子，乐岁终身苦，凶年不免于死亡。此惟救死而恐不赡，奚暇治礼义哉？

"王欲行之，则盍反其本矣：五亩之宅，树之以桑，五十者可以衣帛矣。鸡豚狗彘之畜，无失其时，七十者可以食肉矣。百亩之田，勿夺其时，八口之家，可以无饥矣。谨庠序之教，申之以孝悌之义，颁白者不负戴于道路矣。老者衣帛食肉，黎民不饥不寒，然而不王者，未之有也。"

【注解】

①愬（sù）：同"诉"，申诉。②惛（hūn）：同"昏"，昏乱。③恒产：恒，常，一定；产，产业。恒心：人们所常有的善心。④放：放荡。辟：同"僻"，邪僻是说不走正路，搞歪门邪道。侈：不守法制，胡作非为。⑤罔：同"网"，名词动用，是说像捕鱼一样张开网让人民陷入犯罪的罗网中来。

【译文】

"现在大王如果发布命令，施行仁政，使天下想做官的人们都愿意在大王的朝中做官，耕田的人都愿意在大王的田野里种地，经商的人们都愿意到大王的街市上做生意，旅行的人们都愿意到大王的国土上来游历，天下那些对自己的国君不满的臣僚都愿来到您大王跟前申诉。要是真能做到这样，又有谁能跟您对敌呢？"

齐宣王说："我的脑子不大好使了，对您的构想不能有进一步的体会。希望先生辅佐我达到目的。我虽然缺乏才干，请让我试试看。"

孟子道："一个人没有一定的维持生计的产业，却能坚持一贯向善之心，这只有读书明理的人才做得到。至于一般老百姓，那就只要失去一定的维持生计的产业，就会动摇一贯的向善之心。假使没有了一贯的向善之心，那就会放荡不走正路，胡作非为，没有什么干不出来的。等到因此犯了罪，然后对他们施加刑罚。这等于设下网罗陷害人民。哪有仁爱的国君在位，却可以干出陷害人民的事的呢？所以贤明的国君规定老百姓的产业，一定要使他们上面足够奉养他们的父母亲，下面足够养活他们的老婆孩子。遇上好年成尽可丰衣足食，凶年饥岁也能不至于饿死；然后要求他们走上向善的道路，所以老百姓也就容易听从了。

"现在规定老百姓的产业，上面不够奉养父母亲，下面不够养活老婆孩子，即使年成好也尽是艰难困苦，遇上凶年饥岁，就更是免不了要饿死。这样就连救自家人的性命都还来不及，哪有空闲时间去讲究礼义呢？

"大王您既然想成就统一天下的大业，何不回到根本上来着手呢？五亩大的宅园，种上桑树，上了五十岁的人就可以穿上丝绵袄了；鸡和猪狗一类家畜，不耽误它们饲养繁殖的时间，上了七十岁的人就可以有肉吃了。一家人百亩的耕地，农事不失其时，八口人吃饭的人家，就可以不闹饥荒了。认真地搞好学校教育，反复地阐明孝顺父母、敬爱兄长的重要意义，须发花白的老人们就不再会肩背着、头顶着（重物件）出现在道路上了。七十岁上的人有丝绵衣穿，有肉吃，一般老百姓饿不着，冻不着，这样还不能使天下归服，是从来不曾有过的事。"

孟子的理想人格浅析

孟子人格思想的理论基础

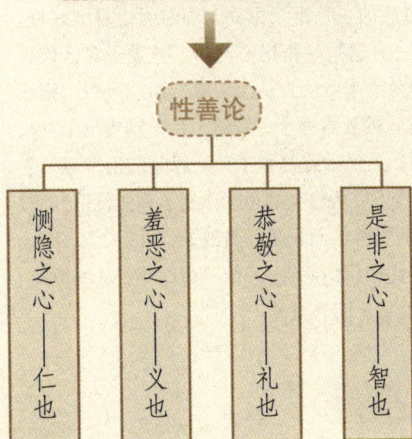

↓

性善论

| 恻隐之心——仁也 | 羞恶之心——义也 | 恭敬之心——礼也 | 是非之心——智也 |

孟子提出了独特且影响深远的理想人格——大丈夫："居天下之广居，立天下之正位，行天下之大道。得志，与民由之；不得志，独行其道。富贵不能淫，贫贱不能移，威武不能屈，此之谓大丈夫。"

孟子人格思想的主要内容

居仁由义：仁是内在信念，义是外在行动。

浩然之气：培自尊、自强、坚毅的精神。

大丈夫气节：大公无私，认识到正义在己，不为外力的阻碍而放弃。

孟子理想人格的代表人物是舜——家中孝子、国中仁君。

孟子理想人格实现的途径

苦其心志：想提高修养，经受磨炼是必不可少的。

寡欲：欲望是外在的追逐，修养是向内的自我要求。

知耻：知耻才能审视自身不足，达到提升修养的境界。

反求诸己：任何事觉得不满意时，先问问自己有没有尽心尽责。

梁惠王章句下

本篇记载了孟子与齐宣王、滕文公、邹穆公的谈话，以及在鲁国的遭遇。孟子与齐宣王的谈话，反复阐述了"与民同乐"的主题，是孟子"推恩"即"推己及人"思想的一个重要方面，国君无论是"好货"还是"好色"，只要能推己及人，而不是谋求一己之私，都不是一种恶行。得民心与否，是孟子对诸侯行为的评判标准。对齐国是否应该吞并燕国，孟子是从民心向背的角度来看的，认为"取之而燕民悦，则取之……取之而燕民不悦，则勿取。"当邹穆公指责自己的百姓对官长的死难袖手旁观时，孟子则指出是官长们平时漠视百姓的苦难才造成了这样的后果，百姓有报复的权利。人民始终是孟子政治思想的出发点。先秦时代的民本思想，到孟子这里被发展到了极致。对于君臣关系，孟子也从仁义的角度作出了新的价值判断，像桀、纣这样破坏仁义的暴君，在孟子看来已经丧失了作为国君的资格，而只是一名独夫，可以予以诛杀。这是非常大胆而有意义的论断，也体现出"仁义"是孟子思想中最高的价值范畴，其他一切都处于从属地位。比起后世以忠君为行为准则的思想来，孟子观点的合理性和进步性是显而易见的。

◎第一章◎

【原文】

庄暴见孟子①，曰："暴见于王，王语暴以好乐②，暴未有以对也。"曰："好乐何如？"

孟子曰："王之好乐甚，则齐国其庶几乎③！"

他日，见于王曰："王尝语庄子以好乐④，有诸？"

王变乎色⑤，曰："寡人非能好先王之乐也，直好世俗之乐耳。"

曰："王之好乐甚，则齐其庶几乎。今之乐，由古之乐也⑥。"

曰："可得闻与？"

曰："独乐乐⑦，与人乐乐，孰乐？"

曰："不若与人。"

曰："与少乐乐，与众乐乐，孰乐？"

曰："不若与众。"

孟子见齐王问曰：独乐乐，与人乐乐，孰乐？

"臣请为王言乐。今王鼓乐于此⑧，百姓闻王钟鼓之声，管籥之音⑨，举疾首蹙頞而相告曰⑩：'吾王之好鼓乐，夫何使我至于此极也？父子不相见，兄弟妻子离散？'今王田猎于此，百姓闻王车马之音，见羽旄之美⑪，举疾首蹙頞而相告曰：'吾王之好田猎，夫何使我至于此极也？父子不相见，兄弟妻子离散？'此无他，不与民同乐也。

"今王鼓乐于此，百姓闻王钟鼓之声，管籥之音，举欣欣然有喜色而相告曰：'吾王庶几无疾病与，何以能鼓乐也？'今王田猎于此，百姓闻王车马之音，见羽旄之美，举欣欣然有喜色而相告曰：'吾王庶几无疾病与，何以能田猎也？'此无他，与民同乐也。今王与百姓同乐，则王矣。"

【注解】

①庄暴：齐国的臣子。②乐（yuè）：音乐。③庶几："差不多"的意思，但只用于积极方面。④子：是古代对有学问、道德或爵位的人的尊称。⑤王变乎色：齐王变色是由于对自己的爱好不正当感到惭愧的缘故。⑥由：通"犹"。⑦独乐乐：前"乐"字读lè，是动词，爱好、欣赏的意思。后乐字读yuè，是名词，作音乐解。⑧鼓乐：奏乐。⑨管籥（yuè）：古代吹奏器，如今天笙箫之类乐器。⑩举：副词，都。疾首：头痛。蹙（cù）頞（è）：皱着鼻梁发愁的样子。頞，鼻颈梁。⑪羽旄（máo）：本指用鸟的五彩羽毛和旄牛的尾巴装饰的旗帜，这里作为仪仗的代称。

【译文】

庄暴见到孟子，说："齐王召见我庄暴，告诉我他喜欢音乐，我（一时）想不到用什么话来回答他。"（稍停一会儿）接着问孟子道："（一个做国君的人）喜欢音乐，究竟应不应该呢？"

孟子说："齐王要是非常喜欢音乐，那么齐国差不多就可以治理好了啊！"

后来有一天，孟子被齐宣王召见时，说："大王曾经告诉过庄暴您喜欢音乐，有这回事吗？"

齐宣王一听，（惭愧得）脸上都变了颜色，说："我

王鼓乐而百姓闻之。

并不是爱好先代帝王遗留下来的古乐，只不过是一些世俗流行的音乐罢了。"

孟子说："大王您要是非常喜欢音乐，那么，齐国就会治理得差不离了呢！时下流行的音乐和古代的音乐都一样嘛。"

齐宣王说："这个道理可以说给我听听吗？"

孟子（没有正面回答齐宣王，却反问）道："一个人单独享受听音乐的快乐，和跟别人一道享受听音乐的快乐，哪一种更快乐些呢？"

齐宣王说："当然跟别人一道听音乐更快乐。"

孟子（继续问）道："跟少数人一道享受听音乐的快乐和跟多数人享受听音乐的快乐，哪一种更快乐些呢？"

齐宣王说："当然跟多数人听音乐更快乐。"

孟子（紧接着）说："请让我为您陈述一下应该怎样来享受欣赏音乐的乐趣吧。假如现在大王在这里演奏音乐，老百姓一听到大王鸣钟击鼓的声音和箫管吹出的曲调，大家全都觉得头痛，皱着鼻梁互相诉苦道：'我们大王光顾自己爱好鼓乐，为何把我们弄到父子不能相见，兄弟、妻子和孩子流离失散这样困苦不堪的地步呢？'现在大王在这里打猎，老百姓听到大王车马的声音，看见华丽的仪仗，大家全都觉得头痛，皱着鼻梁互相诉苦道：'我们大王光顾自己打猎开心，为何把我们弄到父子不能相见，兄弟、妻子和孩子流离失散这样困苦不堪的地步呢？'这没有别的原因，只是由于不与老百姓一同娱乐的缘故。

"假如现在大王在这里奏乐，老百姓一听到您鸣钟击鼓的声音和箫管吹出的曲调，大家都喜形于色地奔走相告道：'我们大王大概没有什么疾病吧，（要不然）怎么能够奏乐呢？'现在您大王在这里打猎，老百姓一听到大王车马的声音，看见华丽的仪仗，大家都喜形于色地奔走相告道：'我们大王大概没有什么疾病吧，（要不然）怎么能打猎呢？'这没有别的原因，只是由于与老百姓一同娱乐的缘故。现在只要大王能跟老百姓一同娱乐，（就能够使人民归附于您），就可以使天下归服了。"

◎第二章◎

【原文】

齐宣王问曰："文王之囿①，方七十里，有诸？"

孟子对曰："于传有之②。"

曰："若是其大乎？"

曰："民犹以为小也。"

曰："寡人之囿，方四十里，民犹以为大，何也？"

曰："文王之囿，方七十里，刍荛者往焉③，雉兔者往焉④，与民同之。民以为小，不亦宜乎？臣始至于境，问国之大禁⑤，然后敢入。臣闻郊关之内有囿方四十里，杀其麋鹿者，如杀人之罪，则是方四十里为阱于国中。民以为大，不亦宜乎？"

【注解】

①囿（yòu）：古代帝王蓄养禽兽、种植花木的园林。
②传（zhuàn）：这里泛指古书。③刍（chú）荛（ráo）：刍，本指饲料；荛，本指柴火。这里的"刍荛者"，指割牧草和打柴的人。④雉（zhì）：野鸡。"雉兔者"指猎取野鸡和兔子的人。⑤大禁：重大的禁令。

郊关之内有囿方四十里，杀其麋鹿者，如杀人之罪。

【译文】

齐宣王问孟子道："传说周文王蓄养禽兽种植花木的园子有七十里见方，有这回事吗？"

孟子回答说："在古书上是有这样的记载。"

齐宣王说："真有这样大么？"

孟子说："老百姓还觉得小了呢。"

齐宣王说："我的园子，只有四十里见方，老百姓还认为大了，这是为什么呢？"

孟子说："周文王的园子，周围七十里见方，割草的打柴的人可以到那里去，打野鸡、兔子的人也可以到那里去，文王与老百姓一同享有园子的利益。老百姓认为小了，难道不是应该的吗？我刚到齐国边界的时候，先打听一下齐国有哪些重大的禁令，然后才敢进入国境。我听说齐国首都的郊外，有一个四十里见方的园子，射杀园子里的麋鹿的，就等于犯了杀人罪，这是在国土上设下了个四十里见方的大陷阱来坑害老百姓。老百姓嫌它大了，难道不是应该的吗？"

公孙丑章句上

本篇主要论述了对个人意志的锻炼以及仁政的人性根基。孟子在与弟子公孙丑的问答中，对如何做到"不动心"进行了详尽的阐述。"不动心"是指对个人意志的锻炼，以期做到对礼义道德在选择上的高度自觉性。要做到"不动心"，一要"知言"，一要善养浩然之气。"知言"，在认识上是要对各种错误言论进行分析批判，辨明其所犯的是何种错误，以及错误是如何导致的；在道德修养上，"知言"又必须和"养气"相结合，以"心"来判断"言"成为"不动心"的必要条件之一。浩然之气，孟子认为是难以言传的，它属于精神范畴，但偏重在伦理道德方面，即指由道德情操所表现出来的精神力量。气，是先秦各学派常用的一个哲学概念，如黄老学派就认为气是万物的本原。孟子在气上附加了道德属性，即浩然之气必须配以道与义，认为人通过理性思维认识和掌握了道与义，再继续加强修养，浩然之气就会充塞于天地之间；但如果离开或违反了道与义，思想意识中产生内疚，这时气也就馁了。培养浩然之气，是道义与气相结合的一个渐进积累的过程，既不能放任自流，也不能操之过急，这实际上是一种艰苦的意志锻炼。孟子在论述仁政的人性根基时认为，人生下来就有恻隐之心、羞恶之心、辞让之心和是非之心，这是四种"善端"，仁义礼智就是从这四种"善端"中发展起来的，因而人的本性就是善的。"不忍人之心"是仁的善端，正因为人具有这种"不忍人之心"，所以先王可以行"不忍人之政"，即仁政。仁政来源于先王"不忍人"的善心善性，这就为基仁政论提供了哲学根据。

◎第二章◎

【原文】

公孙丑问曰："夫子加齐之卿相①，得行道焉，虽由此霸王不异矣。如此则动心否乎？"

孟子曰："否。我四十不动心。"

曰："若是，则夫子过孟贲远矣②。"

曰："是不难。告子先我不动心③。"

曰："不动心有道乎？"

曰："有。北宫黝之养勇也④：不肤桡⑤，不目逃⑥，思以一豪挫于人，若挞之于市朝⑦；不受于褐宽博⑧，亦不受于万乘之君；视刺万乘之君，若刺褐夫；无严诸侯⑨，恶声至，必反之。孟施舍之所养勇也⑩，曰：'视不胜犹胜也。量敌而后进，虑胜而后会，是畏三军者也。舍岂能为必胜哉？能无惧而已矣。'孟施舍似曾子⑪，北宫黝似子夏⑫。夫二子之勇，未知其孰贤，然而孟施舍守约也。昔者曾子谓子襄曰⑬：'子好勇乎？吾尝闻大勇于夫子矣：自反而不缩⑭，虽褐宽博，吾不惴焉；自反而缩，虽千万人，吾往矣。'孟施舍之守气，又不如曾子之守约也。"

曰："敢问夫子之不动心与告子之不动心，可得闻与？"

"告子曰：'不得于言，勿求于

孟子曰：否。我四十不动心。

心；不得于心，勿求于气。'不得于心，勿求于气，可；不得于言，勿求于心，不可。夫志，气之帅也；气，体之充也。夫志至焉，气次焉；故曰：'持其志，无暴其气⑮。'"

"既曰'志至焉，气次焉'；又曰'持其志，无暴其气'者，何也？"

曰："志壹则动气，气壹则动志也。今夫蹶者趋者⑯，是气也，而反动其心。"

北宫黝之养勇也，不肤挠，不目逃。

【注解】

①加：和"居"字的意思差不多。②孟贲（bēn）：卫国人，古代著名勇士。③告子：名不害。根据《墨子·公孟篇》的记载，他可能曾到墨子的门下受教。④北宫黝（yǒu）：北宫是姓，黝是名，齐国人。⑤不肤挠（náo）：挠，这里是退却的意思。不肤挠，是说不因肌肤被刺而退却。⑥不目逃：不因眼睛被刺而转睛逃避。⑦市朝：市，进行集市贸易的地方。朝，朝廷。因为上古绝无在朝廷上鞭笞打人的事，所以"市朝"二字是偏义复词，只有"市"义，而无"朝"义。⑧不受：指不接受挫辱。褐：毛布。宽博：这里指穿粗布制的宽大衣服的人（即卑贱之人）。⑨无严诸侯：严，畏。这句是说心中没有可敬畏的诸侯。⑩孟施舍：这个人的生平事迹已经无法考究。⑪曾子：是孔子的弟子曾参。⑫子夏：孔子弟子，姓卜，名商。⑬子襄：曾子的弟子。⑭缩：直。⑮持其志，无暴其气：持，保持。暴，乱。⑯蹶（jué）者：失足摔倒的人。趋者：奔跑的人。

【译文】

公孙丑问道："老师要是官居齐国卿相的高位，能有机会实现自己的主张，哪怕从此成就霸者王者的大业，也不足为怪了。在这种情况下，那么，您会不会（感到恐惧怀疑而）动心呢？"

孟子说："不。我四十岁时就已做到不动心了。"

公孙丑说："照这样说来，那老师远远地超过孟贲了。"

孟子说："做到这个并不难，告子的不动心便比我还要早。"

公孙丑又问："做到不动心有诀窍吗？"

孟子说："有。北宫黝培养勇气的方法是：人家刺他的皮肤他一动也不动，刺他的眼睛他一眨也不眨，他认为哪怕只是一点点为人挫败，就像大街上鞭打了他一顿一样的奇耻大辱。他不愿受普通平民的挫辱，也不愿受大国君主的挫辱。在他看来，刺杀大国的君主，就像刺杀普通平民一样；在他心目中，没有什么国君侯王让他敬畏，谁骂了他一句，他就一定要回击。另一个叫孟施舍的培养勇气的方法又有所不同，他说：'我对待不能战胜的敌人和对待能够战胜的敌人没有两样。如果先估量敌人的力量这才前进，先考虑胜败这才交锋，这种人若碰到数量众多的军队一定会害怕。我孟施舍难道能够稳操胜算吗？我只是能够无所畏惧罢了。'孟施舍的养勇有点像曾子，北宫黝有点像子夏。两个人的养勇到底谁比谁强，我也说不准。可是，我认为孟施舍能够抓住培养勇气的要领。从前，曾子对他的学生子襄说：'你爱好勇敢吗？我曾经从老师孔子那里听到过关于什么是大勇的论述：自己反躬自问，正义不在我，哪怕对方是个普通平民，我也不能让人家恐惧我；自己反躬自问，正义在我这一边，哪怕面对千军万马，我也将勇往直前哩。'孟施舍虽说有点像曾子，但他所守的是无所畏惧的勇气，到底赶不上曾子的原则简要可行。"

公孙丑说："我大胆问问您：老师的不动心和告子的不动心，可以讲给我听听吗？"

孟子说："告子说：'对于对方语言的意思有弄不清的地方，不必在自己心上去琢磨他的话有没有道理；对于一件事的道理心里未能明了，不必因此而触动意气。'对于一件事的道理心里未能明了，不因此触动意气，是对的。对于对方语言的意思有弄不清的地方，不在自己心上去琢磨他的话有没有道理，那就不对了。思想意志是意气感情的将帅，意气感情是充满人的身体的力量。思想意志到了哪里，意气感情也就在哪里表现出来；所以我说：'一个人应该谨慎掌握自己的思想意志，不要随便意气感情用事。'"

公孙丑又问道："您既然说'思想意志到了哪里，意气感情也就在哪里表现出来'，又说'一个人应该谨慎掌握自己的思想意志，不要随便意气感情用事'，这是什么道理呢？"

孟子回答说："这是因为一个人的思想意志专注于某一个方面，他的意气感情也会受到影响从那个方面表现出来，相反，一个人的意气感情专注于某一个方面，他的思想意志也会受到影响被牵引到那个方面去。现在我们看看那些摔倒和奔跑的人，这只是体气在专注于他们的行动，然而也不能不影响到思想，造成心的浮动。"

孟子与公孙丑谈动气。

【原文】

（公孙丑曰：）"敢问夫子恶乎长？"

曰："我知言，我善养吾浩然之气。"

"敢问何谓浩然之气？"

曰："难言也。其为气也，至大至刚，以直养而无害，则塞于天地之间。其为气也，配义与道；无是，馁也。是集义所生者，非义袭而取之也。行有不慊于心[①]，则馁矣。我故曰告子未尝知义。以其外之也。必有事焉而勿正心，勿忘，勿助长也。无若宋人然：宋人有闵其苗之不长而揠之者[②]，芒芒然归，谓其人曰：'今日病矣！予助苗长矣！'其子趋而往视之，苗则槁矣。天下之不助苗长者寡矣。以为无益而舍之者，不耘苗者也；助之长者，揠苗者也——非徒无益，而又害之。"

"何谓知言？"

曰："诐辞知其所蔽[③]，淫辞知其所陷，邪辞知其所离，遁辞知其所穷。生于其心，害于其政；发于其政，害于其事。圣人复起，必从吾言矣。"

【注解】

①慊（qiè）：足。②闵：忧虑。揠（yà）：拔高。
③诐（bì）：偏颇，不正。蔽：遮隔、壅蔽。

【译文】

公孙丑问道："我大胆地请问您老师长于什么？"

孟子说："我善于分析理解别人的言辞，我善于培养我的浩然之气。"

公孙丑又问道："我再斗胆问一句，什么叫作浩然之气？"

孟子说："这就难以说得明白了。它作为一种气，是最伟大、最刚劲的，如果用正义去培养而不伤害它的话，它就会充

宋人有闵其苗之不长而揠之者。

塞于天地之间，无所不在。它作为一种气，必须与'义'和'道'配合，否则，就要显得软弱乏力。这是由正义的经常积累所产生的，不是凭偶然的正义行为所取得的。只要你行为中有一件事自己心里感到欠缺时，那种气会变得软弱乏力。我所以说告子从来不懂得什么是义，就因为他把'义'看心外之物（我们必须把'义'看成心内之物）。一定要培养你的浩然之气，但不要有特定的目的，每时每刻都不要忘记养气的事，但也不要不按它成长的规律去帮助它成长。千万别像宋国人那样：宋国有个担心他的禾苗长不快而把苗拔高的人，拖着疲惫不堪的身子回到家中，对家里的人说：'今天可是累坏了！我帮助禾苗长高了呢！'他的儿子赶快跑去一看，禾苗都干枯了。其实世上不帮助禾苗生长的人是很少。认为培养工作没有好处而抛弃它的，那就等于是不耘苗去草的懒汉；那些违背规律地去帮助它生长的人，就是拔苗助长的人——不但没有好处，而且还害了它。"

公孙丑又接上去问道："什么叫作知言呢？"

孟子说："听了偏颇不正的话，我便知道说话的人所壅蔽的地方；听了放荡的话，我便知道说话的人所陷溺的地方；听了邪僻的话，我便知道说话的人偏离正道的地方；听了躲躲闪闪的话，我便知道说话的人所理屈词穷的地方。这四种言辞由心里（思想上）产生出来，必然会在政治上产生危害；如果从政治方面体现了出来，便要妨害国家的各项具体工作。当今或后世即使有圣人再度出现，也必然会赞成我所说的这些话的。"

【原文】

公孙丑曰："宰我、子贡善为说辞[①]；冉牛、闵子、颜渊善言德行[②]；孔子兼之，曰：'我于辞命，则不能也。'然则夫子既圣矣乎？"

曰："恶[③]！是何言也？昔者子贡问于孔子曰：'夫子圣矣乎？'孔子曰：'圣则吾不能，我学不厌而教不倦也。'子贡曰：'学不厌，智也；教不倦，仁也。仁且智，夫子既圣矣。'夫圣，孔子不居，是何言也？"

孟子谈到从前子贡向孔子提问的事情。

"昔者窃闻之：子夏、子游、子张皆有圣人之一体[④]，冉牛、闵子、颜渊则具体而微[⑤]，敢问所安。"

曰："姑舍是[⑥]。"

曰："伯夷、伊尹何如[⑦]？"

曰："不同道。非其君不事，非其民不使；治则进，乱则退，伯夷也。何事非君，何使非民；治亦进，乱亦进，伊尹也。可以仕则仕，可以止则止，可以久则久，可以速则速，孔子也。皆古圣人也，吾未能有行焉。乃所愿，则学孔子也。"

"伯夷、伊尹于孔子，若是班乎[⑧]？"

曰："否。自有生民以来，未有孔子也。"

曰"然则有同与？"

曰："有。得百里之地而君之，皆能以朝诸侯、有天下；行一不义、杀一不辜而得天下，皆不为也。是则同。"

曰："敢问其所以异。"

曰："宰我、子贡、有若[⑨]，智足以知圣人，汙不至阿其所好[⑩]。宰我曰：'以予观于夫子，贤于尧舜远矣。'子贡曰：'见其礼而知其政，闻其乐而知其德，由百世之后，等百世之王，莫之能违。自生民以来，未有夫子也。'有若曰：'岂惟民哉？麒麟之于走兽，凤凰之于飞鸟，太山之于丘垤[⑪]，河海之于行潦[⑫]，类也。圣人之于民，亦类也。出于其类，拔乎其萃[⑬]。自生民以来，未有盛于孔子也。'"

【注解】

①宰我、子贡善为说辞：宰我，孔子弟子宰予。子贡，孔子弟子端木赐。说辞，言语。宰我、子贡是孔子言语科中的高足，《论语》中有"言语：宰我、子贡"这样的记述。②冉牛、闵子、颜渊善言德行：冉牛，孔子弟子冉耕，字伯牛；闵子，孔子弟子闵损，字骞；颜渊，孔子弟子颜回，字子渊，三个人在孔子门下都是列在德行科。③恶：读wū，叹词，表示惊讶不安的神情。④子夏、子游、子张皆有圣人之一体：子游，孔子弟子言偃。子张，孔子弟子颛（zhuān）孙师。有圣人之一体，是用比喻的说法，说上述三个弟子都只得了圣人四肢中的一个肢体。⑤具体而微：是说具备了圣人的全体（即四肢都具备了），但是还不广大。⑥姑舍是：姑，暂且；舍，放下，抛开。孟子是个很自负的人，曾经说过"当今之世，舍我其谁"的豪言壮语，所以对孔门这许多弟子，他都不放在眼里，但是又不便明说，只好用"姑舍是"一语搪塞过去。⑦伯夷、伊尹：伯夷，商朝末年孤竹君的大儿子，跟他弟弟叔齐因互让王位而出逃。周武王伐纣时，二人曾扣住马头劝谏，武王不听，于是一同隐居在首阳山，立志不吃周朝的粮食而活活地饿死了。伊尹，有莘的处士，辅佐商汤王出兵攻打夏桀。⑧班：齐，等。⑨有若：孔子弟子，鲁国人，比孔子小十三岁。⑩汙：本作"洿"，孟子可能用为"洿"字的假借字。⑪垤（dié）：蚂蚁堆土作的窝。⑫行潦（lǎo）：路上的积水。⑬萃（cuì）：聚集。这里指聚在一起的人或事物。

自有生民以来，未有孔子也。

【译文】

　　公孙丑又问道："宰我、子贡长于言辞，冉牛、闵子和颜渊以德行见称；孔子则兼有他们的长处，但他还是说：'我对于说话，就并不擅长。'老师您（既善于分析别人的言辞，又善养浩然之气，）已经是圣人了么？"

　　孟子（不禁惊诧地）说："哎！你这是什么话呢？从前子贡向孔子问道：'老师您已经成了圣人吗？'孔子说：'圣人，我就还不能做到，我能做到的，不过是学习不感厌倦、教诲别人不知疲劳罢了。'子贡说：'学习不厌倦，这是智的表现；教诲别人不知疲劳，这是仁的表现。具备了仁和智这两种高尚的品德，老师您已经称得上是圣人了啊。'圣人，孔子都不敢当，你这是什么话呢？"

　　公孙丑又问道："从前我听说过，子夏、子游和子张，都学得了孔圣人一方面的特长，冉牛、闵子和颜渊大体上具备孔子的才德，但比不上他那样博大精深。请问老师，您在上面这些人中间与哪一个更接近呢？"

　　孟子说："暂且抛开这些不谈吧。"

　　公孙丑又问："伯夷和伊尹怎么样呢？"

　　孟子说："他们处世之道并不相同。不是他认可的君主不侍奉，不是他认可的人民不役使，天下太平就进到朝廷去做官，天下不太平便退而隐居在野，这是伯夷处世的态度。什么君主都可以侍奉，什么人民都可以役使，天下太平也做官，天下不太平也做官，这就是伊尹的处世态度。应该做官就做官，应该辞官就辞官，应该久干下去就久干下去，应该赶快离开就赶快离开，这就是孔子的处世态度。他们都是古代的圣人。我没能做到他们那样。至于我所希望的，便是要学习孔子。"

　　公孙丑又问："伯夷、伊尹对于孔子来说，是同等的吗？"

　　孟子答道："不。自有人类以来没有能比得上孔子的。"

　　公孙丑问："那么他们有相同的地方吗？"

　　孟子说："有。如果他们得到百里见方的土地而以他们为君王，他们都能使诸侯来朝，统一天下。要

宰我、子贡、有若，智足以知圣人。

他们做一件不合道理的事，杀一个无辜的人，因而得到天下，他们都不会做的。这就是他们相同的地方。"

公孙丑问道："请问他们不同的地方在哪里呢？"

孟子说："宰我、子贡和有若，他们的智慧足以了解孔子，即使夸张一点，也不至虚加赞扬他们喜爱的人。宰我说：'依我宰予对老师的看法，他比尧舜高明得多。'子贡说：'见到一个国家的礼制，就可以了解这个国家的政治；听了人家的音乐，便可以了解这个人的道德。哪怕从百世以后，用同等标准（办法）按次去评价百世以来的君王，没有一个能背离孔子之道的。自有人类以来，没有出过一个像孔子这样（伟大）的人。'有若说：'难道只有人民有高下之分么？麒麟对于走兽，凤凰对于飞鸟，泰山对于小土堆，河和海对于路上的积水，是同类；圣人对于人民，也是同类。孔子大大地超过了他的同类，在他的那一群中冒着尖儿。自有人类社会以来，没有比孔子还要伟大的。'"

◎ 第六章 ◎

【原文】

孟子曰："人皆有不忍人之心。先王有不忍人之心，斯有不忍人之政矣。以不忍人之心，行不忍人之政，治天下可运之掌上。所以谓人皆有不忍人之心者，今人乍见孺子将入于井，皆有怵惕恻隐之心[1]——非所以内交于孺子之父母也[2]，非所以要誉于乡党朋友也[3]，非恶其声而然也。由是观之，无恻隐之心，非人也；无羞恶之心，非人也；无辞让之心，非人也；无是非之心，非人也。恻隐之心，仁之端也[4]；羞恶之心，义之端也；辞让之心，礼之端也；是非之心，智之端也。人之有是四端也，犹其有四体也[5]。有是四端而自谓不能者，自贼者也[6]；谓其君不能者，贼其君者也。凡有四端于我者，知皆扩而充之矣，若火之始然[7]，泉之始达。苟能充之，足以保四海；苟不充之，不足以事父母。"

【注解】

①怵（chú）惕（tì）：吃惊害怕。恻隐：伤痛不忍。②内交：即结交。内，同"纳"。③要（yāo）誉：求得好名声。要，求，谋取。④端：开始。⑤四体：四肢。人的四肢，是必不可少的。⑥贼：残害。⑦然：同"燃"。

【译文】

孟子说："人们都有一颗见人遭遇不幸而有所不忍的心。古代帝王由于有这种怜悯别人的心，这样才有了怜悯下面百姓的仁政。拿这种怜悯别人的好心，去施行怜悯百姓的仁政，治理天下就可以像运转小物件于手掌上那么容易了。我所以说每个人都有见人遭遇不幸而有所不忍的心的缘故，譬如人们突然看见无知的小孩将要爬跌到井里去，都会立即产生一种惊骇、伤痛不忍的心情——这不是为了想跟这孩子的爹娘攀交情，不是为了要在邻里朋友中博得个好名声，也不是由于厌恶孩子的啼哭声才这样做的。从这里看来，

恻隐之心。

没有同情之心，算不了人；没有羞耻的心，算不了人；没有推让之心，算不了人；没有是非心，算不了人。同情之心，是仁的开端；羞耻之心，是义的开端；推让之心，是礼的开端；是非之心，是智的开端。一个人有这四个开端，就如同他的身体有四肢一样（是他本身所固有的）。有这四个开端却自认无所作为的人，是自己害自己的人；说他的君主无所作为的人，是戕害他的君主的人。凡是在自身具有这四个开端的人，如果懂得把它们扩充起来，那就会像火刚开始点着，泉水刚开始流出（前景是无可限量的）。（一个从事政治的人）假使能够扩充这四个开端，就可以护育天下的人民；假使不扩充的话，那就连自身的爹娘也无法奉养了。"

公孙丑章句下

本篇从第二章起，详细记载了孟子在齐国的事迹，具体展现了孟子的处世原则，其中值得注意的是以下几个方面：首先，孟子提出了"天下有达尊三：爵一，齿一，德一"的观点，以年纪和道德来与诸侯的尊位分庭抗礼，否定了君权至高无上的地位。孟子在与诸侯打交道时，是以诸侯之师的身份自居的，他不应齐王之召，是因为齐王的行为不符合待师之礼。他认为有作为的君主应该像学生对待老师那样对待德高望重的臣属，应该把他们视为"不召之臣"而亲自前去拜访。这种对独立人格的强调，对自我意识的张扬是有别于孔子"君命召，不俟驾而行"的态度的，在当时也是难能可贵的。另外，孟子提出只有"天吏"才可以伐人之国。"天吏"指的是行仁政得民心的国君，实际上是认为当时任何一国的国君都没有率领义师讨伐不义之国的资格，这与其反战及主张以仁政的感化作用来统一天下的思想是互为表里的。篇中还强调了恪守伦理道德的绝对正确性，当被问及"周公使管叔监殷，管叔以殷畔"这个问题时，孟子认为，周公作为弟弟，对哥哥不应有任何怀疑，如果兄弟之间也互相不信任，那本身就是违背道德原则的，所以周公任用管叔是没有错误的。这种观点体现出礼义道德在孟子思想中的核心地位，也反映出孟子对宗法血缘关系的极力维护。

◎第一章◎

【原文】

孟子曰："天时不如地利，地利不如人和①。三里之城，七里之郭②，环而攻之而不胜。夫环而攻之，必有得天时者矣；然而不胜者，是天时不如地利也。城非不高也，池非不深也，兵革非不坚利也，米粟非不多也；委而去之③，是地利不如人和也。故曰：域民不以封疆之界④，固国不以山谿之险⑤，威天下不以兵革之利。得道者多助，失道者寡助。寡助之至，亲戚畔之⑥；多助之至，天下顺之。以天下之所顺，攻亲戚之所畔，故君子有不战，战必胜矣⑦。"

天时不如地利。

域民不以封疆之界。

【注解】

①天时：李炳英《孟子文选》【注解】说："古代作战，以'天干'（甲、乙、丙、丁、戊、己、庚、辛、壬、癸）、'地支'（子、丑、寅、卯、辰、巳、午、未、申、酉、戌、亥）所标志的时日（例如：甲子日、乙卯日等）和攻守地点的方位（东、南、西、北、中央）的适当配合为条件（某日攻某方、守某方为有利），来掌握胜败、吉凶的成数，这叫作天数。"天数即是天时。②三里之城，七里之郭：古代都邑四周用作防御的高墙一般分两重，里面的叫城，外面的叫郭，也就是内城和外城。③委：弃。④域民：限制人民，使他们居住在一定的区域内，为自己所统治。⑤固国：使国防坚固，牢不可破。⑥畔：同"叛"。⑦君子有不战，战必胜矣：句中的"有"字相当于口语

的"要么"。

【译文】

孟子说:"得天时不如得地利,得地利不如得人和。内城三里、外城七里的城邑,包围攻打却无法取胜。包围而攻打,一定有合乎天时的战机。可是却无法取胜,这说明得天时不如占地利呀。城墙并不是筑得不高,护城河并不是挖得不深,兵器和盔甲并不是不锐利、不坚固,粮食也并不是不多呀;可是,(当敌人一来进犯,)守兵们竟弃城而逃,这说明得地利不及得人和呀。所以说,限制人民不必靠国家的疆界,巩固国防不必凭山河的

地利不如人和也。

险要,威服天下不必恃武力的强大。行仁政的人帮助他的便多,不行仁政的人帮助他的便少。少助了极点时,连亲戚都会背叛他;多助到了极点时,全天下都愿意顺从他。拿全天下顺从的力量去攻打连亲戚都背叛的人,那么,仁德之君要么不用战争,若用战争,是必然胜利的了。"

◎第二章◎

【原文】

孟子将朝王,王使人来曰:"寡人如就见者也①,有寒疾,不可以风;朝将视朝②,不识可使寡人得见乎?"

对曰:"不幸而有疾,不能造朝。"

明日,出吊于东郭氏③。公孙丑曰:"昔者辞以病④,今日吊,或者不可乎?"

曰:"昔者疾,今日愈,如之何不吊?"

王使人问疾,医来。孟仲子对曰⑤:"昔者有王命,有采薪之忧⑥,不能造朝;今病小愈,趋造于朝,我不识能至否乎?"使数人要于路⑦,曰:"请必无归而造于朝!"

不得已而之景丑氏宿焉⑧。景子曰:"内则父子,外则君臣,人之大伦也⑨;父子主恩,君臣主敬。丑见王之敬子也,未见所以敬王也。"

曰:"恶,是何言也!齐人无以仁义与王言者,岂以仁义为不美也?其心曰,'是何足与言仁义也'云尔⑩,则不敬莫大乎是。我非尧舜之道不敢以陈于王前,故齐人莫如我敬王也。"

景子曰:"否,非此之谓也。《礼》曰:'父召无诺⑪;君命召,不俟驾⑫。'固将朝也,闻王命而遂不果⑬,宜与夫礼若不相似然⑭。"

曰:"岂谓是与?曾子曰:'晋、楚之富,不可及也。彼以其富,我以吾仁;彼以其爵,我以吾义,吾何慊乎哉⑮!'夫岂不义而曾子言之?是或一道也。天下有达尊三⑯:爵一,齿一,德一。朝廷莫如爵,乡党莫如齿,辅世长民莫如德。恶得有其一以慢其二哉!

"故将大有为之君,必有所不召之臣,欲有谋焉则就之。其尊德乐道,不如是不足与有为也。故汤之于伊尹,学焉而后臣之,故不劳而王;桓公之于管仲,学焉而后臣之,故不劳而霸。今天下地丑德齐⑰,莫能相尚⑱。无他,好臣其所教,而不好臣其所受教。汤之于伊尹,桓公之于管仲,则不敢召。管仲且犹不可召,而况不为管仲者乎!"

【注解】

①如：将。②朝将视朝：第一个朝字读zhāo，早晨。第二个朝字读cháo，视朝，上朝视事（办事）。③东郭氏：齐国的大夫之家。④昔者：昨日。⑤孟仲子：是孟子的堂兄弟。⑥采薪之忧：是说有病不能上山打柴；这是当时士大夫交往中用来代疾病的习惯语。⑦要（yāo）：拦阻。⑧景丑氏：齐大夫景丑家。⑨伦：伦常，中国传统礼教规定的人与人之间正常关系，特指尊卑长幼之间的关系。⑩云尔：表示必然无疑的语助词。⑪召：呼唤。诺：慢条斯理的应答声。⑫君命召，不俟驾：是说国君呼唤，不等待车辆驾好马，立即先步行。⑬不果：中止，没有真的实行。⑭宜：相当于"殆（dài）"，几乎、差不多的意思。⑮憾（qiàn）：憾，恨。⑯达尊：普天下所尊敬的事。⑰地丑德齐：丑，类似。整句是说现在天下的人君，土地的大小相类似，德教的好坏差不多。⑱莫能相尚：互相不能超过。

【译文】

孟子正打算去朝见齐王，却碰上齐王打发人来传话说："我本是应当来看望您的，但是感冒了，不能吹风。今早我将临朝视事，不知道可不可以让我见到您？"

孟子回答说："我也不幸得了点病，不能上朝来。"

第二天，（孟子）到齐国的大夫东郭氏家里去吊唁。公孙丑说："昨天托病不上朝，今天却又出门去吊唁，（这样做）也许不大合适吧？"

孟子答道："昨天有病，今天病好了，怎么不去吊唁呢？"

齐王派人来探看孟子的病，医生也同来了。孟仲子（应付）说："昨天王命召见，恰好（先生）病了，不能上朝。今天病稍好了点，已上朝去了，我不知道他能不能到达朝中？"（孟仲子接着）打发几个人到路上拦住孟子，说："请您一定别回家，上朝去走一趟吧！"

（孟子）没有办法，只有躲到景丑的家借住一晚。景丑（知道这种情况后）说："在家庭内就得讲个父子之亲，在家庭外就得讲个君臣之义，这是人与人之间重大的伦常关系。父子之间以恩爱为主，君臣之间以尊敬为主，我只看到齐王对你的尊敬，却没有看到你对齐王是怎样尊敬的。"

孟子与景丑谈仁义。

孟子曰：故将大有为之君，必有所不召之臣，欲有谋焉则就之。

孟子说："哎！这是什么话！齐国人没有一个拿仁义之道跟齐王接谈的，难道真的是认为仁义不好吗？他们心里是这样想的：'这个王哪配跟他谈论什么仁义之道呢？'我看，再没有什么行为比这更不尊敬齐王了。我不是尧舜之道不敢拿到齐王前面陈述，所以齐国人对齐王的尊敬是谁也比不上我的。"

景丑说："不，我说的不是这个。《礼》上说：'父亲召唤儿子时，（儿子应立即起身回应，）决不可以慢条斯理地应答。君主召唤，应该立即动身，不等待车辆驾驶好马。你本来准备上朝，听到齐王召唤反而不去了，恐怕跟《礼》上说的不大相合吧。"

孟子说："难道你说的是这个吗？曾子说过：'晋国和楚国的豪富，是无法与之相比的。不过，他们凭借的是他们的财富，我凭借的是我的仁；他们仗的是他们的爵位，我凭借的是我的义，（和他们比起来，）我心里又有什么遗憾呢！'这个话没有道理曾子会说吗？大概是有点道理的。天下有三个为人们普遍尊敬的东西：一个是爵位，一个是年龄，一个是德行。在朝廷没有比得上爵位的，在乡里没有比得上年龄的，在辅佐君主统治百姓方面就没有比得上德行的。怎能仗着自己占着一面（爵位）却去怠慢占着两面（年龄与德行）的人呢！

"所以将要大有作为的君主，一定有他不敢召唤的臣子，有什么事情要谋划，就亲自去他家里请教。他（国君）重视德行、乐于行仁政，如果不是这样，便不足和他有所作为。因此商汤王对于伊尹，先向伊尹学习，然后用他为臣，因此，不大费力气就使天下归服；桓公对于管仲，也是先向他学习，然后用他为臣，因此，不大费力气而建立霸主的事业。现在（天下的大国）土地大小差不多，君主们的道德品行也不相上下，谁也没能超过谁，这没有别的原因，就是他们欢喜以听从他们教导的人为臣，而不欢喜以有能力教导他们的人为臣。商汤王对于伊尹，齐桓公对于管仲，就不敢召唤。管仲这样的人还不可以召唤，何况不愿做管仲的人呢！"

◎第三章◎

【原文】

陈臻问曰[1]："前日于齐，王馈兼金一百而不受[2]；于宋，馈七十镒而受；于薛[3]，馈五十镒而受。前日之不受，则今日之受非也；今日之受是，则前日之不受非也。夫子必居一于此矣。"

孟子曰："皆是也。当在宋也，予将有远行，行者必以赆[4]；辞曰馈赆，予何为不受？当在薛也，予有戒心[5]；辞曰闻戒，故为兵馈之，予何为不受？若于齐，则未有处也[6]，无处而馈之，是货之也[7]。焉有君子而可以货取乎？"

【注解】

①陈臻（zhēn）：孟子弟子。②王馈兼金一百：馈（kuì），赠送。兼金，好金，它的价格比一般金价高出一倍，所以叫兼金。一百，百镒。古时以一镒为一金。镒（yì），二十两，一作溢，或误以一镒为二十四两。古代所说的金，多是指黄铜，并不是现在的黄金。③薛：是齐国靖郭君田婴的封邑，不是春秋的薛国，故城在今山东滕县西南。④赆（jìn）：临别时赠送的财物。⑤戒心：戒备不测的心。据说当时有人想暗害孟子，孟子为防不测，所以作了必要的戒备。⑥处：用途。⑦货：名词动用，跟下文"货取"的意思差不多，是说用财物收买。

【译文】

陈臻问道："前些日子在齐国，齐王赠送给您质好价高的黄金一百镒您却不接受。近来在宋国，（宋君）赠送七十镒黄金您接受了；在薛地，（薛君）赠送五十镒黄金您也接受了。如果前些日子的不接受是对的，那么，今天的接受就不对了，如果今天的接受是对的，那么，前些日子的不接受就不对了。您先生在这两个截然相反的做法中，一定有一个是做错了的。"

孟子说："都是对的。当在宋国的时候，我将要远出旅行，（按照惯例）对出门旅行的人一定要送点程仪，宋君当时说是送程仪，我为什么不接受呢？当在薛地时，（听说有人想暗害我，）我得有所戒备，薛君当时听说我要有所戒备，因此送点钱给我购置武器，我又为什么不接受呢？至于在齐国，就没有说明是什么用途，不说明用途却要（无缘无故地）送钱给我，这无异是想收买我。哪有贤德君子可以用钱财收买的呢？"

滕文公章句上

本篇记述了孟子向滕文公提出的各项政治建议，以及在滕国与农家学派和墨家学派人物间的论辩。向滕文公提出的各项政治建议中，包括服丧三年的礼制，实行十分之一的税率，以及关于井田制的设想，这些都是孟子反复论述过的有关仁政的具体措施。本篇最引人注意的是孟子关于社会分工的理论。农家学派的代表人物许行提出贤明的君主应该"与民并耕而食，饔飧而治"，其目的是为了反对统治者对人民进行的剥削以及由此而造成的社会不公平现象，出发点和愿望都是善良的，但这种主张的实质却是倒退的，因为脑力劳动和体力劳动、管理者和被管理者的分工是由社会进步而形成的，是社会发展的必然趋势，泯灭社会分工，无疑是否定了社会的进步。孟子在对这种观点的反驳中，详细全面地从生产的发展和产品的交换论证了社会分工的必要性，认为管理国家的官员和直接参加生产的劳动者，都是社会生活中不可缺少的成员，他们之间只是劳心与劳力的区别。他进一步认为，劳心者比劳力者对社会的贡献更大，因而，"劳心者治人，劳力者治于人；治于人者食人，治人者食于人，天下之通义也"。这种观点是符合社会发展的实际的，它也是孟子思想中最具进步意义的一个部分。

◎第三章◎

【原文】

滕文公问为国。

孟子曰："民事不可缓也。《诗》云：'昼尔于茅，宵尔索绹。亟其乘屋，其始播百谷①。'民之为道也，有恒产者有恒心，无恒产者无恒心。苟无恒心，放辟邪侈，无不为已。及陷乎罪，然后从而刑之，是罔民也②。焉有仁人在位罔民而可为也？是故贤君必恭俭礼下，取于民有制。阳虎曰③：'为富不仁矣，为仁不富矣。'夏后氏五十而贡，殷人七十而助，周人百亩而彻④。其实皆什一也。彻者，彻也⑤；助者，藉也⑥。龙子曰⑦：'治地莫善于助，莫不善于贡。'贡者校数岁之中以为常⑧。乐岁粒米狼戾⑨，多取之而不为虐，则寡取之；凶年粪其田而不足，则必取盈焉。为民父母，使民盻盻然⑩，将终岁勤动，不得以养其父母，又称贷而益之⑪，使老稚转乎沟壑，恶在其为民父母也？夫世禄，滕固行之矣。《诗》云：'雨我公田，遂及我私⑫。'惟助为有公田。由此观之，虽周亦助也。

"设为庠序学校以教之⑬。庠者，养也；校者，教也；序者，射也。夏曰校，殷曰序，周曰庠；学则三代共之，皆所以明人伦也。人伦明于上，小民亲于下。有王者起，必来取法，是为王者师也⑭。《诗》云：'周虽旧邦，其命维新⑮'，文王之谓也。子力行之，亦以新子之国⑯！"

使毕战问井地⑰。

孟子曰："子之君将行仁政，选择而使子，子必勉之！夫仁政，必自经界始⑱。经界不正，井地不钧⑲，谷禄不

滕文公问为国。

平[20]。是故暴君汙吏必慢其经界。经界既正，分田制禄可坐而定也。

"夫滕，壤地褊小，将为君子焉[21]，将为野人焉。无君子，莫治野人；无野人，莫养君子。请野九一而助，国中什一使自赋。卿以下必有圭田[22]，圭田五十亩；余夫二十五亩[23]。死徒无出乡，乡田同井，出入相友，守望相助，疾病相扶持，则百姓亲睦。方里而井，井九百亩，其中为公田。八家皆私百亩，同养公田；公事毕，然后敢治私事，所以别野人也。此其大略也；若夫润泽之，则在君与子矣。"

《诗》云：昼尔于茅，宵尔索绹。

【注解】

① "昼尔"四句：这几句诗出自《诗经·豳风·七月》。尔：语助词。于：取。索：搓绳。亟：同"急"。乘：升。②罔：同"网"，名词动用，"罔民"是说像捕鱼一样张开网让人民陷入犯罪的罗网中来。③阳虎：即阳货，鲁国季氏的家臣。④ "夏后氏五十而贡"三句：这里所说的不过是孟子假托古史来阐述自己的理想，当时的事实可能不一定是这样。⑤彻：通。这里是说周朝这种税制是天下通行的税制。⑥藉：同"借"，指借民力来耕种公田。⑦龙子：古代贤人。⑧挍（jiào）：计量，比较。⑨粒米：犹言米粒，泛指粮食。狼戾：犹狼藉。⑩盻盻（xì）然：勤苦不休息的样子。⑪称贷：借债。益：补足。⑫雨（yù）我公田，遂及我私：诗句引自《诗经·小雅·大田》。《大田》是西周记述农事的诗。当时助法全部废除了，典籍也不存在，唯有从这首诗中还可见到周朝也是用助法，所以孟子引来作为证明。⑬设为庠（xiáng）序学校以教之：庠，养老；序，习射；学，国学；校，教民。庠、序、校都是乡里学校的名称。⑭为王者师：滕国土地小，即使行仁政，也未必能兴王业，但是却可以充任王者师。⑮周虽旧邦，其命维新：引自《诗经·大雅·文王》。《文王》是歌颂文王的诗。命，天命。⑯新：作动词，使动用法，是说使他的国家焕然一新。子：指文公，因为他年岁不大，所以孟子这样称呼他。⑰毕战：滕国的臣子。井地：即井田。⑱经界：这里经、界同义，经界即指井田的界限。⑲钧：通"均"。⑳谷禄：即俸禄，古人用谷物为俸禄，所以又称俸禄为谷禄。㉑为：有。㉒圭（guī）田：士由于德行洁白而升官，便给与田亩，以供祭祀，这种田称圭田。㉓余夫：本指农夫家还没有到达成家年龄而又有一定劳动能力的剩余劳动力。

【译文】

（向孟子）询问治国的方法。

孟子说："老百姓生产的事是刻不容缓的。《诗》里说过：'白天出外割茅草，晚上要把绳索搓好，急急忙忙盖屋顶，播种的时间转眼到。'老百姓的一般情况是这样，有一定的维持生计的产业便能坚持一贯的向善之心，没有一定的维持生计的产业便不能坚持一贯的向善之心。假使没有了一贯的向善之心，那就会放荡不走正路，胡作非为，没有什么干不出来的。等到因此犯了罪，然后对他们施加刑罚。这等于设下网罗陷害人民。哪有仁爱的国君在位，却干出陷害人民的事的呢？所以贤良的君主务必做恭谨俭朴，礼贤下士，向老百姓征收赋税有定规。阳虎说过：'想发财就别讲仁爱，要讲仁爱就别想发财。'夏朝每家授田五十亩，赋税行的是贡法，商朝每家授田七十亩，赋税行的是助法，周朝每家授田百亩，赋税行的是彻法，实际上征的税率都是十分之一。彻有通的意思；助有借的意思。龙子说：'经营土地的税制没有比助法更好的，没有比贡法更不好的。'所谓贡法就是比较若干年的若干年的收成得出一个税收的定数（即不管丰年、歉年都得按这个定数征税）。丰收年景粮食到处抛置，就是多征收一点也不算苛暴，却并不多征；凶年饥岁，田里的收成甚至连第二年肥田的费用都不够，却非征满那一定数不可。一国的君主号称老百姓的父母，使老百姓整年地辛勤劳动，却没法子养活自己的爹妈，还得借高利贷来凑足纳税的数字，以至老弱辗转流亡于沟壑之中，为民父母的意义又在哪里呢？对做大官的人子孙世代享有田租收入的制度，滕国早就实行了。（但有利于老百姓的税制——助法却始终没有被采用。)《诗》里面说：'（希望）雨先下到公田里，然后再落到私田。'只有实行助法才会有公田，从这篇周诗看来，虽是周朝，也是实行助法的。

"（人民生活有了着落，还要）设立'庠'、'序'、'学'、'校'来教育他们。'庠'是教养的意思，'校'是教育的意思，'序'是习射的意思。（即地方学校）夏朝叫校，殷朝叫序，周朝叫庠，至于国家办的学校（也就是大学），三代都共用了'学'这个名称，（无论乡学和国学）都是用来向学生阐明并教导他们明确（'父子有亲、君臣有义、夫妇有别、长幼有序、朋友有信'这五种）社会伦常观念的。在上面的诸侯卿大夫士明确并承认社会的伦常关系，小百姓们在下面自然也就亲密无间了。只要圣王兴起，便一定要来向您模仿学习的，这样您就做了圣王的老师了。《诗》里说过：'岐周虽是个古老的国家，但承接天命而不断革新。'这是就文王创建帝业而说的。您努力干下去，也可以使您的国家为之气象一新。"

（滕文公）又派毕战来（向孟子）询问有关井田制的问题。

孟子说："你的国君将要实行仁政，经过精心选择才派遣你来问我，你努力完成使命吧！实行仁政，必须从划分和理清田界着手。田界没有划分理清，井地的大小就不能做到均匀，作为俸禄的田租就不能做到合理公平。所以那些暴君和贪吏总是要（千方百计）搞乱正确的田界。田界既然已经划分理清，分田地给百姓，制定官吏的俸禄，便可以不费力作决定了。

"滕国，国土狭窄，但也有官吏，也有百姓。没有官吏，便不能治理百姓；没有百姓，便不能养活官吏。我建议你们在郊野实行九分抽一的助法，城邑使用十分抽一的贡法。卿以下的官吏各分给他们供祭祀用费的圭田，圭田规定为五十亩；对于那些被称为'余夫'的剩余劳动力，就每人另给田二十五亩。（这样，）埋葬或搬家都不用离开本土本乡，共一井田的各家，平日出入相亲相爱，防守盗贼互助互帮，谁家有了病人，大家共同照顾，那么百姓间就做到真正的亲爱团结了。（井田制）将每一方里的土地划为一个井田单位，一个井田单位共有田九百亩，中间的百亩是公田，八户人家各耕私田一百亩，八家须得共同耕种公田。公田里的农活完毕了，然后大家才敢去料理私人的事务，这样做就是为了老百姓跟官吏有所区别。这里所说的只是井田制大概情况，至于怎样修饬调整而使之完善，那就得靠你们的君主和你了。"

为民父母，使民终岁勤动，不得以养其父母，又称贷而益之。

夫世禄，滕固行之矣。

设为庠序学校以教之。

孟子散文的艺术特色

```
《孟子》语言特色          《孟子》艺术特色          《孟子》风格特征
```

明白晓畅	平实浅近	精练准确	长于论辩	长于譬喻	气势浩然	莫之能御

长于论辩

逻辑推理——类比推理——欲擒故纵——反复诘难——迂回曲折地把对方引入自己预设的结论中。

孟子谓齐宣王曰："王之臣有托其妻子于其友而之楚游者，比其反也，则冻馁其妻子，则如之何？"王曰："弃之。"曰："士师不能治士，则如之何？"王曰："已之。"曰："四境之内不治，则如之何？"王顾左右而言他。

长于譬喻

"民之归仁也，犹水之就下，兽之走圹也"，简单的比喻表现民众归仁的必然趋势。

气势浩然

孟子内在精神修养上的浩然气概，是其散文气势充沛的根本原因，而外在表现是《孟子》大量用排偶句、叠句等修辞手法，文气磅礴，若决江河，沛然莫之能御。

◎第四章◎

【原文】

有为神农之言者许行[1]，自楚之滕，踵门而告文公曰[2]："远方之人闻君行仁政，愿受一廛而为氓[3]。"文公与之处[4]。其徒数十人，皆衣褐[5]，捆屦、织席以为食[6]。

陈良之徒陈相与其弟辛负耒耜而自宋之滕[7]，曰："闻君行圣人之政，是亦圣人也，愿为圣人氓。"

陈相见许行而大悦，尽弃其学而学焉。

陈相见孟子，道许行之言曰："滕君则诚贤君也；虽然，未闻道也。贤者与民并耕而食，饔飧而治[8]。今也滕有仓廪府库，则是厉民而以自养也[9]，恶得贤？"

有为神农之言者许行，自楚之滕，踵门而告文公。

孟子曰："许子必种粟而后食乎？"

曰："然。"

"许子必织布而后衣乎？"

曰："否；许子衣褐。"

"许子冠乎[10]？"

曰："冠。"

曰："奚冠？"

曰："冠素。"

曰："自织之与？"

曰："否，以粟易之。"

曰："许子奚为不自织？"

曰："害于耕。"

曰："许子以釜甑爨，以铁耕乎[11]？"

曰："然。"

"自为之与？"

曰："否；以粟易之。"

陈相见孟子。

"以粟易械器者，不为厉陶冶；陶冶亦以其械器易粟者，岂为厉农夫哉？且许子何不为陶冶，舍皆取诸其宫中而用之[12]？何为纷纷然与百工交易？何许子之不惮烦？"

曰："百工之事固不可耕且为也。"

"然则治天下独可耕且为与？有大人之事，有小人之事[13]。且一人之身，而百工之所为备，如必自为而后用之，是率天下而路也[14]。故曰，或劳心，或劳力；劳心者治人，劳力者治于人；治于人者食人[15]，治人者食于人，天下之通义也。

【注解】

①神农：炎帝神农氏，相传他第一个制造农具，教老百姓种田，是中国农耕的发明者。许行，是孟子时研究神农学说的学者。②踵：本指脚后跟，这里作动词，解作"到、登"。③廛（chán）：百姓的住宅。④处：即住所。⑤褐（hè）：本指粗布，这里指贫苦百姓穿的衣服。⑥捆（kǔn）屦（jù）：捆，织。屦，古时用麻、葛等织成的鞋。⑦陈良：楚国的儒者。耒（lěi）耜（sì）：古代一种像犁的翻土农具。⑧饔（yōng）飧（sūn）：早餐叫饔，晚餐叫飧，这里是说自己做饭吃。⑨厉：损害。⑩冠（guàn）：戴帽。⑪许子以釜（fǔ）甑（zèng）爨（cuàn），以铁耕乎：釜，古代用来煮食物的炊事用具，相当于现在的锅。甑（zèng），古代用来蒸食物的陶土炊具。爨（cuàn），烧火煮饭。铁，指铁制耕具。⑫舍：同"啥"，什么。⑬有大人之事，有小人之事：大人，与"君子"相似，有时指有德者，有时指有位者。小人，

指被统治者。⑭路：名词动用，有奔走道路，得不到休息的意思。⑮食（sì）人：养活。

【译文】

有位学习神农学说的学者名叫许行，从楚国来到了滕国，登门告诉文公说："远方的人听说您实行仁政，愿意接受一个住所做您的老百姓。"文公给了他住所。他的门徒几十个，都穿着粗麻布衣，靠编草鞋、织麻席子过活。

儒者陈良的门徒陈相和他的弟弟陈辛一道背着农具从宋国走到滕国，（见了文公）说："听说您实行圣人的政治，这样说来您也是圣人了，（我们）愿意做圣人的老百姓。"

陈相见到许行后十分高兴，完全抛弃他原来所学的东西，转而向许行学习。

陈相去见孟子，转述许行的话说："滕君的确是个贤明的君主；不过，还不懂得（做贤君的）道理。贤君应该跟老百姓一同种地获取口粮，还要自弄饭吃，兼理国事。现在滕国有的是粮仓财库，那就是损害老百姓来养肥自己了，又怎算得贤德呢？"

孟子说："许子一定要自种庄稼然后才吃饭么？"

（陈相）说："是这样。"

"许子一定要自己织布然后才穿衣服么？"

（陈相）说："不；许子穿粗麻布衣。"

"许子戴帽子么？"

（陈相）说："戴帽子。"

（孟子）说："戴什么帽子？"

（陈相）说："戴白绢帽子。"

（孟子）说："是自己织的吗？"

（陈相）说："不；用粮食换来的。"

（孟子）说："许子为什么不自己织呢？"

许行之徒数十人，捆屦、织席以为食。

以粟易械器者，不为厉陶冶。

（陈相）说："那会妨碍庄稼活。"

（孟子）说："许子用锅甑弄饭、用铁器种地么？"

（陈相）说："对。"

"（这些炊具和农具）是自己制造的么？"

（陈相）说："不是；是用粮食换来的。"

"（农夫）用粮食换炊具和农具，不能算是损害泥瓦工和冶铁工；泥瓦工和冶铁工也用他们的炊具和农具换粮食，难道能说是损害了农夫吗？而且许子为什么不自己烧窑炼铁，无论什么东西都储备在家中随时取用呢？为什么要这样忙碌地跟各种工匠去交换？为什么许子这样不怕麻烦呢？"

（陈相）说："各种工匠的活儿本来就不可能在种地的同时又去兼着干。"

"那么治理天下的事难道独独可以在种地的同时去兼着干么？做官的有做官的应做的事情，当百姓的有当百姓的应做的事情。况且一个人身上（所需用的东西），是所有工匠给做的，如果一定要自己制造的东西才去用，这简直是率领普天下的人全都奔忙于路途之上，永无停息了。所以说，有的人动脑筋，有的人卖力气，动脑筋的人统治别人，卖力气的人受别人统治；受人统治的人得养活别人，统治人的人受别人供养，这是天下通行的法则。

【原文】

"当尧之时，天下犹未平，洪水横流，泛滥于天下，草木畅茂，禽兽繁殖，五谷不登，禽兽偪人[①]，兽蹄鸟迹之道交于中国[②]。尧独忧之，举舜而敷治焉[③]。舜使益掌火，益烈山泽而焚之[④]，禽兽逃匿。禹疏九河[⑤]，瀹济漯而注诸海[⑥]，决汝汉，排淮泗而注之江[⑦]，然后中国可得而食也。当是时也，禹八年于外，三过其门而不入，虽欲耕，得乎？

当尧之时，天下犹未平，禽兽繁殖，五谷不登。

"后稷教民稼穑[⑧]，树艺五谷；五谷熟而民人育。人之有道也[⑨]，饱食、煖衣、逸居而无教[⑩]，则近于禽兽。圣人有忧之[⑪]，使契为司徒[⑫]，教以人伦——父子有亲，君臣有义，夫妇有别，长幼有序，朋友有信。放勋曰[⑬]：'劳之来之[⑭]，匡之直之，辅之翼之，使自得之，又从而振德之[⑮]。'圣人之忧民如此，而暇耕乎？

后稷教民稼穑。

"尧以不得舜为己忧，舜以不得禹、皋陶为己忧[⑯]。夫以百亩之不易为己忧者[⑰]，农夫也。分人以财谓之惠，教人以善谓之忠，为天下得人者谓之仁。是故以天下与人易，为天下得人难。孔子曰：'大哉尧之为君！惟天为大，惟尧则之，荡荡乎民无能名焉！君哉舜也！巍巍乎有天下而不与焉[⑱]！'尧舜之治天下，岂无所用其心哉？亦不用于耕耳。

"吾闻用夏变夷者，未闻变于夷者也。陈良，楚产也，悦周公、仲尼之道，北学于中国。北方之学者，未能或之先也。彼所谓豪杰之士也。子之兄弟事之数十年，师死而遂倍之[⑲]。昔者孔子没，三年之外，门人治任将归[⑳]，入揖于子贡，相向而哭，皆失声，然后归。子贡反筑室于场，独居三年，然后归。他日，子夏、子张、子游以有若似圣人，欲以所事孔子事之，强曾子。曾子曰：'不可；江汉以濯之，秋阳以暴之[㉑]，皜皜乎不可尚矣。'今也南蛮鴂舌之人[㉒]，非先王之道，子倍子之师而学之，亦异于曾子矣。吾闻出于幽谷迁于乔木者，未闻下乔木而入于幽谷者。《鲁颂》曰：'戎狄是膺，荆舒是惩[㉓]。'周公方且膺之，子是之学，亦为不善变矣。"

"从许子之道，则市贾不贰[㉔]，国中无伪；虽使五尺之童适市，莫之或欺。布帛长短同，则贾相若；麻缕丝絮轻重同，则贾相若；五谷多寡同，则贾相若；屦大小同，则贾相若。"

曰："夫物之不齐，物之情也；或相倍蓰[㉕]，或相什伯，或相千万。子比而同之[㉖]，是乱天下也。巨屦小屦同贾，人岂为之哉？从许子之道，相率而为伪者也，恶能治国家？"

【注解】

①偪（bī）人：偪，古逼字。②中国：指中原地区（黄河流域一带）。③敷治：分治。④益：舜的臣子，起初做火正，

后来做掌管山林沼泽的虞官。⑤九河：指徒骇、太史、马颊、复釜、胡苏、简、絜、钩盘、鬲津等九条河。⑥瀹（yuè）济漯（tà）：瀹，疏通。济，水名，源于河南济源市西的王屋山。漯，水名。古漯水当出于今山东朝城县境。⑦决汝汉，排淮泗而注之江：汝、汉、淮、泗是水名。这些水不一定都流入长江，孟子不过是借此申述大禹治水之功，未必字字实在。⑧后稷：相传名"弃"，为周朝的始祖，帝尧时为农师。⑨有：犹"为"。⑩饱食、煖（xuān）衣、逸居而无教：意思是说衣、食、住三者俱全，只是没有教育。⑪有：同"又"。⑫契（xiè）：相传为商朝的祖先。⑬放（fǎng）勋：帝尧之名。⑭劳之来之："劳""来"二字意义近似，都有慰劳、慰问意思。"来"现作"徕"。⑮振德：振，救。德，对人施恩德。⑯皋（gāo）陶（yáo）：虞舜时的司法官。⑰乂：治。⑱"孔子曰"以下数句：是孟子引孔子赞颂尧舜的话。与，作私有、享受解。⑲倍：同"背"。⑳任：挑在肩上或是装在车上的东西，实指行李。㉑秋阳所暴（pù）之：阳，阳光。因为周历的七、八月相当于今日农历的五、六月，所以周之所谓秋阳，实为今夏日之太阳。暴，同"曝"，晒。㉒南蛮鴃（jué）舌之人：指许行。鴃，即伯劳鸟，人们讨厌它的鸣叫声，所以孟子用来比喻语言不中听的许行。㉓鲁颂：指歌颂鲁僖公的《閟宫》篇。膺：攻打。荆：楚的本号，舒：附楚的邻近小国。㉔贾：同"价"。㉕蓰（xǐ）：五倍。㉖比（bì）：有强合在一起的意思。

【译文】

"当唐尧在位的时候，天下还不安定，洪水乱流，到处泛滥，草木生长茂盛，禽兽成倍地增长，谷物没有收成；恶禽猛兽危害人类，它们的足迹遍布于中原各地。尧一个人对这种情况感到忧虑，所以选拔舜来分管治理工作。舜又派伯益掌管火政，伯益放火焚烧山林和草泽地带，禽兽奔逃躲避。（舜又派）禹疏浚九河，疏通济水、漯水，让河水流入海中，开凿汝水、汉水，疏通淮水、泗水，引导入江中。然后中原地带的人们得以耕种。当这个时候，禹在外面奔忙了八年，三次经过家门都不进去，（在这种情况下）即使他想耕种，又哪能成呢？

"后稷教导百姓耕种收割，栽培谷物；谷物成熟了，百姓也就得到了养育。人类的生活规律（往往是这样），吃得饱、穿得暖、住得舒适，要是没有教育，那就会接近于禽兽。圣人对此又深感忧虑，便派契做（掌管教育的）司徒官，教给人们以人与人之间的道德关系——父子之间得相亲爱，君臣之间得有礼义，夫妇之间得有内外之别，长幼之间得有尊卑次序，朋友之间得有信用。放勋说：慰劳他们，纠正他们，帮助他们，使他们各得其所，（发生困难）又赈救他们，对他们施以恩德。圣人这样（辛勤）地为百姓操劳，还有空余时间去耕田吗？

从许子之道，虽使五尺之童适市，莫之或欺。

"尧把得不到舜这样的人作为自己的忧虑，舜也把得不到禹和皋陶这样的人作为自己的忧虑。那些把分管的百亩田地没有耕种好作为自己的忧虑的，是农夫。把财物分送给人叫作惠，把好的道理交给别人叫作忠，替天下人找到出色的人才叫作仁。把天下让给别人倒容易，为天下挑选到（有能力治理天下的）人才却是难事。孔子说：'尧作为帝王的确是伟大啊！（世上）只有天最伟大，（从古以来）只有尧能够效法天，对尧的无边圣德，百姓们简直找不到适当的词语来形容它！了不起的帝王舜呀！他那么使人敬服地坐了天下，自己却不享受它！'尧、舜的治理天下，难道不要用心思吗？只是不用到耕田上罢了。

圣人忧民。

"我只听说拿中原的文化习俗去改变边远落后民族的，没有听说用过边远落后

大哉尧之为君。

民族的一切改变中原的。陈良，原是楚国生长的，他喜爱周公和仲尼的学说，所以跑到北方来向中原学习。北方的学者，还没有哪个能够超过他的。他真算得上个杰出的人物。你们兄弟俩向他学习了几十年，可是（你们的）老师一死便立即背叛他。从前孔子的去世，（守孝）三年已满，弟子们整理好行李担子将要各自回去，进去向子贡行礼告别，彼此望着号啕痛哭，声音都嘶哑了，然后才回去。子贡回到墓地建筑了一间屋子，在那里独个儿住了三年，这才回去。后来，子夏、子张和子游认为有若有点像圣人（孔子），想用侍奉孔子的礼节去侍奉他，强要曾子同意。曾子说：'使不得；譬如用江汉的水洗濯过，在盛夏的太阳里曝晒过，真是洁白得无以复加了。（谁能再比得上孔子呢？）'现在（许行）这个来自南蛮满口方言的人，指责、反对我们古圣先王的法规，你们却背叛你们的老师反过来向他学习，这也就跟曾子完全不同了。我只听说鸟儿总是愿意从幽暗的山谷迁移到高树上去栖息的，却没有听说过从高树上迁下来到幽暗的山谷中去安家的。《鲁颂》说：'要攻击戎狄，痛惩荆舒。'周公正是要攻击他们，你们却向这样的人学习，可算是向不好的方面改变了。"

陈相说："按照许子的办法去做，就可以使市面上物价一律，国里面没有欺假；哪怕是身高不满五尺的孩子上街去（买东西），也不会有谁欺骗他。棉布和丝绸长短一样，价钱也就差不多；麻线和丝绵的轻重相同，价钱也就差不多；各种谷物的多少一样，价钱也就差不多；鞋子大小相同，价钱也就差不多。"

孟子说："各种货物的品种质量不一致，这是客观情况。有的相差一倍到五倍，有的相差十倍到百倍，有的相差千倍到万倍。你把它们强拉在一起等同起来，这是要造成天下的混乱。制作粗糙的鞋子和制作精细的鞋子卖同一价钱，人们难道会干（这样的傻事）吗？按照许子的办法去做，是带着大家一同弄虚作假，怎么能治理好国家呢？"

夫物之不齐，物之情也。

离娄章句上

在本篇中，孟子从不同的角度阐述了效法尧舜、争取民心的政治主张，以此为出发点，他对当时各国的良将谋臣给予了激烈的抨击，认为他们杀戮人民、破坏仁义，罪恶深重，提出"善战者服上刑，连诸侯者次之，辟草莱、任土地者次之"，表现了对不义战争的坚决反对。本篇中，孟子多次谈到孝悌的原则，把仁义礼智都归结到了"事亲""从兄"的宗法血缘关系中去，阐发了孝悌是仁义之本的思想，认为顺从父母，不仅要在物质上满足父母的需要，还要在精神上满足父母的需要，并且把这种"大孝"强调到高于一切的程度。由此可见，孟子是把维护宗法血缘关系作为其伦理道德观的核心的，这对中国传统社会中人的思想和行为产生了不容忽视的负面影响。

◎第九章◎

【原文】

孟子曰："桀纣之失天下也，失其民也；失其民者，失其心也。得天下有道：得其民，斯得天下矣。得其民有道：得其心，斯得民矣。得其心有道：所欲与之聚之①，所恶勿施，尔也②。民之归仁也，犹水之就下、兽之走圹也③。故为渊驱鱼者，獭也④；为丛驱爵者，鹯也⑤，为汤武驱民者，桀与纣也。今天下之君有好仁者，则诸侯皆为之驱矣。虽欲无王，不可得已。今之欲王者，犹七年之病求三年之艾也⑥。苟为不畜，终身不得。苟不志于仁，终身忧辱，以陷于死亡。《诗》云：'其何能淑，载胥及溺⑦。'此之谓也。"

【注解】

①与：犹"为"，替。②尔：如此，这样；也同"耳"，解作"罢了"。这里兼有这两重意思。③圹：同"旷"，旷野。④獭（tǎ）：像小狗，栖居水中，吃鱼，有水獭、旱獭、海獭之分，通常多指水獭。⑤为丛驱爵者，鹯（zhān）也：丛，密茂的树林。爵，同"雀"。鹯，古书中指鹞子一类的猛禽。⑥七年之病求三年之艾：艾，是一种可以用来治病的中草药。中医用燃烧的艾绒熏烤病人某一穴位来治某种病，叫作灸。这句话中的"七"和"三"不一定是实数，只是说年深日久的意思。⑦其何能淑，载胥及溺：这二句诗出自《大雅·桑柔》篇。淑，善。载，语助词。胥，皆，都。

【译文】

孟子说："桀、纣之所以会丧失天下，是由于失去了百姓的拥护；失去了老百姓拥护的，是由于失去了民心。得到天下有它的办法：得到百姓的拥护，就能得到天下。得到百姓拥护有它的办法：得到民心，便能得到百姓的拥护。得到民心有它的办法：他们所需要的替他们收聚起来，他们所憎恶的不强加给他们。如此而已。百姓的归向于仁政，就像水往低处流，兽朝旷野跑。所以替深水赶来游鱼的是水獭，替森林赶来飞鸟的是鹯鹰，

得天下有道：得其民，斯得天下矣。

为渊驱鱼。

替汤王和武王赶来百姓的是夏桀和商纣。如果现在天下的国君中有爱好仁德的，那么诸侯们就都会替他把百姓赶来。（这样的国君）哪怕他不想称王于天下，也是办不到的了。现在妄想称王于天下的人，好比是患了七年的病而需要找到数年的陈艾来医治一样，如果平时不积蓄，那就终身也得不到。（一个国君）如果对施仁政没有兴趣，那他就要终身忧愁受辱，直到他死亡。《诗经》里说：'（这样胡作非为）怎能把事情办好，最后终究一块儿沉下深渊。'说的就是这种人。"

◎第十章◎

【原文】

孟子曰："自暴者①，不可与有言也；自弃者，不可与有为也。言非礼义②，谓之自暴也；吾身不能居仁由义，谓之自弃也。仁，人之安宅也；义，人之正路也。旷安宅而弗居，舍正路而不由，哀哉！"

自暴者，不可与有言也。

【注解】

①暴：犹"害"。②非：毁坏。

【译文】

孟子说："一个自暴的人，不可能跟他谈有价值的话；一个自弃的人，不可能跟他有所作为。一个人说话诋毁礼义，叫作'自暴'；自认为不能怀仁行义，叫作'自弃'。仁是人们最舒坦的住所；义是人们最正确的道路。一个人放着最舒坦的住所不住，丢下最正确的道路不走，真是可悲呀！"

◎第十一章◎

【原文】

孟子曰："道在迩而求诸远，事在易而求诸难。人人亲其亲、长其长，而天下平。"

【译文】

孟子说："平治天下的道理就在眼前，却要向远处去寻找；平治天下的事本是轻而易举的，却要向难处去寻找。如果人人都爱各自的父母，尊敬各自的长辈，天下自然就能够平治好了。"

◎第十二章◎

【原文】

孟子曰："居下位而不获于上①，民不可得而治也。获于上有道，不信于友，弗获于上矣。信于友有道，事亲弗悦，弗信于友矣。悦亲有道，反身不诚，不悦于亲矣。诚身有道，不明乎善，不诚其身矣。是故诚者，天之道也；思诚者，人之道也。至诚而不动者，未之有也；不诚，未有能动者也。"

【注解】

①获于上：从"居下位"至"不诚其身矣"，见《礼记·中庸》篇。获于上，是说得到上司的信任。

【译文】

孟子说："身处在下面的职位却不能得到上司的信任，便不可能治理好百姓。获得上司的信任有它的方法，一个人不被朋友所信任，便得不到上司的信任了。得到朋友信任有它的方法，一个人侍奉父母却不能得到父母的欢心，便不会被朋友信任了。得到父母的欢心有它的方法，一个人反省自身，缺乏诚意，便得不到父母的欢心了。要使本身具备诚心有它的方法，一个人不懂得什么是善，本身也就不会具备诚心了。所以诚心善性是天所赋予人的优良本质；考虑保持和发扬这种诚心善性是人为的努力。一个人做到了至诚无伪而人们却不被感动，是绝对没有的事；缺乏诚心的人是不能感动别人的。"

◎第十七章◎

【原文】

淳于髡曰[①]："男女授受不亲，礼与？"

孟子曰："礼也。"

曰："嫂溺，则援之以手乎？"

曰："嫂溺不援，是豺狼也。男女授受不亲，礼也；嫂溺，援之以手者，权也[②]。"

曰："今天下溺矣，夫子之不援，何也？"

曰："天下溺，援之以道；嫂溺，援之以手——子欲手援天下乎？"

男女授受不亲。

【注解】

①淳（chún）于髡（kūn）：战国时齐国人，先后在齐威王、宣王朝做过官。为人滑稽善辩论，机智善讽。屡次奉派出使诸侯国，从不曾受辱。②权：凡对事情衡量得失利弊变通办理便叫权。

【译文】

淳于髡问（孟子）道："男女之间不能亲手递接东西，这是礼法的规定吗？"

孟子说："是礼法的规定。"

淳于髡又问："如果嫂子掉河里了，那么用手去拉她呢？"

孟子说："嫂子掉进河里而不用手去拉，这简直是豺狼了。男女之间不亲手递接东西，这是礼法的规定；嫂子掉进河里，用手拉她上岸，这是变通的办法。"

淳于髡说："如今天下的人都像掉进了深渊中，先生您却不去援救，为什么呢？"

孟子说："天下的人都掉进深渊，要用道去援救；嫂子掉进了河里，要用手去拉她——难道您想用手去救援掉进深渊里的天下人吗？"

◎第二十六章◎

【原文】

孟子曰："不孝有三，无后为大[①]。舜不告而娶，为无后也，君子以为犹告也。"

【注解】

①不孝有三，无后为大：在古代被封建礼教看作是不孝的三件事，除了孟子这里所说的无后外，还有所谓"阿意曲从，陷亲不义"和"家贫亲老，不为禄仕"两件事。

【译文】

孟子说："不孝的事有三件，其中以没有子孙后代为最大。（娶妻本应先禀告父母，）帝舜没有禀告父母就娶老婆，就是因为担心没有后代。所以君子认为他这样和禀告了是一样的。"

离娄章句下

本篇杂记孟子平时的言论，可注意的有以下几方面的观点：首先是关于君臣关系。孟子主张君臣之间应有相应的对等关系，不能单方面要求臣下无条件地服从君主："君之视臣如手足，则臣视君如腹心；君之视臣如犬马，则臣视君如国人；君之视臣如土芥，则臣视君如寇仇。"这种相互制约的君臣关系，是具有一定的民主色彩的，是孟子思想中的精华。遗憾的是这一思想在后世未能被发扬光大。另外，孟子对君子人格的培养的言论也是具有进步意义的。他认为君子不应该为得失而忧虑，而应该以尧舜为榜样，努力做到最善，"舜，人也；我，亦人也"。认为凡人和圣人在人格上是平等的，因而"人皆可以为尧舜"，这种认识在当时的时代背景下是难能可贵的。最后，孟子还对不择手段追求富贵利达的人给予了尖锐的讽刺，表现出对人格卑劣的人的极端厌恶和鄙薄。

◎第三章◎

【原文】

孟子告齐宣王曰："君之视臣如手足，则臣视君如腹心；君之视臣如犬马，则臣视君如国人；君之视臣如土芥，则臣视君如寇仇。"

王曰："礼，为旧君有服[1]，何如斯可为服矣？"

曰："谏行言听，膏泽下于民；有故而去，则君使人导之出疆，又先于其所往[2]；去三年不反，然后收其田里。此之谓三有礼焉。如此，则为之服矣。今也为臣，谏则不行，言则不听；膏泽不下于民；有故而去，则君搏执之，又极之于其所往[3]；去之日，遂收其田里。此之谓寇仇。寇仇，何服之有？"

【注解】

①礼，为旧君有服：礼，指《仪礼》。旧君，过去曾侍奉过的君主。服，指穿丧服。齐宣王觉得孟子的话说得过重了，所以故意提出这个问题来问他。②先：先派人去。所往：所要去的国家。③极：这里是使穷困、走投无路之意。

【译文】

孟子告诉齐宣王说："君王看待臣下犹如自己的手足，臣下看待君王就会犹如自己的腹心；君王看待臣下犹如狗马，臣下看待君王就会犹如一般百姓；君王看待臣下犹如泥块草芥，臣下看待君王就会犹如仇敌。"

宣王（听了这番话，觉得有些过分，就故意）问道："礼制规定：离了职的臣下要为旧日的君主服孝，在怎样的情况下他们才会为旧日的君主服孝呢？"

孟子说："如果臣下的规劝他照

君之视臣如土芥，则臣视君如寇仇。

办了，好的意见他听取了，恩惠遍及了百姓；臣下有故必须离开国家时，君主就派人引导他出境，并且事先派人到他所去之地布置妥当；离开三年还没回国，才收回他的封地跟房屋。这叫作三有礼。君王能做到这样，臣下（在他死了后）就会为他服孝。如今做臣下的，规劝的话不被接受，正确的意见不被采纳，所以恩惠也不曾遍及百姓；臣下因故离国时，君王就派人捉拿他，又在他所去之地故意制造种种困难；刚一离开，便没收他的封地跟房屋。这就叫作仇敌。对于仇敌，还为他服孝干吗呢？"

◎第三十三章◎

【原文】

齐人有一妻一妾而处室者，其良人出①，则必餍酒肉而后反。其妻问所与饮食者，则尽富贵也。其妻告其妾曰："良人出，则必餍酒肉而后反；问其与饮食者，尽富贵也，而未尝有显者来。吾将瞷良人之所之也。"

蚤起，施从良人之所之②，遍国中无与立谈者。卒之东郭墦间③，之祭者，乞其余；不足，又顾而之他——此其为餍足之道也。

其妻归，告其妾曰："良人者，所仰望而终身也。今若此！"与其妾讪其良人，而相泣于中庭④，而良人未之知也，施施从外来⑤，骄其妻妾。

由君子观之，则人之所以求富贵利达者，其妻妾不羞也，而不相泣者，几希矣。

【注解】

①良人：丈夫。②施：古"斜"字。③墦（fán）：坟墓。④中庭：即庭中。⑤施施：得意洋洋的样子。

【译文】

齐国有个有一妻一妾的人家，她们的丈夫每次外出，就一定要吃饱酒肉才回来。他的妻子问跟他一道喝酒吃饭的是些什么人，他就说都是有钱有地位的人。他的妻子告诉他的小老婆说："丈夫外出，一定要酒醉饭饱之后才会回来；问跟他一道饮酒吃饭的人，个个都是有钱有地位的人，可是，从来不曾有显贵体面一些的人到家里来。我打算窥探一下丈夫所去的地方。"

清早起来，（妻子）便拐弯抹角地紧跟往丈夫所去的地方，（发现）整个都城中并没有谁跟他站着交谈的。最后（丈夫）走到东门城外的坟墓中间，向那些扫墓的人乞讨些残羹剩饭；不够，又四面望望然后走到别的扫墓的人那里去——这就是他天天醉饱的方法。

他的妻子回去，（把看到的情况）告诉他的小老婆，并且说："丈夫，是我们指望倚靠度过整整一生的人，现在丈夫却是这个样子！"于是跟他的小老婆一道在庭中咒骂丈夫，哭成一团，丈夫却一点也不知情，得意扬扬地从外面进来，在妻妾面前大耍威风。

齐人有一妻一妾而处室者。

从君子的观点看来，（现实生活中）一些人用来追求升官发财的手段，能够使他们的妻妾不感到羞耻而一块儿哭泣的，几乎是很少的。

告子章句上

本篇主要探讨人性问题，孟子的人性理论是在与告子的辩论中得到系统性的阐发的。告子主张性无善无不善，"生之谓性"，认为人性没有什么善恶问题，食色的本能就是人性，善和恶则是后来由外界的影响加之于人的，与人性无关，亦即善恶是由后天决定的。孟子则认为人的善性是先天就具备的，恶的行为并非来自本性，而是因外部条件而引起的偶然结果，与人的善性没有必然联系。在对告子"生之谓性"观点的反驳中，孟子指出告子从生理本能来论证人性，从而使人与动物失去了区别，使人性等同于兽性，切中了告子人性论的要害。孟子承认人性是与生俱来的，但并不是与生俱来的都是人性，他把人与动物相同的那一部分生理本能排除在人性之外，认为食色只是生理本能而不是人性，如何正确地对待生理本能，才是人性范围内的事，也就是说，调节生理本能的正确标准，即理和义，才是人性，是人类生下来就具有的属性，即人的善性。孟子是我国历史上第一个系统论述人性问题的人，其观点虽然是不科学的，但仍然具有认识上的参考价值。

◎第一章◎

【原文】

告子曰："性犹杞柳也①，义犹桮棬也②；以人性为仁义，犹以杞柳为桮棬。"

孟子曰："子能顺杞柳之性而以为桮棬乎？将戕贼杞柳而后以为桮棬也。如将戕贼杞柳而以为桮棬，则亦将戕贼人以为仁义与？率天下之人而祸仁义者，必子之言夫！"

【注解】

①杞柳：即榉柳。②桮（bēi）棬（quān）：是杯盘一类的用器。桮，同"杯"。

孟子与告子谈论人性中是否天然带有仁义的问题。

【译文】

告子说："人性好比榉柳，仁义好比杯盘；使人性具备仁义，犹如把榉柳树做成杯盘（要靠人为的力量）。"

孟子说："你能顺着榉柳的本性把它做成杯盘吗？还是得毁伤榉柳的本性，然后才能做成杯盘吧。假如是毁伤榉柳的本性才能做成杯盘，那么（你）也要毁伤人的本性以使它具备仁义么？率领天下人一同来祸害仁义的，一定就你这种论调啊！"

告子认为，人性好比榉柳，仁义好比杯盘；使人性具备仁义，犹如把榉柳树做成杯盘。

◎第二章◎

【原文】

告子曰："性犹湍水也，决诸东方则东流，决诸西方则西流。人性之无分于善不善也，犹水之无分于东西也。"

孟子曰："水信无分于东西。无分于上下乎？人性之善也，犹水之就下也。人无有不善，水无有不下。今夫水，搏而跃之，可使过颡；激而行之，可使在山。是岂水之性哉？其势则然也。人之可使为不善，其性亦犹是也。"

【译文】

告子说："人性就像急流的水一般，在东方冲开了缺口便向东方流去，在西方冲开了缺口便向西方流去。人性不分善和不善，就好像水流本不分东西流向一个样。"

孟子说："水的确本不分东西流向，但是水也不分上下一定的流向么？人性的向善，便和水的爱向低处流相仿佛。人（的本性）是没有不善良的，水（的本性）是没有不向下流的。那水，你一拍打它使它跳跃起来，当然，一时也可以使它高出你的额头，你设法遭挡它，一时也可以使它飞流上山。这难道是水的本性么？这是形势逼着它如此。人可以使之干坏事，他的本性的变更也和（用外力）改变水的本性一样。"

◎第三章◎

【原文】

告子曰："生之谓性①。"

孟子曰："生之谓性也，犹白之谓白与？"

曰："然。"

"白羽之白也，犹白雪之白，白雪之白犹白玉之白与？"

曰："然。"

"然则犬之性犹牛之性，牛之性犹人之性与？"

【注解】

①生之谓性：告子的意思，大概是说人生之初，自然即赋给他以性，性都相同，无善恶之别。孟子即抓住告子"生之谓性"这句话，用"犬牛也是生而禀性，难道与人性没有区别吗"的反诘以驳之，借以证明自己人性善的主张的完全正确。

孟子与告子对人的天性进行辩论。

【译文】

告子说："天生的禀赋就叫性。"

孟子说："天生的禀赋就叫性，就像白色的东西就叫白吗？"

告子说："是。"

"白羽毛的白，和白雪的白一样，白雪的白和白玉的白一样吗？"

告子说："是。"

"那么狗的生性和牛的生性一样，牛的生性和人的生性一样吗？"

◎第四章◎

【原文】

告子曰："食色，性也①。仁，内也，非外也；义，外也，非内也②。"

孟子曰："何以谓仁内义外也？"

曰："彼长而我长之，非有长于我也；犹彼白而我白之，从其白于外也，故谓之外也。"

曰："异于白马之白也，无以异于白人之白也③；不识长马之长也，无以异于长人之长与？且谓长者义乎？长之者义乎？"

曰："吾弟则爱之，秦人之弟则不爱也，是以我为悦者也，故谓之内。长楚人之长，亦长吾之长，是以长为悦者也，故谓之外也。"

曰："耆秦人之炙④，无以异于耆吾炙，夫物则亦有然者也，然则耆炙亦有外与？"

告子说：食色，性也。

【注解】

①食色，性也：告子这句话是说食色出自本身之所需，不是外加于我，是内而不是外。下章孟子说："口之于味也，有同耆焉；耳之于声也，有同听焉；目之于色也，有同美焉；至于心，独无所同然乎？"《礼记·礼运》篇也说："饮食男女，人之大欲存焉。"语意与告子同。②"仁，内也"六句：在告子看来，仁由内出，为性中所本有，义外非内，则为性中所本无。早于孟子的墨翟在《墨子·经说下》中对仁内义外之说就曾作过有力的批驳。可见关于仁内义外之争，由来已久。③异于白马之白也，无以异于白人之白也：上句"异于"二字可能是多出的。④耆：同"嗜"。

【译文】

告子说："饮食和男女两件事，是人的本性。仁，存在于人本身之内，不是在本身之外；义，存在于人本身之外，不是在本身之内。"

孟子说："为什么说仁在身内义在身外呢？"

告子答道："因为他年长所以我将他看作长者加以尊敬，年长在他不在于我，就好像它是白色的东西因而我认为它白，这是由于外在物的白色所决定的，（并不是我脑子里先存有白色的观念，）所以说它是外在的东西。"

孟子问道："白马的白和白人的白固然没有多少不同，但不知对老马的尊敬跟对年长的人的尊敬是不是也没有多少区别呢？而且你所说的义，是指长者呢，还是指尊敬长者的心呢？（如果义不在于他的年长，而在于我尊敬长者之心，那么，义就还是在内不是在外哩。）"

孟子认为仁爱是人的天性。

告子（继续辩解）说："对于我自己的弟弟就爱，对于秦人的弟弟就不爱，这就可见爱不爱在于我自己，所以我（把仁）叫作内在的东西。尊敬楚人的长者，也尊敬我的长者，这可见爱不爱决定于他人的年长，所以我（把义）叫作外在的东西。"

孟子（继续反驳）说："爱吃秦人的烧肉和爱吃我们自己的烧肉是没有多少区别的，看来各种事物也都有相类似的情况，那么喜爱吃烧肉的心思难道也是存在于身外吗？（这样，'食色'还能称之为'性'么？）"

孟子曰：异于白马之白也，无以异于白人之白也；不识长马之长也，无以异于长人之长与？

◎第十章◎

【原文】

孟子曰："鱼，我所欲也，熊掌，亦我所欲也；二者不可得兼，舍鱼而取熊掌者也。生，亦我所欲也，义，亦我所欲也；二者不可得兼，舍生而取义者也。生亦我所欲，所欲有甚于生者，故不为苟得也；死亦我所恶，所恶有甚于死者，故患有所不辟也。如使人之所欲莫甚于生，则凡可以得生者，何不用也？使人之所恶莫甚于死者，则凡可以辟患者，何不为也？由是则生而有不用也，由是则可以辟患而有不为也，是故所欲有甚于生者，所恶有甚于死者。非独贤者有是心也，人皆有之，贤者能勿丧耳。一箪食，一豆羹①，得之则生，弗得则死，嘑尔而与之②，行道之人弗受；蹴尔而与之③，乞人不屑也。万钟则不辩礼义而受之④；万钟于我何加焉？为宫室之美、妻妾之奉、所识穷乏者得我与⑤？乡为身死而不受，今为宫室之美为之；乡为身死而不受，今为妻妾之奉为之；乡为身死而不受，今为所识穷乏者得我而为之，是亦不可以已乎？此之谓失其本心。"

【注解】

①豆：古代用来盛羹汤或肉食的器皿。②嘑：同"呼"，呵斥声。③蹴（cù）：踢。④辩：同"辨"。⑤得：与"德"通。

【译文】

孟子说："鱼，是我所喜爱的，熊掌，也是我所喜爱的，如果两者不能都得到，我就舍弃鱼而要熊掌。生命是我所珍爱的，义也是我所珍爱的；如果两者不能都得到，我就放弃生命而要义。生命也是我所珍爱的，但我所珍爱的东西中有超过了生命的，所以就不干苟且偷生的事；死亡也是我所讨厌的，但我所讨厌的东西中有超过了死亡的，所以有的祸灾就不躲避。假如人们所珍爱的东西中没有超过生命的，那么凡是能够保命的手段，哪样不采用

鱼，我所欲也，熊掌，亦我所欲也。

呢？假如人们所讨厌的东西中没有超过死亡的，那么凡是能够躲避祸患的事，哪件不会做呢？通过这种手段就能够保命，然而有的人却不采用；只要这样做就能够躲避祸患，然而有的人却不做。所以，（这样看来，）人们所喜爱的东西有超过生命的，所厌恶的东西有超过死的。不仅是贤德的人有这种想法，人人都有，只是贤人不会丧失它罢了。一筐饭，一碗汤，得到它就能活命，得不到它就可能死亡，但如果呵斥着施舍给别人，哪怕是过路的饿汉也不会接受；拿脚踢着施舍给别人，那就连乞丐也会不屑一顾。可如今万钟的俸禄却被有的人连问也不问是否合乎礼义就接受了它。万钟的俸禄到底能给我增加些什么呢？是为了居室的华丽、妻妾的侍奉和所认识的穷人（因获得我的周济）而感激我吗？以前就算是死也不肯接受，现在却为了能住上华丽的居室而甘心这样做；以前就算是死也不肯接受，现在却为了能得到妻妾的侍奉而甘心这样做；以前就算是死也不肯接受，现在却为了让所认识的穷人（因获得我的周济）感激我而甘心这样做，这些行径难道不也是可以停止的么？这就叫丧失了他的本性。"

告子章句下

本篇阐述的主要内容还是在于仁政。孟子从行仁政、法尧舜的立场出发，指出："五霸者，三王之罪人也；今之诸侯，五霸之罪人也；今之大夫，今之诸侯之罪人也。"认为"今之所谓良臣，古之所谓民贼也"，坚决反对杀人以求地。这些人的行为与孟子所主张的"爱民""保民"的政治理念背道而驰，所以孟子给予了猛烈的抨击，从反面表达了其政治理想。孟子主张对人民征收合理的赋税，即十分取一的税率，反对对人民横征暴敛。但当白圭提出"二十取一"的主张时，孟子却认为这是一种倒退，而表示了反对。他认为，随着社会分工的扩大，国家机构趋于复杂，为了供养大批的官员和知识分子，向人民征收一定的赋税是必要的，超过了合理的限度，无论是太多还是太少，都是不适宜的。这种观点明智而不偏激，极富社会洞察力，是符合历史实际的。"舜发于畎亩之中"一章，论述了逆境对君子理想人格的锻炼培养，提出了"生于忧患，死于安乐""无敌国外患者，国恒亡"的包含着朴素辩证法的观点，体现了他的在矛盾冲突中实现自身价值的深刻思想。

◎第一章◎

【原文】

任人有问屋庐子曰①："礼与食孰重？"

曰："礼重。"

"色与礼孰重？"

曰："礼重。"

曰："以礼食，则饥而死；不以礼食，则得食，必以礼乎？亲迎②，则不得妻；不亲迎，则得妻，必亲迎乎？"

屋庐子不能对，明日之邹，以告孟子。

孟子曰："于答是也何有？不揣其本，而齐其末，方寸之木可使高于岑楼③。金重于羽者，岂谓一钩金与一舆羽之谓哉④？取食之重者与礼之轻者而比之，奚翅食重⑤？取色之重者与礼之轻者而比之，奚翅色重？往应之曰：'紾兄之臂而夺之食⑥，则得食；不紾，则不得食，则将紾之乎？逾东家墙而搂其处子⑦，则得妻；不搂，则不得妻，则将搂之乎？'"

孟子对屋庐子问。

【注解】

①任（rén）：国名，在今山东济宁县境内。屋庐子：孟子弟子。②亲迎（yìng）：新郎亲自去新娘家迎娶。③岑（cén）楼：高楼。岑，山小而高。④一钩金：钩指带钩，一钩金是说做成一带钩所需的金，极言金的数量之小。⑤奚翅：何但。"翅"与"啻"同。⑥紾（zhěn）：扭转。⑦处子：处女。

【译文】

任国有人问屋庐子道："礼和食哪样更重要？"

答道："礼重要。"

这个人（紧接着）问道："色和礼哪样重要？"

答道："礼重要。"

问道："要是按照礼节去找食物，就得饿死；不按照礼节去找食物，就能得到食物，是不是一定

孟子对孔子仁学思想的发展

孟子对孔子仁学思想的发展

性善论：向内挖掘仁的根源 | 仁政学说：向外推广仁的作用

性善论的论证 —— 人皆有不忍人之心

性善论的结论 —— 人皆可以为尧舜

善性的修养 —— 善养浩然之气

民本思想 —— 民贵君轻

民生思想 —— 制民之产

德治思想 —— 以德服人

内圣外王的理论格局

不忍之心

"仁，人心也。"看到别人的孩子要掉井里，在旁的人总会拉他一把，这是出于人的本能反应，源于人内在的"不忍人之心"。所以人性是善的。

舜 尧

人皆可成为尧舜

人本性是善的，所以"人皆可以为尧舜"。现实中人不能皆善乃至为恶，因为受环境影响而不能充分发挥其本性的缘故。

养浩然之气

孟子提出了"富贵不能淫，贫贱不能移，威武不能屈"，以及"仰不愧于天，俯不怍于人"的浩然正气。

民本思想

民本思想在孟子最为典型的表述，是"民为贵，社稷次之，君为轻"。社稷是土地和粮食的象征，因土地和粮食乃立国之基础而引申为国家政权的象征。

民生思想

孟子仁政学说的基本主张是"制民之产"。"明君制民之产，必使仰足以事父母，俯足以畜妻子；乐岁终身饱，凶年免于死亡。然后驱而之善，故民之从之也轻。"

德治思想

孟子提倡王道，反对霸道。王与霸的根本区别就在于"以德"和"以力"的不同。"以德服人者，中心悦而诚服也，如七十子之服孔子也。"

孔子论仁

就事论事，随问而答，大多是根据弟子的具体情况简短地论及仁在不同方面的表现，缺乏集中而详尽的论述。孔子论仁，最重要的有两条，一是爱人，一是"克己复礼为仁"，前者以仁待人，后者以仁律己，缺乏人为什么必须以仁待人和律己的根据。

孟子论仁

以心、性论仁，将仁和心、性紧密联系，"仁，人心也"，为仁找到了内在的心理根据；人与生俱来的"性"包括两方面的内容，一是趋利避害的求生本能，一是道德属性，孟子为道德属性确定了四项基本内容——仁、义、礼、智。

要按照礼节行事呢？要是行亲迎礼，便得不到妻子；不行亲迎礼，就能得到妻子，是不是一定得行亲迎礼呢？"

屋庐子不能回答，第二天便跑到了邹国，把这些问题告诉了孟子。

孟子说："对于回答这些问题又有什么难处呢？如果不去度量基地的高低是否一致，却只顾去比它们上面的高低，那么即使仅是一寸厚的木块，（把它搁在高地方，）你也可以使它比尖顶的高楼还要高。我们说金子比羽毛更重，难道是说一个小小金带钩的重量比一大车子羽毛还要重么？拿关系重大的吃的问题与无足轻重的礼的细枝末节去相比，岂是吃的问题重要吗？拿有关男女结合的重要问题与无足轻重的礼的细微末节去相比，岂是男女问题重要吗？你去回答他说：'扭伤哥哥的胳膊夺去他的食物，就可以得到吃的；不扭伤，就得不到吃的，那你会去扭伤他的胳膊吗？跳过东家的墙去搂抱他家的姑娘，就可以得到老婆；不搂抱，就得不到老婆，那你会去搂抱她吗？'"

◎第二章◎

【原文】

曹交问曰①："人皆可以为尧舜，有诸？"

孟子曰："然。"

"交闻文王十尺，汤九尺，今交九尺四寸以长，食粟而已，如何则可？"

曰："奚有于是？亦为之而已矣。有人于此，力不能胜一匹雏，则为无力人矣；今日举百钧，则为有力人矣。然则举乌获之任②，是亦为乌获而已矣。夫人岂以不胜为患哉？弗为耳。徐行后长者谓之弟，疾行先长者谓之

人皆可以为尧舜。

不弟。夫徐行者，岂人所不能哉？所不为也。尧舜之道，孝弟而已矣。子服尧之服，诵尧之言，行尧之行，是尧而已矣。子服桀之服，诵桀之言，行桀之行，是桀而已矣。"

曰："交得见于邹君，可以假馆，愿留而受业于门。"

曰："夫道若大路然，岂难知哉？人病不求耳。子归而求之，有余师！"

【注解】

①曹交：春秋曹君的后裔。②乌获：古时有名的大力士。

【译文】

曹交问道："人人都可以成为尧舜，有这个说法吗？"

孟子说："是的。"

（曹交又问：）"我听说文王身长十尺，汤身长九尺，如今我身长九尺四寸多，（可是每天）只知道吃饭罢了，要怎样才能够（成为尧舜）呢？"

孟子说："这有什么呢？也无非是要去做而已。假如这里有个人，自认为力气不如一只小鸡，那他就是没有力气的人了；现在他说他的力气能举起三千斤重的东西，那他就是有力气的人了。那么，要是能举起乌获所举过重量的，这也就成为乌获了。人所害怕的难道是在于不能胜任吗？在于不去做罢了。慢慢地跟在长者的后边走，叫作悌，快快抢在长者的前面走，叫作不悌。慢点儿走，难道是人不能做到的吗？只是不去做罢了。尧舜之道，也只是孝悌而已。你穿尧穿的衣服，说尧说的话，做尧做的事，就成为尧了。你穿桀穿的衣服，说桀说的话，做桀做的事，就成为桀了。"

曹交说："我能见到邹君，可以借个馆舍，我愿意留下来在您的门下受教。"

孟子说："尧舜之道就像大路一样，难道很难懂吗？就怕人自己不去探求罢了。你回去自己好好探求，老师有的是。"

◎第十五章◎

【原文】

孟子曰："舜发于畎亩之中①，傅说举于版筑之间②，胶鬲举于鱼盐之中③，管夷吾举于士④，孙叔敖举于海⑤，百里奚举于市⑥。故天将降大任于斯人也，必先苦其心志，劳其筋骨，饿其体肤，空乏其身，行拂乱其所为，所以动心忍性，曾益其所不能⑦。

"人恒过，然后能改；困于心，衡于虑⑧，而后作；徵于色，发于声，而后喻。

"入则无法家拂士⑨，出则无敌国外患者，国恒亡。然后知生于忧患而死于安乐也。"

【注解】

①畎（quǎn）：田间小沟。畎亩，田间，田地。②傅说举于版筑之间：版筑，在夹版中填土，再用杵夯实以成墙。傅说原是判了刑的人，殷高宗武丁从苦役中起用了他。③胶鬲（gé）举于鱼盐之中：胶鬲是从卖鱼盐的商贩子中被举用起来的。胶鬲，商朝贤臣，起初贩卖鱼和盐，周文王把他举荐给纣。后来又辅佐周武王。④管夷吾：即管仲。士：主管监狱的官。⑤孙叔敖举于海：孙叔敖隐居在海滨，楚庄王起用他为令尹。⑥百里奚举于市：百里奚是春秋时期虞国大夫，虞王被俘后，他由晋入秦，又逃到楚，后来秦穆公用五羖（gǔ，黑色公羊）羊皮把他赎出来，用为大夫。市，市场，做买卖的地方。⑦曾：同"增"。⑧衡于虑：思虑堵塞。衡，通"横"，堵塞，指不顺。⑨拂（bì）：辅弼。

【译文】

孟子说："舜是在田野中发迹的，傅说是从筑墙的苦役中被提拔的，胶鬲是从贩卖鱼和盐的行业中被推举上来的，管夷吾是从狱官手中选拔出来充任国相的，孙叔敖是从海边僻远的地方拨用的，百里奚是从畜牧业主那里赎买上来的。所以上天要把治国治民的重任加在这人肩上，一定先要（给他降临种种困难，）使他心烦意乱，筋骨疲乏，肚肠饥饿，身无分文，干扰他做的事，从而令他从心意竦动中得到锻炼，性格变得坚韧，由此而增加他的能力。

管夷吾是从狱官手中选拔出来充任国相的。

"一个人，经过了多次错误和失败的教训，然后才能改过自新；经过了艰苦的思想斗争，然后才能有所作为；憔悴的颜色和慷慨的悲歌表现出来了，然后才能得到人们的了解。

"一个国家，要是国内没有通晓法度的大臣和足以辅弼国君的士子，国外又缺乏对敌国侵扰的远虑，这样的国家就常常是要灭亡。从这里，我们可以懂得人为什么在忧患中能够生存，而在安乐中却反会遭到毁灭的道理了。"

孙叔敖是从海边僻远的地方拨用的。

尽心章句上

　　本篇杂记孟子言论，是孟子各方面思想的综合。对于命运的诠释，是本篇一个重要的观点。在前三章中，孟子认为，命运虽然是人力不可改变的必然，但是如果人的行为是遵循命运的必然趋势的，尽到了自己本身应尽的努力，不管结果是否尽如人愿，都是得命运之正，是符合"正命"的。反之，如果人的行为违反事物的必然趋势，一意孤行，所造成的结果就是"非正命"。对命运的这种区分，是要说明人在命运面前，即在必然性面前，并不是完全消极的。这种观点与宿命论的观点是完全不同的。本篇中孟子对君子理想人格的论述也很重要。孟子提出士人应该"尚志"，亦即遵行仁义，把"居仁由义"视为培养理想人格的基石，而"穷则独善其身，达则兼善天下"则是理想人格所应达到的最高境界，为世人确立了一个道德修养的准则。对宗法血缘关系的维护也是本篇内容的一个方面，孟子对陈仲子的指责以及对舜携犯罪的父亲逃往海滨的假设，都是为了维护宗法血缘关系，他将宗法血缘关系视为伦理道德的基石，是无论如何不能被破坏的，这是孟子思想中的糟粕。

◎第一章◎

【原文】

　　孟子曰："尽其心者，知其性也。知其性，则知天矣。存其心，养其性，所以事天也。夭寿不贰，修身以俟之，所以立命也。"

【译文】

　　孟子说："能够竭尽他的善心的，便是真正了解了人的本善的天性。懂得了人的本善的天性，就是懂得了天命。（一个人）保存他的善心，培养他本善的天性，目的就在于正确对待天命。无论短命或是长寿，都毫不怀疑动摇，只是修身养性以等待天命，这便是安身立命的方法。"

孟子讲述尽心的本质在于竭尽人的天然善心。

◎第二章◎

【原文】

　　孟子曰："莫非命也①，顺受其正！是故知命者不立乎岩墙之下②。尽其道而死者，正命也；桎梏死者，非正命也。"

【注解】

①莫非命：这句是禁戒之辞，禁戒一个人不可非命而死。莫，即不要。②岩墙：将要倒塌的墙。

【译文】

　　孟子说："不要去非命而死，而要去顺理而行，接受正常的天命吧！所以懂得天命的人不会站到就要倒塌的墙壁下面。一切完全按照正道行事而死的人，他所接受的是正常的天命，那些因为犯罪坐牢而死的人，他们所接受的就不是正常的天命。"

◎第三章◎

【原文】

孟子曰："求则得之，舍则失之，是求有益于得也，求在我者也。求之有道，得之有命，是求无益于得也，求在外者也。"

【译文】

孟子说："（有的东西）追求它就能得到，放弃它就会失掉，这种追求对获得（这个东西）有益处的，因为所追求的东西就存在于我本身之内，（能否获得它，就看我自己而已。）（有的东西）追求它要有一定的原则，得到它与否得看命运的安排，这种追求对获得（这个东西）是毫无益处的，因为所追求的东西存在于我的身外。（能不能得到它就由不得自己了。）"

求之有道，得之有命。

◎第四章◎

【原文】

孟子曰："万物皆备于我矣。反身而诚，乐莫大焉。强恕而行，求仁莫近焉。"

【译文】

孟子说："世间的一切，我都具备了。如果我反躬自问，发现自己是诚实的，就没有什么比这更使我快乐的了。凡事努力推行推己及人的恕道，达到仁德的道路就没有比这更近的了。"

◎第五章◎

【原文】

孟子曰："行之而不著焉，习矣而不察焉，终身由之而不知其道者，众也。"

【译文】

孟子说："（人人都有仁义之心，）如果仅仅这样做下去，却不明白为什么要这样做，天天习以为常，却不问个所以然，终生终世打这条道路走，却不考究一下这是条什么道路，这种人便是一般的人。"

◎第十七章◎

【原文】

孟子曰："无为其所不为，无欲其所不欲，如此而已矣。"

【译文】

孟子说："不干那些自己不愿干的事，不要那些自己不该要的东西，这样就足够了。"

尽心章句下

　　本篇也是杂记孟子言论，综合体现了孟子思想的各个方面。其中对中道、狂、狷以及乡原的阐述是很重要的观点，反映了孟子的价值观和价值取向，是对孔子思想的直接继承。"中道"即中庸，是孔孟观念中最理想的价值取向，"狂"和"狷"是较中道为低的一个层次，但前者有进取心，后者洁身自好，都有可取之处，都可以通过教育而达到中道。他们所坚决反对的，是那些貌似中庸，实际上没有操守，与社会同流合污的"乡原"，认为这种好好先生从根本上违背了中庸之道，是道德原则的破坏者。这种人与孔孟的价值取向是完全对立的。在本篇中，孟子提出了"民为贵，社稷次之，君为轻"的观点，将先秦儒家的民本思想推到了极致。孟子以接受孔子传统自居，却不明说，只是作出了暗示。韩愈在《原道》中明确地说："尧以是传之舜，舜以是传之禹，禹以是传之汤，汤以是传之文、武、周公，文、武、周公传之孔子，孔子传之孟轲。"完全表达出了孟子的心意。

◎第一章◎

【原文】

　　孟子曰："不仁哉梁惠王也！仁者以其所爱及其所不爱，不仁者以其所不爱及其所爱。"

　　公孙丑曰："何谓也？"

　　"梁惠王以土地之故，糜烂其民而战之。大败，将复之，恐不能胜，故驱其所爱子弟以殉之，是之谓以其所不爱及其所爱也。"

【译文】

　　孟子说："梁惠王委实太不仁了啊！一个仁爱的人会拿他施加于所爱的人的恩泽推广开去，沾被到他所不爱的人的身上，（相反）一个薄情寡恩的人却会拿他施加于他所不爱的人的荼毒连累及他所心爱的人。"

　　公孙丑听了，问道："这话怎么讲呢？"

　　答道："梁惠王为了扩张土地的缘故，把他所不爱的百姓投入战争的血海，使他们弃尸原野，肝脑涂地。吃了大败仗后，又将卷土重来，却担心百姓不肯替他卖命，所以不惜驱使他所心爱的子弟上战场去送死，这便叫作拿他施加于他所不爱的人的荼毒连累他所心爱的人。"

◎第二章◎

【原文】

　　孟子曰："春秋无义战[①]。彼善于此，则有之矣。征者，上伐下也，敌国不相征也。"

【注解】

①春秋无义战：春秋之时礼崩乐坏，诸侯之间因为各自利益而相互攻伐，故云。

【译文】

　　孟子说："春秋那个时代几乎没有合乎义的战争，（相对而言，）那次战争比这次战争好点（的情况），就还是有的。（为什么说春秋没有合乎义的战争呢？因为）征讨这个词，是指上面的天子讨伐下面违反王命的诸侯，地位相等的国家是不得互相征伐的。"

◎第三章◎

【原文】

孟子曰："尽信《书》，则不如无《书》。吾于《武成》，取二三策而已矣①。仁人无敌于天下，以至仁伐至不仁，而何其血之流杵也②？"

【注解】

①策：古人用于书写记录的用竹简编联成的竹册。②杵：舂米的木棒。

【译文】

孟子说："完全相信《书》，还不如没有《书》。我对于《书》中《武成》这篇文章，只不过采用其中两三段文字罢了。一个仁德的人在天下是没有敌人的，以周武王这样仁爱的贤君，去讨伐商纣那样最不仁爱的暴君，（百姓是极其欢迎的），所以又怎么会发生血流成河，连舂米的木棒都给血河漂走的事呢？"

尽信《书》，则不如无《书》。

◎第四章◎

【原文】

孟子曰："有人曰：'我善为陈①，我善为战。'大罪也。国君好仁，天下无敌焉。南面而征北狄怨②，东面而征西夷怨，曰：'奚为后我？'武王之伐殷也，革车三百两，虎贲三千人③。王曰：'无畏！宁尔也，非敌百姓也。'若崩厥角稽首④。征之为言正也，各欲正己也，焉用战？"

【注解】

①陈：即"阵"本字。②北狄：焦循《孟子正义》本作"北夷"，朱熹《孟子集注》本作"北狄"。③革车三百两，虎贲（bēn）三千人：革车，兵车；两，同辆。虎贲，古时用来喻指勇士、武士，是说猛怒如老虎的奔赴；三千人，《书序》作三百人。④厥：顿。角：额角，厥角，即以额角触地，也即"顿首""叩头"的意思。崩，指山崩塌，这里用来形容百姓叩头的众声轰然。

【译文】

孟子说："有人说，'我善于陈兵列将摆成作战阵势，我善于打仗取胜。'这实际是该服上刑的大罪过。只要国君好行仁德，天下便没有敌手。（过去商汤大起义师，）他讨伐南方，北方的狄族便埋怨。他讨伐东方，西方的夷族同样也埋怨，他们说：'为什么把我们搁在后面呢？'周武王去讨伐殷纣时，派出兵车三百辆，勇士三千人。武王告谕殷商的百姓道：'别害怕！我们是来帮助你们得到安定生活的，不是来跟你们百姓作对的。'百姓听了一齐伏在地上把额角碰着地面叩起头来，登时像山岳崩塌似的一片响。征这个字含有正的意思，（被暴君压榨虐害的各国百姓）都想匡正自己的国家，哪里又用得着战争呢？"

◎第十二章◎

【原文】

孟子曰："不信仁贤则国空虚；无礼义，则上下乱；无政事，则财用不足。"

【译文】

孟子说："不信任有仁德有才干的人，国家便会显得空虚无人；国家没有礼义来定尊卑地位，上下的关系便要出现一片混乱；没有好的政治（来保障生产的正常进行，赋税的合理征收，）国家的财政收支便会不足。"

◎第十三章◎

【原文】

孟子曰："不仁而得国者，有之矣；不仁而得天下，未之有也。"

【译文】

孟子说："不行仁德却能得到一个国家，这样的事是有的；不行仁德却能得到整个天下，这样的事是从来没有的。"

◎第十四章◎

【原文】

孟子曰："民为贵，社稷次之，君为轻。是故得乎丘民而为天子[1]，得乎天子为诸侯，得乎诸侯为大夫。诸侯危社稷，则变置。牺牲既成，粢盛既絜[2]，祭祀以时，然而旱干水溢，则变置社稷。"

【注解】

①丘民：丘，众，丘民即民众。此处指民心。②絜：同"洁"，干净。

得乎丘民而为天子，得乎天子为诸侯，得乎诸侯为大夫。

【译文】

孟子说："百姓，是最重要的，社稷其次，君主又更轻一点。所以赢得民心便可以做天子，赢得天子的心便可以做诸侯，赢得诸侯的心便可以做大夫。如果诸侯对国家有害，就改立别的人。如果牲口已经足够肥大，祭品也已经足够干净，祭祀又按时进行了，可是旱灾和水灾还是肆虐，那就得另外改立土谷之神了。"

◎第十五章◎

【原文】

孟子曰："圣人，百世之师也，伯夷、柳下惠是也。故闻伯夷之风者，顽夫廉，懦夫有立志；闻柳下惠之风者，薄夫敦，鄙夫宽。奋乎百世之上，百世之下，闻者莫不兴起也。非圣人而能若是乎——而况于亲炙之者乎？"

【译文】

孟子说："圣人是百代人的老师，伯夷和柳下惠便正是这样的人。所以在那些听到伯夷的风格和操守的人当中，即使是贪婪的人也变得廉洁了，懦弱的人也变得意志坚强了；在

圣人，百世之师也。百世之下，闻者莫不兴起也。

那些听到柳下惠的风格和操守的人当中，即使是刻薄成性的人也变得厚道了，胸襟狭隘的人也变得宽宏大度了。他们在百代之前奋发有为，百代之后，听到他们事迹的人没有不为之感奋振作的。不是圣人能够像这样吗？——更何况对于那些同时代亲受他们熏陶的人呢？"

◎第十六章◎

【原文】

孟子曰："仁也者，人也。合而言之，道也。"

【译文】

孟子说："'仁'这个字的含义就是'人'，把'仁'和'人'合并起来讲，就是道。"

◎第十七章◎

【原文】

孟子曰："孔子之去鲁，曰：'迟迟吾行也。'去父母国之道也。去齐，接淅而行。去他国之道也。"

【译文】

孟子说："孔子离开鲁国时，说：'我们慢慢地走吧。'这是告别母国（应取）的态度。离开齐国时，把正在淘的米漉干了就走。这是离开别国（所采取）的态度。"

孔子去齐，接淅而行。去他国之道也。

◎第二十章◎

【原文】

孟子曰："贤者以其昭昭，使人昭昭；今以其昏昏，使人昭昭。"

【译文】

孟子说："贤明的人教人，凭着自己的透彻明了，帮助别人也透彻明了；现在那些教人的人，就凭自己糊里糊涂的头脑，却要使别人透彻明了。"

◎第二十一章◎

【原文】

孟子谓高子曰："山径之蹊间[①]，介然用之而成路[②]；为间不用，则茅塞之矣。今茅塞子之心矣。"

【注解】

①山径之蹊间：山径，山坡。蹊，鸟兽走的小路。②介然用之：介然，有执着、坚持的意思。用，行。

【译文】

孟子对高子说："山坡上那些野兽走过的地方，如果人们持续地在上面走着因而便成了路，只要隔一会儿不去走，茅草就会将它塞掉。现在你的心也给茅草塞掉了。"

◎第二十四章◎

【原文】

孟子曰："口之于味也，目之于色也，耳之于声也，鼻之于臭也[①]，四肢之于安佚也，性也；有命焉，君子不谓性也。仁之于父子也，义之于君臣也，礼之于宾主也，知之于贤者也，圣人之于天道也，命也；有性焉，君子不谓命也。"

【注解】

①臭（xiù）：气味，与读chòu作为香臭之臭不同，杨伯峻《孟子译注》说："上句'味''色''声'都是中性词（不含美恶之义），但用在此处，则指'美味''美色''乐声'，此种用法，以前诸章不乏其例。'臭'字亦如此。'臭'的本义是'气味'，不论香臭都叫'臭'，此则专指芬芳之气。正如《左传·僖公四年》的'一薰一莸，十年尚犹有臭'的'臭'专指恶臭一般。"

【译文】

孟子说："口喜欢美味，眼睛喜欢美色，耳朵喜欢好听的声音，鼻子喜欢芳香的气味，四肢喜欢舒适，都是天性的嗜好；可是（能否都称心如意地得到它们），这中间又有个命运好坏的问题，所以君子不强调天性（不加强求）。仁对于父子，义对于君臣，礼对于宾主，知对于贤者，圣人对于天道，它们能否一一各得其宜，这是属于命运的问题，其中也有天性的作用，所以君子不把它们看成是命运的安排，（以便尽力而为，希望性分所定的东西都能见诸实行。）"

第五卷·诗经

诗 经

《诗经》是我国古代第一部诗歌总集，作品产生的时代，上起西周初年（约公元前11世纪），下迄春秋中叶（约公元前7世纪）。是中国优秀传统文化中的核心经典之一。

《诗经》在我国文学史、经学史，以至在人类的文化史中，都占有重要的地位。如果想了解中国文化，《诗经》是不可不读的一部要籍，要做一个有文化的中国人，《诗经》更是必读的经典。著名历史学家顾颉刚先生说："《诗经》这一部书，可以算作中国所有书籍当中最有价值的。"

这部两千七百多年的诗歌集——《诗经》是奠定中国文化基础的重要基石。

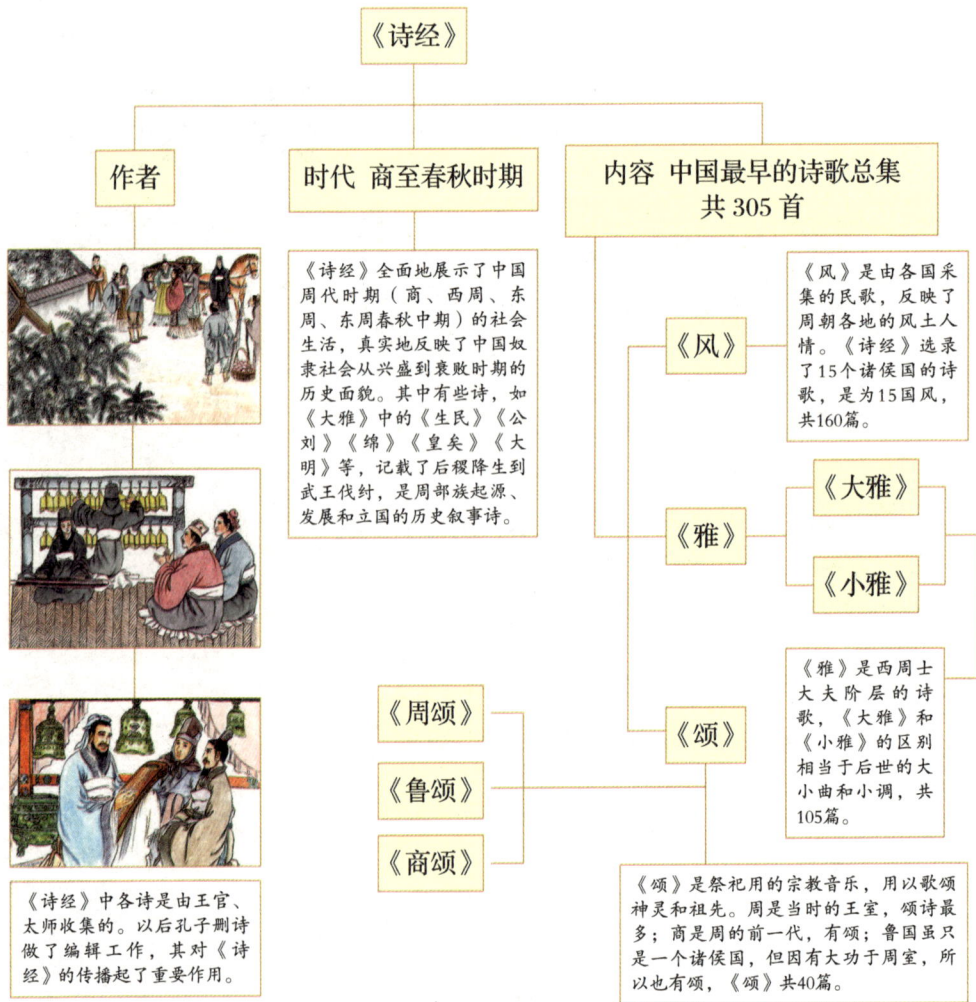

《诗经》

作者

时代 商至春秋时期

内容 中国最早的诗歌总集 共305首

《诗经》全面地展示了中国周代时期（商、西周、东周、东周春秋中期）的社会生活，真实地反映了中国奴隶社会从兴盛到衰败时期的历史面貌。其中有些诗，如《大雅》中的《生民》《公刘》《绵》《皇矣》《大明》等，记载了后稷降生到武王伐纣，是周部族起源、发展和立国的历史叙事诗。

《风》

《风》是由各国采集的民歌，反映了周朝各地的风土人情。《诗经》选录了15个诸侯国的诗歌，是为15国风，共160篇。

《雅》

《大雅》

《小雅》

《雅》是西周士大夫阶层的诗歌，《大雅》和《小雅》的区别相当于后世的大小曲和小调，共105篇。

《周颂》

《鲁颂》

《商颂》

《颂》

《诗经》中各诗是由王官、太师收集的。以后孔子删诗做了编辑工作，其对《诗经》的传播起了重要作用。

《颂》是祭祀用的宗教音乐，用以歌颂神灵和祖先。周是当时的王室，颂诗最多；商是周的前一代，有颂；鲁国虽只是一个诸侯国，但因有大功于周室，所以也有颂，《颂》共40篇。

《诗经》的来源

《诗经》原先称作《诗》或《诗三百》，到了汉代都把它当儒家的经典来读，才叫作《诗经》的。《诗经》来源于民间歌谣，上古的时候，没有文字，只有唱的歌谣，"一个人高兴的时候或悲哀的时候，常愿意将自己的心情诉说出来，给别人或自己听。 日常的言语不够劲儿，便用歌唱；一唱三叹的叫别人回肠荡气"（朱自清语）。这就是《诗》中《国风》的来源了。《诗经》中的《雅》《颂》是宴会、祭祀的乐章，出自贵族之手。

　　《诗经》在成书之前，早就在口头流传了。《诗经》的作者是谁呢？因为没有相关的文献记载，至今尚不得知。按照历代的说法，大概是西周前后的时候，官方有专门搜集诗歌的人到民间"采诗"，然后记录下来；或是有宫廷乐师编写，再配上朝廷音乐，伴上舞蹈表演。

　　最初的诗是在有了文字以后，有人将那些歌谣记录下来写成的。这些记录诗歌的人是乐工，他们记录诗歌不是出于研究的缘故，而是出于他们的职责，因为他们就是奏乐唱歌的；这就得把歌词记下来，制成了唱本儿。到了春秋时，出现了太师这个官职，他们是乐工的头儿，负责为各国宴会使臣时奏乐唱歌。太师们整理本国和别国乐歌，搜集乐词和乐谱，把歌曲按照贵族的口味包装出来。太师搜得的歌谣有乐歌和徒歌之分，徒歌是需要合乐才能唱的，往往在合乐的时候要叠字或叠章，以增加歌曲的音乐美，所以歌词的原貌便有些改变了。除此之外，太师们对贵族祭祖、宴客、出兵、打猎时作的诗也有保存。这类诗的内容不外乎典礼、讽谏、颂美等等。后来，周天子和各国诸侯又要求臣民向他们献诗，以供乐工演唱。太师们把所有搜集到的诗歌编辑起来，据说有三千多首。

　　到了春秋末年，"道德丧而礼乐崩"，传说孔子有感于这些诗歌的教化意义，决定把它们编订成册，将三千多首诗删到三百篇，取名《诗三百》，遂成《诗经》。从此，《诗经》做了"六书"之一，到了宋代还被选入了《四书五经》，成为读书人上进登科的必读之物。

《诗》言志

　　俗话说"诗言志"，其实"诗"这个字就是"言"和"志"的合体。古代所谓"言志"总是牵扯着政治或教化。春秋时很流行赋诗，各国使臣往往在外交宴会上要点一篇或几篇诗叫乐工唱，这跟今人在KTV点歌演唱一样，只不过前者点诗一定有政治的意味，以表达对某国或某人的愿望、感谢、责难等。而且点诗时往往不管上下文的意义，只拉出一章中的一两句，这种断章取义只是为了暗示政治。如《左传》上说，晋使赵孟出访郑国，郑伯就在垂陇设宴款待他。席间子太叔为赵孟赋诗："邂逅相遇，适我愿兮。"子太叔取的是《野有蔓草》的末两句，借以表达对赵孟欢迎之至。其实这首诗原是男女私情之作，他这样做只是为了"言志"，所以不必在乎原诗的主旨了。

以诗言志如同今天的点歌，可"断章取义"。

例：以歌颂邂逅的爱情之歌来表达对远道而来的国宾的欢迎之情。

到了孔子时代，赋诗已经不常见了，孔子见它有教化意义，与儒家"温柔敦厚"的作风相似，就删诗成三百，称为"诗三百"，还教给学生学习，用诗来讨论修身的道理，成为"六经"之一。"如切如磋，如琢如磨"，他用玉比作人，教导学生做学问需下功夫才行；"巧笑倩兮，美目盼兮，素以为绚兮"，本来说的天生丽质的美人，他却比作画画，说做事情是要一步步进行的。后来《庄子》和《荀子》里都说到"诗言志"，这个"志"就是指的教化，到了以后，《诗三百》就称作《诗经》了。"诗"为何要"言志"，诗歌所要言的"志"到底是什么？闻一多认为，志有三义，即记忆、记录和怀抱；朱自清认为，到了"诗言志"和"诗以言志"这两句话，志已经指"怀抱"了。

但春秋时列国的赋诗只是用诗，并非解诗；那时诗的主要作用还在乐歌，因乐歌而加以借用，不过是一种方便罢了。至于诗篇本来的意义，那时原很明白，用不着讨论。到了孔子时代，诗已经不常歌唱了，诗篇本来的意义，经过了多年的借用，也渐渐含糊了。他就按着借用的办法，根据他教授学生的需要，断章取义地来解释这些诗篇。后来解释《诗经》的儒生都跟着他的脚步走。最有权威的毛氏《诗传》和郑玄《诗笺》差不多全是断章取义，甚至断句断义——断句取义是在一句、两句里拉出的一个两个字来发挥，比起断章取义，真是变本加厉了。

《诗经》的六艺

《诗经》有305篇，内容有风、雅、颂，写法有赋、比、兴，这被称为"诗经六义"。风指《国风》，写各诸侯国民间事、物，雅分《大雅》《小雅》，是朝廷正声雅乐，颂是宗庙祭祀的舞曲歌辞。《诗经》凭什么成为儒家经典？简单地说就是那三个字：思无邪。孔子读《关雎》时说："乐而不淫，哀而不伤。"意思是虽然它写爱情，但能保持适度，能在"礼"的约束范围内，后人更是把它意思延伸为"温柔敦厚"。除此之外，它还有很多写战事、写农民疾苦和贵族贪婪的诗，如《秦风·无衣》说的是边塞将士艰苦生活，《硕鼠》篇借大老鼠的贪吃讥讽贵族的贪敛，这类针砭时弊的歌谣与儒家的"仁爱"不谋而合。

《诗经》的六艺

风	雅	颂	赋	比	兴
风：《诗经》有15国风，共收录160首诗，都是民间歌谣，歌唱男女恋情，描述各地风土人情。	雅：《诗经》中的雅诗分为《小雅》与《大雅》，共收录105首，都是宴会、郊庙的乐章。	颂：包括《周颂》《商颂》《鲁颂》，是敬天祭主的乐章。"颂"就是"容"，是载歌载舞的意思。	赋：就是叙述和描写，直接叙述或描写一件事。	比：就是比喻，在《诗经》中用得很广泛，有明喻、隐喻、借喻等。	兴：是启发，也称为起兴。它是诗人见到一种景物，触动了他的心事和感情而发出的歌唱。

《诗经》还是文学史上的经典。它是中国第一部诗歌总集。《诗经》在写法上堪称后人写诗的圭臬。前面说了，它有三种写法：赋、比、兴。赋就是直接陈述，比是打比方，兴是"先言

他物以引起所咏之词"。《诗经》句式整齐，基本上都是四言诗，读起来抑扬顿挫，错落有致，很有音乐感。有的诗歌重复使用相同的韵、字、句甚至篇章，叫作"重章、叠字、叠句、叠韵"，也作为诗歌的文字技巧为后世效仿。

《诗经》的价值

1.《诗经》可以表达理想、志向，涵养性情，净化心灵（诗三百，一言以蔽之，曰"思无邪"。）可以使人的感情真实、善良、美好，人格厚道，就是温柔敦厚。其实，人们常说的个人素质修养，不应该光是指处世技巧，更应该是指人自身心灵——情感世界的升华，这才是人自身的完善。

2.《诗经》教给人们通晓人情世态，这是人们做事、从政的基础。

3.读《诗经》可以使人们文才博雅，辞令美善，很好地应对人生中发生的各种事情。

4.《诗经》是中国文学之祖，学习中国文化的必读之书。是研究古代文字、历史、地理、政治、社会、经济、风土人情、爱情婚姻、宗教道德、名物名胜的重要资料。

古人所言《诗经》的作用

1. "《诗》言志。"（《书·舜典》）
2. "《诗》，可以兴，可以观，可以群，可以怨。迩之事父，远之事君，多识于鸟兽草木之名。"（《论语·阳货》）。
3. "温柔敦厚，《诗》教也。"（《礼记·经解》）
4. "诵《诗》三百，授之以政，不达。使于四方，不能专对。虽多，亦奚以为？"（《论语·子路》）。

三家《诗》及《毛诗》

大家都知道秦始皇焚书坑儒，包括《诗经》在内的先秦旧典，以及诸侯史记档案，大多都化为灰烬了。汉代建国以后，恢复文教，《诗经》又开始流行于社会。民间涌现了鲁人浮丘伯、申培和辕固、韩婴、毛亨、毛苌等《诗经》学大家。他们研治《诗经》形成了汉代四家《诗》。

《鲁诗》	《齐诗》	《韩诗》	《毛诗》
鲁申培为《诗训故》，号曰《鲁诗》（亡于晋）。	齐辕固作《诗传》，号曰《齐诗》（亡于魏）。	燕人韩婴作《内外传》数万言，号曰《韩诗》。（亡于北宋，仅存《韩诗外传》）。	由孔子弟子子夏，六传至鲁人毛亨（时人称为大毛公），作《诗训诂传》，传授赵人毛苌（时人称为小毛公），号曰《毛诗》。后汉郑玄为《毛诗》作笺号曰，从此"毛诗郑笺"传布天下。

国风·周南

　　《周南》是周国境内的民歌。周代初期周公旦统治东方，范围很大，境内民歌有不少是南方民歌流传过来的。《周南》有诗11篇。

◎关　雎◎

【原文】

　　关关雎鸠①，在河之洲②。窈窕淑女③，君子好逑④。
　　参差荇菜⑤，左右流之⑥。窈窕淑女，寤寐求之⑦。
　　求之不得，寤寐思服⑧。悠哉悠哉⑨，辗转反侧⑩。
　　参差荇菜，左右采之。窈窕淑女，琴瑟友之⑪。
　　参差荇菜，左右芼之⑫。窈窕淑女，钟鼓乐之⑬。

【主旨讲解】

　　这是一支相思曲。一位贵族小伙恋上了一河滨采荇的姑娘，思而难忘，辗转无眠，梦想着娶她回家，过上琴瑟友之的美好生活。诗篇情思无邪，句式回环，音调富于节奏感，往复不已，感人至深！

窈窕淑女，君子好逑。

【注解】

①关关：水鸟相互和答的鸣声。雎（jū）鸠（jiū）：水鸟名，即鱼鹰。相传这种鸟情意专一。②河：黄河。③窈（yǎo）窕（tiǎo）：幽静美丽的样子。淑：好，善。④逑（qiú）：配偶。⑤参（cēn）差（cī）：长短不齐的样子。荇（xìng）菜：一种水生植物，可以采来做蔬菜吃。⑥流：顺水之流而摘取。⑦寤（wù）：睡醒。寐（mèi）：睡着。⑧思服：思念。⑨悠哉：思虑深长的样子。哉：语气词，相当于"啊""呀"。⑩辗转反侧：在床上翻来覆去睡不安稳。⑪友：动词，亲近。⑫芼（mào）：择取。⑬乐：使动用法，使……乐，使……高兴。

【译文】

　　"关关……关关"彼此鸣叫相应和的一对雎鸠，栖宿在黄河中一方小洲上。娴静美丽的好姑娘，正是与君子相配的好对象。
　　长短不齐的荇菜，顺着水势时左时右地去采摘它。娴静美丽的好姑娘，睁开眼或在睡梦里，心思都追求着她。
　　追求她却不能得到她，睁眼时或在睡梦里不能止息对她的思念。那么深长的深长的思念啊，翻来覆去不能成眠。
　　长短不齐的荇菜，顺着水势时左时右地将它采摘。娴静美丽的好姑娘，必能琴瑟和鸣相亲相爱。
　　长短不齐的荇菜，左右选择才去摘取。娴静美丽的好姑娘，敲钟打鼓地将你迎娶。

○葛 覃○

【原文】

葛之覃兮①，施于中谷②，维叶萋萋③。黄鸟于飞④，集于灌木，其鸣喈喈⑤。
葛之覃兮，施于中谷，维叶莫莫⑥。是刈是濩⑦，为绨为绤⑧，服之无斁⑨。
言告师氏⑩，言告言归。薄污我私⑪，薄浣我衣⑫。害浣害否⑬，归宁父母⑭。

【主旨讲解】

这是一篇思归诗。一位女子，一年四时，辛勤劳动，割葛煮葛，纺纱做衣，心里思念父母，盼望归家探亲，快要回娘家了，心情好高兴啊！诗篇风格含蓄，辞浅情深。

【注解】

①葛：多年生植物，茎皮可织布，也称葛麻。覃（tán）：蔓延生长。②施（yì）：蔓延，伸展。中谷：即"谷中"。③维：发语词，无实义。萋萋：草木茂盛的样子。④于：语助词。⑤喈喈（jiē）：象声词，形容鸟的叫声。⑥莫莫：茂密的样子。⑦是：助词，表示并列的两个动作。刈（yì）：用刀割。濩（huò）：在水中煮。⑧为（wéi）：做。绨（chī）：细葛布。绤（xì）：粗葛布。⑨斁（yì）：厌恶，讨厌。⑩言：发语词。师氏：女管家。⑪薄：发语词。污：去污，清洗。私：内衣，穿在里面的衣服。⑫浣（huàn）：洗。衣：礼服，外衣。⑬害：通"曷"，哪些，什么。否：不要。⑭归宁：古代已婚女子回娘家省亲叫归宁。

葛之覃兮，施于中谷。

【译文】

葛藤长又长，枝条伸展到山谷，叶儿繁茂。黄鸟翻飞，落在灌木丛，欢快地鸣叫，叽叽啾啾。
葛藤长又长，枝条伸展到山谷，叶儿繁茂。忙割忙煮，葛布有细也有粗，人人穿上都舒服。
告诉女师，我想告假回家。搓洗我的衣衫，清洗我的礼服。哪些要洗哪些不要洗，我急着回家看我的父母。

○卷 耳○

【原文】

采采卷耳①，不盈顷筐②。嗟我怀人③，寘彼周行④。
陟彼崔嵬⑤，我马虺隤⑥。我姑酌彼金罍⑦，维以不永怀⑧。
陟彼高冈⑨，我马玄黄⑩。我姑酌彼兕觥⑪，维以不永伤⑫。
陟彼砠矣⑬，我马瘏矣⑭。我仆痡矣⑮，云何吁矣⑯。

【主旨讲解】

这是一支怀人之歌。一名原野上采摘卷耳的少妇，因夫思远，心不在焉，浮想联翩，以致不能专心劳作。诗篇写女子怀念之情层层深入，颇为感人。

【注解】

①采采：茂盛的样子。卷耳：植物名，即苍耳，嫩苗可以吃。②盈：满。顷筐：一种筐子，前低后高像箕形。

采采卷耳，不盈顷筐。

③嗟（jiē）：叹词。怀人：想念的人。④周行：大路。⑤陟（zhì）：上升，登上。崔（cuī）嵬（wéi）：本指土山上盖有石块，后来引申为高峻不平的山。⑥虺（huī）隤（tuí）：足病跛蹶难走的样子。⑦姑：姑且。酌（zhuó）：斟酒，舀取。金罍（léi）：一种黄金装饰的青铜酒器。⑧维：发语词。以：用，借以。永怀：长久地思念。⑨高冈：高高的山脊。⑩玄黄：泛指因疲劳过度而生的病。⑪兕（sì）觥（gōng）：觥是大型的酒器，兕是头上只长一只角的野牛，用兕牛的角做的觥叫兕觥。⑫伤：忧伤，忧思。⑬砠（jū）：盖着泥土的石山。⑭瘏（tú）：马病不能走路前进。⑮痡（pū）：人病不能行。⑯吁：忧伤，忧愁。

【译文】

采呀采那卷耳菜，采不满小小一浅筐。心中想念我的丈夫，我将小筐搁置在大道旁。

他该在登向高高的土石山了，我马也跑得腿软疲累。我姑且把金杯斟满酒，借此暂脱心里的长相思。

他该在登向高高的山脊梁了，我马也病得眼玄黄。我姑且把犀角大杯斟满酒，借此不让心中长久悲伤。

他该在登向乱石冈了，我马疲病倒在一旁。仆人也累得病快快了，这是什么样的哀愁忧伤！

◎桃　夭◎

【原文】

桃之夭夭①，灼灼其华②。之子于归③，宜其室家④。

桃之夭夭，有蕡其实⑤。之子于归，宜其家室。

桃之夭夭，其叶蓁蓁⑥。之子于归，宜其家人。

【主旨讲解】

这是一篇贺婚辞。诗人以桃花譬喻，赞美新娘年轻纯洁，明艳如画，祝祷新娘婚姻美满，家族兴旺。诗篇感情洋溢，色彩明亮，音调和谐。

【注解】

①夭夭（yāo）：娇嫩而茂盛的样子。②灼灼（zhuó）：花朵开得火红鲜艳的样子。华：同"花"。③之：指示代词，这，这个。子：女子，姑娘。于：往。归：女子出嫁，后世就用"于归"指出嫁。④宜：和顺。使动用法，使……和顺。室家：家庭。以下"家室""家人"同义。⑤有：助词，放在形容词的前面。有蕡：同"蕡蕡"（fén），指桃子又圆又大将成熟、红白相间的样子。⑥蓁蓁（zhēn）：叶子茂密的样子。

【译文】

桃树多么繁茂，盛开着鲜花朵朵。这个姑娘出嫁了，她的家庭定会和顺美满。

桃树多么繁茂，垂挂着果实累累。这个姑娘出嫁了，她的家室定会和顺美满。

桃树多么繁茂，桃叶儿郁郁葱葱。这个姑娘出嫁了，她的家人定会和顺美满。

桃之夭夭，灼灼其华。

国风·邶风

邶，周朝诸侯国之一，在今河南省淇县以北至河北南部一带。周武王灭商之后，封商纣王之子武庚于此。后武庚叛乱被杀国灭。《邶风》为邶地民歌，存诗19首，多数是东周时期的作品。

◎柏 舟◎

【原文】

泛彼柏舟①，亦泛其流②。耿耿不寐③，如有隐忧④。微我无酒⑤，以敖以游⑥。我心匪鉴⑦，不可以茹⑧。亦有兄弟⑨，不可以据⑩。薄言往诉⑪，逢彼之怒⑫。我心匪石，不可转也⑬。我心匪席，不可卷也。威仪棣棣⑭，不可选也⑮。忧心悄悄⑯，愠于群小⑰。觏闵既多⑱，受侮不少。静言思之⑲，寤辟有摽⑳。日居月诸㉑，胡迭而微㉒？心之忧矣，如匪浣衣㉓。静言思之，不能奋飞。

【主旨讲解】

这是一篇寄寓诗。通过描写一位遭遇家庭苦恼的男子，忧愁苦闷无处诉说，其处境窘困，兄弟冷遇，小人围攻，从而寄托政治上的失意，表明诗人洁身自好、坚贞不屈的理想。诗篇情辞并茂，譬喻贴切，思想深刻。

【注解】

①泛（fàn）：荡，飘泛。柏舟：柏木造的小船。柏木质地坚实，比喻志坚不移。②亦泛：同"泛泛"，随着流水漂流，含有无所依归的意思。③耿耿：形容心情烦忧、焦灼不安。寐：睡。④如：乃，是。⑤微：非，不是。⑥以：用来，借此。敖：同"遨"，遨游，漫游。⑦匪：不是。鉴：古镜。⑧茹：容纳，包含。⑨亦：即使。⑩据：依靠。⑪薄言：语助词，无实义。诉（sù）：告诉，诉说。⑫逢：遭遇，遇上。彼：他们。指兄弟。⑬转：转动。⑭威仪：威严、庄重的仪表举止。棣棣（lì）：雍容典雅、堂堂正正的样子。⑮选：挑剔，选择。⑯悄悄：忧愁的样子。⑰愠（yùn）：怨恨，怨怨。群小：众小人。⑱觏（gòu）：同"遘"，遭遇，碰到。闵（mǐn）：灾难。指中伤陷害的事。⑲言：同"然"，形容词词尾，"……的样子"。⑳寤：醒。睡不着觉。辟：通

耿耿不寐，如有隐忧。

泛彼柏舟，亦泛其流。

"擗",两手拍胸脯。有:助词。摽(piào):通"嘌"。"有摽"即"嘌嘌",拍打胸脯的声音。㉑居、诸:助词。㉒胡:为什么。迭:更替。微:昏暗无光。㉓浣(huàn):洗。

【译文】

飘飘荡荡柏木舟,随着河水到处漂流。忧心焦灼难入睡,心有深深的忧愁。不是无酒来浇愁,四处遨游和漫游。我的心不是镜子,不能任谁都来照。虽然我也有兄弟,却不能依靠。前去找他们倾诉苦衷,却遭遇他们对我怒气冲冲。我的心不是石头,不可以随意转移。我的心不是席子,不可以随意卷起。仪表庄重而典雅,哪能退让任人欺。忧心忡忡,被一群小人怨恨。遭遇的中伤陷害很多,遇到的侮辱也不少。仔细想起这些,梦醒后不禁捶胸痛苦。太阳啊月亮,为什么轮流亏蚀无光?我心中的忧愁,就像没洗的衣裳。仔细想起这些,恨不能高飞展翅翔。

◎绿 衣◎

【原文】

绿兮衣兮,绿衣黄里①。心之忧矣,曷维其已②!
绿兮衣兮,绿衣黄裳③。心之忧矣,曷维其亡④!
绿兮丝兮,女所治兮⑤。我思古人⑥,俾无訧兮⑦!
绤兮绤兮⑧,凄其以风⑨。我思古人,实获我心⑩!

【主旨讲解】

这是一篇沉痛的悼亡诗。在挚爱的妻子不幸亡故后,诗人睹物思人,反复翻看着伴侣遗下的绿衣黄裳,不觉心如刀割,悲怆黯然。诗篇措辞凄凉,音韵低沉,"绿衣"意象多次出现,尤增"物在人亡"的无限惆怅。

【注解】

①衣:外衣。里:内衣。②曷:何时,怎么。维:语气词。已:停止。③裳:下衣。④亡:同"忘"。⑤女:同"汝",你。治:制,纺织。⑥古:通"故",离世,故去。⑦俾:使,让。訧(yóu):过失,失误。⑧绤(chī):细葛布。绤(xì):粗葛布。⑨凄:寒冷。其:形容词词尾,"……的样子"。以:因为。⑩实:实在,确实。获:得。

【译文】

绿色的衣服啊,绿上衣黄衬里。心中的忧伤,何时才能终止!

绿色的衣服啊,绿上衣黄裙裳。心中的忧伤,何时才能消亡!

绿色的丝啊,是你亲手纺出。我思念故人,使我避免了多少过错!

粗粗细细葛布衣,穿上身凉风习习。我思念故人,实在合我的心意!

绿兮丝兮,女所治兮。

◎击 鼓◎

【原文】

击鼓其镗①，踊跃用兵②。
土国城漕③，我独南行。

从孙子仲④，平陈与宋⑤。
不我以归⑥，忧心有忡⑦。

爱居爱处⑧？爱丧其
马⑨？于以求之⑩？于林之下。

死生契阔⑪，与子成说⑫。
执子之手，与子偕老。

于嗟阔兮⑬，不我活兮⑭！
于嗟洵兮⑮，不我信兮⑯！

【主旨讲解】

这是一篇战争的控诉诗。一
位年轻士兵，随将远征，长年还乡
无望，遥忆起当初夫妻之别，立下
的重誓或成空梦，悲伤之情无以复
加。诗篇叙事紧凑，抒情哀烈，末
尾的直接哭诉，令人沉痛不堪卒读。

【注解】

①其：助词。镗（tāng）：象声词。
击鼓声。古代有皮做的鼓，敲鼓的声为
冬冬；有青铜制的鼓，敲的声音为镗
镗。②踊跃：操练武术时，踊跃、进
退的样子。兵：刀、枪一类的武器。
③土：用作动词，以土修造城。国：
首都。城：用作动词，筑城。漕：卫
国的地名，在今河南省境内。④孙子
仲：卫国军队的将帅。⑤平：平定，
讨伐。陈、宋：国名，在今河南省境
内。⑥不我以归：即"不以我归"。
以：即"与"，允许，让。⑦有：助
词。有忡：即"忡忡"，心神忧虑不安
的样子。⑧爱：疑问代词，于何，在
何处。⑨丧：丢失，散失。⑩于以：
同"于何"，在哪里。⑪契：合。
阔：离。死生契阔：死生离合，生离
死别。⑫子：此处指作者的妻子。成
说：订约，指临别时的誓言。⑬于
嗟（jiē）：感叹词。阔：远别遥隔。
⑭不我活：即"不活我"。活：使动用
法，使……活下去。⑮洵（xiòng）：通

击鼓其镗，踊跃用兵。

土国城漕，我独南行。

从孙子仲，平陈与宋。

"夐"，久远。⑯不我信：即"不信我"。信：信用，守约。

【译文】

战鼓擂得喤喤响，战士们踊跃练刀枪。修建国都建漕城，只有我从军往南方。
跟随统帅孙子仲，平定两国陈与宋。不让我回归家园，想家让我忧心忡忡。
在哪里居住？在哪里驻扎？在哪里丢失了马？在哪里寻到它？在那树林之下。
生死永远不分离，已与你立下誓盟。我会紧紧握着你的手，和你到老在一起。
啊！如今天各一方，叫我怎么活！啊！别离时日已久，叫我如何实现诺言！

○凯 风○

【原文】

凯风自南，吹彼棘心①。棘心夭夭②，母氏劬劳③！
凯风自南，吹彼棘薪④。母氏圣善⑤，我无令人⑥。
爰有寒泉⑦，在浚之下⑧。有子七人，母氏劳苦。
睍睆黄鸟⑨，载好其音⑩。有子七人，莫慰母心。

【主旨讲解】

这是一篇孝子悼念亡母的祭诗。追忆了生母抚养儿女的含辛劬劳，期望殷切；自责大器无成，深恩断报。诗篇四章，各章前半兴象，后半叙情，结构工稳，用词朴素。

【注解】

①棘：酸枣树。心：树木的嫩芽。②夭夭：繁盛的样子。③劬（qú）：辛苦，劳苦。④薪：已长成可作柴烧的酸枣树。⑤圣：明达，贤明。⑥令：美，好，善。⑦爰（yuán）：何处，哪里。⑧浚（jùn）：春秋时卫国的城邑名，在今河南省浚县。⑨睍（xiàn）睆（huǎn）：美丽，好看。⑩载：则。载好其音：即"其音则好"。

棘心夭夭，母氏劬劳！

【译文】

和风自南边吹来，吹动那酸枣树的嫩芽。酸枣树苗生机勃勃，母亲日夜操劳。
和风自南边吹来，吹动那酸枣树的枝干。母亲通达慈善，我们却不成材。
哪里有寒泉？在那浚邑城下。有儿女七人，母亲劳累辛苦。
美丽的黄鸟，它的歌声美妙。有儿女七人，难以安慰母亲的心。

◎式 微◎

【原文】

式微式微①，胡不归②？微君之故③，胡为乎中露④？

式微式微，胡不归？微君之躬⑤，胡为乎泥中？

【主旨讲解】

这篇诗表达了自由的丧失。一群古代劳工，长期服役于主子，披星戴月，风餐露宿，有家难归，于是辛酸之下，集体唱出了这支控诉之歌。诗篇词简义丰，节奏短促，使用反诘手法，强化了抒情力度。

微君之故，胡为乎中露？

【注解】

①式：发语词。微：天黑。②胡：为什么。③微：非，若非，要不是。君：这里指统治者。故：缘故。④中露：露水中。⑤躬：身，自身。

【译文】

天色愈来愈黑，为什么还不回家？若不是主子的事，怎么会身沾露水？

天色愈来愈黑，为什么还不回家？若不是为了主子的贵体，怎么会在泥水中受苦？

◎北 风◎

【原文】

北风其凉，雨雪其雱①。惠而好我②，携手同行。其虚其邪③？既亟只且④！

北风其喈，雨雪其霏。惠而好我，携手同归。其虚其邪？既亟只且！

莫赤匪狐⑤，莫黑匪乌⑥。惠而好我，携手同车。其虚其邪？既亟只且！

【主旨讲解】

这是一支逃亡者之歌。烽火突生，时局险恶，生命危在旦夕，诗人心急如焚，于是起而号召朋友同奔远方，相避战祸。诗篇以风雪的暴烈起兴，象征社

北风其凉，雨雪其雱。

会黑暗，节末"其虚其邪？既亟只且！"反复疾呼，节奏短促，情绪激昂，愈增气氛紧张之感。

惠而好我，携手同行。

【注解】

①雱（pāng）：形容雪大。②惠：爱。好（hào）：爱，喜欢。③其：语助词。虚：通"舒"。邪：通"徐"。虚邪：犹豫不定的样子。④既：已。亟（jí）：急迫地，快。⑤莫：无。匪：通"非"，不。⑥乌：乌鸦。

【译文】

　　北风那么凉，大雪纷纷扬。你若喜欢我，携手同路走。还犹豫等待什么？处境已急迫！
　　北风那么紧，大雪下得猛。你若喜欢我，携手同路回。还犹豫等待什么？处境已急迫！
　　不红不是狐狸，不黑不是乌鸦。你若喜欢我，携手同车行。还犹豫等待什么？处境已急迫！

○静　女○

【原文】

　　静女其姝①，俟我于城隅②。爱而不见③，搔首踟蹰④。
　　静女其娈⑤，贻我彤管⑥。彤管有炜⑦，说怿女美⑧。
　　自牧归荑⑨，洵美且异⑩。匪女之为美，美人之贻。

【主旨讲解】

　　这是一篇约会诗。一位男士与女友相约见面，老早等在城角，发现树丛挡住了视线，于是搔头踟蹰起来。这时女友来了，还带了彤管和荑草作礼物，把他打动了。诗篇言辞质朴，格调静雅，人物心理刻画巧妙。

静女其娈，贻我彤管。

【注解】

①静女：同"淑女"，文静娴雅的女子。姝（shū）：美丽，美好。②俟（sì）：等候，等待。隅（yú）：角落。③爱：通"薆"，躲藏，隐藏。④搔首：用手挠头。踟（chí）蹰（chú）：来回走动，走来走去。⑤娈（luán）：美丽，漂亮。⑥贻（yí）：赠送。彤（tóng）：红色。彤管：象征一片赤心和火样的热情。⑦有：助词。炜：红色鲜明，有光泽的样子。⑧说：同"悦"。怿（yì）：喜。说怿：喜爱。女：同"汝"，你。⑨牧：牧场，郊外。归（kuì）：通"馈"。赠送。荑（tí）：草名，白茅。古代常以白茅来象征婚媾。以白茅相赠，是一种求爱的表示。⑩洵（xún）：确实，真的。异：奇异。

【译文】

　　文静的姑娘多么美丽，约我等候在城门角。故意藏起来不让我看见，急得我挠头又徘徊。
　　文静的姑娘多么漂亮，送给我一个红管。红管亮闪闪，我真喜欢它的美丽。
　　从郊外回来送给我白茅，白茅实在美得出奇。并不是茅草有多好看，只因为是美人送的。

国风·鄘风

鄘地究竟在何处？有不同说法。旧说是在商纣都城朝歌之南，王国维认为是在邶国之南，即今河北南部及河南北部地区。《鄘风》共 10 篇。

◎柏 舟◎

【原文】

泛彼柏舟①，在彼中河②。髧彼两髦③，实维我仪④。
之死矢靡它⑤。母也天只⑥！不谅人只！
泛彼柏舟，在彼河侧。髧彼两髦，实维我特⑦。
之死矢靡慝⑧。母也天只！不谅人只！

【主旨讲解】

少女公开违抗父母之命，要求婚姻自由。情感强烈，语气坚定。其中"之死矢靡它"一语已经成为我们今天表达强烈爱情意愿的常用词。

【注解】

①泛：漂浮貌。②中河：即河中。③髧（dàn）：头发下垂貌。两髦：古代男子未成年，前额作齐眉发；两侧头发扎为两绺左右垂下，谓之两髦。④实：是。维：为。仪：配偶。⑤之：到。矢：发誓。靡：无。⑥也、只：语助词。⑦特：配偶。⑧慝（tè）：同"忒"，改变。

髧彼两髦，实维我仪。

【译文】

柏木舟漂流着，在河的中央。垂着额发的少年，是我的好对象。
到死不再有他想。我的母亲我的天，却不体谅我心肠！
柏木舟漂流着，在河的两旁。垂着额发的少年，是我的好情郎。
到死不变这愿望。我的母亲我的天，却不体谅我心肠！

◎墙有茨◎

【原文】

墙有茨①，不可埽也。中冓之言②，不可道也。所可道也③，言之丑也。
墙有茨，不可襄也④。中冓之言，不可详也⑤。所可详也，言之长也。
墙有茨，不可束也⑥。中冓之言，不可读也⑦。所可读也，言之辱也。

【主旨讲解】

卫宣公强行娶了自己儿子的未婚妻齐女宣姜，宣公死后，他的儿子公子顽又和宣姜私通生下子嗣。这首诗即是揭露、讽刺卫国的这些丑闻的。

【注解】

①茨（cí）：蒺藜。②中冓（gòu）：宫闱之内。③所：尚。④襄：除去。⑤详：细说，或作宣扬解亦通。⑥束：打扫干净。⑦读：宣扬。

【译文】

墙上生着蒺藜，不可以除掉。宫中的秘密话，不可以乱聊。如果要乱聊，惹人一身臊。

中冓之言，不可道也。

墙上长着蒺藜，不可以除光。宫中的秘密话，不可以张扬。如果要张扬，说来话太长。

墙上长着蒺藜，不可以除净。宫中的秘密话，不可说与人听。如果要说与人听，真是让人难为情。

◎君子偕老◎

【原文】

君子偕老，副笄六珈①。委委佗佗，如山如河，象服是宜②。子之不淑，云如之何③！

玼兮玼兮，其之翟也④。鬒发如云，不屑髢也⑤；玉之瑱也，象之揥也，扬且之皙也⑥。胡然而天也？胡然而帝也⑦？

瑳兮瑳兮，其之展也⑧。蒙彼绉絺，是绁袢也⑨。子之清扬，扬且之颜也⑩。展如之人兮，邦之媛也⑪？

【主旨讲解】

这首诗通过极力描写宣姜的服饰、尊严、美丽的手法来讽刺她的所作所为与其地位的不相称。成语"胡天胡地"即是出于此诗。

【注解】

①君子：指卫宣公。偕老：代指宣姜。副：王后的首饰。笄：簪子。珈：又称步摇，在笄之下，缀以玉，共六个，故名"六珈"。②委委佗佗（tuó）：行走庄重自得貌。如山如河：像山一般凝重，像河一般渊深。象服：画袍，皇后之服。③子：指宣姜。不淑：不善。云：语助词。如之何：即"奈之何"，有什么办法呢！④玼（cí）：玉色鲜明貌，此处用来形容翟衣鲜艳的样子。翟（dí）：翟衣，即画着翟雉花纹的祭服。⑤鬒（zhěn）：发黑而密。不屑：不用。髢（dí）：假发髻。⑥瑱：古人冠冕上垂于两侧用来塞耳朵的玉。揥（tì）：象牙簪。扬：脸美貌。且：语助词。

委委佗佗，如山如河。

皙：白。⑦胡：何。然：这样。⑧瑳（cuō）：通"玼"。展：展衣，白纱所制单衣。⑨蒙：覆盖。绉绨：细夏布。绁
袢：内衣。⑩清扬：眉目清秀貌。⑪展：可是，一作确实解亦通。媛：美女。邦之媛，犹后世所说的国色。

【译文】

    君子终身相伴者，步摇玉簪多婆娑。举止行动多自得，凝重如山深如河。穿着画袍也适合。可是行为太丑陋，对她又能说什么！

    鲜艳礼服画翟雉。乌黑头发如云绮，根本不用假发髻。塞耳美玉垂两耳，象牙簪子插鬓里，一张脸庞白又美。莫非天神和帝子？

    艳丽轻薄细纱衣。蒙着细夏布如轻丝。女子面美好眼眉。穿着单衣这女子，能是倾国的美人？

◎桑 中◎

【原文】

    爰采唐矣①？沫之乡矣②。云谁之思③？美孟姜矣④。期我乎桑中⑤，要我乎上宫⑥，送我乎淇之上矣⑦。

    爰采麦矣？沫之北矣。云谁之思？美孟弋矣⑧。期我乎桑中，要我乎上宫，送我乎淇之上矣。

    爰采葑矣⑨？沫之东矣。云谁之思？美孟庸矣⑩。期我乎桑中，要我乎上宫，送我乎淇之上矣。

云谁之思？美孟姜矣。

【主旨讲解】

    这是一幅幽会图卷。通过男方的思念和甜蜜回忆，展现了一对恋人在"桑中""上宫"两地幽聚，后在"淇水"送别的广阔情景。诗篇爱情不拘礼节，真诚直露，充满了自然气息。

【注解】

①爰：何处，哪里。唐：植物名，即菟丝，一种蔓生植物。②沫（mèi）：卫国城邑名。③云：助词。谁之思：即"思谁"，"之"为代词。④孟：排行第一。姜：姓。⑤期：约会。⑥要：同"邀"，邀请。上宫：楼。⑦淇：卫国水名。⑧弋：即"姒"，也是姓氏。⑨葑（fēng）：野菜名，即芜菁，芥菜。⑩庸：姓氏。

【译文】

    到哪里采摘女萝？在那沫邑的郊野。心中把谁思念？是那美丽的孟姜。约我在桑林中相会，邀我相会在上宫，又送我到淇水边。

    到哪里采摘麦子？在那沫邑的北边。心中把谁思念？是那美丽的孟弋。约我在桑林中相会，邀我相会在上宫，又送我到淇水边。

    到哪里采摘芜菁？在那沫邑的东边。心中把谁思念？是那美丽的孟庸。约我在桑林中相会，邀我相会在上宫，又送我到淇水边。

○载 驰○

【原文】

载驰载驱①，归唁卫侯②。驱马悠悠③，言至于漕④。大夫跋涉⑤，我心则忧。

既不我嘉⑥，不能旋反⑦。视尔不臧⑧，我思不远⑨。既不我嘉，不能旋济⑩。视尔不臧，我思不閟⑪。

陟彼阿丘⑫，言采其蝱⑬。女子善怀⑭，亦各有行⑮。许人尤之⑯，众稚且狂⑰。

我行其野，芃芃其麦⑱。控于大邦⑲，谁因谁极⑳！

大夫君子，无我有尤㉑！百尔所思，不如我所之㉒！

【主旨讲解】

这是一支爱卫国之歌。作者许穆夫人，是春秋早期卫国之女，远嫁许国穆公。因故国为外族侵灭，多灾多难，她乘车归国图救，却被许国官员以不合礼教为由跟来拦截，这篇忧愤的诗歌就是在这种情况下写出来的。

【注解】

①载：乃。发语词，无实义。
②唁（yàn）：向死者家属慰问或吊人失国。本诗作者许穆夫人本是卫国之女，嫁给许穆公。狄国攻陷卫都，卫懿公被杀。卫人在漕邑拥立戴公。不久，戴公死，文公继立。戴公、文公和许穆夫人是同胞兄妹。卫侯：卫国国君。③悠悠：道路遥远的样子。④漕：卫国地名。⑤大夫：指来到卫国劝说许穆夫人回去的许国大夫。跋涉：登山涉水。⑥不我嘉：即"不嘉我"。嘉：赞同。⑦旋：还归。反：同"返"。⑧视：比。尔：你们。臧：善。⑨远：深远。⑩济：渡河。⑪閟（bì）：闭塞，停止。不閟，不错，行得通。⑫陟（zhì）：登上。阿（ē）丘：偏高的山丘。⑬采：采摘。蝱（méng）：贝母，草药名，有治疗郁闷的功效。⑭善：多。怀：思念。善怀，多愁善感。⑮行（háng）：道理。⑯许人：许国的大夫们。尤：指责，非难。⑰稚：幼稚。狂：狂妄。⑱芃芃（péng）：茂盛的样子。⑲控：控告，赴告。大邦：大国。⑳因：依赖，依靠。极：求救。㉑无我有尤：即"无有尤我"。无：不要。有：又。㉒之：往，到。

载驰载驱，归唁卫侯。

【译文】

驾起马车快奔走，回去吊唁失国的卫侯。驱马走上漫漫长路，望到卫国漕城头。大夫跋山涉水追来，我心中充满忧愁。

既然不赞同我返卫，我也不能马上回去。比起你们没有良策，我的想法很快就可实现。既然不赞同我返卫，我决不渡河再回头。比起你们没有良策，我的想法却行得通。

登上那高高的山冈，采摘那解忧的贝母。女子多愁善感，自有道理和主张。许国大夫反对我，众人是如此幼稚愚狂。

我独行在郊野之中，一片麦子蓬勃如浪。想向大国奔走求告，可是向谁求援？向谁投靠？

你们这些大夫"君子"，不要再斥责我。纵使你们想出百般妙计，也不如我亲自跑一趟！

孔子对《诗经》的贡献

孔子对《诗经》的评价

"《诗》三百，一言以蔽之，曰思无邪。"
"温柔敦厚，《诗》教也。"
"不学《诗》，无以言。"

孔子

孔子为何推崇《诗经》

治民之道，自古有法治与礼治之争。孔子主张以礼乐作为经邦理民、移易风俗的大道，而《诗经》恰好是一个良好的乐载体，因此孔子研究它，推崇它。从根本上看，孔子是顺应其儒家思想体系。

孔子 整理《诗经》

孔子对《诗经》的贡献

多数学者认为，孔子对《诗经》做过"正乐"（厘正乐音）的工作，也对《诗经》内容和文字有过加工和整理。孔子推动了《诗经》的保存和传播，加之其对《诗经》的推崇，促使了《诗经》在中国文学文化史上重要地位的形成，汉代被儒家奉为经典。

周公制礼

西周时期，周公制礼作乐，把礼运用到社会政治领域，礼治开始兴盛，并经演变，逐渐成为人们日常的行为规范、准则。礼治思想主要有"亲亲""尊尊""孝忠"等。

国风·卫风

卫地在今河北南部与河南北部一带。《卫风》是卫地民歌，共有 10 篇。

◎淇 奥◎

【原文】

瞻彼淇奥①，绿竹猗猗②。有匪君子③，如切如磋，如琢如磨④。瑟兮僩兮⑤，赫兮咺兮⑥。有匪君子，终不可谖兮⑦！

瞻彼淇奥，绿竹青青⑧。有匪君子，充耳琇莹⑨，会弁如星⑩。瑟兮僩兮，赫兮咺兮。有匪君子，终不可谖兮。

瞻彼淇奥，绿竹如箦⑪。有匪君子，如金如锡，如圭如璧⑫。宽兮绰兮⑬，猗重较兮⑭。善戏谑兮，不为虐兮⑮。

【主旨讲解】

这是一曲君子颂。诗人不遗余力，赞美这位居住在水边竹林的君子相貌端庄英俊，佩饰高雅，气宇轩昂，并且宅心仁厚，品行高尚。诗篇音韵铿锵，摹状细腻，形象塑造令人肃然起敬。

有匪君子，如切如磋，如琢如磨。

【注解】

①瞻：向前看，眺望。淇：淇水。卫国水名。奥（yù）：通"隩"，河岸弯曲的地方。②猗猗（yī）：长而美的样子。③有：助词。匪：通"斐"，有文采。④如切如磋，如琢如磨：雕刻骨器叫切，雕刻象牙叫磋，雕刻翠玉叫琢，雕刻美玉叫磨。以上四字用以形容人文采美好，治学修身、精益求精。⑤瑟：庄重的样子。僩（xiàn）：威武的样子。⑥赫：光明磊落。咺（xuǎn）：显著，盛大的样子。⑦谖（xuān）：忘记。⑧青青（jīng）：同"菁菁"，草木茂盛的样子。⑨充耳：古代冠冕上悬垂于耳际的饰物。琇（xiù）：像玉的美石。⑩会（kuài）：皮帽缝合的地方。弁（biàn）：古代成年男子戴的一种帽子。⑪箦（zé）：竹席。⑫圭（guī）：用作凭信的玉，形状上圆下方。璧（bì）：平而圆，中心有孔的玉。⑬宽：宽宏，宽厚。绰（chuò）：温和、柔和。⑭猗（yī）：同"倚"，依靠。较：古代车厢上的曲钩，可做扶手。⑮虐：以言语伤人。

【译文】

眺望那淇水弯曲处，翠绿的竹子修长。文质彬彬的君子，有如象牙经过切磋，有如美玉经过琢磨。他仪表庄重，威风凛凛。他光明磊落，威仪显著，叫人永远难忘怀。

眺望那淇水弯曲处，翠绿的竹子葱葱。文质彬彬的君子，充耳垂美玉晶莹，帽上玉亮如明星。他仪表庄重，威风凛凛。他光明磊落，威仪显著，叫人永远难忘怀。

眺望那淇水弯曲处，翠绿的竹子密如席。文质彬彬的君子，有如赤金白锡，有如方圭圆璧。他胸怀宽广性情温和，你看他登车凭依。他幽默风趣，善于说笑，但待人平易不刻薄。

◎硕　人◎

【原文】

硕人其颀①，衣锦褧衣②。齐侯之子③，卫侯之妻④，东宫之妹⑤，邢侯之姨⑥，谭公维私⑦。手如柔荑⑧，肤如凝脂⑨，领如蝤蛴⑩，齿如瓠犀⑪，螓首蛾眉⑫，巧笑倩兮⑬，美目盼兮⑭。硕人敖敖⑮，说于农郊⑯。四牡有骄⑰，朱幩镳镳⑱，翟茀以朝⑲。大夫夙退⑳，无使君劳㉑。河水洋洋㉒，北流活活㉓。施罛濊濊㉔，鱣鲔发发㉕，葭菼揭揭㉖。庶姜孽孽㉗，庶士有朅㉘。

【主旨讲解】

这是一帧美人图。齐国公主庄姜出嫁了，诗人细致记录了当时随从浩大、仪仗壮美的盛况，而新娘本人更是出身高贵，天生丽质，诗中运用了最美好生动的比喻，令人叹为观止。诗篇格调张扬，铺叙得力，词汇丰富。

【注解】

①颀：修长的样子。古代不论男女，皆以高大修长为美。②褧（jiǒng）衣：麻布做的外衣。女子出嫁途中穿，用来遮蔽尘土。③齐侯：指齐庄公。子：女儿。④卫侯：卫庄公。⑤东宫：古代国君的太子住在东宫，所以东宫成了太子的代称。此指齐国太子的臣。⑥邢：国名。姨：妻的姊妹。⑦谭：国名。维：是。私：姊妹的丈夫。⑧荑：白茅的嫩芽。⑨凝脂：凝结的脂肪。⑩领：脖子。蝤（qiú）蛴（qí）：天牛的幼虫，体长，圆而白嫩。⑪瓠（hù）犀（xī）：葫芦的子，洁白整齐。⑫螓（qín）：虫名，似蝉而小，额头宽广方正。⑬倩：口颊间美好的样子。⑭盼：眼神黑白分明，流动有神的样子。⑮敖敖：身体苗条的样子。⑯说（shuì）：停车休息。农郊：城郊。庄姜来嫁时先在都城近郊歇息。⑰牡（mǔ）：驾车的雄马。骄：高大、雄壮的样子。⑱朱幩（fén）：系在马口衔铁的红绸。镳镳（biāo）：鲜明的样子。⑲翟（dí）茀（fū）：用山鸡彩色羽毛装饰的车子。朝：朝见。⑳夙：早。㉑劳：辛苦。㉒洋洋：水势浩大的样子。㉓活活（guō）：流水声。㉔施：设置。罛（gū）：渔网。施罛：撒渔网。濊濊（huò）：渔网入水的声音。㉕鱣（zhān）：黄鱼。鲔（wěi）：鳝鱼。发发（bō）：鱼尾摆动、击水的声音。㉖葭（jiā）：芦苇。菼（tǎn）：荻苇。揭揭（jiē）：细长的样子。㉗庶姜：指随嫁的众女。孽孽（niè）：服饰华丽的样子。㉘庶士：指随从的众人。朅（qiè）：英武健壮的样子。

硕人敖敖，说于农郊。

【译文】

高个儿美人身材修长，麻纱罩衫披在锦衣上。她是齐侯的女儿，卫侯的娇妻。齐国太子的胞妹，邢侯的小姨，谭国国君是她的姐夫。

手指纤纤如嫩黄，皮肤白润如凝脂。脖子雪白柔长如蝤蛴，牙齿洁白整齐有如葫芦子。螓一样方正的前额还有弯弯蛾眉，一笑酒窝显妩媚，秋水般的眼波顾盼有情。

高个儿美人身材苗条，停下车马歇息在城郊。驾车的四马高大娇健，马嚼子的红绸随风飘飘，乘坐饰满雉羽的华车去上朝。大臣们早早告退，以免国君太辛劳。

河水浩浩荡荡，滔滔奔流向北方。撒下渔网呼呼作响，黄鱼鳝鱼蹦跳乱闯，芦苇荻花细细长长。陪嫁的姑娘顾长美丽，护送的武士威武雄壮。

◎　氓　◎

【原文】

氓之蚩蚩①，抱布贸丝②。匪来贸丝③，来即我谋。送子涉淇，至于顿丘④。匪我愆期⑤，子无良媒。将子无怒⑥，秋以为期⑦。

乘彼垝垣⑧，以望复关⑨。不见复关，泣涕涟涟。既见复关，载笑载言⑩。尔卜尔筮⑪，体无咎言。以尔车来，以我贿迁。

桑之未落，其叶沃若⑫。于嗟鸠兮，无食桑葚。于嗟女兮，无与士耽！士之耽兮，犹可说也⑬。女之耽兮，不可说也！

桑之落矣，其黄而陨⑭。自我徂尔⑮，三岁食贫。淇水汤汤⑯，渐车帷裳⑰。女也不爽，士贰其行⑱。士也罔极⑲，二三其德！

三岁为妇，靡室劳矣。夙兴夜寐，靡有朝矣。言既遂矣，至于暴矣。兄弟不知，咥其笑矣⑳。静言思之㉑，躬自悼矣㉒。

及尔偕老㉓，老使我怨。淇则有岸，隰则有泮㉔。总角之宴㉕，言笑晏晏㉖。信誓旦旦，不思其反。反是不思，亦已焉哉！

【主旨讲解】

这篇小型史诗是弃妇的自诉。一路讲述了主人公从集市订婚，复关迎娶，到操劳家室，丈夫弃虐，而至反躬自思的婚姻悲剧。诗篇叙议兼夹，记事完整，抒情悲喜顿挫，笔致波澜横生。

【注解】

①氓（méng）：民，人，诗中男子的代称。蚩蚩（chī）：憨厚的样子，或同"嗤嗤"，笑嘻嘻的样子。②布：古货币名。贸：买，交易。拿钱来买丝。一说"布"作"布匹"。以布匹换取丝，是以物换物。③匪：同"非"，不是。④顿丘：卫国地名。今河南清丰县西南。⑤愆（qiān）：拖延，耽误。愆期：约期而失信。⑥将（qiāng）：愿，请。⑦秋以为期：即"以秋为期"。⑧乘：登上。垝（guǐ）：毁坏，倒塌。垣（yuán）：墙。⑨复关：地名，氓所居住的地方。⑩载：语助词。载笑载言：又说又笑。⑪尔：你。卜：用火灼龟甲，根据裂纹来判定吉凶。筮（shì）：用蓍（shī）草依法排比成卦卜筮，以判吉凶。⑫其：代词，桑。沃若：润泽、茂盛的样子。⑬说：通"脱"，解脱，摆脱。⑭陨（yǔn）：坠落。⑮徂（cú）：往，到。徂尔：嫁给你。⑯汤汤（shāng）：水势很大的样子。⑰渐：浸湿。帷裳：车上的帷帐。写女子被弃后，渡淇水回去的情形。⑱贰：有二心，不专一。⑲罔：无。极：准则。罔极：没有准则，行为不端。⑳咥（xì）：嬉笑的样子。带有讥讽的意味。㉑静言：冷静地。㉒躬：自身。悼：悲伤。㉓及：和，与。尔：你。㉔隰（xí）：低湿的地方。泮（pàn）：岸边。㉕总角：古人未成年时将头发束成丫状角髻。宴：欢乐。㉖晏晏：相处和悦融洽的样子。

【译文】

农家小伙笑嘻嘻，抱着布来换我的蚕丝。不是有心换丝，借机找我商量婚事。送他过淇水，送到顿丘才告辞。不是我拖延婚期，是你没有找个好媒人。请你不要生我气，约定秋天作为婚期。

登上那破败的墙垣，眺望我思念的复关。不见我的复关，伤心泪儿涟涟。见到我的复关，又笑又说心欢畅。你去占卦问卜，卦象没有不吉的话。驾着你的车来，搬迁我的嫁妆。

桑树叶儿未落，桑叶又嫩又润。唉，斑鸠，别贪吃那桑葚。唉，女人，不可与男人迷恋。男人迷恋，还可以解脱。女人迷恋，就无法自拔。

桑树叶儿落下，枯黄憔悴任飘零。自从我嫁到你家，三年来吃苦受穷。淇河水奔流荡荡，浸湿了车上的帷帐。我做妻子并没有过错，男人你却反复无常。男人变化无常性，三心二意坏德行。

做你妻子三年，家务辛劳没有不干。早起晚睡天天如此，干也干不完。家业有成已安定，就变得粗暴无礼。兄弟们不知真相，嘻嘻讥笑再加嘲讪。静静细想，独自伤心悲叹。

曾经发誓，与你白头到老，这样的偕老使我怨恨。淇水虽宽有堤岸，沼泽虽阔有边涯。回想少年未嫁时，你说我笑温雅无间。誓言说得响亮，却不料如今翻脸变冤家。违背的誓言不愿再想，从今与你一刀两断！

既见复关，载笑载言。

◎有　狐◎

【原文】

> 有狐绥绥，在彼淇梁^①。心之忧矣，之子无裳^②。
> 有狐绥绥，在彼淇厉^③。心之忧矣，之子无带^④。
> 有狐绥绥，在彼淇侧。心之忧矣，之子无服。

【主旨讲解】

女子的丈夫流落在外，她担心他无衣无裳，唱起歌曲表达忧伤，情感深至。

【注解】

①绥绥（suí）：行走缓慢的样子。梁：桥。②裳：下衣，如同今天的裙子。③厉：借作"濑"，水边的沙地。④带：衣带。

【译文】

狐狸慢慢地走，走在淇水的桥头。我心中伤悲呵，他连裤子也没有。
狐狸慢慢地走，走在淇水的滩头。我心中伤悲呵，他连衣带也没有。
狐狸慢慢地走，走在淇水的岸头。我心中伤悲呵，他连衣服也没有。

◎木　瓜◎

【原文】

> 投我以木瓜^①，报之以琼琚^②。匪报也^③，永以为好也。
> 投我以木桃，报之以琼瑶^④。匪报也，永以为好也。
> 投我以木李，报之以琼玖^⑤。匪报也，永以为好也。

【主旨讲解】

这是两位互赠者表达永好之情的诗篇。一方以瓜桃李相馈，对方却薄来厚往，回赠琼瑶美玉，以此表明不是简单的答谢回报，而是愿永结情义，携手共老。诗篇氛围淡雅，音节从容，意象清新。

【注解】

①投：抛，投赠。木瓜：一种落叶灌木。古代风俗，以瓜果之类为男女定情信物。②报：报答，回赠。琼（qióng）：美玉美石的通称。琚（jū）：佩玉。③匪：通"非"。④瑶：美玉。⑤玖（jiǔ）：黑色的玉。琼玖：泛指美玉。

投我以木桃，报之以琼瑶。

【译文】

你送我一个木瓜，我回送你一枚佩玉。这不只是回赠，而是为了永远相好。

你送我一个桃子，我回送你一块美石。这不只是回赠，而是为了永远相好。

你送我一个李子，我回送你黑色美玉。这不只是回赠，而是为了永远相好。

国风·王风

东周都城一带的民歌称为《王风》。王，是王都的意思。《王风》有诗 10 篇。

◎黍 离◎

【原文】

彼黍离离①，彼稷之苗②。行迈靡靡③，中心摇摇。知我者谓我心忧，不知我者谓我何求。悠悠苍天，此何人哉？

彼黍离离，彼稷之穗。行迈靡靡，中心如醉。知我者谓我心忧，不知我者谓我何求。悠悠苍天，此何人哉！

彼黍离离，彼稷之实。行迈靡靡，中心如噎。知我者谓我心忧，不知我者谓我何求。悠悠苍天，此何人哉！

知我者谓我心忧，不知我者谓我何求。

【主旨讲解】

这是一曲悼念故国的挽歌。一位士人旧地重返，人物皆非，昔日的宫殿宗庙早已繁华落尽，遗迹难觅，唯有葱绿的黍粱摇动风中，一片荒凉，此情此景使他悲从中来，无边怅惘。诗篇节奏灵动，意境空旷，抒情迷离，读之令人难以释怀。

【注解】

①彼：指示代词，那，那个。黍（shǔ）：黍子，一种农作物，籽实去皮后叫黄米。离离：排列成行，整齐繁密的样子。②稷（jì）：谷子，一种农作物，籽去皮后叫小米。③行迈：行走不止。一说，迈为远行。靡靡：步行缓慢的样子。

【译文】

那黍子生长满田畴，那谷子抽苗绿油油。我举步迟迟，因为心中彷徨愁闷。理解我的人说我心中忧愁，不理解我的人说我有什么贪求。悠悠苍天啊，是谁害得我要离家走？

那黍子生长满田畴，那谷子抽穗垂下头。我举步迟迟，心中忧闷如醉。理解我的人说我心中忧愁，不理解我的人说我有什么贪求。悠悠苍天啊，是谁害得我要离家走？

那黍子生长满田畴，那谷子结实不胜收。我举步迟迟，心中哽塞郁闷。理解我的人说我心中忧愁，不理解我的人说我有什么贪求。悠悠苍天啊，是谁害得我要离家走？

◎君子于役◎

【原文】

君子于役①，不知其期②。曷至哉③？鸡栖于埘④，日之夕矣⑤，羊牛下来。君子于役，如之何勿思⑥！

君子于役，不日不月⑦。曷其有佸⑧？鸡栖于桀⑨，日之夕矣，羊牛下括⑩。君子于役，苟无饥渴⑪？

【主旨讲解】

这是一篇幽静的怀人诗。圆日西坠，地平天阔，村边山冈和门前篱笆下，牛羊下山了，家鸡结群回栏，房顶炊烟直上。正在劳作的女主人公触景生情，想起久征在外的男人来了，心中攒满了忧虑和哀楚。诗篇言辞朴质，色调柔和，画感逼真。

【注解】

①君子：古代妻子对丈夫的敬称。于：去，往。役：古代徭役。②期：服役的期限。③曷（hé）：何，何时。④垺（shí）：在墙上挖洞或砌泥筑成的鸡窝。⑤夕：指傍晚时分。"鸡栖于垺"、"羊牛下来"尚有定时，而服役的人却没有归期。⑥如之何：怎么。⑦不日不月：没有定期。⑧有（yòu）：又，重新。佸（huó）：相会，团聚。⑨桀（jié）：亦作"榤"，指木桩，或以木桩支架起来的鸡棚。⑩括：来，到。⑪苟：句首语气词，表希望，或许，也许。

【译文】

丈夫去服役，不知道他的归期。他什么时候才能回来？鸡儿回窝，太阳也要落西山，羊牛都下了山坡。丈夫去服役，叫我怎能不苦苦思念？

丈夫去服役，没日没月，何时才能相聚？鸡儿回窝，太阳也要落西山，羊牛都下了山坡。丈夫去服役，是否受到饥渴折磨？

曷其有佸？鸡栖于桀，日之夕矣，羊牛下括。

◎采 葛◎

【原文】

彼采葛兮①，一日不见，如三月兮！
彼采萧兮②，一日不见，如三秋兮！
彼采艾兮③，一日不见，如三岁兮！

【主旨讲解】

这是一支相思小调。一日不见恋人，主人公饱受煎熬，神志恍然，好似度过了三月、三季、三年一般冗长，可见相知之真，相爱之深。诗篇旋律婉转，低语喃喃，抒情点到为止，质朴无华，而笔意纵横，收放自如。

【注解】

①葛：植物名。其纤维可以织布，块根可以吃。②萧：植物名。一种蒿子，有香气，古人用它来祭礼。③艾：植物名，烧艾叶可以治病。

彼采葛兮，一日不见，如三月兮！

【译文】

那采葛的姑娘，一天不见，像隔了三月不相见！
那采萧的姑娘，一天不见，像隔了三季不相见！
那采艾的姑娘，一天不见，像隔了三年不相见！

国风·郑风

　　周宣王始封其弟友于郑地，即今陕西西安附近。后郑桓公死，武公即位，迁至新郑，即今河南新郑。《郑风》是郑地民歌，内容多与男女恋情。共有21篇。

◎风 雨◎

【原文】

　　风雨凄凄①，鸡鸣喈喈②。既见君子③，云胡不夷④？
　　风雨潇潇⑤，鸡鸣胶胶⑥。既见君子，云胡不瘳⑦！
　　风雨如晦⑧，鸡鸣不已⑨。既见君子，云胡不喜！

【主旨讲解】

　　这是一支重逢之歌。一个风雨凄迷的早晨，栅栏下的鸡群在咯咯叫着乱窜，忧伤的女主人公打开门，这时久征远地的男人突然回来了，令她惊喜不已。诗篇节奏轻快，摹景抒情高度融合，场面有声有色。

【注解】

①凄凄：寒凉，阴冷。②喈喈：鸡叫的声音。③既：终于。④云胡：为何，为什么。夷：平静。⑤潇潇（xiāo）：风雨急骤的样子。⑥胶胶：鸡叫的声音。⑦瘳（chōu）：病愈。⑧晦（huì）：昏暗。⑨已：停止。

既见君子，云胡不喜！

【译文】

　　风雨交加阴又冷，鸡鸣喈喈报五更。丈夫已经回家来，心情为何不平静？
　　疾风骤雨冷潇潇，鸡叫咯咯报天明。丈夫已经回家来，心病为何不痊愈？
　　凄风冷雨天地昏，雄鸡报晓不停歇。丈夫已经回家来，心中为何不高兴？

◎子 衿◎

【原文】

　　青青子衿①，悠悠我心②。纵我不往，子宁不嗣音③？
　　青青子佩④，悠悠我思。纵我不往，子宁不来？
　　挑兮达兮⑤，在城阙兮⑥。一日不见，如三月兮！

【主旨讲解】

　　这篇诗主题是等候恋人。丛林围绕的城楼上，四面空荡，一位姑娘踯躅其中，心烦意乱，幽怨男友不来相会，令她饱受相思煎熬，继而引发了一系列的猜想、疑问和怨怼。诗篇结构简约，语言通俗，心理刻画真切入神。

青青子衿，悠悠我心。

【注解】

①衿（jīn）：衣领。②悠悠：思念不已的样子。③宁：岂，难道。嗣（sì）：继续。音：音信。嗣音：即保持联系。④佩：指身上佩玉石的绶带。⑤挑：跳跃。达：放恣。《毛传》："挑达，往来相见貌。"⑥阙（què）：城门两边的高台。

【译文】

　　青青的是你衣领的颜色，悠悠思念的是我的心。即使我不去看你，你为何不捎个音信？

　　青青的是你佩带的颜色，悠悠的是我的思念。即使我不去看你，你为何不来？

　　走来走去，心神不宁，在城门边的高台里。只有一天没见面，好像隔了三个月！

◎出其东门◎

【原文】

　　出其东门，有女如云①。虽则如云，匪我思存②。缟衣綦巾③，聊乐我员④。
　　出其闉阇⑤，有女如荼⑥。虽则如荼，匪我思且⑦。缟衣茹藘⑧，聊可与娱。

【主旨讲解】

　　这是一支情有独钟的爱情之歌。步出城东门外，两边美女云集，然而这些衣着耀眼、灿烂如锦的小姐们，并没有令诗人心迷意乱，产生放弃探望城外村庄那位久藏在心的白衣青巾的姑娘的念头。他只爱她一人。诗篇对比明朗，结构规整。

出其东门，有女如云。

【注解】

①如云：形容众多。②思存：思念，念念不忘。③缟（gǎo）衣：白衣。綦（qí）巾：浅绿色的佩巾。④聊：且。乐：使动用法，使……乐。员：同"云"，语气词。⑤闉（yīn）阇（dū）：古代城门外层的半环形城墙，用以掩护城门，又名曲城。⑥荼（tú）：茅草的白花，盛开时浓茂美丽。如荼：形容女子美丽。⑦且（jū）：语气词。⑧茹（yú）藘（lú）：植物名，即茜草，其根可作红色染料，这里借指红色头巾。

【译文】

　　出那东门，女子多如云。虽然多如云，不是我的意中人。素衣青佩巾，喜欢又相亲。
　　出那曲城门，女子美如花。虽然美如花，不是我的意中人。素衣红佩巾，与她同欢乐。

◎野有蔓草◎

【原文】

　　野有蔓草①，零露漙兮②。有美一人，清扬婉兮③。邂逅相遇④，适我愿兮⑤。
　　野有蔓草，零露瀼瀼⑥。有美一人，婉如清扬⑦。邂逅相遇，与子偕臧⑧。

【主旨讲解】

这是一支清新的爱情短歌。早春的郊外，丛草嫩软，露珠闪光，诗人驱车在路，与一眉目清秀的姑娘偶然相遇，彼此都陡然心动了。诗篇格调朗畅，意象质地纯净，抒情质朴简练。

【注解】

①蔓：蔓延。②零：落。露：露水。泄（tuán）：露水多的样子。③清扬：形容眉清目秀。婉：美好柔媚的样子。④邂逅：不期而遇。⑤适：适合、符合。愿：心愿。⑥瀼瀼（ráng）：露水大的样子。⑦如：而。⑧偕：一起。臧：善，美。一说通"藏"，指藏到幽僻的地方。

有美一人，清扬婉兮。

【译文】

蔓草青青，长在旷野里。晶莹剔透，露珠滴滴。美丽姑娘，眉清目秀，温柔多情。偶于路上巧相遇，情意相投合我愿。

蔓草青青，长在旷野里。晶莹剔透，露珠串串。美丽姑娘，眉清目秀，温柔多情。不期而会巧相遇，情投意合两心欢。

◎溱 洧◎

【原文】

溱与洧，方涣涣兮①。士与女，方秉蕑兮②。女曰："观乎？"士曰："既且③。""且往观乎④！"洧之外，洵且訏乐⑤。维士与女⑥，伊其相谑⑦，赠之以芍药⑧。

溱与洧，浏其清矣⑨。士与女，殷其盈矣⑩。女曰："观乎？"士曰："既且。""且往观乎！"洧之外，洵且訏乐。维士与女，伊其将谑⑪，赠之以芍药。

【主旨讲解】

这是一支节日情歌。上巳节来了，冰雪消融，春风拂岸，溱河、洧河绿波晃荡，少年男女成群在户外游乐踏青，其中一对情投意合，邀请参加盛会，并互赠芍药，订下了永好的盟约。诗篇句法多变，境界开放，人物塑造活泼传神，民俗画面形象生动。

【注解】

①溱（zhēn）洧（wěi）：郑国二水名。两大河流在密县汇合。方：正当，正在。涣涣：河水盛涨的样子。②秉：拿着。蕑（jiān）：兰草的一种，生在水边。郑国的风俗，人们于三月上巳日拿着兰草，拔除邪恶，祈求吉利。③既：已经。且（cú）：同"徂"，往，去。④且：复，再。⑤洵（xún）：确实。訏（xū）：大，指盛会的场面。⑥维：语助词。⑦伊：语助词。其：他们，即士与女。相谑：互相调笑、戏谑。⑧芍药：植物名，三月开花，芳香可爱。古代男女相别赠芍药表示爱慕。⑨浏（liú）：水流清澈的样子。⑩殷：众多。⑪将：相互。

【译文】

溱水与洧水，正涨满春水。男士和女子，手捧兰花满怀香。女子说："去看看吧？"男的说："已经看过了。""再去看看也无妨！"洧水岸，场面实在盛大而热闹。男士和女子，相互调笑心花放，临别相赠美芍药。

溱水与洧水，流水清澈见底。男士和女子，熙熙攘攘多又挤。女子说："去看看吧？"男的说："已经看过了。""再去看看也无妨！"洧水岸，场面实在盛大而热闹。男士和女子，相互调笑心花放，相赠芍药表情长。

国风·魏风

魏地在安邑附近，即今山西南部芮城东北一带，《魏风》多为讽刺诗，共有 7 篇。

◎十亩之间◎

【原文】

十亩之间兮①，桑者闲闲兮②，行与子还兮③。
十亩之外兮，桑者泄泄兮④，行与子逝兮⑤。

【主旨讲解】

这是一幅采桑晚归图。入暮时分，斜晖耀映，墟里正炊烟依依，山岭黛翠，宽广高深的桑园间，一群悠闲桑女呼引着伴儿同归，笑声回响在幽寂的上空。诗篇节奏饱满，空间开阔。

【注解】

①十亩：非实数，以整数表示面积大。②桑：作动词，采桑。闲闲：从容不迫、不慌不忙的样子。③行：走，离开。④泄泄（yì）：悠闲自适的样子。⑤逝：往，去。

【译文】

十亩桑园中间，采桑的人不慌不忙。走吧，和你一起回家。
十亩桑园外边，采桑的人悠闲自适。走吧，和你一起往家走。

十亩之外兮，桑者泄泄兮，行与子逝兮。

○伐　檀○

【原文】

坎坎伐檀兮[1]，置之河之干兮[2]，河水清且涟猗[3]。不稼不穑[4]，胡取禾三百廛兮[5]？不狩不猎[6]，胡瞻尔庭有县貆兮[7]？彼君子兮[8]，不素餐兮[9]！

坎坎伐辐兮[10]，置之河之侧兮[11]，河水清且直猗[12]。不稼不穑，胡取禾三百亿兮[13]？不狩不猎，胡瞻尔庭有县特兮[14]？彼君子兮，不素食兮！

坎坎伐轮兮[15]，置之河之漘兮[16]，河水清且沦猗[17]。不稼不穑，胡取禾三百囷兮[18]？不狩不猎，胡瞻尔庭有县鹑兮[19]？彼君子兮，不素飧兮[20]！

【主旨讲解】

这是一支伐木工人的战歌。河水清涟，古木参天，主人公们饥寒交迫，伐木造车，目睹了贵族老爷的盘剥贪婪、不劳而获，从而发出了自由而辛辣的质问。诗篇句法参差，气势逼人，讽刺有力。

【注解】

①坎坎：伐木声。檀：檀树。此树木质坚韧，可以造车。②置：放。之：代词，它。指檀木。后一个"之"是结构助词。干：岸。③且：而且。涟（lián）：风吹水面所起的波纹。猗：同"兮"，表

坎坎伐檀兮，置之河之干兮，河水清且涟猗。

示感叹语气。④稼（jià）：耕种。穑（sè）：收获。稼穑：指农业劳动。⑤胡：为什么。禾：百谷的通称。三百：形容很多，不是确数。廛（chán）：一百亩，古代一个成年男子耕种的田。⑥狩（shòu）：冬天打猎。猎：夜间打猎。统称狩猎为打猎。⑦瞻：看，瞧。庭：院子。县：同"悬"，悬挂。貆（huān）：一种像狐狸的小兽，即獾猪。⑧彼：那，那些。⑨素：白白地。素餐：白吃饭。此为反语。⑩辐：车轮中辏集于中心的直木、辐条。⑪侧：旁边，一边。⑫直：平。⑬亿：周代以十万为亿，指禾把的数目。这里泛指多。⑭特：三岁的兽，大野兽。⑮轮：车轮。⑯漘（chún）：水边，岸。⑰沦（lún）：小而圆的波纹。⑱囷（qūn）：圆形的谷仓。⑲鹑：鸟名，即鹌鹑。这里泛指飞禽。⑳飧（sūn）：熟食。泛指吃饭。

【译文】

砍伐檀树叮当响，把它置于河岸上，河水清清起波纹。你们既不播种又不收割，为什么拿走三百家的庄稼？不出狩又不打猎，为什么院子里挂獾猪？那些"君子"呀，可不白吃饭哪！

砍伐车辐叮当响，把它置于河边上，河水清清不见波澜。你们既不播种又不收割，为什么拿走三百捆的庄稼？不出狩又不打猎，为什么院子里挂大兽？那些"君子"呀，可不白吃饭哪！

砍伐车轮叮当响，把它置于河水边，河水清清旋起波纹。你们既不播种又不收割，为什么拿走三百囷的庄稼？不出狩又不打猎，为什么院子里挂鹌鹑？那些"君子"呀，可不白吃饭哪！

◎硕 鼠◎

【原文】

硕鼠硕鼠①，无食我黍②！三岁贯女③，莫我肯顾④。逝将去女⑤，适彼乐土⑥。乐土乐土⑦，爰得我所⑧！

硕鼠硕鼠，无食我麦！三岁贯女，莫我肯德⑨。逝将去女，适彼乐国。乐国乐国，爰得我直⑩！

硕鼠硕鼠，无食我苗。三岁贯女，莫我肯劳⑪。逝将去女，适彼乐郊。乐郊乐郊，谁之永号⑫！

【主旨讲解】

这是一篇声讨文。社会不公，恶力横行，贵族大佬只知贪得无厌，剥削无边，老百姓活在水深火热中，由此愤而起来反抗，发出了势不两立的强音。诗篇抒情沉烈，节奏铿锵，通篇以"鼠"譬喻剥削者，贴切典型。

【注解】

①硕（shuò）鼠：硕借作"鼫"，鼫鼠即田鼠，喜食谷物。②黍：黍子。③三岁：泛指多年。贯：侍奉，服侍。女：同"汝"，你。④莫我肯顾：即"莫肯顾我"。下面"莫我肯德""莫我肯劳"均同。莫：不。顾：念及，顾及。

硕鼠硕鼠，无食我黍！

⑤逝：通"誓"，发誓。将：将要。去：离去，走开。⑥适：到，往。⑦乐土：作者理想中享有自由平等的安乐地方。以下"乐国""乐郊"同。⑧爰（yuán）：乃，就，便。所：处所，指可以安居的地方。⑨德：感德，感激，恩惠。⑩直：通"值"，价值，代价。⑪劳：慰劳，体恤。⑫永号：长叹，长吁。

【译文】

大老鼠呀大老鼠，不要吃我的黄黍。多少年辛苦侍奉你，我的生活你不顾。如今我们誓将离开，去寻找那理想的乐土，乐土呀乐土，是我们的安居处！

大老鼠呀大老鼠，不要吃我的麦子。多少年辛苦侍奉你，你却从不对我施恩惠。如今我们誓将离开，去寻找那理想的乐国，乐国呀乐国，劳动价值归自己！

大老鼠呀大老鼠，不要吃我的禾苗。多少年辛苦侍奉你，你却从不慰劳我，如今我们誓将离开，去寻找那理想的乐郊，乐郊呀乐郊，谁还会长哭哀号！

国风·秦风

秦地原为今甘肃天水一带，周平王时扩大至西周王畿和豳地，即今天的陕西地区及甘肃东部一带。《秦风》多写尚武精神，共有诗10首。

◎小 戎◎

【原文】

小戎伐收①，五楘梁辀②。游环胁驱③，阴靷鋈续④。文茵畅毂⑤，驾我骐馵⑥。言念君子⑦，温其如玉。在其板屋⑧，乱我心曲⑨。

四牡孔阜，六辔在手。骐骝是中⑩，騧骊是骖⑪。龙盾之合⑫，鋈以觼軜⑬。言念君子，温其在邑⑭。方何为期？胡然我念之。

俴驷孔群⑮，厹矛鋈錞⑯。蒙伐有苑⑰，虎韔镂膺⑱。交韔二弓⑲，竹闭绲縢⑳。言念君子，载寝载兴。厌厌良人㉑，秩秩德音㉒。

文茵畅毂，驾我骐馵。

【主旨讲解】

秦襄公十二年远征西戎，此诗便是写一位女子想念自己远在西戎的丈夫的。

【注解】

①戎：兵车。俴（jiàn）：浅。收：车的后横木。兵车的后横木较低，所以车厢也浅。②楘（mù）：有花纹的皮条。梁辀（zhōu）：车辕。古时马车上的一根弯曲的辕，形式像房屋的栋梁，又像船，所以叫作梁辀，上面有五处用皮条箍牢。③游环：活动的皮环，古时车前四马连在一起就用游环结在马颈套上，用它贯穿两旁骖马的外辔。胁驱：装在马肋两边的皮扣，连在拉车的皮带上，也用来控制骖马。④阴靷（yǐn）鋈（wù）续：阴，车轼上的横板。靷，引车行进的皮带，将横板上的两根皮条前系在衡上，之后经过车底系在车轴上，拉着车子前进。鋈续：白铜环。⑤文茵：有花纹的虎皮制的车褥子。畅：长。毂（gǔ）：车轴在两轮两端伸出的部分。⑥骐（qí）：青黑色有花纹的马。馵（zhù）：后左蹄有白花或四蹄皆白的马。⑦君子：此指在外从军的丈夫。⑧板屋：西戎民族使用木板盖房屋，这是代指西戎，其地在今甘肃一带。⑨心曲：心窝。⑩骝（liú）：红黑色马。中：指驾车四匹马当中两匹服马。⑪騧（guā）：黑嘴黄马。骊（lí）：黑马。骖（cān）：驾车四匹马中两旁的两匹马。⑫龙盾：

言念君子，载寝载兴。

画着龙纹的盾牌。合：两只盾牌合在一起放在车上。⑬镮（jué）：有舌的环。钠（nà）：骖马靠里边的辔。⑭在邑：在西戎的县里。⑮伐驷：套着青铜薄甲的四匹马。孔群：很协调。⑯矜（qiú）：矛头为三棱形的长矛。镇（duì）：矛柄下端的金属套。⑰伐：通"瞂（fá）"，盾。苑：花纹。⑱虎韔（chàng）：虎皮所制弓囊。膺：弓囊正面。⑲交韔二弓：交叉顺倒两只弓放在弓囊里。⑳竹闭：闭，通"柲"，矫正弓弩的工具。竹闭，即为竹子所制。绲（gǔn）：绳子。縢（téng）：捆扎。㉑厌厌：安静貌。良人：丈夫。㉒秩秩：有次序貌。德音：好名声。

【译文】

小兵车浅车厢，五根皮缠辕上。皮环和皮扣，皮带和铜环。虎皮垫子长车轴，驾着花马雄赳赳。想起我家好夫君，性情温和像美玉。从军去了西戎界，想他使我心烦乱。

四匹公马肥又大，六条缰绳在手拿。青马红马在中间，黄马黑马在两边。画龙盾牌合一堆，缰绳套着白铜环。想起我家好夫君，性情温和在边关。何日才能得回还，让我怎能不思念。

四马披甲步调匀，三棱矛杆包白铜。新漆盾牌画花纹，虎皮弓袋雕花新。两弓交叉袋中放，矫弓竹具绳扎紧。想起我家好夫君，睡睡醒醒难安寝。我家安静好夫君，行事有礼有美闻。

◎蒹 葭◎

【原文】

蒹葭苍苍①，白露为霜。所谓伊人②，在水一方③。溯洄从之④，道阻且长⑤。溯游从之⑥，宛在水中央⑦。

蒹葭萋萋⑧，白露未晞⑨。所谓伊人，在水之湄⑩。溯洄从之，道阻且跻⑪。溯游从之，宛在水中坻⑫。

蒹葭采采⑬，白露未已⑭。所谓伊人，在水之涘⑮。溯洄从之，道阻且右⑯。溯游从之，宛在水中沚⑰。

【主旨讲解】

这是一支秋日恋歌。露水苍茫的清晨，河中芦丛静悄悄的，地上结了一层霜花，诗人来到岸边，幻觉中恍惚见着了心爱的人儿立在彼岸端，追过去，就不见了，又看到人儿站在了水中的小洲上。诗篇物象清净，意境空幻，抒情优美婉约。

所谓伊人，在水一方。

【注解】

①蒹（jiān）：又称荻，细长的水草。葭（jiā）：初生的芦苇。苍苍：芦苇入秋后，颜色深青，茂盛鲜明的样子。②谓：说。伊：指示代词，那，那个。③方：通"旁"。边，侧。④溯（sù）：逆着水流的方向行走。洄（huí）：弯曲盘旋的水道。从：追随，追寻，寻求。⑤阻：险阻，阻碍。⑥溯游：顺流而下。⑦宛：宛然，仿佛，好像。⑧萋萋：湿润的样子。⑨晞（xī）：干，晒干。⑩湄（méi）：水草交接的地方，水边，也即是岸边。⑪跻（jī）：地势高起。⑫坻（chí）：水中小洲。⑬采采：众多稠密的样子。⑭已：止。⑮涘（sì）：水边。⑯右：迂回，曲折。⑰沚（zhǐ）：水中小洲，小沙滩。

【译文】

细长的荻苇青苍苍，白露凝成冰霜。我思念的人啊，在水的那一边。逆着河道追寻她，道路崎岖而漫长。顺着流水追寻她，她好像在水的中央。

细长的荻苇萋萋生，露水还没晒干。我思念的人啊，在河的岸边。逆着河道追寻她，道路崎岖而高险。顺着流水追寻她，她仿佛在水中洲上。

细长的荻苇密密长，露水还没有消失。我思念的人啊，在河的水边。逆着河道追寻她，道路崎岖而曲折。顺着流水追寻她，她仿佛在水中沙滩上。

国风·豳风

豳地相当于今天的陕西省旬邑县一带。《豳风》7首作于西周时期,内容主要写周朝开国后的农事活动。

◎七 月◎

【原文】

七月流火①,九月授衣②。一之日觱发③,二之日栗烈④。无衣无褐⑤,何以卒岁⑥?三之日于耜⑦,四之日举趾⑧。同我妇子,馌彼南亩⑨,田畯至喜⑩。

七月流火,九月授衣。春日载阳⑪,有鸣仓庚⑫。女执懿筐⑬,遵彼微行⑭,爰求柔桑⑮。春日迟迟⑯,采蘩祁祁⑰。女心伤悲,殆及公子同归⑱。

七月流火,八月萑苇⑲。蚕月条桑⑳,取彼斧斨㉑。以伐远扬㉒,猗彼女桑㉓。七月鸣鵙㉔,八月载绩㉕。载玄载黄㉖,我朱孔阳㉗,为公子裳。

七月流火,九月授衣。

【主旨讲解】

诗从七月写起,全面、细致、生动地描写了先民们一年从事的生产活动,以按月歌唱的形式反映了当时农民和贵族不同的生活。这是一幅西周社会的农事图和风俗画卷。

【注解】

①七月:夏历七月。流:向下行。火:星名,又名"大火""心宿",是天蝎星座中最亮的一颗星。每年夏历五月,火星出现在正南方,六月以后,渐偏西,七月里便向西行沉下去,天气渐渐寒冷。②授衣:将缝制冬衣的工作交给女工。③一之日:夏历十一月,也

三之日于耜,四之日举趾。

即周历正月。周朝以夏历十一月为正月。以下"二之日""三之日""四之日",以此类推。觱(bì)发(bō):风寒冷。④栗烈:同"凛冽",空气寒冷。⑤褐:麻织短衣,无袖。⑥卒:终了。⑦于:修理。耜(sì):农具,犁的一种,用来耕地翻土。⑧举趾:抬脚,下田耕种。⑨馌(yè):送饭。南亩:泛指田地。⑩田畯(jùn):掌管农事的官。⑪载:开始。阳:温暖,暖和。⑫仓庚:黄莺。⑬懿(yì)筐:深筐。⑭遵:顺着,沿着。微行:小路。⑮爰:于是。⑯迟迟:缓缓,形容春季日长。⑰蘩(fán):白蒿,养蚕用。祁祁:众多的样子。⑱殆:将,只怕。及:与。同归:指被公子强行带走。⑲萑(huán)苇:芦苇一类的草,可以制作蚕箔。此作动词,指收割萑苇。⑳蚕月:即夏历三月,这是养蚕的月份。条:动词,修剪。㉑斧斨(qiāng):斧类工具(椭圆的叫斧,方的叫斨)。㉒远扬:指长得太长太高的桑枝。㉓猗:借作"掎",拉。女桑:嫩桑叶。㉔鵙(jué):鸟名,又名"伯劳""子规""杜鹃"。㉕载:则,始。绩:织麻。㉖玄:黑而带红色。㉗孔:非常。阳:鲜明。

【译文】

七月火星偏西方，九月女工制冬衣。十一月北风呼呼吹，十二月寒气凛冽刺骨。粗布衣服都没有，如何熬过寒冬期？正月里修理锄犁，二月份下田犁地。耕作和妻子儿女一起，饭菜送到田地，农官看到满心欢喜。

七月火星偏西方，九月女工制冬衣。春天太阳暖洋洋，黄莺对对婉转啼。姑娘手提深竹筐，沿着那小路在行走，采呀采那嫩桑叶。春天日子渐渐长，采蒿的姑娘闹嚷嚷。姑娘心中暗悲伤，怕公子强邀一同归。

七月火星偏西方，八月收割芦苇。三月修剪桑树，取来那把斧头，砍掉又高又长的枝条。七月伯劳树上唱，八月纺麻织布忙。染色有黑又有黄，我的红布最鲜艳，为那公子做衣裳。

饁彼南亩。

【原文】

四月秀葽①，五月鸣蜩②。八月其获③，十月陨蘀④。一之日于貉⑤，取彼狐狸，为公子裘。二之日其同⑥，载缵武功⑦，言私其豵⑧，献豜⑨于公。

五月斯螽动股⑩，六月莎鸡振羽⑪。七月在野，八月在宇，九月在户，十月蟋蟀，入我床下⑫。穹窒熏鼠⑬，塞向墐户⑭。嗟我妇子，曰为改岁⑮，入此室处。

六月食郁及薁⑯，七月亨葵及菽⑰。八月剥枣⑱，十月获稻，为此春酒⑲，以介眉寿⑳。七月食瓜，八月断壶㉑，九月叔苴㉒。采荼薪樗㉓，食我农夫㉔。

【注解】

①秀：植物不开花而结实叫"秀"。葽（yāo）：药草名，今名"远志"。②蜩（tiáo）：蝉。③获：收获庄稼。④陨：落下。蘀（tuò）：草木的落叶。⑤于：猎取。貉（hè）：兽名。似狐狸，毛深厚温暖。⑥同：会合，指聚众打猎。⑦缵（zuǎn）：继续。武功：武事。此处指田猎，古时田猎也属于军事演习。⑧言：语助词。私：私人占有。豵（zōng）：一岁的小猪。此指小兽。⑨豜（jiān）：三岁的大猪，此指大兽。⑩斯螽：虫名，即蚱蜢。动股：相传斯螽以两股相切发声。⑪莎（suō）鸡：虫名，即纺织娘。振羽：两翼鼓动发声。⑫"七月在野"五句：此五句写蟋蟀由远而近，由室外躲进室内过冬。⑬穹（qióng）：空隙，孔洞。窒：堵塞。⑭向：朝北的窗子。墐（jìn）：用泥涂抹。户：门。⑮改岁：过年，更改一岁。⑯郁：一种李子。薁（yù）：野葡萄。⑰亨："烹"本字，煮。葵：蔬菜名，又名冬苋菜。菽（shū）：大豆黄豆一类。⑱剥：通"扑"，敲打。⑲春酒：冬日酿酒，春日始成，所以叫"春酒"。⑳介：祈求。眉寿：长寿。长寿的人生有长眉，故称。㉑断：摘取。壶：葫芦之类。㉒叔：拾取。苴（jū）：青麻子，可食。㉓荼（tú）：一种苦菜。薪：采薪，用作动词。樗（chū）：臭椿。㉔食（sì）：养活。

【译文】

四月远志结子囊，五月知了声声唱。八月庄稼要收割，十月落叶随风扬。十一月捕貉子，剥取狐狸皮，好给公子做皮衣。十二月大伙儿聚一起，继续打猎练武忙。猎到小兽归自己，大兽献到公堂里。

五月蚱蜢弹腿鸣，六月纺织娘振羽叫。七月蟋蟀野外鸣，八月屋檐底下唱，九月进到屋门里，十月钻到我床下。打扫垃圾熏老鼠，塞住北窗，泥抹门缝来御寒。可怜我的妻子儿女，眼看就要过年关，挤进这破屋居住。

六月里，吃那郁李和葡萄，七月里，烹煮冬葵和大豆。八月把那枣儿打，十月收割稻米香。将它酿成好春酒，祝贺老爷寿命长。七月吃瓜，八月摘葫芦，九月拾取青麻。采摘苦菜又砍柴，养活咱们农家人。

【原文】

九月筑场圃①，十月纳禾稼②。黍稷重穋③，禾麻菽麦④。嗟我农夫，我稼既同⑤，上入执宫功⑥。昼尔于茅⑦，宵尔索绹⑧。亟其乘屋⑨，其始播百谷。

二之日凿冰冲冲⑩，三之日纳于凌阴⑪。四之日其蚤⑫，献羔祭韭⑬。九月肃霜⑭，十月涤场⑮。朋酒斯飨⑯，曰杀羔羊。跻彼公堂⑰，称彼兕觥⑱，万寿无疆！

【主旨讲解】

这是一篇风俗农事诗。一年四时，暑退将寒，初春的田野里耕播繁忙，姑娘们外出采桑，八月染制衣裳，夏日捕猎山中，到了秋天，气色转凉，蟋蟀入户，人们开始收获庄稼，翻修房屋，入冬之后，村落举行宴饮盛会，来作为一年辛勤劳作的总结。诗篇结构严谨，叙述详尽，形象绚烂，抒情含蓄，表现了当时人们生活的艰辛和快乐。

【注解】

①筑场圃：把菜园修筑为打谷场。古时场圃同地轮用，春夏为圃，秋冬平整筑实为场。②纳：收进谷仓。禾稼：五谷的通称。③黍稷重穋：都是谷物。黍：黍子，性粘。稷：高粱，性不粘。重：早种晚熟的谷。穋：晚种早熟的谷。④禾：此处专指小米。⑤同：收齐集中。⑥上：通"尚"，还要。执：执行，负担。宫功：修建宫室之事。⑦尔：语助词。于茅：去割茅草。⑧索绹：用手搓绳。绹（táo）：绳子。⑨亟：同"急"，赶快。乘屋：爬上屋顶修缮房屋。⑩冲冲：凿冰的声音。⑪凌阴：冰窖。⑫蚤："早"的古字。⑬献羔祭韭：古代一种祭祀仪式，仲春二月，在取冰之时，以羔羊和韭菜祭司寒之神。⑭霜：同"爽"，肃霜：天高气爽。⑮涤场：打扫场圃。⑯朋酒：两樽酒。斯：语中助词。飨（xiǎng）：同"享"，享用。⑰跻（jī）：登上。公堂：古代的公共场所。⑱称：举杯敬酒。兕（sì）觥（gōng）：兕牛角制成的酒器。

【译文】

九月里筑好打谷场，十月粮食进谷仓。黍子、高粱、早晚谷、米、麻、豆、麦都入仓。可叹我农家人，庄稼收完，又要服役修宫房。白天出外割茅草，夜晚搓绳长又长。急急忙忙盖屋顶，开春又忙种庄稼。

腊月凿冰咚咚响，正月里送进冰窖藏。二月早取冰祭寒神，献上韭菜和羊羔。九月天高气又爽，十月清扫打谷场。两樽美酒共品尝，宰杀肥美小羔羊。登上公堂，举起那牛角杯，同声高祝"万寿无疆"！

七月食瓜。

八月其获。

九月筑场圃。

○鸱 鸮○

【原文】

鸱鸮鸱鸮①，既取我子②，无毁我室。恩斯勤斯③，鬻子之闵斯④！

迨天之未阴雨⑤，彻彼桑土⑥，绸缪牖户⑦。今女下民⑧，或敢侮予⑨！

予手拮据⑩，予所捋荼⑪，予所蓄租⑫，予口卒瘏⑬，曰予未有室家⑭！

予羽谯谯⑮，予尾翛翛⑯。予室翘翘⑰，风雨所漂摇⑱，予维音哓哓⑲！

【主旨讲解】

这是一篇寓言诗。一头孤弱的母鸟，爱子被猫头鹰攫走了，窝巢损坏了，它呕心沥血经营着，而风雨又来撼动，巢儿摇摇欲坠，令它惊恐地仰天哀号了起来。诗人通过母鸟的泣诉，形象揭露出了人间弱肉强食、人民生活悲惨的真实。

鸱鸮鸱鸮，既取我子，无毁我室。

【注解】

①鸱（chī）鸮（xiāo）：猫头鹰。②我：大鸟自称。这是一首寓言诗，以大鸟口吻写成。③恩：即"殷"。斯：语尾助词。殷勤：辛辛苦苦地。④鬻：同"育"。子：指雏鸟。闵：病。⑤迨（dài）：趁着。⑥彻：取。⑦绸（chóu）缪（móu）：缠缚，捆绑。牖（yǒu）户：本指门窗，这里指鸟巢的缝隙。⑧女：同"汝"，你，你们。⑨侮：欺侮，指打翻鸟巢。⑩拮（jié）据（jù）：手口并用地做。⑪捋（luō）：采取。荼（tú）：茅草的白花。⑫蓄：积聚。租：通"苴"，茅草。⑬卒：通"瘁"，劳累致病。瘏（tú）：病。⑭曰：语助词。⑮谯谯（qiáo）：羽毛脱落的样子。⑯翛翛（xiāo）：羽毛干枯不润泽的样子。⑰翘翘（qiáo）：危险的样子。⑱漂摇：同"飘摇"，在空中摇晃。⑲维：只有。哓哓（xiāo）：因恐惧而发出的哀鸣。

予室翘翘，风雨所漂摇，予维音哓哓！

【译文】

猫头鹰啊猫头鹰，你已抓走我的娃娃，不要再毁坏我的巢。我辛辛苦苦养育儿女，为养孩子累又乏！

趁着天晴没下雨，取来桑枝泥土忙筑巢，修补窗子和门户。看你们这些树下的人，谁敢打落我的鸟巢？

我太过疲劳手发麻，我去采芦、茅白花来垫窝，我还积攒了许多干草，我的嘴累痛了。唉！我还是没有个好窝巢！

我的羽毛已焦枯，我的尾巴像干草。我的巢儿险而高，在风雨中飘摇，吓得我惊恐地哀号！

◎东　山◎

【原文】

我徂东山①，慆慆不归②。我来自东③，零雨其濛④。我东曰归⑤，我心西悲⑥。制彼裳衣⑦，勿士行枚⑧。蜎蜎者蠋⑨，烝在桑野⑩。敦彼独宿⑪，亦在车下。

我徂东山，慆慆不归。我来自东，零雨其濛。果臝之实⑫，亦施于宇⑬。伊威在室⑭，蟏蛸在户⑮。町畽鹿场⑯，熠耀宵行⑰。不可畏也，伊可怀也⑱！

我徂东山，慆慆不归。我来自东，零雨其濛。鹳鸣于垤⑲，妇叹于室。洒扫穹窒⑳，我征聿至㉑。有敦瓜苦㉒，烝在栗薪㉓。自我不见，于今三年。

我徂东山，慆慆不归。我来自东，零雨其濛。仓庚于飞㉔，熠耀其羽。之子于归，皇驳其马㉕。亲结其缡㉖，九十其仪㉗。其新孔嘉㉘，其旧如之何㉙？

【主旨讲解】

这是一支还乡断肠曲。微雨飘飞，烟水迷蒙，一位久征东山的士兵卸甲归来，走在大路上，想着家园荒凉了，景色破败了，容颜渐衰的妻子坐在室内叹气，当初结婚时的热闹场面又历历浮现，令他哽噎哀伤起来。诗篇结构紧凑，想象迭出，抒情写景水乳交融。

我来自东，零雨其濛。

【注解】

①徂（cú）：往，到。东山：山名，在今山东曲阜附近，亦即蒙山。②慆慆（tāo）：悠久，时间长。③来：回来，归来。自：从。④零雨：小雨。濛：细雨绵绵的样子。⑤东：在东边。曰归：听说要回家。⑥西悲：为思念西方的故乡而伤悲。⑦制：缝制。裳衣：衣服。这里指与军服不同的便服。⑧勿：不要，不用。士：通"事"，从事。行：同"横"。枚：用木片或竹枝做的筷子大小一样的东西，两端有带，可系颈上。古代军队夜行作战，士兵和战马口中衔枚，以免发出声响而暴露目标。⑨蜎蜎（yuān）：软体虫子爬行蠕动的样子。蠋（zhú）：昆虫名，色青，多生桑树上，故又名桑蚕或野蚕。⑩烝（zhēng）：久，留。⑪敦（duī）：形容身体蜷缩一团的样子。⑫果臝（luǒ）：植物名，蔓生，似黄瓜。⑬施（yì）：蔓延。宇：屋檐。⑭伊

威：昆虫名。俗称土鳖，扁圆多足，生长在潮湿的地方。⑮蠨（xiāo）蛸（shāo）：一种长脚的小蜘蛛，又名喜蛛。传说这种蜘蛛爬在人身上，是亲人将至的喜兆。⑯町（tǐng）畽（tuǎn）：田舍旁边的空地。鹿场：成了野鹿践踏出没的场地。指田园荒芜。⑰熠（yì）耀（yào）：闪闪发亮。宵行（háng）：萤火虫。⑱伊：这是。怀：怀念。⑲鹳（guàn）：水鸟名，形似鹤，又似鹭，捕食鱼虾。垤（dié）：小土堆。⑳穹（qióng）窒（zhì）：即"窒穹"。窒：堵塞。穹：空洞，缝隙。这是作者想象妻子的心理活动。㉑征：征人。聿（yù）：语气助词，含有"将要"的意思。㉒有敦：即"敦敦"，团团，堆堆。瓜苦：即苦瓜，瓠瓜。古时婚礼，将切开的瓠瓜给新郎新娘各持一半，盛酒漱口，行合卺之礼。㉓烝：句首语气词。栗：聚合之意。薪：柴杆。栗薪：即束薪。古时婚礼，将一束柴薪放置洞房内，象征永结同心，共同生活。㉔仓庚：黄莺。于：在。㉕皇：黄白色相杂。驳：红白色相杂。指马的毛色。马：指陪嫁的马。㉖亲：指妻子的母亲。缡（lí）：佩巾。古代婚俗，母亲亲自替出嫁的女儿系结佩巾，称为"结缡"。㉗九十：虚数，非确指。㉘新：新婚。孔：很，非常。嘉：美满，美好。㉙旧：婚后分别三年，所以称"旧"。

【译文】

我出征到了东山，长年累月不能回家。今天我从东方回，正逢细雨蒙蒙倍凄凉。我在东边听说要回，西望家乡心里悲伤。缝制一套平时装，不再衔枚上战场。弯弯成团的桑虫，潜伏在桑林野外。那独睡的战士缩成团，钻在兵车下面权当床。

我出征到了东山，长年累月不能回家。今天我从东方回，正逢细雨蒙蒙倍凄凉。瓜蒌的果实，爬满了屋檐。土鳖伏在屋角，喜蛛在室内游转。野鹿出没在房前屋后，流萤闪闪飞来飞去。家园虽荒不可怕，它是那么令人深深怀念！

我出征到了东山，长年累月不能回家。今天我从东方回，正逢细雨蒙蒙倍凄凉。鹳鹤在山上哀鸣，妻子在屋里悲叹。洒扫庭院，修整房屋，盼我征人早还乡。苦瓜团团，放在柴堆上。久久不相见，眨眼就是三年。

我出征到了东山，长年累月不能回家。今天我从东方回，正逢细雨蒙蒙倍凄凉。还记得黄莺快乐地飞翔，它的羽毛闪闪耀眼。这个女子出嫁，黄白的花马去迎娶。母亲为她系佩巾，繁多的礼仪一项项。那新婚生活真美满，久别重逢会如何？

鹳鸣于垤，妇叹于室。

《诗经》的时代

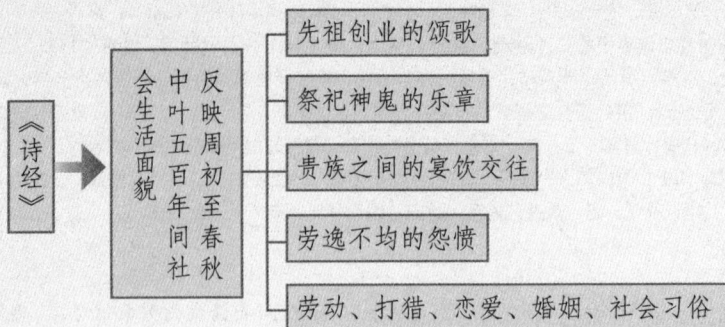

《诗经》→ 反映周初至春秋中叶五百年间社会生活面貌

- 先祖创业的颂歌
- 祭祀神鬼的乐章
- 贵族之间的宴饮交往
- 劳逸不均的怨愤
- 劳动、打猎、恋爱、婚姻、社会习俗

周朝

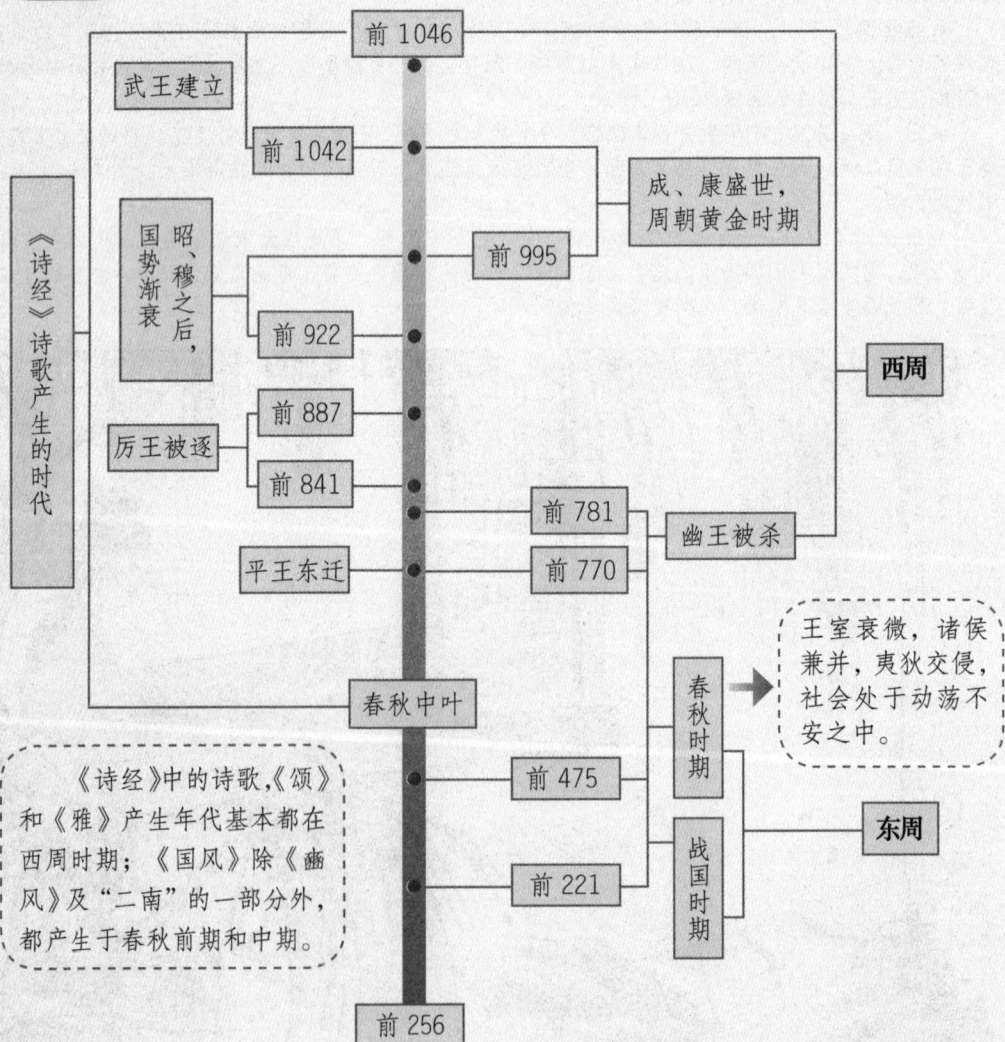

《诗经》诗歌产生的时代

- 前 1046　武王建立
- 前 1042
- 前 995　成、康盛世，周朝黄金时期
- 前 922　昭、穆之后，国势渐衰
- 前 887　厉王被逐
- 前 841
- 前 781　幽王被杀
- 前 770　平王东迁
- 春秋中叶
- 前 475　春秋时期
- 前 221　战国时期
- 前 256

西周

东周

王室衰微，诸侯兼并，夷狄交侵，社会处于动荡不安之中。

《诗经》中的诗歌，《颂》和《雅》产生年代基本都在西周时期；《国风》除《豳风》及"二南"的一部分外，都产生于春秋前期和中期。

采诗观风

《诗经》来源

公卿、列士进献的乐歌	诸侯国乐师搜集民歌，丰富唱词和乐调。而后，诸侯之乐献给天子。
周王朝乐官制作的乐歌	
原来流传于民间的歌谣	周王朝派专门的采诗人，到民间搜集歌谣，了解政治和风俗的盛衰利弊。这就是"采诗观风"之说的由来。

采诗观风

采诗

采诗：周王朝派采诗之官深入到民间搜集民间歌谣。

观风

观风：采诗之官把反映人民欢乐疾苦的诗歌整理后交给太师（负责音乐之官）谱曲，演唱给天子听，作为施政的参考。

纳贡

　　西周时期，周天子享有很大的权威，各诸侯国每年要定时向周王朝缴纳贡赋和特殊物资。此外，诸侯也要对周王的死丧、婚嫁、巡游尽一定义务。诸侯如不履行义务或冒犯了周礼的规定，轻者受到谴责，重者被处死。

小 雅

◎鹿 鸣◎

【原文】

呦呦鹿鸣①，食野之苹②。我有嘉宾③，鼓瑟吹笙④。吹笙鼓簧⑤，承筐是将⑥。人之好我⑦，示我周行⑧。

呦呦鹿鸣，食野之蒿⑨。我有嘉宾，德音孔昭⑩。视民不恌⑪，君子是则是傚⑫。我有旨酒⑬，嘉宾式燕以敖⑭。

呦呦鹿鸣，食野之芩⑮。我有嘉宾，鼓瑟鼓琴⑯。鼓瑟鼓琴，和乐且湛⑰。我有旨酒，以燕乐嘉宾之心。

【主旨讲解】

这是一篇宴饮求贤诗。一片悠扬的鼓瑟声响起来了，宾客们互相谈笑着，敬着酒，和乐融融，主人在此情况下命令乐队奏起了这支歌，表达自己求贤的渴望和欣喜之情。诗篇章法分明，格调欢快，场面富于动感。

【注解】

①呦呦（yōu）：鹿鸣叫的声音。②苹：草名，一说为蒿草，一说为马帚，即北方的扫帚菜。③嘉宾：贵宾、佳客。④瑟：古代弹拨乐器。笙（shēng）：古代的一种簧管乐器。⑤簧（huáng）：笙中之簧叶。鼓簧：指吹笙，鼓动簧叶而发声。⑥承：奉（"捧"之古体）。筐：指盛币帛之竹筐。承筐：指主人命奴仆捧出盛币帛的竹筐。将：送。⑦好（hào）：爱护。⑧示：指示。周行（háng）：大道，正道。⑨蒿（hāo）：青蒿。⑩德音：好品德，美名。孔：很。昭：明。孔昭：很显著。⑪视：古"示"字。恌（tiāo）：轻浮，不正派。不恌，指正派厚道。⑫君子：指有道德修养有学问的人。则：准则。

我有嘉宾，鼓瑟吹笙。

傚（xiào）：效仿。⑬旨：美，甘。旨酒：美酒。⑭式：语助词。燕：同宴，宴会。敖：即"遨"字，游乐，逍遥。⑮芩（qín）：草名，蒿草之类。⑯琴：古代弹拨乐器名。古人往往以琴瑟喻夫妇或友人情谊和谐。⑰湛（chén）：同"沈"，深。

【译文】

群鹿呦呦鸣叫，来吃田野青苹。我有佳客贵宾来啊，弹瑟又吹笙。吹笙吹笙，鼓簧鼓簧，捧出盈筐币帛，来赠我那尊贵的客人啊！贵宾对我无限厚爱，教我道理最欢喜。

群鹿呦呦鸣叫，来吃田野青蒿。我有佳客贵宾来啊，品德高尚有美名。示范人们不可轻佻，君子学习好典型。我有琼浆美酒，贵宾就请畅饮逍遥吧！

群鹿呦呦鸣叫，来吃田野芩草。我有佳客贵宾来啊，弹瑟弹琴来助兴。弹瑟又弹琴，宾主和乐又尽兴。我有琼浆美酒，贵宾沉醉乐开怀。

❀○常　棣○❀

【原文】

常棣之华①，鄂不韡韡②。凡今之人，莫如兄弟。

死丧之威③，兄弟孔怀④。原隰裒矣⑤，兄弟求矣。

脊令在原⑥，兄弟急难⑦。每有良朋，况也永叹。

兄弟阋于墙⑧，外御其务⑨。每有良朋，烝也无戎⑩。

丧乱既平，既安且宁。虽有兄弟，不如友生⑪？

傧尔笾豆⑫，饮酒之饫⑬。兄弟既具⑭，和乐且孺⑮。

妻子好合，如鼓瑟琴。兄弟既翕⑯，和乐且湛。

宜尔室家⑰，乐尔妻帑⑱。是究是图，亶其然乎⑲？

【主旨讲解】

这是一支好兄弟歌。兄弟相会来了，在特地准备的筵席上，诗人欢快地唱了起来：丧了命、遇难、御外侮时，就有兄弟来收殓、相救或帮忙，度过了艰难时期的考验，兄弟们就又和好如初了。诗篇节奏先快后缓，意象生动，抒情说理高度融合。

【注解】

①常棣（dì）：又名唐棣，数朵花为一簇，实如樱桃状。诗中以此表达兄弟情谊。②鄂：花萼。韡韡（wěi）：光明、光辉。此处形容花色鲜明。③威：通"畏"，可怕。④孔怀：非常关心。⑤裒（póu）：缺少其人。⑥脊令：是一种水鸟。在原：水鸟在原，比喻有难。⑦急难：火速抢救之意。⑧阋（xì）：互相争斗，相互怨恨，相互争讼。⑨务：即"侮"。⑩烝（zhēng）：众多。戎（róng）：相助。⑪生：语助词，无义。⑫傧（bīn）：陈列。笾、豆：均系古代用于盛放食品的器皿。⑬饫（yù）：指家宴。又训厌，满足。⑭具：俱，集。⑮孺：属。有亲慕之义。⑯翕（xī）：聚合，收敛。⑰宜：安。室家：家人，此指夫妇。⑱帑（nǔ）：通"孥"，子孙。⑲亶（dǎn）：信，诚。

【译文】

常棣花开一簇簇，花萼鲜艳又夺目。遍观当今世人啊，哪有像兄弟那样亲又亲。

死亡的事多么可怕啊，只有兄弟相牵挂。原野洼地少个人啦，只有兄弟来寻找。

水鸟脊令落郊原，兄弟急忙救急难。虽有良朋益友，徒唤奈何且长叹。

兄弟家内也有纷争，对外则同心共御敌。虽有良朋益友，众友芸芸无所助啊。

死丧祸乱平定了，生活幸福又安宁。虽有手足亲兄弟，不如朋友情谊深。

摆列餐具享美食，开怀畅饮酒意酣。兄弟相聚在一起，融洽笃爱且和乐。

妻儿和谐恩情深，奏瑟弹琴心相印。兄弟们友爱又和睦，融洽欢乐无穷尽。

家庭美满又幸福，妻儿相依乐陶陶。深思熟虑理自明呀，情况就是这样！

凡今之人，莫如兄弟。

兄弟既翕，和乐且湛。

◎伐　木◎

【原文】

伐木丁丁①，鸟鸣嘤嘤②。出自幽谷③，迁于乔木④。嘤其鸣矣，求其友声。相彼鸟矣⑤，犹求友声。矧伊人矣⑥，不求友生？神之听之⑦，终和且平。

伐木许许⑧，酾酒有藇⑨。既有肥羜⑩，以速诸父⑪。宁适不来⑫，微我弗顾⑬。於粲洒扫⑭，陈馈八簋⑮。既有肥牡⑯，以速诸舅。宁适不来，微我有咎⑰。

伐木于阪⑱，酾酒有衍⑲。笾豆有践⑳，兄弟无远㉑。民之失德㉒，干糇以愆㉓。有酒湑我㉔，无酒酤我㉕。坎坎鼓我㉖，蹲蹲舞我㉗。迨我暇矣㉘，饮此湑矣！

【主旨讲解】

这是一曲宴友歌。林中伐木声响起来了，鸟儿嘤嘤鸣叫着求伴，酒席摆好在了屋檐下，等候故人到来的当儿，诗人就用这支歌曲表达了自己对友情的期许和观点。诗篇叙述虚实共生，意境清幽，理趣相合。

【注解】

①丁丁：伐木声。②嘤嘤：鸟鸣声。③幽谷：深谷。④乔木：高大的树。⑤相：视、看。⑥矧（shěn）：况且。⑦神之听之：马瑞辰《通释》："《释诂》：'神，慎也。''慎，诚也。''神之'即'慎之'也。《广雅》：'听，从也。''听之'，谓能听从其言也。"⑧许许：象声词。朱熹《集传》："众人共力之声。"⑨酾（shī），《毛传》："以筐曰酾。"古人酿酒用筐沥除酒糟曰酾，后人称为"筛酒"。藇（xù）：《毛传》："美貌。"王先谦《集疏》："'有藇'犹'藇藇'也。经文凡叠句双字者，或变文作'有'，如此'有'及'庶士有朅'之类甚多。"⑩羜（zhù）：《毛传》："未成羊也。"⑪速：《郑笺》："召也。"即邀请。诸父：《毛传》："天子谓同姓诸侯、诸侯谓同姓大夫皆曰父，异性则称舅。"⑫宁适：于省吾《新证》："按适、敌古通，《尔雅·释诂》：'敌，当也。''宁适不来'，言宁当不来也。"⑬微：非。顾：惦念。⑭於：叹词。粲：鲜明貌。⑮簋（guǐ）：食器。⑯牡：公牛。⑰咎：过错。⑱阪（bǎn）：山坡。⑲衍：盈溢。⑳践：陈列貌。㉑无远：同在。㉒失德：即"失和"。㉓糇（hóu）：《说文》："乾食也。"干糇即今所谓干粮，在此泛指食物。以：因而。愆（qiān）：过错，此处可引申为怨恨。㉔湑（xù）：与"酾"同义。㉕酤：买。㉖坎坎：击鼓声。我：闻一多《歌与诗》认为，实即"哦"之类的语气词。㉗蹲蹲：《毛传》："舞貌。"㉘迨：《郑笺》："及也。"

【译文】

咚咚作响伐木声，嘤嘤群鸟相和鸣。鸟儿本从深谷出，飞往高高大树上。小鸟要嘤嘤啼不住？只是为了求知音。仔细端详那小鸟，尚且求友欲相亲。何况我们这些人，岂能不知重友情。天上神灵请聆听，赐我和乐与宁静。

伐木呼呼斧声急，滤出美酒喷喷香。既有肥美羊羔在，请来叔伯叙情谊。即使他们没能来，不能说我缺诚意。屋里扫得真清爽，佳肴八盘桌上齐。既有肥美公牛肉，请我舅亲来尝尝。即使他们没能来，不能说我有过失。

伐木就在山坡边，

伐木丁丁，鸟鸣嘤嘤。

滤酒清清快斟满。盘儿碗儿排整齐，兄弟叙谈莫疏远。人们为啥失友情，饭菜不周致埋怨。有酒滤清让我饮，没酒快买我兴酣。敲起鼓儿咚咚声，扬起长袖翩翩舞。趁着今朝有闲暇，一定再把酒喝完。

◎采 薇◎

【原文】

采薇采薇①，薇亦作止②。曰归曰归，岁亦莫止③。靡室靡家④，猃狁之故⑤。不遑启居⑥，猃狁之故。采薇采薇，薇亦柔止⑦。曰归曰归，心亦忧止。忧心烈烈⑧，载饥载渴⑨。我戍未定⑩，靡使归聘⑪！采薇采薇，薇亦刚止⑫。曰归曰归，岁亦阳止⑬。王事靡盬⑭，不遑启处⑮。忧心孔疚⑯，我行不来⑰！彼尔维何⑱？维常之华⑲。彼路斯何⑳？君子之车。戎车既驾㉑，四牡业业㉒。岂敢定居，一月三捷㉓！驾彼四牡，四牡骙骙㉔。君子所依㉕，小人所腓㉖。四牡翼翼㉗，象弭鱼服㉘。岂不日戒，猃狁孔棘㉙！昔我往矣㉚，杨柳依依㉛。今我来思㉜，雨雪霏霏㉝。行道迟迟，载渴载饥。我心伤悲，莫知我哀！

昔我往矣，杨柳依依。今我来思，雨雪霏霏。

【主旨讲解】

这是一支还乡悲歌。一名饥渴的士兵远征结束，独行归来，抚今追昔，当初出戍的无畏、战争的种种艰辛、思乡的痛彻，此刻如潮水般齐涌上了心头，令他百感交集，悲伤难抑。诗篇格调凄绝，情景合融，时空感强。

【注解】

①薇：即野豌豆苗，可以食用。②作：初生。止：语助词。③莫：古"暮"字。④靡：无。⑤猃（xiǎn）狁（yǔn）：我国北方的少数民族。西周时称猃狁，春秋时称北狄，战国以后称匈奴。⑥遑（huáng）：暇。启：跪坐。居：安坐。古人席地而坐，两膝着席，跪坐时腰板伸直，臀都跟足跟离开；安坐时臀部贴在足跟上。⑦柔：幼嫩。⑧烈烈：火势猛烈的样子，这里指忧心如焚。⑨载：又。⑩戍：戍守，指驻守的地方。⑪使：使者。聘：问候。归聘：带回问候家人的音信。⑫刚：粗硬。指薇菜将老，茎叶变粗变硬。⑬阳：阴历十月。⑭靡盬：没有止境。盬（gǔ）：停止。⑮启处：与上文"启居"同义。⑯孔：非常。疚：痛苦。⑰来：返回，归来。⑱尔：同"尔"，花盛开的样子。维何：是什么。⑲常：通"棠"，棠棣。华：古"花"字。⑳路：同"辂（lù）"，古代的一种大车。斯何：同"维何"。㉑戎车：兵车，战车。㉒牡：雄马。业业：高大健壮的样子。㉓捷：通"接"，即接战。㉔骙骙（kuí）：强壮的样子。㉕依：乘。㉖腓（féi）：蔽护，掩护。㉗翼翼：行列整齐的样子。㉘弭（mǐ）：弓的两头缚弦的地方。象弭：用象牙镶饰的弓。鱼服：用鱼皮做的箭袋。服：通"箙"，箭袋。㉙棘：同"急"。㉚昔：过去。㉛依依：柳条随风摇曳飘拂的样子。㉜思：语助词。㉝雨（yù）：降落，散落。霏霏：大雪纷飞的样子。

【译文】

采薇菜呀采薇菜，薇菜新芽已长大。回家乡呀回家乡，已盼到年终岁尾。抛弃亲人离家园，只因匈奴来侵犯；跪不宁来坐不安，只因匈奴来侵犯。采薇菜呀采薇菜，薇菜柔嫩刚发芽。回家乡呀回家乡，心里忧愁多牵挂。忧心如同被火焚，又饥又渴真苦煞。防地调动难定下，无法给家人捎音信！采薇菜呀采薇菜，薇茎渐渐长硬。回家乡啊回家乡，又到十月"小阳春"。王室差事无休无止，想要休息没闲暇。心中充满忧愁伤痛，远征在外难归还！那绚丽耀眼的是什么？那是棠棣的花朵。高大的马车属于谁？那是将军的战车。驾着兵车要出战，四匹雄马矫健齐奔腾。边地怎敢图安居？一月要争几回胜！驾着那四匹雄马，什么车儿高又大？将军乘坐在车中，小兵掩护也靠它。四匹马步调一致，象牙弓配着鱼皮箭袋。哪有一天不戒备？匈奴实在太猖狂！回想我当初出征时，杨柳依依随风吹。如今回来路途中，雪花纷纷飘落下。我行路艰难慢慢走，又饥又渴真劳累。满心伤感满腔悲，却没有谁人知道我的哀痛！

🏮 ○ 小 旻 ○ 🏮

【原文】

旻天疾威，敷于下土①。谋犹回遹②，何日斯沮③？谋臧不从，不臧覆用。我视谋犹，亦孔之邛④！

潝潝訿訿⑤，亦孔之哀。谋之其臧，则具是违⑥。谋之不臧，则具是依。我视谋犹，伊于胡底⑦？

我龟既厌⑧，不我告犹。谋夫孔多，是用不集⑨。发言盈庭，谁敢执其咎⑩？如匪行迈谋，是用不得于道。

哀哉为犹，匪先民是程⑪，匪大犹是经⑫。维迩言是听⑬，维迩言是争⑭。如彼筑室于道谋，是用不溃于成⑮！

国虽靡止⑯，或圣或否。民虽靡膴⑰，或哲或谋，或肃或艾⑱。如彼泉流，无沦胥以败。

不敢暴虎⑲，不敢冯河⑳。人知其一，莫知其他。战战兢兢，如临深渊，如履薄冰㉑。

我视谋犹，亦孔之邛！

【主旨讲解】

这是一篇政治怨刺诗。昏聩的君王善恶不分、宠信奸臣；暗地里，小人们在党同伐异，朝堂上，谋士们夸夸空谈，这一切无不使得作者对国事充满了担忧，于是写下此文以图警醒君王。诗篇叙议结合，内容丰溢，手法多变。

【注解】

①敷：散布。下土：指人间。②谋犹：谋略、政策。回遹（yù）：邪僻。③沮：终止。④邛（qióng）：病，坏。⑤潝潝：相和也。訿訿（zǐ）：相诋也。即攻击、毁谤。⑥具：通"俱"。违：违背，不从。⑦于：往。底：至。⑧龟：龟甲，古人用于占卜。⑨集：成就。⑩咎：罪过，罪责。⑪程：效法。⑫大犹：大道，基本规律。经：行，遵循。⑬迩言：浅近邪僻之言。⑭争：这里指谗臣为私利而争进迩言。⑮溃：顺利，达到。⑯止：至，大。⑰膴（wǔ）：厚，多。⑱艾：治理。⑲暴（bó）：通"搏"，徒手空拳。⑳冯（píng）：无舟渡水，徒涉。㉑履：踩踏。

【译文】

老天狂暴真残酷，降下灾祸遍及天下。政策邪僻全错误，什么时候灾荒才能结束？好的策略不听从，坏的反受重用。所用谋略依我看，弊病太多难执行。

随声附和和诽谤，小人当权实可悲。朝廷政策虽然定得好，但是实行起来全都违背。政策中的错误，全部都照办了。我看政策问题多，究竟何处是依据？

我占卜用的龟甲都已厌恶了，占不出谋略的吉凶。出谋划策人很多，议论纷纷难作数。满院都是发言者，谁人敢承担责任？好像有事问路人，很难得到正确的方法。

制定政策很可悲，不是效法祖先。治国的远大谋略不实行，只爱听肤浅浅薄的话，还要争

谋夫孔多，是用不集。

论是与非。好像盖房子问路人，人多嘴杂建不成。

尽管国家范围不大，有人聪明有人平庸。人民虽然数量不多，有的明智计谋多，有的严肃能治国。朝政应该像泉水流，不要陷入污浊。

不敢空手打虎，不敢徒步过河。人们知道这一条，不知道其他更危险的事。一定要小心谨慎多提防，就像走近那深渊旁，就好像踩在薄冰上。

◎蓼　莪◎

【原文】

蓼蓼者莪[1]，匪莪伊蒿[2]。哀哀父母，生我劬劳[3]。

蓼蓼者莪，匪莪伊蔚[4]。哀哀父母，生我劳瘁[5]。

瓶之罄矣[6]，维罍之耻[7]。鲜民之生[8]，不如死之久矣！无父何怙[9]？无母何恃？出则衔恤[10]，入则靡至。

父兮生我，母兮鞠我[11]。拊我畜我[12]，长我育我，顾我复我[13]，出入腹我[14]。欲报之德，昊天罔极[15]！

南山烈烈[16]，飘风发发[17]。民莫不穀[18]，我独何害？

南山律律[19]，飘风弗弗[20]。民莫不穀，我独不卒[21]！

【主旨讲解】

这首诗写一位孝子发出的痛苦的呼声。诗中写父母养育自己之不易，做儿子的却无力报答父母的养育之恩，因而内心充满忧虑与痛苦。此诗为古代著名的行孝诗。

【注解】

①蓼蓼（lù）：长大的样子。莪（é）：植物名，即莪蒿，多年生草本植物，生在水田里，叶嫩时可食。②蒿：即蒿子，有青蒿、白蒿等数种，这里比喻贱草。③劬（qú）：辛苦、痛苦。④蔚（wèi）：蒿的一种，又名牡蒿。⑤瘁（cuì）：憔悴。⑥罄：尽，空。⑦罍：器具名，古代用之盛酒或盛水的大容器，比瓶大，有方、圆二种。⑧鲜（xiǎn）：孤苦，穷困。⑨怙（hù）：依仗。

哀哀父母，生我劬劳。

⑩恤：忧愁。⑪鞠（jū）：养育。⑫拊：同"抚"，抚摸。畜（xù）：爱。⑬顾：照管。复：指出门后父母对他的挂念。⑭腹：怀抱。⑮罔：无。极：准则。⑯烈烈：山高险阻的样子。⑰飘风：暴风。发发：迅疾貌。⑱穀：赡养。⑲律律：山势高耸突起的样子。⑳弗弗：大风扬尘的样子。㉑卒：送终，指终养父母。

【译文】

莪蒿长得长又高，不是美莪是青蒿。可怜我的父母亲，生我养我多辛劳。

莪蒿长得长又肥，不是美莪是牡蒿。可怜我的父母亲，生我养我身憔悴。

小瓶子里空荡荡，酒瓶应当感羞耻。穷苦孤儿活在世，不如老早就去死。没有父亲依靠谁？没有母亲依仗谁？出门离家含悲伤，进门回家犹未归。

爹呀是你生下我，娘呀是你养育我。抚养我啊教育我，照顾我啊惦记我，出出进进抱着我。欲想报答爹娘恩，老天无端降灾祸。

南山险峻路难行，天旋地转风暴狂。别人都能养爹娘，为何独我遭此难？

南山高耸登攀难，天昏地暗尘飞扬。别人都能养爹娘，我独难为父母送终。

◎车 辖◎

【原文】

间关车之辖兮①，思娈季女逝兮②。匪饥匪渴，德音来括③。虽无好友，式燕且喜④。依彼平林⑤，有集维鷮⑥。辰彼硕女⑦，令德来教。式燕且誉⑧，好尔无射⑨。虽无旨酒，式饮庶几⑩。虽无嘉肴，式食庶几。虽无德与女⑪，式歌且舞。陟彼高冈，析其柞薪⑫。析其柞薪，其叶湑兮。鲜我觏尔⑬，我心写兮。高山仰止，景行行止。四牡骓骓，六辔如琴。觏尔新昏⑭，以慰我心。

间关车之辖兮，思娈季女逝兮。

【主旨讲解】

这是一支迎亲进行曲。新娘出阁来了，新郎四马大车以迎娶，载着穿过了丛林、高山、大路，一边还不忘赞美老婆德行良好。诗篇笔法跌宕，语言爽朗，随景抒情不露痕迹。

【注解】

①间关：象声词，形容车轮转动时车辖的响声。车轴两头的铁键，可以夹住轮子使其不脱落。②娈（luán）：美好的样子。季女：少女。逝：往，指前往迎娶。③德音：美誉。括：犹"佸"，会合。④式燕：宴饮。⑤依：茂盛的样子。⑥鷮（jiāo）：长尾的雉。⑦辰：美善。⑧誉：安乐。⑨无射（yì）：不厌。⑩庶几：幸，此表希望之词。⑪德：恩惠。⑫析：劈，分。柞：柞树。⑬鲜（xiǎn）：少。⑭昏：古"婚"字。

【译文】

车轮转动车辖格格响，妩媚少女要出嫁。不再饥渴我的心，想要迎娶贤淑女。虽然没有好朋友，大家都来赴宴庆祝欢乐。丛林茂密树木葱郁，长尾锦鸡栖林中。那位健美善良的女人，德行良好有教养。宴饮相庆喜洋洋，爱意不绝情绵长。虽然没有那美酒，但愿你能畅饮痛快。虽然没有那好菜，但愿你能饱食一餐。虽然对你没有恩惠，但愿你能一起欢歌欢舞来庆祝。登上高高那山冈，砍下柞枝作柴薪。砍下柞枝作柴薪，柞叶茂盛满树梢。此时我能接到你，心中烦恼全都消除了。高山仰望可以看见山顶，平坦大道可以前行。驾起四马跑不停，手中抓的六条缰绳像抚琴的琴弦。望着车中的新娘子，满怀欣慰非常幸福。

◎苕之华◎

【原文】

苕之华①，芸其黄矣。心之忧矣，维其伤矣！
苕之华，其叶青青②。知我如此，不如无生！
牂羊坟首③，三星在罶④。人可以食，鲜可以饱！

【主旨讲解】

这是一篇饥民诗。凌霄花开了，叶儿满眼青葱，世上却正值荒年，到处民不聊生，饥饿导致了诗人沉重的叹息。诗篇言辞痛切，对比强烈。

【注解】

①苕（tiáo）：木本蔓生植物，又名凌霄，花赤黄色。②青青："菁菁"之省借。茂盛貌。③牂（zāng）：母绵羊。坟首：大头。④三星：星宿名，为二十八宿之一，又叫参星。罶（lǔ）：捕鱼器。

【译文】

　　凌霄花儿正开放，颜色深黄真漂亮。心里的忧愁呀，极度的悲伤啊！

　　凌霄花儿正开放，叶子青青好茂盛。早知生活这样难，不如不出生！

　　母羊饿得身瘦头显大，空空的鱼篓只有星光照。大灾年头人人都要吃饭，哪能饱饥肠！

人可以食，鲜可以饱！

◎何草不黄◎

【原文】

　　何草不黄①？何日不行②？何人不将③，经营四方④？

　　何草不玄⑤？何人不矜⑥？哀我征夫，独为匪民⑦。

　　匪兕匪虎⑧，率彼旷野⑨。哀我征夫，朝夕不暇⑩。

　　有芃者狐⑪，率彼幽草⑫。有栈之车⑬，行彼周道⑭。

【主旨讲解】

　　这是一支征夫之歌。时光日复一日，草儿枯了又黄，而士兵们终年在外，八方奔波，就像野兽一样昼夜出没，命运凄惨，令作者怨怒不已。诗篇比兴妥恰，形象鲜活，意境清冷。

哀我征夫，朝夕不暇。

【注解】

①黄：枯黄。②行：行役。③将：义同"行"，出征。④经营：往来，操劳。⑤玄：赤黑色，指草由枯而腐烂。⑥矜（guān）：通"鳏"，劳瘁病苦。⑦匪：通"非"。⑧匪：通"彼"，那，那些。兕（sì）：只生一只角的野牛。⑨率：循着，沿着。⑩暇：空暇，闲暇。⑪有：助词，放在形容之前，无实义。有芃（péng）：同"芃芃"，草木茂盛的样子。此处形容蓬蓬松松的狐狸尾巴。⑫幽草：深茂的野草丛。⑬栈：高耸、高大的样子。⑭周道：大道。

【译文】

　　哪种草呀不枯黄？什么日子不出行？哪有人呀不去征役？往来经营走四方。

　　哪种草儿不枯萎？哪有人儿不经苦难？可怜我们出征人，偏偏不被当人看。

　　不是野牛，不是老虎，却要奔波在旷野上。哀痛我们出征人，从早到晚没空闲。

　　狐狸尾巴蓬松松，沿着路边钻草丛。高高的役车征夫坐，行在漫漫的大道上。

大 雅

◎生 民◎

【原文】

厥初生民①，时维姜嫄②。生民如何？克禋克祀③。以弗无子④，履帝武敏歆⑤，攸介攸止⑥。载震载夙⑦，载生载育，时维后稷。

诞弥厥月⑧，先生如达⑨。不坼不副⑩，无菑无害⑪，以赫厥灵⑫，上帝不宁⑬。不康禋祀，居然生子。

诞寘之隘巷⑭，牛羊腓字之⑮。诞寘之平林，会伐平林⑯。诞寘之寒冰，鸟覆翼之⑰。鸟乃去矣，后稷呱矣⑱。实覃实吁⑲，厥声载路⑳。

诞实匍匐㉑，克岐克嶷㉒，以就口食㉓。艺之荏菽㉔，荏菽旆旆㉕。禾役穟穟㉖。麻麦幪幪㉗，瓜瓞唪唪㉘。

诞后稷之穑，有相之道㉙。茀厥丰草㉚，种之黄茂㉛。实方实苞㉜，实种实褎㉝，实发实秀㉞，实坚实好㉟，实颖实栗㊱，即有邰家室㊲。

诞降嘉种㊳，维秬维秠㊴，维穈维芑㊵，恒之秬秠㊶。是获是亩㊷，恒之穈芑。是任是负，以归肇祀。

诞我祀如何？或舂或揄㊸，或簸或蹂㊹。释之叟叟㊺，烝之浮浮㊻。载谋载惟㊼，取萧祭脂㊽。取羝以軷㊾，载燔载烈㊿，以兴嗣岁[51]。

卬盛于豆[52]，于豆于登[53]。其香始升，上帝居歆[54]，胡臭亶时[55]，后稷肇祀。庶无罪悔[56]，以迄于今。

【主旨讲解】

这是一首歌颂周人始祖后稷的史诗。诗中叙述了后稷的诞生和成长的过程，赞美他带领族人从事农艺，对农业作出了伟大的贡献。这首诗对了解中国最早的农业起源具有重要的意义。

【注解】

①厥：其。民：人，此指周人。②时：是。姜嫄：传说中后稷之母。③禋（yīn）：据高亨《诗经今注》："一种野祭，用火烧牲，使烟气上冲于天。"祀：指一般祭祀。④弗：假借为"祓"，以祭祀除去灾难。⑤履：践踏。武：足迹。敏：通"拇"，脚的大拇指。传说姜嫄脚踩巨人足迹之大拇指而怀孕。歆：欣喜。⑥攸：乃。介：独。止：休息。⑦震：通"娠"，怀孕。夙：慎重。⑧诞：发语词。弥：满。⑨先：头胎。⑩坼：裂。副（pǐ）：破裂。⑪菑：同"灾"。⑫赫：显示。⑬宁：康。⑭隘：狭。⑮腓：假借为"庇"，护。字：养育，指给……奶吃。⑯会：值，碰上。⑰覆翼：以翅膀盖之。⑱呱（gū）：小儿哭声。

实覃实吁，厥声载路。

⑲实：语助词。覃：长。吁（xū）：大。⑳载：充满。㉑匍匐：爬行。㉒岐："跂"之假借字，踮起脚跟。嶷："仡"

的假借字，站得稳定。㉓以就口食：自己寻找食物吃。㉔艺：种植。荏（rèn）菽（shū）：大豆。㉕旆旆：勃勃，茂盛貌。㉖穟穟（suì）：禾苗美好貌。㉗幪幪：茂盛。㉘瓞：小瓜。唪唪（běng）：果实累累。㉙相：助。道：方法。㉚茀：治，此指除草。㉛黄茂：泛指五谷。一说指嘉谷。㉜苞：花未开时包着花骨朵的变态叶。㉝种：指苗初出时矮小稀疏。褎（yòu）：禾苗高大而繁盛。㉞发：禾莳舒展开来，此指拔节。秀：秀穗。㉟坚、好：均指谷物籽粒成熟坚硬。㊱颖：指穗芒。㊲即：来到。㊳降：指上天降下良种。㊴秬（jù）：黑黍。秠（pī）：一壳二米黍。㊵穈（mén）：赤茎粟。芑（qǐ）：白茎粟。㊶恒（gěn）：通“亘”，满。㊷获：收割。亩：堆在田中。㊸舂：舂米。揄：从石臼中把米舀出来。㊹蹂：即“揉”，簸米时揉搓掉麸脱的米壳。㊺释：淘米。叟叟：淘米之声。㊻烝：同“蒸”。浮浮：热气蒸腾的样子。㊼谋：商量。惟：考虑。㊽萧：香蒿。脂：牛油。祭祀时香篙上加牛油，香气远闻。㊾羝（dǐ）：公羊。軷（bó）：祭路神。㊿燔（fán）：烧。烈：烤。(51)嗣岁：来年。(52)卬：我，周人自指。豆：木豆，一种食器。(53)登：瓦登，瓦制食器。(54)居：语助词。歆：享受。(55)臭：香。亶：诚实。时：好。(56)庶：幸。

【译文】

诞育周人的祖先，原是那个姜姆。如何生下周族人？祭祀敬奉那苍天。乞求生子后代昌，履帝足迹很欣然，神灵保佑赐吉祥。有了身孕行端庄，生下儿子细心养，周人始祖叫后稷。

怀孕足月数已满，头胎生下是肉蛋。胞衣不开又不裂，降牛无灾也无难。显出灵异不寻常，上帝原来心不定。姜嫄心慌祭祀忙，结果居然生儿男。

将它丢在小巷中，牛羊爱护来喂养。将它丢在大树林，正巧遇上砍柴人。将它丢在寒冰上，鸟翼盖在它身上。鸟儿飞去离开它，后稷啼哭声哇哇。哭声不止嗓门大，充满道路人惊诧。

后稷起初学爬行，既很聪明又乖巧，自觅食物以活命。种植大豆在最先，长势喜人密如林，谷穗饱满沉甸甸。麻麦茂密一片片，大瓜小瓜堆如山。

诞后稷之穑，有相之道。

后稷种地种得好，他有生产好门道。根除茂密的杂草，种上嘉谷播得早。开始出芽渐含苞，初生稀疏渐拔高，苗儿拔节已秀穗，籽粒坚实成色好，谷穗饱满笑弯腰，定居有邰乐陶陶。

后稷播下好谷物，是那秬黍和秠黍，还有赤粟和白粟，遍地种秬又种秠。收割完毕置田亩，漫地都是红白粟。用肩扛来用背负，运回家中祭先祖。

说起祭祀怎么样？有舂有舀分外忙，或簸或揉除秕糠。淘米之声叟叟响，蒸出米饭喷喷香。祭祀大事共商量，取来香蒿烧油脂，祭路宰杀肥公羊，又烧又烤香气飘，祈求明年更兴旺。

我用木豆盛祭品，装满木豆装瓦登。祭品香气向上升，上帝来闻很高兴。芬芳之气到处漂，后稷始行祭天礼。没有过错无悔恨，直至流传到如今。

◎ 荡 ◎

【原文】

荡荡上帝，下民之辟①。疾威上帝，其命多辟。天生烝民，其命匪谌②。靡不有初，鲜克有终。

文王曰咨，咨女殷商！曾是强御③，曾是掊克④。曾是在位，曾是在服。天降慆德，女兴是力。

文王曰咨，咨女殷商！而秉义类⑤，强御多怼⑥。流言以对，寇攘式内⑦。侯作侯祝⑧，靡届靡究⑨。

文王曰咨，咨女殷商！女炰烋于中国⑩，敛怨以为德。不明尔德，时无背无侧⑪。尔德不明，以无陪无卿。

文王曰咨，咨女殷商！天不湎尔以酒，不义从式。既愆尔止⑫，靡明靡晦。式号式呼，俾昼作夜。

文王曰咨，咨女殷商！如蜩如螗⑬，如沸如羹。小大近丧⑭，人尚乎由行。内奰于中国⑮，覃及鬼方⑯。

文王曰咨，咨女殷商！匪上帝不时，殷不用旧。虽无老成人，尚有典型⑰。曾是莫听，大命以倾。

文王曰咨，咨女殷商！人亦有言，颠沛之揭⑱，枝叶未有害，本实先拨⑲。殷鉴不远，在夏后之世⑳。

【主旨讲解】

这是一篇借古讽今诗。诗人通过假托古代明君周文王慨叹殷纣王无道，来讽刺当政者荒淫昏庸、刚愎自用，导致民怨沸腾，社会动荡，希望君王能以史为鉴，亡羊补牢。诗篇气韵沉稳，抒情激昂，笔力遒劲。

靡不有初，鲜克有终。

【注解】

①辟（bì）：君王。②匪谌（chén）：不可信。③强御：强暴。④掊克：暴敛贪狠。⑤义类：邪曲之事。⑥怼（duì）：怨恨。⑦寇攘：寇盗攘窃。⑧作：古"诅"字。祝：通"咒"。⑨届：至，引申为"极"。⑩炰（páo）烋（xiāo）：即咆哮。⑪时：是。背：后。侧：旁边。背侧：君主左右两旁的近侍。⑫愆（qiān）：罪咎，过失。止：威仪容止。⑬蜩（tiáo）：蝉。螗（táng）：蝉。⑭丧：丧亡，亡失。⑮奰（bì）：怒。⑯覃（tán）：延，扩大。鬼方：远方之国的通称。⑰典刑：先王传留的旧法常规。⑱颠沛：倒伏。揭：举起，树根翘出地面。⑲拨：败坏，断绝。⑳夏后：夏桀。

【译文】

骄纵放荡的上帝啊，却是下民的君王。暴虐贪婪的上帝啊，政令邪僻不正常。天生芸芸众百姓，天命荒唐不可信。开始都能有善行，很少有能保持始终。

文王叹息道：你这殷商的末代君王！怎能这样逞强，怎能这样的暴敛、贪赃。你竟是这样在高位，竟是这样掌大权。上天降下这些邪恶臣，助长国王来作恶。

文王叹息道：你这殷商的末代君王！你若任用正义人，强梁之辈心快快。流言蜚语满国内，盗寇窃贼祸朝纲。诅咒朝廷害贤良，好人全都遭祸殃。

文王叹息道：你这殷商的末代君王！你跋扈横行于国中，却将坏人当好人。不能辨明好和坏，奸臣叛臣结成邦。你真糊涂啊，不知公卿谁能当。

文王叹息道：你这殷商的末代君王！老天没叫你贪酒杯，也没叫你干坏事。你威仪容止全失态，没日没夜饮酒浆。狂呼乱叫不像样，日夜颠倒国事荒。

文王叹息道：你这殷商的末代君王！朝政昏乱如蝉儿在乱叫，怨声载道似沸汤。大小政事全搞乱，你却一意孤行还那样。国内民众怒气升，愤怒之火燃向远方。

文王叹息道：你这殷商的末代君王！不是上帝心不好，是你不遵循旧法章。虽无德高望重老臣，还有法度可遵循。先王话你也听不进，国运怎能不衰亡。

文王叹息道：你这殷商的末代君王！人们也曾这样讲：大树倾倒根子出，枝叶暂时未受伤，树根已坏命难长。殷商的借鉴并不远，看那夏桀怎样遭灭亡。

◎ 抑 ◎

【原文】

抑抑威仪①，维德之隅。人亦有言，靡哲不愚②。庶人之愚，亦职维疾③。哲人之愚，亦维斯戾④。

无竞维人，四方其训之⑤。有觉德行，四国顺之。訏谟定命⑥，远犹辰告。敬慎威仪，维民之则。

其在于今，兴迷乱于政。颠覆厥德，荒湛于酒⑦。女虽湛乐从，弗念厥绍⑧。罔敷求先王⑨，克共明刑⑩。

肆皇天弗尚⑪，如彼泉流，无沦胥以亡⑫。夙兴夜寐，洒扫庭内，维民之章。修尔车马，弓矢戎兵。用戒戎作，用逷蛮方⑬。

质尔人民，谨尔侯度，用戒不虞⑭。慎尔出话，敬尔威仪，无不柔嘉⑮。白圭之玷⑯，尚可磨也。斯言之玷，不可为也。

斯言之玷，不可为也。

【主旨讲解】

这是一篇讽谏诗。新君王即位后，沉迷于酒乐之中，德行沦丧，不思进取。一位德高望重的老臣因此做了此诗，对他进行讽谏教导。诗篇纯用赋法，词汇丰富，说理透彻。

【注解】

①抑抑：严密，严正。②哲：智，才智出众、识见过人的大智者。③职：主，专。疾：毛病，缺点。④戾：罪。⑤训：犹"顺"，服从。⑥訏（xū）：大，广大。谟：谋略，规划。⑦荒湛（dān）：沉湎。⑧念：思。绍：继承。⑨罔：无，不。敷：广。先王：先王治国之道。⑩共：执行。明刑：明法。⑪尚：保佑。⑫沦胥：相率。⑬逷（tì）：治，除。⑭不虞：不测，出乎意料。⑮柔嘉：安善。⑯玷（diàn）：白玉上的斑点。

【译文】

端庄美好威仪，内在品德相配。人们这样说：大智若愚。凡人的愚昧，因他本身有缺陷。哲人看似愚昧，是在愚中含有善意。

求得贤才来治理，四方诸侯都服从。品德端正光明，四方之国都顺从。大政方针，长远国策，告谕群臣。一举一动要谨慎，人民以你为榜样。

如今之世，国政昏乱。你的德行崩溃，沉湎在酒中。只知逸乐放纵，不把先王遗训继承。不广求先王之道，怎能明法执行？

所以皇天也不保佑你，犹如泉水空自流，君臣相率堕落到尽头。勤政应早起晚睡，洒扫里外厅堂，做民众的表率。修整你的车马，修理你的弓箭武器。戒备战争，用来讨伐远方。

取信于民，谨守法度，以防不测发生。说话要慎重，威仪要恭敬，这就处处和善安宁。白玉上面的污点，还可将它磨去。言语若有过失，再也不能挽回它。

【原文】

无易由言，无曰苟矣①。莫扪朕舌②，言不可逝矣！无言不雠③，无德不报。惠于朋友，庶民小子。子孙绳绳④，万民靡不承。

视尔友君子，辑柔尔颜，不遐有愆⑤。相在尔室，尚不愧于屋漏。无曰不显，莫予云觏。神之格思⑥，不可度思，矧可射思⑦。

辟尔为德，俾臧俾嘉。淑慎尔止，不愆于仪。不僭不贼⑧，鲜不为则。投我以桃，报之以李。彼童而角⑨，实虹小子⑩。

荏染柔木，言缗之丝⑪。温温恭人，维德之基。其维哲人，告之话言，顺德之行。其维愚人，覆谓我僭⑫，民各有心。

于乎小子。未知臧否。匪手携文，言示之事。匪面命之，言提其耳⑬。借曰未知，亦既抱子。民之靡盈，谁夙知而莫成？

昊天孔昭，我生靡乐。视尔梦梦，我心惨惨。诲尔谆谆⑭，听我藐藐⑮。匪用为教，覆用为虐⑯。借曰未知，亦聿既耄。

于乎小子。告尔旧止。听用我谋，庶无大悔。天方艰难，曰丧厥国。取譬不远，昊天不忒。回遹其德⑰，俾民大棘⑱。

【注解】

①苟：苟且，随便。②扪（mén）：扶持，抚持。③雠：答对，应答。④绳绳：连接不断。⑤遐：何。⑥格：至。思：语助词。⑦矧（shěn）：况且。射（yì）：厌倦。⑧僭（jiàn）：差错。贼：残害。⑨童：无角的羊。⑩虹：通"讧"，溃乱。⑪缗（mín）：被，施。丝：琴瑟的丝弦。⑫覆：反。⑬提耳：提着耳朵恳切教诲。⑭谆谆（zhūn）：诲人不倦貌。⑮藐藐：忽略，不以为然。⑯虐：戏谑。⑰回：邪。遹（yù）：邪僻。⑱棘：通"急"，紧急，引申为灾难。

【译文】

不要信口说话，不要苟且应付。没有人将自己舌头按住，一言已出难以追回。出言总会有回应，施德总能有回报。对朋友要有好处，把关爱施及百姓。子子孙孙慎守祖训，人民没有不顺从。

看你的朋友君子，和颜悦色，彬彬有礼，就不会有什么过失。看你独处室中，做事无愧神明。休道暗室不明显，没人能够看得见。神明无处不在啊，不能够揣度，怎能倦怠不恭敬呢？

修明你的德行，使它尽善又尽美。慎重你的举止，不要有失威仪。不犯过错不伤人，人们就

诲尔谆谆，听我藐藐。

会仿效你。人家赠我鲜桃呀，我用李子来回敬。胡说秃羊头上生了角，是小人自己在作乱。

木料柔韧真是好，可以用来安弓弦。温和谨慎谦恭人，正是美德好根基。他若是个明智人，告诉他古人的善言，遵循道德去实行。他若是个愚蠢人，反而说我错了，真是人心不同啊。

可叹啊年轻人，不知善与恶。不但用手提携你，还把事理讲明白。不仅当面教育你，还拎他耳朵来提醒。假若说你不懂事，可是你已抱儿子。谁能没有缺点，谁会早慧而晚成？

明察的老天呀，我活着也没有快乐。看你昏昏如梦，我心苦恼不已。耐心教导你，你却听不进。不知教你为你好，反而拿它开玩笑。如果说你不懂事，七十八十年已老。

可叹啊年轻人，告诉你先王旧章。你若听我的道理，不致有太大悔恨。时势正艰难，你的国家将灭亡。我取比方近眼前，老天做事不会误。如果邪僻不正，人民会遭大难！

颂·周颂

《周颂》是周王朝在宗庙里进行祭祀时所奏的乐歌，内容大都是歌颂周代先王的功德与业绩的，共有 31 章。朱熹认为其多为周公所定，也有康王以后所用的诗。

◎清　庙◎

【原文】

於穆清庙①，肃雍显相②。济济多士③，秉文之德④。对越在天⑤，骏奔走在庙⑥。不显不承⑦，无射于人斯⑧！

【主旨讲解】

这首诗是歌颂周文王功德的诗。内容颂扬了文王的高尚品德与辉煌业绩，号召后人遵循文王的德教。

【注解】

①於（wū）：叹词。穆：深远。清：肃穆清静。②肃：肃静。雍：和。显：显赫。相：助祭之人。③济济：威仪整齐。④秉：持。⑤对越：对扬。对，报答。扬，颂扬。在天：指先王在天之灵。⑥骏：迅速。⑦显：通"丕"，大也。承：继承。⑧射（yì）：厌足。

济济多士，秉文之德。

【译文】

多么庄严肃穆的清庙，助祭端庄又和平。威仪整齐的众多祭者，文王德行要谨遵。报答先王在天之灵，迅急奔走在清庙之中。先祖之德继承光大，世世代代敬养供奉。

◎ 赉 ◎

【原文】

文王既勤止①，我应受之②。敷时绎思③。我徂维求定④，时周之命⑤。于绎思！

【主旨讲解】

本诗是武王克商还朝后，祭祀文王封功臣的乐歌。是《大武》的第三章。

【注解】

①勤：劳。②应：当。之：代指周国。③敷：遍。绎：陈。④徂：往。⑤时：是。命：天命。

【译文】

文王创业太辛劳，我们享国在今朝。推广实行常思考，伐商唯求天下安。周王命令须奉行，应当继承文王道。

颂·鲁颂

《鲁颂》共有 4 篇，作于春秋时期，是歌颂鲁僖公的。鲁僖公是一位鲁国较有作为的国君，"能遵伯禽之法"，曾随齐国伐楚，征淮夷，故此 4 篇为颂僖公而作。

◎ 駉 ◎

【原文】

駉駉牡马[1]，在坰之野。薄言駉者[2]，有骄有皇[3]，有骊有黄[4]，以车彭彭[5]。思无疆[6]，思马斯臧[7]！駉駉牡马，在坰之野。薄言駉者，有骓有駓[8]，有骍有骐[9]，以车伾伾[10]。思无期[11]，思马斯才[12]！駉駉牡马，在坰之野。薄言駉者，有驒有骆[13]，有駵有雒[14]，以车绎绎[15]。思无斁[16]，思马斯作！駉駉牡马，在坰之野。薄言駉者，有骃有騢[17]，有驔有鱼[18]，以车祛祛[19]。思无邪，思马斯徂！

【主旨讲解】

这是一篇借马咏人诗。诗人通过如数家珍地列举和赞美了国君养育的马种类众多、毛色斑斓、膘肥体壮以及风驰电掣，来表达对国君功绩的颂扬。诗篇脉络分明，状物精工，名词琳琅。

駉駉牡马，在坰之野。

【注解】

①駉駉（jiōng）：马肥壮的样子。②薄言：语助词。③骄（yù）：即白胯的黑马。皇：《毛传》："黄白曰皇。"马瑞辰《通释》谓皇是黄马兼有其他颜色之称。④骊：纯黑的马。⑤以车：用以驾车。彭彭：车马奔腾声。⑥思：语词。无疆：无边无际。⑦臧：好。⑧骓（zhuī）：《毛传》："苍白杂毛曰骓。"苍为老青色，骓即后世所谓菊花青。駓（pī）：《毛传》："黄白杂毛曰駓。"即后世所谓黄膘马。⑨骍（xīn）：《毛传》："赤黄曰骍。"骐（qí）：黑白相间的马。⑩伾伾（pī）：《毛传》："有力也。"⑪无期：即无算、无数。⑫才：有能力。⑬驒（tuó）：青黑色而有白鳞花纹的马。⑭駵（liú）：赤身黑鬣的马。雒：黑身白鬣的马。⑮绎绎：《毛传》："善走也。"⑯斁：厌倦。⑰骃（yīn）：《毛传》："阴白杂毛曰骃。"阴白即暗白、灰白。騢（xiá）：《毛传》："彤白杂毛曰騢。"彤白略似粉白。⑱驔（diàn）：黑色黄脊的马。鱼：《毛传》："二目白曰鱼。"据马瑞辰《通释》，二目白即二目上有白毛。⑲祛祛（qū）：《毛传》："强健也。"

【译文】

高大肥壮的雄马，放牧在辽阔的远郊。且说这些良马，又有骄啊又有皇。骊马黑色相间黄色，驾起车子身大力强。愿鲁公的马多得无限量，个个马儿好健壮。高大肥壮的雄马，放牧在辽阔的远郊。且说这些良马，有菊花青的骓，又有黄白色的駓。有赤黄色的骍，又有黑白相间的骐。驾起车来都有力啊！鲁公不倦深思考。马儿撒欢腾身跃。高大肥壮的雄马，放牧在辽阔的远郊，且说这些良马，有黑纹的驒、有白色的骆，有赤色的駵、有黑身的雒。驾起车来奔驰如飞啊！愿鲁公的马数不胜数，每匹都驯良好御。高大肥壮的雄马，放牧在辽阔的远郊。且说这些良马，有灰白的骃、有粉白的騢，有长毛的驔、有白眉的鱼。身高体壮把车套，鲁公思虑是正道，马儿骏美能远跑。

第六卷·尚书

尚 书

《尚书》是中国最古的记言的历史典籍。这里的"尚"是上古的意思，也有崇尚之意，这里的"书"是公文的意思，它的性质相当于后世的档案，不是泛指图书。

《尚书》又称《书》《书经》，是中国现存最早的史书。分为《虞书》《夏书》《商书》《周书》。战国时期总称《书》，汉代改称《尚书》，即"上古之书"。现存版本中真伪参半。一般认为《今文尚书》中《周书》的《牧誓》到《吕刑》十六篇是西周真实史料，《文侯之命》《费誓》和《秦誓》为春秋史料。所述内容较早的《尧典》《皋陶谟》《禹贡》是战国编写的古史资料。

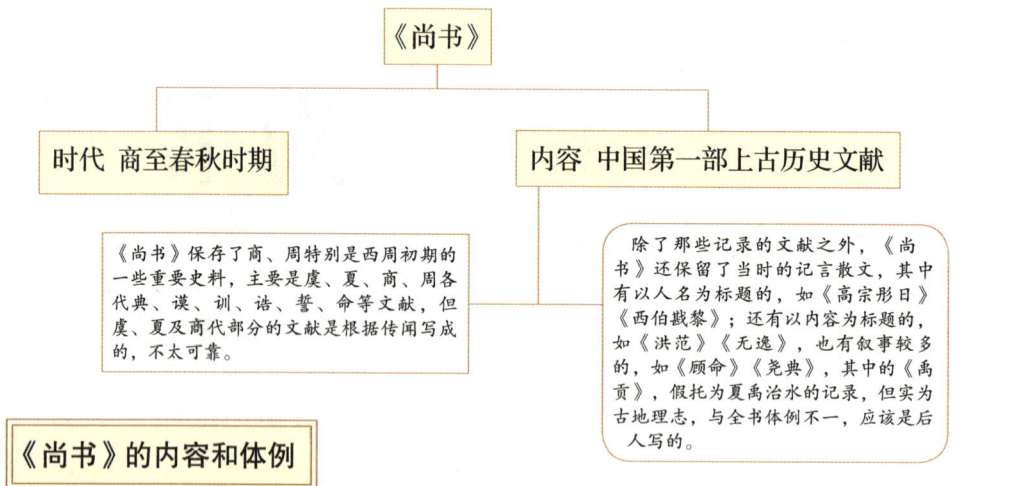

```
                        《尚书》
          ┌───────────────┴───────────────┐
   时代 商至春秋时期            内容 中国第一部上古历史文献
```

《尚书》保存了商、周特别是西周初期的一些重要史料，主要是虞、夏、商、周各代典、谟、训、诰、誓、命等文献，但虞、夏及商代部分的文献是根据传闻写成的，不太可靠。

除了那些记录的文献之外，《尚书》还保留了当时的记言散文，其中有以人名为标题的，如《高宗肜日》《西伯戡黎》；还有以内容为标题的，如《洪范》《无逸》，也有叙事较多的，如《顾命》《尧典》，其中的《禹贡》，假托为夏禹治水的记录，但实为古地理志，与全书体例不一，应该是后人写的。

《尚书》的内容和体例

《尚书》的内容包含虞、夏、商、周四代。
《尚书》的体例可以分为六种，称为六体，即典、谟、训、诰、誓、命。

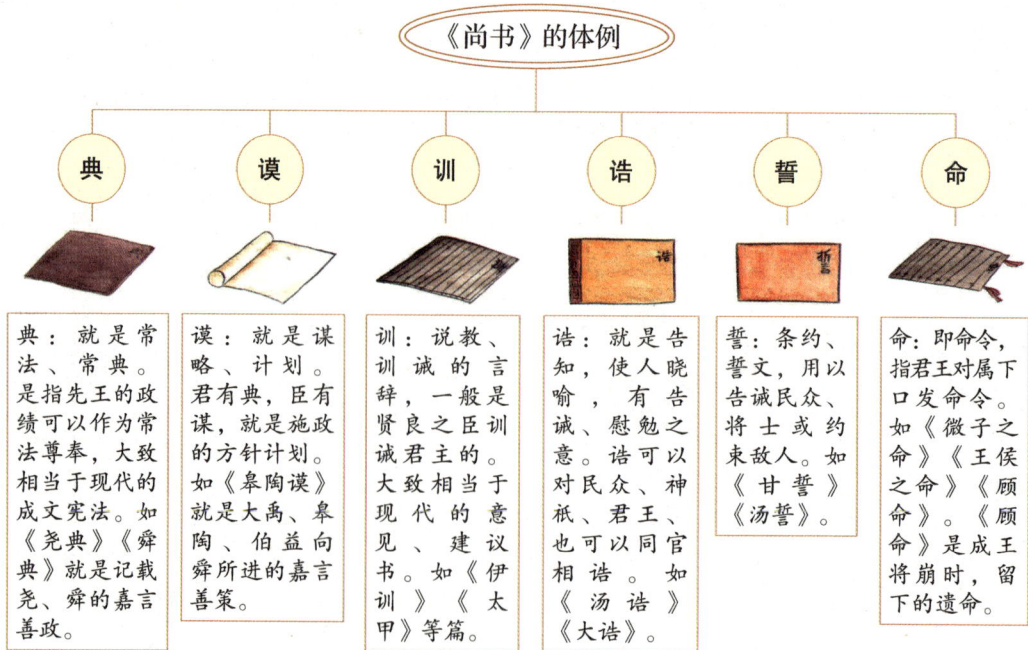

```
                      《尚书》的体例
   ┌──────┬──────┬──────┬──────┬──────┬──────┐
   典      谟      训      诰      誓      命
```

典：就是常法、常典。是指先王的政绩可以作为常法尊奉，大致相当于现代的成文宪法。如《尧典》《舜典》就是记载尧、舜的嘉言善政。

谟：就是谋略、计划。君有典，臣有谟，就是施政的方针计划。如《皋陶谟》就是大禹、皋陶、伯益向舜所进的嘉言善策。

训：说教、训诫的言辞，一般是贤良之臣训诫君主的。大致相当于现代的意见、建议书。如《伊训》《太甲》等篇。

诰：就是告知，使人晓喻，有告诫、慰勉之意。诰可以对民众、神祇、君王，也可以同官相诰。如《汤诰》《大诰》。

誓：条约、誓文，用以告诫民众、将士或约束敌人。如《甘誓》《汤誓》。

命：即命令，指君王对属下口发命令。如《微子之命》《王侯之命》《顾命》。《顾命》是成王将崩时，留下的遗命。

《尚书》的主要观点和价值

1.《尚书》记载了唐尧、虞舜、夏禹及皋陶、益稷四代圣贤君臣的嘉言懿行，成为中华民族品德文明的重要来源，为后世力求上进的人们修身、行事提供了理论基础和言行典范。

2.《尚书》记载了上古的历史资料，涉及周公摄政、成王即位、穆王改制等重要的历史事件、古代典制，还有上溯大禹治水、分述九州的古代地理，所以《尚书》成为治古代史的必读经典。

3.《尚书》中记载了古代的政教合一、神权政权合一及民间风俗的情况。《洪范》有箕子告诫武王"天锡禹洪范、九畴之事"，《酒诰》记载殷商酗酒、周代严刑的情况。

4.《尚书·大禹谟》中有"人心惟危，道心惟微，惟精惟一，允执厥中"的十六字富有哲理的箴言，成为宋代理学的重要思想基础。

《古文尚书》与《今文尚书》

今世所传的《尚书》，有很多残缺，这是因为它在流传中"多生变故"。《尚书》成书始于孔子，孔子把它当作了教授学生的"经典"。到了秦始皇的时候，烧天下诗书，还禁止民间私藏，许多书籍轻则残缺，重则散佚，《尚书》也难逃厄运。到西汉初年，朝廷解除书禁，号召人们向朝廷"献书"。这时，汉文帝听说山东有个九十多岁的老头，名叫伏生，私授《尚书》于齐鲁之间，于是派晁错向他请教。这位伏生本是秦博士，他在焚书令下达后，把《尚书》藏在家里墙壁中。伏生所藏的《尚书》是用"古文"，还是秦篆写的，现在已经不得而知。只知道他的弟子用隶书将他所授"尚书"整理并流传下来，共29篇，也就是后来的《今文尚书》。

到了汉景帝时候，鲁恭王在孔子旧宅的墙壁中得到"古文"经传数十篇，其中就包括《尚书》。鲁恭王本来是来拆孔子宅院、扩充自己宫殿的，发现了古文尚书，就停止拆房，还叫来孔门子弟孔安国，让他加以整理。孔安国整理完毕，得《尚书》45篇。到了武帝时，孔安国于是把《古文尚书》也献出来，但由于这本《尚书》用古文写成，艰涩难懂，成了无人能懂的"逸书"，所以被朝廷束之高阁。直到成帝时，刘向、刘歆父子以《古文尚书》校勘《今文尚书》，这才有了用处。

由于关系"孔子之道"，所以今古文之争成了西汉经学的一大史迹。今古文两派有何不同呢？今文派主张通经致用，"思以其道易天下"，有很浓的先秦诸子风气。他们解经的时候只讲微言大义，也就是只说自己的历史和政治哲学。而古文派看重的是章句、训诂、典礼、名物。古文派也有不同分类，他们各得孔子一端，各有偏倚之处。

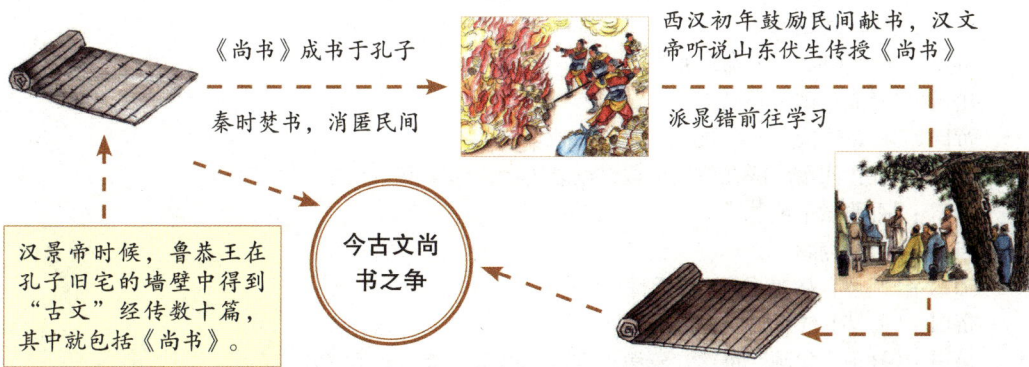

《尚书》成书于孔子

秦时焚书，消匿民间

西汉初年鼓励民间献书，汉文帝听说山东伏生传授《尚书》

派晁错前往学习

汉景帝时候，鲁恭王在孔子旧宅的墙壁中得到"古文"经传数十篇，其中就包括《尚书》。

今古文尚书之争

虞书

◎尧 典◎

【原文】

　　昔在帝尧，聪明文思①，光宅天下②。将逊于位，让于虞舜③，作《尧典》。

　　曰若稽古④，帝尧曰放勋，钦明文思安安⑤，允恭克让⑥，光被四表⑦，格于上下⑧。克明俊德⑨，以亲九族⑩。九族既睦，平章百姓⑪。百姓昭明，协和万邦。黎民于变时雍⑫。

　　乃命羲、和⑬，钦若昊天⑭，历象日月星辰⑮，敬授民时。分命羲仲，宅嵎夷⑯，曰旸谷⑰。寅宾出日⑱，平秩东作⑲。日中⑳，星鸟㉑，以殷仲春㉒。厥民析㉓，鸟兽孳尾㉔。申

尧帝命令羲氏与和氏，恭谨制定历法。

命羲叔，宅南交㉕。平秩南为㉖，敬致㉗。日永㉘，星火㉙，以正仲夏。厥民因㉚，鸟兽希革㉛。分命和仲，宅西，曰昧谷，寅饯纳日㉜，平秩西成㉝。宵中㉞，星虚㉟，以殷仲秋。厥民夷㊱，鸟兽毛毨㊲。申命和叔，宅朔方㊳，曰幽都，平在朔易㊴。日短㊵，星昴㊶，以正仲冬。厥民隩㊷，鸟兽氄毛㊸。帝曰："咨㊹！汝羲暨和㊺，期三百有六旬有六日㊻，以闰月定四时，成岁。允厘百工㊼，庶绩咸熙㊽。"

　　帝曰："畴咨若时登庸㊾？"

　　放齐曰："胤子朱启明㊿。"

　　帝曰："吁！嚚讼可乎[51]？"

　　帝曰："畴咨若予采[52]？"

　　驩兜曰："都！共工方鸠僝功[53]。"

　　帝曰："吁！静言庸违，象恭滔天[54]。"

　　帝曰："咨！四岳，汤汤洪水方割，荡荡怀山襄陵，浩浩滔天。下民其咨，有能俾乂[55]？"

　　佥曰："於！鲧哉[56]。"

　　帝曰："吁！咈哉，方命圮族[57]。"

　　岳曰："异哉！试可乃已[58]。"

　　帝曰，"往，钦哉[59]！"九载，绩用弗成。

　　帝曰："咨！四岳。朕在位七十载，汝能庸命，巽朕位[60]？"

　　岳曰："否德忝帝位[61]。"

　　曰："明明扬侧陋[62]。"

　　师锡帝曰："有鳏在下[63]，曰虞舜。"

　　帝曰："俞[64]！予闻，如何？"

　　岳曰："瞽子，父顽，母嚚，象傲，克谐。以孝烝烝，乂不格奸[65]。"

帝曰："我其试哉！女于时(66)，观厥刑于二女(67)。"厘降二女于妫汭，嫔于虞(68)。

帝曰："钦哉！"

【主旨讲解】

《尧典》记载了唐尧的功德、言行，是研究上古帝王唐尧的重要资料。

【注解】

①文：治理天下。思：考虑事情很果断，有计谋。②宅：充满。③逊：退避。让：禅让。④曰若：发语词，常用于追述往事的开端。稽：考察。⑤钦：恭敬。明：明察四方。安安：温和，宽容。钦、明、文、思、安安，概指尧的五德。⑥允：诚实。恭：恭谨。克：能够。让：推贤尚善。⑦被：覆盖。四表：四海之外。⑧格：到达。上下：指天地。⑨俊：才智超人。⑩九族：君主的至亲，指高祖、曾祖、祖、父、自己、子、孙、曾孙、玄孙九代。⑪平：分辨。章：彰明。百姓：百官族姓。⑫黎：众。于变：相递变化。时：善。雍：和睦。⑬羲和：羲氏与和氏，相传都是重黎的后代，世世掌管天地和四时。⑭若：顺从。昊：广大。⑮历：推算。象：取法。⑯宅：居住。隅夷：地名，相传在东海之滨。⑰旸（yáng）谷：传说中日出的地方。⑱寅：恭敬。宾：迎。⑲平秩：辨别测定。作：始。⑳日中：指春分，这一天昼夜长短相等。㉑星鸟：星名，南方朱雀七宿。㉒殷：确定。仲：每季中间的那一个月。㉓厥：其。析：分散。㉔孳尾：生育繁衍。㉕申：重，又。交：地名，指交趾。㉖南为：指农业劳动。㉗致：归来。㉘日永：指夏至，这一天白昼最长。永：长。㉙星火：火星名，东方青龙七宿之一。㉚因：就高地而居。㉛希革：羽毛稀疏。㉜饯：送行。纳日：落日。㉝西成：太阳西落的时刻。成：终。㉞宵中：指秋分，这一天昼夜长短相等。㉟星虚：星名，北方玄武七宿之一。㊱夷：平，指回到平地居住。㊲毨（xiǎn）：羽毛更生。㊳朔方：北方。㊴平：辨别。在：观察。易：改易，这里指运行。㊵日短：指冬至，这一天白昼最短。㊶星昴（mǎo）：星名，西方白虎七宿之一。㊷隩（yù）：室，这里指人室避寒。㊸氄（rǒng）毛：柔软的细毛。㊹咨：叹词。㊺暨：与。㊻期：指一周年。有：通"又"。旬：十日。㊼允：用。厘：治。百工：百官。㊽庶：众。咸：都。熙：兴。㊾畴：谁。若：顺应。登庸：升用。㊿放齐：人名，尧帝之臣。胤（yìn）：后代。朱：指尧的儿子丹朱。启明：开明，指明白政事。(51)吁：惊异之词。嚚（yín）：不说忠信的话。讼：争辩。(52)采：政事。(53)"驩兜"两句：驩兜：人名，尧帝之臣，四凶之一。都：语气词，表赞美。共工：人名，尧帝之臣，四凶之一。方：通"防"，防止。鸠：通"救"，救护。僝（zhuàn）：具有。(54)"静言"两句：静言：巧言。庸：常。违：邪僻。象恭：貌似恭敬。滔：轻慢。(55)四岳：四方诸侯之长。汤汤（shāng）：水大的样子。方：普遍。割：危害。荡荡：广大的样子。怀：包围。襄：漫过。滔天：指巨浪冲天的样子。俾：使。乂（yì）：治理。(56)"佥曰"句：佥：都。於：叹词，表赞美。鲧：尧帝之臣，夏禹的父亲。(57)"咈哉"两句：咈（fú）：违背。方命：放弃教命。圮（pǐ）：毁坏。族：族类。(58)"异哉"两句：异：举，起用。已：用。(59)钦：敬。(60)"汝能"两句：庸：用。巽（xùn）：践：履行，升任。(61)否（pǐ）：鄙陋。忝（tiǎn）：辱，不配。(62)明明：明察贤明的人。扬：推举。侧陋：疏远隐匿，指地位卑微的人。(63)"师锡"句：师：众人。锡：提议。鳏：疾苦的人。(64)俞：对，表示肯定意义的应对副词。(65)瞽（gǔ）：瞎子，这里指舜的父亲乐官瞽瞍。顽：不依德义。象：指舜的异母弟弟。克：能够。烝烝：厚美。格：至。奸：邪恶。(66)女：嫁女。时：通"是"，指舜。(67)刑：法则。二女：指尧的两个女儿娥皇、女英。(68)厘：命令。妫（guī）：水名。汭（ruì）：河流弯曲之处，这里指舜居住的地方。嫔：嫁人为妇。

尧帝命令和叔确定仲冬时节。

【译文】

帝尧在位时，睿智而果断，光辉普照天下。后来，帝尧想把帝位禅让给虞舜。史官据此写成《尧典》。

查考古代的旧事，可知尧帝的名字叫作放勋，他恭敬节俭，明察四方，智虑通达，待人宽厚，性格温和。他推贤让善，光辉普照四方，泽及天地。尧帝发挥大德，使亲族关系和睦。亲族之间和睦相处，他又辨明百官族姓的善恶。百官族姓的善恶辨明以后，又协调诸侯之间的关系。这样，天下百姓在相递变化之中和睦相处。

于是，尧帝命令羲氏、和氏恭谨地奉行天道，让他们推算日月星辰的运行规律，制定历法，以教导人民按照时令节气从事农业生产。尧帝又命令羲仲居住在东方的旸谷，让他恭敬地迎接日出，测定日出的时刻。昼夜长短相等，黄鸟在黄昏时出现于正南方，依照这种情况可以确定仲春时节。在这个时节，百姓开始分散于田间进行耕作，鸟兽开始生育繁殖。又命令羲叔住在南方的交趾，辨明测定太阳向南的运行规律，恭敬地迎接太阳南归。白天时间最长，火星在黄昏时出现于正南方，依照这种情况可

尧与诸臣议定和考察舜为帝位继承人。

以确定仲夏时节。在这个时节，百姓都迁居到高处，鸟兽的羽毛都稀疏了。尧帝又命令和仲住在西方一个名叫昧谷的地方，让他辨明测定日落的时刻。昼夜长短相等，虚星在黄昏时出现于正南方，依据这种情况可以确定仲秋时节。在这个时节，百姓又迁居到平地上，鸟兽长出新的羽毛。又命令和叔居住在北方一个名叫幽都的地方，让他谨慎观察太阳北行的规律。白天时间最短，昴星在黄昏时出现于天的正南，依据这种情况可以确定仲冬时节。在这个时节，百姓都躲在室内生火取暖（以躲避寒冷），鸟兽都长出了柔软细密的毛。尧帝说："啊！羲氏与和氏啊，你们以三百六十六天为一周年，要用加闰月的办法来确定四季而构成一年。在这个基础上，明确地划分百官的职责，这样各种事情就都兴起了。"

尧帝问："谁能顺应天命，可以提升任用呢？"

放齐说："您的儿子丹朱明白政事，可以担当重任。"

尧帝说："唉！丹朱为人浮夸，又喜好辩论，怎么能担此重任呢？"

尧帝问："谁能遵循我的法度处理政务呢？"

驩兜说："哦！共工防治水灾取得了很大的成绩，可以担当重任。"

尧帝说："唉！共工虚情假意，为人邪僻，看似恭敬谨慎，实则连上天都敢轻慢。"

尧帝说："啊！四方诸侯的君长啊，滔滔洪水为害人间，水势汹涌包围了大山，漫过了丘陵，浩浩荡荡，波浪滔天，百姓都在忧愁叹息，谁能治理洪水呢？"

诸侯们都说："啊！鲧可以担此重任。"

尧帝说："唉！不行啊，这个人违逆乖戾，常常不服从命令，危害同族。"

诸侯们说："起用他吧，让他试一试，如果不行，就罢免他的职务。"

尧帝说："那么你就去吧！鲧啊，你一定要谨慎行事啊！"鲧治水九年，未见成效。

尧帝说："啊！四方诸侯的君长啊，我在位已经七十年了，你们谁能承受天命，替代我而成为天子呢？"

诸侯们说："我们的德行鄙陋，恐难担当重任。"

尧帝说："可以考察贵族中的贤明之人，也可以举用身份卑微的贤良之士。"

诸侯们说："民间有一个贫苦的人，名字叫作虞舜。"

尧帝说："啊！这人我也听说过，他的为人到底怎么样呢？"

众人回答说："他是乐官瞽瞍的儿子，其父瞽瞍心术不正，继母爱说谎话，他的异母弟傲慢骄狂，但舜能够与他们和睦相处。因为他的品德厚美，既能很好处理与家人的关系，又不使自己沦于邪恶。"

尧帝说："我考验考验他吧。我要把两个女儿嫁给舜，以便从女儿那里考察舜的行事准则和道德修养。"于是，尧帝命令自己的两个女儿到妫水的拐弯处，嫁给虞舜为妻。

尧帝勉励道："要恭敬地处理政事啊！"

舜　典

【原文】

虞舜侧微①，尧闻之聪明，将使嗣位②，历试诸难，作《舜典》。

舜帝巡视天下，考察诸侯政绩。

曰若稽古，帝舜曰重华，协于帝。浚哲文明③，温恭允塞④。玄德升闻⑤，乃命以位。慎徽五典⑥，五典克从⑦。纳于百揆，百揆时叙⑧。宾于四门，四门穆穆⑨。纳于大麓，烈风雷雨弗迷⑩。

帝曰："格⑪！汝舜。询事考言⑫，乃言底可绩⑬，三载。汝陟帝位⑭。"舜让于德，弗嗣。

正月上日，受终于文祖⑮。在璇玑玉衡，以齐七政⑯。肆类于上帝⑰，禋于六宗⑱，望于山川，遍于群神⑲。辑五瑞⑳，既月乃日㉑，觐四岳群牧，班瑞于群后㉒。

岁二月，东巡守，至于岱宗，柴㉓。望秩于山川㉔，肆觐东后，协时月正日㉕，同律度量衡㉖。修五礼、五玉、三帛、二生、一死贽㉗。如五器，卒乃复㉘。五月，南巡守，至于南岳，如岱礼。八月，西巡守，至于西岳，如初。十有一月，朔巡守，至于北岳，如西礼。归，格于艺祖，用特㉙。

五载一巡守，群后四朝。敷奏以言㉚，明试以功，车服以庸㉛。

肇十有二州㉜，封十有二山㉝，浚川。

象以典刑㉞，流宥五刑㉟，鞭作官刑，扑作教刑㊱，金作赎刑。眚灾肆赦㊲，怙终贼刑㊳。钦哉！钦哉！惟刑之恤哉㊴！

流共工于幽州，放驩兜于崇山，窜三苗于三危㊵，殛鲧于羽山㊶，四罪而天下咸服。

二十有八载，帝乃殂落㊷，百姓如丧考妣㊸。三载，四海遏密八音㊹。月正元日，舜格于文祖，询于四岳，辟四门，明四目，达四聪。

"咨，十有二牧㊺！"曰："食哉惟时！柔远能迩㊻，惇德允元㊼，而难任人㊽，蛮夷率服。"

舜曰："咨，四岳！有能奋庸熙帝之载㊾，使宅百揆亮采㊿，惠畴？"

佥曰："伯禹作司空(51)。"

帝曰："俞！咨(52)！禹，汝平水土，惟时懋哉(53)！"禹拜稽首(54)，让于稷、契暨皋陶。

帝曰："俞！汝往哉！"

帝曰："弃，黎民阻饥(55)，汝后稷(56)，播时百谷(57)。"

帝曰："契，百姓不亲，五品不逊(58)，汝作司徒，敬敷五教(59)，在宽。"

帝曰："皋陶，蛮夷猾夏(60)，寇贼奸宄(61)。汝作士，五刑有服(62)，五服三就(63)，五流有宅(64)，五宅三居(65)。惟明克允(66)！"

蛮夷率服。

帝曰："畴若予工^⑥？"

佥曰："垂哉^⑥！"

帝曰："俞，咨！垂，汝共工^⑥。"垂拜稽首，让于殳斨暨伯与^⑦。

帝曰："俞！往哉！汝谐^⑦。"

帝曰："畴若予上下草木鸟兽^⑦？"

佥曰："益哉^⑦！"

帝曰："俞，咨！益，汝作朕虞^⑦。"益拜稽首，让于朱虎、熊罴^⑦。

帝曰："俞，往哉！汝谐。"

帝曰："咨！四岳，有能典朕三礼^⑦？"

佥曰："伯夷。"

帝曰："俞，咨！伯，汝作秩宗^⑦。夙夜惟寅^⑦，直哉惟清。"

伯拜稽首，让于夔、龙^⑦。

帝曰："俞，往，钦哉！"

帝曰："夔！命汝典乐，教胄子^⑧，直而温，宽而栗^⑧，刚而无虐，简而无傲。诗言志，歌永言，声依永，律和声。八音克谐，无相夺伦^⑧，神人以和。"

夔曰："於^⑧！予击石拊石^⑧，百兽率舞。"

帝曰："龙，朕堲谗说殄行^⑧，震惊朕师^⑧。命汝作纳言^⑧，夙夜出纳朕命，惟允！"

帝曰："咨！汝二十有二人，钦哉！惟时亮天功^⑧。"

三载考绩，三考，黜陟幽明^⑧，庶绩咸熙^⑨，分北三苗^⑨。

舜生三十征，庸三十^⑨，在位五十载，陟方乃死^⑨。

【主旨讲解】

《舜典》记载了虞舜的言行，表达对舜帝的赞颂，具有很高的历史研究价值。

【注解】

①侧：隐居民间。微：出身微贱。②嗣：继承。③浚（jùn）：深远。哲：智慧。④允：确实。塞：充满。⑤玄：潜行，潜修。升闻：上闻于朝廷。⑥徽：美，善。五典：五常，即父义、母慈、兄友、弟恭、子孝五种常教。⑦克：能够。从：顺从。⑧"纳于"两句：纳：入。百揆（kuí）：百事。时叙：承顺。⑨"宾于"两句：宾：迎接宾客。穆穆：容仪敬谨。⑩"纳于"两句：大麓：官名，主管山林。迷：迷误。⑪格：呼唤之词，来。⑫询：谋划。⑬底（zhǐ）：一定。绩：成功。⑭陟（zhì）：升，登。⑮"正月"两句：上日：吉日。受终：接受尧帝终结的帝位。文祖：尧的太庙。⑯"在璇玑"两句：在：观察。璇玑玉衡：指北斗七星。齐：排列。七政：七项政事，即祭祀、班瑞、东巡、南巡、西巡、北巡、归格艺祖。⑰肆：于是。类：祭名，是向天帝报告继承帝位之事的祭礼。⑱禋（yīn）：祭名，指洁祀。六宗：指天地与四时。⑲"望于"两句：望：祭祀山川之礼。遍：按群神的尊卑次序祭祀。⑳辑：收集。五瑞：诸侯作为信符的五种玉器。㉑既月乃日：择定吉月吉日。日和月都用作动词。㉒"觐四岳"两句：觐：朝见天子。牧：官长。班同"颁"，分发。后：君长。㉓"至于"两句：岱宗：东岳泰山。柴：祭名，祭祀时把牺牲放在积柴上面燔烧。㉔秩：次序。㉕协：合。时：春夏秋冬四时。正：确定。㉖同：统一。律：古乐音律。度：丈尺。量：斗斛。衡：斤两。㉗五礼：公侯伯子男五等朝聘之礼。五玉：即五瑞，拿着称瑞，陈列称玉。三帛：供垫玉用的赤、黑、白三种颜色的丝织品。二生：活

史官根据舜帝的言行事迹，写作了《舜典》。

羊羔和雁。一死：一只死去的野鸡。贽：初次拜见时所带的礼物。㉘"如五器"两句：如：而。五器：即上文所说的五玉。卒乃复：礼毕就归还。㉙"格于"两句：格：到。艺祖：即文祖。特：一只公牛。㉚敷：普遍。㉛庸：功劳。㉜肇（zhào）：正，指划定州界。㉝封：封土为坛而祭祀。㉞象：刻画。典：常。㉟流：流放。宥（yòu）：宽恕。五刑：指墨、劓、刖、宫、大辟五种刑罚。㊱扑：古时学校用来打人的木棍。㊲眚（shěng）：过错。肆：就。㊳怙：依仗。贼：通"则"，就。㊴恤：谨慎。㊵三苗：古国名。三危：古地名，在西部边远地区。㊶殛（jí）：流放。羽山：古地名，在东部边远之处。㊷殂（cú）落：死亡。㊸考：死去的父亲。妣：死去的母亲。㊹遏（è）：停止。密：静止。八音：金、石、丝、竹、匏、土、革、木八种音乐，这里泛指一切音乐演奏。㊺牧：州的行政长官。㊻柔：安抚。能：善。迩：近。㊼惇：厚。允：信。元：善。㊽难：拒绝。任人：奸邪的人。㊾熙：光大。载：事业。㊿宅：居。百揆：官名。亮：辅导。采：事。51司空：三公之一，掌管土地。52俞：副词，表肯定意义。咨：叹词。53时：通"是"，指百揆之职。懋（mào）：勉励。54稽首：叩头。55阻饥：困厄于饥。56后：主持。稷：官名，主管农业。57时：通"莳"，耕种。58五品：指父、母、兄、弟、子。逊：和顺。59"汝作"两句：司徒：官名，主管教化，三公之一。敷：施行。五教：五品之教，即父义、母慈、兄友、弟恭、子孝。60猾：扰乱。夏：指华夏大地。61寇：抢劫。贼：杀人。奸宄（guǐ）：犯法作乱的事情。62"汝作士"两句：士：狱官之长。服：用。63三就：三个处所，即野、朝、市。64五流：五种流刑。宅：处所。65三居：远近不同的三个地方。66明：明察。克：能够。允：信服。67若：善。工：官名，掌管百工之官。68垂：人名。69共工：官名。70殳（shū）斨（qiāng）：人名。伯与：人名。71谐：同"偕"，一同。72上：指山陵。下：指草泽。73益：人名。74虞：掌管山林的官。75朱虎：人名。熊罴：人名。76典：主持。三礼：天神、人鬼、地示之礼。77秩宗：官名，掌管祭礼的仪礼。78夙：早晨。寅：敬。79夔：人名。龙：人名。80胄子：未成年的人。81栗：谨慎。82夺：失去。伦：理，次序。83於（wū）：叹词。84拊（fǔ）：轻轻叩击。石：石磬，乐器。85聖（jí）：厌恶。殄（tiǎn）：贪婪。86师：民众。87纳言：官名，帝王的代言人。88时：善。亮：领导。天功：天下大事。89黜（chù）：罢免。陟（zhì）：提升。幽：昏庸。明：贤明。90庶：众。熙：兴盛。91北：通"背"，分别。92"舜生"两句：征：被征召。庸：任用。93陟方：巡狩南方。

【译文】

虞舜隐居民间，出身微贱，尧帝听说他聪明睿智，就想让他继承帝位，多次拿棘手的事情考验他。史官根据这些情况，写成了《舜典》。

查考古代的旧事，可知舜帝的名字叫作重华，他的睿智圣明与尧帝相合。他深远的智慧，温顺谦恭的美德，溢满天地之间。他潜修品德的事迹上闻于朝廷，于是被授予官职。舜谨慎地赞美父义、母慈、兄友、弟恭、子孝五种美德，臣民都能顺从这五常之教。他又受命管理百官，百官也都能服从。他在明堂四门迎接前来朝见的四方宾客，四方宾客全都仪容整肃。舜担任守护山林的官职，即使在狂风暴雨之中也不迷失方向。

尧帝说："来吧，舜啊！我和你谋划政事，考察你的言论，按照你的意见办事，一定会取得成功。我已经考察你三年了，你现在可以登上帝位了。"舜要把帝位

舜受命管理百官，百官也都能服从。

让给更有德行的人，不愿就位。舜以德行不够为由推辞，不愿就位。但是尧帝还是把帝位禅让给了虞舜。

在正月的一个吉日，舜在尧的太祖宗庙接受了禅让的帝位。他观察了北斗星的运行情况，列出了七项政务。接着向上天报告继承帝位的事情，祭祀天地四时以及山川和群神。舜又聚敛诸侯的圭玉，挑选良辰吉日，接受四方诸侯君长的朝见，把圭玉颁发给他们。

这一年二月，舜到东方巡视，到了泰山，举行了柴祭，并依照地位尊卑依次祭祀了其他山川诸神，然后接受了东方诸侯国君的朝见。舜协合春夏秋冬的月份，确定了天数；统一了音律和度量衡；制定了公侯伯子男朝见的礼节，规定了各种献礼的制度。朝见结束后，舜帝便把五种瑞玉归还给诸侯。五月，舜帝到南方巡视，到达南岳，像祭祀泰山那样行礼仪。八月，舜帝到西方巡视，到了西岳，祭祀礼仪和在泰山、南岳时一样。十一月，舜帝到北方巡视，到达北岳，祭祀礼仪和在西岳时相同。舜帝回来后，到太庙祭祖，所用的祭品是一头公牛。

舜帝举贤授能，任用百官。

此后，舜每隔五年就巡视一次。各方诸侯都在四岳朝见，普遍地报告自己的政务。然后舜帝根据诸侯的政绩进行评定，论功行赏，赐给他们车马衣服。

舜帝开始划定十二个州的疆界，在十二州的名山上封土为坛，举行祭礼，并疏通了河道。

舜把五种常用刑罚的图样刻画在器物上，以警示民众，用流放的办法代替五刑以示宽大，以鞭打作为官府的刑罚，把用木条责打定为学校的刑罚，还规定可以用金来赎罪。因为过失犯罪，可以赦免；要是有所依仗而不知悔改，就要施加刑罚。慎重啊，慎重啊，使用刑罚时一定要慎重！

舜帝把共工流放到北方的幽州，把驩兜流放到南方的崇山，把三苗驱逐到西方的三危，把鲧流放到东方的羽山。这四个罪人受到了应有的惩罚，天下人都心悦诚服。

舜帝继位二十八年后，尧帝去世了，群臣和百姓像失去父母一样悲痛。三年内，全国上下停止演奏音乐，一片沉寂。三年后的正月初一，舜帝到太庙告祭，召集四方诸侯谋划政务，打开明堂的四方之门宣布政教，使四方民众看得明、听得清。

"啊，十二州的君长！"舜帝说，"农业生产不要违背农时！要安抚远方的民众，要善待近处的臣民。要厚待有德之人，信任善良之人，远离奸佞小人。这样，四方的外族都会臣服于你。"

舜帝说："啊，四方诸侯！谁能奋发图强，光大先帝的事业，管理百官，辅佐朝廷理顺政事呢？"

众人都说："让伯禹做司空吧。"

舜说："好啊！"告诫禹说："你来治理水土，希望你更要努力做好百揆的事情啊！"禹行叩拜之礼，想推让给稷、契和皋陶。

舜说："就这样了，还是你来担当吧！"

舜说："弃，现在民众都在忍饥挨饿，你去掌管农事，教导民众播种谷物吧。"

舜说："契，百官之间关系不和谐，父母兄弟子女之间关系不和顺，你去担任司徒，谨慎恭敬地施行五常之教，着重教导他们做人要宽厚仁慈。"

舜说："皋陶，外族侵扰中原，抢劫杀人，给我们制造祸端。你去处理刑狱，用五刑处置那些罪人。五刑各有使用的方法，执行五刑要在郊野、市、朝三个不同的地方。五种流放各有处所，分别流放到远近不同的三个地方。明察案情，公正处罚，就能使人信服。"

舜说："谁能担任百工之长呢？"

都说："垂可以。"

舜说："好啊！"告诫垂说："你去担任共工之职吧。"垂行了叩拜之礼，想推让给殳斨和伯与。

舜说："就这样了，去吧！你们一起去吧。"

舜说："谁能管理山林草泽中的草木鸟兽呢？"

都说："益可以。"

舜说："好吧。"告诫益说："你做我的虞官，管理山林吧。"益行叩拜礼，想推让给朱虎、熊罴。

舜说："好吧，去吧！你们一起去吧。"

舜说："四方诸侯啊，谁能替我主持祭祀天神、地祇、人鬼的三礼呢？"

都说："伯夷可以。"

舜说："好吧，伯夷，我任命你做掌管祭祀的礼官吧，从早到晚你都要恭敬行事，内心要正直清明。"伯夷行叩拜礼，想推让给夔、龙。

舜说："行了，你去吧，你要谨慎行事啊！"

舜说："夔，任命你担任乐官，负责教导那些年轻人，要让他们正直而温和，宽厚而谨慎，刚毅而不妄为，简朴而不高傲。诗是用来表达情志的，歌所咏唱的就是表达情志的言辞，声调要根据咏唱的感情而确定，音律要合于声调。金、石、丝、竹、匏、土、革、木这八音能够和谐一致，不互相干扰。这样，人听了以后才能欢快愉悦。”

夔说：“啊！让我敲击石磬，奏起乐曲，让扮演百兽的舞队依着音乐跳舞吧！”

舜说：“龙，我厌恶谗言和暴行，因为它使我的臣民惊恐害怕。我现在任命你为纳言官，早晚传达我的旨意，上报臣民的意见，一定要真实啊！”

舜说：“好啦，你们这二十二个人，要恭谨地履行自己的职责，要好好地辅佐我完成大业啊！”

舜帝每过三年考察一次政绩，考察三次之后，就确定官员的升降。这样，远近各项事业都兴盛起来了。同时，又分别处理了流放在北部边境的三苗氏部族。

舜帝三十岁被举用，在官位三十年，在帝位五十年，巡狩南方时在途中去世。

◎大禹谟◎

【原文】

皋陶矢厥谟 ①，禹成厥功 ②，帝舜申之 ③。作《大禹》、《皋陶谟》、《益稷》。

曰若稽古，大禹曰文命 ④，敷于四海 ⑤，祗承于帝 ⑥。曰：“后克艰厥后 ⑦，臣克艰厥臣，政乃乂 ⑧，黎民敏德 ⑨。”

帝曰：“俞！允若兹 ⑩，嘉言罔攸伏 ⑪，野无遗贤，万邦咸宁。稽于众，舍己从人，不虐无告 ⑫，不废困穷，惟帝时克。”

益曰：“都 ⑬，帝德广运 ⑭，乃圣乃神 ⑮，乃武乃文。皇天眷命 ⑯，奄有四海为天下君 ⑰。”

禹曰：“惠迪吉 ⑱，从逆凶，惟影响 ⑲。”

益曰：“吁！戒哉！儆戒无虞 ⑳，罔失法度，罔游于逸，罔淫于乐 ㉑。任贤勿贰，去邪勿疑。疑谋勿成，百志惟熙 ㉒。罔违道以干百姓之誉 ㉓，罔咈百姓以从己之欲 ㉔。无怠无荒，四夷来王。”

禹曰：“於！帝念哉！德惟善政，政在养民。水、火、金、木、土、谷惟修 ㉕，正德、利用、厚生惟和 ㉖，九功惟叙，九叙惟歌。戒之用休 ㉘，董之用威 ㉙，劝之以九歌，俾勿坏 ㉚。”

帝曰：“俞！地平天成 ㉛，六府三事允治，万世永赖 ㉜，时乃功。”

帝曰：“格 ㉝，汝禹！朕宅帝位三十有三载，耄期倦于勤 ㉞。汝惟不怠，总朕师 ㉟。”

禹曰：“朕德罔克，民不依。皋陶迈种德 ㊱，德乃降，黎民怀之 ㊲。帝念哉！念兹在兹，释兹在兹，名言兹在兹，允出兹在兹 ㊳，惟帝念功。”

帝曰：“皋陶，惟兹臣庶，罔或干予正 ㊴。汝作士，明于五刑，以弼五教 ㊵，期于予治 ㊶。刑期于无刑，民协于中 ㊷，时乃功，懋哉 ㊸！”

皋陶曰：“帝德罔愆 ㊹，临下以简，御众以宽。罚弗及嗣，赏延于世。宥过无大 ㊺，刑故无小。罪疑惟轻，功疑惟重。与其杀不辜，宁失不经 ㊻。好生之德 ㊼，洽于民心，兹用不犯于有司 ㊽。”

帝曰：“俾予从欲以治，四方风动 ㊾，惟乃之休 ㊿。”

帝曰：“来，禹！降水儆予 ⑤¹，成允成功，惟汝贤。克勤于邦，克俭于家，不自满假 ⑤²，惟汝贤。汝惟不矜 ⑤³，天下莫与汝争能。汝惟不伐 ⑤⁴，天下莫与汝争功。予懋乃

舜帝与大禹、伯益讨论政事。

德，嘉乃丕绩⑤，天之历数在汝躬⑥，汝终陟元后⑦。人心惟危，道心惟微⑧，惟精惟一⑨，允执厥中。无稽之言勿听，弗询之谋勿庸。可爱非君？可畏非民？众非元后，何戴⑩？后非众，罔与守邦？钦哉！慎乃有位，敬修其可愿，四海困穷，天禄永终。惟口出好，兴戎⑪，朕言不再。"

禹曰："枚卜功臣⑫，惟吉之从。"

帝曰："禹！官占惟先蔽志⑬，昆命于元龟⑭。朕志先定，询谋佥同⑮，鬼神其依，龟筮协从⑯，卜不习吉⑰。"

禹拜稽首固辞⑱。

帝曰："毋！惟汝谐⑲。"

正月朔旦⑳，受命于神宗㉑，率百官若帝之初。

帝曰："咨，禹！惟时有苗弗率㉒，汝徂征㉓。"

禹乃会群后，誓于师曰："济济有众㉔，咸听朕命。蠢兹有苗㉕，昏迷不恭㉖，侮慢自贤，反道败德，君子在野，小人在位。民弃不保，天降之咎㉗，肆予以尔众士，奉辞罚罪。尔尚一乃心力，其克有勋。"

三旬，苗民逆命。益赞于禹曰㉘："惟德动天，无远弗届㉙。满招损，谦受益，时乃天道。帝初于历山㉚，往于田，日号泣于旻天㉛，于父母，负罪引慝㉜。祗载见瞽瞍㉝，夔夔斋栗㉞，瞽亦允若。至诚感神㉟，矧兹有苗㊱。"

禹拜昌言曰㊲："俞！"班师振旅。帝乃诞敷文德㊳，舞干羽于两阶㊴，七旬有苗格㊵。

【主旨讲解】

大禹，姒（sì）姓，史称夏禹、戎禹，相传他是上古夏后氏族部落的首领。禹继承父亲鲧未竟的治水事业，历经十三年，胼手胝足，三过家门而不入，终于治平水患。谟，是"谋"的意思。本文是舜帝与大臣禹、益、皋陶谋划政务的记录，所以称《大禹谟》。

《大禹谟》的内容可分四部分：第一部分是序，介绍写作《大禹谟》《皋陶谟》《益稷》的缘由。第二部分，舜帝与大禹、伯益讨论政事，赞美帝尧的美德，阐述了各自的治国见解。第三部分记叙舜禅位于禹的经过。第四部分叙述大禹征伐苗民，最终以德感化苗民。

虞书中，为了补充《尧典》《舜典》所缺少的君臣之间的嘉言善政，而成《大禹谟》《皋陶谟》《益稷》三篇。其中，因为禹治水的功劳最高，所以《大禹谟》列于三篇之首。

大禹治水，功劳泽被千秋。

《大禹谟》是伪古文。后世儒学整理编撰《大禹谟》，是为了上联《尧典》《舜典》，下接《商书》《周书》各篇，构建"二帝三王"的古史体系，宣扬古帝一脉相承的道统。宋代儒学又从舜对禹的训示中撷取"人心惟危，道心惟微，惟精惟一，允执厥中"，称为"虞廷十六字"，作为舜受自尧并传于禹的"三圣传授心法"。这十六字成为维系古帝道统的精神核心，而《大禹谟》正是研究中国古代思想史，特别是宋代理学的重要史料。

【注解】

①皋（gāo）陶（yáo）：偃姓，舜帝之臣，掌管刑狱。矢：陈述。厥（jué）：其。谟（mó）：计谋。②成：陈述。③申：重视。④文命：大禹的名字。⑤敷：治理。⑥祗（zhī）：恭敬。⑦后：君主。克：能够。艰：看得很艰难。⑧乂（yì）：治理。⑨敏：勤勉。⑩俞：副词，表肯定。允：的确。兹：这。⑪罔（wǎng）：无，不要。攸（yōu）：所。⑫无告：无处告的人，指鳏寡孤独者。⑬都：叹词，表赞美。⑭广：大。运：远。⑮乃：语助词。⑯眷：顾念。⑰奄：尽。⑱惠：顺。迪：道。⑲影响：影随形，响应声。⑳儆（jǐng）：戒备。虞：预料。㉑"罔游"两句：逸：放纵。淫：过分。㉒志：念虑。熙：广。㉓干：求。㉔咈（fú）：违反。㉕修：治理。㉖和：宣扬。㉗九功：水、火、

金、木、土、谷，叫六府；正德、利用、厚生，叫三事。六府三事合称九功。㉗叙：次序。㉘休：美德。㉙董：监督。㉚俾：使。㉛天：万物。㉜赖：利。㉝格：来，呼唤之语。㉞耄（mào）期：八九十岁称耄，百岁称期颐。这里指年迈。勤：辛苦。㉟总：总领。师：众人。㊱迈：勤勉。种：树立。㊲怀：归附。㊳"念兹"四句：兹：这。前一个"兹"指德，后一个"兹"指皋陶。释：通"怿"，喜悦。名言：称颂。出：推行。㊴干：冒犯。㊵"明于"两句：五刑：指墨、劓、剕、宫、大辟五种刑罚。五教：五常之教，即父义、母慈、兄友、弟恭、子孝。㊶期：当，合。㊷中：中正，公平。㊸懋（mào）：鼓励。㊹愆（qiān）：过失。㊺宥（yòu）：宽恕。无大：不论多大。㊻"与其"两句：不辜：无罪。不经：不守正道。㊼好（hào）：爱惜。㊽有司：官吏。古代每个官吏都各司专职，因此称有司。㊾风动：风吹草动，比喻各方响应。㊿休：美德。(51)降水：洪水。(52)满：盈满。假：虚假，夸大。(53)矜（jīn）：夸耀，自以为贤。(54)伐：夸耀，自夸有功。(55)嘉：赞美。丕：大。(56)历数：历运之数，指帝王相承的次序。躬：自身。(57)陟（zhì）：升登。元：大。后：君王。(58)道心：合于道义的思想。微：不显露。(59)精：专诚。(60)戴：拥戴。(61)"惟口"两句：出好：说出善言。兴戎：引起战争。(62)枚卜：逐次占卜。古代用占卜的方法选官，对被选的人逐一占卜，吉者入选。(63)蔽：断定。(64)昆：后。元龟：大龟。(65)佥（qiān）：都。(66)龟筮（shì）：龟甲和蓍草，二者都是古代占卜的工具。(67)习：重复。(68)固辞：坚决推辞。(69)谐：适合。(70)朔：阴历的每月初一。(71)神宗：尧帝的宗庙。"神"在此表尊敬。(72)有苗：指三苗，古代的一个部族。"有"是名词词头，无意义。率：遵循。(73)徂（cú）：往。(74)济济：众多的样子。(75)蠢：骚动。(76)昏迷：昏暗迷惑。(77)咎（jiù）：灾祸。(78)赞：见。(79)届：到。(80)历山：指舜帝当初种田之处。(81)旻（mín）天：天空。(82)慝（tè）：邪恶。(83)祗（zhī）：恭敬。载：侍奉。瞽瞍：舜的父亲。(84)夔夔（kuí）：恐惧的样子。斋：庄敬。栗：战栗。(85)诚（xián）：诚信。(86)矧（shěn）：何况。(87)昌：美。(88)诞：大、广。敷：施行。(89)干：盾牌。羽：用羽毛做的舞具。(90)格：到，这里指归顺。

【译文】

皋陶陈述他的谋略，大禹陈述他的功绩，舜帝对他们的言论很重视。史官记录下他们之间的谈话，写作了《大禹谟》《皋陶谟》和《益稷》。

查考往古旧事，可知大禹名叫文命，他治理四海，恭敬地秉承尧舜二帝的教导。大禹说："君王把当好君王看成难事，臣子把当好臣子看得也不容易，政事就能得到很好的治理了，众人也会勤勉地执行德教了。"

舜帝说："是啊！真像这样的话，那些好的言论就不会被埋没，贤德的人也不会被遗弃在民间，万国之民就都安宁了。参考众人的言论，舍弃私见而依从众人的好言论，不虐待孤苦无依的人，不嫌弃困窘贫穷的人，只有尧帝能够这样。"

益说："啊！尧帝的德行广大而影响深远，他圣明、神妙、英武、俊美。皇天顾念授命，使他尽有四海而成为天下的君王。"

禹说："顺从天道就吉利，依从恶道就会凶险，就像影子与形体、回声与音响的关系一样。"

伯益说："啊！要多加戒备啊！要警戒没有预料到的事情，不要违背法则制度，不能纵情游玩，不能过分享乐。任用贤人不能有二心，除去奸邪不能迟疑。拿不准的主意不要实行，考虑各种问题应思路开阔。不要违背正道去谋求百官的赞誉，不要违背百官的意愿而满足自己的私欲。对这些不要懈怠、不要荒废，四方的异族就会归附于你，尊你为王。"

大禹说："啊！舜帝，你好好想想伯益的这番话吧。所谓德就是能够妥善处理政务，而政务的根本在于教养民众。水、火、金、木、土、谷这六件事应该治理，使人们德行端正、物用便利、生活丰厚多彩这三件大事也应当宣扬，这九件事都应理顺次序，九件事做好后，人们就会歌颂君王的德政。要用美好的德政劝诫臣民，用严峻的刑罚督察臣民，以人们对君王的颂扬作为号召力，勉励人们，使德政不被损害。"

舜帝说："对！水土治平，万物生长，六府三事真能办好了，对千秋万代有利，这是你的功劳。"

舜帝禅位于大禹。

舜帝说:"来吧,禹!我居帝位三十三年了,年事已高,被这些辛苦的政务搞得疲惫不堪。你从不懈怠,来统领我的民众吧。"

大禹说:"我的德行还不能胜任,民众也不会依从我。皋陶勤勉树立德政,德惠下施于民,民众归从他。舜帝你要考虑啊!整天顾念德政的是皋陶,喜欢德政的是皋陶,称颂宣传德政的也是皋陶,真正能够推行德政的更是皋陶,舜帝你要想想皋陶的功劳啊。"

舜帝说:"皋陶,这些群臣众庶,没有人敢冒犯我的政事。你身为士官,精通五种刑罚,以它来辅助五常之教,合于我的治理之道。施行刑罚是希望达到没有刑罚的境地,使人民都能合于正道,这是你的功劳,你应受到鼓励啊。"

皋陶说:"舜帝你德行完美,没有过失,对臣民简约不烦,统御民众宽厚不苛刻。刑罚不株连子孙,赏赐却延及后代。宽恕过失不论罪多大,处罚故意犯罪不论罪多小。判罪时遇到可轻可重的疑难,就从轻处罚,论功时遇到可轻可重的疑难,就从重赏赐。与其杀掉无罪之人,不如失去不守正道的人。这种爱惜生灵的美德,合于人们的意愿,因此人们不冒犯官吏。"

舜帝说:"你使我如愿地治理国家,并得到四方的响应,这是你的美德。"

舜帝说:"来吧,禹!洪水昭告我们,你言行一致,完成了治水大业,这是你的贤德。你为国家能够不辞辛苦,居家生活又能节俭,不自我满足,不自我浮夸,这是你的贤德。你不自以为贤,天下没有谁与你争能。你不自夸有功,天下没有谁与你争功。我称道你的功德,赞美你的业绩,帝王统绪的次序已经显应到你自己的身上,你终当升为大君王。现在人心动荡不安,合于道义的思想幽昧难明,只有精诚专一,实实在在地保持中正之道才是。没有根据的话不轻易听信,没有征询过众人的意见不轻易采纳。臣民所爱戴的不是君王吗?君王所畏惧的不是臣民吗?除了君王,民众还拥戴谁呢?除了民众,君王还与谁保卫国家?你们要谨慎啊!慎重地对待你们的职守,恭敬地从事民众愿意的事,如果四海的民众困苦贫穷,你们的禄位就要长久地终止了。人们的嘴能说出善言,也能引起战争,我不再多说了。"

大禹说:"请逐次地占卜有功的大臣,听从占卜的吉兆,让吉者继承帝位吧。"

舜帝说:"禹!用官占的方法占卜,须先断定意向,然后告诉大龟才能显示吉凶。我的志向已定,征询别人的意见也都相同。鬼神依顺,如果进行龟卜和筮占,结果也会和人意一致,况且卜筮的办法不能重复出现吉兆。"

禹跪拜叩头,坚决推辞。

舜帝说:"不必推辞了,只有你最适合继承帝位。"

正月初一的早晨,禹在尧的宗庙受命继承帝位,率领百官举行禅让大典,就像当初舜继承尧帝的帝位那样。

舜帝说:"啊,禹!三苗不遵循教命,你去征讨他们吧。"

禹就会集各路诸侯君主,告诫众人说:"众位军士,都听我的命令。蠢蠢欲动的三苗,昏暗迷惑,侮慢常法,妄自尊大,违背正道,败坏德义,贤人被排斥,小人受重用。民众抛弃他们不予保护,上天也降祸于他,所以我率领你们众人,奉行舜帝的命令去惩罚苗民这些罪人。你们应该同心协力,这样就一定能够建立功勋。"

三十天以后,苗民仍然抗拒舜帝的命令。伯益见到了大禹,说:"只有施德才可以感动上天,有了德行,无论多远的人都会来归服,自满会招致损害,谦虚会得到益处,这是天道自然规律。舜帝当初往历山耕田的时候,天天向上天号哭。对于不义的父亲和不慈的母亲,他毫无怨言,宁肯自己背负罪名,招来邪恶的名声。舜仍然恭敬地去见父亲,一副诚惶诚恐庄敬战栗的样子,父亲也的确和顺了些。至诚能感动神灵,何况这些苗民呢!"

大禹拜谢伯益的美言,说:"对!"于是撤回军队,整顿队伍。舜帝就广泛地施行文明德治,让士兵放下武器,在两阶之间拿着盾和羽跳舞。七十天以后,三苗就来归服了。

大禹最终以德感化苗民。

孔子删《书》序《书》

关于孔子与《尚书》的关系，史料表明，孔子做过删《书》序《书》的工作。

孔子

孔子为什么删《书》

孔子整理古代文献（包括《书》）主要目的是教学用，他不会良莠不齐、一股脑地都拿来教学。孔子选取的必然是那些益于推行教化的圣主贤臣之事，自然有删减。

孔子为什么序《书》

孔子整理《书》作为教材的时候，自然会对各篇的背景、内容进行简明扼要的概括，体现自己对于各篇的理解，便于弟子学习，这就是序《书》。

孔子删《书》序《书》史证

《书纬·璇玑钤》："孔子求《书》，得皇帝玄孙帝魁之《书》，适于秦穆公，凡三千二百四十篇，断远取近，定可以为世法者百二十篇，以百二篇为《尚书》，十八篇为《中候》。"

《史记·孔子世家》："孔子之时，周室微而礼乐废，《诗》、《书》缺。追记三代之礼，序《书》传，上纪唐虞之际，下至秦缪，编次其事。……故《书》传、《礼》记自孔氏。"

《汉书·艺文志》："《书》之所起远矣，至孔子纂焉。上断于尧，下迄于秦，凡百篇而为之序，言其作意。"

夏 书

◎禹 贡◎

【原文】

禹别九州①，随山浚川，任土作贡②。

禹敷土，随山刊木，奠高山大川③。

冀州④：既载壶口，治梁及岐⑤。既修太原，至于岳阳⑥。覃怀底绩，至于衡漳⑦。厥土惟白壤⑧，厥赋惟上上⑨，错⑩，厥田惟中中。恒、卫既从⑪，大陆既作⑫。岛夷皮服⑬，夹右碣石入于河⑭。

济、河惟兖州⑮：九河既道⑯，雷夏既泽，澭、沮会同⑰。桑土既蚕，是降丘宅土⑱。厥土黑坟，厥草惟繇，厥木惟条⑲。厥田惟中下，厥赋贞⑳，作十有三载乃同。厥贡漆丝，厥篚织文㉑。浮于济、漯㉒，达于河。

海、岱惟青州㉓：嵎夷既略，潍、淄其道㉔。厥土白坟，海滨广斥㉕。厥田惟上下。厥赋中上。厥贡盐绨，海物惟错㉖。岱畎丝、枲、铅、松、怪石㉗。莱夷作牧㉘。厥篚檿丝㉙。浮于汶㉚，达于济。

海、岱及淮惟徐州㉛：淮、沂其乂㉜，蒙、羽其艺㉝；大野既猪，东原底平㉞。厥土赤埴坟，草木渐包㉟。厥田惟上中，厥赋中中。厥贡惟土五色㊱，羽畎夏翟，峄阳孤桐㊲，泗滨浮磬，淮夷蠙珠暨鱼㊳。厥篚玄纤缟㊴。浮于淮、泗，达于河㊵。

淮、海惟扬州㊶：彭蠡既猪，阳鸟攸居㊷。三江既入，震泽底定。篠簜既敷，厥草惟夭，厥木惟乔㊸。厥土惟涂泥㊹。厥田惟下下，厥赋下上，上错。厥贡惟金三品㊺，瑶、琨、篠、簜、齿、革、羽、毛惟木㊻。岛夷卉服㊼，厥篚织贝，厥包桔柚，锡贡㊽。沿于江、海，达于淮、泗。

荆及衡阳惟荆州㊾：江、汉朝宗于海㊿，九江孔殷[51]，沱、潜既道，云土梦作乂[52]。厥土惟涂泥，厥田惟下中，厥赋上下。厥贡羽、毛、齿、革惟金三品，杶、干、栝、柏[53]，砺、砥、砮、丹，惟菌、簵、楛[54]。三邦底贡厥名[55]，包匦菁茅，厥篚玄𫄸玑组，九江纳锡大龟[56]。浮于江、沱、潜、汉，逾于洛，至于南河[57]。

荆、河惟豫州[58]：伊、洛、瀍、涧既入于河，荥波既猪[59]。导菏泽，被孟猪[60]。厥土惟壤，下土坟垆[61]。厥田惟中上，厥赋错上中。厥贡漆、枲、绨、纻，厥篚纤、纩，锡贡磬错[62]。浮于洛，达于河。

华阳、黑水惟梁州[63]：岷、嶓既艺[64]，沱、潜既道，蔡、蒙旅平，和夷底绩[65]。厥土青黎，厥田惟下上，厥赋下中、三错[66]。厥贡璆、铁、银、镂、砮、磬、熊、罴、狐、狸。织皮、西倾因桓是来[67]。浮于潜，逾于沔，入于渭，乱于河[68]。

黑水、西河惟雍州[69]：弱水既西，泾属渭汭，漆沮既从，沣水攸同[70]。荆、岐既旅，终南、惇物，至于鸟鼠[71]，原隰底绩[72]，至于猪

禹根据土地贫瘠情况制定出贡税等级。

野。三危既宅，三苗丕叙⁷⁴。厥土惟黄壤，厥田惟上上，厥赋中下。厥贡惟球、琳、琅、玕⁷⁵。浮于积石，至于龙门、西河⁷⁶，会于渭汭。织皮昆仑、析支、渠搜，西戎即叙⁷⁷。

导岍及岐⁷⁸，至于荆山，逾于河。壶口、雷首至于太岳⁷⁹。厎柱、析城至于王屋⁸⁰。太行、恒山至于碣石⁸¹，入于海。

【主旨讲解】

《禹贡》是当时诸侯称雄的局面统一之后所提出的治理国家的方案。

人们从山丘上搬到兖州平地上居住。

【注解】

①别：划分。②任土：根据土地的贫瘠。贡：贡赋。③奠：定。④冀州：禹所划分的九州之一，在今山西省、河北省南部一带。⑤"既载"两句：载：施工。壶口：山名，在今山西省吉县南。梁：山名，在今陕西省韩城市西。岐：通"歧"，山的支脉。⑥"既修"两句：太原：今山西省太原一带，位于汾水上游。岳阳：即太岳山，在今山西省霍县东，汾水流经这里。阳：山的南面。⑦"覃怀"两句：覃（tán）怀：地名，在今河南省武陟、沁阳一带。厎（zhǐ）：获得。衡：通"横"。漳：漳水，在覃怀的北边。⑧厥：其，指冀州。壤：柔土。⑨赋：赋税，指地方的土特产。上上：第一等。《禹贡》将土质和赋税分为九等，即上上、上中、上下、中上、中中、中下、下上、下中、下下。⑩错：错杂，夹杂。⑪恒：水名。卫：水名，滹沱河。从：顺着河道流入大海。⑫大陆：泽名，在今河北省巨鹿县西北。作：开始。⑬岛夷：住在海岛上的东方民族。夷：古代东方边远地区的民族。皮服：岛夷的贡品。⑭夹：接近。碣石：山名，在今河北省昌黎县。河：黄河。⑮济：水名，源出河南济源市。兖州：禹划分的九州之一，在今河北东南、山东省一带。⑯九河：黄河的九条支流，即徒骇、太史、马颊、覆釜、胡苏、简、洁、钩盘、鬲津。道：疏通。⑰"雷夏"两句：雷夏：泽名，在今山东菏泽东北。灉（yōng）：黄河的支流。沮（jù）：灉水的支流。二水今已不存在。⑱"桑土"两句：桑土：适于种植桑树的土地。降：下。宅：居住。⑲"厥土"三句：坟：肥沃。繇（yáo）：茂盛。条：长。⑳贞：下下等，第九等。㉑篚（fěi）：圆形竹器。织文：有花纹的丝织品。㉒漯（tà）：水名，黄河的支流。㉓海：今渤海。岱：泰山。青州：禹划分的九州之一，今山东半岛一带。㉔"嵎夷"两句：嵎（yú）夷：地名。略：治理。潍：水名。淄：水名。二水都在今山东境内。㉕斥：碱地。㉖"厥贡"两句：绨（chī）：细葛布。错：杂，多种多样。㉗畎：山谷。枲（xǐ）：大麻的一种，不结子。铅：锡。㉘莱夷：地名。㉙厣（yǎn）：山桑，即柞树。㉚汶：水名，源出今山东莱芜市。㉛海：指黄海。淮：淮河。徐州：禹划分的九州之一，在今江苏、安徽北部、山东南部一带。㉜沂：水名，在山东境内。义：治理。㉝蒙：山名，在今山东蒙阴县西南。羽：山名，在今江苏省赣榆县西南。艺：种植。㉞"大野"两句：大野：指巨野泽，在今山东省巨野县。猪：同"潴"，水停聚的地方。东原：地名，在今山东省东平县一带。厎：得到。平：治理。㉟"厥土"两句：埴：黏土。包：同"苞"，丛生。㊱土五色：五色土，指青黄赤白黑五种颜色的土，五色土是古代君王分封诸侯的用品。㊲"羽畎"两句：夏：大。翟：山雉，其羽毛可做装饰品。峄（yì）：山名，在今江苏省邳州市境内。孤桐：特生的桐树。㊳"泗滨"两句：泗：水名，源出今山东省泗水县。浮磬：一种可以做磬的石头。蠙珠：蚌所产的珍珠。㊴玄：黑色。纤：细绸。缟：白绢。㊵河：应为"菏"，指菏泽，菏泽水与济水相通。㊶海：指黄海。扬州：禹划分的九州之一，在今扬州一带。㊷阳鸟：南方的岛屿，古代"鸟""岛"通用。㊸"三江"两句：三江：指岷江、汉水、彭蠡。震泽：指江苏太湖。㊹"篠簜"三句：篠（xiǎo）：小竹。簜（dàng）：大竹。夭：茂盛。乔：高大。㊺涂泥：潮湿的泥土。㊻金三品：指金、银、铜三个等级。品：等级。㊼瑶：美玉。琨：美石。齿：象牙。革：犀牛皮。羽：鸟羽。毛：旄牛尾。惟：和。㊽岛夷：东南沿海各岛的人。卉服：指蓑衣、草笠之类。卉，草。㊾"厥篚"三句：织贝：把很小的贝用线串联起来，织成巾。包：包裹。锡：与"贡"同义。㊿荆：山名，在今湖北省南漳县。衡：即湖南境内的衡山。荆州：禹划分的九州之一，在今湖南、湖北一带。51江：指长江。汉：指汉水。朝宗：诸侯春天朝见天子叫朝，夏天朝见天子叫宗。52九江：即今洞庭湖。孔：大。殷：定。53"沱、潜"两句：沱：水名，长江的支流，在今湖北枝江市。潜：水名，长江支流，在今湖北省潜江县。云土梦：即云梦，二泽名，江南为云，江北为梦。54杶（chūn）：椿树。干：柘木，可做弓。栝（guā）：桧树。55砺：

粗磨刀石。砥：细磨刀石。砮（nǔ）：石制的箭镞。丹：朱砂。箘（jùn）、簬（lù）：两种竹子。楛（hù）：木名，可做箭杆。⑤三邦：湖泽附近的三个诸侯国。名：名产。⑤"包匦"三句：匦（guǐ）：杨梅。菁茅：一种带刺的茅草，可以滤酒。玄纁（xūn）：指彩色丝绸。纁：黄赤色。玑组：用丝带串起的珍珠串。玑：不圆的珍珠。组：丝带。纳锡：进贡。⑤"浮于"三句：浮：水运。逾：离船上岸陆行。南河：指洛阳巩义市一段的黄河。⑤豫州：禹划分的九州之一，在黄河与湖北的荆山之间的地区。⑥"伊、洛"两句：伊：水名，源出今河南卢氏市。洛：水名，源出今陕西洛南市。瀍（chán）：水名，源出今河南孟津县。涧：水名，源出今河南渑池县。荥波：泽名，在今河南荥阳县。⑥"导菏泽"两句：导：疏通。菏泽：在今山东定陶县。被：同"陂"，修筑堤防。孟猪：泽名，在河南商丘东北。⑥垆：黑色硬土。⑥"厥贡"三句：纻（zhù）：苎麻。纩（kuàng）：细棉。磬错：可以制磬的石头。错，石头，可以琢玉。⑥华：即华山，在陕西华阴市南。黑水：怒江。梁州：禹划分的九州之一。⑥岷：山名，在四川北部。艺：治理。⑥"蔡、蒙"两句：蔡：山名，即峨眉山。蒙：山名，在今四川雅安北。旅：治理。和：名，即大渡河。⑥"厥土"三句：青：黑。黎：疏散。三错：杂出第七、第八、第九三个等级。⑥"厥贡"两句：璆（qiú）：美玉。镂（lòu）：

可以刻镂的坚硬金属。罴：一种熊，又叫马熊。狸：野猫、山猫。织皮：指西戎之国。西倾：山名，在今甘肃与青海交界处。桓：水名，即白龙江。⑥"逾于"三句：沔（miǎn）：汉水的上游。渭：水名，源出甘肃渭源县。乱：横渡。⑦西河：在冀州西边黄河南北走向的一段。雍州：禹划分的九州之一。⑦"弱水"四句：弱水：即张掖河。泾：水名。渭：水名。泾水注入渭水，渭水流入黄河。属：注入。汭（ruì）：河流会合的地方。漆沮：代指洛水。沣水：水名，源出陕西省户县东南，注入渭水。同：会合。⑦"荆、岐"三句：荆：山名，在今陕西富平县西南。岐：山名，在陕西岐山县东北。终南：指秦岭。惇物：山名，太白山，在今陕西省眉县。鸟鼠：山名，在今甘肃省渭源县西南。⑦原隰（xī）：指豳（bīn）地，在今陕西省旬邑县和邠县一带。⑦"三危"两句：三危：山名，在鸟鼠西边。丕：大。叙：顺。⑦球：美玉。琳：美石。琅玕：像珠子一样的美玉。⑦"浮于"两句：积石：山名，在今青海西宁西南。龙门：山名，在陕西韩城东北。⑦"织皮"两句：析支：山名，在今青海省西宁市西南。渠搜：山名。西戎：古代我国西北少数民族的总称。即：就。⑦岍（qiān）：山名，在今陕西陇县南。⑦雷首：山名，在今山西永济市。太岳：即霍太山。⑥底柱：即三门山，在今山西平陆县。析城：山名，在今山西阳城县西南。王屋：山名，在今山西垣曲县东。⑥太行：

禹顺着山势疏通河道。

禹开通太行山的道路。

禹顺着山势砍削树木作为路标。

山名，在今山西、河北、河南的交界处。恒山：在今河北曲阳县西北，古称北岳。

【译文】

禹划分九州的疆界，顺着山势疏通河道，依照土地的贫瘠情况制定出贡税的等级。

禹划分九州的疆界，顺着山势砍削树木作为路标，依据高山大河奠定疆域。

冀州：壶口的工程施工以后，接着便治理梁山和它的支脉。太原附近的河道也治理好了，工程一直扩展到太岳山的南面。覃怀一带的水利工程也取得了很大的成绩，又治理了横流入河的漳水。冀州的土壤白细，土质松软，这里的臣民应献出一等赋税，也可夹杂二等赋税，这里的土地属第五等。恒水、卫水已经疏通好了，其水可以流入大海，大陆泽的治理工程也开始动工了。东方的岛夷人进贡皮服时，可以先接近右边的碣石山，然后再入黄河来贡。

济水与黄河一带的区域是兖州地区：黄河下游的九条河道疏通了，雷夏泽的治理工程也完成了，滩水、沮水会合流入雷夏泽。适合种植桑树的地方都可以养蚕了，于是人民便从小土山上搬下来，住在平地上。兖州的土地又黑又肥，这里的青草生长得茂盛，树木也长得修长。这里的土地属第六等，赋税是第九等，耕种十三年后，才和其他八州的赋税相同。这里的贡品主要是漆和丝，还有盛放在竹篮子里的带有各种花纹的丝织品。进贡时，可由济水、漯水乘船顺流入黄河。

渤海与泰山之间的区域是青州：嵎夷已经得到治理，潍水与淄水的河道都已经疏通了。这里的土壤呈白色，土地肥沃，沿海的广大地区都是盐碱地。这片土地在九州中属第三等，赋税是第四等。这里的贡品是盐、细葛布和各种各样的海产品。泰山一带出产丝、大麻、锡、松和奇特美好的怪石。莱夷一带可以放牧，除了畜产品外，还要把桑丝放入筐内作为贡品运来。运送贡品的船只可以由汶水直接入济水。

黄海与泰山及淮河之间的区域是徐州：淮水和沂水都已经治理好了，蒙山和羽山一带的土地，也可以种植庄稼了。大野泽蓄水以后，东原一带的土地得以平治。这里的土壤呈红色，又粘又肥，草木也长得越来越茂盛。这里的土地属第二等，赋税是第五等。贡品有五色土、羽山山谷的大山鸡、峄山南面的桐木、泗水之滨的制磬石料、淮夷之地的蚌珠和鱼类，还有用筐盛着的纤细的黑色丝绸和白绢。进贡时船只由淮水入泗水，而后再入菏泽。

淮河与黄海之间的区域是扬州：彭蠡泽已经储蓄了大量的水，南方岛屿上的人们也可以在上面安居了。三江之水已经顺畅地流入大海，震泽也得以治理。小竹和大竹普遍地生长起来，原野的青草生长得很茂盛，树木也都长得很高大。这里多潮湿的泥土，土地属第九等，赋税是第七等，也夹杂着第六等。其贡品是金、银、铜三种金属，还有美玉、美石、小竹、大竹、象牙、犀牛皮、鸟羽和旄牛尾、木材。沿海一带进贡草制的衣服，还要把贝锦放在筐内，把橘子和柚子打成包裹作为贡品进献给朝廷。进贡时船只沿着长江进入黄海，再转入淮河和泗水。

荆山和衡山南面之间的区域是荆州：长江和汉水像诸侯朝见天子一样向东奔流入海，洞庭湖水系形成了。沱水、潜水都已经疏通了，云梦泽一带也得到了治理。这里的土壤潮湿，土地属第八等，赋税是第三等。贡品有雉羽、旄牛尾、象牙、犀牛皮和金银铜三种金属，还有椿树、柘树、桧树、柏树，粗磨刀石、细磨刀石、制箭头的石头、丹砂以及美竹、楛树等。州内各国都贡上当地的名产；杨梅、青茅要包裹好，要把彩色的丝织品和串起的珍珠等物品放在竹筐内，一并贡来。洞庭湖还要进贡大龟。进贡时船只由长江顺流入其支流沱水、潜水、汉水，然后登岸由陆路到洛水，再由洛水进入黄河。

荆山与黄河之间的区域是豫州：伊水、洛水、瀍水、涧水都已疏通而流入黄河了。荥波泽已经治理好了，可以储蓄大量的河水。又疏通菏泽，在孟猪泽筑建堤防。这里的土壤松软，土的底层肥沃，而且又黑又硬。这里的田地属第四等，赋税是第二等，也夹杂着第一等。贡品有漆、大麻、细葛布、苎麻，细绢和细绵要用筐子包装起来，还要进贡制磬的石料。进贡时船只由洛水直入黄河。

华山南面至怒江之间的区域是梁州：岷山和蟠冢山都已经能够种庄稼了，沱江和潜水也都疏通了。峨眉山和蒙山的治理工程也已完工，大渡河一带的治理取得了成效。这里的土壤黑而疏松，土地属第七等，赋税属第八等，也夹杂着第七等和第九等。贡品有美玉、铁、银、镂、做箭头的石头、磬、熊、罴、狐、狸等。织皮和西倾山的贡品可以沿着恒水运来。运送贡品的船只经过潜水和沔水，然后舍舟登陆，陆行至沔水，再进入渭水，然后由渭水横渡进入黄河。

　　黑水到西河一带之间的区域是雍州；弱水在疏通之后，便向西流去；泾水在渭水的转弯处注入渭水；漆水和沮水在疏通之后，向北流入渭水；沣水也与渭水会合。荆山和岐山的治理工程已经完工，终南山、惇物山一直到鸟鼠山都得到了治理。原隰的治理取得成效，一直到猪野泽一带都取得了很大成绩。三危山这个地方已经能够居住了，三苗人民于是得到了很好的安置。这里的土壤黄而松软，土地属第一等，赋税是第六等。贡品有美玉、美石和宝珠等。进贡时船只由积石山附近进入黄河，顺流至龙门山、西河，然后在黄河弯曲处与其他船只会合。西戎的民众居住在昆仑、析支、渠搜等地，西戎各族的百姓就能安定和顺了。

　　疏通了岍山和岐山的道路，一直到达荆山，越过黄河。又开通了壶口山、雷首山的道路，一直到达太岳山。还开通了厎柱山、析城山的道路，一直到达王屋山。开通了太行山、恒山的道路，一直到达碣石山，从这里就可以进入渤海了。

【原文】

　　西倾、朱圉、鸟鼠至于太华①。熊耳、外方、桐柏至于陪尾②。

　　导嶓冢至于荆山③。内方至于大别④。岷山之阳至于衡山，过九江至于敷浅原⑤。

　　导弱水至于合黎，馀波入于流沙⑥。

　　导黑水至于三危，入于南海。

　　导河、积石，至于龙门；南至于华阴⑦，东至于厎柱；又东至于孟津⑧；东过洛汭，至于大伾⑨；北过降水⑩，至于大陆；又北，播为九河，同为逆河⑪，入于海。

　　嶓冢导漾⑫，东流为汉；又东，为沧浪之水⑬；过三澨⑭，至于大别，南入于江。东，汇泽为彭蠡；东，为北江，入于海。

　　岷山导江，东别为沱⑮，又东至于澧⑯；过九江，至于东陵⑰，东迆北，会于汇⑱；东为中江⑲，入于海。

禹疏导黑水，让它流到三危山。

　　导沇水⑳，东流为济，入于河，溢为荥㉑，东出于陶丘北㉒，又东至于菏；又东北，会于汶；又北东，入于海。

　　导淮自桐柏，东会于泗、沂，东入于海。

　　导渭自鸟鼠同穴㉓，东会于沣，又东会于泾；又东过漆沮，入于河。

　　导洛自熊耳，东北，会于涧、瀍；又东，会于伊；又东北，入于河。

　　九州攸同，四隩既宅㉔，九山刊旅㉕，九川涤源㉖，九泽既陂，四海会同㉗。六府孔修㉘，庶土交正㉙，厎慎财赋㉚，咸则三壤成赋㉛。中邦锡土、姓，祗台德先，不距朕行㉜。

　　五百里甸服㉝。百里赋纳总，二百里纳铚，三百里纳秸服㉞，四百里粟，五百里米。

　　五百里侯服㉟。百里采，二百里男邦，三百里诸侯㊱。

　　五百里绥服㊲。三百里揆文教，二百里奋武卫㊳。

　　五百里要服㊴。三百里夷，二百里蔡㊵。

　　五百里荒服㊶。三百里蛮，二百里流㊷。

　　东渐于海㊸，西被于流沙，朔南暨声教讫于四海㊹。禹锡玄圭㊺，告厥成功。

【注解】

① 朱圉（yǔ）：在今甘肃甘谷县。太华：即西岳华山。② 熊耳：山名，在今河南卢氏县东。外方：即中岳嵩山。桐柏：山名，在今河南桐柏县。陪尾：山名，在今湖北安陆市。③ 嶓冢：山名，在今陕西宁强县西北。荆山：指湖北省南漳县的南条荆山。④ 内方：山名，在今湖北省钟祥市西南。大别：指湖北与安徽交界处的大别山。⑤ 敷浅原：指江西的庐山。⑥ 馀波：指水的下游。流沙：指居延泽一带的沙漠。⑦ 华阴：华山的北面。⑧ 孟津：地名，今河南孟津县。⑨ 大伾：山名，在今河南浚县西南。⑩ 降水：指漳、泽合流的漳水。⑪ "播为"两句：播：分布。九河：指兖州一带的黄河支流。逆河：黄河分出的支流在下游又合在一起。⑫ 漾：水名，指汉水的上游。⑬ 沧浪：即汉水。⑭ 三澨（shì）：水名，源出湖北省京山县，东流入汉水。⑮ 沱：水名，长江的支流。⑯ 澧：水名，在今湖南省北部，流入洞庭湖。⑰ 东陵：地名，在今湖北省黄梅县。⑱ 汇：指淮河。⑲ 中江：指岷江。⑳ 沇（yǔn）：水名，济水的上游。㉑ 溢：水动荡奔突而出。荥：荥泽，汉代已成平地。㉒ 陶丘：地名，在今山东定陶县。㉓ 鸟鼠同穴：指鸟鼠山。㉔ 隩（ào）：可以定居的地方。㉕ 刊：削。旅：治理。㉖ 涤源：疏通水源。㉗ 四海：指九夷、八狄、七戎、六蛮。㉘ 六府：水火金木土谷。孔：很。修：治理。㉙ 交：都。正：征收。㉚ 厎：定。㉛ 则：准则。三壤：上中下三等土壤。成：定。㉜ "中邦"两句：中邦：中央之邦，指九州。锡：赐。祗：敬。台（yí）：我。距：违背。㉝ 甸服：古代天子在领地外围，每五百里划分为一种服役地带，按远近分为甸服、侯服、绥服、要服、荒服。甸服就是离王城五百里的地域。㉞ "百里"三句：纳：交纳。总：把成熟庄稼完整交出。铚：一种短镰，这里指禾穗。秸服：带稃的谷粒。㉟ 侯服：离王城一千里的地域。㊱ "百里采"三句：采：替天子服差役。男邦：担任国家的差事。男：任。诸侯：指侦察放哨。㊲ 绥服：离王城一千五百里的地域。㊳ 奋武卫：奋扬武威，保卫天子。㊴ 要服：离王城两千里的地域。㊵ "三百里夷"两句：夷：和平相处。蔡：相约遵守法令。㊶ 荒服：离王城两千五百里的地域。荒：远。㊷ "三百里蛮"两句：蛮：尊重他们的风俗，维持隶属关系。流：流动不定居，有时纳贡，有时不纳贡。㊸ 渐：入。㊹ "西被"两句：被：及。讫：到。㊺ 玄圭：天青色的瑞玉。

禹开通了西倾山的道路。

禹疏通了淮水与黄河的河道。

【译文】

　　开通西倾山、朱圉山、鸟鼠山，一直到达太华山。接着又开通熊耳山、嵩山、桐柏山，直到陪尾山。

　　开通嶓冢山，一直到达南条荆山。接着开通内方山，一直到达大别山。再开通岷山之南的道路，到达衡山。接着再过洞庭湖，直到庐山。

　　疏导弱水，让其向西流到合黎山下，它的下游流入沙漠。

疏导黑水，让其流到三危山下，最后流入南海。

疏导黄河，从积石山开始，直到龙门山；再向南到达华山之北；再向东到达厎柱山；又向东到达孟津，继续向东经过洛水弯曲处，就到了大伾山；然后折而北流，经过降水，再向前流入大陆泽；继续向北，分布为九条河道，这九个支流再汇合后注入大海。

从嶓冢山开始疏导漾水，向东流则为汉水。再向东流，便成了沧浪之水，经过三澨水，到达大别山，再向南就流入了长江。又东流汇聚为大泽，叫作彭蠡泽；自彭蠡泽再东出称为北江，最后流入大海。

疏导洛水从熊耳山开始。

从岷山开始疏导长江，向东另外分出一条支流，称为沱水；再向东到达醴水，然后流过洞庭湖，到达东陵；再自东陵东去，逶迤北流，与淮水会合，再东出称为中江，最后流入大海。

疏导沇水，向东流去称为济水，注入黄河，接着越过黄河向南溢出为荥泽；再自荥泽东出到陶丘北，再东流至于菏泽；又向东北流，与汶水会合；然后向北转向东，流入大海。

疏导淮水从桐柏山开始，向东与泗水、沂水会合，然后向东流入大海。

疏导渭水从鸟鼠山开始，向东与沣水会合，再向东与泾水会合，又向东流经漆水、沮水，然后流入黄河。

疏导洛水从熊耳山开始，向东北流，与涧水、瀍水会合；又向东会合伊水；再向东北，流入黄河。

这时九州的治理工程都已经完成了：四方的土地都可以安居了，九条山脉都治理得可以通行了，九条大河都已疏通水源了，九个湖泽都已修筑起堤防了，四海之内的进贡之道都已经畅通无阻了。六府之事都已经治理得很好了，普天之下的土地都可以征收赋税了，但必须谨慎规定财物赋税的数量和品种，这是根据土地的上中下三个等级而确定的贡赋制度。九州之内的土地都分封给了各国诸侯，并赐予他们姓氏，还告诫他们说要把敬修我的德业放在第一位，不要违背我的德教原则。

国都以外五百里的地域称为甸服。离国都一百里远的要纳连秆的庄稼，二百里远的要缴纳禾穗，三百里远的要缴纳带稃的谷粒，四百里远的要缴纳粗米，五百里远的要缴纳精米。

甸服以外五百里的地域称为侯服。离甸服一百里远的应该替天子服差役，二百里远的应该替国家服差役，三百里远的应当承担侦察放哨的工作。

侯服以外五百里的地域称为绥服。离侯服三百里远的要推行天子的文教，二百里远的要奋勇威武地保卫天子。

绥服以外五百里的地域称为要服。离绥服三百里远的要遵约和平相处，二百里远的要遵守天子的法令制度。

要服以外五百里的地域称为荒服。离要服三百里远的可以有自己的风俗，二百里远的是否进贡没有定制。

我们的大地东边至于大海，西边至于沙漠，无论北方还是南方，都已推行了政教法令，华夏的声威达于四海。于是帝舜赏赐给禹天青色的瑞玉，用以表彰禹所建立的巨大功业。

商书

◎汤　誓◎

【原文】

伊尹相汤伐桀，升自陑①，遂与桀战于鸣条之野②，作《汤誓》。

王曰："格尔众庶③，悉听朕言。非台小子，敢行称乱④！有夏多罪，天命殛之⑤。今尔有众，汝曰：'我后不恤我众⑥，舍我穑事，而割正夏⑦？'予惟闻汝众言⑧，夏氏有罪，予畏上帝，不敢不正。今汝其曰⑨：'夏罪其如台⑩？'夏王率遏众力，率割夏邑⑪。有众率怠弗协，曰：'时日曷丧⑫？予及汝皆亡！'夏德若兹，今朕必往。

"尔尚辅予一人，致天之罚，予其大赉汝⑬！尔无不信⑭，朕不食言⑮。尔不从誓言，予则孥戮汝⑯，罔有攸赦⑰。"

【主旨讲解】

商汤伐夏桀之前，汤的军民不愿再打仗，汤就在都城亳誓师。史官记录下誓词，写作了《汤誓》。

【注解】

① "伊尹"两句：相（xiàng）：辅佐。桀：名履癸，禹的第十四代孙，夏的最后一个君主。陑（ér）：地名，在今陕西潼关附近。②鸣条：地名，在黄河的北面，安邑之西。③格：来。④ "非台（yí）"两句：台：我。小子：对自己的谦称。称：举，发动。⑤殛（jí）：诛杀。⑥后：国君。恤：关心体贴。⑦割：通"曷"，为什么。正：征伐。⑧惟：虽

汤王誓师告诫将士，讨伐夏桀。

然。⑨其：恐怕，表揣测的副词。⑩如台（yí）：如何。⑪"夏王"两句：率：语气助词。遏（jié）：同"竭"，尽。割：剥削。⑫时：这个。日：喻夏桀。曷：什么时候。⑬赉（lài）：赏赐。⑭无：不要。⑮食言：说话不算数。食：吞没。⑯孥：同"奴"，降为奴隶。⑰攸：所。

【译文】

伊尹辅佐商汤讨伐夏桀，从陑地北上，于是与夏桀在鸣条的郊野开战。开战之前，商汤誓师告诫将士们。史官把这段誓词记录下来，写成了《汤誓》。

王说："来吧，你们各位，都来听我说。不是我敢于犯上作乱！实在是因为夏王犯了许多罪行，上天命令我去讨伐他。现在你们大家或许会问：'我们的国君不关心体贴我们大家，让我们把农事抛在一边，而去征讨夏王，这是为什么呢？'我虽然明白你们的意思，但是夏桀有罪，我敬畏上帝，不敢不去征讨啊。现在你们恐怕要问：'夏桀的罪行到底怎么样呢？'夏桀耗尽了民力，剥削夏国百姓。民众懈怠涣散，对他很不友好，都咒骂他说：'你这个太阳什么时候才能坠落啊？我们宁可和你一起灭亡！'夏桀的德行败坏到这种地步，现在我一定要去讨伐消灭他。

"你们要辅佐帮助我，执行上天对夏桀的惩罚，我将大大的赏赐你们！你们不要不相信我的话，我决不会自食诺言。如果你们不听从我的告诫，我就把你们降为奴隶，或者杀掉，决不赦免你们！"

◎咸有一德◎

【原文】

伊尹作《咸有一德》①。

伊尹既复政厥辟②，将告归③，乃陈戒于德④。

曰："呜呼！天难谌⑤，命靡常。常厥德，保厥位。厥德匪常，九有以亡⑥。夏王弗克庸德⑦，慢神虐民。皇天弗保，监于万方，启迪有命，眷求一德⑧，俾作神主。惟尹躬暨汤，咸有一德，克享天心⑨，受天明命，以有九有之师，爰革夏正⑩。

"非天私我有商⑪，惟天佑于一德；非商求于下民，惟民归于一德。德惟一，动罔不吉；德二三⑫，动罔不凶。惟吉凶不僭在人⑬，惟天降灾祥在德。

伊尹打算退隐终老，再次劝诫太甲勤于修德。

"今嗣王新服厥命⑭，惟新厥德⑮。终始惟一，时乃日新。任官惟贤材，左右惟其人⑯。臣为上为德，为下为民⑰。其难其慎⑱，惟和惟一。德无常师⑲，主善为师⑳。善无常主，协于克一。俾万姓咸曰：'大哉！王言。'又曰：'一哉！王心'。克绥先王之禄㉑，永厎烝民之生㉒。

"呜呼！七世之庙，可以观德；万夫之长，可以观政。后非民罔使；民非后罔事㉓。无自广以狭人，匹夫匹妇，不获自尽㉔，民主罔与成厥功㉕。"

【主旨讲解】

太甲从桐宫回到亳以后，伊尹交还政权，打算回到自己的私邑退隐终老，但又担心太甲德不纯一，就再次训诫太甲。史官记录这件事，用文中的"咸有一德"作为本篇的题目。

　　《咸有一德》的内容可分四部分：第一部分是序。第二部分说明伊尹作训的缘由。第三部分用历史事实说明道德纯一就吉，不纯一就凶。第四部分告诫太甲要勤于修德，善于用人，不可妄自尊大。

　　《咸有一德》是伪古文。

【注解】

①咸：都。一：纯一。②复：还给。③告：请求。归：回到自己的封地。④乃：于是。陈：陈述。于：以。⑤谌（chén）：信。⑥九有：九州。⑦庸：常。⑧眷：视。⑨享：当，适应。天心：天意。⑩爰：于是。革：更改，革除。正（zhēng）：一年的第一天。古代改朝换代，必须重新规定正朔。⑪私：偏爱。⑫二三：反复不定，不专一。⑬僭（jiàn）：差错。⑭服：担当。⑮新：更新。⑯左右：指辅佐帝王的大臣。⑰"臣为上"两句：为上：帮助君王。为德：施行德政。为下：帮助下属。为民：治理民众。⑱难：难于任用。慎：慎于听察。⑲师：师法，范例。⑳主：正，准则。㉑绥：定。禄：福禄。㉒底：达到。烝（zhēng）：美好。㉓事：尽力，效忠。㉔自尽：尽自己的努力。㉕民主：指天子。

【译文】

　　伊尹作《咸有一德》。

　　伊尹把政权交还给太甲以后，打算请求返回自己的私邑退隐，于是陈述修德的事，用以告诫太甲。

　　伊尹说："唉！上天的旨意是难以理解的，因为天命无常。君王如果能经常地修善养德，就能够使自己的地位安定。如果不能经常修德，国家就会因此灭亡。夏桀不能经常修德，慢怠神明，虐待民众。上

伊尹用历史事实告诫太甲，道德纯一就吉利。

天对此感到不安，明察天下，开导有天命的人，眷念寻求纯一之德，使他成为百神之主。只有我和成汤，都具有纯一的德行，能够适应天意，承受天命，因此拥有九州的民众。于是，更改夏的正朔，灭夏而建立了商。

　　"不是上天偏爱我们商族，而是上天要扶助有纯一之德的人；并不是商族向民众求助，而是民众归附具有纯德的人。德行纯一，行动起来无不吉利；德行反复无常，行动起来无不凶险。吉凶不会出现偏差是因为上天观察了人的所作所为，上天降灾赐福也是根据人的德行而定的。

　　"现在大王你重新担当起当天子的使命，要更新自己的品德。要始终如一，坚持不懈，这样你的德行就会日日更新。任用官员要选择有德有能的人，辅佐你的大臣更应该是这样的人。大臣应该辅助君王施行德政，辅助下属治理民众。这样的人很难选到，所以要慎重考虑，必须是能与你通力合作、同心同德的人。道德没有固定不变的法则，以善为标准就可作为范例。善也没有固定不变的标准，只要能够纯一就算符合。这样就会使得人人都说：'多么伟大啊！君王的话。'又说：'多么纯一啊！君王的心。'这样，就能够安享先王的福禄，长久地达到使民众的生活美好。

　　"啊！从七代祖先的宗庙，能够看到功德；从亿万民众的首领身上，能够看到政绩。君王没有民众就无人役使；民众没有君主就无处效忠。不要以为自己宏大而别人狭小，平民百姓如果不能尽力效忠，那么，君王就不会得到别人的辅佐而成就功业。"

周 书

◎洪 范◎

【原文】

武王胜殷，杀受，立武庚①，以箕子归。作《洪范》。

惟十有三祀②，王访于箕子。王乃言曰："呜呼！箕子，惟天阴骘下民③，相协厥居④，我不知其彝伦攸叙⑤。"

箕子乃言曰："我闻在昔，鲧堙洪水⑥，汩陈其五行⑦。帝乃震怒，不畀洪范九畴⑧，彝伦攸斁⑨。鲧则殛死⑩，禹乃嗣兴⑪，天乃锡禹洪范九畴⑫，彝伦攸叙。

"初一曰五行⑬，次二曰敬用五事⑭，次三曰农用八政⑮，次四曰协用五纪⑯，次五曰建用皇极⑰，次六曰乂用三德⑱，次七曰明用稽疑⑲，次八曰念用庶征⑳，次九曰向用五福㉑，威用六极㉒。

"一、五行：一曰水，二曰火，三曰木，四曰金，五曰土。水曰润下，火曰炎上，木曰曲直，金曰从革，土爰稼穑㉓。润下作咸㉔，炎上作苦，曲直作酸，从革作辛㉕，稼穑作甘。

"二、五事：一曰貌，二曰言，三曰视，四曰听，五曰思。貌曰恭，言曰从，视曰明，听曰聪，思曰睿㉖。恭作肃，从作乂，明作晰，聪作谋，睿作圣㉗。

"三、八政：一曰食，二曰货，三曰祀，四曰司空，五曰司徒，六曰司寇，七曰宾，八曰师㉘。

"四、五纪：一曰岁，二曰月，三曰日，四曰星辰，五曰历数㉙。

"五、皇极：皇建其有极。敛时五福㉚，用敷锡厥庶民㉛，惟时厥庶民于汝极㉜。锡汝保极㉝：凡厥庶民，无有淫朋㉞，人无有比德㉟，惟皇作极。凡厥庶民，有猷有为有守㊱，汝则念之。不协于极，不罹于咎㊲，皇则受之㊳。而康而色㊴，曰：'予攸好德㊵。'汝则锡之福。时人斯其惟皇之极㊶。无虐茕独而畏高明㊷。人之有能有为，使羞其行㊸，而邦其昌。凡厥正人，既富方谷㊹，汝弗能使有好于而家，时人斯其辜㊺。于其无好德，汝虽锡之福，其作汝用咎㊻。无偏无陂㊼，遵王之义㊽；无有作好，遵王之道；无有作恶，遵王之路。无偏无党㊾，正道荡荡㊿；无党无偏，王道平平[51]；无反无侧[52]，王道正直。会其有极，归其有极。曰[53]：皇，极之敷言[54]，是彝是训[55]，于帝其训[56]。凡厥庶民，极之敷言，是训是行，以近天子之光。曰：天子作民父母，以为天下王。

"六、三德：一曰正直，二曰刚克[57]，三曰柔克。平康正直[58]，强弗友刚克，燮友柔克[59]。沈潜刚克[60]，高明柔克。惟辟作福，惟辟作威，惟辟玉食[61]。臣无有作福作威玉食。臣之有作福作威玉食，其害于而家，凶于而国。人用侧颇僻，民用僭忒[62]。

箕子返回周地，武王向他请教治国的道理。

第六卷　尚书

“七、稽疑：择建立卜筮人㉝，乃命卜筮。曰雨，曰霁，曰蒙，曰驿，曰克，曰贞，曰悔，凡七㉞。卜五，占用二，衍忒㉟。立时人作卜筮。三人占，则从二人之言。汝则有大疑，谋及乃心㊱，谋及卿士，谋及庶人，谋及卜筮。汝则从，龟从，筮从，卿士从，庶民从，是之谓大同。身其康强，子孙其逢㊲，吉。汝则从，龟从，筮从，卿士逆，庶民逆，吉。卿士从，龟从，筮从，汝则逆，庶民逆，吉。庶民从，龟从，筮从，汝则逆，卿士逆，吉。汝则从，龟从，筮逆，卿士逆，庶民逆，作内吉㊳，作外凶。龟筮共违于人，用静吉，用作凶。

“八、庶征：曰雨，曰旸㊴，曰燠㊵，曰寒，曰风。曰时五者来备㊶，各以其叙㊷，庶草蕃庑㊸。一极备㊹，凶；一极无，凶。曰休征㊺：曰肃，时雨若㊻；曰乂，时旸若；曰晰，时燠若；曰谋，时寒若；曰圣，时风若。曰咎征：曰狂㊼，恒雨若；曰僭㊽，恒旸若；曰豫㊾，恒燠若；曰急，恒寒若；曰蒙㊿，恒风若。曰王省惟岁(51)，卿士惟月，师尹惟日。岁月日时无易(52)，百谷用成，乂用明，俊民用章(53)，家用平康。日月岁时既易，百谷用不成，乂用昏不明，俊民用微(54)，家用不宁。庶民惟星，星有好风(55)，星有好雨。日月之行，则有冬有夏。月之从星，则以风雨(56)。

“九、五福：一曰寿，二曰富，三曰康宁，四曰攸好德(57)，五曰考终命(58)。六极：一曰凶、短、折(59)，二曰疾，三曰忧，四曰贫，五曰恶，六曰弱(60)。”

【主旨讲解】

洪，大。范，法。洪范，即大法。相传大禹治水时，有神龟自洛水出，背负天书，献给大禹，此书为《洛书》，书中记有治国的基本方略。到殷商时，《洛书》传到商纣王的叔父箕子手中。周武王灭商以后，向箕子询问治国的方略，箕子依据《洛书》，详细阐述了洪范九畴，即治国的九种大法。史官记录了箕子的讲话，写成《洪范》。

《洪范》的内容可分三部分：第一部分是序。第二部分概述洪范九畴的由来及其纲目。第三部分详细说明洪范九畴的具体内容。

《洪范》是《尚书》中的重要篇章，一直受到历代统治者的重视。它对于我们今天研究上古的政治、思想和文化，也具有重要意义。

【注解】

①武庚：又名禄父，纣王的儿子，商朝灭亡后，被周武王封为殷君。②十有三祀：指周文王建国后的第十三年，武王灭商后的第二年。祀：年。③阴：同"荫"，覆盖。阴骘(zhì)：保护。骘：安定。④相：使。⑤彝伦：常理。叙：次序，引申为规定。⑥鲧：人名，大禹的父亲。堙(yīn)：堵塞。⑦汩：乱。陈：列。五行：指金木水火土五种常用物质。行：用。⑧畀(bì)：给予。畴：种类。⑨攸：因此。敦(dù)：败坏。⑩殛：杀。⑪嗣：继承。⑫锡：同"赐"，给予。⑬初一：第一。⑭次：第。五事：详见下文，指貌、言、视、听、思五件事。⑮农：努力。⑯五纪：五种记时方法。⑰建：建立。皇：君王。极：法则。⑱乂(yì)：治理民众。⑲稽：考察。⑳念：经常思考。庶：众。征：征兆。㉑向(xiǎng)：同"飨"，劝勉。㉒威：警戒。㉓"水曰"五句：曰：句中语气助词。润：润湿。炎：烧烤。曲直：可曲可直。从：顺从。革：变革，改变。爰：句中语气助词。稼穑(sè)：播种和收获。㉔作：产生。㉕辛：辣。㉖"貌曰恭"五句：貌：容貌，仪态。从：正当合理。睿(ruì)：通达。㉗"恭作肃"五句：作：就。肃：敬。晰：明智。谋：善于谋划。圣：圣明。㉘"八政"句：八政：八种政务。食：掌管民食。货：掌管财金。祀：掌管祭祀。司空：管理居民。司徒：掌管教化。司寇：掌管审问盗贼。宾：掌管朝觐。师：掌管军事。㉙"五纪"句：岁：年。星：指二十八宿。辰：指十二时辰。历数：日月运行经历周天的度数。㉚敛：采取。时：这。五福：指下文第九条的五福。㉛敷：普遍。锡：施予。㉜于：重视。㉝锡：贡献。保：保持。㉞淫朋：邪党。㉟人：这里指百官。比德：私相比附的行为。㊱猷：计谋。作：作为。守：操守。㊲罹：陷入。咎：罪恶。㊳受：容纳，宽容。㊴康：和悦。色：温和。㊵攸：遵行。㊶斯：乃。惟：思。㊷茕(qióng)：孤单。高明：显贵的人。㊸羞：贡献。㊹方：常。谷：指俸禄。㊺辜：罪，这里指责怪。㊻作：使。用：施行。㊼陂(pō)：同"颇"，不正。㊽义：法度。㊾偏：营私。党：结党。㊿荡荡：宽广。(51)平平：平易。(52)反：反道。侧：倾侧。(53)曰：转换语势之词。(54)敷：陈述。(55)彝：宣扬。训：教导。(56)训：顺从。(57)克：克制。(58)平康：中正平和。(59)燮(xiè)：和顺。(60)沈：同"沉"，阴险。潜：伏，阴谋。沈潜：指乱臣贼子。(61)"惟辟"三句：辟：君王。作：施行。福：赏赐。威：惩罚。玉食：美食。(62)"人用"两句：人：

百官。用：因此。侧：斜。颇僻：不正。僭（jiàn）：越轨。忒（tè）：作恶。⑥卜筮：古代两种占卜术，用龟甲或蓍草占凶吉。⑥"曰雨"句：霁：雨后的云气在上。蒙：雾气蒙蒙。驿：光色润泽。克：阴阳之气相犯。贞：六十四卦中的内卦。悔：《易经》里六十四卦中的外卦。凡七：共七种征兆。⑥衍：推演。忒：变化。⑥谋：考虑。⑥逢：兴旺，昌盛。⑥作：行事。内：国内。⑥旸（yáng）：晴天。⑦燠（yù）：暖和。⑦备：齐备。⑦叙：次序。⑦蕃：滋长增多。庑：同"芜"，茂盛。⑦一：五者之一。极备：过多。⑦休征：美好的征兆。⑦若：像。⑦狂：傲慢。⑦僭：差错。⑦豫：逸乐。⑧蒙：昏昧。⑧省：省察政务。⑧易：变化。⑧俊民：有才能的人。用：因此。章：显扬。⑧微：不明显。⑧好：喜欢。⑧以：用。⑧攸好德：喜好美德。攸，助词。⑧考：老。终命：善终。⑧凶、短、折：均指早死。没到换牙年龄而死叫凶。没到三十岁成年而死叫短。没到结婚年龄而死叫折。⑨弱：懦弱。

【译文】

周武王战胜殷商，杀死商纣王，封武庚为殷君，然后等到箕子返回周地，向他请教治国的道理。史官据此写成《洪范》。

周文王十三年，武王向箕子请教治国之道。武王说："唉！箕子，上天默默地保护世间的民众，使他们和睦相处，而我却不知道上天有哪些恒常不变的用来保护百姓的道理。"

箕子回答说："我听说当初鲧用堵塞河道的方法治理洪水，结果把五行的顺序都给打乱了，上天动了怒气，

武王向箕子询问治国之道，箕子详细阐述了治国的九种方法。

不给他治国安民的九种方法，治国的常理因此被破坏了。鲧因此被诛杀，大禹继承他的事业而兴起。上天赐给他治国安民的九种方法，治国的常理这才确定下来。

"（这九种方法，）第一种是五行，第二种是五事，第三种是八政，第四种是五纪，第五种是皇极，第六种是三德，第七种是稽疑（即决断疑难问题的方法），第八种是庶征（即各种征验），第九种是劝导用的五福（即五种幸福的事情）。在惩罚方面，还有六极（即六种不幸的事情）。

"所谓五行指的是：第一种是水，第二种是火，第三种是木，第四种是金，第五种是土。水的常性是向下润泽万物，火的常性是向上燃烧，木的常性是能曲能直，金的常性是可以销熔改变形状，土的常性是可以种植五谷。向下浸润万物的水，味道是咸的；向上燃烧的东西的火，味道是苦的；能曲能直的木，味道是酸的；形状可以改变的金，味道是辣的；能够种植五谷的土，味道是甜的。

"所谓五事指的是：一是仪态，二是言语，三是眼光，四是听觉，五是思想。仪态应当谦恭，言语应当正确并可以遵从，眼光一定要明亮，听觉一定要灵敏，思想一定要睿智。仪态恭敬，内心就能肃敬；言语准确，国家就能得到治理；眼睛观察仔细，就能明辨善恶；善于听取别人建议，就能有计谋；思想通达，就能睿智圣明。

"所谓八政指的是：一是掌管粮食，二是掌管财政，三是掌管祭祀，四是掌管土木建造，五是掌管教育，六是掌管社会治安，七是掌管接待外宾，八是掌管军事。

"所谓五种天象指的是：一是年岁，二是月份，三是日数，四是星辰，五是历数。

"所谓帝王统治的准则指的是：君王施行政教，应当树立法则，聚集五种幸福，普遍地赐予民众，那些民众都会听从你的法则，还会与你一起维持这一法则。这样，所有的民众，都不会结成邪恶的朋党，人与人之间不会曲从勾结，他们的言行都会合乎君王制定的法则。合乎君王的法则，但是不至于陷入罪恶的泥潭，君王也应当宽容地接受他。君王要和颜悦色，若是有人说'我爱好美德'，君王就

应当赐予他福泽。这样的人是能够遵守君王的法则的。不要欺侮鳏夫寡妇而畏惧身居高位者。倘若一个人有能力、有作为，那就让他贡献一分力量，那么国家就会昌盛。凡是正直的人，既然已经给他爵禄使他富贵，就要用善道对待他。倘若不能使他们对国家有所帮助，那这就是他们的罪过了。对于那些没有对国家有所帮助的人，即便你给他爵禄，他的行为也会使你受到牵连而有罪过。不要偏邪不正，应当遵守君王的法则。不

武王向箕子请教保护百姓的道理。

要偏爱，应当遵循君王的大道。不要偏私，应该遵循君王所规定的正路。不偏不私，君王的道路就会平坦。不偏邪，不悖逆，君王的道路就是宽广的。君王聚合遵守法则之人，群臣归附君王，也有其法则。君王应当依照法则做事，通过臣下的传达来教育万民，这是顺应天意的。所有的百姓，都应该顺从法则，以增加君王的光辉。这是因为天子是百姓的父母，是天下人拥戴的圣王。

“所谓三德指的是：一是中正不邪曲，二是刚强而能立事，三是柔和而能治理。要想使天下平安，必须先端正人的曲直，对那些强硬不友善的人，要用刚硬的态度战胜他们，对那些友善的人，要用柔和的态度对待他们。对乱臣贼子，务必保持强硬；对高明君子，务必保持柔和。只有国君才能赐人爵位赏人俸禄，只有国君才能主持刑罚，只有国君才能享用美食。做臣子的没有权力赐人爵位赏人俸禄，没有权力主持刑罚，也没有权力享用美食。臣子如果也能赐人爵位赏人俸禄，也能主持刑罚，也能享用美食，那就会给你的王室带来灾难，给你的国家带来祸患。人们就会因为这种行为不合王道，百姓也会因此犯上作乱。

“处理疑难的办法是选择善于卜筮的人，委派他们分别用龟甲或蓍草占卜。下令让他们进行卜筮，卜筮的征兆：有的像下雨，有的像雨后初晴，有的像云气连绵，有的像雾气蒙蒙，还有兆相交错，有的明正，有的隐晦。卦象共七种，前五种以龟甲占卜，后两种以蓍草占卜，对复杂多变的卦象进行推演研究。委派这些卜筮之人，如果三个人占卜就听取两个人的话。你如果遇到重大的疑难问题，就首先自己单独深思熟虑，然后与卿士合计，与百姓合计，最后用卜筮结果来作决定。如果你赞成，龟卜赞成，草占赞成，卿士赞成，百姓赞成，这就叫大同，那么你身体就健康强壮，子孙也将大吉大利。如果你自己赞成，龟卜赞成，草占赞成，卿士不赞成，百姓不赞成，这就是吉。如果卿士赞成，龟卜赞成，草占赞成，你不赞成，百姓不赞成，这也是吉。如果百姓赞成，龟卜赞成，草占赞成，你不赞成，卿士不赞成，这还是吉。如果你赞成，龟卜赞成，草占不赞成，卿士不赞成，百姓不赞成，在境内办事就会吉，在境外办事就会遇上危险。如果龟卜、草占与人们的意见都不一致，静守就会吉利，行动就会遇有危险。

“各种征兆：或是雨，或是晴，或是暖，或是寒，或是风，这五种自然现象都应按时发生。如果五种自然现象都具备，而且能按一定规律出现，庄稼就会丰收。如果一种现象发生过多，就会歉收。如果一种现象缺乏，一样也会歉收。关于美好的征兆：天子谦恭，上天就会按时下雨；政治清明，阳光就会充足；天子英明，温暖就会按时来临；天子深谋远虑，寒冷就会应时而生；天子通达，风就会按时吹来。各种凶恶的征兆：天子狂妄，雨水就会过多；天子僭越差错，土地就会干旱；天子贪图享乐，天气就会很炎热；天子暴虐急躁，天气就会十分寒冷；天子昏庸，大风就会不停地刮；天子政策有误，坏天气就会影响一整年；卿士管理有误，坏天气就影响一个月；官吏办事有误，坏天气就会影

响一整天。年、月、日都没有异常，各种庄稼就会丰收，政治就会清明，贤能的人也会得到举荐，国家就会平安稳定。相反，年、月、日出现了异常，庄稼就会歉收，政治就会昏暗，贤能的人受到压制，国家就会动乱。百姓像星辰，有的星辰喜欢风，有的星辰喜欢雨。日月依照规律运行，就产生了冬季和夏季。月亮如果顺从星辰，就会有时多风，有时多雨。

"五种幸福：一是长寿，二是富有，三是平安，四是美德，五是善终。六种灾祸：一是早死（八岁以前死亡，二十岁以前死亡，三十岁以前死亡），二是多病，三是多愁，四是贫穷，五是丑陋，六是懦弱。"

○金 縢○

【原文】

武王有疾，周公作《金縢》。

既克商二年，王有疾，弗豫①。二公曰②："我其为王穆卜③。"周公曰："未可以戚我先王④？"公乃自以为功⑤，为三坛同墠⑥。为坛于南方，北面，周公立焉。植璧秉珪⑦，乃告太王、王季、文王。

史乃册⑧，祝曰："惟尔元孙某，遘厉虐疾⑨。若尔三王是有丕子之责于天⑩，以旦代某之身！予仁若考能⑪，多材多艺，能事鬼神。乃元孙不若旦多材多艺，不能事鬼神。乃命于帝庭⑫，敷佑四方⑬，用能定尔子孙于下地⑭。四方之民罔不祗畏⑮。呜呼！无坠天之降宝命⑯，我先王亦永有依归。今我即命于元龟⑰，尔之许我，我其以璧与珪归俟尔命⑱；尔不许我，我乃屏璧与珪⑲。"

乃卜三龟，一习吉⑳。启籥见书㉑，乃并是吉。公曰："体㉒！王其罔害㉓。予小子新命于三王㉔，惟永终是图；兹攸俟，能念予一人。"公归，乃纳册于金縢之匮中。王翼日乃瘳㉕。

武王既丧，管叔及其群弟乃流言于国㉖，曰："公将不利于孺子㉗。"周公乃告二公曰："我之弗辟㉘，我无以告我先王。"周公居东二年，则罪人斯得㉙。于后，公乃为诗以贻王，名之曰《鸱鸮》㉚。王亦未敢诮公㉛。

秋，大熟，未获，天大雷电以风㉜，禾尽偃㉝，大木斯拔。邦人大恐。王与大夫尽弁以启金縢之书㉞，乃得周公所自以为功代武王之说㉟。二公及王乃问诸史与百执事㊱。对曰："信㊲！噫！公命我勿敢言。"

王执书以泣曰："其勿穆卜！昔公勤劳王家，惟予冲人弗及知㊳。今天动威以彰周公之德，惟朕小子其新逆㊴，我国家礼亦宜之。"王出郊，天乃雨，反风㊵，禾则尽起。二公命邦人，凡大木所偃，尽起而筑之㊶。岁则大熟。

武王身患重病，武王的弟弟周公姬旦请求代替武王去死。

【主旨讲解】

金縢（téng），用金属装饰的匣子。武王灭商后两年，身患重病，而当时天下尚未安定，武王身系天下的安危。于是武

成王打开《金縢》见到了册书，明白了周公的忠诚。

王的弟弟周公姬旦向太王、王季和文王祭告，请求以自身代替武王去死。事后，祝告的册书被收藏在金属装饰的匣子里。武王死后，成王即位，但由于成王年幼，所以周公旦代理朝政。武王的弟弟管叔、蔡叔、霍叔散布流言，说周公将不利于成王，致使成王也怀疑周公旦。这时管叔等人勾结殷商遗民叛乱，周公东征，平定了叛乱，又写了《鸱鸮》诗，想感动成王，但成王仍未醒悟。后来因偶然的天灾，成王打开《金縢》，见到了册书，深受感动。史官记录这段史实，来表彰周公的忠诚，写作了《金縢》。

《金縢》的内容可分四部分：第一部分是序。第二部分记述周公祭告先王，请求替武王去死。第三部分记录武王死后，周王朝危险的政治形势，而周公拯危扶困却受怀疑。第四部分记述成王见《金縢》册书而悔悟。

《金縢》写于西周初年，对研究周初复杂的政治局面和社会生活，具有重要的价值。

【注解】

①豫：安，指身体不适。②二公：指太公和召公。③穆：恭敬。④戚：同"祷"，告事求福。⑤功：质，抵押。⑥为：设。三坛：三座祭坛，太王、王季、文王各为一坛。墠（shàn）：祭祀的场地。⑦植：同"置"，放置。璧：圆形的玉。秉：持。珪：上圆下方的玉。⑧史：史官。册：写册书。⑨"惟尔"两句：元孙：长孙。元，大。某：指武王姬发，史官讳谦，不直书武王名。遘（gòu）：遇到。厉：危。虐：恶。⑩丕子：同"布兹"，布席助祭。是：这时。⑪仁若：柔顺。考：巧。⑫乃：初始。命：受命。⑬敷：普遍。佑：通"有"。⑭下地：人间。⑮祗（zhī）：敬。⑯坠：丧失。宝命：指上文"命于帝庭，敷佑四方"的使命。⑰即命：就而听命。即：就，靠近。⑱俟：等待。⑲屏（bǐng）：收藏。⑳一：全都一样。习：重复。㉑启：开。龠（yuè）：同"钥"，锁钥。㉒体：兆体，兆形。㉓害：危险。㉔命：告。㉕翼日：第二天。瘳（chōu）：病愈。㉖管叔：文王第三子，武王的弟弟，周公的哥哥，名鲜，管是封地。群弟：指蔡叔、霍叔。流言：散布谣言。㉗孺子：指成王。㉘辟（bì）：摄政为君。㉙"周公"两句：居东：居住在东方，指东征。罪人：指三叔和武庚。得：捕获。㉚"公乃"两句：贻（yí）：给。鸱（chī）鸮（xiāo）：诗名，存于《诗经·豳风》中。㉛诮：责备。㉜以：与。㉝僵：倒伏。㉞弁（biàn）：礼帽，这里是戴上礼帽的意思。㉟说：指周公祷告的祝词。㊱百执事：众位办事官员。㊲信：确实。㊳冲人：年幼的人。㊴新：当为"亲"，亲自。逆：迎接。㊵反风：风向相反。㊶筑：用土培根。

【译文】

周武王得了重病，周公为武王向神灵祈祷，史官据此写成《金縢》。

周国战胜殷商后的第二年，武王生了重病，身体状况很差。太公、召公说："我们为王恭敬地卜问吉凶吧。"周公说："不能向我们的先王祷告吗？"周公就把自身作为抵押，清扫出一块空地，在上面筑起三座祭坛。又在三坛的南边筑造一座台子，周公面向北方站在台上。坛上置有璧玉，周公手里拿着珪，就向太王、王季、文王祷告。

史官把祷告的祝词记录在册书上，祝词说道："你们的长孙姬发，患上了极度危险的病。假若你们三位先王这时在天上有助祭的职责，就让我姬旦代替姬发的身子而生病吧！我生性柔顺巧能，多才多艺，能够很好地侍奉鬼神。你们的长孙姬发没有我那么多才多艺，不能侍奉鬼神。但是他受命于上天，坐拥天下，能让你们的子孙都能平平安安地生活于世上，天下的百姓没有不敬畏他的。不要夺去上天赐予他的宝贵生命，我们的先王也将永远地依托于他。现在我就要通过元龟听从你们的命令。如果你们答应我，我就把璧和圭拿给你们，来听候你们的命令；如果你们不答应我，我就把璧和圭藏起来。"

于是卜问三龟，都重复出现吉兆。打开锁钥查看卦书，竟然也显示吉兆。周公说："根据兆形来看，大王没有危险了。我刚刚向三位先王祷告，只图国运长久；我现在所期待的，是先王能够顾念我谋国长远的诚心。"周公回去，让史官把册书放进金属束着的匣子中。第二天，武王的病就好了。

武王去世以后，管叔和他的几个弟弟就在国内散播谣言，说："周公将对年幼的成王不利。"周公就告诉大公、召公说："我不摄政，就无法告慰我们的先王啊。"周公留在东方两年，逮捕了发动叛乱的罪人。后来，周公写了一首诗送给成王，诗名为《鸱鸮》。成王（不赞成周公的所作所为，）却没有因此而责备他。

秋天，各种谷物成熟，还没有收获，天空就出现了雷电和大风。庄稼都伏倒了，大树也被连根拔起。国人非常恐慌。成王和大夫们都穿上礼服、戴上礼帽，打开金属束着的匣子，打开里面的册书，于是得到了周公以自身为质请求代替武王生病的祝词。太公、召公和成王就询问史官和众位办事官员。他们回答说："确实是这样的。唉！周公告诫我们不能说出来。"

成王拿着册书哭泣，说："不必再恭敬地等待占卜了！过去，周公为王室操劳，我这年轻人来不及了解。现在，上天发威来表彰周公的功绩，我这年轻人要亲自去迎接他，我们国家的礼制也应该是这样的。"成王走到郊外，天下着雨，风向也反转了，倒伏的庄稼全都立了起来。太公、召公于是命令国人，凡被大树压倒的庄稼，要全部扶起来，用土培好根。这一年，周朝五谷丰登。

◎康 诰◎

【原文】

成王既伐管叔、蔡叔，以殷余民封康叔①，作《康诰》、《酒诰》、《梓材》。

惟三月哉生魄②，周公初基作新大邑于东国洛③，四方民大和会④。侯甸男邦、采卫百工、播民和见⑤，士于周⑥。周公咸勤，乃洪大诰治⑦。

王若曰："孟侯⑧，朕其弟⑨，小子封。惟乃丕显考文王，克明德慎罚⑩；不敢侮鳏寡，庸庸，祗祗，威威，显民⑪，用肇造我区夏⑫，越我一、二邦以修我西土⑬。惟时怙冒⑭，闻于上帝，帝休⑮，天乃大命文王。殪戎殷⑯，诞受厥命越厥邦厥民，惟时叙⑰，乃寡兄勖⑱。肆汝小子封在兹东土⑲。"

王曰："呜呼！封，汝念哉！今民将在祗遹乃文考⑳，绍闻衣德言㉑。往敷求于殷先哲王用保乂民㉒，汝丕远惟商耇成人宅心知训㉓。别求闻由古先哲王用康保民㉔。弘于天，若德裕乃身㉕，不

周成王讨伐管叔、蔡叔后，把殷商遗民封给康叔。

周公告诫康叔要尚德民民。

周公告诫康叔，不可赦免罪大恶极之人。

废在王命㉖！"

王曰："呜呼！小子封，恫瘝乃身㉗，敬哉！天畏棐忱㉘；民情大可见，小人难保。往尽乃心，无康好逸豫㉙，乃其乂民。我闻曰：'怨不在大，亦不在小；惠不惠㉚，懋不懋㉛。'已！汝惟小子，乃服惟弘王应保殷民㉜，亦惟助王宅天命，作新民㉝。"

王曰："呜呼！封，敬明乃罚。人有小罪，非眚㉞，乃惟终自作不典㉟；式尔㊱，有厥罪小㊲，乃不可不杀。乃有大罪，非终，乃惟眚灾㊳；适尔，既道极厥辜㊴，时乃不可杀。"

王曰："呜呼！封，有叙时㊵，乃大明服㊶，惟民其敕懋和㊷。若有疾，惟民其毕弃咎㊸。若保赤子㊹，惟民其康乂。

"非汝封刑人杀人，无或刑人杀人。非汝封又曰劓刵人㊺，无或劓刵人。"

王曰："外事㊻，汝陈时臬司师㊼，兹殷罚有伦㊽。"又曰："要囚㊾，服念五、六日至于旬时，丕蔽要囚㊿。"

王曰："汝陈时臬事罚(51)。蔽殷彝，用其义刑义杀(52)，勿庸以次汝封(53)。乃汝尽逊曰时叙(54)，惟曰未有逊事(55)。已！汝惟小子，未其有若汝封之心(56)。朕心朕德，惟乃知。

"凡民自得罪(57)：寇攘奸宄，杀越人于货(58)，暋不畏死，罔弗憝(59)。"

王曰："封，元恶大憝，矧惟不孝不友(60)。子弗祗服厥父事(61)，大伤厥考心；于父不能字厥子，乃疾厥子(62)；于弟弗念天显(63)，乃弗克恭厥兄；兄亦不念鞠子哀(64)，大不友于弟。惟吊兹(65)，不于我政人得罪，天惟与我民彝大泯乱(66)。曰：乃其速由文王作罚(67)，刑兹无赦。

"不率大戛(68)，矧惟外庶子、训人惟厥正人越小臣、诸节(69)。乃别播敷造民(70)，大誉弗念弗庸，瘝厥君；时乃引恶(71)，惟朕憝。已！汝乃其速由兹义率杀(72)。

"亦惟君惟长(73)，不能厥家人越厥小臣、外正(74)；惟威惟虐，大放王命(75)；乃非德用乂。

"汝亦罔不克敬典，乃由裕民(76)，惟文王之敬忌；乃裕民曰：'我惟有及(77)。'则予一人以怿。"

王曰："封，爽惟民迪吉康(78)，我时其惟殷先哲王德(79)，用康乂民作求(80)。矧今民罔迪，不适(81)；不迪，则罔政在厥邦。"

王曰："封，予惟不可不监，告汝德之说于罚之行(82)。今惟民不静，未戾厥心，迪屡未同(83)，爽惟天其罚殛我(84)，我其不怨。惟厥罪无在大，亦无在多，矧曰其尚显闻于天(85)。"

王曰："呜呼！封，敬哉！无作怨，勿用非谋非彝蔽时忱。丕则敏德(86)，用康乃心(87)，顾乃德，远乃猷，裕乃以(88)；民宁，不汝瑕殄(89)。"

王曰："呜呼！肆(90)！汝小子封。惟命不于常(91)，汝念哉！无我殄享(92)，明乃服命，高乃听(93)，用康乂民。"

王若曰："往哉！封，勿替敬，典听朕告(94)，汝乃以殷民世享(95)。"

【主旨讲解】

康叔，名封，周武王的同母弟。周公东征，杀死了叛乱的武庚、管叔，放逐了蔡叔，把先前由武庚统治的殷民封给康叔，立康叔为卫君，居住在黄河与淇水之间的殷商旧地。周公担心康叔年轻，难以治理殷

《尚书》天命观浅析

上古先民对赖以生存的自然怀着敬畏心理，认定人类以外还有一个无形的神掌控着自然和生灵，世间一切都按照神的意志运行。这种思想体现在《尚书》中，就是天命。

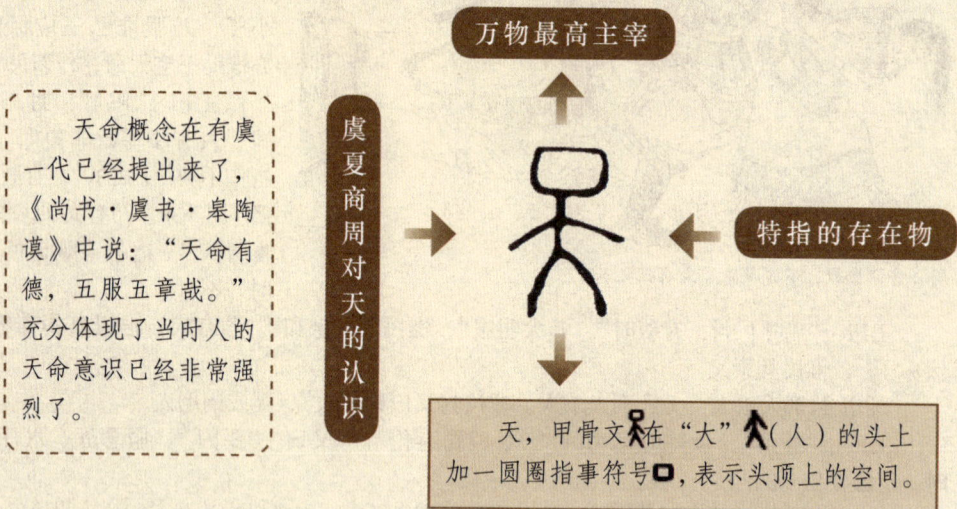

万物最高主宰

虞夏商周对天的认识

特指的存在物

天命概念在有虞一代已经提出来了，《尚书·虞书·皋陶谟》中说："天命有德，五服五章哉。"充分体现了当时人的天命意识已经非常强烈了。

天，甲骨文在"大"（人）的头上加一圆圈指事符号，表示头顶上的空间。

虞夏商周天命观

正义的化身： 惩恶扬善，"孚佑下民"，所做的一切都是为了维护天下人民的利益。上天选尧、舜、禹、汤、文王、武王等有德之人管理天下。

君权天授： 天并不亲自管理大大小小的一切事物，他将权力授之于君主，让君主代替天进行管理。上天对待无德的暴君，使其失权丧国，如有扈氏、夏桀和商纣王。

虞夏商周天命观的变化

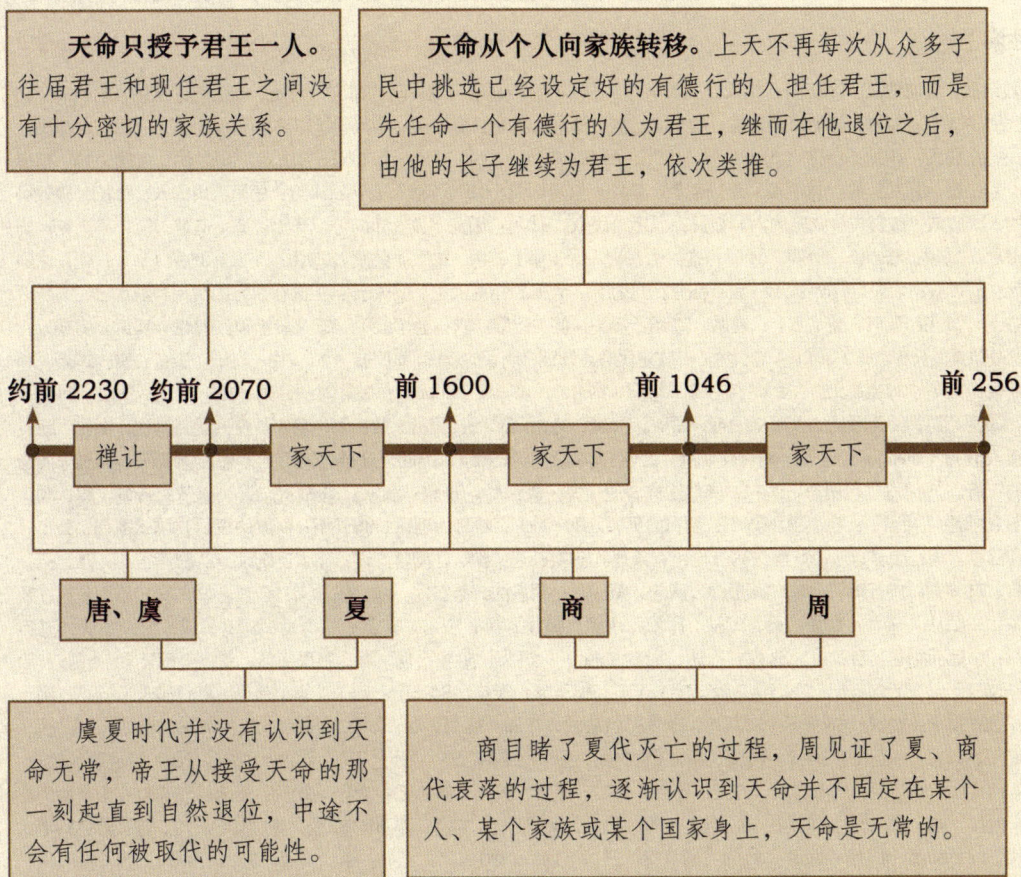

天命只授予君王一人。 往届君王和现任君王之间没有十分密切的家族关系。

天命从个人向家族转移。 上天不再每次从众多子民中挑选已经设定好的有德行的人担任君王，而是先任命一个有德行的人为君王，继而在他退位之后，由他的长子继续为君王，依次类推。

约前2230	约前2070	前1600	前1046	前256
禅让	家天下	家天下	家天下	

唐、虞　　　　夏　　　　商　　　　周

虞夏时代并没有认识到天命无常，帝王从接受天命的那一刻起直到自然退位，中途不会有任何被取代的可能性。

商目睹了夏代灭亡的过程，周见证了夏、商代衰落的过程，逐渐认识到天命并不固定在某个人、某个家族或某个国家身上，天命是无常的。

商周时代仍然信奉、敬畏上天，但出现了人的觉醒，此时天的地位逐渐降低，人的地位逐渐抬高。天命无常的原因是人自己不义的行为招致了祸害，惹怒了上天，上天将天命转移走。既然天命无常且天命受人的行为的影响，怎样做才能保持天命的恒常呢？敬德、保民就能获天辅而有大命。

商遗民，于是周公对康叔发表了这篇诰词。史官记录下这篇诰词，写成《康诰》。

《康诰》的内容可分六部分：第一部分是序。第二部分周公总结历史经验，指明尚德慎刑是治殷的根本原则。第三部分告诫康叔要尚德保民。第四部分告诫康叔要慎用刑罚，具体阐述了施用刑罚的五项准则和四条刑律。第五部分告诫康叔要以仁德教化殷民。第六部分告诫康叔必须遵从教命，巩固周王朝的统治。《康诰》反映了周初的政治思想和司法制度，对于研究我国古代政治史和思想史，具有重要的参考价值。

【注解】

①殷余民：殷商遗民。②三月：指周公摄政第四年的三月。哉：始。魄：同“霸”，月光。哉生魄：指每月的初二、初三前后。③基：经营，建造。新大邑：指王城。洛：洛水。④和：会。会：聚集。⑤邦：指邦君。百工：百官。播民：移民，指殷民。和见：会见。⑥士：同“事”，服务。⑦洪：代替。治：治理殷民的法则。⑧孟侯：诸侯之长，指康叔。孟：长。⑨其：的。⑩明德：崇尚德教。慎罚：慎用刑罚。⑪“不敢”五句：庸庸：任用可用的人。祗祗：尊敬可敬的人。威威：威慑应该威慑的人。显民：显示给民众。⑫用：因此。肇（zhào）：开始。造：造就。区：小。夏：周国自称。⑬越：与。修：治理。⑭时：这。怙：大。冒（xù）：通“勖”，勉励。⑮休：高兴。⑯殪（yì）：死，这里指灭亡。戎殷：大殷。⑰时：承。叙：基业。⑱寡兄：大兄，指周武王。⑲东土：卫国在东方的黄河与淇水之间，所以称东土。⑳在：观察。遹（yù）：遵循。㉑绍：尽力。闻：听取。衣：通“殷”。㉒乂：治理。㉓惟：考虑。耇成人：指德高望重的长者。耇（gǒu）：老。宅心：安定民心。知训：明智的教训。㉔别：另外。由：对于。康：安康。㉕若：顺从。裕：指导。㉖废：止。在：终，完成。㉗恫（tōng）：痛。瘝（guān）：病。㉘畏：通“威”。忱：诚信。㉙豫：乐。㉚惠不惠：使不顺从的人顺从。惠：顺从。㉛懋：努力。㉜服：职责。弘：大，宽宏。应：受。㉝作：振作。新：革新。㉞眚（shěng）：过失。㉟终：始终，经常。典：法。㊱式尔：因而，这样。㊲有：即使。㊳眚灾：因过失而造成的灾害。㊴“适尔”两句：适尔：偶然这样。道：说。极：尽。㊵叙：顺从。㊶服：诚服。㊷敕：告诫。和：顺。㊸咎：罪恶。㊹赤子：指小孩。㊺劓：割鼻的刑罚。刵（èr）：断耳的刑罚。㊻外事：断案的事。㊼陈：陈列，公布。臬：法律。司：治理。师：狱官。㊽有伦：有条理。㊾要：通“幽”，幽禁。囚：犯人。㊿服念：思考。丕：乃。蔽：判断。(51)事罚：施行刑罚。(52)“蔽殷彝”两句：蔽殷彝：用殷法判断案件。彝：法。义：合理。(53)勿庸：不用。次：通“恣”，顺从。(54)乃：如果。逊：顺从。时叙：承顺。(55)惟：宜，应当。(56)其：语气助词。有：或。若：顺从。(57)自得罪：由此而犯罪。自：由。(58)越：抢劫。(59)憝（duì）：怨恨。(60)矧：也。孝：善事父母。友：善事兄弟。(61)服：治理。(62)“于父”两句：于：为。字：爱。疾：厌恶。(63)天显：天伦。(64)鞠子：幼子，指小弟弟。哀：痛苦。(65)吊：到。兹：这，指上述情况。(66)“不于”两句：政人：执法的人。罪：惩罚。泯：混乱。(67)由：用。(68)率：遵循。戛：法。(69)庶子、训人、小臣、诸节：均为官职名称。(70)播敷：播布，传播。造：应为“告”。(71)引：增长。(72)率：捕捉。(73)君、长：指诸侯。(74)小臣：内侍官员。外正：外官。(75)放：违背，放弃。(76)由裕：教导。(77)及：继承。(78)爽惟：语气助词。迪：教导。吉：善。(79)时：时时。其：将要。惟：思念。(80)求：通“逑”，匹配。(81)适：善。(82)于：与。行：道。(83)屡：屡次。同：和谐。(84)殛：诛责。(85)曰：通“聿”，语气助词。(86)丕则：于是。敏：勤勉，努力。(87)乃：其，指殷民。(88)“远乃猷”两句：猷：通“徭”，徭役。以：用，指日常用品。(89)瑕：病，挑毛病，责备。殄：绝。(90)肆：努力。(91)命：天命。(92)享：对祖先的祭祀。(93)“明乃”两句：明：明白。服命：职责和使命。高：敬。(94)典：常。(95)以：与。世享：世世代代享有殷国。

【译文】

周成王平定管叔、蔡叔之乱以后，把殷商的遗民封给康叔，周公奉成王之命告诫康叔。史官把周公的诰词记录下来，写成《康诰》《酒诰》《梓材》三篇。

三月初，周公开始在东方

周公告诫康叔遵从教命，巩固周王朝的统治。

周公告诫康叔，审察要慎重，施罚要严明。

周公告诫康叔，要惩罚不能用德来治理的民众。

的洛水岸边修筑一座大城邑，四方的臣民都聚集到这里来。侯服、甸服、男服的邦君，采服、卫服的百官，以及殷商的遗民都来会见，为周王室效命。周公普遍慰劳他们，于是代成王告谕治理殷民的方法。

王（周公）这样说："康叔，我的弟弟，年轻的封啊！你的圣明伟大的先父文王，能够崇尚德教，慎用刑罚；从不欺侮孤苦无依的人，他重用应当任用的人，尊重值得尊敬的人，威慑应该威慑的人，并把这些都显示给民众，因此开创了我们周国的基业，与周边的几个邦国共同治理西方。文王这种十分勤勉的德行，被上帝知道了，上帝很高兴，就给文王降下大命。灭掉殷国，接受上天的大命，治理殷商的遗民，继承文王的事业，则是长兄武王努力所致。所以你这年轻人才被分封在东方的卫国啊！"

王（周公）说："是啊，封！你要好好考虑！现在臣民都在注视着你，看你是否恭敬地继承你父亲文王的传统，依照他的遗训来治理国家。你到殷后，要努力了解殷商遗民的心态，懂得怎样使他们顺服。另外，你还要访求古时圣明帝王的治国之道，以安定民心。要比天还宽宏，使臣民体验到你的恩德，不停地完成王命！"

王（周公）说："啊，年轻的封！治理国家要经受痛苦的磨难，可要小心谨慎啊！威严的上天辅助心诚的人，这可以通过民心表现出来，小人却难以治理。你去那里要尽心尽力，不要贪图安逸享乐，这样才能治理好国家和百姓。我听说：'民怨不在于大，也不在于小；要使不顺从的人顺从，使不努力的人努力。'啊！你这年轻人，你的职责重大，我们君王受上天之命来保护殷民，你要协助君王完成上天降下来的大命，努力改造殷民，使他们振作起来。"

王（周公）说："啊！封，对刑罚要谨慎严明。如果一个人犯了小罪，而不是过失，还经常做一些违法的事；这样，虽然他的罪过很小，却不能不杀。如果一个人犯了大罪，但不是一贯如此，而只是由失造成的灾祸；这是偶然犯罪，可以按法律给予适当处罚，不应把他杀掉。"

王（周公）说："啊，封，如果你能按照上面的去做，就会使臣民顺服，臣民就会互相劝勉，和顺相处。要像医治病人一样，尽力让臣民抛弃自己的过错。要像护理孩子一样保护臣民，使他们健康安宁。

"除了你封可以惩罚并杀人之外，任何人都无权惩罚人、杀人。除了你封可以下令割罪人的鼻子和耳朵外，任何人都不能施行割鼻断耳的刑罚。"

王（周公）说："审讯断案，你宣布这些法律来管理狱官，这样在殷地施行刑罚才会有条理。"王又说："囚禁犯人，必须考虑五六天，甚至十多天，这样才可以判决他们。"

王（周公）说："你宣布了这些法律后，要依据它们来惩治罪犯。根据殷商的刑罚来判罪时，该用刑的就用刑，该杀的就杀掉，不要照你的意思来行事。如果完全按照你的意思行事才叫顺从，那么就没有顺从的事。唉！你还是个年轻人，不可顺从你的意思。我的心愿和德行，只有你才能了解。"百姓大凡都是因为这些行为而犯罪：盗窃、抢掠、内外作乱、杀人越货、强横不怕死，这些罪行没有不痛恨的。"

王（周公）说："封，罪大恶极的人，也有些是不孝顺、不友爱的。儿子不恭身侍奉父亲，大伤父亲的心；父亲不怜爱儿子，反而厌恶儿子；弟弟不顾天伦，不尊敬他的兄长；兄长不顾念弟弟的痛苦，对弟弟很不友爱。父子兄弟之间的关系到了这种地步，如果执政者不去惩罚他们，那么上帝赐予民众的常法就会出现大混乱。所以说，你要尽快运用文王制定的惩罚措施，惩罚这些人，不要宽恕他们。

"不遵循国家大法的人，也有些是诸侯国的庶子、训人、正人、小臣、诸节等官员。他们另外发布政令，告谕百姓，大肆称誉那些违反国家法令的人，危害国君；这就助长了恶人的嚣张气焰，我非常痛恨那些人。唉！你要尽快根据这些罪行捕杀他们啊。

"还有一些诸侯，他们不能管束并教育好自己的家人和内外官员，致使他们作威作福，完全违背王命；对于这些人，不能用德教来治理，只能用惩罚的方式来治理。

"你也不能不遵守法令，教导臣民的时候，要考虑文王的敬德忌恶；你要教导臣民说：'我只为了继承文王的传统。'那么，我会感到很高兴。"

王说："封，教化民众才能使他们善良安定，我们要时时思念殷商贤王的德政，好好治理殷商遗民，以媲美商代贤明的君王。何况现在的殷民，如果不好好引导，他们就不知向善；不加以教导，殷国就没有德政了。"

王说："封，我们不能不了解民情，我已经把施行德政和刑罚的意见告诉你了。现在殷民的情绪不安定，他们的心还没有安定下来，屡次教导他们，仍没有合顺，这是上天要惩罚我们，我们不应该心怀怨愤。殷民的罪过，无论大小和多少，我们都应勇于承担，何况上天已察觉到殷民不安宁的状况了呢！"

王说："啊！封，要谨慎啊！不要制造怨恨，不要采用不周全的计谋，不要执行不恰当的措施，否则就会闭塞你的诚信之心。要努力施行德政，以稳定殷民之心；顾念他们的善德，减轻他们的徭役，为他们提供日用所需；这样，人民安定了，上天就不会责罚你了。"

王说："啊！努力吧！年轻的姬封。天命无常，你要记住啊！不要断绝对我们祖先的祭祀，要明白你的职责和使命，敬慎地对待你所听到的一切，用来治理安定这里的百姓。"

王这样说："去吧！姬封，不要抛弃美善的德行，要经常听取我的教导，这样，你和殷民就能世世代代享用殷国的土地了。"

◎酒　诰◎

【原文】

王若曰："明大命于妹邦①。乃穆考文王②，肇国在西土③。厥诰毖庶邦庶士越少正御事朝夕曰④：'祀兹酒⑤。'惟天降命，肇我民⑥，惟元祀⑦。天降威⑧，我民用大乱丧德，亦罔非酒惟行⑨；越小大邦用丧，亦罔非酒惟辜。

"文王诰教小子有正有事⑩：无彝酒⑪。越庶国⑫：饮惟祀，德将无醉⑬。惟曰我民迪小子惟土物爱，厥心臧⑭。聪听祖考之遗训，越小大德⑮。

"小子惟一妹土⑯，嗣尔股肱⑰，纯其艺黍稷⑱，奔走事厥考厥长。肇牵车牛，远服贾用⑲，孝养厥父母；厥父母庆⑳，自洗腆，致用酒㉑。

"庶士有正越庶伯君子，

周公告诫卫国臣民饮酒要有节制。

周公告诫姬封，殷商君臣要强行戒酒。

其尔典听朕教！尔大克羞耇惟君㉒，尔乃饮食醉饱。丕惟曰尔克永观省㉓。作稽中德㉔，尔尚克羞馈祀。尔乃自介用逸㉕，兹乃允惟王正事之臣㉖。兹亦惟天若元德，永不忘在王家㉗。”

王曰：“封，我西土棐徂㉘，邦君御事小子尚克用文王教，不腆于酒㉙，故我至于今，克受殷之命。”

王曰：“封，我闻惟曰：‘在昔殷先哲王迪畏天显小民，经德秉哲㉚。自成汤咸至于帝乙㉛，成王畏相㉜。惟御事，厥棐有恭，不敢自暇自逸，矧曰其敢崇饮㉝？越在外服㉞，侯甸男卫邦伯；越在内服，百僚庶尹惟亚惟服宗工越百姓里居㉟，罔敢湎于酒。不惟不敢，亦不暇，惟助成王德显越，尹人祗辟㊱。’

“我闻亦惟曰：‘在今后嗣王㊲，酣㊳，身厥命，罔显于民祗㊴，保越怨不易㊵。诞惟厥纵㊶，淫泆于非彝㊷，用燕丧威仪㊸，民罔不衋伤心㊹。惟荒腆于酒，不惟自息乃逸㊺。厥心疾很，不克畏死㊻。辜在商邑，越殷国灭，无罹㊼。弗惟德馨香祀，登闻于天㊽；诞惟民怨，庶群自酒㊾，腥闻在上。故天降丧于殷，罔爱于殷，惟逸。天非虐，惟民自速辜㊿。’”

王曰：“封，予不惟若兹多诰(51)。古人有言曰：‘人无于水监(52)，当于民监。’今惟殷坠厥命，我其可不大监抚于时(53)！予惟曰汝劼毖殷献臣(54)，侯甸男卫，矧太史友、内史友、越献臣百宗工(55)，矧惟尔事、服休服采(56)，矧惟若畴(57)，圻父薄违、农父若保、宏父定辟(58)：‘矧汝刚制于酒(59)。’

“厥或诰曰：‘群饮。’汝勿佚(60)，尽执拘以归于周，予其杀(61)。又惟殷之迪诸臣惟工(62)，乃湎于酒，勿庸杀之，姑惟教之(63)。有斯明享(64)，乃不用我教辞，惟我一人弗恤弗蠲(65)，乃事时同于杀(66)。”

王曰：“封，汝典听朕毖(67)，勿辩乃司民湎于酒(68)。”

【主旨讲解】

殷代末年，风气奢华，酗酒乱德，纣王曾建造酒池肉林，放纵淫乐。卫国原是殷商旧地，周公担心这种殷商恶习会酿成大乱，所以代替成王向新任卫国国君康叔发表诰词。史官记录这篇诰词，写成《酒诰》。

《酒诰》与《康诰》同为一序，其内容可分为三部分：第一部分阐述戒酒的重要性，告诫卫国臣民饮酒要有节制。第二部分以正反两方面总结殷商戒酒兴国和纵酒亡国的历史教训。第三部分宣布禁酒的法令条例。

《酒诰》反映了周公改易恶俗的思想，对于巩固政权极其重要，具有很强的史料价值。

【注解】

①王：指摄政王周公。明：昭告，宣布。妹邦：指康叔的封地卫国。妹：通“沬”，卫国的都邑。②乃：当初。穆考：指文王。按古代昭穆制，文王世次当穆。③肇：创建。④诰毖：告诫。庶：众。⑤兹：则，才。⑥“惟天”两句：惟：语气助词。命：福命。肇：劝勉。⑦惟：只是。元：大。⑧威：罚。⑨“我民”两句：用：因此。惟：为。⑩有正：大臣。有事：小臣。⑪无：不要。彝：经常。⑫越：于。庶国：指在诸侯国任职。⑬将：扶助。德将：以德自助。⑭“惟曰”两句：迪：指导。土物：指粮食。臧：善。⑮越：发扬。⑯一：专一。⑰嗣：用。股肱：脚手。⑱纯：专心。艺：种植。⑲服：从事。贾（gǔ）用：指贸易。⑳庆：高兴。㉑“自洗腆”两句：洗腆：洁治丰盛的饮

食。致：得到。㉒羞：进献。耇：年长者。惟：与。㉓丕惟：语助词。省：省察。㉔作：举止。稽：符合。中德：中正之德。㉕乃：如果。介：通"界"，限制。用逸：行逸，指饮酒。㉖允：长期。㉗忘：失。㉘棐徂：辅助。徂：通"助"。㉙腆：丰厚。㉚"在昔"两句：惟：有。迪：语助词。天显：指天命。经：行。秉：持。哲：敬。㉛咸：通"覃"，延续。㉜成王：有成就的君王。畏相：敬畏辅臣。㉝崇：纵，尽情。㉞外服：外官，指诸侯。㉟百僚：百官。庶尹：众长。亚：副官。服：任事的官。宗工：宗室的官员。百姓里居：百官中退休而住在家里的人。㊱尹：正。㊲后嗣王：指商纣王。㊳酗：嗜酒。㊴民祗：百姓的疾苦。祗：通"疧"，病。㊵保越：安于。易：改。㊶诞：大。惟：为。纵：淫乱。㊷泆：通"佚"，乐。㊸燕：通"宴"，宴饮。㊹盩（xì）：伤痛。㊺逸：过失。㊻克：肯。㊼罹：忧虑。㊽登：升。㊾庶群：指纣王的群臣。自酒：私自饮酒。㊿速：招致。51惟：想。若兹：如此。52监：察看。53其：难道。监抚：省察。抚：览。54劼：谨慎。毖：告。献臣：遗臣。55矧：又。友：同僚。56事：治事官员。服休：掌管漰宴的官员。服采：管理朝祭的官员。57若：你。畴：指下文的三卿。58圻（qí）父：指司马，掌管军事。薄：讨伐。农父：司徒，掌管农业。若：顺。保：养。宏父：司空，掌管土地。辟：法度。59刚：强。制：断绝。60佚：放纵。61执拘：逮捕。其：将要。62迪：辅佐。惟：与。63姑：暂且。64享：劝导。65恤：怜惜。蠲（juān）：免除。66事：治理。时：这种人。同：一样。67典：听。毖：告。68辩：使。司民：治理民众的官员。

【译文】

王这样说："你要到卫国去宣布一项重大命令。你那尊敬的先父文王，在西方的土地上创建了周国。他从早到晚告诫各国诸侯、各位卿士和各级官员说：'只有祭祀时才可以饮酒。'上天降下旨意，劝勉我们的臣民，只能在大祭时才可以饮酒。后来，上天降下惩罚，我们的臣民犯上作乱，丧失了道德，这是因为酗酒造成的；那些大大小小的诸侯国之所以灭亡，也无非就是因为君臣过度纵酒的缘故。

"文王还告诫在朝中担任大小官职的人们：不要经常饮酒。告诫在诸侯国任职的人们：只有祭祀时才可以饮酒，饮酒时要用道德约束自己，不要喝醉了。文王还告诫我们的臣民，要他们爱惜粮食，使他们心地善良。我们要好好听取先祖留下的遗训，发扬各种美德。

"殷民们，你们要一心留在故土，用你们自己的手脚，专心致志地种好庄稼，勤勉地侍奉自己的父兄。努力牵牛赶车，到外地去做生意，以孝敬和赡养你们的父母；父母高兴，自己动手置备丰盛的饮食，这时你们可以饮酒。

"各级官员们，希望你们经常听取我的意见！只要你们能向老人和国君进献酒食，你们就可以吃饱饭、喝足酒了。只要你们能经常省察自己，使自己的行为举止符合中正的美德，你们就可以参与王室的祭祀活动了。如果你们能够约束自己不纵酒，就可以长期担任王室的治事官员了。这也是上天所赞赏的大德，王室将永远不会忘记你们这些臣属。"

王说："封啊，我们西方的诸侯和官员，常常能够遵从文王的教导，从不多喝酒，所以我们到今天能够承受治殷的天命。"

王说："封，我听到有人说：'过去，殷商的先人明王畏惧天命和百姓，施行德政，保持恭敬。从成汤延续到帝乙，明君贤相都时常考虑着如何治理好国家。那些治事之臣，颁布政令都很认真，不敢偷闲享乐，何况敢聚众饮酒呢？在外地的侯、甸、男、卫等诸侯，在朝中的各级官员、宗室贵族以及退居在家的官员，都不敢沉溺于纵酒。不但不敢这样做，就是敢做也没有闲暇的工夫，他们只想着显扬君王的美德，让百官恭敬地侍奉君王。'

商纣王纵酒淫乐导致亡国。

"我又听到有人说：'近世的商纣王，沉溺于纵酒，自以为有命在天，不体察民间的疾苦，面对百姓的怨恨而知悔改。他大肆纵酒淫乐，过分贪图安逸而违反常法，因宴乐而丧失了威仪，臣民没有不痛心的。商纣王只想着纵酒，不想停止作乐。他心肠狠毒，不能用死亡来威吓他。他在商都作恶，对于殷国的灭亡，从来没有忧虑过。没有明德芳香的祭祀升闻于天；只有百姓的怨气和群臣私自饮酒的酒气升闻于天。上帝知道了，于是对殷商降下灾祸，不再眷顾殷商，这就是淫乐纵酒的缘故。上帝并不暴虐，是殷民自己招致了灾祸。"

王说："封啊，我不想如此反复告诫你。古人说：'人不应该把水面当作镜子来察看自己，而应当把民情当作镜子来察看自己。'现在殷商已经丧失了国运，难道我们不应该好好地省察自己吗？我想告诉你，你要谨慎地告诫殷商的遗臣、诸侯国君和各级官员，对他们说：'你们要强行戒酒啊！'

"假如有人报告说：'有人群聚饮酒。'你不要放纵他们，要把他们全部抓起来，并把他们押送到京城，我将杀掉他们。假如殷商的辅臣和官员沉溺于纵酒，就先不要杀掉他们，暂且先教育他们。有了这样明显的政令，如果还有人违反我的政令，我就不再怜惜他们，不再赦免他们，同治理聚众纵酒的人一样将他们杀掉（绝不姑息）。"

王说："姬封，你要经常遵从我的告诫，不要让你的官员纵酒啊！"

◎梓 材◎

【原文】

王曰："封，以厥庶民暨厥臣达大家①，以厥臣达王惟邦君②，汝若恒③。

"越曰我有师师、司徒、司马、司空、尹旅④，曰：'予罔厉杀人⑤。'亦厥君先敬劳，肆徂厥敬劳⑥。

"肆往⑦，奸宄、杀人、历人，宥⑧；肆亦见厥君事、戕败人⑨，宥。

"王启监，厥乱为民⑩。曰：'无胥戕⑪，无胥虐，至于敬寡，至于属妇⑫，合由以容⑬。'王其效邦君越御事，厥命曷以⑭？'引养引恬⑮'。自古王若兹，监罔攸辟⑯！

"惟曰：若稽田⑰，既勤敷菑⑱，惟其陈修⑲，为厥疆畎⑳。若作室家，既勤垣墉㉑，惟其涂塈茨㉒。若作梓材，既勤朴斫㉓，惟其涂丹雘㉔。

"今王惟曰㉔：先王既勤用明德㉕，怀为夹，庶邦享作㉖，兄弟方来㉗。亦既用明德，后式典集㉘，庶邦丕享㉙。

"皇天既付中国民越厥疆土于先王，肆王惟德用㉚，和怿先后迷民㉛，用怿先王受命㉜。已！若兹监，惟曰欲至于万年㉝，惟王子子孙孙永保民㉞。"

周公认为，教化百姓好比彩饰用贵重木材制作的家具。

【主旨讲解】

梓材，本义是指上等的木材，这里用来比喻治国要加倍努力的道理。康叔被封为卫国国君后，周公告诫康叔如何治理殷民。因诰词中周公用了"若作梓材"这个比喻，所以史官在记录这篇诰词时以《梓材》为题。

《梓材》与《康诰》《酒诰》同为一序，《梓材》的内容可分两部分：第一部分阐述了治理殷商故地的具体政策：即顺从常典、慰劳邦君、宽恕罪人、安抚百姓。第二部分申述制定上述政策的理由，勉励康叔施行明德、和睦殷民，努力完成先王未竟的大业。

本篇中周公的宽民政策，对安定殷民起了重要作用，是研究周初统治策略的重要文献。

周公告诫康叔，营造了洛邑还要施行明德。

【注解】

①以：由。暨：和。达：至。大家：指卿大夫。家：大夫的封地。②王：指诸侯。惟：与。邦君：国君。③若：顺从。

恒：常，指常典。④越：句首语气词。师师：众位官长。尹：正，指大夫。旅：众士。⑤厉：杀戮无罪的人。⑥肆：努力。徂：去。劳：慰劳。⑦肆往：往日。⑧历：俘虏。宥：宽恕。⑨见：泄露。戕（qiāng）：残害。⑩"王启监"两句：启：建立，设立。监：指诸侯，由于公、侯、伯、子、男各监一国，所以称诸侯为监。乱：通"率"，大都。为：教化。⑪胥：相互。⑫"至于"两句：敬，通"鳏"，老而无妻的人。寡：丧夫的妇人。属妇：指孕妇。⑬合：同。由：教导。以：和。容：宽容。⑭曷：何。以：用。⑮引：长。恬：安。⑯攸：所。辟：通"僻"，偏。⑰稽：治。⑱敷：布，播种。菑：新开垦的土地。⑲陈修：治理。陈：治。⑳疆：地界。畎（quǎn）：田间水沟。㉑垣（yuán）：矮墙。墉：高墙。㉒涂：完成。墍（xì）：涂上泥巴。茨：用茅草盖顶。㉓朴：剥去树皮。斫（zhuó）：砍削。㉔王：指王家。惟：思考。㉕用：施行。㉖怀：来。夹：通"郏"，洛邑。享：进献。作：劳作。㉗方：国。㉘后：指诸侯。式：因此。典：常。集：会合，指朝会。㉙丕：乃，于是。㉚肆：今。㉛和怿：和悦。先后：指导。迷民：指殷商遗民中的顽固分子。㉜怿：通"致"，完成。㉝惟：思考。欲：将。㉞惟：使。

【译文】

王说："封啊，从殷的老百姓和它的大臣到卿大夫，从它的官员到诸侯和国君，你都要让他们遵守常典。

"你要告诉我们的众位官长、司徒、司马、司空、大夫和众士说：'我不会滥杀无辜。'要先恭谨地慰劳邦君，然后再努力让他们去恭谨地慰劳臣民。

"过去内外作乱、杀人、虏人的罪犯，现在都要赦免；过去泄露国家大事、残害他人身体的罪犯，也要宽恕。

"王者设立诸侯，大都是为了教化百姓。他说：'不要相互残害，不要相互虐待，对于鳏夫寡妇和孕妇，要同样教导和宽慰他们。'君王教导诸侯国君和诸侯国的官员，他的诰命是什么呢？那就是'不断地教化万民，不断地安抚万民'。自古以来，做君主的都是如此，你去监督时不要有所偏差。

"我想，这就好比种田，既然已经勤劳地开垦、播种，就要想到整治土地，修筑田界，开挖水沟。又好比建造房屋，既然已经辛苦地筑起了墙壁，就要继续涂泥和盖顶。又好比用贵重木材制作器具，既然已经辛苦剥去树皮并做成了家具，就要完成彩饰工作。

"现在我们王家考虑：先王已经勤劳力施行明德，营造了洛邑，建立了国家，四方的异邦都来进贡，兄弟之国也都来归附。如今我们也要像先王那样施行明德，那么诸侯会依据常例来朝见，众多的邦国也会前来进贡。

"上天既已把天下的臣民和疆土赐予先王，当今的国君就只能施行德政，来和悦、教导殷商那些迷惑的人民，用以完成先王所受的天命。唉！像这样来监督治理殷民，我想你的国运将延续万年而不衰，使王家的子子孙孙长久地拥有殷民。"

◎洛　诰◎

【原文】

召公既相宅，周公往营成周①，使来告卜②，作《洛诰》。

周公拜手稽首曰："朕复子明辟③。王如弗敢及天基命定命④，予乃胤保大相东土⑤，其基作民明辟⑥。

"予惟乙卯，朝至于洛师⑦。我卜河朔黎水⑧，我乃卜涧水东、瀍水西，惟洛食⑨；我又卜瀍水东，亦惟洛食。伻来以图及献卜⑩。"

王拜手稽首曰："公不敢不敬天之休⑪，来相宅，其作周匹⑫，休！公既定宅，伻来，来，视予卜，休恒吉⑬。我二人共贞⑭。公其以予万亿年敬天之休⑮，拜手稽首诲言。"

洛邑建成后，周公与成王讨论定都大事。

周公曰："王，肇称殷礼⑯，祀于新邑，咸秩无文⑰。予齐百工⑱，伻从王于周⑲，予惟曰：'庶有事⑳。'今王即命曰：'记功，宗㉑，以功作元祀㉒。'惟命曰：'汝受命笃弼㉓，丕视功载㉔，乃汝其悉自教工㉕。'

"孺子其朋㉖，孺子其朋，其往！无若火始焰焰㉗；厥攸灼叙，弗其绝㉘。厥若彝及抚事如予㉙，惟以在周工往新邑㉚。伻向即有僚㉛，明作有功，惇大成裕㉜，汝永有辞㉝。"

公曰："已！汝惟冲子，惟终㉞。汝其敬识百辟享㉟，亦识其有不享。享多仪㊱，仪不及物，惟曰不享㊲。惟不役志于享㊳，凡民惟曰不享，惟事其爽侮㊴。乃惟孺子颁，朕不暇听㊵。

"朕教汝于棐民彝㊶，汝乃是不蘉㊷，乃时惟不永哉㊸！笃叙乃正父罔不若予㊹，不敢废乃命。汝往敬哉！兹予其明农哉㊺！彼裕我民，无远用戾㊻。"

王若曰："公！明保予冲子。公称丕显德㊼，以予小子扬文武烈㊽，奉答天命，和恒四方民㊾，居师㊿；惇宗将礼，称秩元祀[51]，咸秩无文。惟公德明光于上下，勤施于四方，旁作穆穆[52]，迓衡不迷[53]。文武勤教，予冲子夙夜毖祀[54]。"

王曰："公功棐迪，笃罔不若时[55]。"

王曰，"公！予小子其退，即辟于周[56]，命公后[57]。四方迪乱未定[58]，于宗礼亦未克敉[59]，公功迪将[60]，其后监我士师工，诞保文武受民，乱为四辅[61]。"

王曰："公定[62]，予往已。公功肃将祗欢[63]，公无困哉！我惟无斁其康事[64]，公勿替刑[65]，四方其世享。"

周公拜手稽首曰："王命予来，承保乃文祖受命民，越乃光烈考武王弘[66]，朕恭。孺子来相宅，其大惇典殷献民[67]，乱为四方新辟，作周恭先[68]。曰[69]：'其自时中乂[70]，万邦咸休，惟王有成绩。予旦以多子越御事笃前人成烈[71]，答其师，作周孚先[72]。'考朕昭子刑，乃单文祖德[73]。

"伻来毖殷[74]，乃命宁予以秬鬯二卣[75]。曰[76]：'明禋，拜手稽首休享[77]。'予不敢宿[78]，则禋于文王、武王。'惠笃叙[79]，无有遘自疾[80]，万年厌于乃德[81]，殷乃引考[82]。'王伻殷乃承叙万年，其永观朕子怀德[83]。"

戊辰，王在新邑烝[84]。祭岁，文王骍牛一[85]，武王骍牛一。王命作册逸祝册[86]，惟告周公其后[87]。王宾杀禋咸格[88]，王入太室，祼[89]。王命周公后，作册逸诰[90]，在十有二月。

成王恳求周公居洛执政，周公接受王命。

惟周公诞保文武受命⁹¹，惟七年⁹²。

【主旨讲解】

洛邑建成以后，由谁来居洛治理此地是周王朝面临的重大问题。周公和召公都希望成王居洛主持政事，成王则根据当时殷民不稳的形势，仍要倚重周公治洛，威服天下，安定殷民。君臣反复商讨，最后决定周公继续居洛，治理东方。在成王七年洛邑的冬祭大会上，成王宣布了这一重大决策。史官把君臣的对话和冬祭时的情况记录成篇，写成《洛诰》。

《洛诰》的内容繁杂，大致可分五部分：第一部分是序。第二部分记述周公与成王在洛邑讨论定都大事。第三部分记述在镐京周公劝勉成王赴洛听政，成王接受意见去洛邑。第四部分成王在洛邑分析形势，恳求周公居洛执政，周公接受王命。第五部分记述成王在洛邑举行冬祭，大会诸侯，册告天下周公继续居洛治事。

《洛诰》是巩固周王朝统治的重要诰命，奠定了成康之治的基础，它对于我们研究周代的政治史具有很高的史料价值。

【注解】

①营：营建。成周：指洛邑。②使来：使成王来洛邑。告卜：报告卜得的吉兆。③复：告诉。子：你。明辟：明法，这里指治理洛邑的办法。④如：似乎。及：参与。基：开始。命：告诉。⑤胤：继。保：太保，指召公。东土：指洛邑。⑥其：乃，就。基：谋，商量。作：振作。⑦洛师：指洛邑。⑧河朔：黄河的北边。黎水：卫河和淇水合流到黎阳故城叫黎水。黎阳故城在今河南省浚县东北。⑨涧水：发源于河南渑池县，到洛阳西南流入洛水。瀍（chán）水：发源于洛阳西北，到洛阳东流入洛水。惟：仅。食：吉兆。⑩伻（bēng）：使。图：谋。⑪休：善。⑫周：指镐京。匹：匹配。⑬恒：全都。⑭贞：承当。⑮其：希望。以：率领。⑯肇：始。称：举行。殷礼：会见众诸侯的大礼。殷：众。⑰秩：次序，这里指安排。文：通"紊"，乱。⑱齐：率领。百工：百官。⑲周：指镐京。⑳庶：或许。事：指祭祀。㉑宗：宗人，官名，管礼乐的官。㉒以：按。作：助。元祀：大祀。㉓受命：受武王顾命。笃：厚。弼：辅助。㉔视：阅读。功载：记功的书。㉕乃：于是。悉：尽心。㉖孺子：小孩，这里指成王。朋：振奋。㉗焰焰：火微微燃烧的样子。㉘灼：烧。叙：残余。绝：灭。㉙若：顺从。抚事：主持政事。㉚在周工：在镐京的官员。㉛向即：趋就。僚：官职。㉜悼：重视。裕：大事。㉝辞：赞誉。㉞惟终：考虑完成先王未竟的大业。㉟识：察识。百辟：众诸侯国君。享：享礼，朝见的礼节。㊱多：重视。仪：仪礼。㊲惟：应该。㊳役志：用心。㊴事：政事。爽：差错。侮：轻慢。㊵暇：通"假"，摄理政务。听：听政。㊶于：以。粜：辅助。㊷乃：如果。㊸时：善，指善政。永：远，推广。㊹笃：通"督"，督察。叙：升降。正：官长。父：同姓官长。㊺明农：努力的意思。㊻用：因此。戾：至。㊼称：发扬。㊽以：使。扬：

继续。烈：功业。(49)和恒：和悦。(50)师：指洛邑。(51)惇：厚。宗：尊。将：大。称：举行。秩：安排。(52)旁：普遍。穆穆：美好。(53)迓：御，掌握。衡：权力。(54)毖：恭谨。(55)笃：笃信。若：顺从。(56)即辟：就君位。(57)后：继续。(58)迪：教导。乱：治理。(59)敉：完成。(60)将：扶持。(61)乱：通"率"，语助词。四辅：辅助天子处理政务的四种辅臣，即前疑、后丞、左辅、右弼。(62)定：止，留下。(63)肃：通"速"，快速。将：行。祗欢：恭敬和悦。(64)斁：厌倦，懈怠。康：安定。(65)替：废止。刑：通"型"，示范。(66)越：弘扬。烈：功业。考：先父。弘：宏大。(67)惇：纯厚。典：礼。献民：贤臣。(68)周恭：周家的大法。先：先导。(69)曰：追述之辞。(70)时：这。中：中央之地。乂：治理。(71)多子：众卿大夫。笃：理。(72)周孚：周王城的外城，这里指洛邑。(73)单：光大。(74)毖：慰劳。(75)宁：问候。秬鬯：用黑黍酿成的香酒，多用于祭祀。卣（yǒu）：酒器。(76)曰：使者转述成王的话。(77)休：善。享：献。(78)宿：经宿，隔夜。(79)叙：顺。(80)遘：遇。(81)厌：同"餍"，饱。(82)引：长久。考：成功。(83)朕子：我的臣民。怀：思。(84)烝：祭祀名，指冬祭。(85)骍（xīn）：赤色。(86)作册：官名。逸：人名。祝：读。(87)其：将。后：续。(88)王宾：助祭的诸侯。杀：杀牲。格：至。(89)祼（guàn）：祭祀仪式，用酒献尸，然后灌入土地之中。(90)诰：告谕天下。(91)保：担任。(92)七年：指成王七年。

【译文】

召公勘察了宗庙、宫室和朝市的地址以后，周公前往洛地营建洛邑，并派使者请成王来洛邑，把卜得的吉兆禀告给成王。史官把诰词记录下来，写成《洛诰》。

周公跪拜叩头说："我告诉你治理洛邑的方法。你似乎不敢接受上天从前告诉我们的成命，我继太保召公之后，全面视察了洛邑，就与召公制定了使百姓振作起来的重大决策。

"我在乙卯日的清晨到达了洛邑。我先占卜了黄河以北的黎水地区，又占卜了涧水以东、瀍水以西的地区，结果仅有洛地是吉利的；我还占卜了瀍水以东的地区，也只有洛地是吉利的。于是我才请您来商量，并献上卜兆。"

成王跪拜叩头说："周公你不敢不敬重上帝赐予的福泽，亲自前来勘察新都的地址，将营建与镐京相匹配的新邑，这很好啊！你既然已经选定地址，让我来，我就来了，又让我看了吉兆，我看到卜兆全都是吉利的，感到很高兴。让我们一起承受这一吉祥吧。愿你辅佐我永远敬重上帝赐给的大命！我跪拜叩头接受你的教诲。"

周公说："王啊，你先举行大礼接见诸侯，在新邑举行祭祀，一切都准备就绪了。我率领百官，

成王在洛邑册告天下，周公继续居洛治事。

让他们在镐京跟随你来到新邑，我对他们说：'或许就要举行祭祀了。'现在你就下命令，说：'记下功绩，宗人率领功臣举行大祭祀。'又命令说：'你接受先王遗命，督导辅助君王，你全面查阅记功的册书，然后你要亲自悉心指导这件事。'

"君王你要振奋，要振奋，要到洛邑去！不要像刚点燃的火那样微弱；那燃烧的余火，决不能让它熄灭。你要像我那样恭谨地顺从常法，认真地处理政事，率领在镐京的百官到洛邑去。使他们各就其职，勉励他们建立功勋，完成先王的大业，这样你就能永享美誉。"

周公说："唉！我虽然是个年轻人，却也该考虑完成先王未完成的大业。你应该认真考察诸侯君长的朝见之礼，也要识察那些不注重礼节的。进献朝见注重礼节，假如礼节赶不上礼物，应该叫作不享。因为诸侯对享礼不尽心，没有诚意，老百姓就会认为可以不享。这样，政事就会荒废。我急想你来分担政务，我没有闲暇管理这么多事情了。

"我教给你导引百姓的法则，假如你不努力做这些事，你的善政就不会得到推广啊！你要像我那样监督、升降你的官员和同姓邦君，这样他们就不敢废弃你的政教法令了。你到新邑去，要认真啊！现在我们要奋发努力啊！去教导我们的臣子和百姓，不论远近，四方的民众都会前来归附我们的。"

王这样说："公啊！请你努力保护我这个年轻人吧！你发扬伟大光显的美德，使我继承文王、武王的大业，承受天命，使天下的百姓和悦地居住在洛邑；你光大礼仪，举行盛大的祭祀仪式，一切都进行得有条不紊。你的美德照耀天地，你辛勤地治理天下，普遍推行美好的德政，掌握大权却没有犯下过失。你以文王、武王的德业引导我，我这年轻人就从早到晚恭谨地进行祭祀好了。"

王说："你善于辅导，我真的无不顺从。"

王说："周公啊！我就要回镐京了，在镐京就位了，请你继续留下来治理洛邑。四方经过治理，还没有完全安定下来，宗礼也没有完成，你擅长教导和扶持百姓，要继续监督我们的各级官员，安定文王、武王所接受的殷民，做我的辅政之臣。"

王说："你留下来吧，我要前往镐京了。你要安定好殷民，使他们生活和悦，你不要以为困苦啊！我回到镐京之后，一定会努力熟悉政事，你要不停地为我做出示范，四方诸侯将会世世代代来到周国朝贡。"

周公跪拜叩头说："君王你命令我到洛邑来，继续保护你的先祖文王所接受的殷民，宣扬光大你的先父武王的伟大德业，我遵从你的命令。王来视察洛邑，考虑到要使殷商贤良的臣民都敬德守法，于是制定了治理四方的新法，做创立周法的先导。我曾说过：'要是从这九州的中心地带开始治理，各国都会高兴，君王也会取得功绩。我姬旦率领众位卿大夫和治事官员，经营先王的成业，集合众人，做修建洛邑的先导。'如果你能实现以上所说的法则，你就能发扬光大先祖文王的美德。

"你派使者来洛邑慰问殷民，又送来两卣黍香酒问候我。使者传达王命说：'举行隆重的祭天活动时，须在跪拜叩头之后好好地进献。'我不敢停留过夜，于是立即用香酒祭祀文王、武王。我祷告说：'愿我们一切顺利，不要遇上什么罪疾，使我们能够长久地享受你的恩德，殷事就能长久，最终取得成功。'但愿君王你能让殷民永远顺从我，那么你将会永远看到臣民思念你的盛德。"

戊辰这天，成王在洛邑举行冬祭，向先王报告岁事，用一头红色的牛祭祀文王，还用一头红色的牛祭祀武王。成王命令史官逸宣读册文，报告文王、武王周公将继续留下来治洛。助祭诸侯在杀牲祭祀先王的时候都来到了，成王走进太室，举行灌祭仪式。成王命令周公继续治理洛邑，史官逸诰谕天下，时间在十二月。

周公继续留在洛邑承担文王、武王所赐予的大命，时间是成王七年。

◎立 政◎

【原文】

周公作《立政》。

周公若曰："拜手稽首，告嗣天子王矣[①]。"用咸戒于王曰[②]："王左右常伯、常任、准人、缀衣、虎贲[③]。"

周公曰："呜呼！休兹知恤[4]，鲜哉[5]！古之人迪惟有夏[6]，乃有室大竞[7]，吁俊尊上帝迪[8]，知忱恂于九德之行[9]。乃敢告教厥后曰[10]：'拜手稽首后矣！'曰：'宅乃事[11]，宅乃牧[12]，宅乃准[13]，兹惟后矣[14]。谋面[15]，用丕训德[16]，则乃宅人[17]，兹乃三宅无义民[18]。'

"桀德[19]，惟乃弗作往任[20]，是惟暴德[21]，罔后[22]。

周公向周成王总结夏商两代任用官员的经验教训。

"亦越成汤陟[23]，丕釐上帝之耿命[24]，乃用三有宅[25]，克即宅[26]，曰三有俊[27]，克即俊。严惟丕式[28]，克用三宅三俊。其在商邑[29]，用协于厥邑[30]，其在四方，用丕式见德[31]。

"呜呼！其在受德[32]，暋为羞刑暴德之人[33]，同于厥邦；乃惟庶习逸德之人[34]，同于厥政。帝钦罚之[35]，乃伻我有夏[36]，式商受命[37]，奄甸万姓[38]。

"亦越文王、武王，克知三有宅心[39]，灼见三有俊心[40]，以敬事上帝，立民长伯[41]。立政：任人、准夫、牧作三事[42]；虎贲、缀衣、趣马、小尹、左右携仆、百司庶府[43]；大都小伯、艺人、表臣百司[44]；太史、尹伯[45]、庶常吉士[46]；司徒、司马、司空、亚旅[47]；夷、微、卢烝[48]，三亳阪尹[49]。

"文王惟克厥宅心，乃克立兹常事司牧人[50]，以克俊有德[51]。文王罔攸兼于庶言[52]；庶狱庶慎[53]，惟有司之牧夫是训用违[54]；庶狱庶慎，文王罔敢知于兹[55]。亦越武王，率惟敉功[56]，不敢替厥义德[57]，率惟谋从容德[58]，以并受此丕丕基[59]。

"呜呼！孺子王矣[60]！继自今我其立政[61]。立事、准人、牧夫，我其克灼知厥若[62]，丕乃俾乱[63]；相我受民[64]，和我庶狱庶慎[65]。时则勿有间之[66]，自一话一言。我则末惟成德之彦[67]，以乂我受民。

"呜呼！予旦已受人之徽言咸告孺子王矣[68]。继自今文子文孙，其勿误于庶狱庶慎[69]，惟正是乂之[70]。

"自古商人亦越我周文王立政，立事、牧夫、准人，则克宅之[71]，克由绎之[72]，兹乃俾乂[73]。国则罔有立政用憸人[74]，不训于德[75]，是罔显在厥世[76]。继自今立政，其勿以憸人，其惟吉士。用劢相我国家[77]。

"今文子文孙，孺子王矣！其勿误于庶狱，惟有司之牧夫[78]。其克诘尔戎兵以陟禹之迹[79]。方行天下[80]，至于海表[81]，罔有不服。以觐文王之耿光[82]，以扬武王之大烈[83]。呜呼！继自今后王立政，其惟克用常人[84]。"

周公若曰："太史！司寇苏公式敬尔由狱[85]，以长我王国[86]。兹式有慎[87]，以列用中罚[88]。"

【主旨讲解】

"立政"意为"立正"，建立官长之意。这是周公对成王讲建立官长、组织政权机构、如何用人行政等事。篇中总结了夏商任用官员的得失，自己摄政任用官员的经验，提出今后要怎样设置和任用高级官员，并提出周初官职建制系统，实际上是一张详细的官名清单。在周公诫成王关于设官分职所有应注意事项中，周公告诫周成王要选贤任能。

特别强调了君主不要干预干涉刑狱司法，而是要由司法负责人员全权处理。是周初筹建国家机器的一篇重要文献。

【注解】

①嗣天子：继承天子之位的人。②用：于是。咸：都，全面。③左右：教导。常伯：官名，治民的官，就是下文的牧和牧人。常任：官名，治事的官，就是下文的事和任人。准人：官名，执法之官，就是下文的准。缀衣：掌管君王衣物的官。虎贲：守卫王宫的武官。④休：美善。兹：则，连词。恤：忧虑。⑤鲜：少。⑥迪：语气助词。⑦乃：其，他的。有室：指卿大夫。竞：强。

⑧吁：呼吁。俊：贤能的人。迪：教导。⑨忱恂：诚信。九德：九种德行。⑩后：君主。⑪宅：度量，考察。事：就是常任。⑫牧：就是常伯。⑬准：就是准人。⑭兹：这样。⑮谋面：以貌取人。⑯丕：通"不"。训：顺。⑰则：象。乃：如此，这样。宅人：考察人，任用人。⑱义：贤。⑲德：升，指即帝位。⑳作：行，采用。往：往昔。任：任人之道。㉑暴德：暴行。㉒罔后：意思是亡国绝后。㉓越：及，到。陟：升，指即帝位。㉔釐（xī）：受福，引申为受。耿：明。㉕三有宅：指上文的事、牧、准。㉖即：就，这里指胜任。㉗曰：通"越"，和。三有俊：指三宅的属官都用贤能的人。㉘严惟：敬念。丕式：大法。㉙其：他，代指成汤。商邑：指商都。㉚协：和协。㉛见：显扬。㉜受：纣王名。㉝劓：强行。着刑：为刑所辱，这里代指刑徒、罪犯。㉞庶：众多。习：近习，指左右亲幸的人。逸德：失德。㉟钦：重，严厉。㊱俾：使。有夏：周人自称为夏。㊲式：代替。㊳奄：安抚。甸：治理。万姓：万民。㊴心：心思，思想。克知三宅心：就是能够知道事、牧、准三宅的心。㊵灼：明白，清楚。㊶长伯：官长。㊷作：为，负责。三事：指治事、执法、治民三事。㊸趣马：负责养马的官。小尹：趣马的属官。左右携仆：君王的近侍官员。百司庶府：负责王室杂务的官员。㊹大都小伯：大都小都的官长。大都为公的封地，小都为卿的封地，大都称都，小都称伯。艺人：征收赋税的官。表臣百司：指外臣百官。㊺太史：史官之长。尹伯：泛指各官之长。㊻庶常：常务、常事。吉：善。士：指普通官员。庶常吉士：指众多主管常务的官员。㊼司徒、司马、司空：合为三卿，又称三公。亚旅：大夫。㊽夷：东方的国家。微：南方的国家。卢：西方的国家。㊾三亳：殷商故都。一在今河南商丘东南，又名南亳，相传为成汤居住地。一在今河南商丘北，又名北亳，相传为诸侯拥戴成汤为盟主的地方。一在河南偃师西，相传为成汤攻夏时的居住地。这里的三亳是指殷商遗民居住的地方。阪：夏的故都。尹：官长。㊿常事司牧人：指上述各官员。51以：且，并。俊：用为动词，选拔。有德：有德之人。52攸：所。兼：兼包，兼管。言：教言，号令。53庶狱：各种狱讼案件。庶慎：各种敕戒的事。54惟：只。之：和。训：顺从。用违：用与不用。55知：过问。兹：这。56率惟：语气词。敉（mǐ）：终，完成。功：事业，指文王的事业。57替：废弃。厥：其，指文王。义德：善德。58谋：谋求。从：顺。容德：宽容的美德。59并：共同。受：承受，接受。丕丕：大而又大。基：基业。60孺子：指成王。61继自今：从今以后。62若：善。63丕：语气助词。俾：使。乱：治。64相：治理。受民：接受上天和祖先赐予的民众。65和：理顺，平治。66时：是，这。这代指上文的"相我受民，和我庶狱庶慎"。有：可以，能够。间：代替。67末：终。彦：美士。68旦：姬旦，周公自称名。徽言：美言。69其：祈使副词，表示期望。误：自误。70惟：只。正：治狱之官。71宅：量能授职。72由：从，从而。绎（yì）：引，引发。73兹：这样。乃：才。74憸（xiān）人：奸佞之人。75训：顺。76是：这样。显：先显。世：时代，指其在位的历史时期。77劢（mài）：努力。相：治理，辅助。78之：和，与。79诘：治，整治。戎兵：军队。陟：循。80方：遍，普遍。81海表：海外。82觐：见，显现，显扬。耿：明，明亮。光：光辉。83扬：弘扬。烈：功业，业绩。84常人：指吉士。常，通"祥"。85司寇：官名。苏公：即苏忿生，周武王时作司寇。式：规定，法定。由：修，治。86长：延长。国：国运。87有：又，更。88以：按。列：例。

【译文】

　　周公曾向成王阐述设官理政的法则，史官把告诫之辞记录下来，写成《立政》。

　　周公这样说："我拜首叩头，敬告即位为天子的君王。"于是以立政之事全面告诫成王说："君王要教导常伯、常任、准人、缀衣、虎贲等大臣。"

　　周公说："唉！在顺境中懂得忧患的人很少啊！古代的有道之君，只有夏国的君王他的卿大夫很贤明，夏王还呼吁贤能的人尊重上帝的教导，使他们诚实地遵循九德的准则。于是大臣们才敢敬告他们的君主说：'我们谨拜首叩头来敬告陛下！'接着说：'选择任命好您的执事大臣常任、常伯、准人，这正是君王应该做的啊！以貌取人，不依循德行，像这样任用人，那样您的常任、常伯、准人就没有贤人了！'

　　"夏桀德性悖戾，即位后不用以往任用官员的法则，他所任用的都是暴虐之人，最终导致绝后亡国。

　　"接下来到了成汤，他能承受上帝的明命，善于选拔事、牧、准三宅官员，使他们各尽其职。而三宅的属官，务必选用俊德之士。他敬畏并遵循上帝选用官员的大法，能够谨慎地从贤俊中选择任用各级官员，他在商都用这些官员和协都城的臣民，在天下四方，用这种大法显扬了自己的圣德。

　　"唉！等到商纣即位，强行把罪人和暴虐之人聚集在国家里，只知道任用亲信和失德之人，共同治理国家。上帝对纣的恶行给予了严厉的惩罚，这才让我们周朝取代商朝承受了天命，抚治万民。

　　"到了文王、武王，他们能够知道三宅的想法，也能了解三宅部属的想法，以敬奉上帝的诚心，承上帝之德，为民众设立官长。设立的官职有：任人、准夫、牧，分别掌管治政、执法、治民三事；虎贲、缀衣、趣马、小尹、左右携仆、百司、庶府（这些官员为君王的近臣）；大都小伯、艺人、表臣百司；太史、尹伯、庶常吉士（这些官员是府中之官，为王执行政务）；司徒、司马、司空、亚旅（这些是诸侯的三卿及次于卿的大夫，负责处理侯国事务）；夷、微、卢烝（这些是封疆之臣，负责处理边疆事务）；三亳阪尹（这些是管理夏商遗民的官员）。

　　"文王深知三宅的想法，所以设置常任、常伯等官职，并选用胜任官职的有为才俊。文王不兼管各种教令，也不兼管各种狱讼案件及敕戒之事，全部只由主管官员和理民之官决定用与不用。对于各种狱讼案件和敕戒之事，文王不敢过问这些，一任主管官员去处理。接下来到了武王，只一心依循文王的治国之道，不敢丢弃文王的大义和明德，谋求顺从文王的大德。因此，文王和武王一起承受了这

周公告诫周成王设官用官的准则。

伟大的王业。

"啊！年轻的君王啊！从现在起，我们要设官理政，设置司政事的立事、司刑狱的准人、司民政的牧夫等官职。我们要了解他们的长处，使他们好好处理政事，管理我们所接受的上帝和先人赐予的民众，平治各种狱讼案件和敕戒之事。这些事情不可代替，即便是一句话的小事都要谨慎注意。我们必须自始至终都要重用有德之士，让他们来治理周朝的民众。

"啊，我本人已把听到的关于禹、汤等先王任用贤人的美言都告诉君王了，从今天开始，我们周室的贤子贤孙，千万不要在狱讼案件和敕戒之事上犯错误，只让司政事的立事、司民政的牧夫、司刑狱的准人去治理。

"从古时的商代先王到我们的周文王设立官员，设立事、牧、准人，都能量能授职，充分发挥他们的才能，这样使政事得以治理。要想立国就不能任用奸佞之人，不遵循首先原则，否则，在位期间就不会有显耀的政绩。从今以后设立官员，千万不可任用贪利奸佞的小人，应当只用善良贤能的人，来努力治理我们的国家。

"现在，先王的子孙，您已经做君王了！可不要在各种狱讼案件上犯错误，只让主管官员和牧夫去治理。您要整治好武备，循着大禹的足迹，遍行天下，直到海滨，所到之处没有不臣服于我们的。以此显示文王的盛德光辉，弘扬武王的丰功伟绩。啊！从今以后，嗣位之王选拔官员时，务必要任用有德有才的贤人良士。"

周公（召来苏忿生）这样说："太史！司寇苏公规定要认真地处理狱讼案件，以使我们周朝长治久安。现在规定更要慎重，如果需要施刑，就要依据常例，使用中罚。"

第七卷·易经

易 经

《易》有三种:《周官·春官·太卜》云:"《太卜》掌三《易》之法。一曰《连山》,二曰《归藏》,三曰《周易》。"

《连山》,夏之《易》,以艮卦为首。

《归藏》,商之《易》,以坤卦为首。

《易经》,周之《易》,以乾卦为首。

《易经》

时代 商至春秋时期

《周易》的"周"指的是周朝,"易"指的是变化。《周易》就是一本产生于周朝的变化之书。本来《易》的内容成书更早,但文王为其定下更为具体的规范,后孔子为其做解释,我们只把成书定为这个时期。值得庆幸的是,由于李斯将《周易》列在医术占卜书一类,让《周易》躲过了焚书的劫难,完整地保留下来。

内容 变化之书

从表面上看,《周易》好像是专论阴阳八卦的著作,但实际上它论述的核心问题,是在讲一个对立与统一的宇宙观,以及如何利用它来得到未来的信息。《周易》上论天文,下讲地理,中谈人事,包罗万象,无所不有。

易经

主要讲六十四卦,并分别加以解释和演说。

易传

"传"有七种十篇,古人把这十篇"传"叫作"十翼",就如同是附属于"经"的羽翼,即用来解说"经"的内容。但实际上,是"传"的作者借解说经文来发挥自己的思想观点。

彖 —— 专门对《易经》卦名和卦辞的注释。

象 —— 对《易经》卦名和爻辞的注释。

文言 —— 对《乾》《坤》两卦作进一步的解释。

《易》有三义

郑玄《易赞》云:"《易》之为名也,一名而含三义:易简一也,变易二也,不易三也。"

"易"的"三义":就是,(一)简易;(二)不易;(三)变易。这"三义"可以说包含了中国文化的全部智慧,也是人类文明中的大智慧。

我们先说"简易"。

我们研究宇宙万物的真理,就是要在纷繁错杂的万事万象中发现其中的基本规律。对于任何一件事物的研究都是要从复杂的现象中找出其最基本的规律,这就是智慧。《易经》用阴阳和六十四卦来象征宇宙的万事万物,以简驭繁,这种"简易",是大智慧。

再说"不易"。

"不易",就是永恒不变的道理。可以说,从人类有思想以来,就一直在寻求永恒不变的道理,人们《易经》就讲了很多永恒不变的道理,如天地乾坤的结构,宇宙的变化。

最后说"变易"。

宇宙万物，永远变动不居，世界一切都在变化之中，这也是《易经》告诉我们的一个大道理。

《易经》是解读中国文化的万能钥匙

《易经》的哲学思想渗透到中华文化的方方面面，它是一个大筐，把什么往里装都能装得下。它可以解释和运用于中医、军事、政治、艺术、男女爱情……

中医的理论基础就是《易经》。中医追求的医疗效果是人体的阴阳平衡，达到中和的境界。中医的方法是阴阳五行、辨证施治，可以说深究医理就要深究《易》理。

中国的军事、政治、经济无一不同于《易》理。中国的儒、释、道也都与《易经》密切相关。《易经》是儒家的第一经典，自不必说，道教从一开始便胎息于《易经》的体系之中，佛教虽然来自印度，但在传入中国之后，历经魏、晋、隋、唐，也与《易经》的思想相融。总之《易经》的智慧为中华传统文化的儒、道、墨、法、兵名等诸子百家和武术、书画、医学、建筑等艺、术、百工提供了足够的思想支持。

诸子百家

音乐

建筑

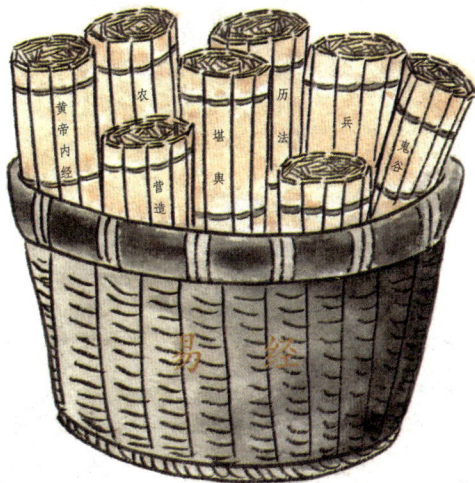

中医

纵横学

武术

兵法

书画

《易经》的内容

　　《易经》以神秘莫测、复杂深奥著称，读者往往觉得繁杂万端。其实，《易经》的内容只不过是"经"和"传"两部分。

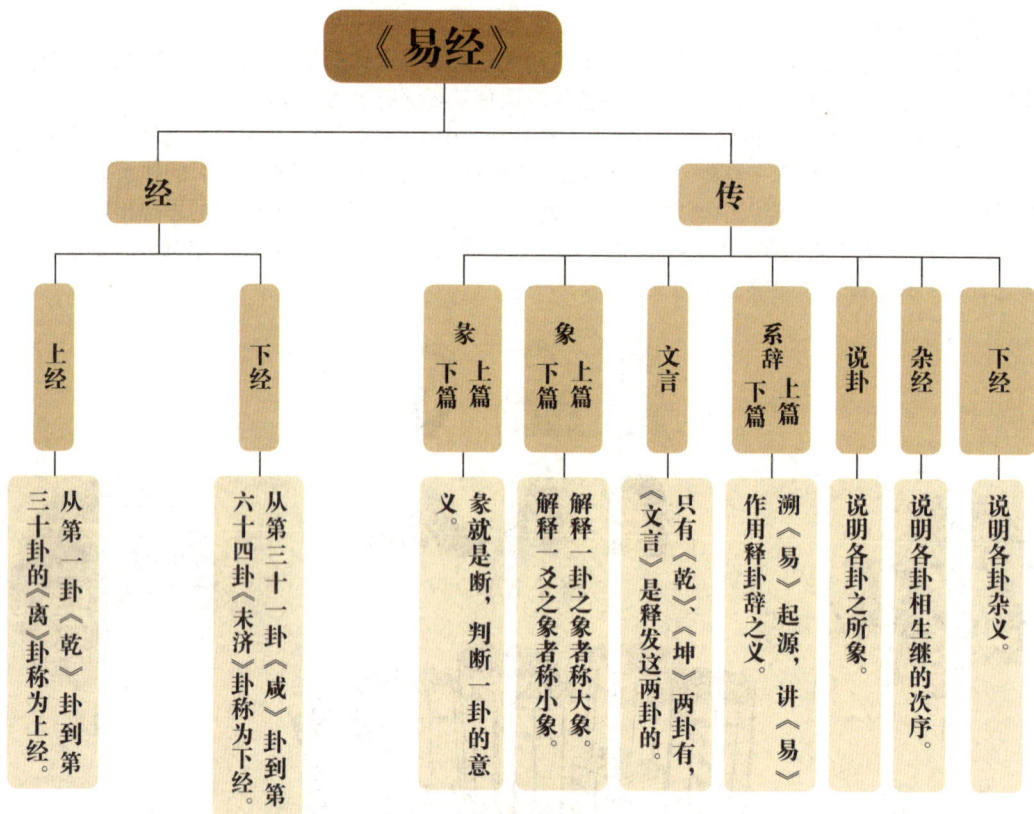

《易经》

- 经
  - 上经
    - 从第一卦《乾》卦到第三十卦的《离》卦称为上经。
  - 下经
    - 从第三十一卦《咸》卦到第六十四卦《未济》卦称为下经。
- 传
  - 彖上篇 下篇
    - 彖就是断，判断一卦的意义。
  - 象上篇 下篇
    - 解释一卦之象者称大象。解释一爻之象者称小象。
  - 文言
    - 只有《乾》、《坤》两卦有，《文言》是释发这两卦的。
  - 系辞上篇 下篇
    - 溯《易》起源，讲《易》作用释卦辞之义。
  - 说卦
    - 说明各卦之所象。
  - 杂卦
    - 说明各卦相生继的次序。
  - 下经
    - 说明各卦杂义。

认识《易经》的内容就是经和传，经是本经，传如羽翼，名"十翼"。

　　《易经》"经"的部分包含六十四卦的卦形符号和卦爻辞，"传"的部分包含阐释《易经》经文的十篇专著，又称《十翼》。经是本体，传是解经的十翼，就是经的十个羽翼。

　　《彖传》依上下经分为上下两篇，共有 64 节，分别阐释六十四卦的卦名、卦辞及一卦的主旨。"彖"，就是"断"的意思，谓"断定一卦之义"。《彖传》在阐释卦名、卦辞、卦义的体例时，一般取上下卦象、主要爻象为说，以简要明了的文字论断该卦的主旨。

　　《象传》是以卦的"象"——模样，也就是形态符号为根据解释卦和爻的。对一个卦象作总体解说的叫"大象"。对一卦之中的每一爻作解说的叫"小象"。"大象"分两部分，前一部分以卦的形态解释卦义，后一部分根据卦象之义揭示人文意义。如《谦》卦"象辞"，先讲象征天的坤在上，象征地的艮在下，高山低处在地下，说明谦道。后面即讲君子如卦谦谦之意。

　　《文言传》只有在乾卦和坤卦中有。这里的"文言"是修饰、发明的意思，"言"就是"辞"，"文言"就是很生动、美妙地阐明乾、坤两卦的卦辞。读一读看，果真是非常博大，深厚而有文采！

《易经》中以"彖曰"开始的部分称为《彖传》。

《大象》偏重揭示人事，"小象"则解各爻之义。

《文言》富于文采。

　　《系辞传》是联结"卦"和"爻"的"辞"。系辞是从六十四卦和 384 爻（《乾》《坤》两卦分别多出"用九""用六"文辞，所以总计有 386 文辞）的总体上、根本上系统讲《易》的思想的。系辞传讲了爻辞的变化原理、自然哲理、人生哲学；理、象、数及占筮等都做了系统的说明。所以汉代以后《系辞传》又被称为"易大全"。"太极""道"等中国哲学的主要概念正是从《系辞传》中发明出来的。

　　《说卦传》主要说明三爻卦中八个卦的"象"和象征意义。全文先讲述《易》的演卦历史，再讲八卦的两种排列方位（宋代人分别称为"先天"和"后天"方位），最后系统说明了八卦的取象特征，这已经成为《易经》六十四卦象征义理中必用的象喻条例。

　　《序卦传》说明了六十四卦的排列根据，按卦序表明思想体系，揭示各卦相承相受的意义。六十四卦排列的顺序本身象征着自然和人间社会变化的过程。《乾》卦和《坤》卦以其象征的天地起始，至 30 卦《离》卦结束上篇，主要记述自然的发展过程。以说明夫妻关系的《咸》卦开始，以未济卦完结的下篇，主要是象征地记述了人世间的事。终了一卦，不是以象征完成的《既济》卦，是象征未完成的《未济》卦，形象地表现了周易无穷发展的哲学思想。

　　《杂卦传》与周易六十四卦的排列方式不一样，是使意思相反的一对成为一卦。以《乾》《坤》开始，以夬卦结束。"杂"卦就是"杂糅众卦，错综其义"的意思，文中对举的两卦卦形或"错"或"综"，揭示事物发展过程中正反相对的变化规律。

《系辞传》形成了《易经》的系统理论。

《说卦传》说明三爻卦。

《序卦传》讲六十四卦排序寓意。

把《杂卦传》最后的《夬》卦的上六阴爻换成阳爻，上九即是《乾》卦，归位如初。

上 经

◎乾卦第一◎

【经文】

【原文】

《乾》 元亨利贞①。

初九② 潜龙勿用。

九二 见龙在田③，利见大人。

九三 君子终日乾乾④，夕惕若⑤，厉无咎⑥。

九四 或跃在渊：无咎⑦。

九五 飞龙在天，利见大人。

上九 亢龙有悔⑧。

用九⑨ 见群龙无首：吉。

下乾上乾。

【注解】

①乾：卦名。元：大。亨：亨通。利：有利。贞：正。②初九：指倒数第一枚阳爻（"九"表示阳爻）。③见：读音同"现"，出现。④乾乾：勤勉。⑤惕：警惕。若：语气助词。⑥厉：危险。⑦咎：祸害。⑧亢：过度。⑨用九：通九，指六爻都是"九"（阳爻）。用九是乾卦特有的爻题。

【译文】

《乾》 元始，亨通，和合有利，贞正坚固。

初九 龙藏水中，暂时不宜妄动。

九二 龙出现田间，见大人有利。

九三 君子整天勤勉不懈，晚上谨小慎微，纵使遇险也能化险为夷。

九四 （龙或飞腾上天），或遁守深渊：无害。

九五 龙飞在天上，见大人有利。

上九 飞得过高的龙会有麻烦、陷于困境。

用九 群龙出现，都不以首领自居：吉祥。

飞龙在天。

【象传】

【原文】

《象》曰①：大哉乾元②，万物资始③，乃统天④。云行雨施⑤，品物流形⑥。大明终始⑦，六位时成⑧。时乘六龙以御天⑨。乾道变化，各正性命⑩，保合大和⑪，乃利贞。首出庶物⑫，万国咸宁⑬。

【注解】

①《象》：指《象传》，又叫《彖辞传》。《象传》是解读六十四卦卦名、卦义以及卦辞的文字。②元：创始。《易

传》释卦辞"元亨利贞"四字，断为元、亨、利、贞，元释为"创始、大"，亨释为"亨通"，利释为"有利"，贞释为"正"。③资：依赖。④统：属于。⑤施：降下。⑥品：种类。"品物"指万物。流形：指形态千变万化。⑦大明：太阳。⑧六位：指上下和东西南北六个方位。时：于是。⑨御：行。⑩性命：指事物的特性和命运。⑪保：保持。下文的"合"指成就。⑫首：始。下文的"庶"指众多，"庶物"指万物。⑬咸：都。

【译文】

　　《彖传》说：真是伟大啊，乾的创始！万物都依赖它诞生，万物都是属于天的。云朵飘浮，雨水降下，万物的形态千变万化。太阳东升西落，于是上下和东西南北这六个方位就定下了。太阳按时驾着六条龙在天上往返。乾道不断变化，使万物各归其位，使宇宙保持着大和谐的状态，于是万物受益、正道运行。乾道始生天下万物，使万国都得到了安定。

【象传】

【原文】

　　《象①》曰：天行健②，君子以自强不息。
　　初九　"潜龙勿用"③，阳在下也④。
　　九二　"见龙在田"⑤，德施普也。
　　九三　"终日乾乾"，反复道也。
　　九四　"或跃在渊"，进无咎也。
　　九五　"飞龙在天"，大人造也⑥。
　　上九　"亢龙有悔"，盈不可久也⑦。
　　用九　"用九"，天德不可为首也。

见龙在田。

【注解】

①象：指《象传》。《象传》是解读六十四卦卦名、卦义（没有解释卦辞）以及三百八十六爻爻辞的文字。②天行健：《乾》卦下乾上乾，乾是天，又是健，所以说"天行健"。刚健是天道的秉质，自强是君子的标志，所以下文说"君子以自强不息"。（天行：天道；以：取法。）③潜龙勿用：潜，藏。勿用，无所举动，不宜有作为。④阳在下：本爻初九是阳爻，居下卦下位，所以说"阳在下"。"阳在下"象征君子尚居下位。⑤见龙在田：见，即"现"；田，田野。⑥造：作。⑦盈：满，指过度。

【译文】

　　《象传》说：天道刚健，君子取法天道，自强不息。
　　初九　"潜龙勿用"，这是因为君子还居于下位。
　　九二　"见龙在田"，表明君子要广施德泽于天下了。
　　九三　"终日乾乾"，这是说君子反复行道。
　　九四　"或跃在渊"，这是说明审时度势向前进取而无害。
　　九五　"飞龙在天"，这是说大人可以大有作为。
　　上九　"亢龙有悔"，说明凡事过度就久不了。
　　用九　"用九"，天道之德即天道的特点，六爻（六龙）都在运行变化中，不见端际。

【文言】

【原文】

　　《文言①》曰：元者，善之长也②；亨者，嘉之会也③；利者，义之和也；贞者，事之干也④。君子体仁足以长人⑤，嘉会足以合礼，利物足以和义⑥，贞固足以干事⑦。君子行此四德者⑧，故曰："乾：元亨利贞。"

亢龙有悔。

【译文】

《文言》说：元，是善的开始；亨，是美的荟萃；利，是义的和谐；贞，是行事的根据。君子践行仁德，足以为人君长；荟萃美好，足以合乎礼仪；利人利物，足以响应道义；坚守正道，足以干出事业。君子能践行仁、礼、义、正这四德，所以说："乾：表现着创始、亨通、和谐有利、贞正坚固。"

【原文】

初九曰："潜龙勿用"，何谓也？子曰^①："龙，德而隐者也^②。不易乎世^③，不成乎名，遁世无闷，不见是而无闷^④，乐则行之，忧则违之^⑤，确乎其不可拔^⑥，潜龙也。"

九二曰："见龙在田，利见大人"，何谓也？子曰："龙，德而正中者也^⑦。庸言之信^⑧，庸行之谨，闲邪存其诚^⑨，善世而不伐^⑩，德博而化。《易》曰：'见龙在田，利见大人'，君德也。"

九三曰："君子终日乾乾，夕惕若，厉，无咎"，何谓也？子曰："君子进德修业，忠信，所以进德也，修辞立其诚^⑪，所以居业也^⑫。知至至之^⑬，可与言几也^⑭；知终终之^⑮，可与存义也。是故，居上位而不骄，在下位而不忧，故乾乾因其时而惕^⑯，虽危无咎矣。"

九四曰："或跃在渊，无咎"，何谓也？子曰："上下无常，非为邪也；进退无恒，非离群也。君子进德修业，欲及时也，故无咎。"

九五曰："飞龙在天，利见大人。"何谓也？子曰，"同声相应，同气相求；水流湿，火就燥；云从龙，风从虎。圣人作而万物睹^⑰。本乎天者亲上，本乎地者亲下，则各从其类也。"

上九曰："亢龙有悔"，何谓也？子曰："贵而无位^⑱，高而无民，贤人在下位而无辅，是以动而有悔也。"

【译文】

初九说："潜龙勿用"，这是什么意思呢？孔子说："潜龙，是

君子终日乾乾，勤奋学习。

指有德的隐者，他不为世俗所转移，不求虚名，避世却不觉苦闷，不被世人赞同也不苦闷，心以为乐的事就去做，心以为忧恼的事就避开，意志坚定不移，这就是潜龙。"

九二说："见龙在田，利见大人"，这是什么意思呢？孔子说："龙，是指有德又中正的人，他平时总是言有信，日常行为谨慎有节，防范邪僻，秉持真诚，有益于世却不自夸，德泽广大感化了天下。《周易》说：'见龙在田，利见大人'，这就是君主的品德。"

九三说："君子终日乾乾，夕惕若，厉，无咎"，这是什么意思呢？孔子说：

有德隐者，不求虚名，遁世无闷，乐则为之。

"这说的是君子增进道德，治理事业。忠信可以增进道德，说话都要出于真诚，可以积累功业。知道方向并努力实现目标，就可以跟他谈事业的精微的道理了；知道方向并达成了目标，就可以和他一道秉守事业的大义了。所以君子居高位时却不骄傲，处低位时却不忧愁，随时勤勉警惕，纵使遇险也能化险为夷了。"

九四说："龙或跃出渊，或潜入渊"，这是什么意思呢？孔子说："（君子像龙一样）或上或下不定，不是出于邪念；或进或退不定，不是脱离群众。君子增进道德，治理事业，只是想把握时机罢了，所以是无害的。"

九五说："龙高飞在天，有利于出现大人物"，这是什么意思呢？孔子说："同类的声音互相应和，同种的气息互相觅求；水流向湿处，火烧向干处；云伴从龙，风伴从虎。圣人兴起就会万人仰望。本属天的亲近上面，本属地的亲近下面，那么万物就都能各得其所了。"

上九说："龙飞至穷极之处，终将有所悔恨"，这是什么意思呢？孔子说："尊贵却没有君德，居高却脱离群众，贤人屈居下位而丧失辅助，所以君主一轻举妄动就有悔恨。"

【原文】

"潜龙勿用"，下也①；"见龙在田"，时舍也②；"终日乾乾"，行事也；"或跃在渊"，自试也。"飞龙在天"，上治也；"亢龙有悔"，穷之灾也③；乾元"用九"，天下治也。

【注解】

①下：本爻初九居下卦下位，是君子尚居下位的象征。②时舍：指时机到了。③穷：本爻上九居上卦上位，在一卦的尽头，是穷尽、极端的象征。

【译文】

"潜龙勿用"，是因为君子尚居下位；"见龙在田"，说明时势舒展开了；"终日乾乾"，是说君子勤勉行事；"或跃在渊"，是说君子用实践自检验才能；"飞龙在天"，是说君子居高治国，出现最好的局面；"亢龙有悔"，因为穷极而将有灾了；乾元"用九"，是说天下大治。

《乾》，元亨利贞。

【原文】

"潜龙勿用"，阳气潜藏；"见龙在田"，天下文明[1]；"终日乾乾"，与时偕行[2]；"或跃在渊"，乾道乃革[3]；"飞龙在天"，乃位乎天德[4]；"亢龙有悔"，与时偕极[5]；乾元"用九"，乃见天则[6]。

【注解】

①文明：文采光明，指万物焕然有光彩。②偕：俱。③乾道：天道。革：改变。④位：具有。⑤极：穷。⑥则：规律。

【译文】

"潜龙勿用"，因为阳气还在潜伏中；"见龙在田"，因为万物正当焕然光明；"终日乾乾"，是说君子与时俱进；"或跃在渊"，是说天道开始变化了；"飞龙在天"，是说君子具有天一样的品德；"亢龙有悔"，说明人和事情已发展到极端了；乾元"用九"，"用九"体现了天的规律。

或跃在渊。

【原文】

《乾》"元[1]"者，始而亨者也；"利贞"者，性情也。乾始能以美利利天下，不言所利。大矣哉！大哉乾乎！刚健中正，纯粹精也。六爻发挥[2]，旁通情也[3]。时乘六龙，以御天也；云行雨施，天下平也。

【注解】

①元：当作"元亨"。②发挥：推演变化。③旁：广。

【译文】

《乾》卦中的"元亨"，是说天创始和亨通万物；"利贞"，是说天具有利益和规正万物的性情。天创始时用美利来利益天下，却不夸耀它对天下的利益，真是伟大啊！真是伟大啊，天！它刚健中正，达到了纯精的地步。《乾》卦的六爻推演变化，就能广通万物的情状。太阳按时驾着六条龙，为的是在天上运行；云朵飘行，雨水降下，于是天下太平。

【原文】

君子以成德为行[1]，日可见之行也。"潜"之为言也，隐而未见，行而未成，是以君子"弗用"也。

君子学以聚之，问以辩之[2]，宽以居之，仁以行之。《易》曰："见龙在田，利见大人"，君德也。

九三重刚而不中[3]，上不在天[4]，下不在田[5]。故乾乾因其时而惕，虽危无咎矣。

九四重刚而不中，上不在天，下不在田，中不在人[6]，故"或"之。"或"之者，疑之也，故"无咎"。

夫"大人"者，与天地合其德[7]，与日月合其明，与四时合其序，与鬼神合其吉凶，先天而天弗违，后天而奉天时。天且弗违，而况于人乎？况于鬼神乎？

"亢"之为言也，知进而不知退，知存而不知亡，知得而不知丧。其唯圣人乎[8]，知进退存亡而不失其正者，其唯圣人乎！

【注解】

①行：目标。②辩：同"辨"，辨别。③重刚：本爻九三是阳爻，居九二阳爻上，阳爻是刚，两刚重叠，所以说"重刚"。下文"九四重刚"中的"重刚"与此同理。不中：六十四卦中，一卦又分为上卦（上卦又是外卦）和下卦（下卦又是内卦），上下卦各占三个爻位，下卦的三爻位是初二三，上卦的三爻位是四五上，下卦以中间的一个爻位为中位，即第二爻位，叫下卦中位；上卦以中间的一个爻位为中位，即第五爻位，叫上卦中位。本爻九三既不居上卦中位，又不居下卦中位，所以说"不中"。④天：指天位。六十四卦中，一卦中的第二爻位象征地位，第三爻位象征人位，第五爻位象征天位。本爻九三未居第五爻位，所以说"不在天"。

亢龙有悔。

⑤田：指地位。⑥人：指人位。本爻九四未居第三爻位，所以说"不在人"。⑦合：等同，指比得上。⑧其：大概。

【译文】

初九　君子以成就德业为目标，每天都可看见他在行动。说是"潜"，是因为君子隐伏不露，行动未有成绩，所以君子不妄动。

九二　君子通过学习积累知识，通过问询辨别是非，宽容处世，仁慈办事。《周易》说："见龙在田，利见大人"，这就是君主的品德。

九三　九三爻处于两个阳爻之上，故曰重刚，又未居上卦或下卦中位，上不在天位，下不在地位，所以只要随时勤勉警惕，纵使有危险，也能转危为安。

九四　处于两个重叠的阳爻之上称为重刚，又未居上卦或下卦中位，上不在天位，下不在地位，中不在人位，所以说"或"。所谓"或"，是说君子的位置疑而未定，所以说"无咎"。

九五　所谓"大人"，他的品德可比天地覆载万物，贤明可比日月照亮大地，行为有序可比四季，察知吉凶可比鬼神。先于天的变化而行动，天的变化正好和他的行动一致，他若后于天的变化而行动，也能遵循天的变化规律。天道尚且不违背他，何况人呢，何况鬼神呢？

上九　说是"亢"，是因为君子知进而不知退，知存而不知亡，知得而不知失。大概只有圣人吧——既知道进退存亡，又不失正道的，大概只有圣人吧。

◎坤卦第二◎

【经文】

【原文】

《坤①》 元亨，利牝马之贞②。君子有攸往③，先迷后得主；利。西南得朋，东北丧朋；安贞吉④。

初六⑤履霜，坚冰至。

六二　直方大⑥，不习⑦，无不利。

六三　含章可贞⑧；或从王事，无成有终。

六四　括囊⑨：无咎无誉。

六五　黄裳⑩：元吉。

上六　龙战于野，其血玄黄。

用六⑪利永贞。

下坤上坤。

坤元亨，利牝马之贞。

【注解】

①坤：卦名。②牝马：母马。③攸：所。④安：平安。⑤初六：指倒数第一阴爻（"六"表示阴爻）。以下六二、六三、六四、六五分别指倒数第二、三、四、五阴爻，上六指最上阴爻。⑥直方大：按经意，直读为《诗·宛丘》"值其鹭羽"之值，手持。方，方舟。习，熟练。方舟是并船，不熟练也不易颠覆。直，正直。方，端方。大，博大，指宽容。⑦习：学习，熟习。⑧章：文采。⑨括：捆。⑩黄裳：黄下衣。古人认为黄色是尊贵吉祥之色，故黄裳象征尊贵吉祥。⑪用六：通六，指六爻都是"六"（阴爻）。用六是乾卦特有的爻题。

【译文】

《坤》元始，亨通，像雌马一样柔顺而守正道必然吉祥；安祥守正就会吉祥。

初六　当脚踩到秋霜时，寒冬的坚冰也将来临。

六二　操持方舟，不熟练也没有什么不利。

六三　内蕴文采，占问之事可行，或从事君王的事业，不能成功也有好结果。

六四　捆紧囊袋（比喻遇事缄口，不理是非）：无害也无赞誉。

六五　黄下衣（象征富贵）：大吉。

上六　二龙在野外搏斗，淌出黑黄色的血。

用六　永远坚守正道就会有利。

【象传】

【原文】

《象》曰：至哉坤元[①]！万物资生，乃顺承天。坤厚载物，德合无疆[②]。含弘光大[③]，品物咸亨。牝马地类[④]，行地无疆，柔顺利贞。君子攸行，先迷失道，后顺得常[⑤]。"西南得朋"，乃与类行[⑥]；"东北丧朋"，乃终有庆[⑦]。安贞之吉，应地无疆[⑧]。

【注解】

①至：极致。②合：配合。③弘：大。光：光借为"广"。"光大"指地面广大。④地类：与地同类。"牝马"属阴性，地也属阴性，所以说"牝马地类"。⑤常：正路。⑥类：朋友，即"西南得朋"中的"朋"。⑦庆：福庆。⑧应：适应。

【译文】

《象传》说：真是达到了极致啊！坤的创始！万物都依赖它诞生长成，它是顺承着天道的。坤道的大地深厚，承载万物，坤德配合乾德，没有止境。大地涵容一切，广阔无垠，万物都亨通畅达。母马和地同类，在地上奔驰无疆，它性情柔顺，利于秉守正道。君子出行，起初因抢行而先迷失道路，后来随于人后顺利得回正路。往西南去得到朋友，于是伴友同行；往东北去失去朋友，却能终获福庆。安守正道是吉祥的，能适应大地的广大无边。

【象传】

【原文】

《象》曰：地势坤[①]。君子以厚德载物[②]。

初六　"履霜"，"坚冰"③，阴始凝也；驯致其道④，至"坚冰"也。

六二　六二之动⑤，"直"以"方"也⑥；"不习无不利"，地道光也⑦。

六三　"含章可贞"，以时发也⑧；"或从王事"，知光大也⑨。

六四　"括囊无咎"，慎不害也。

六五　"黄裳元吉"，文在中也⑩。

上六　"龙战于野"，其道穷也⑪。

用六　"用六永贞"，以大终也。

【注解】

①地势坤：《坤》卦下坤上坤，坤是地，其形虽曲，其义为顺，所以说"地势坤"。载物是厚重的大地的秉质。②厚：增厚。③坚冰："坚冰"两字当是衍文。④驯：顺着。致：发展。道：指自然规律。⑤动：指人的行动。⑥以：且。⑦地道光：本爻六二是阴爻，居第二爻位，是地位，所以说"地道光"。地道博大柔顺，人若博大柔顺，即使不熟悉环境也无不利，所以说"'不习无不利'，地道光也"。⑧时：适时。发：使用。⑨知：同"智"，智慧。⑩文：指美德。中：心中。⑪道穷：本爻上六居上卦上位，在一卦的尽头，是坤阴之道已发展至穷尽的象征。

履霜，坚冰至。

【译文】

《象传》说：地势柔顺，君子取法大地厚德载物。

初六　"履霜"，这是说阴气开始凝结了；顺着自然规律发展下去，就会形成"坚冰"。

六二　六二中的"直方"，是说人办事正直端方；"不习无不利"，这是因为地道广大。

六三　有德正直，这要适时使用；"或从王事"，这是因为他有智慧。

六四　"括囊无咎"，这是说君子行事谨慎就会无害。

六五　"黄裳元吉"，这是因为君子心怀美德。

上六　"龙战于野"，这是说君子途穷了。

用六　用六说，永远正直，这样就会有好的结果。

【文言】

【原文】

《文言》曰：坤至柔而动也刚①，至静而德方②。后得主而有常③。含万物而化光。坤道其顺乎，承天而时行。

积善之家，必有余庆④，积不善之家，必有余殃。臣弑其君⑤，子弑其父，非一朝一夕之故，其所由来者渐矣，由辩之不早辩也⑥。《易》曰："履霜，坚冰至"，盖言顺也⑦。

"直"，其正也，"方"，其义也。君子敬以直内，义以方外，敬义立而德不孤⑧。"直方大，不习无不利"，则不疑其所行也。

"括囊无咎"是说君子行事谨慎就会无害。

阴虽有美，含之以从王事⑨，弗敢成也⑩。地道也，妻道也，臣道也。地道"无成"，而代"有终"也⑪。

天地变化，草木蕃⑫；天地闭，贤人隐。《易》曰："括囊，无咎无誉"，盖言谨也。

君子"黄"中通理⑬，正位居体⑭，美在其中，而畅于四支⑮，发于事业，美之至也。

阴疑于阳必战⑯，为其嫌于无阳也⑰，故称"龙"焉⑱，犹未离其类也⑲，故称"血"焉。夫"玄黄"者，天地之杂也，天玄而地黄。

【注解】

①动：指地生养万物的运动。②德方：地道方正。古人见大地上的山川湖海等，都不移位，不能旋转，认为是由具有方正秉质的地道所致，所以说"德方"。德：道。③后得主：地道是取法天道的，后天道而运动，以天道为主人，所以说"后得主"。常：规律。④余：多。⑤弑：以下杀上叫作"弑"。⑥辩：同"辨"，指察觉。⑦盖：大概。顺：指趋势。⑧孤：孤立。⑨含：内敛。⑩成：以成功自居。⑪代：代替。⑫蕃：茂盛。⑬黄：指本爻六五中的"黄裳"。"黄裳"象征美德。中：内心。通理：通达事理。⑭体：体借为"礼"，仪礼。⑮畅：达，指外现。支：同"肢"。⑯疑：疑读音同"拟"，拟等。本爻上六是阴爻，居上卦上位，在一卦是尽头，达到了阴的极盛，可与阳势均力敌，所以说"阴疑于阳"。⑰嫌：与上文的"疑"同义。无："无"当为衍字。⑱龙：本爻上六是阴属，龙是阳属，因上六可与阳势均力敌，所以上六也可称"龙"。⑲类：指阴类。上六虽可与阳势均力敌，毕竟仍是阴属，"血"也是阴属，所以说"犹未离其类也，故称'血'焉"。

【译文】

《文言》说：大地极其柔顺，但运动却是刚健的；大地极其宁静，但地道却是方正的。地道随后，以天道为主人，有稳固的规律。地包容万物而化育广大。地道是柔顺的啊，顺承天道且按时运行。

积善的人家，必然多福庆，积不善的人家，必然多灾殃。臣弑君，儿弑父，不是一朝一夕的缘故，它

牝马地类，行地无疆，柔顺利贞。

所以变成这样是渐成的，是由可以察觉却没有早点察觉造成的。《周易》说："踩上霜，坚冰也将来临"，大概说的就是这种事物发展的必然趋势吧。

"直"，是指正直，"方"，是指行事合乎道义。君子通过诚敬成就内在的正直，通过道义成就外在的方正。诚敬、道义确立了，德行就不会孤立了。"直方大，不习无不利"，那么人们就不会怀疑他所做的了。

臣子虽有美德，却能收敛着从事王事，不敢以成功自居。地道就是妻道、臣道。地道无所谓成功，它只是替天道成功罢了。

天地变化，草木就旺盛，天地闭塞，贤人就退隐。《周易》说："括囊，无咎无誉"，大概说的就是谨慎处世的道理吧。

君子内怀美德，通达事理，端正位置，秉守仪礼，美德在心中，外现在四肢上，发扬在事业上，美德真是达到了极致啊。

阴和阳势均力敌时，一定起争斗，本是阴与阳战而说成"龙战"，是因为怕人们误以为无阳，但上六还没脱离它的阴类属性，不能离开阳，所以称"血"表示阴阳交合。所谓"玄黄"，这是天地杂合的颜色，天是玄色，地是黄色。

◎泰卦第十一◎

【经文】

【原文】

《泰》　小往大来，吉，亨。

初九　拔茅茹以其汇①；征吉。

九二　包荒②，用冯河③，不遐遗④，朋亡⑤，得尚于中行⑥。

九三　无平不陂⑦，无往不复；艰贞，无咎；勿恤其孚，于食有福⑧。

六四　翩翩⑨，不富以其邻，不戒以孚。

六五　帝乙归妹⑩，以祉⑪，元吉。

上六　城复于隍⑫，勿用师，自邑告命，贞吝。

下乾上坤。

【注解】

①茅茹：茅草的根。以：连及。汇：种类。②包：通"匏"，葫芦。荒：空。③冯：假借为"淜"。冯河就是徒步过河，浮水渡河。④不遐：不至于。遗：坠。⑤朋：朋友。⑥中行：半路上。⑦陂：倾斜。⑧福：通"富"，富足。⑨翩翩：鸟疾飞的样子。这里比喻人像鸟一样。⑩帝乙：商纣王的父亲。归：嫁。妹：少女的通称。⑪祉：福。⑫复：通"覆"，倒塌。隍：城墙外的壕沟。

【译文】

《泰》象征和畅通泰：小的去了大的来，吉祥，亨通。

初九　拔茅草的根，连同茅草的同类也一同拔起来；如此同根同志地团结出征，吉祥。

九二　有包容大川的胸怀，涉越长河的能力，不遗弃远方的贤人，也不溺于私情，要中道行事。

九三　没有哪种平坦，永远不会倾斜，没有哪种失去，永远不会得回；事情艰难也要坚守正道，自然是无害的；不用忧虑无法取信于人，生活是会变富足的。

六四　像鸟飞那样轻飘自得，难保财富。但与邻居相互信任不必加以戒备。

同根同志地团结出征，吉祥。

六五　帝乙出嫁少女，因而得福，大吉。

上六　城墙倒塌在壕沟里。命令说是不要用兵，只能自我检讨，坚守正道来防止危害。

【象传】

【原文】

《象》曰："《泰》：小往大来，吉，亨。"则是天地交而万物通也，上下交而其志同也。内阳

285

而外阴，内健而外顺，内君子而外小人。君子道长，小人道消也。

【译文】

《象传》说："《泰》：小往大来。吉，亨。"这是说天地阴阳二气相交就会万物亨通，君臣相互沟通就能心意一致。《泰》卦内卦是阳，外卦是阴，内卦是健，外卦是顺，内卦是君子，外卦是小人。君子的道将要发展，小人的道将要衰落。

【象传】

【原文】

《象》曰：天地交①，《泰》。后以财成天地之道，辅相天地之宜，以左右民。

初九 "拔茅征吉"，志在外也。

九二 "包荒，得尚于中行"，以光大也。

九三 "无往不复"，天地际也②。

六四 "翩翩不富"，皆失实也③；"不戒以孚"，中心愿也。

六五 "以祉元吉"，中以行愿也④。

上六 "城复于隍"，其命乱也。

【注解】

①天地交：《泰》卦下乾上坤，坤是地，乾是天，所以说"天地交"。天地相交是自然规律，君主治国宜顺应规律，所以下文说"后以财成天地之道，辅相天地之宜，以左右民"。（后：君主；财：同"裁"，制定；天地之道：指符合天地之道的制度；天地之宜：适宜在天地生长的作物，这里指生产。）②天地际：本爻九三居下卦乾（天）和上卦坤（地）的交接处，所以说"天地际"。"天地际"象征事物发展的临界点。③实：财物。④中：本爻九五是阳爻居上卦中位。行愿：指行事。

【译文】

《象传》说：天地阴阳二气相交，这就是《泰》卦的象征。君主取法《泰》卦，制定符合天地之道的制度，辅助百姓从事生产，以便统治百姓。

帝乙出嫁少女。

初九 "拔茅征吉"，这是说君子志在向外发展。

九二 "包荒，得尚于中行"，这是因为君子光明正大。

九三 "无往不复"，这是说事情发展到了临界点（就要转变了）。

六四 "翩翩不富"，这是说君子丧失财物；有诚信不戒备，这是君子的心愿。

六五 "以祉元吉"，这是因为君子行事中正。

上六 "城复于隍"，这是说统帅的命令错乱失当。

◎否卦第十二◎

【经文】

【原文】

下坤上乾。

《否》 否之，匪人①；不利君子贞；大往小来。

初六 拔茅茹以其汇：贞吉，亨。

六二 包承②：小人吉，大人否，亨。

六三 包羞③。

九四 有命：无咎，畴离祉④。

九五 休否，大人吉，其亡其亡⑤，系于苞桑。

上九 倾否⑥，先否后喜。

【注解】

①"否之"两句：否：闭塞，指排斥。匪：即
"非"，否定。②包承：包容承受。③羞：
羞辱，一说通"馐"。④畴：畴通"俦"，同
类。离：离借为"丽"，附丽。祉：福祉。⑤其：
将。⑥倾：倾覆。

【译文】

《否》卦象征天下闭塞不通：否闭
之世排斥贤人，君子此时应坚守贞正；
大的阳刚去了，小的阴柔来了。事业由
盛转衰。

初六 拔茅草的根，连同茅草的同
类也一起拔起：君子应当坚守正道，吉
祥亨通。

六二 被包容并顺承尊者：小人吉
祥，大人闭塞，以后才亨通。

君子去位，小人受到重用。

六三 位置不当，包藏羞辱。

九四 保有天命：无害，同志都来会一起享有福祉。

九五 终止闭塞的局面，大人才能吉祥，但还要时刻警惕（将要灭亡，将要灭亡），才会像桑树
一样安然无恙。

上九 倾覆闭塞的局面，起初闭塞，后来通泰喜悦。

【象传】

【原文】

《象》曰："否之匪人。不利君子贞。大往小来。"则是天地不交而万物不通也①，上下不交
而天下无邦也。内阴而外阳，内柔而外刚，内小人而外君子。小人道长，君子道消也。

【注解】

①天地不交：《否》卦下坤上乾，坤是地，乾是天，天地都只各居其位不动，没有相交的迹象，所以说"天地不交"。
《否》卦的内卦是坤卦，外卦是乾卦，乾卦又是阳卦，象征君主、刚健、君子，坤卦又是阴卦，象征臣子、柔顺、小

人，所以下文说"上（君）下（臣）不交""内阴而外阳""内柔而外刚""内小人而外君子"。

【译文】

《象传》说："否之匪人。不利君子贞。大往小来。"这是说天地阴阳二气不相交，就会万物不亨通，君臣不相沟通，就会国家衰亡。《否》卦内卦是阴，外卦是阳，内卦是柔，外卦是刚，内卦是小人，外卦是君子。小人的道将要发展，君子的道将要衰落。

【象传】

【原文】

《象》曰：天地不交①，《否》。君子以俭德辟难，不可荣以禄。

初六　"拔茅贞吉"，志在君也。

六二　"大人否，亨"，不乱群也②。

六三　"包羞"，位不当也③。

九四　"有命无咎"，志行也。

九五　"大人"之"吉"，位正当也④。

上九　否终则倾，何可长也。

【注解】

①天地不交：《否》卦下坤上乾，坤是地，乾是天，天地都只各居其位不动，没有相交的迹象，所以说"天地不交"。"天地不交"象征君臣隔阂，统治腐化，进仕危险，所以下文说"君子以俭德辟难，不可荣以禄"。（辟，通"避"，躲避）②群：指小人。③位不当：本爻六三是阴爻居阳位，是"位不当"。④位正当：本爻九五是阳爻居阳位，是"位正当"。

【译文】

《象传》说：天地阴阳二气不相交，这就是《否》卦的象征。君子取法《否》卦，崇尚俭德，躲避祸难，不以利禄为荣。

初六　"拔茅贞吉"，初六不忘上应阳刚，坚持正道则吉祥，这是说君子志在辅助君王。

六二　"大人否，亨"，这是因为大人不和小人厮混。

六三　"包羞"，这是因为地位失当。

九四　"有命无咎"，这是说君子得志了。

九五　大人是吉祥的，这是因为他地位得当。

上九　事情闭塞到了极点就要变了，怎么可能长久不变呢？

君子取法《否》卦，崇尚俭德，躲避祸难，不以利禄为荣。

君子应试，志在报效国家，辅助君王。

◦谦卦第十五◦

【经文】

【原文】

《谦》 亨，君子有终。

初六　谦谦①：君子用涉大川，吉。

六二　鸣谦②：贞吉。

九三　劳谦③，君子有终：吉。

六四　无不利，㧑谦④。

六五　不富以其邻，利用侵伐，无不利。

上六　鸣谦：利用行师，征邑国。

下艮上坤。

【注解】

①谦谦：非常谦虚。②鸣：有名。③劳：功劳。④㧑：通"挥"，发扬。

【译文】

《谦》卦象征谦虚：亨通，君子能保持谦虚最终有好结果。

初六　谦虚的君子：这种态度可以渡过大河，吉祥。

六二　名声在外，但仍能保持谦虚：吉祥。

九三　功劳很大，但仍能保持谦虚：吉祥。

六四　在事业上发扬谦虚，没有不利。

六五　不能和邻国共富的国家，可以对它进行征伐，没有不利。

上六　名声在外，但仍能保持谦虚：用这种态度出兵征讨邑国有利。

劳谦君子，自身有功绩，却保持谦虚受到民众的敬服。

【彖传】

【原文】

《彖》曰：《谦》，"亨"。天道下济而光明①，地道卑而上行②。天道亏盈而益谦③，地道变盈而流谦④，鬼神害盈而福谦，人道恶盈而好谦。谦，尊而光，卑而不可逾⑤，君子之终也。

【注解】

①天道下济而光明：即"天道光明而下济"，与下文"地道卑而上行"相对。"光明"是为了使"明""行"谐韵而调后。光明：指尊贵；济：成就。②上行：指地气上升。③亏：减损。④变：毁坏。流：增益。⑤逾：越，指羞辱。

【译文】

《彖传》说：《谦》卦是亨通的。天道屈尊向下，照耀成就地上的万物，地道谦逊卑下，从而使得地气得以上升。天道减损盈满的，补充谦虚的；地道毁坏盈满的，增益谦虚的；鬼神道伤害盈满的，造福谦虚的；人道厌恶盈满的，喜爱谦虚的。秉守谦虚，居尊位时是光荣，居卑位时也不会遭人羞辱，这就是君子的好结果。

谦谦君子，时刻自我约束保持谦逊。

【象传】

【原文】

《象》曰：地中有山[1]，《谦》。君子以裒多益寡，称物平施。

初六 "谦谦君子"，卑以自牧也[2]。

六二 "鸣谦贞吉"，中心得也[3]。

九三 "劳谦君子"，万民服也。

六四 "无不利，㧑谦"，不违则也。

六五 "利用侵伐"，征不服也。

上六 "鸣谦"，志未得也。可"用行师"，"征邑国"也。

【注解】

[1]地中有山：《谦》卦下艮上坤，坤是地，艮是山，所以说"地中有山"。山上突，是有余，地下凹，是不足，"地中有山"象征不公平的社会现象，所以下文说"君子以裒多益寡，称物平施"。（裒：取；称：称量；平：平均。）[2]牧：培养。[3]中心得：即"心得中"，心中获得中正。"得"字是为了和前文"吉"字谐韵而调后。

【译文】

《象传》说：地中有山，这就是《谦》卦的象征。君子取法《谦》卦取多补少，称物平分。

初六 "谦谦君子"，是君子就要培养谦逊。

六二 "鸣谦贞吉"，这是因为君子心怀中正。

九三 "劳谦君子"，使万民都敬服了。

六四 "无不利，㧑谦"，这是因为没有违反法则。

六五 "利用侵伐"，君子前去讨伐的是不臣服的国家。

上六 "鸣谦"，这是因为尚未得志。出兵征伐不臣服的邑国是可以的。

◎无妄卦第二十五◎

【经文】

【原文】

《无妄》 元亨，利贞，其匪正，有眚[1]；不利有攸往。

初九 无妄[2]，往吉。

六二 不耕获，不菑畬[3]，则利有攸往。

六三 无妄之灾，或系之牛，行人之得，邑人之灾。

九四 可贞，无咎。

九五 无妄之疾，勿药有喜[4]。

上九 无妄行，有眚，无攸利。

下震上乾。

【注解】

[1]眚：灾祸。[2]妄：胡来。[3]菑：开荒。畬：开垦过的熟田。[4]喜：指病愈。

【译文】

《无妄》象征不妄为：大为亨通，占问有利，如果不守正道，就会遭灾；前往不利。

初九　不胡来妄为，前往会吉祥。

六二　不耕种，不在乎收获，不开荒，无意于良田，人心平和如此，外出去做事有利。

六三　没有胡来妄为却遭灾了：（邑人）拴牛在外，路人顺手把牛牵走了，这就是邑人的灾祸。

九四　固守正道，无害。

九五　没有胡来妄为而得的小病，不吃药也能好。

上九　不要胡来妄为，不然将有灾，无利可得。

路人顺手把牛牵走了，（邑人）没有胡来妄为却遭灾了。

【象传】

【原文】

《象》曰：《无妄》，刚自外来而为主于内①，动而健②，刚中而应③。大"亨"以正，天之命也。"其匪正有眚，不利有攸往"，无妄之往何之矣？天命不祐，行矣哉！

【注解】

①刚自外来而为主于内：《无妄》卦的外卦是乾，内卦是震。外卦有三枚阳爻，量多势大，是大刚；内卦只有一枚阳爻，量少势小，是小刚，内卦的小刚是从外卦的大刚而来，所以说"刚自外来"。内卦震卦是阳卦，初九阳爻是该卦主爻，是刚，所以说"（刚）主于内"。"刚自外来而为主于内"象征君子从外部来，成为百姓的主人。②动而健：《无妄》卦下震上乾，乾是健，震是动，所以说"动而健"。③刚中而应：九五是阳爻居上卦中位，和居下卦中位的六二阴爻相应。

【译文】

《象传》说：《无妄》卦的象征是，初九阳爻从外部来，成为一卦之主，其动势健进，刚健中正，得居下卦之中位的阴爻响应。中正才能亨通，这就是天理。"其匪正有眚，不利有攸往"，这是说君子就算不是妄意前往，又能往哪里去呢？上天不保佑，能往哪里去啊！

【象传】

【原文】

《象》曰：天下雷行①，物与，《无妄》。先王以茂对时育万物。

初九　"无妄"之"往"，得志也。

六二　"不耕获"，未富也。

六三　"行人"得牛，"邑人灾"也。

九四　"可贞无咎"，固有

没有妄行躁动，却生疾病，不必服药，便可自愈。

之也。

九五　“无妄”之“药”，不可试也。

上九　“无妄”之“行”，穷之灾也。

【注解】

①天下雷行：《无妄》卦下震上乾，乾是天，震是雷，所以说“天下雷行”。春雷惊起，万物生长，都遵循一定的时令，所以下文说“先王以茂对时育万物”。（与：生长；茂：茂读为“懋”，勉力；对：应。）

【译文】

《象传》说：天的下面有雷震动，万物生长，这就是《无妄》卦的象征。先王取法《无妄》卦勉力应时，养育万物。

初九　不妄为而前往——这是说君子得志了（这句话是说君子一起步的时候就无妄，前途就会吉祥）。

六二　“不耕获”，——这样是换不来富裕的。

六三　路人顺手牵走了牛——这就是邑人的灾难。

九四　“可贞无咎”，这是因为君子本来具有美德。

九五　没有妄行的疾病却试图服药——这是不必试的。

上九　妄意前行，就会导致途穷的灾难。

◎坎卦第二十九◎

【经文】

【原文】

下坎上坎。

《习坎①》有孚维心，亨，行有尚②。

初六　习坎，入于坎窞③：凶。

九二　坎有险，求小得。

六三　来之坎坎，险且枕④，入于坎窞，勿用。

六四　樽酒簋贰用缶⑤，纳约⑥自牖⑦：终无咎。

九五　坎不盈，祗既平⑧：无咎。

上六　系用徽纆⑨，置于丛棘⑩，三岁不得：凶。

【注解】

①习坎：两坑重叠。习：重叠；坎：坑。②尚：读音同“赏”，嘉赏。③窞：深坑。④枕：同“沉”，深。⑤簋贰：两碗饭。（簋：盛饭的器具。）缶：瓦器。⑥约：取出。⑦牖：窗户。⑧祗：祗借为“坻”，水中小丘。⑨徽纆：绳子。⑩丛棘：这里指监狱。

【译文】

《习坎》象征坎险重重：用诚信维系人心，亨通，努力前行必得成功。

初六　坑中有坑，进入坑中，掉进深处：凶险。

九二　在坑穴中遇有危险，可以先从小处努力，能有所得。

六三　来去都在坎险之中，进退都难，进入坑中，掉进深处，这意味着不可盲目行动。

六四　一樽酒，两碗饭，用陶器装着，从窗口里送进取出，终获无害。

九五　坑还没填满，小丘的土已被铲平：无咎害。

上六　被绳子捆住了，投进监狱，三年不得放：凶险。

【象传】

【原文】

《象》曰：习坎，重险也。水流而不盈。行险而不失其信，维心亨，乃以刚中也①。"行有尚"，往有功也。天险，不可升也；地险，山川丘陵也。王公设险以守其国。险之时用大矣哉！

【注解】

①刚中：九五、九二是阳爻，分居上下卦中位。

【译文】

《象传》说：习坎，指双重坑险，水流进坑中都不能满坑。君子遇险却不失诚信，顺利地维系众人的心，这是因为他刚健中正。"行有尚"，这是说前往有收获。

习坎，入于坎窞。

天险，是指天高不可攀；地险，是指地面山川丘陵密布。但王公却能设置险障来守卫他的国家。这种"险"能因时而用的道理真是大啊！

【象传】

【原文】

《象》曰：水洊至①，习坎。君子以常德行，习教事。
　　初六　"习坎入坎"，失道"凶"也。
　　九二　"求小得"，未出中也②。
　　六三　"来之坎坎"，终无功也。
　　六四　"樽酒簋贰"，刚柔际也③。
　　九五　"坎不盈"，中未大也④。
　　上六　"上六"失道，"凶""三岁"也。

【注解】

①水洊至：《坎》卦下坎上坎，坎是水，两坎相重，水流不断，所以说"水洊至"。水象征道德，道德宜不断进步，所以下文说"君子以常德行，习教事"。（洊：再；常：通"尚"，崇尚。）②中：本爻九二是阳爻居下卦中位。③刚柔际：本爻六四是阴爻，居九五阳爻下，所以说"刚柔际"。"刚柔际"象征统治者压迫百姓。④中：本爻九五是阳爻居上卦中位。

如果以阴柔之质，处极险之境，就会出现"系用徽纆，置于丛棘"的后果。

【译文】

《象传》说：水不断涌至，两坎相重，这就是《坎》卦的象征，君子取法《坎》卦崇尚德行，熟习政教。
　　初六　"习坎入坎"，这是说君子迷失了正道，会有凶险。
　　九二　"求小得"，这是因为君子没有偏离中道。

六三　"来之坎坎"——任何行动结果是毫无收获。
六四　"樽酒簋贰"，这是说用于刚柔交际的礼品。
九五　"坎不盈"，这是说中正之道尚未光大。
上六　上六说犯人受囚——这是因为他迷失了正道，所以有受囚三年的凶险。

◎ 离卦第三十 ◎

【经文】

【原文】

《离》　利贞，亨，畜牝牛，吉。
初九　履错然[1]，敬之：无咎。
六二　黄离：元吉。
九三　日昃之离[2]，不鼓缶而歌，则大耋之嗟[3]：凶。
九四　突如其来如，焚如，死如，弃如。
六五　出涕沱若[4]，戚嗟若[5]：吉。
上九　王用出征，有嘉折首[6]，获匪其丑[7]：无咎。

下离上离。

【注解】

①履：鞋子。错：用金涂饰。②昃：太阳西斜。③耋：老年人。④沱：泪水滂沱的样子。⑤戚：哀愁。⑥嘉：一说喜事；一说指有嘉国（周初国名）。⑦匪：彼，指敌人。丑：胁从的众人。

【译文】

《离》　象征附丽：守贞正之道有利，亨通，蓄养母牛可获吉祥。
初九　见到鞋子有金饰（象征贵人）恭敬待他：无害。
六二　（见到）附丽着黄金色彩的物品，（指富贵之物）：大吉。
九三　（见到）太阳西斜，附着天边的云彩，如果不及时敲起瓦盆纵歌，那么就会因为老朽而叹气：凶险。
九四　突然而来，像是火在燃烧，会有生命危险，会被抛弃。
六五　践大位，为新君，为悼念先君泪水滂沱，哀愁叹息：吉祥。
上九　君主带兵征战，建功业，斩获了敌首，捉住了他们许多人：无害。

【象传】

【原文】

《象》曰：离，丽也。日月丽乎天，百谷草木丽乎土。重明以丽乎正[1]，乃化成天下；柔丽乎中正[2]，故"亨"，是以"畜牝牛吉"也。

【注解】

①重明：《离》卦下离上离，离是明，两离相重，所以说"重明"。"重明"象征君子不息的明察力。②柔丽乎中正：六五、六二都是阴爻，是柔，分居上下卦中位。

【译文】

《象传》说：离，指附丽。日月附丽在天上，百谷草木　黄离

做人做事最忌暴息暴兴，"突如其来如，焚如，死如，弃如"。

附丽在地上。君子不息的明察力附丽在正道上，于是促成天下；柔顺附丽在中正上，所以亨通，所以能够"畜牝牛吉"。

【象传】

【原文】

《象》曰：明两作①，《离》。大人以继明照于四方。

初九 "履错"之"敬"，以辟咎也②。

六二 "黄离元吉"，得中道也③。

九三 "日昃之离"，何可久也？

九四 "突如其来如"，无所容也。

六五 "六五"之"吉"，离王公也。

上九 "王用出征"，以正邦也；"获匪其丑"，大有功也。

【注解】

①明两作：《离》卦下离上离，离是明，两离相重，所以说"明两作"。"明"又是日，"明两作"指太阳重复升起。太阳以光芒照彻万物，大人用明察洞悉四方，所以下文说"大人以继明照于四方"。②辟：通"避"，避免。③得中道：本爻六二是阴爻居下卦中位。

【译文】

《象传》说：太阳重复升起，这就是《离》卦的象征。大人取法《离》卦，用不息的明察力洞悉四方。

初九 步履错落有致，保持恭敬，这是为了避免过错。

六二 "黄离元吉"，这是因为合乎中道。

九三 "日昃之离"，这种状况怎能长久呢？

九四 "突如其来如"，这是说六四无处容身了。

六五 六五说"吉"，这是因为攀附上了王公贵族。

上九 "王用出征"，这是为了安定国家。"获匪其丑"，说明获取了大的胜利。

《易经》起源与发展

伏羲根据"图"、"书"画成八卦。

伏羲时代靠打猎为生，生活资料来源不固定。所以，人们就想预先测算今天的收获。

传说有龙马从黄河出现，背负"河图"献给伏羲。

传说有神龟从洛水出现，背负"洛书"献给伏羲。

起源 伏羲——由 **河图**、**洛书** 作 **八卦** —— **图像**

最初只有—（阳）及——（阴）两种符号。按照数学排列组合的规律，这两种基本符号三组组合，只有八种可能，是为八卦的开始。

那时没文字，只留下了八卦的一系列图案。

周文王——狱中推演 **六十四卦**，作 **卦辞**

说明卦义的文辞。

八种符号两两组合变成六十四种排列方式。

发展

被人诬陷被囚于羑里，七年之后才被释放。

孔子读《易》多次翻断了编联竹简的牛皮带子。

发展 孔子—— **韦编三绝** 作 **十翼**

孔子解释《易》的著作，有十篇，故称十翼。

《易经》基础知识

爻：组成卦形的基本符号，━━ 代表阳爻 ━ ━ 代表阴爻。

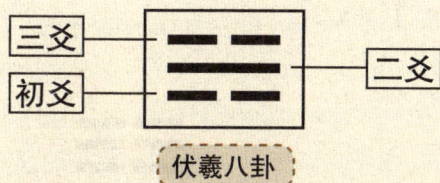

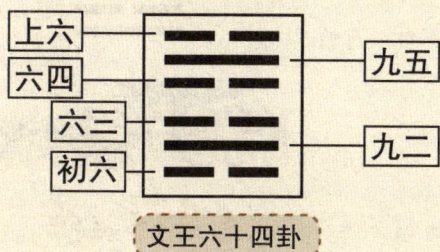

| 三爻 |
| 初爻 |

二爻

伏羲八卦

| 上六 |
| 六四 |
| 六三 |
| 初六 |

九五

九二

文王六十四卦

　　每三爻为一单卦，每两个单卦合为一复卦，每个复卦卦象有六个爻位，自下而上，凡阳爻为初九、九二、九三、九四、九五、上九；阴爻为初六、六二、六三、六四、六五、上六。每个爻位后有爻辞，共三百八十四个爻位，有三百八十四条爻辞。

太极、两仪、四象、八卦关系图

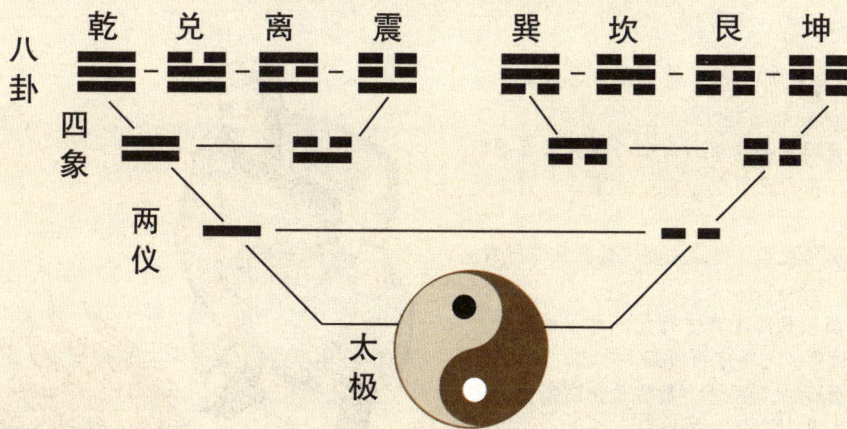

八卦　乾　兑　离　震　巽　坎　艮　坤

四象

两仪

太极

《易经》中的象、数、理、占

象： 象征，模拟万事万物的形象以喻义。乾象征天，坤象征地，兑象征泽，艮象征山，离象征火，坎象征水，震象征雷，巽象征风，八种元素的相互矛盾、作用就产生了万事万物。

数： 术数，用数学的模式来表示事物的变化规律和联系。八卦与先天数的对应：乾为一，兑为二，离为三，震为四，巽为五，坎为六，艮为七，坤为八。奇数为阳，偶数为阴。

理： 义理，阴阳相互作用的关系，万物变化的原理，自然世界与人类社会活动的道理。

占： 占卜，算卦的代名词。

下 经

◎明夷卦第三十六◎

【经文】

【原文】

《明夷》 利艰贞。

初九　明夷于飞，垂其翼；君子于行，三日不食；有攸往，主人有言。

六二　明夷，夷于左股①，用拯马壮②：吉。

九三　明夷于南狩，得其大首；不可疾贞。

六四　入于左腹，获明夷之心于前往庭。

六五　箕子之明夷③：利贞。

上六　不明，晦，初登于天，后入于地。

【注解】

①夷：损伤。股：大腿。②拯：救。③箕子：商纣王的叔父。

下离上坤。

【译文】

《明夷》象征光明损伤：利于牢记艰难，守贞正固。

初九　在光明受到损害之时向外飞，低垂着羽翼；君子前往，几天没饭吃；前往办事，所到之处都受主人责备。

六二　光明不见了，伤了左腿，得到壮马搭救：吉祥。

九三　光明殒伤时去南方行猎，君子捕得大野兽；不宜操之过急，还要守持贞正。

六四　退处于左方腹地，洞悉了光明殒伤的中心情况，终于跨出大门向远方走去。

六五　像箕子一样处于光明殒伤之时，守贞则有利。

上六　天色不明，昏暗一片，（太阳）先是升空，后来落地。

明夷，利艰贞。

【象传】

【原文】

《象》曰：明入地中①，《明夷》。内文明而外柔顺②，以蒙大难，文王以之③。"利艰贞"，晦其明也④，内难而能正其志，箕子以之。

【注解】

①明入地中：《明夷》卦下离上坤，坤是地，离是明（日），所以说"明入地中"。②内文明而外柔顺：《明夷》卦的内卦是离，外卦是坤，坤是柔顺，离是文明，所以说"内文明而外柔顺"。③以：似。④晦：隐藏。

【译文】

　　《象传》说：太阳落下地面，光明殒伤这就是《明夷》卦的象征。君子内有文明美德，外有柔顺之象，却蒙受大难，周文王的情况就像这样。"利艰贞"，这是说君子隐藏他的光明。君子身陷内难，仍能志向正直，箕子的情况就像这样。

【象传】

【原文】

　　《象》曰：明入地中①，《明夷》。君子以莅众用晦而明。

　　初九　"君子于行"，义"不食"也。

　　六二　"六二"之"吉"，顺以则也②。

　　九三　"南狩"之志，乃大得也。

　　六四　"入于左腹"，获心意也。

　　六五　"箕子"之"贞"，"明"不可息也③。

　　上六　"初登于天"，照四国也；"后入于地"，失则也。

【注解】

①明入地中：《明夷》卦下离上坤，坤是地，离是明（日），所以说"明入地中"。明象征明察，地象征人的腹心，

君子治理百姓，宜明察在心，所以下文说"君子以莅众用晦而明"。（莅：指治理；用晦：指不动声色。）②顺以则：本爻六二是阴爻，居九三阳爻下，是顺从的象征。③息：熄灭。

"南狩"之志，乃大得也。

【译文】

　　《象传》说：太阳落下地面，象征光明受到殒伤，这就是《明夷》卦。君子取法《明夷》卦，治理众人时要深藏智慧而不显但已明察在心。

　　初九　君子前往，三天不吃东西，不吃是为了节操为重。

　　六二　六二说"吉"，这是因为行事时柔顺而能坚守中正规则。

　　九三　君子向南狩猎的目的，是要有大收获。

　　六四　（鹈鹕）飞入左边山洞，（君子捉它）是为了获知真实的情况。

　　六五　箕子是正直的，他的光明是不可熄灭的。

　　上六　"初登于天"，这是说君子德耀四方；"后入于地"，这是说君子失掉了准则了。

◎家人卦第三十七◎

【经文】

【原文】

《家人》利女贞。

初九 闲有家①：悔亡。

六二 无攸遂，在中馈②：贞吉。

九三 家人嗃嗃③：悔，厉，吉；妇子嘻嘻：终吝。

九四 富家：大吉。

九五 王假有家④，勿恤，吉。

九六 有孚⑤，威如：终吉。

【注解】

①闲：防范。②中馈：指家中饮食的事。中：家中；馈：供给。③嗃嗃：即"嗷嗷"，哀苦的叫声。④假：通"格"。⑤孚：诚信。

下离上巽。

【译文】

《家人》卦象征一家人：女子守持贞固有利。

初九 在家之初即防范邪恶，保有其家：悔恨消失。

六二 女子不用外出，不自作主张，在家打理家务：守持贞固，吉祥。

九三 家人因治家严格而嗷嗷叫苦：有悔恨，有危险，终获吉祥；家人嘻哈作乐：起初亨通，终变艰难。

九四 能使家里富裕起来：大吉。

九五 君王用大道美德感格众人，不用忧虑，吉祥。

上九 有诚信，威严治家：终获吉祥。

【彖传】

【原文】

《彖》曰：《家人》，女正位乎内①，男正位乎外②，男女正，天地之大义也。家人有严君焉，父母之谓也。父父，子子，兄兄，弟弟，夫夫，妇妇，而家道正。正家而天下定矣。

【注解】

①女正位乎内：六二是阴爻居阴位，又是居内卦中位，是阴当位、得中、居内，所以说"女正位乎内"。"女正位乎内"象征女子在家守正。②男正位乎外：九五是阳爻居阳位，又是居外卦中位，是阳当位、得中、居外，所以说"男正位乎外"。"男正位乎外"象征男子在外守道。

【译文】

《彖传》说：《家人》卦的象征是，女子在家居正位守道，男子在外居正位守正道，男女各守其位，这就是天地阴阳的大义。家中有严明的

男女共同努力致富其家，大为吉祥。

君长，这就是父和母。如果父有父样，子有子样，兄有兄样，弟有弟样，夫有夫样，妇有妇样，家道就端正了。家道端正了，天下也就定了。

【象传】

【原文】

《象》曰：风自火出①，《家人》。君子以言有物而行有恒。

初九　"闲有家"，志未变也。

六二　"六二"之"吉"，顺以巽也②。

九三　"家人嗃嗃"，未失也；"妇子嘻嘻"，失家节也③。

六四　"富家大吉"，顺在位也④。

九五　"王假有家"，交相爱也。

上九　"威如"之"吉"，反身之谓也。

【注解】

①风自火出：《家人》卦下离上巽，巽是风，离是火，所以说"风自火出"。风象征德教，火象征明察，德教的普

女子主内持家，居正当之位，便是天地大义，幸福吉祥。

及、明察的成就，都对君子的言行提出了要求，所以以下文说"君子以言有物而行有恒"。②顺以巽：本爻六二是阴爻，居九三阳爻下，是顺服谦逊的象征。③家节：家规。④顺在位：本爻六四是阴爻，居九五阳爻下，是顺从的象征；六四又是阴爻居阴位，是"在位"（当位）。

【译文】

《象传》说：风从火中出来，这就是《家人》卦的象征。君子取法《家人》卦言之有物，恒心办事。

初九　在家多加防范，这是说在家人思想尚未产生变化的时候预先防范。

六二　六二说"吉"，这是因为君子柔顺谦逊。

九三　"家人嗃嗃"，这是说家人没有过失；"妇子嘻嘻"，这是说家中失去了家规。

六四　"富家大吉"，这是因为君子能行柔顺之道，又地位得当。

九五　"王假有家"，这是说一家人交相爱睦。

上九　办事威严是吉祥的，这是因为君子能反省自己。

◎升卦第四十六◎

【经文】

【原文】

《升》元亨，用见大人①，勿恤；南征吉。

初六　允升②：大吉。

九二　孚乃利用禴，无咎。

九三　升虚邑③。

六四　王用亨于岐山④：吉，无咎。

六五　贞吉，升阶。

下巽上坤。

上六　冥升⑤：利于不息之贞。

【注解】

①用：当作"利"。②允：信允，诚信。又一说，犹言"宜"。③虚：大丘。④亨：即"享"，祭祀。⑤冥：夜晚。

【译文】

《升》象征上升：非常亨通、顺利。见大人有利，不用忧虑；南进征战吉祥。

初六　诚信地得到上升：大为吉祥。

九二　心存诚信，用祭品简单的禴祭有利，无害。

九三　上升顺畅如入无人之邑。

六四　（获释后的）周文王在岐山举行祭祀大礼：吉祥，无害。

六五　柔中守正，必能如登上台阶，步步高升。

上六　夜里登上台阶，利于不停地坚守正固、奋斗不息。

【彖传】

【原文】

《彖》曰：柔以时升①，巽而顺②，刚中而应③，是以大"亨"。"用见大人勿恤"，有庆也；"南征吉"，志行也。

【注解】

①柔以时升：《升》卦初六、六四、六五、上六都是阴爻，爻位上升，所以说"柔以时升"。②巽而顺：《升》卦下巽上坤，坤是顺，（巽是谦逊）所以说"巽而顺"。③刚中而应：九二是阳爻居下卦中位，和居上卦中位的六五阴爻相应。

【译文】

《彖传》说：以柔顺之道与时俱升，谦逊而和顺，刚健中正，而又与上者相应，所以大亨通。"利见大人勿恤"，这是说如此上升将有福庆；"南征吉"，这是说上升的心志可以畅行了。

【象传】

【原文】

《象》曰：地中生木①，升。君子以顺德，积小以高大。

初六　"允升大吉"，上合志也②。

九二　"九二"之"孚"，有喜也。

九三　"升虚邑"，无所疑也。

六四　王用亨于岐山，顺事也。

六五　"贞吉升阶"，大得志也。

上六　"冥升"在上③，消不富也。

【注解】

①地中生木：《升》卦下巽上坤，坤是地，巽是木，所以说"地中生木"。道德的成长就像树木，由小到大，所以下文说"君子以顺德，积小以高大"。②上合志：本爻初六是阴爻，居九二阳爻下，是顺从的象征，所以说"上合志"。③在上：本爻上六居上卦上位。

【译文】

　　《象传》说：地中生木，这就是《升》卦的象征。君子取法《升》卦顺应道德，积累微小以逐渐成就伟大的事业。

　　初六　"允升大吉"，这是因为初六上承二阳的意志能及时上升。

　　九二　九二心怀诚信，是说喜庆必然到来。

　　九三　九三说，上升顺畅如入无人之邑，说明九三果敢而没有疑惑。

　　六四　"王用亨于岐山"，这是顺应事物之情势做事。

　　六五　"贞吉升阶"，这是说君子大遂上升的心志了。

　　上六　上级夜里登上台阶，这是说要改变不富盛的命运。

◎困卦第四十七◎

【经文】

【原文】

　　《困》亨，贞大人：吉，无咎；有言不信。

　　初六　臀困于株木①，入于幽谷，三岁不觌②。

　　九二　困于酒食，朱绂方来③，利用享祀；征凶，无咎。

　　六三　困于石，据于蒺藜④，入于其宫，不见其妻：凶。

　　九四　来徐徐，困于金车⑤：吝，有终。

　　九五　劓刖⑥，困于赤绂⑦，乃徐有说⑧，利用祭祀。

　　上六　困于葛藟⑨，于臲卼，曰动悔有悔⑩；征吉。

下坎上兑。

【注解】

①困：受困。②觌：见。③朱绂：古代贵族穿的一种红色服饰，指官位。方：正在。④据：按。蒺藜：一种带刺的蔓草。⑤金车：贵人所坐的装饰有金属的车子，指贵人。⑥劓刖：当作"臲卼"，不安的样子。⑦赤绂：即"朱绂"，指贵人。⑧说：同"脱"，逃脱。⑨葛藟：蔓生带刺的植物。⑩曰：发语词。悔：后悔；后一个"悔"用作名词，指悔恨的事。

【译文】

　　《困》象征困穷：努力脱困可获亨通，坚守正道的大人可获吉祥，无祸害；此时节说什么话也不会有人信从。

　　初六　臀部被困在枯的树干之上不能安稳坐处，隐入幽深的山谷，几年不露面。

　　九二　为酒食所困（指酒食匮乏），但荣禄正在到来（酒食将变丰富），这对祭祀有利；急于出征有凶险，但终获无害。

　　六三　为乱石所困，手按在蒺藜上（受伤），走进自己的屋里，也见不到妻子：有凶险。

　　九四　缓缓而来，却为金车所困（比喻受到贵人的为难）：有憾惜，但会有好结果。

　　九五　心神不安，受到贵人的为难，后来逐渐逃脱了，宜祭祀谢神。

　　上六　为葛藟所困，心神不安，此时若能汲取动辄生悔的教训而有所悔恨，悔恨前往必可脱离困境以获吉祥。

【彖传】

【原文】

　　《彖》曰：《困》，刚掩也①。险以说②，困而不失其所，"亨"，其唯君子乎。"贞大人吉"，以刚中也③。"有言不信"，尚口乃穷也。

【注解】

①刚掩：《困》卦下坎上兑，兑是阴卦，坎是阳卦，兑在坎上，是柔掩盖刚的象征，所以说"刚掩"。②险以说：《困》卦下坎上兑，兑是悦（说），坎是险，所以说"险以说"。③刚中：九五、九二都是阳爻，分居上下卦中位。

【译文】

　　《彖传》说：《困》卦的象征是，阳刚被掩盖而难以伸展。遇险却能和悦应对，困顿却能不失其本色，这种亨通，大概只有君子

困于石。

能得到吧。"贞大人吉"，这是因为君子刚健中正；"有言不信"，这是说信奉空谈是行不通的。

【象传】

【原文】

　　《象》曰：泽无水《困》①。君子以致命遂志。
　　初六　"入于幽谷"，幽不明也。
　　九二　"困于酒食"，中有庆也②。
　　六三　"据于蒺藜"，乘刚也③；"入于其宫，不见其妻"，不祥也。
　　九四　"来徐徐"，志在下也；虽不当位④，有与也⑤。
　　九五　"劓刖"，志未得也；"乃徐有说"，以中直也⑥；"利用祭祀"，受福也。
　　上六　"困于葛藟"，未当也；"动悔有悔"，吉行也。

【注解】

①泽无水：《困》卦下坎上兑，兑是泽，坎是水，泽在水上，是泽面干旱的迹象，所以说"泽无水"。"泽无水"象征理想受困，只有不惜生命硬干，所以

困而能亨，必须是贤人。如果是小人或无德之人入困则有国破家亡的凶险。如殷纣王入困自焚。

下文说"君子以致命遂志"。②中：本爻九二是阳爻居下卦中位。③乘刚：本爻六三是阴爻，居九二阳爻上，是柔凌驾刚、小人凌驾君子的象征。④不当位：本爻九四是阳爻居阴位，是"不当位"。⑤与：帮助。⑥中直：本爻九五是阳爻居上卦中位。直：正。

【译文】

《象传》说：泽中无水，这就是《困》卦的象征。君子取法《困》卦，不惜舍命达成理想。

初六　"入于幽谷"，这是说君子处境黑暗。

九二　"困于酒食"，这是说秉守中道就会赢得福庆。

六三　"据于蒺藜"，这是说小人凌驾君子；"入于其宫，不见其妻"，这是不祥的兆头。

九四　"来徐徐"，这是说君子甘居下位，虽然地位失当，仍能得人帮助。

九五　"劓刖"，这是说君子尚未得志；"乃徐有说"，这是因为君子中正；"利用祭祀"，这是说祭祀使人蒙福。

上六　"困于葛藟"，这是因为君子行为不当；"动悔有悔"，这样吉祥就来了。

◎井卦第四十八◎

【经文】

【原文】

《井》　改邑不改井，无丧无得；往来井井①，汔至②，亦未繘井③，羸其瓶④：凶。

初六　井泥⑤，不食；旧井无禽。

九二　井谷射鲋⑥；瓮敝漏⑦。

九三　井渫⑧，不食，为我心恻⑨；可用汲，王明，并受其福。

六四　井甃⑩：无咎。

九五　井洌⑪，寒泉食⑫。

上六　井收⑬，勿幕⑭，有孚：元吉。

下巽上坎。

【注解】

①井井：从井中汲水。前一个"井"是动词，后一个"井"是名词，指水井。②汔：干涸。③繘井：挖井。繘：借为"矞"，穿。④羸：借为"儽"，毁坏。瓶：汲水瓦罐。⑤井泥：井积淤泥。⑥井谷：井底。鲋：小鱼。⑦敝：破。⑧渫：污秽。⑨恻：伤悲；⑩甃：修砌。⑪洌：水清。⑫寒泉：深壤冒出的井水。⑬收：汲水完成。⑭幕：盖上井口。

【译文】

《井》卦象征水井，城邑变了而水井不变，这意味着无失无得；来来往往的人从井中汲水，汲水时，水瓶即将升到井口但还没出井口，汲水瓶磕破了：凶险。

初六　井积淤泥，无法饮用；破旧的井边没有鸟禽飞来。

九二　向井底射小鱼，难射中；水瓮破了，难储水。

九三　井水污秽，不能喝，为此令人心伤悲；此时宜于尽快疏井，疏通后的井，可以汲水，如果是王道圣明，臣民都会受到他的恩泽。

六四　井砌好了：无有咎害。

九五　井水清澈，深壤冒出的井水为人们所喜欢饮用。

上六　从井里汲完了水，不要盖上井口，供人继续饮用：心怀诚信，当得大吉祥。

【象传】

【原文】

《象》曰：巽乎水而上水①，《井》。井养而不穷也。"改邑不改井"，乃以刚中也②；"汔至，亦未缮井"，未有功也；"羸其瓶"，是以凶也。

【注解】

①巽乎水：《井》卦下巽上坎（巽是木），坎是水，所以说"巽乎水"。②刚中：九五、九二都是阳爻，分居上下卦中位。

【译文】

《彖传》说：顺着水的特性蓄水并打上水，这就是《井》卦的象征。井水养人，水源不断。"改邑不改井"，这是因为君子能刚毅持中的美德；"汔至，亦未缮井"，这是说明尚未完成井水养人的功用；"羸其瓶"，这是说事情有凶险。

【象传】

【原文】

《象》曰：木上有水①，《井》。君子以劳民劝相。

初六　"井泥不食"，下也②；"旧井无禽"，时舍也。

九二　"井谷射鲋"，无与也。

九三　"井渫不食"，行"恻"也；求"王明"，"受福"也。

六四　"井甃无咎"，修井也。

九五　"寒泉"之"食"，中正也③。

上六　"元吉"在上④，大成也。

【注解】

①木上有水：《井》卦下巽上坎，巽是木，坎是水，所以说"木上有水"。挖井要靠百姓，所以下文说"君子以劳民劝相"。（劝：教导；相：助。）②下：本爻初六居下卦下位。③中正：本爻九五是阳爻居上卦中位。④在上：本爻上六居上卦上位。

【译文】

《象传》说：木上有水，这就是《井》卦的象征。君子取法《井》卦，教导百姓劳作互助。

初六　"井泥不食"，这是说井口太低；"旧井无禽"，这是说那时井就废弃了。

九二　"井谷射鲋"，说明得不到帮助。

九三　"井渫不食"，这是可叹的；祈求君主圣明，这是企盼受福泽。

六四　"井甃无咎"，这是说应当及时修井。

九五　"寒泉"是可以饮用的，这是因为九五有中正之德。

上六　上级大吉祥，这是说水井养人获得了大成功。

井甃。

◎革卦第四十九◎

【经文】

【原文】

革　巳日乃孚①：元亨，利贞，悔亡。

初九　巩用黄牛之革②。

六二　巳日乃革之③；征吉，无咎。

九三　征凶，贞厉；革言三就④，有孚。

九四　悔亡，有孚改命⑤，吉。

九五　大人虎变⑥，未占，有孚。

上六　君子豹变⑦，小人革面⑧；征凶，居贞吉。

下离上兑。

【注解】

①巳：即"祀"，祭祀。②巩：捆缚。革：皮革。③革：变革。④革言：变革的主张。三就：多次俯就，指多次听取臣下的意见。就：俯就。⑤命：命令。⑥虎变：像老虎一样勇猛无惧地推行变革。⑦豹变：像豹子一样勇猛灵活地推行变革。⑧革面：变脸色。

【译文】

《革》卦象征变革，选择最佳时日进行变革：能取信于民，它具有元始、通达、和谐、贞正的德行。悔恨消失。

初九　要用坚固的黄牛皮束缚以固根本。

六二　选最佳时日可以推行变革；勇于前往、必获吉祥，必无咎害。

九三　过急行动有凶险，须守持贞正以防危险；变革的主张要多次研究、广泛听取意见，变革将有曲折，要长久保有诚心。

九四　悔恨消失，心怀诚信；革除旧命，定会吉祥。

九五　大人像老虎一样勇猛无惧地推行变革，其道如虎纹昭然可见，还没占问前，已令人感其诚信。

上六　君子像豹子一样勇猛灵活地推行变革，小人纷纷改变脸色只是表面上拥护变革，急进将有凶险，守持正道则可吉祥。

【彖传】

【原文】

《彖》曰：《革》，水火相息①，二女同居②，其志不相得，曰革。"巳日乃孚"，革而信之。文明以说③，大亨以正。革而当，其"悔"乃"亡"。天地革而四时成，汤武革命④，顺乎天而应乎人。《革》之时大矣哉！

【注解】

①水火相息：《革》卦下离上兑，兑是泽（水），离是火，所以说"水火相息"。息：灭，指相克。②二女同居：离是中女，兑是少女，所以说"二女同居"。③文明以说：离是文明，兑是悦（说），所以说"文明以说"。④汤武：商汤

二女同居，其志不相得，曰革。

和周武王。

【译文】

　　《象传》说:《革》卦的象征是,像水与火相互冲突;又像二女同居一室,心思常常各异,这就是《革》卦。"巳日乃孚",这是说选择好时机变革将获得天下信从。具有文明美德而又使天下和悦,正直大顺,变革恰当,所以悔恨消失。天地变革而四季形成,汤武革命,顺乎天道又合乎人心。《革》卦这种因时变革的意义真是大啊!

【象传】

【原文】

　　《象》曰:泽中有火①,《革》。君子以治历明时。
　　初九　"巩用黄牛",不可以有为也。
　　六二　"巳日乃革之",行有嘉也。
　　九三　"革言三就",又何之矣。
　　九四　"改命"之"吉",信志也。
　　九五　"大人虎变",其文炳也②。
　　上六　"君子豹变",其文蔚也③;"小人革面",顺以从君也。

选择最佳时日进行变革能取信于民。

【注解】

①泽中有火:《革》卦下离上兑,兑是泽,离是火,所以说"泽中有火"。泽中有火,就会水干木焚,这是泽的大变革;把握变革,就要把握变革的时令,所以下文说"君子以治历明时"。②炳:显著。③蔚:大。

【译文】

　　《象传》说:泽中有火,这就是《革》卦的象征。君子取法《革》卦修治历法,明确时令。
　　初九　"巩用黄牛",这是说这时君子不宜行动。
　　六二　"巳日乃革之",这是说这时君子办事有利。
　　九三　"革言三就",这是说不走变革之路,又能往哪里去呢?
　　九四　变革政令是吉祥的,要相信九四的变革之志。
　　九五　"大人虎变",大人的美德与这种变革的成绩和美,将是文采光耀炳焕照人。
　　上六　"君子豹变",这种变革的成绩将是极大的;最后小人洗心革面也会顺从君主的改革的。

◎鼎卦第五十◎

【经文】

【原文】

　　《鼎》元吉,亨。
　　初六　鼎颠趾①,利出否②;得妾以其子:无咎。
　　九二　鼎有实③,我仇有疾,不我能即④:吉。
　　九三　鼎耳革⑤,其行塞⑥,雉膏不食⑦,方雨⑧,亏⑨,悔,终吉。

下巽上离。

九四　鼎折足，覆公悚^⑩，其形渥^⑪：凶。

六五　鼎黄耳^⑫、金铉^⑬：利贞。

上九　鼎玉铉^⑭：大吉，无不利。

【注解】

①鼎：古代煮东西的器具。颠：倒。②否：指废弃物。③实：食物。④即：接近。⑤革：指脱落。⑥塞：阻碍。⑦雉：野鸡。膏：肥肉。⑧方：正在。⑨亏：损坏。⑩悚：美食。⑪渥：沾湿。⑫黄耳：黄色的鼎耳。⑬金铉：铜制的抬鼎的器具。铉：抬鼎的器具。⑭玉铉：镶玉的铉。

【译文】

《鼎》象征革故鼎新，十分吉祥而亨通。

初六　鼎足颠倒，对倒空鼎里的废物有利；就像娶妾而生下的儿子，无害。

九二　鼎里装满食物；我的仇人有病，不能接近我：吉祥。

九三　鼎耳有所变，它的移动受阻，鼎里精美的野鸡肉还没来得及吃，等到天降阴阳和合之雨，悔憾可清除，终获吉祥。

九四　由于不堪重负，鼎足折了，翻倒了公侯的美味，鼎浑身沾湿：凶险。

六五　鼎配有黄色的鼎耳、铜铉（象征富贵）：利于守持正道。

上九　鼎配有镶玉的铉（象征富贵）：大吉祥，没有不利。

鼎卦的"初"为足，二、三、四为"腹"，鼎之"上"为耳，外有铉。

【象传】

【原文】

《象》曰：《鼎》，象也，以木巽火^①，亨饪也^②。圣人亨以享上帝^③，而大亨以养圣贤。巽而耳目聪明，柔进而上行^④，得中而应乎刚^⑤，是以"元亨"。

【注解】

①以木巽火：《鼎》卦下巽上离，离是火，巽是木，所以说"以木巽（指入）火"。巽象征谦逊，离象征聪明，所以下文说"巽而耳目聪明"。②亨：同"烹"。③享：祭祀。④柔进而上行：初六、六五都是阴爻，爻位上升，所以说"柔进而上行"。⑤得中而应乎刚：六五是阴爻居上卦中位，和居下卦中位的九二阳爻相应。

【译文】

《象传》说：《鼎》卦是养人的烹饪器具的形象，架起木头升起火烹饪食物。圣人煮食物祭祀上帝，用最丰盛的食物奉养贤人。君主谦逊而耳聪目明，以性情柔顺美德，前进上升，高居中正而又与阳刚贤者相应合，所以大亨通。

【象传】

【原文】

《象》曰：木上有火^①，《鼎》。君子以正位凝命。

初六　"鼎颠趾"，未悖也。"利出否"，以从

鼎中有食，充实才是至理。

贵也。

九二 "鼎有实",慎所之也。"我仇有疾",终无尤也。

九三 "鼎耳革",失其义也。

九四 "覆公𫗧",信如何也。

六五 "鼎黄耳",中以为实也[2]。

上九 "玉铉"在上[3],刚柔节也[4]。

【注解】

①木上有火:《鼎》卦下巽上离,离是火,巽是木,所以说"木上有火"。木上是火,火上是鼎,木火鼎都各在其位,就能煮熟食物;君臣都各在其位,就能国家安定,所以下文说"君子以正位凝命"。(凝:成。)②中:本爻六五是阴爻居上卦中位。③在上:本爻上九居上卦上位。④节:节度。

【译文】

《象传》说:木上有火,这就是《鼎》卦的象征。君子取法《鼎》卦端正职位,完成使命。

初六 "鼎颠趾",这是说君子行事不悖于常理;"利出否",这么做是为了能跟从贵人。

九二 鼎里食物满了,这是说外出要谨慎;我的仇人生病了,结果我无忧于咎害了。

九三 "鼎耳革",这是说君子行事有失道义。

九四 这人打翻了王公的美食,怎么能信任呢?

六五 "鼎黄耳",这是说君子能守中道,从而得阳刚充实之利了。

上九 玉铉出现在上九,这说明上九与阴柔相互调节。

◎震卦第五十一◎

【经文】

【原文】

《震》亨,震来虩虩[1],笑言哑哑[2];震惊百里,不丧匕鬯[3]。

初九 震来虩虩,后笑言哑哑:吉。

六二 震来,厉,亿丧贝[4],跻于九陵[5],勿逐[6],七日得。

六三 震苏苏[7],震行:无眚[8]。

九四 震,遂泥[9]。

六五 震往来,厉,亿无丧有事。

上六 震,索索[10],视矍矍[11];征凶;震不于其躬,于其邻:无咎;婚媾有言。

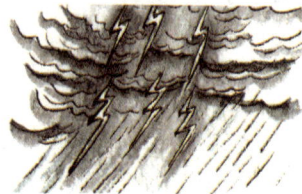

下震上震。

【注解】

①震:雷声震动。虩虩:害怕的样子。②哑哑:拟声词,笑时发出的声音。③丧:洒落。匕:羹匙。鬯:古代的一种香酒。④亿:发语词。贝:古代的钱币。⑤跻:登。九陵:高陵。⑥逐:寻找。⑦苏苏:轻缓的样子。⑧眚:灾祸。⑨遂:同"坠",掉落。⑩索索:哆嗦的样子。⑪视:目光。矍矍:惊恐的样子。

【译文】

《震》象征震动亨通,雷声震动,人们起先惶恐畏惧,后来笑语阵阵;雷声震惊百里,祭师却没有抖落羹匙里的一滴酒。

初九 雷声震动,人们起先惶恐畏惧,后来慎行保福笑语阵阵:可获吉祥。

六二　雷声震动，有危险，丢了很多货币，此时登上高陵之上，不用寻找，过七天会失而复得。

六三　雷声轻缓，在这样的雷声中行路，不会遭殃。

九四　雷声震动，慌不择路，掉进泥泞中。

六五　雷声阵阵，上下往来都有危险，但能知危惧而慎守中道，可以万无一失。

上六　雷声震动，极端恐惧，畏缩难以行走，目光惊恐不安；此时前行必有凶险；雷电没有打中他的身体，打中了他的邻居：无害；此时谋求婚姻会导致议论。

【彖传】

【原文】

《彖》曰：《震》，"亨，震来虩虩"，恐致福也；"笑言哑哑"，后有则也①；"震惊百里"，惊远与迩也②。出，可以守宗庙社稷，以为祭主也。

【注解】

①则：秩序。②迩：近。

【译文】

《彖传》说：《震》卦说："亨，震来虩虩"，这是说祭师克服惊吓，就能带来福气；"笑言哑哑"，这是说惊吓过后，祭祀就恢复秩序了。"震惊百里"，这是说远近的人都吓坏了。那种能够做到"不丧匕鬯"的人，出去可以守护宗庙国家，担任祭主。

【象传】

【原文】

《象》曰：洊雷①，《震》。君子以恐惧修省。

初九　"震来虩虩"，恐致福也；"笑言哑哑"，"后"有则也。

六二　"震来厉"，乘刚也②。

六三　"震苏苏"，位不当也③。

九四　"震遂泥"，未光也。

六五　"震往来厉"，危行也，其事在中④，大"无丧"也。

上六　"震索索"，中未得也⑤；虽"凶""无咎"，畏邻戒也。

震，遂泥。

【注解】

①洊雷：《震》卦下震上震，震是雷，二雷重叠，所以说"洊雷"。雷象征刑罚，二雷重叠，刑罚繁重，所以下文说"君子以恐惧修省"。洊：重。②乘刚：本爻六二是阴爻，居初九阳爻上，是柔凌驾刚的象征。③位不当：本爻六三是阴爻居阳位，是"位不当"。④在中：本爻六五是阳爻居上卦中位。⑤中未得：本爻上六居上卦上位，非中位，所以说"中未得"。

【译文】

《象传》说：持续地打雷，这就是《震》卦的象征。君子取法《震》卦心怀戒惧，修身自省。

初九　"震来虩虩"，这是说初九知惧而戒慎，就能带来福运；"笑言哑哑"，这是说惊吓过后，行为遵循法则不失常态。

六二　"震雷打来有危险"，这是因为六二乘凌于阳刚之上。

六三　"震苏苏"，这是因为君子地位失当。

九四　"震遂泥"，这是说其阳刚之德还没有光大。

六五　"震动之时上下往来均有危险"，这是说君子的行动遇上危险了，但因为能守中道，不会有损失。

上六　"震动之时极其恐惧以致畏缩难行"，这是因为君子未能秉守中道；君子有凶险，后来无害，这是因为畏惧邻居的那种灾祸，从而有了戒备。

◎艮卦第五十二◎

【经文】

【原文】

《艮》 艮其背[①]，不获其身[②]，行其庭，不见其人：无咎。

初六　艮其趾：无咎。利永贞。

六二　艮其腓[③]，不拯其随[④]，其心不快。

九三　艮其限[⑤]，列其夤[⑥]：厉，熏心[⑦]。

六四　艮其身：无咎。

六五　艮其辅[⑧]，言有序：悔亡。

上九　敦艮[⑨]：吉。

下艮上艮。

【注解】

①艮：止。②获：借为"护"，保护。③腓：小腿。④拯：拯借为"增"，增加。随：借为"隋"，垂肉。⑤限：腰。⑥列：通"裂"，裂开。夤：指脊背肉。⑦熏心：焦心。熏：烧灼。⑧辅：面颊。⑨敦艮：多方注意。敦：多。

【译文】

《艮》象征当止则止：止于背后，不让私欲占据身体而妄行，好似在庭院里自如地行走。必无咎害。

初六　抑止在脚趾迈出之前：无害。利于永守正固。

六二　抑止在小腿迈出之前，没有承上而随行，心里不快。

九三　抑止他的腰，致使连续人体上下的部分脊肉裂开：十分危险，像火一样烧灼心。

六四　抑止身体不妄动：无害。

六五　抑止他的面颊，说话注意有条不紊，悔恨就可以消失。

上九　以诚恳厚道的品德抑止亢进的私欲：吉祥。

【象传】

【原文】

《象》曰：艮，止也。时止则止，时行则行，动静不失其时，其道光明。艮其止[①]，止其所也[②]。上下敌应[③]，不相与也。是以"不获其身，行其庭，不见其人，无咎"也。

【注解】

①止：当作"背"，指担任职务。②所：指职位。③上下敌应：《艮》卦初六和六四、六二和六五、九三和上九之间，

都是阴爻相对或阳爻相对，象征无论是同为小民或是同为君子，都互相敌对。所以说"上下敌应"。

【译文】

　　《象传》说：艮，抑止之意。当止则止，当行则行，行止动静都能适时，就会前途光明。艮卦的抑止，是要止于当止之处。卦中各爻都上下同性相敌对而不应合，所以卦辞说："不随身体本能之欲妄行，在庭院中自如地行走，如同没有人，没有咎害"啊！

【象传】

【原文】

　　《象》曰：兼山①，《艮》。君子以思不出其位。
　　初六　"艮其趾"，未失正也。
　　六二　"不拯其随"，未退听也。
　　九三　"艮其限"，危"熏心"也。
　　六四　"艮其身"，止诸躬也②。
　　六五　"艮其辅"，以中正也③。
　　上九　"敦艮"之"吉"，以厚终也。

【注解】

①兼山：《艮》卦下艮上艮，艮是山，两山重叠，所以说"兼山"。两山并立，位置是固定不变的，象征人安守本分，所以以下文说"君子以思不出其位"。②诸：之于。③中正：本爻六五居上卦中位。

【译文】

　　《象传》说：两山重叠，这就是《艮》卦的卦象。君子 敦艮。
取法《艮》卦，谋事不超出本分。
　　初六　"艮其趾"，这是说君子没有迷失正道。
　　六二　不再追随他了，这是因为他不能退而听从不同的意见。
　　九三　"艮其限"，这是说危险使君子焦心。
　　六四　"艮其身"，这是说君子安守本分了。
　　六五　"艮其辅"，这是说君子能守中正。
　　上九　"很诚恳地止而不动"而"获吉祥"，是因为上九能始终保持敦厚。

○巽卦第五十七○

【经文】

【原文】

　　《巽》　小亨，利有攸往，利见大人。
　　初六　进退，利武人之贞①。
　　九二　巽在床下②，用史巫纷若③：吉，无咎。
　　九三　频巽④：吝。
　　六四　悔亡，田获三品⑤。
　　九五　贞吉，悔亡，无不利，无初有终；先庚三日⑥，后庚三日：吉。
　　上九　巽在床下，丧其资斧⑦：贞凶。

上巽下巽。

频巽。

【注解】

①武人：军人。②巽：伏。③史巫：巫师。若：语气助词。④频：通"颦"，皱眉。⑤田：打猎。品：种类。⑥庚：庚日。古人把每月分为三旬，每旬十天，依次以甲、乙、丙、丁、戊、己、庚、辛、壬、癸为标记。庚日是每旬的第七天，"先庚三日"即丁日，"后庚三日"即癸日。⑦斧：斧形的铜币。

【译文】

《巽》象征谦顺：小事亨通，前往有利，见大人有利。

初六　谦顺过度而犹豫，以为进退都可，勇武之人守持贞正则有利。

九二　谦顺地伏于床下，如祝史、巫、觋一样殷勤侍奉于上：吉祥，无咎害。

九三　皱眉不乐地勉强谦顺：必有悔憾。

六四　悔恨消失，打猎获得多种猎物。

九五　坚守正固吉祥，悔恨消失，没有不利，事情开局不妙，但会有好结果；在象征变更的庚日前三天发布新令，在庚日后三天实行，必获吉祥。

上九　（惊恐地）躲伏床下，丢了资财：坚守正固以防凶险。

【象传】

【原文】

《象》曰：重巽以申命①。刚巽乎中正而志行②，柔皆顺乎刚③，是以"小亨，利有攸往，利见大人"。

巽在床下，用史巫纷若。

【注解】

①重巽：《巽》卦下巽上巽，二巽重叠，所以说"重巽"。巽是风，风象征政令，"重巽"象征重申政令。②刚巽乎中正：九五是阳爻，居上卦中位，所以说"刚巽乎中正"。巽：顺应。③柔皆顺乎刚：《巽》卦下卦中，初六是阴爻，居九二、九三阳爻下；上卦中，六四是阴爻，居九五、上九阳爻下，所以说"柔皆顺乎刚"。

【译文】

《象传》说：上下都谦顺宜于君主重申政令。君主刚健，具有谦顺而中正之美德，意志得以推行，阴柔者都能顺从于阳刚者，所以说"小亨，利有攸往，利见大人"。

【象传】

【原文】

《象》曰：随风①，《巽》。君子以申命行事。

初六 "进退"，志疑也；"利武人之贞"，志治也②。

九二 "纷若"之"吉"，得中也③。

九三 "频巽"之"吝"，志穷也。

六四 "田获三品"，有功也。

九五 "九五"之"吉"，位正中也④。

上九 "巽在床下"，上穷也⑤；"丧其资斧"，正乎凶也⑥。

【注解】

①随风：《巽》卦下巽上巽，巽是风，风随着风吹，所以说"随风"。风象征政令，申明政令利于办事，所以下文说"君子以申命行事"。②治：坚定。③得中：本爻九二是阴爻居下卦中位。④位正中：本爻九五是阳爻居上卦中位。⑤上：本爻上九居上卦上位。⑥正：正直。

【译文】

《象传》说：风随着风吹，这就是《巽》卦的象征。君子取法《巽》卦，办事时申明政令。

初六 "进退"，这是说君子心存疑惑；"利武人之贞"，这是说勇武君子心志坚定。

九二 史巫纷纷（前来为他祷告），这是吉祥的，这是因为他能秉守中道。

九三 皱眉躲伏是危险的，这是说其心志困穷。

六四 "田获三品"，这是说君子有收获了。

九五 九五说，事情吉祥，这是因为君子能守中正。

上九 "巽在床下"，这是说上级途穷了；"丧其资斧"，这是说钱丢了，此时应守持贞正以防凶险。

◎兑卦第五十八◎

【经文】

【原文】

《兑》亨，利贞。

初九 和兑①：吉。

九二 孚兑②：吉，悔亡。

六三 来兑③：凶。

九四 商兑未宁④；介疾有喜⑤。

上兑下兑。

九五　孚于剥⑥：有厉。

上六　引兑⑦。

【注解】

①和：和气。兑：兑借为"说"，说话。②孚：诚信。③来：指主动。④商：商谈。宁：定。⑤介：借为"疥"，疥疮。有喜：指病愈。⑥孚：相信。剥：剥夺者。⑦引：引诱。

【译文】

《兑》象征和悦：亨通，利于守持正固。

初九　和气待人：吉祥。

九二　诚实欣悦待人：吉祥，悔恨消失。

六三　前来曲意逢迎取悦于人当至凶险。

九四　商谈尚未定下来的事，心中很不安宁；要是隔断疾患一样的邪恶之人，则有喜事。

九五　相信消剥阳气的小人：有危险。

上六　（有人）引诱我相悦：有危险。

商兑未宁。

【彖传】

【原文】

《彖》曰：兑，说也①。刚中而柔外②，说以"利贞"，是以顺乎天而应乎人。说以先民③，民忘其劳；说以犯难④，民忘其死。说之大，民劝矣哉⑤！

【注解】

①说：通"悦"，和悦。②刚中而柔外：九五、九二都是阳爻，分居上下卦中位，是"刚中"；上六、六三都是阴爻，分居上下卦外位（上位），是"柔外"。③先：引导。④犯难：赴难。⑤劝：奋勉。

【译文】

《彖传》说：兑，指的是和悦。君子刚健中正于内，柔顺接物于外，把利益百姓、秉守正道当成乐事，所以君子能顺应天道，应合人情。用和悦的政策引导百姓，百姓就会忘掉劳苦；用和悦的政策宣扬赴难，百姓就会舍生忘死。和悦的政策光大了，百姓就都能奋勉不息了。

【象传】

【原文】

《象》曰：丽泽①，《兑》。君子以朋友讲习。

初九　"和兑"之"吉"，行未疑也。

九二　"孚兑"之"吉"，信志也。

六三　"来兑"之"凶"，位不当也②。

九四　"九四"之"喜"，有庆也。

九五　"孚于剥"，位正当也③。

上六　"上六引兑"，未光也。

【注解】

①丽泽：《兑》卦下兑上兑，兑是泽，两泽相连，所以说"丽泽"。两泽相连，泽水交流融汇，水势就大；人和人交流

切磋，人就进步，所以下文说"君子以朋友讲习"。②位不当：本爻六三是阴爻居阳位，是"位不当"。③位正当：本爻九五是阳爻居阳位，是"位正当"。

【译文】

《象传》说：泽连着泽，互相附丽润泽这就是《兑》卦的象征。君子取法《兑》卦，和朋友们互相讲习切磋。

初九　和悦是吉祥的，这是因为君子行事平和正直不为所疑。

九二　诚信和悦是吉祥的，这是因为大家信赖他的心志诚信。

六三　主动跟人说话是凶险的，这是因为他居地位失当。

九四　九四中的"喜"，是说福庆临头。

九五　没落时还能诚信，这是因为九五所处的地位得当。

上六　上六说，有人引诱我说话，这是因为君子的欣悦之道尚未光大。

◎节卦第六十◎

【经文】

【原文】

《节》　亨；苦节①，不可贞。

初九　不出户庭，无咎。

九二　不出门庭，凶。

六三　不节若②，则嗟若：无咎。

六四　安节：亨。

九五　甘节③：吉，往有尚④。

上六　苦节：贞凶，悔亡。

下兑上坎。

【注解】

①节：节制。②若：语气助词。③甘：甘心。④尚：通"赏"，奖赏。

【译文】

《节》卦象征节制：亨通，以节制为苦：不可占问（会有凶险）。

初九　节制自守居家不出户庭：无害。

九二　（自拘于节制）不出门庭：凶险。

六三　不守节制（事情败坏），人将叹息：（但转机将来）无害。

六四　安于节制：亨通。

九五　甘于节制：吉祥，前往得奖赏。

上六　以节制为苦：利于守持正固以防凶险（但转机将来），悔恨消失。

【象传】

【原文】

《象》曰：节"亨"。刚柔分而刚得中①。"苦节不可

虽然节制自己的言行很苦，但守持正固利于险凶。

贞"，其道穷也。说以行险[2]，当位以节[3]，中正以通[4]。天地节而四时成。节以制度，不伤财，不害民。

【注解】

①刚柔分：《节》卦由三枚阳爻和三枚阴爻组成，数量相等，所以说"刚柔分"。刚得中：九五、九二都是阳爻，分居上下卦中位。②说以行险：《节》卦下兑上坎，坎是险，兑是悦（说），所以说"说以行险"。③当位：六四、上六是阴爻居阴位，九五是阳爻居阳位，都是"当位"。④中正：九五是阳爻居上卦中位。

【译文】

　　《彖传》说：节制可致亨通。阳刚与阴柔均衡相分，而又刚健中正。以节制为苦而不守正道，君子就将途穷。君子遇险却能和悦应对，地位得当，奉行节制，道德中正，所以亨通。天地节制就形成了四季。订立制度来推行节制，就可以不损民伤财。

【象传】

【原文】

　　《象》曰：泽上有水[1]，《节》。君子以制数度，议德行。

　　初九　"不出户庭"，知通塞也。

　　九二　"不出门庭"，失时极也。

　　六三　"不节"之"嗟"，又谁咎也。

　　六四　"安节"之"亨"，承上道也[2]。

　　九五　"甘节"之"吉"，居位中也[3]。

　　上六　"苦节贞凶"，其道穷也。

不出户庭，无咎。

【注解】

①泽上有水：《节》卦下兑上坎，坎是水，兑是泽，所以说"泽上有水"。泽上有水，不加节制就会泛滥成灾，社会的道理和这是一样的，所以以下文说"君子以制数度，议德行"。（数度：制度；行：准则。）②承上：本爻六四是阴爻，上接九五阳爻，是柔顺从刚、下级遵从上级的象征。③居位中：本爻九五居上卦中位。

【译文】

　　《象传》说：泽上有水，这就是《节》卦的象征。君子取法《节》卦订立制度，议定道德的准则。

　　初九　"不出户庭"，这是因为君子晓得外出行或不行的道理。

　　九二　"不出门庭"，这是因为君子大大地错过时机了。

　　六三　由于不知节制导致叹息，这又能怪谁呢？

　　六四　安于节制是亨通的，因为这是遵从上位的刚中之道。

　　九五　甘于节制是吉祥的，这是秉守中正的表现。

　　上六　"苦节贞凶"，这是说君子途穷了。

《易经》的语言特点

保留了古老的词义和词汇：六十四卦创于西周早期，不少字词使用了古老的意义，有的甚至可以和殷商甲骨文卜辞相印证。

《易经》的文字由卦辞、爻辞构成，行文简略，语义环境不明确，理解颇难。

多义性：同一个卦中，同一个字或词有不同的意义，如《无妄》卦，"妄"有"乱"义，"妄"又通"望"，有"预期"之义。

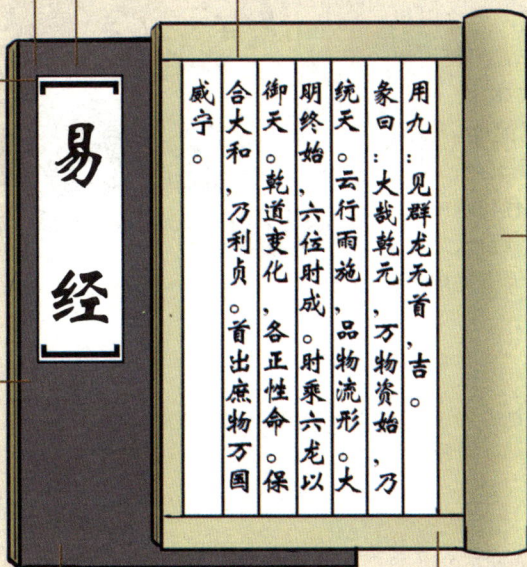

歧义性：一些字词或文句易产生歧义，可以有不同的理解，多为后人理解时产生的不同认识所致。

易经

咸宁。合大和，乃利贞。首出庶物万国御天。乾道变化，各正性命。保明终始，六位时成。时乘六龙以统天。云行雨施，品物流形。大象曰：大哉乾元，万物资始，乃用九：见群龙无首，吉。

象征性：如《乾》卦六爻均属阳性，是以阳性之体象征刚健之物。

表象性：如《坤》卦，卦辞云"利牝马之贞"，牝马即母马，坤为阴，为母，马之母者亦为坤，故说利于占问母马之事。

爻辞 说明爻义的文辞。传周公作，但爻辞见不少周公之后的事，故爻辞非周公一人作，后人亦有作。

卦辞 说明卦义的文辞，周文王所作。

卦辞、爻辞产生时代颇早，其中有不少产生于商末周初的文字。卦爻辞中的记事简短，但比甲骨卜辞更趋完整，并且有某些生动的描写，有的还用简洁的句子表达了某种生活经验以至哲理，是我国古代散文萌芽发展过程中的一个重要阶段。

系辞传

◎系辞上传◎

【原文】

天尊地卑，乾坤定矣；卑高以陈①，贵贱位矣；动静有常②，刚柔断矣③；方以类聚④，物以群分，吉凶生矣；在天成象，在地成形，变化见矣⑤。是故刚柔相摩⑥，八卦相荡⑦，鼓之以雷霆，润之以风雨，日月运行，一寒一暑。乾道成男，坤道成女；乾知大始⑧，坤作成物；乾以易知，坤以简能。易则易知，简则易从；易知则有亲，易从则有功；有亲则可久，有功则可大。可久则贤人之德，可大则贤人之业。易简而天下之理得矣；天下之理得，而成位乎其中矣。

天尊地卑，乾坤定矣；动静有常，刚柔断矣；方以类聚，物以群分。

【注解】

①陈：陈列。②常：规律。③断：分。④方：事物的走向。"方以类聚，物以群分"是互文。⑤见：同"现"，显现。⑥摩：摩擦。⑦荡：激荡。⑧知：功能。

【译文】

天在上为，尊地在下而卑，乾尊坤卑的性质也就定了；尊卑已经排好，贵贱的位置也就定了；动静自有规律，刚柔的分别也就形成了；事物按照种类群体或合或分，吉凶也就产生了；在天上的形成日月星辰等天象，在地上的形成草木山川等形体，变化也就显现了。所以刚柔相互摩擦，八卦相互激荡，雷霆震动天地，风雨滋润万物，日月穿梭运行，寒暑交替循环。乾道构成男性，坤道构成女性；乾的功能是创始万物，坤的作为是成就万物；乾以平易的方式发挥功能，坤以简约的方式产生作用。平易的容易认识，简约的容易遵从；容易认识，所以有人亲近；容易遵从，所以有所成功；有人亲近就可以长久，有所成功就可以壮大。可以长久，是说贤人的品德；可以壮大，是说贤人的事业。掌握了平易简约的道理，就是掌握了天下的道理；掌握了天下的道理，人在其中的地位也就确立了。

【原文】

圣人设卦观象，系辞焉而明吉凶①。刚柔相推而生变化。是故吉凶者，失得之象也；悔吝者，忧虞之象也②；变化者，进退之象也；刚柔者，昼夜之象也。六爻之动，三极之道也③。是故君子所居而安者④，《易》之象也；所乐而玩者，爻之辞也。是故君子居则观其象而玩其辞，动则观其变而玩其占，是以"自天祐之，吉，无不利⑤"。

【注解】

①系：配置。②虞：忧虑。③三极：指天、地、人三极。④安：安于。⑤"自天祐之"三句：见《大有》卦上九爻辞。

【译文】

　　圣人创立八卦和六十四卦，观察卦象爻象，并配上相应的文辞以说明吉凶。刚柔相互推动就产生了变化。所以所谓吉凶，是得失的象征；所谓悔吝，是忧虑的象征；所谓变化，是进退的象征，所谓刚柔，是昼夜的象征。六爻的变化，体现的是天地人三极变化的道理。所以君子闲居时所安于的，是《周易》的卦象爻象；高兴时所玩味的，是卦辞爻辞。所以君子闲居时就观察玩味它的象辞，行动时就观察它的变化并玩味它的占法，这样就能"自天祐之，吉，无不利"。

【原文】

　　彖者①，言乎象者也。爻者，言乎变者也。吉凶者，言乎其得失也。悔吝者，言乎其小疵也。无咎者，善补过者也。是故列贵贱者存乎位，齐小大者存乎卦②，辩吉凶者存乎辞，忧悔吝者存乎介③，震无咎者存乎悔④。是故卦有小大，辞有险易⑤。辞也者，各指其所之⑥。

彖者，言乎象者也。

【注解】

①彖：指卦辞。《系辞》的作者称卦辞为彖，与《彖传》无关。②齐：与"列"同义，排列。③介：细小，指细节。④震：震撼，指自警。悔：悔悟。⑤险：凶险。易：安易，指平安。⑥之：往。

【译文】

　　卦辞，是说明卦象的；爻辞，是说明爻变的；吉凶，是说明得失的；悔吝，是说人有小瑕疵；无咎，是说人善于补救过失。所以排列贵贱是根据爻位，排列大小是根据卦是阳卦还是阴卦，（阳卦表示大，阴卦表示小）辨别吉凶是根据卦辞爻辞；知道忧虑悔吝的事情的，在于注重细节；善于从无咎的事情中自警的，在于及时悔悟。所以说卦有大小的分别，辞有凶险平安的差异。辞，都指示着人们趋吉避凶的方向。

【原文】

　　《易》与天地准①，故能弥纶天地之道②。仰以观于天文，俯以察于地理，是故知幽明之故；原始反终③，故知死生之说；精气为物④，游魂为变⑤，是故知鬼神之情状；与天地相似，故不违；知周乎万物而道济天下⑥，故不过；旁行而不流⑦，乐天知命，故不忧；安土敦乎仁⑧，故能爱。范围天地之化而不过⑨，曲成万物而不遗⑩，通乎昼夜之道而知⑪，故神无方而易无体⑫。

【注解】

①准：等同。②弥纶：囊括。③原：考察。反：通"返"，推求。④物：神灵之物。⑤变：人的变化，指鬼魂。⑥周：周遍。⑦旁：通"方"，端正。流：放纵。⑧安土：安于环境。敦：厚，指积蓄。⑨范围：囊括。⑩曲：都。⑪昼夜之道：阴阳之道。知：通"智"，智慧。⑫神：神妙之道，指大道。方：形状。体：形式。

【译文】

　　《周易》和天地等同，所以能够囊括天地间的一切道理。圣人抬头观察天文，低头察探地理，所以晓得事物隐藏和出现的原因；考察事物的原始，推求事物的结局，所以知道万物生死有常的道理；精气凝聚变成神灵，游魂离身变成鬼魂，所以据此知道鬼神的情况；德行和天地相合，所以不违背天地大道；遍知万物的道理，道德足以匡济天下，所以没有过失；行为端正而不放纵，乐天知命，所以没有忧愁；安于环境而积蓄仁德，所以能够爱人。《周易》囊括了天地之间的一切变化而又不过度，成全万物而无一遗漏，洞悉阴阳变化之道而充满智慧，所以说大道没有一定的形状，《周易》之道也没有一定的形式。

圣人抬头观天文，低头察地理，所以晓得事物隐藏和出现的原因。

【原文】

一阴一阳之谓道，继之者善也，成之者性也。仁者见之谓之仁，知者见之谓之知①，百姓日用而不知，故君子的道鲜矣②。显诸仁③，藏诸用④，鼓万物而不与圣人同忧，盛德大业至矣哉！富有之谓大业，日新之谓盛德。生生之谓易，成象之谓乾，效法之谓坤⑤，极数知来之谓占⑥，通变之谓事，阴阳不测之谓神。

【注解】

①知：通"智"，智慧。②君子的道：为君子所认识的全面的道。仁者、智者和百姓对道的认识都是片面的，只有君子对道的认识是全面的，故有此语。③诸：之于。④用：作用。⑤效：呈现。法：地法。⑥极：穷尽，指推究。

【译文】

一阴一阳的对立转化就叫道，继承道的是美德，成就道的是本性。仁者看见这种包含了仁德的道，就叫它"仁"，智者看见这种蕴含了智慧的道，就叫它"智"，百姓天天在运用这种道却不知道，所以为君子所认识的全面的道就少了。道通过仁德显现，在对万物的作用中隐藏，鼓动万物却不像圣人一样忧愁，它的宏德大业真是到了极致啊！使万物富裕就叫"大业"，使世界日新就叫"盛德"。生生不息叫作"易"，形成天象叫作"乾"，呈现地法叫作"坤"，推究卦爻的数理以预测未来叫作"占"，洞悉变化以采取行动叫作"事"，阴阳两极变化莫测叫作"神"。

【原文】

夫《易》广矣大矣，以言乎远则不御①，以言乎迩则静而正②，以言乎天地之间则备矣③。夫乾，其静也专④，其动也直⑤，是以大生焉。夫坤，其静也翕⑥，其动也辟⑦，是以广生焉。广大配天地，变通配四时，阴阳之义配日月⑧，易简之善配至德。

【注解】

①御：停止。②迩：近。静：精审。③备：包纳。④专：专一不变。⑤直：刚直不阿。⑥翕：合。⑦辟：开。⑧义：特点。

【译文】

《周易》之道可说是非常广大的了，用它论断远的事物，就通畅无阻；用它论断近的事物，就精审正确；用它论断天地之间的万物，也能无所不包。乾，它静止时就专一不变，运转时就刚直不阿，所以形成了"大"；坤，它静止时就收敛闭合，

广大配天地，变通配四时。

运转时就张开显露，所以形成了"广"。广大和天地相配，变通和四季相配，阴阳的特点和日月相配，平易简约的道德和至高的道德相配。

【原文】

子曰："《易》其至矣乎！夫《易》，圣人所以崇德而广业也。知崇礼卑①，崇效天，卑法地。天地设位，而《易》行乎其中矣。成性存存②，道义之门。"

【注解】

①知：通"智"，智慧。②存存：前一个"存"是动词，保存。后一个"存"是名词，生存。

【译文】

孔子说："《周易》真是达到了极致啊！《周易》，是圣人用以推崇道德和光大事业的。圣人智慧崇高，礼仪谦卑，崇高效法天，谦卑效法地。天地确立了高下尊卑的位置，《周易》之道也就在其中运行了。它成就万物的本性，保存万物的生存，是通往道义的大门。"

【原文】

圣人有以见天下之赜①，而拟诸其形容②，象其物宜③，是故谓之象；圣人有以见天下之动，而观其会通④，以行其典礼⑤，系辞焉以断其吉凶，是故谓之爻。言天下之至赜而不可恶也⑥，言天下之至动而不可乱也，拟之而后言，议之而后动，拟议以成其变化。

"鸣鹤在阴，其子和之。我有好爵，吾与尔靡之⑦。"子曰："君子居其室，出其言善，则千里之外应之，况其迩者乎？居其室，出其言不善，则千里之

子曰：君子居其室，出其言善，则千里之外应之，况其迩者乎？

外违之，况其迩者乎？言出乎身，加乎民；行发乎迩，见乎远。言行，君子之枢机⑧。枢机之发，荣辱之主也。言行，君子之所以动天地也，可不慎乎！"

"同人先号咷而后笑⑨。"子曰："君子的道，或出或处，或默或语。二人同心，其利断金；同心之言，其臭如兰⑩。"

【注解】

①赜：复杂。②拟：模拟。诸：相当于"乎"，语气助词。形容：形态。③物宜：与事物相宜的特性。④会通：融会贯通。⑤典礼：典章礼制。⑥恶：厌烦。⑦"鸣鹤在阴"四句：见《中孚》九二爻辞。⑧枢机：弓箭上发射弓箭的机关。⑨"同人"句：见《同人》九五爻辞。⑩臭：气味。

【译文】

圣人看见天下事物的繁杂，而用卦爻模拟它们的形态，象征它们的特性，所以叫作"象"；圣人看见天下事物的变化，而观察它们融会贯通的过程，以推行典章礼制，为卦爻配上文辞，以判断人事的吉凶，所以叫作"爻"。圣人谈论天下最繁杂的事物而不可心烦，谈论天下最多变的现象而不可搅混，用卦爻模拟它们后才来谈论，讨论它们后才去行动，通过模拟讨论来确定他们的变化。

"鸣鹤在阴，其子和之。我有好爵，吾与尔靡之。"这是什么意思呢？孔子说："君子住在家里，讲出的话如果是善的，那么远在千里的人都来响应他，何况近在身边的人呢？住在家里，讲出的话如果是不善的，那么远在千里的人都来反对他，何况近在身边的人呢？话从他那里发出，影响到百姓；行为在近处做出，波及出现在远处。言行，是君子的枢机，枢机的发动，是荣辱的主宰。言行，是君子用来影响天地的，能不谨慎么！"

"同人先号咷而后笑。"这是什么意思呢？孔子说："君子的处世之道，是有时出仕，有时退处，有时沉默，有时开口。两人同心，就会锋利似刀能切断金属；同心同德的言论，它的气味就像兰花的幽香。"

亢龙有悔。

【原文】

"初六：藉用白茅，无咎①。"子曰："苟错诸地而可矣②，藉之用茅，何咎之有？慎之至也。夫茅之为物薄，而用可重也。慎斯术也以往，其无所失矣。"

"劳谦，君子有终，吉③。"子曰："劳而不伐④，有功而不德⑤，厚之至也⑥。语以其功下人者也。德言盛⑦，礼言恭。谦也者，致恭以存其位者也。"

"亢龙有悔⑧。"子曰："贵而无位⑨，高而无民，贤人在下位而无辅，是以动而有悔也。"

"不出户庭，无咎⑩。"子曰："乱之所生也，则言语以为阶⑪。君不密则失臣⑫，臣不密则失身，几事不密则害成⑬。是以君子慎密而不出也⑭。"

子曰："作《易》者，其知盗乎？《易》曰：'负且乘，致寇至⑮。'负也者，小人之事也；乘也者，君子之器也。小人而乘君子之器，盗思夺之矣。上慢下暴⑯，盗思伐之矣。慢藏诲盗⑰，冶容诲淫⑱。《易》曰：'负且乘，致寇至。'盗之招也。"

【注解】

① "初六"三句：见《大过》初六爻辞。②苟：如果。错：通"措"，放置。③"劳谦"三句：见《谦》卦九三爻辞。④伐：夸耀。⑤德：以功德自居。⑥厚：厚道。⑦言：讲究。⑧亢龙有悔：见《乾》卦上九爻辞。⑨位：与尊位相宜的美德，指君德。⑩"不出户庭"两句：见《节》卦初九爻辞。⑪阶：阶梯。⑫密：指谨慎。⑬几：通"机"，政事。⑭出：发表意见。⑮"负且乘"两句：见《解》卦六三爻辞。⑯慢：疏懒。⑰诲：诱导，指招致。⑱冶：妖艳。

【译文】

"初六：藉用白茅，无咎。"这是什么意思呢？孔子说："祭品如果直接放在地上，也是可以的，如今用干净的白茅垫着，有什么害处呢？这是极其慎重的表现。白茅作为物质是微不足道的，作用却可以很重大。按照这种谨慎的原则办事，就可以没有过失了。"

"劳谦，君子有终，吉。"这是什么意思呢？孔子说："有苦劳而不以此自夸，有功德而不以此自居，真是厚道极了，说的是虽然有功德却能甘居人下。德行讲究盛大，礼仪讲究恭敬。谦卑，说的是通过向人表达他的恭敬，来保存他的地位。"

"亢龙有悔。"这是什么意思呢？孔子说："尊贵却没有君德，居高却脱离群众，贤人屈居下位而丧失辅助，所以君主一妄动就有悔恨。"

"不出户庭，无咎。"这是什么意思呢？孔子说："灾乱的发生，往往是由说话引起的。君主说话不谨慎就会失掉臣子，臣子说话不谨慎就会丢掉性命，政事不谨慎就会酿成灾害，所以君子小心谨慎而不乱说话。"

孔子说："创作《周易》的人，大概了解盗贼吧。《周易》说：'负且乘，致寇至。'背东西，是小人的事；坐的车，是君子的交通工具。作为小人却乘坐君子的交通工具，盗贼就会想来抢他了。上

面的人疏懒，下面的人横暴，盗贼就会想来攻打他了。疏懒的藏财会招来盗贼，妖艳的打扮会诱来淫贼。《周易》说：'负且乘，致寇至。'盗贼就是这样招来的。"

【原文】

大衍之数五十①，其用四十有九。分而为二以象两②，挂一以象三③，揲之以四以象四时④，归奇于扐以象闰⑤。五岁再闰，故再扐而后挂⑥。

天一⑦，地二⑧；天三，地四；天五，地六；天七，地八；天九，地十。天数五，地数五。五位相得而各有合⑨，天数二十有五，地数三十，凡天地之数五十有五，此所以成变化而行鬼神也⑩。《乾》之策二百一十有六⑪，《坤》之策百四十有四，凡三百六十，当期之日⑫。二篇之策万有一千五百二十⑬，当万物之数也。是故四营而成《易》⑭，十有八变而成卦⑮。八卦而小成⑯，引而伸之⑰，触类而长之，天下之能事毕矣⑱。显道神德行，是故可与酬酢⑲，可与祐神矣⑳。

古人以蓍草来占卜。

【注解】

①大衍之数五十：五十后当脱"有五"二字，下文说"其用四十有九"，余下不用的六枚是象征六爻。"大衍之数"指算卦时用的蓍草数。衍：算卦。②两：指天和地。③挂一：从两堆蓍草中的某一堆，随意抽出蓍草一枚，竖放在上下两堆中间，因形如悬挂，所以说"挂一"。三：指天地人三才。④揲：数。四时：四季。⑤奇：余。扐：扐借为"肋"，胸两旁。这里指所挂蓍草的两旁。闰：闰月。⑥再扐：这是"揲之以四，归奇于扐"的省文。指把下堆蓍草同样揲四、归奇。后挂：两次揲四余下的蓍草竖搁在所挂蓍草两旁，上下两堆蓍草中间，因形如悬挂，又在"挂一"后，所以说"后挂"。⑦天一：天数是奇数，所以说"天一、天三……"，总计有一三五七九。"天一……地十"一句，原在《系辞上》第十一章开头，学界多认为是错简，今移正于此。⑧地二：地数是偶数，所以说"地二、地四……"，总计有二四六八十。⑨位：数。相得：相加。合：和数。⑩成：确立。行：感通。⑪策：指蓍草。⑫期：指一年。⑬二篇：指《周易》上下经二篇。⑭四营：指分二、挂一、揲四、归奇这四种步骤。营：经营，指步骤。⑮十有八变：指把"四营"重复十八次。⑯八卦：指乾坤震巽坎离艮兑这八经卦。小成：八经卦只能进行小范围的象征，所以说"小成"。⑰伸：同"申"。⑱毕：尽。⑲酬酢（zuò）：应对。⑳祐：同"佑"，辅助。

【译文】

算卦用的蓍草数是五十五枚，只用其中的四十九枚。把四十九枚随意分成上下两堆，象征天和地；从上堆随意抽出一枚，（竖挂在上下两堆中间，上下两堆和所挂蓍草这三部分，就分别）象征天地人三才；把上堆按每四枚一组分组，象征四季，接着把余下的竖搁在所挂蓍草的左边，象征闰月。阴历五年中有两次闰月，所以再把下堆，按每四枚一组分组，把余下的竖搁在所挂蓍草的右边。

一、三、五、七、九是天数，二、四、六、八、十是地数，天数五个，地数五个。五天数和五地数分别相加，各有其和数，天数加得二十五，地数加得三十，天数地数总计是五十五。这就是确定各爻变化和感通鬼神的根据。占成《乾》卦所用的蓍草数是二百一十六枚，占成《坤》卦所用的蓍草数是一百四十四枚，总计三百六十枚，相当于一年的天数。占成《周易》上下经六十四卦所用的蓍草数，总计是一万一千五百二十枚，相当于万物的数目。所以只用分二、挂一、揲四、归奇这四种步骤，就成就了《周易》，这四种步骤重复十八次，就得出了六十四卦中的一卦。八经卦只是小范围的象征，引申成六十四卦，触类旁通，扩大象征，天下所能取象的事物就都尽在其中了。《周易》能彰显道、神、德行，所以可以用它应对人事，辅助神灵。

【原文】

子曰："知变化之道者，其知神之所为乎。"《易》有圣人之道四焉：以言者尚其辞；以动者尚其变；以制器者尚其象；以卜筮者尚其占。"是以君子将有为也，将有行也，问焉而以言。其受命也如响，无有远近幽深，遂知来物①。非天下之至精，其孰能与于此②。参伍以变③，错综其数④。通其变，遂成天下之文⑤；极其数⑥，遂定天下之象。非天下之至变，其孰能与于此。《易》无思也无为也，寂然不动，感而遂通天下之故⑦。非天下之至神，其孰能与于此。夫《易》，圣人之所以极深而研几也⑧。唯深也，故能通天下之志；唯几也，故能成天下之务；唯神也，故不疾而速，不行而至。子曰：《易》有圣人之道四焉"者，此之谓也。

【注解】

①来物：未来的事。②与：到达。③参伍：错综。下文的"变"指卦变。④数：爻数。"参伍以变，错综其数"是互文。⑤文：象理。⑥极：穷尽，指探究。"通其变，遂成天下之文；极其数，遂定天下之象"是互文。⑦感：感应。故：事。⑧几：精微。

【译文】

孔子说："晓得变化的道的人，大概是晓得神灵的所为的吧。《周易》有四种圣人的道：用它来指导言论的崇尚它的卦爻辞，用它来指导行动的崇尚它的变化规律，用它来制作器物的崇尚它的卦象，用它来占问的崇尚它的占法。"所以君子将要有所作为，有所行动时，就向它进行占问并以它为根据说话。它接收人的请求就像回响一样，不论远的近的、晦暗的深奥的，都能预知未来的事。不是天下最精妙的东西，谁能达到这种境界呢。它的卦变和爻数错综复杂。探究弄懂它的卦变和爻数，就能判定天地万物的象理。不是天下最灵活的东西，谁能达到这种境界呢。《周易》本

夫《易》，圣人之所以极深而研几也。

身无所谓思虑和作为，寂静不动，但一旦通过占问使它发生感应，它就能精通天下的事。不是天下最神妙的东西，谁能达到这种境界呢？《周易》，是圣人用来探究深奥的和精微的事理的。因为探究深奥的事理，所以能通晓天下人的心志；因为探究精微的事理，所以能成就天下的事务；因为神妙，所以没有急走却能速度很快，没有行走却能到达目的地。孔子说："《易》有圣人之道四焉"，说的就是这个。

【原文】

子曰："夫《易》何为者也？夫《易》开物成务①，冒天下之道②，如斯而已者也。"是故圣人以通天下之志，以定天下之业，以断天下之疑。是故著之德圆而神③，卦之德方以知④，六爻之义易以贡⑤。圣人以此洗心⑥，退藏于密⑦，吉凶与民同患⑧。神以知来，知以藏往，其孰能与于此哉！古之聪明睿知神武而不杀者夫！是以明于天之道，而察于民之故，是兴神物以前民用⑨，圣人以此斋戒⑩，以神明其德夫⑪。是故阖户谓之坤⑫，辟户谓之乾⑬，一阖一辟谓之变，往来不穷谓之通，见乃谓之象⑭，形乃谓之器，制而用之谓之法，利用出入⑮，民咸用之谓之神⑯。

【注解】

①开：揭示。②冒：囊括。③德：特点。下文"义"与此同义。④知：通"智"，智慧。下文"知以藏往"的"知"、"聪明睿知"的"知"与此同义。⑤易：变动。贡：灵巧。⑥洗：启迪。⑦退：指占问结束。⑧患：忧虑，指承担。⑨神物：指蓍草。前：先导。用：行事。⑩斋：虔敬。戒：警惕。⑪神明：彰显。⑫阖：合。⑬辟：开。⑭见：通"现"，显现。⑮利用：根据。出入：指做各种事情。⑯咸：都。

【译文】

　　孔子说："《周易》是做什么的呢？《周易》就是用来揭示事物的奥秘，成就事务，囊括天下的道理的，如此而已。"所以圣人用它来通晓天下人的心志，确立天下的事业，解决天下的疑难问题。所以蓍占的特点是圆满而神妙，卦的特点是方正而智慧，六爻的特点是变动而灵巧。圣人用它启迪心神，占问结束把结果藏在密处，（作为来日的借鉴，）吉凶都和百姓一起承担。它神妙无比能预知未来，智慧无比能包藏往事，谁能达到这种境界啊！只有古代聪明睿智、神勇英武而又不滥杀无辜的圣人吧！所以圣人明察天道，体察百姓的事情，创立用蓍草占问的方法，来作为百姓行事的先导。圣人用它表达虔敬警惕，以彰显它的特点。所以闭合门户叫作"坤"，打开门户叫作"乾"，一开一合就叫"变"，往来不绝叫作"通"，显现的叫作"象"，成形的叫作"器"，制作器物并使用叫作"法"，根据"法"来办事，百姓都应用这个"法"就叫作"神"。

【原文】

　　是故《易》有太极①，是生两仪②。两仪生四象③。四象生八卦。八卦定吉凶。吉凶生大业。是故法象莫大乎天地④。变通莫大乎四时⑤。县象著明莫大乎日月⑥。崇高莫大乎富贵。备物致用⑦，立功成器⑧，以为天下利，莫大乎圣人。探赜索隐⑨，钩深致远，以定天下之吉凶，成天下之亹亹者⑩，莫大乎蓍龟⑪。是故天生神物，圣人则之⑫；天地变化，圣人效之；天垂象⑬，见吉凶，圣人象之；河出图，洛出书⑭，圣人则之。《易》有四象，所以示也；系辞焉，所以告也；定之以吉凶，所以断也。

是故《易》有太极。

【注解】

①太极：指宇宙的本体。②两仪：指阴阳。③四象：指少阳、老阳、少阴、老阴四象。④法：效法。⑤四时：四季。⑥县：通"悬"，悬挂。著明：光明。⑦备：预备。⑧立：付出。功：功劳。⑨赜：繁复。"探赜索隐，钩深致远"是互文。⑩亹亹：勤勉的样子。⑪蓍龟：占筮用的蓍草和龟甲。⑫则：取法。⑬垂：垂现，指显现。⑭河出图，洛出书：这是古代的传说，传说伏羲氏时，黄河出现了一匹龙马，马背有纹，伏羲氏据此画成八卦；夏禹时，洛水出现了一匹神龟，龟背有字，大禹据此做成《九畴》（"九畴"即《尚书·洪范》中提到的治国的九种大法）。

【译文】

　　所以《周易》有太极，太极生两仪，两仪生四象，四象生八卦，通过八卦可以判定吉凶。趋吉避凶可以产生大事业。所以能够效法的对象没有比天地更大的，灵活变通没有比四季更显著的，高悬的各种物体的光明没有比日月更亮的，地位崇高没有比富贵更高的。预备物质供人使用，付出功劳制成器具，以利于天下的人，没有比圣人更伟大的。探求繁杂隐晦、深奥久远的事理，来判定天下的吉凶，并且成就天下的勤勉的事业的，没有比蓍龟更大的。所以上天生出蓍龟这样的神物，圣人就取法它创立筮法。天地万物变化无穷，圣人就取法它形成卦变。上天显现种种天象，显明吉凶，圣人就用卦象象征它。黄河出现龙图，洛水出现龟书，圣人就取法它创造了八卦和《九畴》。《周易》有四象，是用来显示事物变化的，系辞，是用来告诉人们卦爻的含义的，在系辞中确定吉凶，是用来裁断人们的行动去向的。

【原文】

《易》曰："自天祐之，吉，无不利①。"子曰："祐者，助也。天之所助者，顺也；人之所助者，信也。履信思乎顺，又以尚贤也，是以'自天祐之，吉，无不利'也。"

子曰："书不尽言②，言不尽意。"然则圣人之意，其不可见乎③？子曰："圣人立象以尽意，设卦以尽情伪④，系辞焉以尽其言。变而通之以尽利，鼓之舞之以尽神⑤。"乾坤，其《易》之缊邪⑥？乾坤成列，而《易》立乎其中矣。乾坤毁，则无以见《易》；《易》不可见，则乾坤或几乎息矣⑦。是故形而上者谓之道，形而下者谓之器。化而裁之谓之变⑧，推而行之谓之通，举而错之天下之民谓之事业⑨。是故夫象，圣人有以见天下之赜⑩，而拟诸其形容⑪，象其物宜⑫，是故谓之象。圣人有以见天下之动，而观其会通⑬，以行其典礼⑭，系辞焉以断其吉凶，是故谓之爻。极天下之赜者存乎卦，鼓天下之动者存乎辞，化而裁之存乎变，推而行之存乎通，神而明之存乎其人，默而成之，不言而信，存乎德行。

圣人有以见天下之赜，而拟诸其形容，象其物宜，是故谓之象。

【注解】

① "自天"三句：见《大有》卦上九爻辞。②书：文字。③见：认识。④情伪：情，情实；伪，虚伪。情伪，指真假。⑤鼓：摆弄。下文的"舞"与此同义。⑥缊：当作"经"，指门径。⑦息：亡。⑧化：改变。裁：裁制。⑨错：通"措"，应用。⑩赜：复杂。⑪拟：模拟。诸：相当于"乎"，语气助词。形容：形态。⑫物宜：与事物相宜的特性。⑬会通：融会贯通。⑭典礼：典章礼制。

【译文】

《周易》说："自天祐之，吉，无不利。"这是什么意思呢？孔子说："祐，是指帮助。上天所帮助的，是顺应天道的人；人所帮助的，是谨守信道的人。谨守信道，谋求顺应天道，又能重视贤人，所以说'自天祐之，吉，无不利'。"孔子说："文字不能完全表达人的言语，言语不能完全表达人的意思。"那么圣人的意思，就不可认识了吗？

孔子说："圣人创立象系来完全表达他的意思，设立卦系来完全揭示真假，为卦爻配上文辞以完全表达他的言语，变融卦爻以完全施利于天下，摆弄蓍草以完全发挥它的神妙的作用。"乾卦和坤卦，是把握《周易》的门径所在吧？乾卦和坤卦的位置一经确立，《周易》的道理也就确立其中了。假如没有乾卦和坤卦，也就无从得见《周易》的道理；《周易》的道理无从得见，乾卦和坤卦也就近似于名存实亡了。所以形而上的东西叫作"道"，形而下的东西叫作"器"，改制道器叫作"变"，推行道器叫作"通"，把道器应用在天下百姓身上叫作"事业"。所以所谓"象"，是因为圣人看见天下事物的繁杂，而用卦爻模拟它们的形态，象征它们的特性，所以叫作"象"。圣人看见天下事物的变化，而观察它们融会贯通的过程，以推行典章礼制，为卦爻配上文辞，以判断人事的吉凶，所以叫作"爻"。探究天下事物的繁杂，根据的是卦，鼓动天下事物的变化，根据的是辞，改制道器，根据的是"变"，推行道器，根据的是"通"，彰显道器，根据的是人。静默不动却能成就事业，一言不发却能取信于民，根据的是德行。

◇系辞下传◇

【原文】

　　八卦成列，象在其中矣；因而重之①，爻在其中矣；刚柔相推，变在其中矣；系辞焉而命之②，动在其中矣。吉凶悔吝者，生乎动者也；刚柔者，立本者也；变通者，趣时者也③；吉凶者，贞胜者也④。天地之道，贞观者也⑤；日月之道，贞明者也；天下之动，贞夫一者也。夫乾确然⑥，示人易矣；夫坤隤然⑦，示人简矣。爻也者，效此者也；象也者，像此者也。爻象动乎内，吉凶见乎外，功业见乎变，圣人之情见乎辞。天地之大德曰生，圣人之大宝曰位⑧。何以守位？曰仁；何以聚人？曰财。理财正辞⑨，禁民为非曰义。

【注解】

①重：重叠。②命：告。③趣：通"趋"，趋向。④贞：正道。⑤观：昭示。⑥确：刚健的样子。⑦隤：柔顺的样子。⑧宝：宝物。⑨辞：法令。

【译文】

　　八卦确立了位置，卦象就包含在其中了；八卦叠变为六十四卦，爻和爻辞就包含在其中了；刚柔互相推演，变化就包含在其中了；为卦爻配上文辞示人，人的以此作为指导的行动就包含在其中了。所谓吉凶悔吝，是从人的行动中产生；刚柔，是确立卦爻性质的根本；变通，是指导人趋时而动，吉凶，是说明秉持正道就会得胜。天地的道，是以正道示人的；日月的道，是以正道发光的；天下万物的变化，都是遵循着同一种正道。乾道刚健，示人平易；坤道柔顺，示人简约。所谓爻，就是效法这种平易简约的乾坤的道的；所谓象，就是象征这种刚健柔顺的乾坤的道的。爻和象在卦内变化，吉和凶在卦外显现，功业在变化中成就，圣人的情思在卦爻辞中显现。天地的大德是化生万物，圣人的宝物是权位功业。凭什么守住权位？凭仁德；凭什么招揽众人？凭钱财。管好钱财，端正法令，禁止百姓胡作非为就是义。

【原文】

　　古者包牺氏之王天下也①，仰则观象于天，俯则观法于地，观鸟兽之文与地之宜②，近取诸身，远取诸物，于是始作八卦，以通神明之德，以类万物之情③，作结绳而为网罟④，以佃以渔⑤，盖取诸《离》⑥。包牺氏没，神农氏作，斫木为耜⑦，揉木为耒⑧，耒耨之利⑨，以教天下，盖取诸《益》；日中为市⑩，致天下之民，聚天下之货，交易而退，各得其所，盖取诸《噬嗑》。神农氏没，黄帝、尧、舜氏作，通其变⑪，使民不倦，神而化之，使民宜之。《易》，穷则变，变则通，通则久，是以"自天祐之，吉，无不利⑫"。黄帝、尧、舜垂衣裳而天下治⑬，盖取诸《乾》《坤》；刳木为舟⑭，剡木为楫⑮，舟楫之利，以济不通，致远以利天下，盖取诸《涣》；服牛乘马⑯，引重致远，以利天下，盖取诸《随》；重门击柝⑰，以待暴客⑱，盖取诸《豫》；断木为杵⑲，掘地为臼⑳，臼杵之利，万民以济，盖取诸《小过》；弦木为弧㉑，剡木为矢，弧矢之利，以威天下，盖取诸《睽》。上古穴居而野处，后世圣人易之以宫室㉒，上栋下宇㉓，以待风雨，盖取诸《大壮》；古之葬者，厚衣之以薪㉔

上古伏羲氏统治天下。

329

葬之中野，不封不树㉕，丧期无数㉖。后世圣人易之以棺椁㉗，盖取诸《大过》；上古结绳而治，后世圣人易之以书契㉘，百官以治，万民以察，盖取诸《夬》。

【注解】

①包牺氏：指伏羲氏。王：统治。②文：纹理。地之宜：指适合在地上生长的植物。③类：分别。④罟：网。⑤佃：通"田"，狩猎。⑥盖：大概。⑦斲：砍。耜：古代的一种锄具。下文的"耒"是古代的一种犁具。⑧揉：加工使木头弯曲。⑨耨：当为"耜"的讹误。⑩日中：正午。⑪变：指前人的创制。⑫"自天"三句：见《大有》卦上九爻辞。⑬垂衣裳：垂，垂范；衣，上衣；裳，下衣。衣裳上下有序，象征尊卑等级的制度。垂衣裳，比喻分出尊卑等级。⑭刳：挖空。⑮剡：削。⑯服：驾。与下文的"乘"同义。⑰柝：打更的梆子。⑱暴客：指盗贼。⑲杵：舂米用的木棒。⑳臼：舂米时放米用的器具，石制或木制，中间凹下。㉑弦木：给木头装弦。弧：弓。㉒宫室：房屋。㉓宇：屋边，指墙壁。㉔衣：包裹。薪：草柴。㉕封：堆砌土块。树：指种树。㉖无数：没有定期。㉗椁：棺材外面套的大棺。㉘书契：指文字。

【译文】

上古伏羲氏统治天下，抬头观察天象，低头察探地形，观察鸟兽身上的纹理和地上的植物，在近，就取法自身，在远，就取法万物，在这基础上开始创制八卦，用来通达神明的德性，分别万物的情状，编结绳子织成罗网，用来渔猎，这大概是取法了《离》卦吧。伏羲氏死后，神农氏继起，砍削木头造耜，弄弯木头制耒，将耒耜

结绳以网，用来捕鱼，大概是取法了《离》卦吧。

驾着牛马，负重而行，使天下人得到利益，大概是取法了《随》卦。

上古之人住于洞穴野地，后世圣人改住房屋，大概是取法了《大壮》卦。

的便利，教给百姓，这大概是取法了《益》卦吧；正午时设立集市，招揽天下的人们，聚拢天下的货物，互相交易后散去，使各人得到他们所需要的，这大概是取法了《噬嗑》卦吧。神农氏死后，黄帝、尧、舜继起，变通前人的创制，使百姓使用起来不疲倦，进行神妙的改造，使百姓方便使用。《周易》的道理，是不通时就变，变就通，通就能长久，所以说"自天祐之，吉，无不利"。黄帝、尧、舜分出尊卑等级从而促使天下大治，这大概是取法了《乾》卦和《坤》卦吧。掏空木头作船，削尖木头作楫，凭着船楫的便利，渡过河水，到达远处从而使天下人得利，这大概是取法了《涣》卦吧；驾着牛马，载重物走远路，使天下人得利，这大概是取法了《随》卦吧；增设城门，巡夜打更，来防备盗贼，这大概是取法了《豫》卦吧；砍断木头制杵，掏挖洞穴作臼，天下人从臼杵的便利中得利，这大概是取法了《小过》卦吧；给木头装弦作弓，削尖木头作箭，用弓箭的便利威慑天下，这大

概是取法了《睽》卦吧。上古的人们住在洞穴和野地，后世的圣人改住房屋，上有栋梁，下有墙壁，用来抵御风雨，这大概是取法了《大壮》卦吧；古时埋葬死人，用草柴厚厚包着，葬在野外，不立坟也不种树，服丧没有定期，后世的圣人改用棺和椁，这大概是取法了《大过》卦吧；上古的人们结绳治事，后世的圣人用文字代替它，从此百官都能用文字治理政事，百姓都能凭文字明察事理了，这大概是取法了《夬》卦吧。

【原文】

是故《易》者，象也，象也者，像也。彖者①，材也②，爻也者，效天下之动者也。是故吉凶生而悔吝著也③。

【注解】

①彖：指卦辞。《系辞》的作者称卦辞为彖，与《彖传》无关。②材：通"裁"，裁断。卦辞能裁断一卦的吉凶，所以说"彖者，材也"。③著：显明。

【译文】

所以《周易》的根本，就是象，所谓象，就是象征。所谓彖，就是裁断，所谓爻，就是仿效天下万物的变化。所以吉凶就由此产生、悔吝就由此显明出来了。

【原文】

阳卦多阴，阴卦多阳①，其故何也？阳卦奇②，阴卦耦③。其德行何也？阳一君而二民，君子之道也；阴二君而一民，小人之道也。

【注解】

①阳卦多阴，阴卦多阳：八卦分阳卦和阴卦两种，由奇数枚阳爻组成的卦就是阳卦，由偶数枚阳爻组成的卦就是阴卦。乾、震、坎、艮是阳卦，坤、巽、离、兑是阴卦。这里所说的"阳卦"只指阳卦中的震坎艮三卦，"阴卦"只指阴卦中的巽离兑三卦。阴：指阴爻；阳：指阳爻。②奇：指阳爻的枚数是奇数。③耦：同"偶"。指阳爻的枚数是偶数。

【译文】

阳卦多阴爻，阴卦多阳爻，这是什么原因呢？是因为阳卦中阳爻的枚数，总是奇数，阴卦中阳爻的枚数，总是偶数。阳卦和阴卦代表的德性是什么呢？阳卦代表一个君主和两个庶民（形容一个君主统治天下），这是君子的道；阴卦代表两个君主和一个庶民（形容天下大乱，诸侯各自称王），这是小人的道。

【原文】

《易》曰："憧憧往来，朋从尔思①。"子曰："天下何思何虑？天下同归而殊涂②，一致而百虑。天下何思何虑？日往则月来，月往则日来，日月相推而明生焉；寒往则暑来，暑往则寒来，寒暑相推而岁成焉。往者屈也，来者信也③，屈信相感而利生焉。尺蠖之屈④，以求信也；龙蛇之蛰，以存身也。精义入神，以致用也；利用安身，以崇德也⑤。过此以往，未之或知也。穷神知化，德之盛也。"

日往则月来，月往则日来，日月相推而明生焉。

《易》曰:"困于石,据于蒺藜,入于其宫,不见其妻,凶[6]。"子曰:"非所困而困焉,名必辱。非所据而据焉,身必危。既辱且危,死期将至,妻其可得见耶[7]!"

【注解】

①"憧憧"两句:见《咸》卦九四爻辞。②涂:同"途",路。③信:同"伸",伸展。④尺蠖:一种通过身子一屈一伸前进的小毛虫。⑤崇:提升。⑥"困于石"五句:见《困》卦六三爻辞。⑦其:岂。

寒往则暑来,暑往则寒来,寒暑相推而岁成焉。

【译文】

《周易》说:"憧憧往来,朋从尔思。"这是什么意思呢?孔子说:"天下人何必劳思费神呢?天下人走的是不同的道路,到达的却是同一个地方;思虑虽有种种,目标却是一致。天下人何必劳思费神呢?太阳落了月亮上来,月亮落了太阳上来,太阳月亮相互交替就产生光明;寒冷去了暑热到来,暑热去了寒冷到来,寒冷暑热相互循环就形成一年四季。过去的是退屈,到来的是伸展,退屈伸展相互呼应就带来利益。尺蠖退屈身子,为的是伸展身子;龙蛇蛰伏隐藏,为的是保存生命。精通义理达到神妙的地步,为的是能够应用;利用所学来安身立命,为的是提升道德。超过以上这些的,就不知道是什么了。穷究事物的神妙,晓知事物的变化,这是伟大的德行。"

《周易》说:"困于石,据于蒺藜,入于其宫,不见其妻:凶。"这是什么意思呢?孔子说:"不是应该受困的地方却受了困,名节必定受辱;不是应该仰赖的人却去仰赖,生命必定危险。受了侮辱,又遇危险,死期将到,哪里还能见得到妻子呢。"

【原文】

《易》曰:"公用射隼于高墉之上,获之,无不利[1]。"子曰:"隼者,禽也。弓矢者,器也。射之者,人也。君子藏器于身,待时而动,何不利之有?动而不括[2],是以出而有获,语成器而动者也。

子曰:"小人不耻不仁,不畏不义,不见利不劝[3],不威不惩[4]。小惩而大诫[5],此小人之福也。《易》曰:'屦校灭趾,无咎[6]。'此之谓也。

"善不积不足以成名,恶不积不足以灭身。小人以小善为无益而弗为也,以小恶为无伤而弗去也,故恶积而不可掩,罪大而不可解[7]。《易》曰:'何校灭耳,凶[8]。'"

子曰:"危者,安其位者也;亡者,保其存者也;乱者,有其治者也。是故君子安而不忘危,存而不忘亡,治而不忘乱

小人不耻不仁,不畏不义,不见利不劝,不威不惩。

是以身安而国家可保也。《易》曰：'其亡其亡，系于苞桑^⑨。'"

【注解】

① "公用"三句：见《解》卦上六爻辞。②括：阻碍。③劝：劝勉，指努力。④威：刑罚的威严，指刑罚。⑤诫：警戒。⑥ "屦校"两句：见《噬嗑》卦初九爻辞。⑦解：赦免。⑧ "何校"两句：见《噬嗑》卦上九爻辞。⑨ "其亡"两句：见《否》卦九五爻辞。

【译文】

　　《周易》说："公用射隼于高墉之上，获之，无不利。"这是什么意思呢？孔子说："隼，是飞禽，弓矢，是工具，射隼的，是人。君子怀藏工具，等待时机出动，哪里会有什么不利呢？出动而没有阻碍，所以出动就会有收获，这是说先要具备工具再去采取行动。"

　　孔子说："小人不对自己的不仁感到羞耻，不对自己的不义感到害怕，看不到好处就不会努力，所以不对小人进行刑罚，就收不到刑罚的作用。受到小的刑罚，得到大的警戒，这是小人的福气。《周易》说：'屦校灭趾，无咎'，说的就是这个道理。"

　　"善行不积累，就成就不了美名，恶行不积累，就不会自取灭亡。小人认为做小的善事没有好处就不去做，认为做小的恶事不会受损就不去克服，所以恶行越积越多难以掩盖，罪行越积越大难以赦免。最后就会像《周易》上所说的：'何校灭耳，凶。'"

　　孔子说："危险，是由于安于他的地位忘记了忧患；灭亡，是由于保持他的现状忘记了危机；变乱，是由于享受他的太平忘记了警惕。所以君子安逸时不忘危险，活命时不忘灭亡，太平时不忘变乱，因此能够生命平安、国家长存。不然就会像《周易》上所说的：'其亡其亡！系于苞桑。'"

【原文】

　　子曰："德薄而位尊，知小而谋大，力少而任重，鲜不及矣^①。《易》曰：'鼎折足，覆公𫗧，其形渥：凶^②。'言不胜其任也。"

　　子曰："知几^③，其神乎！君子上交不谄，下交不渎^④，其知几乎？几者，动之微，吉凶之先见者也^⑤。君子见几而作，不俟终日。《易》曰：'介于石，不终日，贞吉^⑥。'介如石焉^⑦，宁用终日^⑧，断可识矣^⑨。君子知微知彰，知柔知刚，万夫之望。"

　　子曰："颜氏之子，其殆庶几乎^⑩？有不善未尝不知，知之未尝复行也。《易》曰：'不远复，无祗悔，元吉^⑪。'

　　"天地絪缊^⑫，万物化醇^⑬；男女构精^⑭，万物化生。《易》曰：'三人行则损一人，一人行则得其友^⑮。'言致一也^⑯。"

　　子曰："君子安其身而后动，易其心而后语^⑰，定其交而后求。君子修此三者，故全也。危以动，则民不与也；惧以语，则民不应也；无交而求，则民不与也。莫之与，则伤之者至矣，《易》曰：'莫益之，或击之，立心勿恒，凶^⑱。'"

【注解】

①及："及于祸难"的省语，指祸难。② "鼎折足"三句：见《鼎》卦九四爻辞。③几：细微。④渎：亵渎，指轻慢。⑤先见：预兆。⑥ "介于石"三句：见《豫》卦六二爻辞。⑦介：借为"砎"，坚固。⑧宁：岂。⑨断：断然。⑩殆：大概。庶几：接近。⑪ "不远复"三句：见《复》卦初九爻辞。⑫絪缊：同"氤氲"，阴阳二气交融弥漫的样子。⑬醇：均匀。⑭男女：指雌雄两性。⑮ "三人行"两句：见《损》卦六三爻辞。⑯致一：合作。⑰易：平和。⑱ "莫益之"四句：见《益》卦上九爻辞。

【译文】

　　孔子说："道德浅薄却身居高位，智慧贫乏却图谋大事，能力不足却担当重任，这种人是少有不遭殃的。《周易》说：'鼎折足，覆公𫗧，其形渥：凶。'说的就是人没有能力担当他的重任。"

　　孔子说："君子能够洞察细微，真是神奇啊！君子和上级交往却不谄媚，和下级交往却不轻慢，他是洞察了细微的征兆吧？所谓几，就是变化时的细微之处，是吉凶的预兆。君子一见预兆就行动，不会长久等待。《周易》说：'介于石，不终日，贞吉。'看似坚如石头，然而哪里需要一整天，就可断然看出变化来了。君子既知道微细的状况，又知道显著的状况，既知道柔顺的道理，又知道刚健的道理，他是万人仰望的人物。"

孔子说："颜家的儿子颜回，他的修养大概接近完美了吧？犯了过失没有不知道的，一旦知道就永远不会再犯，就像《周易》上所说的：'不远复，无祗悔，元吉。'

"天地阴阳交融，万物均匀化育；雌雄精气交合，万物化育生长。《周易》说：'三人行则损一人，一人行则得其友。'说的就是合作的道理。"

孔子说："君子安定身子后再行动，平静心气后再说话，确定交情后再求助。君子能修持这三点，所以安全无害。身处险境偏采取行动，人们不会帮助他；心怀恐惧偏发号施令，人们不会响应他；没有交情求人帮助，人们不会帮助他。大家都不帮助他，那么伤害他的人就要到来了，就像《周易》上所说的：'莫益之，或击之，立心勿恒，凶。'"

【原文】

子曰："乾坤，其《易》之门耶①？"乾，阳物也；坤，阴物也。阴阳合德，而刚柔有体。以体天地之撰②，以通神明之德。其称名也③，杂而不越④。于稽其类⑤，其衰世之意邪？夫《易》彰往而察来，而微显阐幽，开而当名辨物⑥，正言断辞⑦，则备矣。其称名也小，其取类也大。其旨远，其辞文⑧，其言曲而中⑨，其事肆而隐⑩。因贰以济民行⑪，以明失得之报⑫。

【注解】

①其：大概。②体：分别。撰：具，指天地具有的万物。③称名：用来指称事物的概念。④越：逾越，指混乱。⑤于：发语词。稽：考察。类：事类，指事迹。⑥当名：恰当的概念。⑦正言：准确的文辞。⑧文：文采。⑨中：中肯。⑩肆：直白。⑪贰：指一阴一阳的道理。济：辅助。⑫报：应验。指得失应验的原因。

【译文】

孔子说："乾卦和坤卦，大概是《周易》的门径吧？"乾，是阳性物质，坤，是阴性物质。阴阳配合德行，刚柔各有体性。利用阴阳刚柔的这些道理来分别天地的万物，通达神明的德行。《周易》中指称事物的概念，庞杂但不混乱。考察《周易》的事迹，透露的大概是殷代末世的意味吧？《周易》能够彰显过去，察知未来，显露细微，阐明隐晦，打开《周易》，用恰当的概念辨别事物，准确的文辞判断事理，其中都已具备无遗。它指称事物的概念是有限的，用有限的概念比类的事理却是无限的。它的意旨深远，文辞华美，行文婉曲却中肯，叙事直白却深邃。它用一阴一阳的道理辅助人们的行动，阐明得失的原因。

【原文】

《易》之兴也①，其于中古乎？作《易》者，其有忧患乎？是故《履》，德之基也，《谦》，德之柄也②，《复》，德之本也，《恒》，德之固也③，《损》德之修也④，《益》，德之裕也⑤，《困》，德之辨也，《井》，德之地也⑥，《巽》，德之制也⑦。《履》，和而至，《谦》，尊而光，《复》，小而辨于物⑧，《恒》，杂而不厌，《损》，先难而后易，《益》，长裕而不设⑨，《困》，穷而通，《井》，居其所而迁⑩，《巽》，称而隐⑪。《履》

恶行越积越多，最终将难以掩盖。

以和行，《谦》以制礼⑫，《复》以自知，《恒》以一德⑬，《损》以远害，《益》以兴利，《困》以寡怨，《井》以辨义⑭，《巽》以行权⑮。

【注解】

①兴：创作。②柄：指关键。③固：坚守。④修：修养。⑤裕：充实。⑥地：环境。⑦制：自制。⑧辨：读音同"遍"，遍及。⑨设：造作。⑩迁：播撒。⑪称：权衡。⑫制：指遵守。⑬一德：专一。⑭义：兼指"非义"，指是非。⑮权：权宜，指变通。

危险，是由于安于他的地位忘记了忧患。

【译文】

　　《周易》的创作，大概是在中古时候吧？《周易》的作者，大概是怀着忧患的吧？所以《履》卦是说道德的基础，《谦》卦是说道德的关键，《复》卦是说道德的根本，《恒》卦是说坚守道德，《损》卦是说修养道德，《益》卦是说充实道德，《困》卦是说辨别道德，《井》卦是说道德的环境，《巽》卦是说道德的自制。《履》卦是说和悦施德，《谦》卦是说居尊却能光大谦逊，《复》卦是说行善从点滴遍及万物，《恒》卦是说应对繁杂不厌烦，《损》卦是说事事先难后易，《益》卦是说道德长裕不造作，《困》卦是说困难到头就亨通，《井》卦是说身居家中却能德泽外播，《巽》卦是说权衡时势以便退隐。《履》卦教人和悦办事，《谦》卦教人守礼，《复》卦教人自知，《恒》卦教人专一，《损》卦教人避害，《益》卦教人谋利，《困》卦教人少怨，《井》卦教人辨别是非，《巽》卦教人变通。

【原文】

　　《易》之为书也不可远①，为道也屡迁，变动不居，周流六虚②，上下无常，刚柔相易，不可为典要③，唯变所适④。其出入以度外内⑤，使之惧，又明于忧患与故⑥。无有师保⑦，如临父母。初率其辞⑧，而揆其方⑨，既有典常⑩。苟非其人⑪，道不虚行⑫。

【注解】

①远：穷尽。②六虚：指六个爻位。"变动不居，周流六虚"是指爻变化不定，在六个爻位之间变动。③典要：模式。④适：走。⑤出入：按照筮法，先得的卦叫本卦，后变的卦叫变卦（古人叫"之卦"），"出入"指一卦由本卦变成变卦。下文的"度"指计量，"外"指变卦，"内"指本卦。⑥故：过往的事。⑦师保：老师。⑧率：循着。⑨揆：揣摩。方：含义。⑩既：则。典常：规律。⑪苟：如果。⑫虚：空。

【译文】

　　《周易》这部书难以穷尽，书中的道理灵活多端，各爻在六个爻位之间变化不停，或上或下没有定式，刚柔之间相互转化，所以不可把它当作是僵化的模式，而要顺着它的变化走。通过卦变计量本卦和变卦的联系，使人知道警惕，并且晓得忧患和过往的事。虽然没有老师，但是《周易》指导人，就像是父母亲临指导一样。开始时循着卦辞爻辞，揣摩其中的含义，逐渐地就会找出规律来了。如果不是精通《周易》的人，《周易》的道理是不会凭空发挥效果的。

【原文】

　　《易》之为书也，原始要终①，以为质也②。六爻相杂，唯其时物也③。其初难知④，其上易知，本末也⑤。初辞拟之⑥，卒成之终⑦。若夫杂物撰德⑧，辩是与非⑨，则非其中爻不备⑩。

噫⑪！亦要存亡吉凶⑫，则居可知矣。知者观其象辞⑬，则思过半矣⑭。二与四同功而异位⑮，其善不同⑯，二多誉，四多惧，近也。柔之为道不利远者。其要无咎⑰，其用柔中也⑱。三与五同功而异位，三多凶，五多功，贵贱之等也。其柔危⑲，其刚胜邪⑳？

【注解】

①原：考察。要：探求。②质：本质。③时物：一定时间内的事物。④初：指初爻。下文的"上"指上爻。⑤本末：初爻为本，上爻为末。⑥初辞：初爻爻辞。⑦卒：上爻爻辞。⑧若夫：至于。撰：阐明。⑨辩：同"辨"，辨别。⑩中爻：指第二、三、四、五爻。⑪噫：叹词。⑫要：探求。⑬象辞：指卦辞。⑭思：领悟。⑮功：事。位：指爻位。⑯善：兼指坏，指好坏。⑰要：概要，指大体。⑱其用柔中："其"指二爻。二爻居第二爻位，是阴位，是柔；第二爻位又是下卦中位，所以说"其用柔中"。"其用柔中"象征君子办事柔顺中正。⑲柔危：阴爻是柔，三五爻位是阳位，阴爻居阳位，是"不当位"，象征君子地位失当，有危险，所以说"柔危"。⑳刚胜：阳爻是刚，三五爻位是阳位，阳爻居阳位，是"当位"，象征君子地位得当，会得胜，所以说"刚胜"。

【译文】

《周易》这部书，是以考察事物的源头、探求事物的结局为本质的。六爻错综交合，反映的是一定时间内的事物。凭借初爻难以把握事物全貌，凭借上爻容易把握事物全貌，这就是本末的区别。初爻爻辞比类事物的开始，上爻爻辞确定事物的结局。至于杂合事物，阐明道德，辨别是非，那么就非凭借中爻不能办到。呵！探求存亡吉凶，只要坐在家中钻研《周易》就可以知道了。聪明的人只要看过卦辞，就可以领悟到全卦的大半道理了。二爻和四爻都象征着要以柔顺的态度办事，但爻位不同，所以好坏也就不同：二爻多赞誉，四爻多惊惧，这是因为二爻居内卦在近处（四爻居外卦在远处）。以柔顺态度办事的道理，对身在远处的人不利。二爻大体是无害的，是因为二爻象征柔顺并且居下卦中位。三爻和五爻都象征着要以刚健的态度办事，但爻位不同（所以好坏也就不同）：三爻多凶险，五爻多功绩，这是因为三爻和五爻所居的爻位有贵贱等级的差别。（三爻居下卦的偏位，是卑贱的位置，五爻居上卦的中位，是尊贵的位置。）阴爻居三五爻位，大概是危险的吧？阳爻居三五爻位，大概是得胜的吧？

【原文】

《易》之为书也，广大悉备。有天道焉，有人道焉，有地道焉。兼三才而两之①，故六。六者非它也，三才之道也。道有变动，故曰爻②；爻有等③，故曰物④；物相杂，故曰文⑤。文不当⑥，故吉凶生焉。

【注解】

①三才：才通"材"，三才指天地人。两：指用两爻象征一才。初二爻象征地才，三四爻象征人才，五上爻象征天才。②故曰爻：爻字本有变化之义，《周易》又是用阴阳爻的变动比类道的变化，所以说"道有变动，故曰爻"。③等：等别。④故曰物：爻有阴阳的等别，《周易》是用爻的阴阳比类物的阴阳，所以说"爻有等，故曰物"。⑤故曰文：《周易》是用爻的错综交合比类物的错综交合，所以说"物相杂，故曰文"。文：指爻错综交合时的状态。⑥不当：兼指当。指得当或不得当。

【译文】

《周易》这部书，内容广博，无所不有，

文王演易。

有天道，有人道，有地道。兼有天地人三材而用每两爻象征一材，所以有六爻。六爻不是别的，说的是三材的道理。道有变化，所以叫"爻"；爻有等别，所以叫"物"；物错综交合，所以叫"文"。文有得当不得当，所以或吉或凶就产生了。

【原文】

《易》之兴也，其当殷之末世，周之盛德耶？当文王与纣之事耶？是故其辞危①。危者使平，易者使倾②，其道甚大，百物不废③。惧以终始，其要无咎④，此之谓《易》之道也。

【注解】

①危：危惧。②易：安逸。③废：例外。④要：概要，指大体。

【译文】

《周易》的创作，大概是在殷代末世、周族德业兴盛的时候吧？反映的是周文王和殷纣王的事吧？所以它的卦辞和爻辞多有危惧的意味。时刻危惧的人换来平安，一味安逸的人导致灭亡，这个道理很普遍，万物都不例外。从始至终保持危惧意识，就可以大体无害了，这就是《周易》的道理。

【原文】

夫乾，天下之至健也，德行恒易以知险①；夫坤，天下之至顺也，德行恒简以知阻。能说诸心②，能研诸侯之虑③，定天下之吉凶，成天下之亹亹者④。是故变化云为⑤，吉事有祥⑥。象事知器⑦，占事知来。天地设位，圣人成能；人谋鬼谋⑧，百姓与能。八卦以象告，爻象以情言⑨，刚柔杂居⑩，而吉凶可见矣。变动以利言，吉凶以情迁。是故爱恶相攻而吉凶生，远近相取而悔吝生，情伪相感而利害生⑪。凡《易》之情，近而不相得则凶，或害之，悔且吝。将叛者其辞惭⑫，中心疑者其辞枝⑬，吉人之辞寡⑭，躁人之辞多，诬善之人其辞游⑮，失其守者其辞屈⑯。

【注解】

①恒：永远。②说：通"悦"，和悦。诸：指百姓。③研：体察。④亹亹：勤勉的样子。⑤云为：云，"子曰诗云"的云；为，作为。"云为"指言行。⑥祥：显露征兆。⑦器：器物，这里喻指典章礼制。⑧人谋：自己谋事。鬼谋：通过占筮鬼神谋事。⑨爻：爻辞。下文的"象"指卦辞。情：事理。⑩刚：指阳爻。下文的"柔"指阴爻。⑪情伪：指真假。⑫惭：读音同"渐"，诈伪。⑬枝：枝蔓，指混乱。⑭吉人：老实人。⑮善：好人。游：游移不定。⑯守：操守。屈：屈从，指唯唯诺诺。

【译文】

乾，是天下最刚健的，它的德行是明知艰险却能永远秉持平易；坤，是天下最柔顺的，它的德行是明知阻难却能永远秉持简约。运用乾坤的道能够和悦百姓的心，体察诸侯的疑虑，确定天下的吉凶，成就天下的勤勉的事业。所以言行顺应变化，吉事就会出现。《周易》象征世间人事，从中可以知道如何规定典章礼制，占问世间人事，从中可以知道未来吉凶。天地确立了高下尊卑的位置，圣人就在其中施展才能；圣人既自己谋事，也通过占

夫乾，天下之至健也，德行恒易以知险。

筮谋事，还有百姓来助他成功。八卦以卦象示人，爻辞和卦辞以事理示人，阳爻阴爻错综交合，吉凶就可以显现出来了。变不变化要视有利没利而定，吉凶是随着事理的变化而变化的。所以说爱和恶相互碰撞就产生吉凶，远和近相互取舍就产生悔吝，真和假相互感应就产生利害。一切《周易》的事理都说明了，人和人离得很近却不能彼此和睦就会凶险，就会有人害他，使他产生悔吝。将要叛乱的人，他的话诈伪；心里疑惑的人，他的话混乱；老实的人话少，浮躁的人话多；污蔑好人的人，他的话游移不定；丧失操守的人，他的话唯唯诺诺。

第八卷・春秋

春 秋

《春秋》是世界上最早的编年体史书，记载了上自公元前722年，下至公元前481年，合计242年鲁国的历史。

《春秋》是鲁国史记的名字，也是我国现存最早的一部编年史书。为什么叫《春秋》呢？因为，说到春，就兼及了夏，说到秋，就可以想见冬，所以用"春秋"两个字，就包括了春夏秋冬四时，万物繁育，尽在其中。四时之事，无物不包，无事不记，所以当时把一国的历史称为《春秋》。在西周，"春秋"是各国国史的通称，当时有"周之春秋""燕子春秋""齐之春秋"……有所谓"百国春秋"。

现在我们所读的《春秋》是鲁国的编年体国史，经过孔子的修订，成为儒家的经典，《春秋》成了这部经典的专用名称。

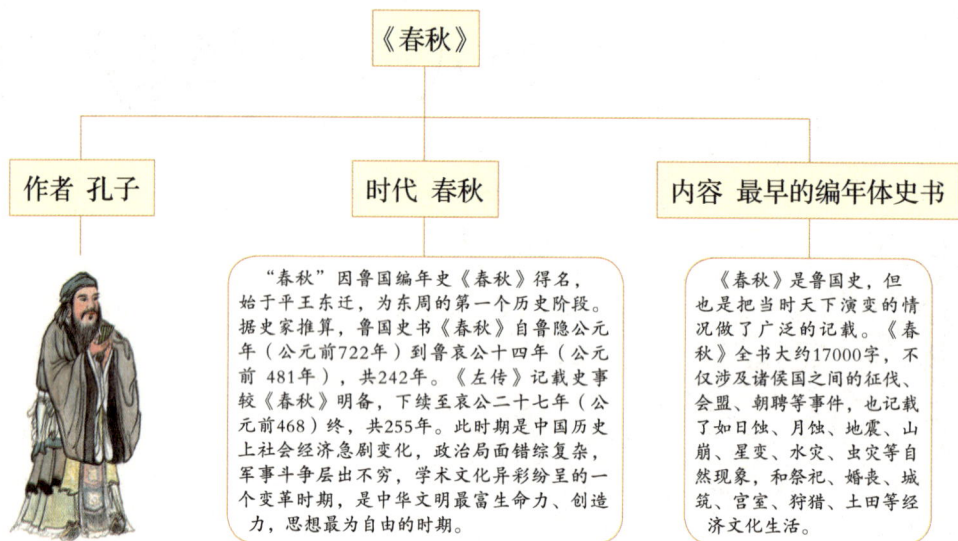

《春秋》

作者 孔子

时代 春秋

"春秋"因鲁国编年史《春秋》得名，始于平王东迁，为东周的第一个历史阶段。据史家推算，鲁国史书《春秋》自鲁隐公元年（公元前722年）到鲁哀公十四年（公元前481年），共242年。《左传》记载史事较《春秋》明备，下续至哀公二十七年（公元前468）终，共255年。此时期是中国历史上社会经济急剧变化，政治局面错综复杂，军事斗争层出不穷，学术文化异彩纷呈的一个变革时期，是中华文明最富生命力、创造力，思想最为自由的时期。

内容 最早的编年体史书

《春秋》是鲁国史，但也是把当时天下演变的情况做了广泛的记载。《春秋》全书大约17000字，不仅涉及诸侯国之间的征伐、会盟、朝聘等事件，也记载了如日蚀、月蚀、地震、山崩、星变、水灾、虫灾等自然现象，和祭祀、婚丧、城筑、宫室、狩猎、土田等经济文化生活。

《春秋》的内容

《春秋》是记述鲁国自隐公元年（公元前722年），至哀公十四年（公元前481年）（共242年）间的鲁国的历史事件及各诸侯国的大事。

丧祭

灾害

战争

婚娶

会盟

朝聘

《春秋》所记的时间上起鲁隐公，下到鲁哀公，前后242年。尽管它以鲁君年号纪元，却不只写鲁国事，各诸侯国都有兼顾，其中着墨最多的是有关晋文公和齐桓公的事迹，俨然是当时的"世界史"。书中记事按年月编排，开编年记史之先河。上面记载的除了政事，还有天文、鬼神、灾变。记灾是表示天罚，记鬼表示恩仇，尽管有点迷信，但体现了它的"劝惩"之意。至于政事上，劝惩的意思更是明显，如齐国南史氏听闻史官记录"崔杼弑其君"，还滥杀无辜，就跑到都城续载这件事，崔杼见了有所顾忌，就停止了杀戮。

微言大义的《春秋》

《春秋》记事细微简略，细细咀嚼，却能读之有味，这就是它的"微言大义"。孟子说"孔子成《春秋》而乱臣贼子惧"，乱臣贼子因何惧怕？这是因为《春秋》一书寓含褒贬，一字之褒，比叫作王侯还荣耀；一字之贬，比让做罪人还耻辱。所以那些弑君夺位的臣子，就不得不有所顾虑。就如三国曹丕篡夺汉室天下，还要堂而皇之地叫皇帝下诏个"让贤书"，生怕落个骂名，这正是春秋大义的影响。

孔子作《春秋》，微言大义。

《春秋》的价值

1. 保存了史料

司马迁《史记·太史公自序》云："万物之散聚皆在《春秋》。《春秋》中，弑君三十六，亡国五十二，诸侯奔走不得保其社稷者不可胜数。"

2. "寓王法"——提出建立稳定的社会秩序

我们知道在古代，史官是一个重要的职位，其作用非常重要，凡君王的言行，都要由史官记下来，作为国家臣民的法典和榜样，这样君王就必须言行谨慎。

孔子在修订鲁《春秋》时，用"微言"寄托了"大义"，"上明三王之道，下辨人事之纪，别嫌疑，明是非，定犹豫，善善恶恶，贤贤贱不肖，存亡国，继绝世，补敝起废，王道之大者也……拨乱世，反之正"；"故《春秋》者，礼义之大宗也"。

孔子在修订《春秋》时候所用的"微言"，就是微妙精深而又含蓄的言辞，发挥的是治国的大道、社会的秩序、是非的标准，目的是扬善去恶，拨乱反正。孔子的这种《春秋》"笔法"，对后世产生了深远的影响，让人们明是非，知善恶，守正不移，把对于理想的坚持，对于人格的保持，对于荣誉的珍视，对于正义的维护，看得比生命都重要。

孔子作《春秋》保存了史料。

《春秋》中蕴含了建立稳定社会秩序的理想。

《春秋》笔法对后世产生了深远的影响。

隐 公

○元 年○

【原文】

惠公元妃孟子①。孟子卒，继室以声子，生隐公。

宋武公生仲子。仲子生而有文在其手，曰："为鲁夫人。"故仲子归于我②。生桓公而惠公薨③，是以隐公立而奉之。

【注解】

①惠公：名弗湦，隐公、桓公之父。元妃：原配夫人。②归：女子出嫁。我：指鲁国。③薨：周代诸侯死称薨。

【译文】

鲁惠公的原配夫人是孟子。孟子死后，娶声子为继室，生下了隐公。

鲁惠公继室声子生隐公。

宋武公生了仲子。仲子出生时手上有字样说："为鲁夫人。"所以仲子便让她出嫁鲁国。生下桓公后惠公就死了。因此隐公摄政拥立桓公为君。

【原文】

元年春，王正月①。三月，公及邾仪父盟于蔑②。

夏五月，郑伯克段于鄢③。

秋七月，天王使宰咺来归惠公、仲子之赗④。九月，及宋人盟于宿⑤。

冬十有二月，祭伯来⑥。公子益师卒⑦。

【注解】

①王正月：周历的正月。②邾：诸侯国名，在今山东邹城南。仪父：邾君的字。蔑：地名，在今山东泗水东南。③郑伯：郑庄公。段：共叔段，郑伯的同母弟。鄢：在今河南鄢陵县北。④天王：指周平王。赗：助丧之物。⑤宿：国名，在今山东东平县东南。⑥祭伯：诸侯之中在周朝担任卿士的称为祭伯。⑦公子益师：鲁孝公的儿子。

【译文】

鲁隐公元年春，周历正月。三月，隐公和邾仪父在蔑地结盟。

夏季五月，郑伯在鄢地击败共叔段。

秋季七月，周平王派宰咺来赠送惠公、仲子的助丧之物。九月，鲁国与宋国在宿地结盟。

冬季十二月，祭伯来到鲁国。公子益师去世。

◎六 年◎

【原文】

六年春，郑人来渝平①。

夏五月辛酉，公会齐侯盟于艾②。

秋七月。

冬，宋人取长葛。

【注解】

①渝：改变。平：和平。②艾：地名，在今山东省新泰市西北。

【译文】

六年春，郑国派人到鲁国来请求修好。

夏季五月辛酉日，隐公和齐侯在艾地结盟。

秋季七月，无事。

冬季，宋人夺取了长葛。

◎七 年◎

【原文】

七年春，王三月，叔姬归于纪。滕侯卒①。

夏，城中丘②。齐侯使其弟年来聘③。

秋，公伐邾。

冬，天王使凡伯来聘。戎伐凡伯于楚丘以归④。

【注解】

①滕：国名，在今山东省滕州市西南。②中丘：地名，在今山东境内。③聘：访问。④楚丘：卫地。

【译文】

七年春，周历三月，叔姬嫁到纪国。滕侯去世。

夏季，修筑中丘城墙。齐侯派其弟来鲁国访问。

秋季，隐公讨伐邾国。

冬季，周王命令凡伯来鲁国访问。凡伯返回周朝时在楚丘被戎人捉住。

齐侯派其弟来鲁国访问。

◎十 年◎

【原文】

十年春，王二月，公会齐侯、郑伯于中丘①。

夏，翚帅师会齐人、郑人伐宋。六月壬戌，公败宋师于菅②。辛未，取郜③。辛巳，取防。

秋，宋人、卫人入郑。宋人、蔡人、卫人伐戴④。郑伯伐取之。

冬十月壬午，齐人、郑人入郕。

【注解】

①中丘：地名，在今山东临沂东北。②菅：地名，大约在今山东单县北。③郜：地名，在今山东武城东南。④戴：地名，在今河南民权县东。

隐公在中丘会见齐侯、郑伯。

【译文】

十年春，周历二月，隐公在中丘会见齐侯、郑伯。

夏季，鲁大夫公子翚率军联合齐军、郑军一起讨伐宋国。六月壬戌日，鲁隐公在菅地打败宋国。辛未日，攻取了郜地。辛巳日，攻取了防地。

秋季，宋、卫两国的军队进入郑国。宋国、蔡国、卫国一起讨伐戴国。郑伯俘虏了三国的军队。

冬季十月壬午日，齐人、郑人攻入郕国。

◎十一年◎

【原文】

十有一年春，滕侯、薛侯来朝①。

夏，公会郑伯于时来②。

秋七月壬午，公及齐侯、郑伯入许③。

冬十有一月壬辰，公薨。

【注解】

①薛：国名，在今山东滕州南。②时来：地名，在今河南郑州北。③许：国名，故城在今河南许昌东。

【译文】

十一年春，滕侯、薛侯前来朝见。

夏季，隐公在时来会见郑伯。

秋季七月壬午日，隐公和齐侯、郑伯进入许国。

冬季十一月壬辰日，鲁隐公薨。

滕侯、薛侯来鲁国朝见。

桓 公

◎元 年◎

【原文】

元年春，王正月，公即位。三月，公会郑伯于垂，郑伯以璧假许田①。

夏季四月丁未，公及郑伯盟于越②。

秋，大水。

冬十月。

【注解】

①假：借。②越：地名，在今山东境内。

【译文】

元年春，周历正月，桓公即位。

桓公在垂地会见郑伯，郑伯以圭璧换许田之地。

三月，桓公在垂地会见郑伯，郑伯以圭璧来换取鲁国的许田之地。

夏季四月丁未，桓公与郑伯在越地结盟。

秋季，发生水灾。

冬季十月，无事。

◎二 年◎

【原文】

二年春，王正月戊申，宋督弑其君与夷及其大夫孔父。滕子来朝。三月，公会齐侯、陈侯、郑伯于稷①，以成宋乱②。

夏四月，取郜大鼎于宋。戊申，纳于大庙。

秋七月，杞侯来朝。蔡侯、郑伯会于邓③。九月，入杞。公及戎盟于唐。

冬，公至自唐。

【注解】

①稷：地名，在今河南商丘。②成：平。③邓：地名，在今河南境内。

【译文】

二年春，周历正月戊申日，宋国的华父督杀死宋国国君以及大夫孔父嘉。滕君前来朝见。三月，桓公在稷地会见齐侯、陈侯及郑伯，计划平定宋国的叛乱。

夏季四月，鲁国取走宋国的郜大鼎。戊申日，将鼎放入太庙之中。

秋季七月，杞侯前来朝见。蔡侯、郑伯在邓地相见。九月，鲁国派军队进入杞国。桓公与戎人在唐地结盟。

冬季，桓公由唐地回国。

◎三　年◎

【原文】

三年春，正月，公会齐侯于嬴^①。

夏，齐侯、卫侯胥命于蒲^②。六月，公会杞侯于郕。

秋七月壬辰朔，日有食之，既^③。公子翚如齐逆女。九月，齐侯送姜氏于讙^④。公会齐侯于讙。夫人姜氏至自齐。

冬，齐侯使其弟年来聘。有年。

【注解】

①嬴：地名，在今山东莱芜西北。②胥命：不举行仪式的结盟。蒲：地名，在今河南境内。③既：尽。④讙：地名，在今山东宁阳县北。

【译文】

三年春，正月，桓公在嬴地会见齐侯。

夏季，齐侯、卫侯在蒲地相见，双方表示彼此会信守约言。六月，桓公在郕地会见杞侯。

秋季七月壬辰日，发生日全食。桓公在讙地会见齐侯。夫人姜氏从齐国来到鲁国。

冬季，齐侯派自己的弟弟年来鲁国访问。这一年五谷皆熟。

夫人姜氏从齐国来到鲁国。

◎四　年◎

【原文】

四年春，正月，公狩于郎^①。

夏，天王使宰渠伯纠来聘。

秋，秦师侵芮，败焉，小之也。

冬，王师、秦师围魏，执芮伯以归。

秦国的军队入侵芮国。

【注解】

①狩：冬猎。

【译文】

四年春，正月，桓公在郎地狩猎。

夏季，周王派宰臣渠伯纠来鲁国访问。

秋天，秦国的军队入侵芮国，不料遭到失败，这是由于秦军太轻视芮国的缘故。

冬天，周王的军队和秦国的军队包围魏城，俘虏了芮伯回来。

◎十 年◎

【原文】

十年春，王正月，庚申，曹伯终生卒。

夏五月，葬曹桓公。

秋，公会卫侯于桃丘①，弗遇。

冬十有二月丙午，齐侯、卫侯、郑伯来战于郎。

齐侯、卫侯、郑伯在郎地与鲁国交战。

【注解】

①桃丘：地名，在今山东东阿县安平镇东。

【译文】

十年春，周历正月，庚申日，曹伯终生卒。

夏季五月，安葬曹桓公。

秋季，桓公在陶丘约见卫侯，未能如愿。

冬季十二月丙午日，齐侯、卫侯、郑伯在郎地与鲁国交战。

◎十一年◎

【原文】

十有一年春，正月，齐人、卫人、郑人盟于恶曹。

夏五月癸未，郑伯寤生卒①。

秋七月，葬郑庄公。九月，宋人执郑祭仲。突归于郑。郑忽出奔卫。柔会宋公、陈侯、蔡叔盟于折。公会宋公于夫钟。

冬十有二月，公会宋公于阚。

【注解】

①寤生：即郑庄公。

【译文】

十一年春，周历正月，齐、卫、郑三国在恶曹结盟。

夏五月癸未日，郑伯寤生卒。

秋季七月，安葬郑庄公。九月，宋人逮捕了郑祭仲。郑公子突回到郑国。郑国太子忽出奔到卫国。鲁大夫柔在折地与宋公、陈侯、蔡叔结盟。桓公在夫钟会见宋公。

冬季十二月，桓公在阚地与宋公相见。

郑伯寤生去世。

◎ 十二年 ◎

【原文】

十有二年春，正月。

夏六月壬寅，公会杞侯、莒子，盟于曲池①。

秋七月丁亥，公会宋公、燕人，盟于谷丘②。八月壬辰，陈侯跃卒。公会宋公于虚。

冬十有一月，公会宋公于龟。丙戌，公会郑伯，盟于武父。丙戌，卫侯晋卒。十有二月，及郑师伐宋。丁未，战于宋。

【注解】

①曲池：地名，在今山东省宁阳县东北。②谷丘：地名，在今河南商丘东南。

【译文】

十二年春正月，无事。

夏季六月壬寅日，桓公会见杞侯、莒子，并在曲池结盟。

秋季七月丁亥日，桓公会见宋公、燕人，并在谷丘结盟。八月壬辰日，陈侯跃卒。桓公在虚地会见宋公。

冬季十一月，桓公在龟地会见宋公。丙戌日，桓公见郑伯，双方在武父结盟。丙戌日，卫侯晋卒。十二月，鲁国联合郑国讨伐宋国。丁未日，与宋国开战。

桓公在曲池与杞侯、莒子结盟。

◎ 十八年 ◎

【原文】

十有八年春，王正月，公会齐侯于泺①。公与夫人姜氏如齐。

夏四月丙子，公薨于齐。丁酉，公之丧至自齐②。

秋七月。

冬十有二月己丑，葬我君桓公。

【注解】

①泺：地名，在今山东省济宁市西北。②丧：灵柩。

【译文】

十八年春，周历正月，桓公在泺地会见齐侯。桓公与夫人姜氏一起去了齐国。

夏四月丙子，桓公死在齐国。丁酉日，桓公的灵柩由齐国运回鲁国。

秋七月，无事。

冬十二月己丑日，为桓公举行葬礼。

庄 公

◎八 年◎

【原文】

八年春，王正月，师次于郎以俟陈人、蔡人。甲午，治兵①。

夏，师及齐师围郕，郕降于齐师。

秋，师还。

冬十有一月癸未，齐无知弑其君诸儿。

【注解】

①治兵：战前训练士兵。

【译文】

八年春，周历正月，鲁军驻扎在郎地，在那里等待陈国、蔡国的军队。甲午日，战前训练士兵。

夏季，鲁军和齐军围困郕国，郕国向齐军投降。

秋季，鲁军回国。

冬季十一月癸未日，齐公子无知杀死其君主诸儿。

◎九 年◎

【原文】

九年春，齐人杀无知。公及齐大夫盟于蔇①。

夏，公伐齐，纳子纠。齐小白入于齐。

秋七月丁酉，葬齐襄公。八月庚申，及齐师战于乾时②，我师败绩。九月，齐人取子纠，杀之。

冬，浚洙。

【注解】

①蔇：地名，在今山东。②乾时：地名，在今山东博兴南。

【译文】

九年春，齐人杀死无知，庄公与齐大夫在蔇地结盟。

夏季，庄公讨伐齐国，因此送公子纠回国。齐公子小白回到齐国。

秋七月丁酉日，安葬齐襄公。八月庚申日，与齐军在乾时开战，鲁军大败。九月，齐人求取公子纠，于是鲁人把他杀死。

这年冬天，疏浚洙水。

◎十 年◎

【原文】

十年春，王正月，公败齐师于长勺①。二月，公侵宋。三月，宋人迁宿。

夏六月，齐师、宋师次于郎。公败宋师于乘丘。

秋九月，荆败蔡师于莘，以蔡侯献舞归。

冬十月，齐师灭谭，谭子奔莒。

【注解】

①长勺：地名，在今山东曲阜北。

【译文】

十年春，周历正月，庄公在长勺大败齐军。二月，庄公侵犯宋国。三月，宋国把宿地的百姓迁走。

夏六月，齐军、宋军驻扎在郎地。庄公在乘丘打败宋军。

秋九月，楚军在莘地打败蔡军，俘获蔡侯献舞回国。

冬十月，齐军灭掉谭国，谭国国君出奔到莒国。

◎十一年◎

【原文】

十有一年春，王正月。

夏五月戊寅，公败宋师于鄑①。

秋，宋大水。

冬，王姬归于齐。

【注解】

①鄑（zī）：地名，在今山东。

【译文】

十一年春，周历正月。

夏五月戊寅日，庄公在鄑地打败宋军。

秋季，宋国发生大水灾。

冬季，王姬嫁到齐国。

秋季，宋国发生大水灾。

◎十二年◎

【原文】

十有二年春，王三月，纪叔姬归于酅。

夏四月。

秋八月甲午，宋万弑其君捷，及其大夫仇牧。

冬十月，宋万出奔陈。

【译文】

十二年春，周历三月，纪叔姬投奔酅地。

夏四月，无事。

宋南宫长万杀死宋国君主捷及大夫仇牧。

秋八月甲午日，宋南宫长万杀死宋国君主捷及大夫仇牧。

冬十月，南宫长万出奔到陈国。

◎十三年◎

【原文】

十有三年春，齐侯、宋人、陈人、蔡人、邾人会于北杏①。

夏六月，齐人灭遂②。

秋七月。

冬，公会齐侯，盟于柯③。

【注解】

①北杏：地名，在今山东省东阿县。②遂：国名，在今山东省宁阳县西北。③柯：地名，在今山东阳谷西北。

【译文】

十三年春，齐、宋、陈、蔡、邾五国君主在北杏相会。

夏六月，齐人灭掉遂国。

秋七月，无事。

冬季，庄公会见齐侯，并在柯地结盟。

◎十四年◎

【原文】

十有四年春，齐人、陈人、曹人伐宋。

夏，单伯会伐宋。

秋七月，荆入蔡。

冬，单伯会齐侯、宋公、卫侯、郑伯于鄄①。

【注解】

①鄄（juàn）：地名，在今山东鄄城西北。

【译文】

十四年春，齐、陈、曹三国讨伐宋国。

这年夏天，单伯带兵与三国一起伐宋。

秋七月，楚军进入蔡国。

冬季，单伯在鄄地会见齐侯、宋公、卫侯、郑伯。

秋七月，楚军进入蔡国。

◎二十二年◎

【原文】

二十有二年春，王正月，肆大眚①。癸丑，葬我小君文姜。陈人杀其公子御寇。

夏五月。

秋七月丙申，及齐高傒盟于防。

冬，公如齐纳币[2]。

【注解】

①肆大眚（shěng）：指大赦。眚，灾难。②纳币：指订婚时向女家纳聘礼。

【译文】

二十二年春，周历正月，宣布大赦。癸丑日，为小君文姜举行葬礼。陈人杀其太子御寇。

夏季五月，无事。

秋季七月丙申日，庄公与齐国的高傒在防地订立盟约。

冬季，庄公到齐国纳聘礼。

庄公到齐国纳聘礼。

◎二十三年◎

【原文】

二十有三年春，公至自齐。祭叔来聘。

夏，公如齐观社[1]。公至自齐。荆人来聘。公及齐侯遇于谷。萧叔朝公。

秋，丹桓宫楹[2]。

冬十有一月，曹伯射姑卒。十有二月甲寅，公会齐侯盟于扈。

【注解】

①社：祭祀社神。②楹：柱子。

萧叔来鲁国朝见庄公。

【译文】

二十三年春，庄公从齐国返回。祭叔来鲁国访问。

夏季，庄公到齐国去观看祭祀社神的礼仪。庄公从齐国返回。楚人来鲁国访问。庄公与齐侯在谷地相遇。萧叔来鲁国朝见庄公。

秋季，以红漆涂饰鲁桓公的庙柱。

冬季十一月，曹伯射姑卒。十二月甲寅日，庄公在扈地与齐侯结盟。

◎二十六年◎

【原文】

二十有六年春，公伐戎。

夏，公至自伐戎。曹杀其大夫。

秋，公会宋人、齐人伐徐。

冬十有二月癸亥，朔，日有食之。

【译文】

二十六年春，庄公讨伐戎人。

庄公从讨伐戎人的战场上返回鲁国。

夏季，庄公从讨伐戎人的战场上返回鲁国。曹人杀死自己的大夫。

秋季，庄公与宋国、齐国一起讨伐徐国。

冬季十二月癸亥日，初一，有日食。

◎二十七年◎

【原文】

二十有七年春，公会杞伯姬于洮^①。

夏六月，公会齐侯、宋公、陈侯、郑伯同盟于幽。

秋，公子友如陈，葬原仲。

冬，杞伯姬来^②。莒庆来逆叔姬。杞伯来朝。公会齐侯于城濮。

【注解】

①洮：鲁地名。②来：指女子出嫁后返回娘家，探问父母安好。

【译文】

二十七年春，庄公与杞伯姬在洮地相会。

夏季六月，庄公会见齐侯、宋公、陈侯、郑伯，并在幽地结盟。

秋季，公子友前往陈国，参加陈国大夫原仲的葬礼。

冬季，杞伯姬来鲁国探亲。莒庆来鲁国迎娶叔姬。杞伯来鲁国朝见。庄公在城濮会见齐侯。

◎三十二年◎

【原文】

三十有二年春，城小谷。

夏，宋公、齐侯遇于梁丘。

秋七月癸巳，公子牙卒。八月癸亥，公薨于路寝^①。

冬十月己未，子般卒。公子庆父如齐。狄伐邢。

【注解】

①路寝：正寝。

【译文】

三十二年春，鲁国帮助齐国在小谷筑城。

夏季，宋公、齐侯在梁丘相遇。

秋季七月癸巳日，公子牙卒。八月癸亥日，庄公在正寝薨。

冬季十月己未日，子般卒。公子庆父去了齐国。狄人攻伐邢国。

宋公、齐侯在梁丘相遇。

闵 公

◎元 年◎

【原文】

元年春，王正月。齐人救邢。

夏六月辛酉，葬我君庄公。

秋八月，公及齐侯盟于落姑。季子来归。

冬，齐仲孙来。

【译文】

元年春，周历正月。齐人援救邢国。

夏季六月辛酉日，安葬鲁君庄公。

秋季八月，闵公与齐侯在落姑结盟。公子季友从陈国回到鲁国。

冬季，齐国仲孙来到鲁国。

◎二 年◎

【原文】

二年春，王正月，齐人迁阳[1]。

夏五月乙酉，吉禘于庄公[2]。

秋八月辛丑，公薨。九月，夫人姜氏孙于邾[3]。公子庆父出奔莒。

冬，齐高子来盟。十有二月，狄入卫，郑弃其师。

【注解】

①迁阳：把阳国的百姓强行迁走。②禘（dì）：古代祭祀的名称。③孙：同"逊"，出奔。

公子庆父出奔到莒国。

【译文】

二年春，周历正月，齐国把阳国的百姓强行迁走。

夏五月乙酉日，为庄公举行祭祀大典。

秋八月辛丑日，闵公薨。九月，夫人姜氏出奔到邾国。公子庆父出奔到莒国。

冬季，齐国高傒来鲁国订立盟约。十二月，狄人入侵卫国。郑国弃置其军队。

僖公

◎元　年◎

【原文】

元年春，王正月。齐师、宋师、曹师次于聂北，救邢。

夏六月，邢迁于夷仪。齐师、宋师、曹师城邢。

秋七月戊辰，夫人姜氏薨于夷，齐人以归。楚人伐郑。八月，公会齐侯、宋公、郑伯、曹伯、邾人于柽①。九月，公败邾师于偃。

冬十月壬午，公子友帅师败莒于郦，获莒挐②。十有二月丁巳，夫人氏之丧至自齐③。

【注解】

①柽：念chēng。②挐：念ná。③夫人氏：即夫人姜氏。

【译文】

元年春，周历正月。齐、宋、曹三国军队驻扎在聂北，（准备）救援邢国。

夏季六月，邢国的都城迁到夷仪。齐、宋、曹三国军队帮助邢国修筑城墙。

秋季七月戊辰日，夫人姜氏在夷地被齐人杀死，齐国将其尸体送回。楚军讨伐郑国。八月，僖公在柽地与齐侯、宋公、郑伯、曹伯、邾人相会。九月，僖公在偃地打败了邾国军队。

冬季十月壬午日，公子友率军在郦地击败莒军，并俘获莒君的弟弟挐。十二月丁巳日，夫人姜氏的灵柩由齐国运回鲁国。

◎十五年◎

【原文】

十有五年春，王正月，公如齐。楚人伐徐。三月，公会齐侯、宋公、陈侯、卫侯、郑伯、许男、曹伯盟于牡丘，遂次于匡。公孙敖帅师及诸侯之大夫救徐。

夏五月，日有食之。

秋七月，齐师、曹师伐厉。八月，螽。九月，公至自会。季姬归于鄫。己卯晦①，震夷伯之庙②。

冬，宋人伐曹。楚人败徐于娄林。十有一月壬戌，晋侯及秦伯战于韩，获晋侯。

【注解】

①晦：每月最后一天。②震：雷击。

【译文】

十五年春，周历正月，僖公前往齐国。楚军讨伐徐国。三月，僖公与齐侯、宋公、陈侯、卫侯、郑伯、许男、曹伯相会，并在牡丘结盟，继而在匡地驻扎军队。公孙敖率领鲁军与诸侯大夫救援徐国。

夏季五月，有日食。

秋季七月，齐军、曹军讨伐厉国。八月，发生虫灾。九月，僖公从牡丘之会返回鲁国。季姬回到鄫国。己卯，三十日，雷击夷伯之庙。

冬季，宋人讨伐曹国。楚军在娄林打败徐国军队。十一月壬戌日，晋侯与秦伯在韩地开战，秦国俘获晋侯。

◎二十八年◎

【原文】

二十有八年春，晋侯侵曹。晋侯伐卫。公子买戍卫，不卒戍①，刺之。楚人救卫。三月丙午，晋侯入曹，执曹伯。畀宋人②。

夏四月己巳，晋侯、齐师、宋师、秦师及楚人战于城濮，楚师败绩。楚杀其大夫得臣。卫侯出奔楚。五月癸丑，公会晋侯、齐侯、宋公、蔡侯、郑伯、卫子、莒子，盟于践土。陈侯如会。公朝于王所。六月，卫侯郑自楚复归于卫③，卫元咺出奔晋。陈侯款卒。

秋，杞伯姬来。公子遂如齐。

晋、齐、宋、秦四国军队与楚军战于城濮，楚军溃败而逃。

冬，公会晋侯、齐侯、宋公、蔡侯、郑伯、陈子、莒子、邾人、秦人于温。天王狩于河阳④。壬申，公朝于王所。晋人执卫侯，归之于京师。卫元咺自晋复归于卫。诸侯遂围许。曹伯襄复归于曹，遂会诸侯围许。

【注解】

①不卒戍：没有完成驻守的责任。②畀（bì）：给。③复归：复位。④狩：冬日田猎为狩。

【译文】

二十八年春，晋侯入侵曹国。晋侯进攻卫国。公子买戍守卫国，没能守住，鲁君杀了他。楚军

曹伯襄回到曹国，与诸侯一起围困许国。

援救卫国。三月丙午日，晋侯入侵曹国，捉住曹伯。晋国把曹国、卫国的土地分给宋人。

夏季四月己巳日，晋、齐、宋、秦四国军队与楚军战于城濮，楚军溃败而逃。楚国杀死其大夫得臣。卫侯出奔到楚国。五月癸丑日，僖公与晋侯、齐侯、宋公、蔡侯、郑伯、卫子、莒子在践土相会，并订立盟约。陈侯也到会结盟。僖公去朝见周王。六月，卫侯郑自楚国回国复位，卫元咺出奔到晋国。陈侯款卒。

秋季，杞伯姬来到鲁国。公子遂去了往齐国。

冬季，僖公与晋侯、齐侯、宋公、蔡侯、郑伯、陈子、莒子、邾人、秦人在温地相会。周王在河阳冬猎。壬申日，僖公去周王住所朝见。晋人捉住卫侯，将其押往京师。卫元咺从晋国回到卫国。诸侯于是包围许国。曹伯襄回到曹国，与诸侯一起围困许国。

◎三十二年◎

【原文】

三十有二年春，王正月。

夏四月己丑，郑伯捷卒。卫人侵狄。

秋，卫人及狄盟。

冬十有二月己卯，晋侯重耳卒。

【译文】

三十二年春，周历正月。

夏季四月己丑日，郑伯捷卒。卫人入侵狄国。

秋季，卫人与狄人结盟。

冬季十二月己卯日，晋侯重耳卒。

◎三十三年◎

【原文】

三十有三年春，王二月，秦人入滑。齐侯使国归父来聘。

夏四月辛巳，晋人及姜戎败秦师于殽。癸巳，葬晋文公。狄侵齐。公伐邾，取訾娄。

秋，公子遂帅师伐邾。晋人败狄于箕。

冬十月，公如齐。十有二月，公至自齐。乙巳，公薨于小寝①。陨霜不杀草，李、梅实。晋人、陈人、郑人伐许。

【注解】

①小寝：即燕寝，为君主休息、睡眠的宫室。

【译文】

三十三年春，周历二月，秦国入侵滑国。齐侯派国归父来鲁国访问。

夏季四月辛巳日，晋人及姜戎在殽地大败秦军。癸巳日，为晋文公举行葬礼。狄人入侵齐国。僖公攻伐邾国，夺取訾娄。

秋季，公子遂率军讨伐邾国。晋人在箕地打败狄人。

冬季十月，僖公前往齐国。十二月，僖公自齐国回国。乙巳日，僖公薨于寝室。降霜而不能杀草，李树、梅树结出果实。晋人、陈人、郑人攻伐许国。

孔子作《春秋》，乱臣贼子惧

孔子为什么做《春秋》

孟子的观点

"世衰道微，邪说暴行有作，臣弑其君者有之，子弑其父者有之。孔子惧，作《春秋》。《春秋》，天子之事也。"

孔子的本意

《史记·孔子世家》载："子曰：'弗乎弗乎，君子病没世而名不称焉。吾道不行矣，吾何以自见于后世哉？'乃因史记作《春秋》，上至隐公，下讫哀公十四年，十二公。"

孔子作《春秋》，乱臣贼子为何惧

《春秋》经孔子之手，以完全客观的方式给后人呈现历史的本来面目。在此意义上，《春秋》能够"绳当世"，其"贬损之义"，被"王者举而开之"，"天下乱臣贼子惧"成为必然。

《春秋》作为一本史书，使"乱成贼子惧"的不仅仅局限于其中记录的真实史料，更多依仗其中贯通的"正名"之义。"故有国者不可以不知《春秋》，前有谗而弗见，后有贼而不知。……故《春秋》者，礼义之大宗也。"《史记·太史公自序》

文　公

◎元　年◎

【原文】

元年春，王正月，公即位。二月癸亥，日有食之。天王使叔服来会葬。

夏四月丁巳，葬我君僖公。天王使毛伯来锡公命①。晋侯伐卫。叔孙得臣如京师。卫人伐晋。

秋，公孙敖会晋侯于戚。

冬十月丁未，楚世子商臣弑其君頵。公孙敖如齐。

【注解】

①锡：同"赐"。诸侯即位时，天子赐予爵位称为"赐命"。

【译文】

元年春，周历正月，文公即位。二月癸亥日，有日食。周王派叔服参加僖公的葬礼。

夏季四月丁巳日，为僖公举行葬礼。周王派毛伯前来赐予文公爵位。晋侯进攻卫国。鲁叔孙得臣前往京师。卫人攻伐晋国。

秋季，公孙敖在戚地与晋侯相会。

冬季十月丁未，楚国世子商臣杀死其君主頵。公孙敖去了齐国。

◎二　年◎

【原文】

二年春，王二月甲子，晋侯及秦师战于彭衙①，秦师败绩。丁丑，作僖公主。三月乙巳，及晋处父盟。

夏六月，公孙敖会宋公、陈侯、郑伯、晋士縠，盟于垂陇。

自十有二月不雨，至于秋七月。八月丁卯，大事于大庙②，跻僖公。

冬，晋人、宋人、陈人、郑人伐秦。公子遂如齐纳币。

【注解】

①彭衙：秦国邑名。②大事：这里指大祭。

【译文】

二年春，周历二月甲子，晋侯与秦军战于彭衙，秦师溃败。丁丑日，制作僖公的神主牌位。三月乙巳日，文公与晋国大夫处父结盟。

晋侯与秦军在彭衙作战。

夏季六月，公孙敖与宋公、陈侯、郑伯、晋士縠在垂陇相会，并订立盟约。

自去年十二月至今年七月，一直没有下雨。八月丁卯日，在太庙举行大祭，把僖公的神主提升到闵公之上。

冬季，晋人、宋人、陈人、郑人联合讨伐秦国。公子遂前往齐国馈送礼物以修婚姻之礼。

○三 年○

【原文】

三年春，王正月，叔孙得臣会晋人、宋人、陈人、卫人、郑人伐沈。沈溃。

夏五月，王子虎卒。秦人伐晋。

秋，楚人围江。雨螽于宋。

冬，公如晋。十有二月己巳，公及晋侯盟。晋阳处父帅师伐楚以救江。

【译文】

三年春，周历正月，鲁叔孙得臣与晋人、宋人、陈人、卫人、郑人联合讨伐沈国。沈国大败。

夏季五月，王子虎卒。秦人讨伐晋国。

秋季，楚人围困江国。宋国发生虫害。

冬季，鲁公前往晋国。十二月己巳日，文公与晋侯结盟。晋阳处父率军讨伐楚国以援救江国。

○四 年○

【原文】

四年春，文公从晋国。

夏，逆妇姜于齐。狄侵齐。

秋，楚人灭江。晋侯伐秦。卫侯使宁俞来聘。

冬十有一月壬寅，夫人风氏薨。

【译文】

四年春，文公自晋回国。

夏季,去齐国迎娶姜氏。狄人入侵齐国。

秋季，楚国灭掉江国。晋侯讨伐秦国。卫侯派宁俞来鲁国访问。

冬季十一月壬寅日，夫人风氏薨。

夏季，去齐国迎娶姜氏。

○五 年○

【原文】

五年春，王正月，王使荣叔归含且赗①。三月辛亥，葬我小君成风。王使召伯来会葬。

夏，公孙敖如晋。秦人入鄀。

秋，楚人灭六。

冬十月甲申，许男业卒。

【注解】

①归：馈赠。含：放入死者口中的珠玉。赗：助丧的车马、束帛等物。

【译文】

五年春，周历正月，周王派荣叔来鲁国馈赠含玉和助丧的车马、束帛等物。三月辛亥日，安葬小君成风。周王派召伯来鲁国参加葬礼。

夏季，公孙敖前往晋国。秦人入侵郜国。

秋季，楚人灭六。

冬季，十月甲申日，许男业卒。

周王派召伯来鲁国参加小君成风的葬礼。

◎六 年◎

【原文】

六年春，葬许僖公。

夏，季孙行父如陈。

秋，季孙行父如晋。八月乙亥，晋侯骦卒。

冬十月，公子遂如晋。葬晋襄公。晋杀其大夫阳处父。晋狐射姑出奔狄。闰月不告月①，犹朝于庙。

【注解】

①告月：即告朔。

【译文】

六年春，安葬许僖公。

夏季，季孙行父前往陈国。

秋季，季孙行父去了晋国。八月乙亥日，晋侯骦卒。

冬季十月，公子遂前往晋国。参加晋襄公的葬礼。晋人杀死其大夫阳处父。晋国大臣狐射姑出奔到狄国。闰月不行告朔之礼，仍旧保留对诸庙的祭祀。

◎七 年◎

【原文】

七年春，公伐邾。三月甲戌，取须句。遂城郚。

夏四月，宋公王臣卒。宋人杀其大夫。戊子，晋人及秦人战于令狐。晋先蔑奔秦。狄侵我西鄙。

秋八月，公会诸侯、晋大夫盟于扈。

冬，徐伐莒。公孙敖如莒莅盟。

【译文】

七年春，文公攻伐邾国。三月甲戌日，夺取须句。于是在郚地筑城。

夏季四月，宋国君主王臣卒。宋人杀其大夫。戊子日，晋人与秦人战于令狐之地。晋国大将先蔑逃到秦国。狄人入侵鲁国西部边境。

秋季八月，文公在扈地会见诸侯、晋大夫，并订立盟约。

冬季，徐国讨伐莒国。公孙敖到莒国参加盟会。

◎十四年◎

【原文】

十有四年春，王正月，公至自晋。邾人伐我南鄙，叔彭生帅师伐邾。

夏五月乙亥，齐侯潘卒。六月，公会宋公、陈侯、卫侯、郑伯、许男、曹伯、晋赵盾。癸酉，同盟于新城。

秋七月，有星孛入于北斗。公至自会。晋人纳捷菑于邾。弗克纳。九月甲申，公孙敖卒于齐。齐公子商人弑其君舍。宋子哀来奔。

冬，单伯如齐。齐人执单伯。齐人执子叔姬。

【译文】

十四年春，周历正月，文公自晋国回国。邾人进攻鲁国的南部边境，叔彭生率军讨伐邾国。

夏季五月乙亥日，齐侯潘卒。六月，文公与宋公、陈侯、卫侯、郑伯、许男、曹伯、晋卿赵盾相会。癸酉日，在新城结盟。

秋季七月，有彗星穿过北斗星所在的区域。文公自盟会返回鲁国。晋人护送邾国公子捷菑回国即位，未能为邾人接纳。九月甲申日，公孙敖卒于齐国。齐公子商人杀死其君舍。宋国君主哀投奔鲁国。

冬季，周朝卿士单伯前往齐国。齐人扣留单伯。齐人逮捕子叔姬。

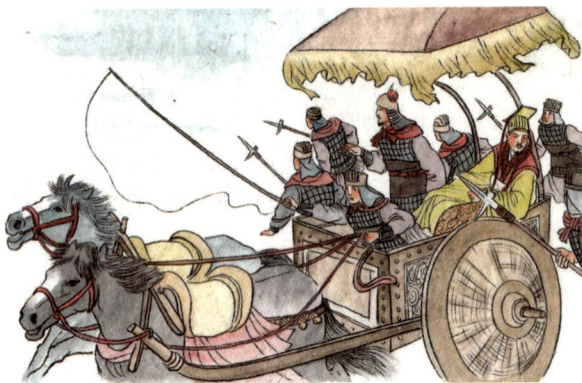

文公从晋国回国。

◎十五年◎

【原文】

十有五年春，季孙行父如晋。三月，宋司马华孙来盟。

夏，曹伯来朝。齐人归公孙敖之丧。六月辛丑朔，日有食之。鼓，用牲于社[1]。单伯至自齐。晋郤缺帅师伐蔡。戊申，入蔡。

秋，齐人侵我西鄙。季孙行父如晋。

冬十有一月，诸侯盟于扈。十有二月，齐人来归子叔姬。齐侯侵我西鄙，遂伐曹，入其郛。

【注解】

①用牲于社：用牺牲在社稷坛祭祀。

【译文】

十五年春，季孙行父前往晋国。三月，宋国司马华孙来鲁国结盟。

夏季，曹伯来鲁国朝见。齐人送回公孙敖的灵柩。六月辛丑日，初一，有日食。鲁国在社稷坛击鼓，用牺牲进行祭祀。单伯从齐国来到鲁国。晋国上卿郤缺率军讨伐蔡国。戊申日，进入蔡国。

秋季，齐人侵犯鲁国西部边境。季孙行父前往晋国。

冬季十一月，诸侯在扈地结盟。十二月，齐人送回子叔姬。齐侯侵犯鲁国西部边境，接着进攻曹国，进入其外城。

◎十七年◎

【原文】

十有七年春，晋人、卫人、陈人、郑人伐宋。

夏四月癸亥，葬我小君声姜。齐侯伐我西鄙。六月癸未，公及齐侯盟于谷。诸侯会于扈。

秋，公至自谷。

冬，公子遂如齐。

【译文】

十七年春，晋、卫、陈、郑四国讨伐宋国。

夏季四月癸亥日，安葬夫人声姜。齐侯侵犯鲁国西部边境。六月癸未日，文公与齐侯在谷地结盟。诸侯相会于扈地。

秋季，文公自谷地回国。

冬季，公子遂前往齐国。

公子遂前往齐国。

◎十八年◎

【原文】

十有八年春，王二月丁丑，公薨于台下。秦伯罃卒。

夏五月戊戌，齐人弑其君商人。六月癸酉，葬我君文公。

秋，公子遂、叔孙得臣如齐。

冬十月，子卒。夫人姜氏归于齐。季孙行父如齐。莒弑其君庶其。

【译文】

十八年春，周历二月丁丑日，文公薨于台下。秦伯罃卒。

齐人杀死其君商人。

夏季五月戊戌日，齐人杀死其君商人。六月癸酉日，为鲁文公举行葬礼。

秋季，公子遂、鲁叔孙得臣前往齐国。

冬季十月，鲁国嗣君恶卒。夫人姜氏回到齐国。季孙行父前往齐国。莒人杀死其君主庶其。

宣 公

◎元　年◎

【原文】

元年春，王正月，公即位。公子遂如齐逆女。三月，遂以夫人妇姜至自齐。

夏，季孙行父如齐。晋放其大夫胥甲父于卫①。公会齐侯于平州。公子遂如齐。六月，齐人取济西田。

秋，邾子来朝。楚子、郑人侵陈，遂侵宋。晋赵盾帅师救陈。宋公、陈侯、卫侯、曹伯会晋师棐林，伐郑。

冬，晋赵穿帅师侵崇。晋人、宋人伐郑。

【注解】

①放：放逐。

【译文】

元年春，周历正月，宣公即位。公子遂前往齐国为宣公迎娶夫人。三月，公子遂从齐国迎回夫人妇姜。

夏季，季孙行父前往齐国。晋国将其大夫胥甲父放逐到卫国。宣公在平州会见齐侯。公子遂前往齐国。六月，齐人夺取济西的田地。

秋季，邾子来鲁国朝见。楚子、郑人侵犯陈国，继而侵犯宋国。晋卿赵盾率军援救陈国。宋公、陈侯、卫侯、曹伯在棐林与晋军会合，一起讨伐郑国。

冬季，晋国大夫赵穿率军侵犯崇国。晋人、宋人讨伐郑国。

秋季，邾子来鲁国朝见。

◎二　年◎

【原文】

二年春，王二月壬子，宋华元帅师及郑公子归生帅师，战于大棘。宋师败绩，获宋华元。秦师伐晋。

夏，晋人、宋人、卫人、陈人侵郑。

秋九月乙丑，晋赵盾弑其君夷皋。

冬十月乙亥，天王崩。

【译文】

二年春，周历二月壬子，宋国华元率军与郑国公子归生的军队大战于大棘。宋军溃败，郑国俘获宋国的华元。秦军进攻晋国。

夏季，晋人、宋人、卫人、陈人侵犯郑国。

秋季九月乙丑日，晋卿赵盾杀死其君夷皋。

冬季十月乙亥日，周王驾崩。

◎三　年◎

【原文】

三年春，王正月，郊牛之口伤，改卜牛。牛死，乃不郊①。犹三望②。葬匡王。楚子伐陆浑之戎。

夏，楚人侵郑。

秋，赤狄侵齐。宋师围曹。

冬十月丙戌。郑伯兰卒。葬郑穆公。

【注解】

①郊：郊祭之礼。②三望：祭祀的礼仪。

【译文】

三年春，周历正月，郊祭用的牛嘴受伤了，因此改卜另外的牛。牛死了，因而没有举行郊祭。仍然举行三望之祭。安葬周匡王。楚子攻伐陆浑之戎。

夏季，楚人侵犯郑国。

秋季，赤狄侵犯齐国。宋军围困曹国。

冬季十月丙戌日。郑伯兰卒。安葬郑穆公。

◎四　年◎

【原文】

四年春，王正月，公及齐侯平莒及郯。莒人不肯，公伐莒，取向。秦伯稻卒。

夏六月乙酉，郑公子归生弑其君夷。赤狄侵齐。

秋，公如齐。公至自齐。

冬，楚子伐郑。

【译文】

四年春，周历正月，宣公与齐侯调解莒国与郯国之间的纷争。莒国不接受调解，宣公讨伐莒国，夺得向邑。秦伯稻卒。

夏季六月乙酉日，郑国公子归生杀死其君夷。赤狄侵犯其国。

秋季，宣公前往齐国。宣公自齐国回国。

冬季，楚子讨伐郑国。

秋季，宣公前往齐国。

◎十七年◎

【原文】

十有七年春，王正月庚子，许男锡我卒。丁未，蔡侯申卒。

夏，葬许昭公。葬蔡文公。六月癸卯，日有食之。己未，公会晋侯、卫侯、曹伯、邾子同盟于断道。

秋，公至自会。

冬十有一月壬午，公弟叔肸卒。

【译文】

十七年春，周历正月庚子日，许国的君主锡我卒。丁未日，蔡侯申卒。

夏季，安葬许昭公。安葬蔡文公。六月癸卯日，有日食。己未日，宣公在断道与晋侯、卫侯、曹伯、邾子相会，并订立盟约。

秋季，宣公自断道之会回国。

冬季十一月壬午日，宣公弟弟叔肸卒。

宣公在断道与晋侯、卫侯、曹伯、邾子相会，并订立盟约。

◎十八年◎

【原文】

十有八年春，晋侯、卫世子臧伐齐。公伐杞。

夏四月。

秋七月，邾人戕鄫①，子于鄫。甲戌，楚子旅卒。公孙归父如晋。

冬十月壬戌，公薨于路寝。归父还自晋，至笙。遂奔齐。

【注解】

①戕：杀。

【译文】

十八年春，晋侯、卫世子臧联合讨伐齐国。宣公进攻杞国。

夏季四月，无事。

秋季七月，邾人在鄫国杀死鄫国君主。甲戌日，楚子旅卒。公孙归父去了晋国。

冬季十月壬戌日，宣公薨于路寝。归父自晋国回国，到达笙地。接着奔往齐国。

晋侯、卫世子臧联合讨伐齐国。

成 公

◎元 年◎

【原文】

　　元年春，王正月，公即位。二月辛酉，葬我君宣公。无冰。三月，作丘甲。

　　夏，臧孙许及晋侯盟于赤棘。

　　秋，王师败绩于茅戎。

　　冬十月。

【译文】

　　元年春，周历正月，成公即位。二月辛酉日，为鲁宣公举行葬礼。没有结冰。三月，制定丘甲制度。

　　夏季，臧孙许与晋侯在赤棘结盟。

　　秋季，周王的军队战败于茅戎。

　　冬季十月，无事。

◎二 年◎

【原文】

　　二年春，齐侯伐我北鄙。

　　夏四月丙戌，卫孙良夫帅师及齐师战于新筑，卫师败绩。六月癸酉，季孙行父、臧孙许、叔孙侨如、公孙婴齐帅师会晋郤克、卫孙良夫、曹公子首及齐侯战于鞌，齐师败绩。

　　秋七月，齐侯使国佐如师。己酉，及国佐盟于袁娄。八月壬午，宋公鲍卒。庚寅，卫侯速卒。取汶阳田。

　　冬，楚师、郑师侵卫。十有一月，公会楚公子婴齐于蜀。丙申，公及楚人、秦人、宋人、陈人、卫人、郑人、齐人、曹人、邾人、薛人、鄫人盟于蜀。

二年春，齐侯侵犯鲁国北部边境。

【译文】

　　二年春，齐侯侵犯鲁国北部边境。

　　夏季四月丙戌日，卫国上卿孙良夫率军与齐军在新筑开战，卫军溃败。六月癸酉日，季孙行父、臧孙许、叔孙侨如、公孙婴齐率军会合晋国郤克、卫孙良夫、曹国公子首与齐侯战于鞌地，齐师大败。

　　秋季七月，齐侯派国佐前往军营。己酉日，诸侯与国佐在袁娄结盟。八月壬午日，宋公鲍卒。庚寅日，卫侯速卒。鲁军夺取汶阳之田。

冬季,楚军和郑军侵犯卫国。十一月,成公与楚公子婴齐在蜀地相会。丙申日,成公在蜀地与楚人、秦人、宋人、陈人、卫人、郑人、齐人、曹人、邾人、薛人、鄫人结盟。

◎三　年◎

【原文】

三年春,王正月,公会晋侯、宋公、卫侯、曹伯伐郑。辛亥,葬卫穆公。二月,公至自伐郑。甲子,新宫灾[1]。三日哭。乙亥,葬宋文公。

夏,公如晋。郑公子去疾帅师伐许。公至自晋。

秋,叔孙侨如帅师围棘。大雩。晋郤克、卫孙良夫伐廧咎如。

冬十有一月,晋侯使荀庚来聘。卫侯使孙良夫来聘。丙午,及荀庚盟。丁未,及孙良夫盟。郑伐许。

【注解】

①灾:火灾。

【译文】

三年春,周历正月,成公会合晋侯、宋公、卫侯、曹伯讨伐郑国。辛亥日,安葬卫穆公。二月,成公从伐郑战场返回。甲子日,宣公庙失火。成公和大臣们大哭三日。乙亥日,安葬宋文公。

夏季,成公前往晋国。郑公子去疾率军攻伐许国。成公由晋国返回。

秋季,叔孙侨如率军围困棘邑。举行盛大的祈雨仪式。晋国郤克、卫国孙良夫讨伐廧咎如。

冬季十一月,晋侯派荀庚来鲁国访问。卫侯派孙良夫来鲁国访问。丙午日,与荀庚结盟。丁未日,与孙良夫结盟。郑国讨伐许国。

◎四　年◎

【原文】

四年春,宋公使华元来聘。三月壬申,郑伯坚卒。杞伯来朝。

夏四月甲寅,臧孙许卒。公如晋,葬郑襄公。

秋,公至自晋。

冬,城郓。郑伯伐许。

【译文】

四年春,宋公派华元来鲁国访问。三月壬申日,郑伯坚卒。杞伯来鲁国朝见。

夏四月甲寅日,臧孙许卒。成公前往晋国,安葬郑襄公。

秋季,成公自晋国回国。

冬季,修筑郓地的城墙。郑伯讨伐许国。

郑伯坚去世。

五　年

【原文】

五年春，王正月，杞叔姬来归。仲孙蔑如宋。

夏，叔孙侨如会晋荀首于谷。梁山崩。

秋，大水。

冬十有一月己酉，天王崩。十有二月己丑，公会晋侯、齐侯、宋公、卫侯、郑伯、曹伯、邾子、杞伯同盟于虫牢。

【译文】

五年春，周历正月，杞叔姬被休弃，回到鲁国。仲孙蔑前往宋国。

夏季，叔孙侨如在谷地会见晋国荀首。梁山发生山崩。

秋季，发生大水灾。

冬季十一月己酉日，周王驾崩。十二月己丑日，成公会见晋侯、齐侯、宋公、卫侯、郑伯、曹伯、邾子、杞伯，在虫牢之地结盟。

六　年

【原文】

六年春，王正月，公至自会。二月辛巳，立武宫①。取鄟。卫孙良夫帅师侵宋。

夏六月，邾子来朝。公孙婴齐如晋。壬申，郑伯费卒。

秋，仲孙蔑、叔孙侨如帅师侵宋。楚公子婴齐帅师伐郑。

冬，季孙行父如晋。晋栾书帅师救郑。

楚国公子婴齐率军伐郑。

【注解】

①立武宫：为鞌之战所建的建筑，用来炫耀武功。

【译文】

六年春，周历正月，成公自虫牢之会回国。二月辛巳日，建造武宫。夺取鄟地。卫国孙良夫率军侵犯宋国。

夏季六月，邾国君主来鲁国朝见。公孙婴齐前往晋国。壬申日，郑伯费卒。

秋季，仲孙蔑、叔孙侨如率军侵入宋国。楚国公子婴齐率军伐郑。

冬季，季孙行父前往晋国。晋国正卿栾书率军援救郑国。

◎七 年◎

【原文】

七年春，王正月，鼷鼠食郊牛角，改卜牛。鼷鼠又食其角，乃免牛。吴伐郯。

夏五月，曹伯来朝。不郊，犹三望。

秋，楚公子婴齐帅师伐郑。公会晋侯、齐侯、宋公、卫侯、曹伯、莒子、邾子、杞伯救郑。八月戊辰，同盟于马陵。公至自会。吴入州来。

冬，大雩。卫孙林父出奔晋。

卫国卿大夫孙林父出奔到晋国。

【译文】

七年春，周历正月，鼷鼠咬伤用来郊祭之牛的角，所以改卜另外的牛。鼷鼠又咬伤改卜之牛的角，于是舍弃这头牛，没把它杀掉。吴国讨伐郯国。

夏季五月，曹伯来鲁国朝见。没有举行郊祭之礼，仍旧举行三望之祭的仪式。

秋季，楚国公子婴齐率军伐郑。成公会合晋侯、齐侯、宋公、卫侯、曹伯、莒子、邾子、杞伯一同援救郑国。八月戊辰日，一起在马陵结盟。成公自盟会回国。吴军进入州来。

冬季，举行盛大的祈雨仪式。卫国卿大夫孙林父出奔到晋国。

◎八 年◎

【原文】

八年春，晋侯使韩穿来言汶阳之田，归之于齐。晋栾书帅师侵蔡。公孙婴齐如莒。宋公使华元来聘。

夏，宋公使公孙寿来纳币[1]。晋杀其大夫赵同、赵括。

秋七月，天子使召伯来赐公命。

冬十月癸卯，杞叔姬卒。晋侯使士燮来聘。叔孙侨如会晋士燮、齐人、邾人伐郯。卫人来媵。

【注解】

①纳币：下聘礼。

【译文】

八年春，晋侯派韩穿来鲁国商量把汶阳之田还给齐国之事。晋国栾书率军侵犯蔡国。公孙婴齐前往莒国。宋公派华元来鲁国聘夫人。

夏季，宋公派公孙寿来鲁国下聘礼。晋人杀死其大夫赵同、赵括。

秋季七月，周王派召伯来封赐成公的爵位。

冬季十月癸卯日，杞叔姬卒。晋侯派士燮来鲁国访问。叔孙侨如会合晋国士燮、齐人、邾人讨伐郯国。卫人送女来陪嫁。

○九　年○

【原文】

九年春，王正月，杞伯来逆叔姬之丧以归。公会晋侯、齐侯、宋公、卫侯、郑伯、曹伯、莒子、杞伯，同盟于蒲。公至自会。二月，伯姬归于宋。

夏，季孙行父如宋致女①。晋人来媵。

秋七月丙子，齐侯无野卒。晋人执郑伯。晋栾书帅师伐郑。

冬十有一月，葬齐顷公。楚公子婴齐帅师伐莒。庚申，莒溃。楚人入郓。秦人、白狄伐晋。郑人围许。城中城。

【注解】

①致女：女子出嫁三个月后，母国又派大夫前往聘问，称为致女。

【译文】

九年春，周历正月，杞伯来鲁国迎回叔姬的灵柩。成公会见晋侯、齐侯、宋公、卫侯、郑伯、曹伯、莒子、杞伯，在蒲地结盟。成公自蒲地回国。二月，伯姬嫁到宋国。

夏季，季孙行父前去宋国致女。晋国送来女子为伯姬陪嫁。

秋季七月丙子日，齐侯无野卒。晋人捉住郑伯。晋国栾书率军伐郑。

冬季十一月，安葬齐顷公。楚国

楚国公子婴齐率军攻伐莒国。

公子婴齐率军攻伐莒国。庚申日，莒人溃散。楚人进入郓邑。秦人、白狄讨伐晋国。郑人围困许国。修缮都城内城。

○十　年○

【原文】

十年春，卫侯之弟黑背帅师侵郑。

夏四月，五卜郊①，不从，乃不郊。五月，公会晋侯、齐侯、宋公、卫侯、曹伯伐郑。齐人来媵。丙午，晋侯獳卒。

秋七月，公如晋。

冬十月。

【注解】

①郊：郊祭。

【译文】

十年春，卫侯的弟弟黑背率军侵犯郑国。

秋季七月，成公前往晋国。

夏季四月，五次卜郊祭，都不吉利，因此没有举行郊祭之礼。五月，成公会合晋侯、齐侯、宋公、卫侯、曹伯一起讨伐郑国。齐人送女来陪嫁。丙午日，晋侯獳卒。

秋季七月，成公前往晋国。

冬季十月，无事。

◎十六年◎

【原文】

十有六年春，王正月，雨，木冰。

夏四月辛未，滕子卒。郑公子喜帅师侵宋。六月丙寅，朔，日有食之。晋侯使栾黡来乞师。甲午晦，晋侯及楚子、郑伯战于鄢陵。楚子、郑师败绩。楚杀其大夫公子侧。

秋，公会晋侯、齐侯、卫侯、宋华元、邾人于沙随，不见公。公至自会。公会尹子、晋侯、齐国佐、邾人伐郑。曹伯归自京师。九月，晋人执季孙行父，舍之于苕丘。

冬十月乙亥，叔孙侨如出奔齐。十有二月乙丑，季孙行父及晋郤犨，盟于扈。公至自会。乙酉，刺公子偃①。

【注解】

①刺：杀。

【译文】

十六年春，周历正月，下雨，出现木冰。

夏季四月辛未日，滕国君主卒。郑国公子喜率军侵犯宋国。六月丙寅日，初一，有日食。晋侯派栾黡来鲁国请求出兵。甲午日，晋侯与楚子、郑伯战于鄢陵。楚、郑两国军队溃败。楚国杀死其大夫公子侧。

秋季，成公与晋侯、齐侯、卫侯、宋华元、邾人在沙随相会，晋侯不肯会见成公。成公自沙随之会回国。成公会合尹子、晋侯、齐国佐、邾人伐郑。曹伯自京师回国。九月，晋人逮捕季孙行父，将其囚禁在苕丘。

冬季十月乙亥日，叔孙侨如出奔到齐国。十二月乙丑日，季孙行父在扈地与晋国大夫郤犨结盟。成公自扈地之会回国。乙酉日，杀死公子偃。

夏季四月辛未日，滕国君主去世。

◎十七年◎

【原文】

十有七年春，卫北宫括帅师侵郑。

夏，公会尹子、单子、晋侯、齐侯、宋公、卫侯、曹伯、邾人伐郑。六月乙酉，同盟于柯陵。

秋，公至自会。齐高无咎出奔莒。九月辛丑，用郊①。晋侯使荀罃来乞师。

冬，公会单子、晋侯、宋公、卫侯、曹伯、齐人、邾人伐郑。十有一月，公至自伐郑。壬申，公孙婴卒于狸脤。十有二月，丁巳，朔，日有食之。邾子貜且卒。晋杀其大夫郤锜、郤犨、郤至。楚人灭舒庸。

【注解】

①用郊：行郊祭之礼。

【译文】

十七年春，卫国卿大夫北宫括率军侵犯郑国。

夏季，成公会合尹子、单子、晋侯、齐侯、宋公、卫侯、曹伯、邾人一起伐郑。六月乙酉日，在柯陵结盟。

秋季，成公自柯陵之会回国。齐国高无咎出奔到莒国。九月辛丑日，行郊祭之礼。晋侯派荀罃来鲁国请求援兵。

冬季，成公会合单子、晋侯、宋公、卫侯、曹伯、齐人、邾人一起伐郑。十一月，成公自伐郑战场回国。壬申日，公孙婴卒于狸脤。十二月丁巳日，初一，有日食。邾国君主貜且卒。晋国杀死其大夫郤锜、郤犨、郤至。楚国灭掉舒庸。

晋侯派荀罃来鲁国请求援兵。

◎ 十八年 ◎

【原文】

十有八年春，王正月，晋杀其大夫胥童。庚申，晋弑其君州蒲。齐杀其大夫国佐。公如晋。

夏，楚子、郑伯伐宋。宋鱼石复入于彭城。公至自晋。晋侯使士匄来聘。

秋，杞伯来朝。八月，邾子来朝。筑鹿囿。己丑，公薨于路寝。

冬，楚人、郑人侵宋。晋侯使士鲂来乞师。十有二月，仲孙蔑会晋侯、宋公、卫侯、邾子、齐崔杼同盟于虚朾。丁未，葬我君成公。

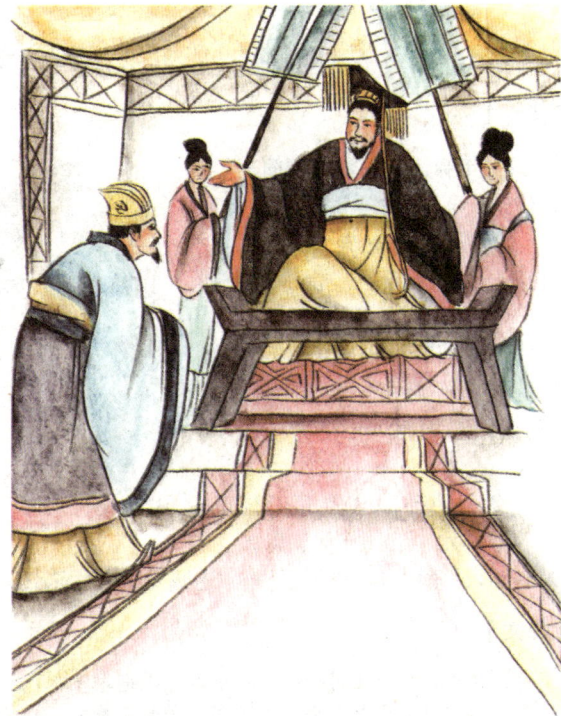

【译文】

十有八年春，周历正月，晋国杀死其大夫胥童。庚申日，晋国杀死其君主州蒲。齐国杀死其大夫国佐。成公去了晋国。

夏季，楚子、郑伯讨伐宋国。宋国鱼石侵入彭城。成公自晋回国。晋侯派士匄来鲁国访问。

秋季，杞伯来鲁国朝见。八月，邾国君主来鲁国朝见。修筑鹿囿。己丑日，成公在路寝薨。

秋季，杞伯来鲁国朝见。

冬季，楚人、郑人侵犯宋国。晋侯派士鲂来鲁国请求援兵。十二月，仲孙蔑会见晋侯、宋公、卫侯、邾子、齐崔杼，在虚朾结盟。丁未日，为成公举行葬礼。

襄 公

◎元 年◎

【原文】

元年春，王正月，公即位。仲孙蔑会晋栾黡、宋华元、卫宁殖、曹人、莒人、邾人、滕人、薛人围宋彭城。

夏，晋韩厥帅师伐郑，仲孙蔑会齐崔杼、曹人、邾人、杞人次于鄫。

秋，楚公子壬夫帅师侵宋。九月辛酉，天王崩。邾子来朝。

冬，卫侯使公孙剽来聘。晋侯使荀䓨来聘。

【译文】

元年春，周历正月，襄公即位。仲孙蔑会合晋栾黡、宋华元、卫宁殖、曹人、莒人、邾人、滕人、薛人一起围困宋国的彭城。

夏季，晋国大夫韩厥率军伐郑，仲孙蔑会合齐崔杼、曹人、邾人、杞人在鄫地驻扎军队。

秋季，楚国公子壬夫率军侵犯宋国。九月辛酉日，周王驾崩。邾国君主来鲁国朝见。

冬季，卫侯派公孙剽来鲁国访问。晋侯派荀䓨来鲁国访问。

◎二 年◎

【原文】

二年春，王正月，葬简王。郑师伐宋。

夏五月庚寅，夫人姜氏薨。六月庚辰，郑伯睔卒。晋师、宋师、卫宁殖侵郑。

秋七月，仲孙蔑会晋荀䓨、宋华元、卫孙林父、曹人、邾人于戚。己丑，葬我小君齐姜。叔孙豹如宋。

冬，仲孙蔑会晋荀䓨、齐崔杼、宋华元、卫孙林父、曹人、邾人、滕人、薛人、小邾人于戚，遂城虎牢。楚杀其大夫公子申。

周历正月，安葬简王。

【译文】

二年春，周历正月，安葬简王。郑军进攻宋国。

夏季五月庚寅日，夫人姜氏薨。六月庚辰日，郑伯睔卒。晋师、宋师、卫宁殖侵犯郑国。

秋季七月，仲孙蔑与晋荀䓨、宋华元、卫孙林父、曹人、邾人在戚地相会。己丑日，为夫人齐姜举行葬礼。叔孙豹前往宋国。

冬季，仲孙蔑与晋荀䓨、齐崔杼、宋华元、卫孙林父、曹人、邾人、滕人、薛人、小邾人在戚地相会，接着在虎牢之地筑城。楚国杀死其大夫公子申。

◎三 年◎

【原文】

三年春,楚公子婴齐帅师伐吴。公如晋。

夏四月壬戌,公及晋侯盟于长樗。公至自晋。六月,公会单子、晋侯、宋公、卫侯、郑伯、莒子、邾子、齐世子光。己未,同盟于鸡泽。陈侯使袁侨如会。戊寅,叔孙豹及诸侯之大夫及陈袁侨盟。

秋,公至自会。

冬,晋荀䓣帅师伐许。

襄公前往晋国。

【译文】

三年春,楚国公子婴齐率军进攻吴国。襄公前往晋国。

夏季四月壬戌日,襄公在长樗与晋侯结盟。襄公自晋回国。六月,襄公会见单子、晋侯、宋公、卫侯、郑伯、莒子、邾子、齐世子光。己未日,一起在鸡泽结盟。陈侯派袁侨前去参加盟会。戊寅日,叔孙豹及诸侯大夫与袁侨结盟。

秋季,襄公自鸡泽之会回国。

冬季,晋国大夫荀䓣率军攻伐许国。

◎五 年◎

【原文】

五年春,公至自晋。

夏,郑伯使公子发来聘。叔孙豹、鄫世子巫如晋。仲孙蔑、卫孙林父子会吴于善道。

秋,大雩。楚杀其大夫公子壬夫。公会晋侯、宋公、陈侯、卫侯、郑伯、曹伯、莒子、邾子、滕子、薛伯、齐世子光、吴人、鄫人于戚。公至自会。

冬,戍陈。楚公子贞帅师伐陈。公会晋侯、宋公、卫侯、郑伯、曹伯、齐世子光救陈。十有二月,公至自救陈。辛未,季孙行父卒。

【译文】

五年春,襄公自晋回国。

夏季,郑伯派公子发来鲁国访问。叔孙豹、鄫世子巫前往晋国。仲孙蔑、卫国孙林父与吴人在善道相会。

秋季,举行盛大的祈雨祭祀。楚国杀死其大夫公子壬夫。襄公在戚地会见晋侯、宋公、陈侯、卫侯、郑伯、曹伯、莒子、邾子、滕子、薛伯、齐世子光、吴人、鄫人。襄公自戚地之会回国。

冬季,出兵戍守陈国。楚国公子贞率军攻伐陈国。襄公会合晋侯、宋公、卫侯、郑伯、曹伯、齐世子光一起援救陈国。十二月,襄公从救陈的战场回国。辛未日,季孙行父卒。

◎十八年◎

【原文】

十有八年春，白狄来。

夏，晋人执卫行人石买。

秋，齐师伐我北鄙。

冬十月，公会晋侯、宋公、卫侯、郑伯、曹伯、莒子、邾子、滕子、薛伯、杞伯、小邾子同围齐。曹伯负刍卒于师。楚公子午帅师伐郑。

【译文】

十八年春，白狄的君主来鲁国访问。

夏季，晋人逮捕卫国的使臣石买。

秋季，齐军攻伐鲁国的北部边境。

冬季十月，襄公会合晋侯、宋公、卫侯、郑伯、曹伯、莒子、邾子、滕子、薛伯、杞伯、小邾子围困齐国。曹伯负刍卒于军中。楚公子午率军讨伐郑国。

◎十九年◎

【原文】

十有九年春，王正月，诸侯盟于祝柯①。晋人执邾子，公至自伐齐。取邾田，自漷水②。季孙宿如晋。葬曹成公。

夏，卫孙林父帅师伐齐。

秋七月辛卯，齐侯环卒③。晋士匄帅师侵齐④，至谷，闻齐侯卒，乃还。八月丙辰，仲孙蔑卒。齐杀其大夫高厚。郑杀其大夫公子嘉。

冬，葬齐灵公。城西郭。叔孙豹会晋士匄于柯。城武城。

春季，诸侯在祝柯结盟。

【注解】

①祝柯：地名，在今山东长清东北。②"取邾田"二句：夺取邾国之田而以漷水为界。漷水，即今南沙河，在山东省境内。③齐侯环：即齐灵公。④士匄：即范宣子，晋国大臣。

【译文】

十九年春，周历正月，诸侯在祝柯结盟。晋人逮捕邾国君主，襄公亲自率师攻打齐国。夺取邾田，以漷水为界。季孙宿前往晋国。安葬曹成公。

夏季，卫国孙林父率军伐齐。

秋季七月辛卯日，齐侯环卒。晋国士匄率军侵犯齐国，到达谷地，听说齐侯死了，便撤兵而回。八月丙辰日，仲孙蔑卒。齐国杀死其大夫高厚。郑国杀死其大夫公子嘉。

冬季，安葬齐灵公。修筑西郭的城墙。叔孙豹在柯地会见晋士匄。修筑武城。

◎二十年◎

【原文】

二十年春，王正月辛亥，仲孙速会莒人①，盟于向②。

夏六月庚申，公会晋侯、齐侯、宋公、卫侯、郑伯、曹伯、莒子、邾子、滕子、薛伯、杞伯、小邾子，盟于澶渊③。

秋，公至自会。仲孙速帅师伐邾。蔡杀其大夫公子燮④。蔡公子履出奔楚⑤。陈侯之弟黄出奔楚。叔老如齐⑥。

冬十月丙辰，朔，日有食之。季孙宿如宋。

【注解】

①仲孙速：即孟庄子，鲁宗族臣。②向：地名，在今山东莒县南。③澶渊：地名，在今河南濮阳西。④公子燮：蔡国公子，又称司马燮。⑤履：公子燮的同母弟。⑥叔老：即子叔齐子，鲁臣。

【译文】

二十年春，周历正月辛亥日，仲孙速与莒人相会，在向地结盟。

夏季六月庚申日，襄公会见晋侯、齐侯、宋公、卫侯、郑伯、曹伯、莒子、邾子、滕子、薛伯、杞伯、小邾子，并在澶渊结盟。

秋季，襄公盟会返回。仲孙速率军讨伐邾国。蔡国杀死其大夫公子燮。蔡国公子履出奔到楚国。陈侯的弟弟黄出奔到楚国。叔老前往齐国。

冬季十月丙辰日，初一，有日食。季孙宿前往宋国。

◎二十一年◎

【原文】

二十有一年春，王正月，公如晋。邾庶其以漆、闾丘来奔①。

夏，公至自晋。

秋，晋栾盈出奔楚。九月庚戌，朔，日有食之。

冬十月庚辰，朔，日有食之。曹伯来朝。公会晋侯、齐侯、宋公、卫侯、郑伯、曹伯、莒子、邾子于商任②。

【注解】

①庶其：邾大夫。漆、闾丘：邾邑名，在今山东境内。②商任：地名，在今河南安阳境内。

【译文】

二十一年春，周历正月，襄公前往晋国。邾大夫庶其带着漆、闾丘两个城邑投奔鲁国。

夏季，襄公自晋国回国。

秋季，晋国下卿栾盈出奔到楚国。九月庚戌日，初一，有日食。

冬季十月庚辰日，初一，有日食。曹伯来鲁国朝见。襄公在商任会见晋侯、齐侯、宋公、卫侯、郑伯、曹伯、莒子、邾子。

襄公自晋国回国。

春秋笔法

什么是春秋笔法

春秋笔法，是指行文不直接阐述对人物和事件的看法，却通过细节描写、修辞手法，委婉而微妙地表达作者的主观看法。

婉而成章：表达委婉而顺理成章——即通过细节描写，修辞手法，例如词汇的选取和材料的筛选，委婉而微妙地表达作者的主观看法。

微而显：用词不多而意义明显——其意义在洞悉事物的原委，揭露真相而深切著明，而顺理成章，让当事者无法逃避其应负的历史责任。

二年

二年春，齐侯伐我北鄙。

夏四月丙戌，卫孙良夫帅师及齐师战于新筑，卫师败绩。六月癸酉，季孙行父、臧孙许、叔孙侨如、公孙婴齐帅师会晋克、卫孙良夫、曹公子首及齐侯战于，齐师败绩。

秋七月，

成公

元年

元年春，王正月，公即位。二月辛酉，葬我君宣公。无冰。三月，作丘甲。夏，臧孙许及晋侯盟于赤棘。秋，王师败绩于茅戎。

尽而不污：直书事情的真实而无歪曲——通过真实的历史记录，树立对人的行为进行评判的是非原则，这种原则并非诉之于概念的空言，而是以历史人物所做的事实为依据。

志而晦：只记载史实却蕴含深意——儒家认为，不隐恶不抑善是《春秋》记事的基本态度，但蕴含于具体事实的陈述之中，所以说成是"志而晦"，以为作者之志乃随史实的曲折而见，应当用"以意逆志"的方法解读春秋笔法。

孔子修《春秋》是自古以来流行的看法。《春秋》是编年体的史记，以年为纪录的单元，记事不记言；而且记事极为简约，每年若干条，每条少则几字，多不过20余字。这种提纲或标题式的书写方法，应该是古史记事的原始方式，类于简单的大事记。

◎二十三年◎

【原文】

二十有三年春，王二月癸酉，朔，日有食之。三月己巳，杞伯匄卒。

夏，邾畀我来奔。葬杞孝公。陈杀其大夫庆虎及庆寅。陈侯之弟黄自楚归于陈。晋栾盈复入于晋，入于曲沃。

秋，齐侯伐卫，遂伐晋。八月，叔孙豹帅师救晋，次于雍榆①。己卯，仲孙速卒。

冬十月乙亥，臧孙纥出奔邾。晋人杀栾盈。齐侯袭莒。

陈侯的弟弟黄从楚国回到陈国。

【注解】

①雍榆：地名，在今河南浚县西南。

【译文】

二十三年春，周历二月癸酉日，初一，有日食。三月己巳日，杞伯匄卒。

夏季，邾畀我前来投奔。安葬杞孝公。陈国杀死其大夫庆虎和庆寅。陈侯的弟弟黄从楚国回到陈国。晋下卿栾盈又返回晋国，回到原先的封邑曲沃。

秋季，齐侯讨伐卫国，随即进攻晋国。八月，叔孙豹率军援救晋国，驻军于雍榆。己卯日，仲孙速卒。

冬季十月乙亥日，臧孙纥出奔到邾国。晋人杀死栾盈。齐侯偷袭莒国。

◎二十四年◎

【原文】

二十有四年春，叔孙豹如晋。仲孙羯帅师侵齐。

夏，楚子伐吴。

秋七月甲子，朔，日有食之，既①。齐崔杼帅师伐莒。大水。八月癸巳朔，日有食之。公会晋侯、宋公、卫侯、郑伯、曹伯、莒子、邾子、滕子、薛伯、杞伯、小邾子于夷仪②。

冬，楚子、蔡侯、陈侯、许男伐郑。公至自会。陈铖宜咎出奔楚③。叔孙豹如京师。大饥④。

楚子讨伐吴国。

【注解】

①既：尽，指日全食。②夷仪：地名，在今河北邢台西。③铖宜咎：陈国大臣。④大饥：五谷皆不收。

【译文】

二十四年春，叔孙豹前往晋国。仲孙羯率军侵犯齐国。

夏季，楚子讨伐吴国。

秋季七月甲子日，初一，有日食，为日全食。齐国崔杼率军攻伐莒国。有大水灾。八月癸巳日，初一，有日食。襄公与晋侯、宋公、卫侯、郑伯、曹伯、莒子、邾子、滕子、薛伯、杞伯、小邾子在夷仪相会。

冬季，楚子、蔡侯、陈侯、许男讨伐郑国。襄公自会盟地回国。陈国大臣铖宜咎出奔到楚国。叔孙豹前往京师。发生大饥荒。

◎二十五年◎

【原文】

二十有五年春，齐崔杼师师伐我北鄙。

夏五月乙亥，齐崔杼弑其君光①。公会晋侯、宋公、卫侯、郑伯、曹伯、莒子、邾子、滕子、薛伯、杞伯、小邾子于夷仪。六月壬子，郑公孙舍之帅师入陈②。

秋八月己巳，诸侯同盟于重丘③。公至自会。卫侯入于夷仪。楚屈建帅师灭舒鸠。

冬，郑公孙夏帅师伐陈。十有二月，吴子遏伐楚④，门于巢⑤，卒。

【注解】

①光：齐庄公。②公孙舍之：即子展。③重丘：地名，在今山东聊城东南。④吴子遏：吴王诸樊。⑤巢：楚国的边邑。

【译文】

二十五年春，齐国崔杼率军侵犯鲁国北境。

夏季五月乙亥日，崔杼杀死其君主光。襄公与晋侯、宋公、卫侯、郑伯、曹伯、莒子、邾子、滕子、薛伯、杞伯、小邾子在夷仪相会。六月壬子日，郑国公孙舍之率军进入陈国。

秋季八月己巳日，诸侯在重丘结盟。襄公自会盟地回国。卫侯进入夷仪。楚国屈建率军灭掉舒鸠国。

冬季，郑国公孙夏率军攻伐陈国。十二月，吴子遏攻伐楚国，在进攻巢邑城门的时候，卒。

◎二十六年◎

【原文】

二十有六年春，王二月辛卯，卫宁喜弑其君剽。卫孙林父入于戚以叛①。甲午，卫侯衎复归于卫。

夏，晋侯使荀吴来聘。公会晋人、郑良霄、宋人、曹人于澶渊②。

秋，宋公杀其世子痤。晋人执卫宁喜。八月壬午，许男宁卒于楚。

冬，楚子、蔡侯、陈侯伐郑。葬许灵公。

卫臣宁喜杀死其君剽。

【注解】

①戚：地名，在今河南濮阳北。②良霄：即伯有，郑国大臣。

【译文】

二十六年春，周历二月辛卯日，卫臣宁喜杀死其君剽。卫臣孙林父回到戚地发动叛乱。甲午日，卫侯衎回到卫国复位。

夏季，晋侯派荀吴来鲁国聘问。襄公与晋人、郑良霄、宋人、曹人在澶渊相会。

秋季，宋公杀死其世子痤。晋人逮捕卫国的宁喜。八月壬午日，许国君主宁卒于楚国。

冬季，楚子、蔡侯、陈侯攻伐郑国。安葬许灵公。

◎二十七年◎

【原文】

二十有七年春，齐侯使庆封来聘。

夏，叔孙豹会晋赵武、楚屈建、蔡公孙归生、卫石恶、陈孔奂、郑良霄、许人、曹人于宋。卫杀其大夫宁喜。卫侯之弟鱄出奔晋[1]。

秋七月辛巳，豹及诸大夫盟于宋。

冬十有二月乙亥，朔，日有食之。

【注解】

[1]鱄：念zhuān。

【译文】

二十七年春，齐侯派庆封来鲁国访问。

夏季，叔孙豹与晋赵武、楚屈建、蔡公孙归生、卫石恶、陈孔奂、郑良霄、许人、曹人在宋地相会。卫国杀死其大夫宁喜。卫侯之弟鱄出奔到晋国。

秋季七月辛巳日，叔孙豹与诸侯大夫在宋地结盟。

冬季十二月乙亥日，初一，有日食。

◎三十年◎

【原文】

三十年春，王正月，楚子使薳罢来聘。

夏四月，蔡世子般弑其君固。五月甲午，宋灾。宋伯姬卒。天王杀其弟佞夫。王子瑕奔晋。

秋七月，叔弓如宋，葬宋共姬[1]。郑良霄出奔许，自许入于郑，郑人杀良霄。

冬十月，葬蔡景公。晋人、齐人、宋人、卫人、郑人、曹人、莒人、邾人、滕人、薛人、杞人、小邾人会于澶渊，宋灾故。

【注解】

[1]共姬：即伯姬，鲁女，嫁给了宋共公，在一场火灾中遇难。

【译文】

三十年春，周历正月，楚子派薳罢前来访问。

夏季四月，蔡国世子般杀死蔡侯固。五月甲午日，宋国发生火灾。宋伯姬卒。周王杀死其弟佞夫。王子瑕逃到晋国。

秋季七月，叔弓去了宋国，参加宋共姬的葬礼。郑国良霄出奔到许国，从许国进入郑国，郑人杀死良霄。

冬季十月，安葬蔡景公。晋人、齐人、宋人、卫人、郑人、曹人、莒人、邾人、滕人、薛人、杞人、小邾人在澶渊相会，这是因为宋国发生火灾的缘故。

蔡国世子般杀死蔡侯固。

昭 公

◎元 年◎

【原文】

　　元年春，王正月，公即位。叔孙豹会晋赵武、楚公子围、齐国弱、宋向戌、卫齐恶、陈公子招、蔡公孙归生、郑罕虎、许人、曹人于虢①。三月，取郓②。

　　夏，秦伯之弟铖出奔晋。六月丁巳，邾子华卒。晋荀吴帅师败狄于大卤③。

　　秋，莒去疾自齐入于莒。莒展舆出奔吴。叔弓帅师疆郓田。葬邾悼公。

　　冬十有一月己酉，楚子麇卒。楚公子比出奔晋。

【注解】

①虢：指东虢，郑地，在今河南郑州。②郓：地名，在今山东沂水东北。③大卤：地名，在今山西太原西南。

【译文】

　　元年春，周历正月，昭公即位。叔孙豹与晋赵武、楚公子围、齐国弱、宋向戌、卫齐恶、陈公子招、蔡公孙归生、郑罕虎、许人、曹人在东虢相会。三月，夺取郓地。

　　夏季，秦伯之弟铖出奔到晋国。六月丁巳日，邾子华卒。晋国荀吴率军在大卤大败狄人。

　　秋季，莒国的去疾自齐国回到莒国。莒国的展舆出奔到吴国。叔弓率军划定郓国的疆界。安葬邾悼公。

　　冬季十一月己酉日，楚子麇卒。楚公子比出奔到晋国。

◎四 年◎

【原文】

　　四年春，王正月，大雨雹。

　　夏，楚子、蔡侯、陈侯、郑伯、许男、徐子、滕子、顿子、胡子、沈子、小邾子、宋世子佐、淮夷会于申。楚子执徐子。

　　秋七月，楚子、蔡侯、陈侯、许男、顿子、胡子、沈子、淮夷伐吴。执齐庆封，杀之。遂灭赖。九月，取鄫。

　　冬十有二月乙卯，叔孙豹卒。

【译文】

　　四年春，周历正月，有大雨雹。

　　夏季，楚子、蔡侯、陈侯、郑伯、许男、徐子、滕子、顿子、胡子、沈子、小邾子、宋世子佐、淮夷在申地相会。楚子逮捕徐子。

正月，鲁国有大雨雹。

秋季七月，楚子、蔡侯、陈侯、许男、顿子、胡子、沈子、淮夷讨伐吴国，逮捕齐国大夫庆封，把他杀了。于是灭掉赖国。九月，占领鄀国。

冬季十二月乙卯日，叔孙豹卒。

◎五　年◎

【原文】

五年春，王正月，舍中军。楚杀其大夫屈申。公如晋。

夏，莒牟夷以牟娄及防、兹来奔①。

秋七月，公至自晋。戊辰，叔弓帅师败莒师于蚡泉②。秦伯卒。

冬，楚子、蔡侯、陈侯、许男、顿子、沈子、徐人、越人伐吴。

【注解】

①牟娄：地名，在今山东诸城西。防：地名，在今山东安丘西南。兹：在今山东诸城北。②蚡泉：莒、鲁交界地名。

【译文】

五年春，周历正月，废除中军。楚国杀死其大夫屈申。昭公出访晋国。

夏季，莒国大臣牟夷带着牟娄、防、兹三座城邑投奔鲁国。

秋季七月，昭公自晋国回国。戊辰日，叔弓率军在蚡泉大败莒军。秦伯卒。

冬季，楚子、蔡侯、陈侯、许男、顿子、沈子、徐人、越人讨伐吴国。

◎十一年◎

【原文】

十有一年春，王二月，叔弓如宋。葬宋平公。

夏四月丁巳，楚子虔诱蔡侯般，杀之于申①。楚公子弃疾帅师围蔡。五月甲申，夫人归氏薨。大蒐于比蒲②。仲孙貜会邾子盟于祲祥③。

秋，季孙意如会晋韩起、齐国弱、宋华亥、卫北宫佗、郑罕虎、曹人、杞人于厥慭④。九月己亥，葬我小君齐归⑤。

冬，十有一月丁酉，楚师灭蔡，执蔡世子有以归，用之。

楚子虔诱骗蔡侯般。

【注解】

①申：楚邑，在今河南南阳。②比蒲：鲁国地名，所在不详。③祲祥：地名，在今山东曲阜。④厥慭：卫国地名，在今河南新乡。⑤小君：指侯嫡妻或诸侯母丧葬礼如制者。

【译文】

十一年春，周历二月，叔弓前往宋国。参加宋平公的葬礼。

夏季四月丁巳日，楚子虔诱骗蔡侯般并在申地杀了他。楚公子弃疾率军围困蔡国。五月甲申日，夫人归氏薨。在比蒲举行大规模的阅兵仪式。仲孙貜会见邾子，并在祲祥结盟。

秋季，季孙意如与晋韩起、齐国弱、宋华亥、卫北宫佗、郑罕虎、曹人、杞人在厥慭相会。九月己亥日，安葬夫人齐归。

冬季，十一月丁酉日，楚国灭掉蔡国，逮捕蔡国的世子有并把他带回楚国，用来祭祀。

◎十二年◎

【原文】

十有二年春，齐高偃帅师纳北燕伯于阳①。三月壬申，郑伯嘉卒。

夏，宋公使华定来聘。公如晋，至河乃复。五月，葬郑简公。楚杀其大夫成熊。

秋七月。

冬十月，公子憖出奔齐。楚子伐徐。晋伐鲜虞②。

【注解】

①阳：地名，在今河北文安与大城之间。②鲜虞：白狄别种，其都城在今河北正定北。

【译文】

十二年春，齐国高偃率军护送北燕伯回到阳邑。三月壬申日，郑伯嘉卒。

夏季，宋公派华定访问鲁国。昭公前往晋国，到达黄河边才返回。五月，安葬郑简公。楚国杀死其大夫成熊。

秋季七月，无事。

冬季十月，公子憖出奔到齐国。楚子讨伐许国。晋国攻伐鲜虞。

◎十三年◎

【原文】

十有三年春，叔弓帅师围费。

夏四月，楚公子比自晋归于楚，弑其君虔于乾谿。楚公子弃疾杀公子比。

秋，公会刘子、晋侯、宋公、卫侯、郑伯、曹伯、莒子、邾子、滕子、薛伯、杞伯、小邾子于平丘①。八月甲戌，同盟于平丘。公不与盟。晋人执季孙意如以归。公至自会。蔡侯庐归于蔡。陈侯吴归于陈。

冬十月，葬蔡灵公。公如晋，至河乃复。吴灭州来。

【注解】

①平丘：地名，在今河南封丘东。

【译文】

十三年春，叔弓率军围困费邑。

夏季四月，楚公子比自晋国回到楚国，在乾谿杀死自己的君主虔。楚公子弃疾杀死公子比。

秋季，昭公与刘子、晋侯、宋公、卫侯、郑伯、曹伯、莒子、邾子、滕子、薛伯、杞伯、小邾子在平丘相会。八月甲戌日，一起在平丘结盟。昭公没有参与结盟。晋人逮捕季孙意如回到晋国。昭公自平丘之会回国。蔡侯庐回到蔡国。陈侯吴回到陈国。

冬季十月，安葬蔡灵公。昭公前往晋国，到达黄河边又返回。吴国灭掉州来。

◎二十二年◎

【原文】

二十有二年春，齐侯伐莒。宋华亥、向宁、华定自宋南里出奔楚。大蒐于昌间①。

夏四月乙丑，天王崩②。六月，叔鞅如京师，葬景王。王室乱。刘子、单子以王猛居于皇③。

秋，刘子、单子以王猛入于王城。

冬十月，王子猛卒。十有二月癸酉，朔，日有食之。

【注解】

①昌间：地名，在今山东泗水。②天王：指周景王。③皇：地名，在今河南洛阳东。

【译文】

二十二年春，齐侯讨伐莒国。宋国的华亥、向宁、华定从宋国的南里逃亡到楚国。在昌间举行大的阅兵礼。

夏季四月乙丑日，周景王驾崩。六月，叔鞅前往京师，参加周景王的葬礼。周王室发生内乱。刘子、单子带着王子猛进入皇地。

秋季，刘子、单子带着王子猛进入王城。

冬季十月，王子猛卒。十二月癸酉日，初一，出现日食。

◎二十三年◎

【原文】

二十有三年春，王正月，叔孙婼如晋①。癸丑，叔鞅卒。晋人执我行人叔孙婼。晋人围郊。

夏六月，蔡侯东国卒于楚。

秋七月，莒子庚舆来奔。戊辰，吴败顿、胡、沈、蔡、陈、许之师于鸡父②。胡子髡、沈子逞灭，获陈夏齧。天王居于狄泉③。尹氏立王子朝。八月乙未，地震。

冬，公如晋，至河，有疾，乃复。

【注解】

①叔孙婼（chuò）：鲁国叔孙氏第六代宗主。②鸡父：地名，在今安徽寿县西。③狄泉：地名，在今河南洛阳城外。

【译文】

二十三年春，周历正月，叔孙婼前往晋国。癸丑日，叔鞅卒。晋人扣押了鲁国的外交官叔孙婼。晋人围困郊地。

夏季六月，蔡侯东国卒于楚国。

秋季七月，莒子庚舆逃亡至鲁国。戊辰日，吴国在鸡父打败顿国、胡国、沈国、蔡国、陈国、许国的军队，胡国君主髡、沈国君主逞战死，吴国俘获陈国的夏齧。周王居住在狄泉。尹氏立王子朝为君。八月乙未日，发生地震。

冬季，昭公访问晋国，到了黄河边，生了病，于是返回。

昭公访问晋国，到了黄河边，生了病，于是返回。

定 公

◎元　年◎

【原文】

元年春，王^①。三月，晋人执宋仲几于京师。

夏六月癸亥，公之丧至自乾侯。戊辰，公即位。

秋七月癸巳，葬我君昭公。九月，大雩。立炀宫^②。

冬十月，陨霜杀菽。

【注解】

①王：此处不写"王正月"，这是因为鲁定公于六月即位。②炀宫：炀公庙。炀公为鲁国的先君，伯禽之子。

【译文】

元年春，周历。三月，晋人在京师逮捕了宋国的仲几。

夏季六月癸亥日，昭公的丧车从乾侯回到鲁国。戊辰日，定公即位。

秋季七月癸巳日，为鲁昭公举行葬礼。九月，举行盛大的祈雨祭祀。修建炀公庙。

冬季十月，天降严霜害死很多豆类作物。

◎二　年◎

【原文】

二年春，王正月。

夏五月壬辰，雉门及两观灾^①。

秋，楚人伐吴。

冬十月，新作雉门及两观。

【注解】

①雉门：诸侯之宫的南门。

【译文】

二年春，周历正月。

夏季五月壬辰日，雉门及两观发生火灾。

秋季，楚人讨伐吴国。

冬季十月，重建雉门及两观。

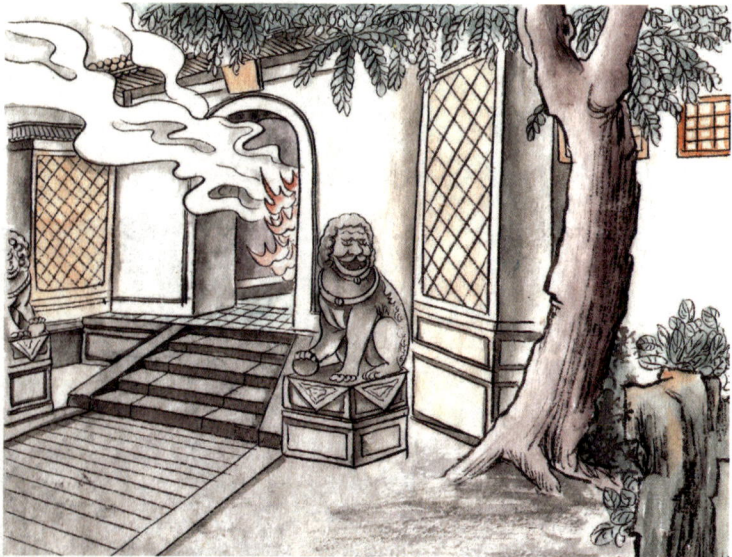

雉门及两观发生火灾。

◎三 年◎

【原文】

三年春，王正月，公如晋，至河乃复。二月辛卯，邾子穿卒。

夏四月。

秋，葬邾庄公。

冬，仲孙何忌及邾子盟于拔①。

【注解】

①拔：地名，具体位置不详。

【译文】

三年春，周历正月，定公去了晋国，到了黄河边，又返回鲁国。二月辛卯日，邾子穿卒。

夏季四月，无事。

秋季，安葬邾庄公。

冬季，仲孙何忌与邾子在拔地结盟。

◎四 年◎

【原文】

四年春，王二月癸巳，陈侯吴卒。三月，公会刘子、晋侯、宋公、蔡侯、卫侯、陈子、郑伯、许男、曹伯、莒子、邾子、顿子、胡子、滕子、薛伯、杞伯、小邾子、齐国夏于召陵①，侵楚。

夏四月庚辰，蔡公孙姓帅师灭沈，以沈子嘉归，杀之。五月，公及诸侯盟于皋鼬②。杞伯成卒于会。六月，葬陈惠公。许迁于容城③。

秋七月，公至自会。刘卷卒。葬杞悼公。楚人围蔡。晋士鞅、卫孔圉帅师伐鲜虞。葬刘文公。

冬十有一月庚午，蔡侯以吴子及楚人战于柏举④，楚师败绩。楚囊瓦出奔郑。庚辰，吴入郢。

【注解】

①召陵：地名，在今河南郾城南。②皋鼬：地名，在今河南临颍南。③容城：地名，在今河南鲁山南。④柏举：地名，在今湖北麻城。

【译文】

四年春，周历二月癸巳日，陈侯吴卒。三月，定公在召陵与刘子、晋侯、宋公、蔡侯、卫侯、陈子、郑伯、许男、曹伯、莒子、邾子、顿子、胡子、滕子、薛伯、杞伯、小邾子、齐国夏相会，并侵犯楚国。

夏季四月庚辰日，蔡国的公孙姓率军灭了沈国，把沈国君主嘉带回蔡国，杀了他。五月，定公与诸侯在皋鼬结盟。杞伯成在盟会期间卒。六月，安葬陈惠公。许国迁都到容城。

秋季七月，定公自会盟地回国。刘卷卒。安葬杞悼公。楚人围困蔡国。晋国的士鞅、卫国的孔圉率军讨伐鲜虞。安葬刘文公。

冬季十一月庚午日，蔡侯联合吴子在柏举与楚军开战，楚军溃败。楚国的囊瓦逃至郑国。庚辰日，吴军进入楚国郢都。

◎八　年◎

【原文】

　　八年春，王正月，公侵齐。公至自侵齐。二月，公侵齐。三月，公至自侵齐。曹伯露卒。

　　夏，齐国夏帅师伐我西鄙。公会晋师于瓦^①。公至自瓦。

　　秋，七月戊辰，陈侯柳卒。晋士鞅帅师侵郑，遂侵卫。葬曹靖公。九月，葬陈怀公。季孙斯、仲孙何忌帅师侵卫。

　　冬，卫侯、郑伯盟于曲濮^②。从祀先公。盗窃宝玉、大弓。

【注解】

①瓦：地名，在今河南滑县南。②曲濮：卫国地名，具体位置不详。

【译文】

　　八年春，周历正月，定公侵犯齐国。定公自侵齐的前线回国。二月，定公侵犯齐国。三月，定公从侵齐的前线返回鲁国。曹国君主露卒。

　　夏季，齐国的国夏率军进攻鲁国的西部边境。定公在瓦地与晋师相会。定公从瓦地回国。

　　秋季七月戊辰日，陈侯柳卒。晋国的士鞅率军侵犯郑国，接着侵犯卫国。安葬曹靖公。九月，安葬陈怀公。季孙斯、仲孙何忌率军入侵卫国。

　　冬季，卫侯、郑伯在曲濮结盟。使先公祭祀的次序得以顺畅。阳虎偷走了宝玉和大弓。

◎十　年◎

【原文】

　　十年春，王三月，乃齐平。

　　夏，公会齐侯于夹谷^①。公至自夹谷。晋赵鞅帅师围卫。齐人来归郓、谨、龟阴田^②。叔孙州仇、仲孙何忌帅师围郈^③。

　　秋，叔孙州仇、仲孙何忌帅师围郈。宋乐大心出奔曹。宋公子地出奔陈。

　　冬，齐侯、卫侯、郑游速会于安甫^④。叔孙州仇如齐。宋公之弟辰暨仲佗、石彄出奔陈^⑤。

【注解】

①夹谷：地名，在今山东莱芜。②龟阴：地名，在今山东新泰西。③郈（hòu）：地名，在今山东东平东南。④安甫：地名，具体位置不详。⑤石彄（kōu）：宋共公的孙子。

【译文】

　　十年春，周历三月，与齐国议和。

　　夏季，定公在夹谷会见齐侯。定公自夹谷回国。晋国赵鞅率军围困卫国。齐人还给鲁国郓、谨、龟阴三地。叔孙州仇、仲孙何忌率军围困郈邑。

　　秋季，叔孙州仇、仲孙何忌率军围困郈邑。宋国的乐大心逃往曹国。宋国的公子地逃往陈国。

　　冬季，齐侯、卫侯、郑游速在安甫相会。叔孙州仇前往齐国。宋公的弟弟辰暨仲佗、石彄逃往陈国。

◎十一年◎

【原文】

十有一年春，宋公之弟辰及仲佗、石彄、公子地自陈入于萧以叛①。

夏四月。

秋，宋乐大心自曹入于萧。

冬，及郑平。叔还如郑莅盟。

【注解】

①萧：地名，在今安徽萧县西北。

【译文】

十一年春，宋公的弟弟辰及仲佗、石彄、公子地从陈国进入萧邑以叛宋。

夏季四月，无事。

秋季，宋国的乐大心从曹国进入萧邑。

冬季，与郑国议和。叔还前往郑国参加盟会。

宋国的乐大心从曹国进入萧邑。

◎十二年◎

【原文】

十有二年春，薛伯定卒。

夏，葬薛襄公。叔孙州仇帅师堕郈。卫公孟彄帅师伐曹。季孙斯、仲孙何忌帅师堕费①。

秋，大雩。

冬，十月癸亥，公会齐侯盟于黄②。十有一月丙寅，朔，日有食之。公至自黄。十有二月，公围成。公至自围成。

【注解】

①堕：毁坏。②黄：地名，在今山东淄川北。

【译文】

十二年春，薛伯定卒。

夏季，安葬薛襄公。叔孙州仇率军毁坏郈邑的城墙。卫国的公孟彄率军讨伐曹国。季孙斯、仲孙何忌率军毁坏费邑的城墙。

秋季，举行盛大的祈雨祭祀。

冬季，十月癸亥日，定公会见齐侯并在黄地结盟。十一月丙寅日，初一，有日食。定公从黄地返回鲁国。十二月，定公包围成地。定公自成地回国。

◎十三年◎

【原文】

十有三年春，齐侯、卫侯次于垂葭①。

夏，筑蛇渊囿②。大蒐于比蒲③。卫公孟彄帅师伐曹。

秋，晋赵鞅入于晋阳以叛④。

冬，晋荀寅、士吉射入于朝歌以叛⑤。晋赵鞅归于晋。薛弑其君比。

【注解】

①垂葭：地名，在今山东巨野西南。②蛇渊囿：地名，在今山东肥城南，汶河北岸。③比蒲：鲁国地名，具体位置不详。④晋阳：地名，在今山西太原西南。⑤朝歌：地名，在今河南淇县。

【译文】

十三年春，齐侯、卫侯驻扎在垂葭。

夏天，修筑蛇渊囿。在比蒲举行阅兵仪式。卫国的公孟彄率军讨伐曹国。

秋季，晋国的赵鞅进入晋阳据以反叛。

冬季，晋国的荀寅、士吉射进入朝歌据以反叛。晋国的赵鞅回国。薛国人杀死了自己的君主比。

◎十四年◎

【原文】

十有四年春，卫公叔戌来奔。卫赵阳出奔宋。二月辛巳，楚公子结、陈公孙佗人帅师灭顿①，以顿子牂归。

夏，卫北宫结来奔。五月，于越败吴于檇李②。吴子光卒。公会齐侯、卫侯于牵③。公至自会。

秋，齐侯、宋公会于洮④。天王使石尚来归脤⑤。卫世子蒯聩出奔宋。卫公孟彄出奔郑。宋公之弟辰自萧来奔。大蒐于比蒲。邾子来会公。城莒父及霄⑥。

卫国的赵阳逃到宋国。

【注解】

①顿：国名，在今河南项城南。②檇李：地名，在今浙江嘉兴南。③牵：地名，在今河南浚县北。④洮：地名，在今山东鄄城西南。⑤归："馈"。脤：祭祀之肉，用脤器盛起来，以赏赐同姓诸侯。⑥莒父：地名，在今山东莒县境内。霄：地名，亦在今山东莒县境内。

【译文】

十四年春，卫国的公叔戌逃至鲁国。卫国的赵阳逃到宋国。二月辛巳日，楚国的公子结、陈国的公孙佗人率军灭了顿国，俘获顿国君主牂而归。

夏季，卫国的北宫结逃到鲁国。五月，越国在檇李大败吴军。吴子光卒。定公在牵地会见齐侯、卫侯。定公从会盟地返回鲁国。

秋季，齐侯、宋公在洮地相会。周天子派石尚来鲁国馈赠祭祀之肉。卫国的世子蒯聩逃到宋国。卫国的公孟彄逃到郑国。宋公的弟弟辰自萧逃往鲁国。在比蒲举行盛大的阅兵仪式。邾子来会见定公。在莒父和霄地筑城。

○十五年○

【原文】

十有五年春，王正月，邾子来朝。鼷鼠食郊牛 ①，牛死，改卜牛。二月辛丑，楚子灭胡，以胡子豹归。

夏五月辛亥，郊。壬申，公薨于高寝。郑罕达帅师伐宋。齐侯、卫侯次于渠蒢 ②。邾子来奔丧。

秋七月壬申，姒氏卒。八月庚辰，朔，日有食之。九月，滕子来会葬。丁巳，葬我君定公，雨，不克葬。戊午，日下昃 ③，乃克葬。辛巳，葬定姒。

冬，城漆 ④。

【注解】

①鼷鼠：鼠类的一种。②渠蒢（chú）：地名，具体位置不详。③昃：日西斜。④漆：地名，在今山东邹城北。

【译文】

十五年春，周历正月，邾子来鲁国朝见。鼷鼠咬伤郊祭之牛，这头牛死了，改卜郊祭之牛。二月辛丑日，楚子灭了胡国，俘获胡国君主豹带回楚国。

夏季五月辛亥日，举行郊祭。壬申日，定公薨于高寝。郑国的罕达率军攻伐宋国。齐侯、卫侯驻扎在渠蒢。邾子来奔丧。

秋季七月壬申日，姒氏卒。八月庚辰日，初一，出现日食。九月，滕子来参加葬礼。丁巳日，安葬鲁定公，赶上下雨，不能下葬。戊午日，午后才能下葬。辛巳日，安葬定姒。

冬季，修筑漆城。

郑国的罕达率军攻伐宋国。

哀 公

◎元 年◎

【原文】

元年春，王正月，公即位。楚子、陈侯、随侯、许男围蔡。鼷鼠食郊牛，改卜牛。

夏四月辛巳，郊。

秋，齐侯、卫侯伐晋。

冬，仲孙何忌帅师伐邾。

【译文】

元年春，周历正月，哀公即位。楚子、陈侯、随侯、许男包围蔡国。鼷鼠咬伤郊祭之牛，改卜其他的牛代替。

夏季四月辛巳日，举行郊祀之礼。

秋季，齐侯、卫侯讨伐晋国。

冬季，仲孙何忌率军讨伐邾国。

仲孙何忌率军讨伐邾国。

◎二 年◎

【原文】

二年春，王二月，季孙斯、叔孙州仇、仲孙何忌帅师伐邾，取漷东田及沂西田①。癸巳，叔孙州仇、仲孙何忌及邾子盟于句绎②。

滕子来鲁国朝见。

夏四月丙子，卫侯元卒。滕子来朝。晋赵鞅帅师纳卫世子蒯聩于戚③。

秋八月甲戌，晋赵鞅帅师及郑罕达帅师战于铁④，郑师败绩。

冬十月，葬卫灵公。十有一月，蔡迁于州来⑤。蔡杀其大夫公子驷。

【注解】

①漷东：漷水之东。漷，即今南沙河。沂西：沂水之西。沂，即西沂河，源出山东邹城，入于泗水。②句绎：地名，在今山东邹城东南。③戚：地名，在今河南濮阳北。④铁：地名，在今河南濮阳西北。⑤州来：地名，在今安徽凤台。

【译文】

　　二年春，周历二月，季孙斯、叔孙州仇、仲孙何忌率军讨伐邾国，攻取漷水以东的土地及沂水以西的土地。癸巳日，叔孙州仇、仲孙何忌与邾国君主在句绎结盟。

　　夏季四月丙子日，卫侯元卒。滕子来鲁国朝见。晋国的赵鞅率军护送卫国世子蒯聩进入戚邑。

　　秋季八月甲戌日，晋国的赵鞅率军与郑国罕达的军队战于铁地，郑军溃败。

　　冬季十月，安葬卫灵公。十一月，蔡国迁到州来。蔡国人杀死自己的大夫公子驷。

◎三　年◎

【原文】

　　三年春，齐国夏、卫石曼姑帅师围戚。

　　夏四月甲午，地震。五月辛卯，桓宫、僖宫灾。季孙斯、叔孙州仇帅师城启阳①。宋乐髡帅师伐曹。

　　秋七月丙子，季孙斯卒。蔡人放其大夫公孙猎于吴。

　　冬十月癸卯，秦伯卒。叔孙州仇、仲孙何忌帅师围邾。

【注解】

①启阳：地名，在今山东临沂。

【译文】

　　三年春，齐国的国夏、卫国的石曼姑率军围困戚邑。

蔡国放逐自己的大夫公孙猎去了吴国。

　　夏季四月甲午日，发生地震。五月辛卯日，桓公庙、僖公庙发生火灾。季孙斯、叔孙州仇率军在启阳筑城。宋国的乐髡率军讨伐曹国。

　　秋季七月丙子日，季孙斯卒。蔡国放逐自己的大夫公孙猎去了吴国。

　　冬季十月癸卯日，秦伯卒。叔孙州仇、仲孙何忌率军包围邾国。

◎四　年◎

【原文】

　　四年春，王二月庚戌，盗杀蔡侯申。蔡公孙辰出奔吴。葬秦惠公。宋人执小邾子。

　　夏，蔡杀其大夫公孙姓、公孙霍。晋人执戎蛮子赤归于楚。城西郛。六月辛丑，亳社灾。

　　秋八月甲寅，滕子结卒。

　　冬十有二月，葬蔡昭公。葬滕顷公。

【译文】

　　四年春，周历二月庚戌日，强盗杀死蔡侯申。蔡国的公孙辰逃到吴国。安葬秦惠公。宋人逮捕了小邾子。

夏季，蔡国人杀死自己的大夫公孙姓、公孙霍。晋国人捉住了戎蛮的君主赤，把他押往楚国。修缮都城西面的外城。六月辛丑日，亳社发生火灾。

秋季八月甲寅日，滕国的君主结卒。

冬季十二月，安葬蔡昭公。安葬滕顷公。

◎五　年◎

【原文】

五年春，城毗①。

夏，齐侯伐宋。晋赵鞅帅师伐卫。

秋九月癸酉，齐侯杵臼卒。

冬，叔还如齐。闰月，葬齐景公。

【注解】

①毗：地名，具体位置不详。

【译文】

五年春，在毗地筑城。

夏季，齐侯讨伐宋国。晋国的赵鞅率军讨伐卫国。

秋季九月癸酉日，齐侯杵臼卒。

冬季，叔还前往齐国。闰月，安葬齐景公。

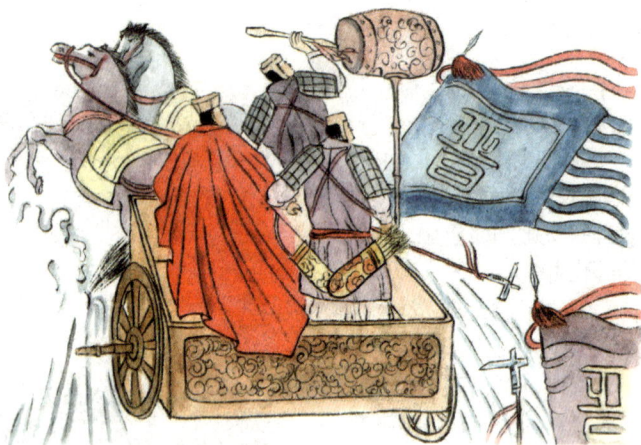

晋国的赵鞅率军讨伐卫国。

◎六　年◎

【原文】

六年春，城邾瑕①。晋赵鞅帅师伐鲜虞。吴伐陈。

夏，齐国夏及高张来奔。叔还会吴于柤②。

秋七月庚寅，楚子轸卒。齐阳生入于齐。齐陈乞弑其君荼。

冬，仲孙何忌帅师伐邾。宋向巢帅师伐曹。

【注解】

①邾瑕：地名，在今山东济宁南。②柤：地名，在今江苏邳州市北。

【译文】

六年春，在邾瑕筑城。晋国的赵鞅率军讨伐鲜虞。吴国攻伐陈国。

夏季，齐国的国夏及高张逃到鲁国。叔还在柤地会见吴人。

秋季七月庚寅日，楚君轸卒。齐国的阳生回到齐国。齐国的陈乞杀死自己的君主荼。

冬季，仲孙何忌率军攻伐邾国。宋国的向巢率军讨伐曹国。

◎七　年◎

【原文】

七年春，宋皇瑗帅师侵郑。晋魏曼多帅师侵卫。

夏，公会吴于鄫①。

秋，公伐邾。八月己酉，入邾，以邾子益来。宋人围曹。

冬，郑驷弘帅师救曹。

【注解】

①鄫：地名，在今山东枣庄东。

【译文】

七年春，宋国的皇瑗率军侵犯郑国。晋国的魏曼多率军入侵卫国。

夏季，哀公在鄫地会见吴人。

秋季，哀公讨伐邾国。八月己酉日，进入邾国，俘获邾国君主益，将其带回鲁国。宋人包围曹国。

冬季，郑国的驷弘率军援救曹国。

◎八　年◎

【原文】

八年春，王正月，宋公入曹，以曹伯阳归。吴伐我。

夏，齐人取谨及阐①。归邾子益于邾。

秋七月。

冬十有二月癸亥，杞伯过卒。齐人归谨及阐。

【注解】

①谨：地名，在今山东宁阳北。阐：地名，亦在今山东宁阳北。

【译文】

吴国讨伐鲁国。

八年春，周历正月，宋公进入曹国，俘获曹伯阳返回宋国。吴国讨伐鲁国。

夏季，齐人取得谨地和阐地。把邾君益送回邾国。

秋季七月，无事。

冬季十二月癸亥日，杞伯过卒。齐人归还谨地和阐地。

◎九　年◎

【原文】

九年春，王二月，葬杞僖公。宋皇瑗帅师取郑师于雍丘①。

夏，楚人伐陈。

秋，宋公伐郑。

冬十月。

【注解】

①雍丘：地名，在今河南杞县。

【译文】

　　九年春，周历二月，安葬杞僖公。宋国的皇瑗率军在雍丘包围并打败郑军。

　　夏季，楚人讨伐陈国。

　　秋季，宋公讨伐郑国。

　　冬季十月，无事。

宋国的皇瑗率军在雍丘包围并打败郑军。

◎十　年◎

【原文】

　　十年春，王二月，邾子益来奔。公会吴伐齐。三月戊戌，齐侯阳生卒。

　　夏，宋人伐郑。晋赵鞅帅师侵齐。五月，公至自伐齐。葬齐悼公。卫公孟彄自齐归于卫。薛伯夷卒。

　　秋，葬薛惠公。

　　冬，楚公子结帅师伐陈。吴救陈。

【译文】

　　十年春，周历二月，邾君益逃到鲁国。哀公会合吴国讨伐齐国。三月戊戌日，齐侯阳生卒。

邾君益逃到鲁国。

　　夏季，宋人讨伐郑国。晋国赵鞅率军侵犯齐国。五月，哀公自伐齐前线回国。安葬齐悼公。卫国的公孟彄从齐国回到卫国。薛伯夷卒。

　　秋季，安葬薛惠公。

　　冬季，楚公子结率军攻伐陈国。吴国援救陈国。

◎十一年◎

【原文】

　　十一年春，齐国书帅师伐我。

　　夏，陈辕颇出奔郑。五月，公会吴伐齐。甲戌，齐国书帅师及吴战于艾陵①，齐师败绩，获齐国书。

　　秋七月辛酉，滕子虞母卒。

　　冬十有一月，葬滕隐公。卫世叔齐出奔宋。

【注解】

①艾陵：地名，在今山东莱芜。

【译文】

十一年春，齐国的国书率军攻伐鲁国。

夏季，陈国的辕颇逃往郑国。五月，哀公联合吴国进攻齐国。甲戌日，齐国的国书率军与吴军战于艾陵，齐军大败，吴军俘虏了国书。

秋季七月辛酉日，滕君虞母卒。

冬季十一月，安葬滕隐公。卫国的世叔齐逃往宋国。

卫国的世叔齐逃往宋国。

◎十二年◎

【原文】

十有二年春，用田赋。

夏五月甲辰，孟子卒。公会吴于橐皋①。

秋，公会卫侯、宋皇瑗于郧②。宋向巢帅师伐郑。

冬十二月，螽。

【注解】

①橐皋：地名，在今安徽巢县西。②郧：地名，在今山东莒县南。

【译文】

哀公在郧地会见卫侯和宋国的皇瑗。

十二年春，实行田赋制度。

夏季五月甲辰日，孟子卒。哀公在橐皋与吴人会面。

秋季，哀公在郧地会见卫侯和宋国的皇瑗。宋国的向巢率军讨伐郑国。

冬季十二月，发生蝗灾。

◎十三年◎

【原文】

十有三年春，郑罕达帅师取宋师于嵒。

夏，许男成卒。公会晋侯及吴子于黄池①。楚公子申帅师伐陈。于越入吴。

秋，公至自会。晋魏曼多帅师侵卫。葬许元公。九月，螽。

冬十有一月，有星孛于东方②。盗杀陈夏区夫。十有二月，螽。

【注解】

①黄池：地名，在今河南封丘南。②孛：指彗星。

【译文】

十三年春，郑国的罕达率军在嵒地歼灭宋军。

夏季，许君成卒。哀公在黄池会见晋侯及吴子。楚国的公子申率军讨伐陈国。越军攻入吴国。

秋季，哀公从会盟地回国。晋国的魏曼多率军入侵卫国。安葬许元公。九月，发生蝗灾。

冬季十一月，有彗星在东方出现。强盗杀死陈国的夏区夫。十二月，发生蝗灾。

◎十四年◎

【原文】

十有四年春，西狩获麟①。小邾射以句绎来奔②。

夏四月，齐陈恒执其君，置于舒州③。庚戌，叔还卒。五月庚申，朔，日有食之。陈宗竖出奔楚。宋向魋入于曹以叛。莒子狂卒。六月，宋向魋自曹出奔卫。宋向巢来奔。齐人弑其君壬于舒州。

秋，晋赵鞅帅师伐卫。八月辛丑，仲孙何忌卒。

冬，陈宗竖自楚复入于陈，陈人杀之。陈辕买出奔楚。有星孛。饥。

晋国的赵鞅率师讨伐卫国。

【注解】

①麟：麒麟，传说中的一种瑞兽。

②句绎：在今山东邹县东南。

③舒州：在今河北大城。

【译文】

十四年春天，在西部狩猎，获得麒麟。小邾射带着句绎逃亡到鲁国。

夏天四月，齐国的陈恒拘留他的君主，安置在舒州。庚戌日，叔还卒。五月庚申朔日，有日食现象发生。陈国的宗竖逃亡到楚国。宋

陈辕买出奔楚。

国的向魋进入曹而据以叛宋，莒君狂卒。六月，宋国的向魋从曹逃亡到卫国。宋国的向巢逃亡到鲁国。齐人在舒州杀掉了自己的国君壬。

秋天，晋国的赵鞅率师讨伐卫国。八月辛丑日，仲孙何忌卒。

冬天，陈国的宗竖从楚国再次回到陈，陈人把他杀了。陈国的辕买出逃到楚国。有彗星出现。发生饥荒。

第九卷 · 礼记

礼记

我们中华民族有着五千年灿烂的文化传统，其文化核心之一就是"礼"，而"三礼"：《仪礼》《礼记》和《周礼》集中表述了"礼"的思想。

"三礼"是指《仪礼》《礼记》和《周礼》这三部儒家经典。

"礼"本来是指祭祀鬼神时的一种仪式，后来引申指社会上一切礼仪。

"礼"，就是身体力行，是一种脚踏实地的实践活动。

《礼记》是这样解释"礼"的："夫礼者，所以定亲疏，决嫌疑，别同异，明是非。"（《礼记·曲礼》）这是说"礼"可以区别人们不同的地位、作为是非的标准。也就是说，人在社会上要找到自己合适的坐标。《礼记》还说："礼节民心"，"礼者，天地之序也"，"中正无邪，礼之质也。庄敬恭顺，礼之制也。过制则乱，胜质则伪"。（《礼记·乐记》）"礼"是节，节就是掌握一定的度，凡事过了度肯定不好。"礼"既要防止破坏秩序的祸乱，也要防止流于形式的虚伪。人都是有欲望的，欲望的需求是没有止境的。人的欲望，既是社会发展的动力，如果失去节制，也是巨大的破坏力量。

中华自古就是"礼仪之邦"。"礼"是中国古代传统文化的主题内容，也是中国古代儒家思想的核心价值观念。"礼"是中国古代社会生活的规范、制度和思想观念。

《礼记》

作者 戴圣

《礼记》是中国古代一部重要的典章制度书籍。该书是西汉礼学家戴德和他的侄子戴圣编订。戴德选编的八十五篇本叫《大戴礼记》，在后来的流传过程中若断若续，到唐代只剩下了三十九篇。戴圣选编的四十九篇本叫《小戴礼记》，即我们今天见到的《礼记》。这两种书各有侧重和特色。东汉末年，著名学者郑玄为《小戴礼记》作了出色的注解，后来这个本子盛行不衰，并由解说经文的著作逐渐成为经典，到唐代被列为"九经"之一，到宋代被列入"十三经"之中，为士者必读之书。

时代 西汉

《礼记》成书于汉宣帝时期。汉宣帝长期在民间生活，深知民间疾苦，他在位时期，勤俭治国，整肃吏治，政治清明，社会经济繁荣。为了巩固统治，宣帝进一步确定儒家地位，召集著名儒生在未央宫讲论五经，并组织学者进一步整理研究儒家著述。继汉武帝"罢黜百家，独尊儒术"之后，儒家学说在宣帝时期得到了进一步的阐释和发扬。

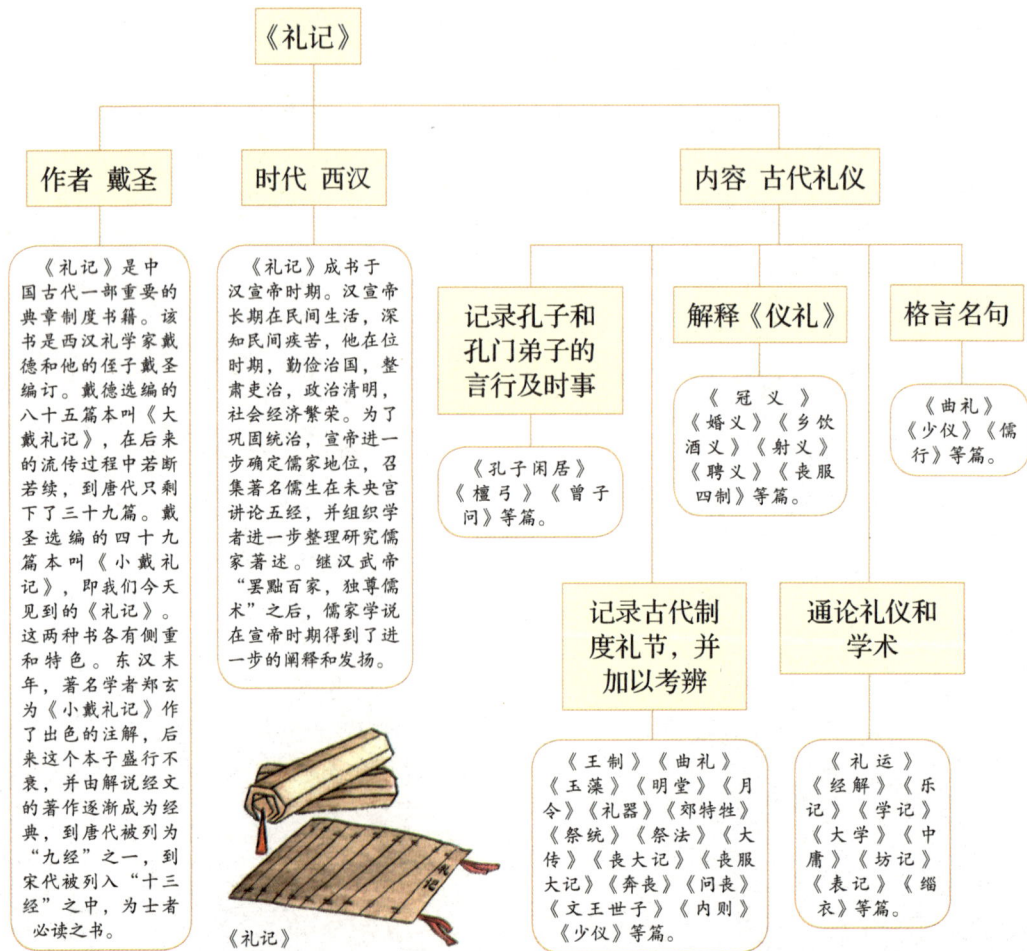

《礼记》

内容 古代礼仪

记录孔子和孔门弟子的言行及时事

《孔子闲居》《檀弓》《曾子问》等篇。

解释《仪礼》

《冠义》《婚义》《乡饮酒义》《射义》《聘义》《丧服四制》等篇。

格言名句

《曲礼》《少仪》《儒行》等篇。

记录古代制度礼节，并加以考辨

《王制》《曲礼》《玉藻》《明堂》《月令》《礼器》《郊特牲》《祭统》《祭法》《大传》《丧大记》《丧服大记》《奔丧》《问丧》《文王世子》《内则》《少仪》等篇。

通论礼仪和学术

《礼运》《经解》《乐记》《学记》《大学》《中庸》《坊记》《表记》《缁衣》等篇。

《周礼》

　　《周礼》，是一部记述国家王室制度的书，通过对300多种职官掌管的具体事物的记述，阐明了社会制度的思想。

　　《周礼》共6篇，每篇一官，配以天、地、春、夏、秋、冬四时，分述周代六官的职守。它的内容是：

　　（1）天官：冢宰，掌邦治。

　　（2）地官：司徒，掌邦教。

　　（3）春官：宗伯，掌邦礼。

　　（4）夏官：司马，掌邦政。

　　（5）秋官：司寇，掌邦刑。

　　（6）冬官：司空，掌邦事。

《周礼》

《周礼》的出现

　　汉武帝时民间的一位姓李的人，从山岩屋壁中发现了古《周礼》，呈现给了河间献王，全书只缺少《冬官》一篇，于是悬赏千金，向民间征求，没有得到，只好取《考工记》补进去。河间献王将这部《周礼》献给了汉武帝，藏于秘府。

《仪礼》

　　《仪礼》17篇，先秦儒家所传授的六经《诗》《书》《礼》《乐》《易》《春秋》中的《礼》就是指《仪礼》。

　　《仪礼》是有关祭天、祀祖、区分尊卑上下、维护社会等级制度的礼节和行为规范。《仪礼》的内容有冠、昏、丧、祭、乡、射、朝、聘八种，是记载古代宗教仪式和风俗习惯的礼仪之书，也是研究古代社会生活和文化的必读书。这在春秋以前，是"士"以上的贵族们必须学会的礼仪。

《仪礼》

　　我们简单介绍一下《仪礼》的内容：

　　《士冠礼》第一：古时候，男子20岁就算成年人了，要加冠，加冠时要举行冠礼，这是成年礼，加冠命字。

　　《士昏礼》第二：士以上的贵族娶妻成婚的礼仪。昏（婚）礼有六项内容，所以也叫六礼：纳采、问名、纳吉、纳徵、请期、亲迎。

　　《士相见礼》第三：是士初次相见的礼仪。

　　《乡饮酒礼》第四：记载乡（古代基层行政组织）定期举行酒会的仪式。

　　《乡射礼》第五：记载乡（古代基层行政组织）定期举行射箭比赛大会的礼仪。

冠礼

　　《燕礼》第六：讲述诸侯与其大臣举行的宴饮之礼。宴会上有歌舞表演。

　　《大射礼》第七：是讲君王主持射箭比赛的礼仪。

　　《聘礼》第八：这是国君派遣使节到其他诸侯国进行友好访问的礼节。

燕礼

《公食大夫礼》第九：这是讲国君举行宴会招待外国使节的礼仪。

《谨礼》第十：记述诸侯朝见天子的礼节。

《丧服》第十一：讲的是古代人们根据亲疏关系为去世的亲属穿不同丧服、服不同丧期的礼仪制度。

《士丧礼》第十二、《既夕礼》第十三：这两篇讲的是士死后的丧葬过程和礼仪。

《士虞礼》第十四：讲述士埋葬父母后回家为父母举行的安魂礼仪。

《特牲馈食礼》第十五：士定期在家庙中以豕（猪）祭祖的礼仪。

《少老馈食礼》第十六、《有司彻》第十七：这两篇讲述诸侯的卿大夫定期在家庙中用少牢祭祖的礼仪（用羊和猪两牲为祭品称为"少牢"）。

士相见礼

士丧礼

《礼记》

《礼记》49篇，共约9万字。内容主要是记述先秦的礼仪制度，阐释《仪礼》，记录孔子与弟子的言论等。

《礼记》流传到现在的有38篇《大戴礼记》和49篇《小戴礼记》，我们现在说的《礼记》就是《小戴礼记》。

《礼记》中的《礼运》篇讲述了大同社会的政治原理，康有为著的《大同书》其理论渊源就在这里。孙中山先生曾亲笔书写《礼运》篇，三民主义也从《礼记》中吸取了合理成分。我们现在讲的"小康社会"，其概念也源于此。

《小戴礼记》

《礼记》中的《学记》讲的是教育原理。《礼记》中的《大学》讲的是"修身、齐家、治国、平天下"一套完整的社会政治原理。《礼记》中的《中庸》讲的是宇宙观和人生哲学。《大学》《中庸》两篇被宋代的朱熹从《礼记》中抽出来，与《论语》《孟子》合编为"四书"。

"三礼"及"大、小戴礼记"比较

书名	周礼	仪礼	礼记	
			大戴礼记	小戴礼记
作者	相传为周公所作	古文家认为是周公，今文家认为是孔子	秦汉儒者（孔子弟子及其后辈）	
选编			戴德	戴圣
篇数	6篇	古文亡佚，今存17篇	85篇，今存40	49篇
内容	记述周代官制和社会规范	记载礼仪规范	解释仪礼，含哲理、政治，并及礼乐器物、生活礼节	

中国的礼乐文化

孔子说："绘事后素"，画画要有素净的底子。一切的"礼"，都是以真实、质朴为基础的。真挚的"礼"是对人的尊重。由于有了"礼"，人们互相尊重，有尊重才可能有爱，大家才能和谐相处。

礼乐文化是古人将"礼教"与"乐教"并提而形成的教化体系，它们的本义，是以礼、乐为教，来教化民众。

远古时代，人与禽兽为伍，不知礼仪。《礼记·曲礼》中说，为了让人们懂得"自别于禽兽"，有圣人起来"为礼以教人，使人以有礼"。"为礼以教人"，就是创制了礼来教人。礼使人自觉地区别于禽兽，走向了文明。而圣人的历史功绩正是在于"为礼"和"教人"。

礼，履也。所以事神致福也。（《说文解字》）

上古圣王治理民众的方针，以及后世圣贤教化民众的方法，都可以最终归纳为一个"礼"字。圣王治世的目标，是建立大同世界。圣贤教民，是要让百姓懂得礼、遵守礼。

司马迁在《史记·滑稽列传》里面引孔子的话说："六艺于治一也，《礼》以节人，《乐》以发和。"这句话高度概括了中国礼乐文化的性质和作用。《论语·学而》提出"礼之用，和为贵"的社会和谐思想，这在今天具有普世的价值。

礼者，所以定国家、安社稷、存人民、利后嗣者也。（《左传》）

我们知道，周公制礼是以民众为治国重心的，他曾说："人无于水鉴，当于民鉴。"这种以人为鉴的思想（鉴就是镜子，用以检验自己的）对后世产生了深远的影响，唐太宗就注意以人为鉴开创了贞观盛世。周公制礼标志着中国在西周时代就有了"人本主义"思想，走出了神话时代。

礼乐教化的"乐"是指人的心声，表达的是人的感情。按照儒家的说法，自然界的各种声响（包括动物叫声）都是属于

《礼》以节人，《乐》以发和。

"声"，而人创造的乐曲则称为"音"，人能欣赏音乐，超越了天籁之声，这是人与动物的区别之一。《礼记·乐记》"禽兽知声而不知音"。而这些"音"当中能够提升人的道德，有益于人的身心健康，就称为"乐"，所以说"德音之谓乐"，这就是礼乐的"乐"。

礼乐文化的本质是尊重人，其教化作用是让社会和谐，让人快乐而有节制，有益于人的身心健康。

孔子是周代礼乐文化的继承者和倡导者。

曲礼上第一

【原文】

曲礼曰：

毋不敬，俨若思，安定辞①。安民哉！

傲不可长，欲不可从，志不可满，乐不可极。

贤者狎而敬之，畏而爱之。爱而知其恶，憎而知其善。积而能散。安安而能迁②。临财毋苟得，临难毋苟免。很③，毋求胜；分，毋求多。疑事毋质，直而勿有。

若夫，坐如尸④，立如齐⑤，礼从宜，使从俗。

夫礼者，所以定亲疏，决嫌疑，别同异，明是非也。礼不妄说人，不辞费。礼不逾节，不侵侮，不好狎。修身践言，谓之善行。行修言道，礼之质也。礼闻取于人，不闻取人。礼闻来学，不闻往教。

道德仁义，非礼不成。教训正俗，非礼不备。分争辨讼，非礼不决。君臣、上下、父子、兄弟，非礼不定。宦学事师，非礼不亲。班朝治军⑥，莅官行法，非礼威严不行。祷祠、祭祀、供给鬼神，非礼不诚不庄。是以君子恭敬撙节⑦，退让以明礼。鹦鹉能言，不离飞鸟；猩猩能言，不离禽兽。今人而无礼，虽能言，不亦禽兽之心乎？夫唯禽兽无礼，故父子聚麀⑧。是故圣人作，为礼以教人，使人以有礼，知自别于禽兽。

傲不可长

太上贵德⑨，其次务施报⑩。礼尚往来：往而不来，非礼也；来而不往，亦非礼也。人有礼则安，无礼则危，故曰"礼者不可不学"也。夫礼者，自卑而尊人。虽负贩者，必有尊也，而况富贵乎？富贵而知好礼，则不骄不淫。贫贱而知好礼，则志不慑。

人生十年曰幼，学；二十曰弱，冠；三十曰壮，有室；四十曰强，而仕；五十曰艾，服官政；六十曰耆，指使；七十曰老，而传重⑪；八十、九十曰耄；七年曰悼。悼与耄虽有罪，不加刑焉。百年曰期，颐。

欲不可从

大夫七十而致事，若不得谢，则必赐之几杖；行役以妇人，适四方，乘安车。自称曰"老夫"，于其国则称名。越国而问焉，必告之以其制。

谋于长者，必操几杖以从之。长者问，不辞让而对，非礼也。

凡为人子之礼，冬温而夏凊，昏定而晨省。在丑夷不争⑫。

夫为人子者，三赐不及车马⑬，故州闾乡党称其孝也，兄弟亲戚称其慈也，僚友称其弟也，执友称其仁也，交游称其信也。见父之执⑭，不谓之进，不敢进；不谓之退，不敢退；不问，不敢对。此孝子之行也。

志不可满

夫为人子者，出必告，反必面；所游必有常，所习必有业；恒言不称老。年长以倍，则父事之。十年以长，则兄事之。五年以长，则肩随之⑮。群居五人，则长者必异席。

为人子者，居不主奥⑯，坐不中席，行不中道，立不中门；食飨不为概⑰，祭祀不为尸；听于无声，视于无形；不登高，不临深；不苟訾，不苟笑。

乐不可极

人一生中各个年龄阶段的称谓及如何从于长者

人七岁称为"悼"。

人长到十岁称为"幼"，开始学习。

二十岁称为"弱"，要举行冠礼。

三十岁称为"壮"，娶妻成家。

四十岁称为"强"，可以外出做官。

五十岁称为"艾"，可以独当一面处理政事。

六十岁称为"耆"，可以指导使唤他人。

七十岁称为"老"，应该传重于子孙了。

八十岁、九十岁的老人称为"耄"。

"耄"和"悼"即使犯有罪过，也不施加刑罚。

百岁老人称为"期"，应当颐养天年了。

七十岁的老人可以自称为"老夫"。大夫七十岁就可以致仕退休了，如果不得辞官，（君王）应当赐给他几和杖。

后辈到长者那儿去商议事情，一定要附带几、杖随从他。长者问话，不先谦让就回答，是不符合礼的。随从长者登上丘陵，一定要朝长者所看的方向观望。

　　孝子不服暗，不登危，惧辱亲也。父母存，不许友以死；不有私财。

　　为人子者，父母存，冠衣不纯素[18]。孤子当室[19]，冠衣不纯采。

　　幼子常视毋诳[20]，童子不衣裘裳。立必正方，不倾听。长者与之提携，则两手奉长者之手。负剑辟咡诏之[21]，则掩口而对。

　　从于先生，不越路而与人言。遭先生于道，趋而进，正立拱手。先生与之言，则对；不与之言，则趋而退。

　　从长者而上丘陵，则必乡长者所视。

做儿子的礼仪

儿子应照顾好父母的日常生活起居，应使父母在冬天里感到温暖，在夏天里感到凉爽。

晚上替父母铺床安枕，早晨向他们请安问好。

做儿子的，虽官至三命但不敢接受君王的车马之赐。

见到父亲的挚友，不叫上前就不上前，不让退后便不退后，不问话就不敢随便答话。

外出必须告知父母。

回家必须当面禀告。出游必须有固定的地方。

学习必须有一定的专业。

起居饮食祭祀不居于主位。

要善于揣摩父母的心思，让父母心情愉悦。

孝子不潜伏于暗处，不登临危险之地，害怕（因出危险而）辱没父母的名声。

不随便嬉戏笑闹。父母在世，不可对朋友以死相许，也不积蓄私房钱。

做儿子的，父母在世，衣帽不镶白边；父母去世，孤子主持家事，衣帽不镶彩边。

登城不指。城上不呼。将适舍，求毋固。将上堂，声必扬。户外有二屦㉒，言闻则入，言不闻则不入。将入户，视必下。入户奉扃㉓，视瞻毋回。户开亦开，户阖亦阖。有后入者，阖而勿遂。毋践屦，毋踏席㉔，抠衣趋隅㉕。必慎唯诺。

大夫、士出入君门，由闱右㉖，不践阈㉗。

凡与客入者，每门让于客。客至于寝门，则主人请入为席，然后出迎客；客固辞，主人肃客而入；主人入门而右，客入门而左；主人就东阶，客就西阶，客若降等，则就主人之阶；主人固辞，然后客复就西阶。主人与客让登，主人先登；客从之。拾级聚足，连步以上。上于东阶，则先右足；上于西阶，则先左足。

帷薄之外不趋㉘，堂上不趋，执玉不趋。堂上接武㉙，堂下布武㉚。室中不翔㉛。并坐不横肱。授立不跪，授坐不立。

凡为长者粪之礼㉜，必加帚于箕上，以袂拘而退㉝。其尘不及长者，以箕自乡而扱之㉞。

奉席如桥衡㉟，请席何向，请衽何趾。席南向北向，以西方为上；东向西向，以南方为上。

若非饮食之客，则布席，席间函丈㊱。主人跪正席。客跪，抚席而辞。客彻重席，主人固辞。客践席，乃坐。主人不问，客不先举。将即席，容毋怍。两手抠衣，去齐尺㊲。衣毋拨，足毋蹶。

先生书策、琴瑟在前，坐而迁之，戒勿越。虚坐尽后，食坐尽前。坐必安，执尔颜。长者不及，毋儳言。正尔容，听必恭。毋剿说，毋雷同。必则古昔，称先王。侍坐于先生，先生问焉，终则对。请业则起，请益则起。父召，无"诺"。先生召，无"诺"。"唯"而起。侍坐于所尊，敬毋余席。见同等不起。烛至，起。食至，起。上客，起。烛不见跋㊳。尊客之前不叱狗。让食不唾。

侍坐于君子，君子欠伸、撰杖屦、视日蚤莫㊴，侍坐者请出矣。侍坐于君子，君子问更端，则起而对。侍坐于君子，若有告者曰"少间，愿有复也"，则左右屏而待。毋侧听，毋噭应㊵，毋淫视，毋怠荒。游毋倨，立毋跛，坐毋箕，寝毋伏。敛发毋髢㊶，冠毋免。劳毋袒，暑毋褰裳。

侍坐之礼

如果请来的不是饮酒吃饭的客人，为他布席时应当宽敞一些，席与席之间大约应有一丈间隔。

主人跪下为客人整理席位时，客人应当跪下用手按席表示辞谢。

客人要撤掉垫在上面的席子时，主人要再三请他不要撤去。

客人登席，主人才就坐。

主人不发问，客人不抢先说话。

将要入席时，脸色不要有变化，要用双手提起衣裳，使衣裳的下摆离地面一尺左右。

饮酒吃饭就尽量往前坐。

坐有坐相，一定要安稳，表情要保持自然。

父亲和老师召唤自己，一定要声应身从，马上站起立即行动。

向老师请教学业要起立，请老师重复一遍也要起立。

长者没有提及的话题，不要妄言。要端正你的仪容。

先生发问，要等他把话问完再回答。

如果在自己尊敬的人面前陪坐，要坐在席端距离他最近的地方，不使中间有空席。

侍坐于君子，要保持仪容端正，不要侧耳偷听，不要粗声大气地喊叫，不要左顾右盼，不要无精打采。

在君子身旁陪坐，如果君子打呵欠、伸懒腰，摆弄拐杖、鞋子，观看天色早晚，陪坐的人就应该请求告退了。

在长辈身旁陪坐，不能穿着鞋着上堂，也不能在堂前台阶上脱鞋。穿鞋时，要跪着拿起鞋子，退避到一旁再穿。

见两个人坐在一起，或两个人站在一起，不要侧身插入他们中间。

男女不同坐一块儿。

　　侍坐于长者，屦不上于堂，解屦不敢当阶。就屦，跪而举之，屏于侧。乡长者而屦，跪而迁屦，俯而纳屦。

　　离坐离立[42]，毋往参焉。离立者不出中间。男女不杂坐，不同椸枷[43]，不同巾栉，不亲授。嫂叔不通问，诸母不漱裳[44]。外言不入梱[45]，内言不出梱。

　　女子许嫁，缨。非有大故，不入其门。姑、姊、妹、女子子已嫁而反，兄弟弗与同席而坐，弗与同器而食。父子不同席。男女非有行媒，不相知名。非受币，不交不亲。故日月以告君，斋戒以告鬼神，为酒食以召乡党僚友，以厚其别也。取妻不取同姓，故买妾不知其姓，则卜之。寡妇之子，非有见焉，弗与为友。

贺取妻者曰："某子使某，闻子有客，使某羞[46]。"贫者不以货财为礼，老者不以筋力为礼。

名子者不以国，不以日月，不以隐疾，不以山川。

男女异长。男子二十，冠而字。父前子名，君前臣名。女子许嫁，笄而字[47]。

凡进食之礼：左肴右胾[48]；食居人之左，羹居人之右；脍炙处外，醯酱处内，葱渫处末[49]，酒浆处右；以脯修置者，左朐右末[50]。客若降等，执食兴辞；主人兴辞于客，然后客座。主人延客祭。祭食，祭所先进。肴之序，遍祭之。三饭，主人延客食胾，然后辩肴。主人未辩，客不虚口[51]。

侍食于长者，主人亲馈，则拜而食；主人不亲馈，则不拜而食。

共食不饱，共饭不泽手[52]。

毋抟饭。毋放饭。毋流歠[53]。毋咤食。毋啮骨。毋反鱼肉。毋投与狗骨。毋固获。毋扬饭。饭黍毋以箸。毋嚃羹[54]。毋絮羹[55]。毋刺齿。毋歠醢[56]。客絮羹，主人辞不能亨。客歠醢，主人辞以窭[57]。濡肉齿决，乾肉不齿决。毋嘬炙[58]。卒食，客自前跪，彻饭齐[59]，以授相者。主人兴辞于客，然后客坐。

侍饮于长者，酒进则起，拜受于尊所，长者辞，少者反席而饮。长者举未釂[60]，少者不敢饮。

长者赐，少者贱者不敢辞。赐果于君前，其有核者，怀其核。御食于君，君赐余，器之溉者不写[61]，其余皆写。

馂馀不祭[62]，父不祭子，夫不祭妻。

御同于长者，虽贰不辞。偶坐不辞。

羹之有菜者用梜[63]，其无菜者不用梜。

男女成人、交媾之礼

给儿子取名，不用国名，不同日月之名，不用身体上的暗疾为名，不用山川为名。

男子到了二十岁，就要举行成人礼。

女子许嫁之后，才行成人礼，并为她取字。

女子一旦订婚，就要系上五色彩缥。除非有大的变故，就不要进她的屋门。

男女之间没有媒妁做媒，不互通姓名。没有接受男方的聘礼，双方不交际往来。

一旦选定了男女婚期，就要把吉日登记上报，并沐浴斋戒而后祭告家庙中的鬼神，然后大摆宴席遍请乡亲朋友。

为天子削瓜者副之，巾以绤[64]。为国君者华之，巾以绤[65]。为大夫累之[66]，士疐之[67]，庶人龁之。

父母有疾，冠者不栉，行不翔，言不惰，琴瑟不御，食肉不至变味，饮酒不至变貌，笑不至矧[68]，怒不至詈。疾止复故。

有忧者，侧席而坐；有丧者，专席而坐。

水潦降，不献鱼鳖。献鸟者佛其首[69]，畜鸟者则勿佛也。献车马者执策绥。献甲者执胄，献杖者执末，献民虏者操右袂，献粟者执右契，献米者操量鼓，献孰食者操酱齐，献田宅者操书致。

凡遗人弓者：张弓尚筋，弛弓尚角；右手执箫，左手承弣[70]；尊卑垂帨[71]。若主人拜，则客还辟，辟拜。主人自受，由客之左，接下承弣，乡与客并。然后受。进剑者左首。进戈者前其镈[72]，后其刃。进矛戟者前其镦[73]。

进几杖者拂之。效马效羊者右牵之，效犬者左牵之。执禽者左首，饰羔雁者以缋。受珠玉者以掬。受弓剑者以袂。饮玉爵者弗挥。凡以弓、剑、苞、苴、箪、笥问人者，操以受命，如使之容。

凡为君使者，已受命，君言不宿于家。君言至，则主人出拜君言之辱；使者归，则必拜送于门外。若使人于君所，则必朝服而命之；使者反，则必下堂而受命。

博闻强识而让，敦善行而不怠，谓之君子。君子不尽人之欢，不竭人之忠，以全交也。

礼曰：君子抱孙不抱子。此言孙可以为王父尸，子不可以为父尸。为君尸者，大夫、士见之，则下之。君知所以为尸者，则自下之；尸必式[74]。乘必以几。

斋者不乐不吊。

居丧之礼：毁瘠不形，视听不衰，升降不由阼阶，出入不当门隧。居丧之礼：头有创则沐，身有疡则浴；有疾则饮酒食肉，疾止复初。不胜丧，乃比于不慈不孝。五十不致毁，六十不毁，七十唯衰麻在身[75]，饮酒食肉处于内。

生与来日，死与往日。

知生者吊。知死者伤。知生而不知死，吊而不伤。知死而不知生，伤而不吊。

吊丧弗能赙[76]，不问其所费。问疾弗能遗，不问其所欲。见人弗能馆，不问其所舍。赐人者不曰"来取"，与人者不问其所欲。

适墓不登垄，助葬必执绋[77]。临丧不笑。揖人必违其位。望柩不歌。入临不翔。当食不叹。邻有丧，舂不相；里有殡，不巷歌。适墓不歌，哭日不歌。送丧不由径，送葬不辟涂潦。临丧则必有哀色，执绋不笑，临乐不叹，介胄则有不可犯之色。故君子戒慎，不失色于人。

国君抚式，大夫下之。大夫抚式，士下之。

礼不下庶人，刑不上大夫。刑人不在君侧。

兵车不式，武车绥旌，德车结旌。

史载笔，士载言。前有水，则载青旌。前有尘埃，则载鸣鸢。前有车骑，则载飞鸿。前有士师，则载虎皮。前有挚兽，则载

凡献弓给人的，张了弦的弓要使弓弦朝上。

凡作为国君使者出使的，一旦接受了命令就必须立即出发，不得带着君命在家过夜。

博闻强记而能够谦让，广多善事而不懈怠，可称之为君子。君子不要求别人无尽地喜欢自己，也不要求别人全力为自己尽忠，以使交情得以完美地保持下去。

貔貅。行，前朱鸟而后玄武，左青龙而右白虎；招摇在上[78]，急缮其怒[79]；进退有度，左右有局，各司其局。

父之仇，弗与共戴天。兄弟之仇，不反兵。交游之仇，不同国。

四郊多垒，此卿、大夫之辱也。地广大，荒而不治，此亦士之辱也。

临祭不惰。祭服敝则焚之，祭器敝则埋之，龟策敝则埋之，牲死则埋之。凡祭于公者，必自彻其俎。

卒哭乃讳[80]。礼不讳嫌名，二名不遍讳。逮事父母，则讳王父母。不逮事父母，则不讳王父母。君所无私讳，大夫之所有公讳。《诗》《书》不讳。临文不讳。庙中不讳。夫人之讳，虽质君之前，臣不讳也。

父之仇，弗与共戴天。

妇讳不出门。大功、小功不讳。入竟而问禁，入国而问俗，入门而问讳。

外事以刚日，内事以柔日。凡卜筮日，旬之外曰"远某日"，旬之内曰"近某日"。丧事先远日，吉事先近日。曰："为日，假尔泰龟有常[81]，假尔泰筮有常。"卜筮不过三。卜筮不相袭。

龟为卜，策为筮。卜筮者，先圣王之所以使民信时日，敬鬼神，畏法令也；所以使民决嫌疑，定犹与也。故曰："疑而筮之，则弗非也。日而行事，则必践之。"

君车将驾，则仆执策立于马前。已驾，仆展轮[82]。效驾，奋衣由右上，取贰绥；跪乘，执策分辔，驱之五步而立。君出就车，则仆并辔授，左右攘辟。车驱而驺，至于大门，君抚仆之手，而顾命车右就车[83]。门闾、沟渠必步。凡仆人之礼，必授人绥。若仆者降等，则受，不然则否。若仆者降等，则抚仆之手；不然，则自下拘之。

客车不入大门。妇人不立乘。犬马不上于堂。

居丧之礼

守丧之礼：虽因哀伤而身体羸瘦，但不可形销骨立，也不可以损坏视力和听力。

上、下堂不走阼阶，进、出门不走正中的甬道。

头上长了疮才能洗头，身上发痒了才可洗澡。

活人（为死人的服丧期）从人死的第二天算起。

孝子禁不住哀伤而伤害了身体，就要等同于不慈不孝。

病了才能饮酒吃肉，病愈后还要恢复原样。

卜筮之礼

在宗庙外举行典礼要选在单日，在宗庙内举行典礼要选在双日。

凡需要用卜筮决定举行典礼的日子，十天以外的称为"远某日"，十天以内的称为"近某日"。

卜筮时要说"选择吉日，借助你这从无差错的大龟来占卜"，或说"借助你这从无差错的大蓍草来占筮"。

卜、筮都不得超过三次。占卜、占筮也不可互相重复使用。

用龟甲叫作占卜，用蓍草叫占筮。

有怀疑就问卜，问了卜就不会再犹豫不定；办事情择吉日，择定了日子就一定要履行。

故君子式黄发，下卿位，入国不驰，入里必式。

君命召，虽贱人，大夫、士必自御之。

介者不拜，为其拜而蓌拜[84]。

祥车旷左[85]。乘君之乘车，不敢旷左；左必式。

仆御妇人，则进左手，后右手。御国君，则进右手，后左手而俯。国君不乘奇车。

车上不广欬，不妄指。立视五巂[86]，式视马尾，顾不过毂。国中以策彗恤勿驱[87]，尘不出轨。

国君下齐牛，式宗庙。大夫、士下公门，式路马。乘路马，必朝服，载鞭策，不敢授绥，左必式。步路马，必中道。以足蹙路马刍[88]，有诛。齿路马，有诛。

【注解】

①定：指说话语气要确切。②安安：安于所习惯的环境或事物。③很：指争讼。④尸：用一活人扮作父祖的形象以代父祖受祭，此人即称为尸。⑤齐：通"斋"。⑥班：正位次。⑦撙（zǔn）：自我抑损。⑧麀（yōu）：母鹿，在此泛指雌兽。⑨太上：指帝皇之世，即传说中的三皇五帝时代。⑩其次：指后王。⑪传重：父亲把宗庙土的地位传给嫡长子，就叫传重。⑫丑夷：丑，众也；夷，侪也。指同辈、平辈。⑬三赐：指三命之赐。⑭父之执：父亲的朋友。⑮肩随：并行而差退。⑯奥：屋中西南角，尊长居住。⑰概：量米麦时刮平斗斛的器具。⑱纯（zhǔn）：古代衣裳、鞋帽的镶边。⑲孤子：二十九岁以下而无父称为孤子。⑳视：通"示"，示意。㉑负剑辟咡诏之：剑，挟小儿于胁下如带剑也。辟，倾也。咡（èr），口旁也。㉒屦（jù）：古代的一种单底鞋。㉓扃（jiǒng）：上门的横杠或门闩。㉔跽（jì）：跪踏。㉕抠：提。㉖阒（niè）：古代大门正中所竖的短木。㉗阈（yù）：门槛。㉘帷薄：帷，指布幔。薄，指帘子。㉙接武：武，足迹。接武，指足迹相接。㉚布武：每移足，各自成迹，不相接连。㉛翔：指甩开手臂。㉜粪：除污秽。㉝拘：遮蔽。㉞扱：即收取垃圾。㉟桥衡：桥，措井上打水的桔槔衡，指桔槔上起杠杆作用的横本杆。㊱函丈：三席当为一丈，广三尺三寸三分，谓函丈。㊲齐（zī）：衣裳的下边。㊳跋：本也，指火把

乘驭之礼

国君的车将要套马出行，驾车的仆人要手持马鞭站在马前。

上车后，要跪在车上，手执马鞭，并将马缰绳分别握在两个手中。

君王出来乘车时，仆人要把马缰绳合握在一手，而用另一只手将绥递给君王。

左右群臣都要为君王避让，车前行时群臣要急步紧跟。

车行至大门口，君王要按住仆人的手示意停车，而回头命令车右上车。

当车驶过大门、里巷、沟渠等地方时，车右要下车步行。

客人的车不可直接驶进主人家的大门，妇女不站着乘车。

国君乘车，路遇高龄老人要行轼礼。

进入国都不驱驰，行过里巷要行轼礼，经过卿的朝位要下车步行。

的柄。㊴蚤莫：早暮。㊵嗷：号呼三声。㊶髢（tì）：垂发。㊷离：两也。㊸椸（yí）枷（jiā）：椸，晾衣服的竹竿。枷，衣架。㊹诸母：父之诸妾有子者。㊺梱（kǔn）：门槛。㊻羞：进也。所进者，据郑玄《注》说，是一壶酒，十条干肉，无干肉就送一条狗。㊼笄：女子的成人礼。㊽胾（zì）：熟肉带骨切成大块叫肴，纯肉切块叫胾。㊾渫（xiè）：蒸葱。㊿朐（qú）：干肉中间弯曲就叫朐。51虚口：漱口。52泽手：揉搓手。吃饭用手，既与人共食，手宜洁净，不得临食时揉搓手，使别人嫌恶。53歠（chuò）：饮。54嚃（tā）羹：羹不嚼菜，合而饮之。55絮：调也。56歠醢：醢即肉酱，歠醢是像吃羹一样饮而食之。57窭（jù）：贫，不足。58嘬：吞食。59齐：指酱、腌菜等。60醮（jiào）：即干杯。61写：泻，是说把食物从一个容器倒入另一个容器。62馂（jùn）：吃剩的食物。63梜：箸，筷子。64绤（chī）：细葛布。65绤（xī）：粗葛布。66累：通"裸"。67蹛（dì）：通"蒂"。68矧（shěn）：齿。69佛其首：用小竹笼把鸟罩上。70弣（fǔ）：弓中部把手处。71帨：古人腰际的佩巾。72镈：戈柄末的金属套。73镦：矛戟柄末端的金属套。74式：通"轼"，是古代车厢前供人凭依的横木，人立于车凭轼俯身向人表示敬意的叫轼。75衰：通"缞"（cuī），古时丧服，用粗麻布制成。76赗（fù）：赠送财物给办丧事的人家。77绋：牵引灵车的大绳。78招摇：指北斗第七星。79缱：坚定，坚持。80卒哭：祭名，指人死葬后的最后一次祭礼。81泰龟有常：泰龟，大龟。此指龟甲。有常：指其无差错。皆为尊称美辞。82轮：车阑，即车厢前面和左右两面横直交结的栏木。83车右：勇力之士，护卫君王，乘车则在右边。84蒌拜：蒌（cuò），蹲拜，犹诈也。着铠甲而拜，形仪不足，似诈也。85祥车：死者生前所乘的车。86嵩：guī：即规，车轮的周长。87策彗：即以彗策。彗，带叶的竹扫帚。恤勿：搔摩也。88蹙：通"蹴"，踢也。

礼，是用来规定人们之间的亲疏关系，决断事理上的疑问、分辨事物的异同、明确道理上的是非的。

依礼而言，不随便讨好人，不说多余的话。

依礼而行，不超越节度，不侵犯侮慢他人，不与人亲昵失敬。

加强自身修养，实践许下的诺言，便可称之为"善行"。

行为有修养，言谈合道理，就体现了礼的本质。

关于礼的学问，要到别人那儿取法学习。

【译文】

《曲礼》说：

（凡事）不要不严肃认真，（神情要）庄重若有所思，说话要态度安详、言辞确切。这样才能使人信服，使民众安定！

傲气不可滋长，欲望不可放纵，心志不可自满，享乐不可穷极。

对有德行的人要亲近而敬重，畏服而爱慕。（对）所爱的人要知道他的缺点，（对）所恨的人要知道他的优点。（财富）既能善于积聚，又能广泛布施；（处境）既能安于现状，又能适时变迁。面对财物，不随便获取；面临危难，不随便逃避。遇有争讼，不求胜过他人；分配财物，不求多于别人。事有疑问，不要臆断；自己正确，不要得理不让人。

如果坐着，就要像"尸"那样端庄矜持；如果站着，就要同斋戒那样恭恭敬敬。礼仪要遵从事理机宜，出使他国要顺从当地的风俗习惯。

礼，是用来规定人们之间的亲疏关系，决断事理上的疑问、分辨事物的异同、明确道理上的是非的。依礼而言，不随便讨好人，不说多余的话。依礼而行，不超越节度，不侵犯侮慢他人，不与人亲昵失敬。加强自身修养，实践许下的诺言，便可称之为"善行"。行为有修养，言谈合道理，就体现了礼的本质。关于礼的学问，只听说到别人那儿取法学习，没听说主动要求别人来学习；只听说前来投师学习，没听说主动前去教授。

没有礼，就不能成就仁义道德；没有礼，教训人民移风易俗就不能完备；没有礼，就不能决断分辨争讼的是非；没有礼，就不能确定君臣、上下、父子、兄弟的名分；外出游学拜师，没有礼，师生之间就不会亲密；排列朝班，整治军队，莅临官职，执行法令，没有礼，就失去了威严；临时的祭祀和定期的祭祀，供奉鬼神，没有礼，就失去了虔诚和庄重。因此，君子态度恭敬，凡事有节制，对人谦让，以此来体现礼。鹦鹉虽能学人言，终究不外是飞鸟；猩猩虽懂人语，到底还是禽兽。现在作为人而不知礼，虽然讲的是人话，其心也不过是禽兽。正因为禽兽没有礼，所以父子能共一雌兽。因此，圣人制定礼制，用以教化人民，使人民有了礼制而自知区别于禽兽。

上古时代，人们崇尚德，以德为贵；（后来则讲究施惠和报答）礼崇尚有来有往：只往而不来，不合乎礼；只来而不往，也不合乎礼。人人都有了礼,社会就能安定；人人都没有了礼,社会就会危机,因此说"礼，是不可以不学的"。礼的原则，要求自己谦卑而尊重他人，即使是身份低微的人，也有值得尊敬的（地方），何况是富贵的人呢？富贵而且懂得爱好礼义，就不会骄奢淫逸；贫贱却能懂得爱好礼义，便不会畏怯困惑。

人长到十岁称为"幼"，开始学习；二十岁称为"弱"，行冠礼；三十岁称为"壮"，娶妻成家；四十岁称为"强"，可以外出做官；五十岁称为"艾"，可以独当一面处理政事；六十岁称为"耆"，可以指导使唤他人；七十岁称为"老"，应该传重于子孙了；八十岁、九十岁称为"耄"；七岁称为"悼"。"耄"和"悼"即使犯有罪过，也不施加刑罚。百岁老人称为"期"，应当颐养天年了。

大夫七十岁就可以致仕退休了，如果不得辞官，（君王）应当赐给他几杖，外出办事要派妇人服侍，出使四方，要让他乘坐安车。七十岁的人可以自称"老夫"，但在本国朝廷上仍需自称名字。别国来问国政，一定要能把本国的制度告诉人家。

到长者那儿去商议事情，一定要附带几杖随从他。长者问话，不先谦让就回答，是不符合礼的。

凡做儿子的礼仪，应使父母在冬天里感到温暖，在夏天里感到凉爽；晚上替父母铺床安枕，早晨向他们请安问好。与同辈人相处，不发生争吵。

做儿子的，虽官至三命但不敢接受君王的车马之赐，因此地方上的人称他孝顺，兄弟亲戚称他慈爱，同事友好称他敬重兄长，朋友称他仁爱，同他有交往的人称他诚实。见到父亲的挚友，不叫上前就不上前，不让退后便不退后，不问话就不敢随便答话。这些都是孝子的品行。

做儿子的，外出必须告知父母，回家必须当面禀告；出游必须有固定的地方，学习必须有一定的专业；平时说话不自称"老"。年长自己一倍的人，以父辈之礼对待；年长自己十岁的人，以兄长之礼对待；年长自己五岁的人以同辈之礼对待，但一块儿行走应略退后。五个人同在一起，就必须为年长者另设专席。

做儿子的，起居不占家长的尊位，不坐当中的席位，不走中间的道路，不站在门的中央，在为招待宾客或祭祀而设的食礼和飨礼中不居于主位，祭祀时不敢充当"尸"，（要善于揣摩父母的心思）虽然没有听到父母的声音也能知道他们要指使自己了。不攀登险峻的高处，不临近危险的深渊；不随便诋毁他人，不随便嬉戏笑闹。

孝子不潜伏于暗处，不登临危险之地，害怕（因出危险而）辱没父母的名声。父母在世，不可对朋友以死相许，也不积蓄私房钱。

做儿子的，父母在世，衣帽不镶白边；父母去世，孤子主持家事，衣帽不镶彩边。

平时要用正确的道理教育幼儿，绝不能欺骗他。儿童不宜穿皮裘和裙子，站立一定要端正，不要歪着头听长者说话。长辈搀扶儿童，儿童要双手握住长辈的手。长辈背负儿童或挟着儿童时，俯身在儿童耳旁说话，儿童要用手掩口再回答长者的话。

随从先生行路，不越过道路到另一边去同别人说话。在路上遇见先生，应当快步前迎，站立端正向老师拱手致敬。先生同自己讲话，就应当回话；如不讲话，则应快步退下。

随从长者登上丘陵，一定要朝长者所看的方向观望。

登城不要用手乱指划，在城上不要乱呼乱叫。外出宿于旅舍，要求不能像在家一样。将要走进堂屋，应当高声说话（使屋内人听到）。如果门外有两双鞋，能听见室内的说话声，就可以进去；否则不要进去。将进入室内时，眼睛一定要向下看；进屋之后，双手要像捧着门闩一样，眼睛不要东张西望。进门之前门是开着的，进屋之后就仍然让它开着；进门之前门是关着的，进屋之后就应随手把门关上。如果身后还有人要进来，就不要把门立即关上。不要踩别人的鞋子，不要越过席次去就坐，应当提起衣脚走到席位下角入座。谈话时一定要谨慎。

大夫、士出入国君的朝门，要走门橛的右边，不要踩踏门槛。

凡主人与客人一起进门，每到一个门前主人都要请客人先进。但客人来至寝室门口时，主人要自己先进去，为客人铺好坐席之后再迎客入室。如果客人谦逊，一再请主人先行，则主人要在前引导客人入内。主人进门后走右边，客人则走左边。主人来到东阶前，客人来到西阶前。客人地位如果低于主人，就要跟随主人走向东阶，主人一再推辞，然后客人再回到西阶。主人与客人又谦让着上台阶，然后主人先登，客人随之而登。登阶时主宾一级一级踩着走，上一级一并足，步步相继而上。上东阶，先抬右脚；上西阶，先抬左脚。

在帷幔和帘子外面不快步行走，在堂上不快步行走，端着玉器不快步行走。在堂上要小步行走，在堂下可大步流星。在室内，不要甩着膀子行走。和别人一块儿坐着，不要横着胳膊。把东西交给站立的人，不用下跪；把东西交给坐着的人，不要站着。

凡为长辈清扫席前垃圾之礼，必须将扫帚放在簸箕上双手捧着前去，然后用一手的衣袖遮住扫帚且扫且退。（这样，可）避免灰尘飞扬到长者身上，（扫完之后）要将簸箕口朝自己一方扫入垃圾。

为长者捧席，要像桔槔上的横木一样左高右低。布设坐席时要请问长者面朝哪个方向，布设卧席时要请问长者脚朝哪个方向。席面如若是南北方向，则以西方为上；如若是东西方向，则以南方为上。

如果请来的不是饮酒吃饭的客人，为他布席时应当宽敞一些，席与席之间大约应有一丈间隔。主人跪下为客人整理席位时，客人应当跪下用手按席表示辞谢。客人要撤掉垫在上面的席子时，主人要再三请他不要撤去。客人登席，主人才就座。主人不发问，客人不抢先说话。将要入席时，脸色不要有变化，要用双手提起衣裳，使衣裳的下摆离地面一尺左右。衣裳不要摆动，脚步不能急促。

老师的书策琴瑟放在前面，（做弟子的）应当跪着绕过去，千万不能从上边跨过去。不饮酒吃饭时应尽量往后坐，饮酒吃饭就尽量往前坐。坐有坐相，一定要安稳，表情要保持自然。长者没有提及的话题，不要妄言。要端正你的仪容，洗耳恭听。不要抄袭他人的学说，也不要同别人雷同，要依据古代的道理，称引先贤的遗训。在老师那儿侍奉陪坐，先生发问，要等他把话问完再回答。向老师请教学业要起立，请老师重复一遍也要起立。父亲和老师召唤自己，不要只应声而不行动，一定要声应身从，马上站起立即行动。在自己尊敬的人面前陪坐，要坐在席端距他最近的地方，不使中间有空席。看到同辈的人不用起立。（天黑后）有人送来火把，要起立。（吃饭时）有人送来饭菜要起立。尊贵的客人来了要起立。火把不要等烧到根部再换掉。在贵客面前不要喝斥狗。在谦让食物时不要吐口水。

在君子身旁陪坐，如果君子打呵欠，伸懒腰，摆弄拐杖、鞋子，观看天色早晚，陪坐的人就应该请求告退。在君子身旁陪坐，如果君子转换话题询问另外一件事，就要起立回答。在君子身旁陪坐，如果有人进来禀告君子说："等您稍有闲暇，有事想向您汇报。"陪坐者就应该退避到一旁等候。不要侧耳偷听，不要粗声大气地喊叫，不要左顾右盼，不要无精打采。走路不要大摇大摆，站立不要左偏右斜，坐着不要两腿分开，睡觉不要趴伏着身子，头发要收拢好不要下垂。帽子不要随便脱下，劳作时不要袒脚露臂，炎热时不要撩起衣裙。

在长辈身旁陪坐，不能穿着鞋上堂，也不能在堂前台阶上脱鞋。穿鞋时，要跪着拿起鞋子，退避到一旁穿。如果面朝长辈穿鞋，要先跪下把鞋拿近，再俯身穿上鞋子。

见两个人坐在一起，或两个人站在一起，不要侧身插入他们中间。两人并排站在一起，不要从他们中间穿过。男女不同坐一块儿，不共用一根竹竿或一个衣架晾晒衣服，不共用面巾和梳子、篦子，不亲手递给对方东西。叔嫂之间不通问候。不让庶母洗涤衣裳。男人在外面的公务不说给家中妇女听，妇女闺门内的琐事也不要用来聒噪男人。

女子一旦订婚，就要系上五色彩缨。除非有大的变故，就不要进她的屋门。姑、姊妹以及自己的女儿，已经出嫁又回到家里来的，兄弟们不和她同席而坐，也不与她们共用餐具。父子也不同席而坐。男女之间没有媒妁做媒，不互通姓名。没有接受男方的聘礼，双方不交际往来。因此，一旦选定了男女的婚期，就要把吉日登记上报，并沐浴斋戒而后祭告家庙中的鬼神，然后大摆宴席遍请乡亲朋友，以此来显示慎重于男女之间的区别。娶妻不娶同姓的女子，因此买妾时如果不知道她的姓氏，就要用占卜断定吉凶。寡妇的儿子，如果不是才能突出，不要同他结为朋友。

向娶妻的人祝贺，应当说："某子派某前来，听说您宴请宾客，特意送来一份礼物。"如果家境贫寒，就不必送财物；如果年高体弱，就不必劳动身体亲身前来。

给儿子取名，不用国名，不同日月之名，不用身体上的暗疾为名，不用山川为名。

男女分别按长幼排序。男子到了二十岁，就要举行成人礼仪，并为他取字，但儿子在父亲面前仍然称名（不称字），臣子在君王面前也称名（不称字）。女子许嫁之后，才行成人礼，并为她取字。

凡向客人行进食之礼，要把带骨头的肉块陈放在左边，把纯肉块陈放在右边。饭食放在客人的左边，羹汤放在客人的右边。细切的烤肉放在外侧，醋和酱放在里侧，蒸葱放在末端，酒浆放在后边。如果再放脯脩，就要把形状弯曲的放在左边；形状挺直的放在右边。宾客如果地位低于主人，就要端着饭食站起来，（对主人陪食）加以推辞，（并表示要下堂去用饭。）主人要站起来说请他安坐饮食一类的话，然后客人才重新在堂上就座。主人引导客人行食前祭礼。祭食物，应从先进上的开始，然后依次遍祭各种食物。客人吃过三口饭后，主人要引导客人吃大块的切肉，然后请客人依次遍吃各种食物。主人还没有吃遍各种食物之前，客人不饮酒以洁口。

陪长辈吃饭，如果长辈亲自向自己盘中夹送食物，就要行拜礼然后再吃；如果长辈不亲自为自己夹菜，就不必行拜礼。

与人在同一个食器内吃饭，不要求吃饱；与人同在一个食器内吃饭不要揉搓手。

不要用手撮饭团吃，不要将剩饭再放回食器中，不要在喝汤时狼吞虎咽，不要在吃饭时喷喷作声。不要啃骨头，不要把吃过的鱼肉再放回食器内，也不要把骨头喂狗。不要单挑自己喜欢的菜吃，不要为使饭凉的快些而簸扬，吃黍米饭不要用筷子（而要用手）；不要不嚼汤中的菜而囫囵吞咽，不要给自己的羹汤添加调料。吃饭时不要剔牙。不要像喝汤一样喝调料。如果客人往自己的汤里加调料，主人要道歉，说"家人不善于烹煮羹饭"。客人有饮调料的，主人也要道歉，说"家贫以致食物不足"。温软的肉可以直接用牙齿咬开吃，干肉用牙咬不开（而要用手撕开再吃）。不要大口吞食烤肉。吃完后，客人要起身前跪，帮助主人收拾饭桌，将吃剩的饭菜交给佣人。主人则要站起来，请客人不必动手，然后客人再重新入座。

陪长辈吃饭，如果长辈向晚辈递酒，晚辈应站起来走到陈放酒樽的地方向长辈行拜礼，然后再接酒；如果长辈说不必客气，晚辈即可返回自己席上饮酒。但长辈没有饮干杯中酒，晚辈就不敢饮酒。

长辈有赏赐，晚辈和地位卑下者不必推辞。如果君王当面赐给臣下水果，水果有核，则臣下应当把果核揣进怀里（不能随便丢弃）。侍

宾客如果地位低于主人，就要端着饭食站起来，对主人陪食加以推辞。

客人吃过三口饭后，主人要引导客人吃大块的切肉，然后请客人依次遍吃各种食物。

陪长辈吃饭，如果长辈向晚辈递酒，晚辈应站起来走到陈放酒樽的地方向长辈行拜礼，然后再接酒。

候国君吃饭，国君将吃剩下的饭菜赐给侍者，如果食物是盛在可以洗涤的容器内，就不必倒在别的器皿中再吃；如果食物是盛在不可洗涤的容器内，就应当倒在可以洗涤的器具中再吃。

吃别人剩下的饭菜可以不举行食前祭祀，父亲吃儿子进的馔可以不祭，丈夫吃妻子进的馔也可以不祭。

陪侍长辈吃饭，即使主人献上双份食物，也不能推辞（因为自己是侍者，食物非为自己专设）。如果同辈两人并坐为客，（主人献上双份饭菜）自己也不须推辞（因为主人的意思未必是专为自己所设）。

羹汤中有菜就用筷子，没有菜就不用筷子。

为天子削瓜，应当把瓜顺切成四瓣然后横切开来，用细葛布覆好送上；为国君削瓜，应当把瓜切成两瓣然后横切开来，再用粗葛布覆好送上；为大夫削瓜，应当把瓜切成两半再横切开来，不用覆盖就可送上；士（自己动手削瓜，然后）去掉瓜蒂即可食用；庶人（只把瓜蒂去掉）就咬着吃。

父母有病，已经成人的儿子顾不上梳理头发，走路顾不上注意姿势，说话顾不上注意辞藻，不弹奏琴瑟。吃肉少到不至改变食物的滋味，饮酒少到不至脸红，笑不露齿，怒不骂人。父母病体痊愈之后，再恢复到原来的样子。

遭遇忧患的人，自己独席而坐；遇有丧事的人，只坐单席。

雨水多降的季节，不向人献鱼鳖（因为不足珍异）。献野鸟时要用小笼罩住(防止它啄人)。驯服的鸟就不用罩住了。献车马的，要手执马鞭

献野鸟时要用小笼罩住（防止它啄人）。

献车马的，要手执马鞭和登车绳献上。

和登车绳献上。献铠甲的，要拿头盔献上。献手杖的，要拿住手杖的末端。献俘虏的，要抓住俘虏的右手。献粟的，要拿符契的右半边献上。献米粮的，要拿量鼓献上。献熟食的，要将调料献上。献田宅的，要将房地契献上。

凡献弓给人的，张了弦的弓要使弓弦朝上，来张弦的弓要使弓背朝上，右手拿着弓的末端，左手托着弓背的中部。不分贵贱，授受双方都要互相鞠躬致意。如果主人行拜受礼，客人就要退后避让主人的拜谢。主人亲自接受所赠的弓，要由客人的左边，从客人手的下边托着弓背中央，与客人同向并排站立，然后接过弓来。进献宝剑的，要把剑柄朝左递给主人。进献戈的，要将戈把朝前，戈刃朝后。进献矛戟的，也要把柄递给人家。

进献几杖的，要擦抹干净。送马送羊的，要用右手牵着。送狗的可以用左手牵着。拿禽鸟送人的要使鸟头向左，拿羔羊、大雁送人的，要系上彩色的装饰。接受别人赠送珠玉的人要用双手捧着。接受弓剑的人要用衣袖承接。用玉杯饮酒的人不可挥动酒杯。凡用弓、剑，或用苞、苴、革、筒等容器盛物送人的，（送东西的人）应先拿着这些东西接受主人的吩咐，就好像使者奉命出使一样。

凡作为国君使者出使的，一旦接受了命令就必须立即出发，不得带着君命在家过夜。国君有命令传到，主人就要出门拜迎君命；使者回去的时候，主人要到大门外拜送。如果臣下派使者到国君那里请示君命，则一定要穿上朝服命令使者。使者返回后，一定要下堂接受使者带回的君命。

博闻强记而能够谦让，广多善事而不懈怠，可称之为君子。君子不要求别人无尽地喜欢自己，

也不要求别人全力为自己尽忠，以使交情得以完美地保持下去。

《礼》书上说："君子抱孙不抱子。意思是说孙子可以充当祭祀祖父的尸，儿子却不可以充当祭祀父亲的尸。为已故君王充当尸为人，大夫、士见了都要下马致敬。国君知道了为先君充当尸的人，也要亲自下车（向他致意）。而充当尸的人也应当凭轼还礼。尸乘车时一定要用几垫脚。

斋戒的人，不听音乐，也不凭吊死者。

守丧之礼：虽因哀伤而身体羸瘦，但不可形销骨立，也不可损坏视力和听力；上、下堂不走阼阶，进、出门不走正中的甬道。守丧之礼：头上长了疮才能洗头，身上发痒了才可洗澡，生病了才能饮酒吃肉，病愈后还要恢复原样。假如孝子禁不住哀伤而伤害了身体，就要等同于不慈不孝。五十岁守丧不可因悲痛而毁坏身体，六十岁守丧不可影响健康，七十岁守丧只需身穿丧服，可以饮酒吃肉，住在室内。

活人（为死人的服丧期）从人死的第二天算起，死者的（殓殡期）从人死的当天算起。

与死者的亲属相识的要向他们致

凡作为国君使者出使的，一旦接受了命令就必须立即出发。

慰问病人而不能馈赠钱物，就不要问病人需要什么。

慰问辞，与死者相识的要向死者致悼词。只与亲属相识而不认识死者的，仅致慰问词而无须致悼词；只与死者相识而不认识其家属的，仅致悼词而不必致慰问词。

吊丧而不能拿出钱物来助人办丧事，就不要询问丧家的花费。慰问病人而不能馈赠钱物，就不要问病人需要什么。见到客人而不能招待住宿，就不要问他住在什么地方。赠人礼物不要让人家来取，送东西给人也不要问人家想要什么。

走进墓地不要登上坟冢，为人送葬一定要牵引灵车。参加丧礼不可嬉笑。对人作揖要离开原位。看到灵柩不要唱歌。参加丧礼不张臂走路。面对饭食不唉声叹气。邻居家有丧事，不唱歌助舂。同里有丧，不在巷中唱歌。进入墓地不要唱歌。参加吊唁的日子也不要唱歌。护送灵车不贪走捷径，也不躲避泥途和雨水。参加丧礼脸上要有哀伤的表情，牵引灵车不能嬉笑，参加欢乐的场合不唉声叹气，穿上盔甲就要有不可侵犯的威严。因此，君子要小心谨慎，不能在人前失态。

国君手抚车轼表示敬意的时候，大夫就应该下车。大夫手抚车轼表示敬意的时候，士就应该下车。

（礼不为庶人而制，故）不适用于庶人；（刑不为大夫面制，故）不施用于大夫受过刑的人不能在国君身边（听用）。

乘坐兵车的人不行轼礼，武车上旌旗要任其舒展，德车上的旗帜应缠结垂敛。

记录王事的史官要携带书写工具，管理外交的士人要携带盟会的文辞。队伍前进的时候，如果遇到河流，就树起饰有青雀的旗帜；如果前面有风吹起的尘埃，就树起饰有鸣鸢的旗帜；如果前边有车马，就树起饰有鸿雁的旗帜；如果前面有军队，就挂起虎皮；如果前面有猛兽，就树起饰有貔貅的旗帜。军队布阵的法则：前为朱鸟阵，后为玄武阵，左边青龙阵，右边白虎阵。中军用画有北斗七星的军旗，高举在上，以激励战士的士气，前进、后退都有节度，向左、向右各有布局。将帅各司其职。

对于杀父的仇人，和他不共戴天。对于兄弟的仇人，随时携带兵刃（见了就杀掉）。对于朋友的仇人，不和他同住一国。

四面边境多筑壁垒，这是卿大夫的耻辱。广袤的土地，荒废而得不到开垦。这是士的耻辱。

参加祭祀不可怠慢。祭服破了，就得烧掉；祭器坏了，就得埋掉；占卜用的龟策坏了，祭祀用的牲畜死了，全部都要埋掉。凡到国君的宗庙去助祭的士，祭祀结束后必须亲自动手撤走祭品。

卒哭祭之后才开始避讳死者的名字。按照礼的规定，不避讳名字的同音字，两个字的名字不必同时邦避讳（只讳其中一个字即可）。侍奉父母的人，要避讳祖父母的名字；自幼丧失了父母的人，则可以不避讳祖父母的名字。在国君面前可以不避自己的家讳，但在大夫面前要避君讳。读《诗》《书》时可以不避讳，写文章可以不避讳，在庙中读祝告辞可以不避讳。国君夫人的家讳，即使当着国君的面，臣也可以不避讳，这是因为妇人的家讳不出家门的缘故。大功、小功的亲戚不避讳。来到一个新的地方要打听当地的禁忌，进入其他的国境要了解该国的习俗，到了别人家里要询问这家的避讳。

在宗庙外举行典礼要选在单日，在宗庙内举行典礼要选在双日。凡需要用卜筮决定举行典礼的日子，十天以外的称为"远某日"，十天以内的称为"近某日"。丧事先卜远日，吉事先卜近日。卜筮时要说"选择吉日，借助你这从无差错的大龟来占卜"，或说"借助你这从无差错的大蓍草来占筮"。卜、筮都不得超过三次。占卜、占筮也不可互相重复使用。

用龟甲叫作占卜，用蓍草叫占筮。占卜与占筮，是先代圣王用来使人民择定办事的吉日，敬重祭祀的鬼神，畏惧国家法律的；是用来使人民决断嫌疑，走出犹豫的。所以说"有怀疑就问卜，问了卜就不会再犹豫不定；办事情择吉日，择定了日子就一定要履行"。

国君的车将要套马出行，驾车的仆人要手持马鞭站在马前。马车套好后，驾车的仆人要察看一下车轴两端的辖头，试一下车马套是否牢固。然后，拂干净衣服上的灰尘，从车的右边上车，登车时要抓住副绥。上车后，要跪在车上，手执马鞭，并将马缰绳分别握在两个手中，然后驱马行车。试行五步后，再由跪乘变为立乘（以待君王上车）。君王出来乘车时，仆人要把马缰绳合握在一个手里，而用另一只手将绥递给君王。左右群臣都要为君王避让，车前行时群臣要急步紧跟。车行至大门口，君王要按住仆人的手示意停车，而回头命令车右上车。当车驶过大门、里巷、沟渠等地方时，车右要下车步行，（以保护君王的安全。）凡驾车的仆人之礼，一定要把绥递给乘车的人。如果驾车的人身份比乘车人低，乘车人就接过他递来的绥；如果驾车人身份比乘车人高，乘车人就不敢接受。如果驾车人身份比乘车人低，乘车人要先按住他的手（以示不必客气，然后再接绥）；如果驾车人不比乘车人身份低，乘车人就要从驾车人的手下边取过绥来。

客人的车不可直接驶进主人家的大门，妇女不站着乘车。向人赠送犬马不能牵上堂来。

因此，国君乘车，路遇高龄老人要行轼礼，经过卿的朝位要下车步行，进入国都不驱驰，行过里巷要行轼礼。

国君命令召见臣下，即使国君的使者地位卑下，大夫、士也必须亲自迎接。

身穿铠甲的人不下拜。（因为铠甲沉重，行动不便，致使穿铠甲行礼不到位）所以，穿铠甲下跪会使人觉得不诚实。

载魂的祥车要守着左边（以象征死者之神乘坐）。乘国君的车却不敢空着左边，但臣子乘在左边一定要俯身凭轼。

仆人为妇女驾车，要使左手在前执辔，右手置身后。（略示侧身背向妇女，以避嫌疑，因为仆人居中驾车，妇女居左。）为国君驾车，就要右手在前执辔，左手置于身后，并微俯身躯以示恭敬。国君不乘奇邪不正的车。

乘车时不大声咳嗽，不胡乱指划。立乘在车上只能向前看相当于车轮五周的距离，行轼礼时要看着马尾，回头看时目光不超过车毂。在都城中，要用竹子轻轻赶马，以便扬起的灰尘不飞出车辙之外。

国君乘车，经过宗庙要下车，看到祭牛要行轼礼。大夫、士乘车，经过国君门口要下车，看到国君的车马要行轼礼。臣子乘国君的车马，一定要穿上朝服，将马鞭载在车上（而不敢使用），而且不敢让驾车人向自己授绥，站在车左边的位子上一定要凭轼俯身。牵着国君的马行走时，一定要走在路的中闸。用脚践踏了君马吃的饲料要受到处罚，估算君马的年龄也要受到处罚。

曲礼下第二

【原文】

凡奉者当心，提者当带。

执天子之器，则上衡①；国君，则平衡；大夫，则绥之②；士，则提之。

凡执主器，执轻如不克。执主器，操币圭璧，则尚左手③；行不举足，车轮曳踵；立则磬折垂佩④。主佩倚，则臣佩垂；主佩垂，则臣佩委。执玉，其有藉者则裼，无藉者则袭。

国君不名卿老、世妇⑤。大夫不名世臣、侄娣⑥。士不名家相、长妾⑦。

君大夫之子，不敢自称曰"余小子"⑧。大夫、士之子，不敢自称曰"嗣子某"⑨，不敢与世子同名⑩。

君使士射，不能，则辞以疾，言曰："某有负薪之忧⑪。"

侍于君子，不顾望而对，非礼也。

君子行礼，不求变俗。祭祀之礼，居丧之服，哭泣之位，皆如其国之故，谨修其法而审行之⑫。

去国三世，爵禄有列于朝，出入有诏于国，若兄弟宗族犹存，则反告于宗后⑬。

去国三世，爵禄无列于朝，出入无诏于国，唯兴之日⑭，从新国之法。

君子已孤不更名；已孤暴贵⑮，不为父作谥。

居丧未葬，读丧礼。既葬，读祭礼。丧复常，续乐章。居丧不言乐，祭事不言凶，公庭不言妇女。

振书、端书于君前⑯，有诛。倒筴、侧龟于君前，有诛。

龟筴、几杖、席盖、重素、袗绤绤⑰，不入公门。苴屦、扱衽⑱、厌冠⑲，不入公门。书方、衰、凶器⑳，不以告，不入公门。

公事不私议。

君子将营宫室，宗庙为先，厩库为次，居室为后。凡家造，祭器为先，牺赋为次㉑，养器为后。

无田禄者，不设祭器。有田禄者，先为祭服。君子虽贫，不粥祭器㉒；虽寒，不衣祭服；

凡执主器，执轻如不克。

侍于君子，不顾望而对，非礼也。

公事不私议。

421

为宫室，不斩于丘木。

大夫、士去国，祭器不逾竟。大夫寓祭器于大夫^㉓，士寓祭器于士。

大夫、士去国，逾竟，为坛位，乡国而哭；素衣，素裳，素冠；彻缘^㉔，鞮屦^㉕，素簚^㉖；乘髦马，不蚤鬋^㉗，不祭食；不说人以"无罪"；妇人不当御，三月而复服。

大夫、士见于国君，君若劳之，则还辟，再拜稽首^㉘；君若迎拜，则还辟，不敢答拜。

大夫、士相见，虽贵贱不敌，主人敬客，则先拜客；客敬主人，则先拜主人。凡非吊丧，非见国君，无不答拜者。

大夫见于国君，国君拜其辱^㉙。士见于大夫，大夫拜其辱。同国始相见，主人拜其辱。君于士，不答拜也；非其臣，则答拜之。大夫于其臣，虽贱，必答拜之。

男女相答拜也。

国君春田不围泽^㉚，大夫不掩群，士不取麛卵^㉛。

岁凶，年谷不登，君膳不祭肺^㉜，马不食谷，驰道不除，祭事不县^㉝；大夫不食粱，士饮酒不乐。

君无故玉不去身，大夫无故不彻县，士无故不彻琴瑟。

士有献于国君，他日君问之曰："安取彼？"再拜稽首而后对。

大夫私行，出疆必请，反必有献。士私行，出疆必请，反必告。君劳之，则拜；问其行，拜而后对。

国君去其国^㉞，止之曰："奈何去社稷也？"大夫^㉟，曰："奈何去宗庙也？"士，曰："奈何去坟墓也？"

国君死社稷，大夫死众^㊱，士死制。

君天下，曰"天子"。朝诸侯，分职授政任功，曰"予一人"。践阼^㊲，临祭祀，内事曰"孝王某"，外事曰"嗣王某"。临诸侯，畛于鬼神^㊳，曰"有天王某甫"。崩，曰"天王崩"。复，曰"天子复矣"。告丧，曰"天王登假"。措之庙，立之主，曰"帝"。天子未除丧，曰"予小子"。生名之，死亦名之。

天子有后，有夫人，有世妇，有嫔，有妻，有妾。

天子建天官，先六大^㊴，曰大宰、大宗、大史、大祝、大士、大卜，典司六典。天子之五官，曰司徒、司马、司空、司士、司寇，典司五众。天子之六府，曰司土、司木、司水、司草、司器、司货，典司六职。天子之六工，曰土工、金工、石工、木工、兽工、草工，典制六材。

五官致贡曰享^㊵。五官之长曰伯，是职方。其摈于天子也，曰"天子之吏"。天子同姓，谓之"伯父"；异姓谓之"伯舅"，自称于诸侯，曰："天子之老"。于外，曰公；于其国，曰君。

九州之长^㊶，入天子之国，曰牧。天子同姓，谓之"叔父"；异姓谓之"叔舅"。于外，曰侯；于其国，曰君。

其在东夷、北狄、西戎、南蛮，虽大曰"子"。于内，自称曰"不穀"^㊷；于外，自称曰"王老"。

庶方小侯，入天子之国，曰"某人"。于外，曰子，自称曰孤。

天子当依而立^㊸，诸侯北面而见天子，曰觐。天子当宁而立^㊹，诸公东

天子

诸侯

大夫

庶人

天子的女官

后

夫人

命妇

嫔

妻

妾

天子之六太

太宰

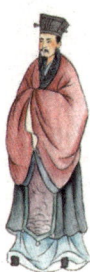
太宗

太史

太祝

太士

太卜

天子之五官

司徒

司马

司空

司士

司寇

天子之六府

司土

司水

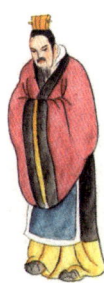
司草

司器

司木

司货

天子之六工

土工　　金工　　石工　　木工　　兽工　　草工

面，诸侯西面，曰朝。

诸侯未及期相见，曰遇；相见于郤地^⑤，曰会。诸侯使大夫问于诸侯，曰聘；约信，曰誓；涖牲，曰盟。

诸侯见天子，曰"臣某侯某"^⑥。其与民言，自称曰"寡人"。其在凶服，曰"适子孤"。临祭祀，内事，曰"孝子某侯某"；外事，曰"曾孙某侯某"。死曰"薨"，复，曰"某甫复矣"。既葬，见天子，曰"类见"^⑦。言谥曰"类"。

诸侯使人使于诸侯，使者自称曰"寡君之老"。

天子穆穆，诸侯皇皇，大夫济济，士跄跄，庶人僬僬。

天子之妃曰后，诸侯曰夫人，大夫曰孺人，士曰妇人，庶人曰妻。公侯有夫人，有世妇，有妻，有妾。夫人自称于天子，曰"老妇"；自称于诸侯，曰"寡小君"；自称于其君，曰"小童"。自世妇以下，自称曰"婢子"。

子于父母，则自名也。

列国之大夫，入天子之国曰"某士"；自称曰"陪臣某"。于外曰"子"，于其国曰"寡君之老"。使者，自称曰"某"。

天子不言"出"。诸侯不生名。君子不亲恶。诸侯失地，名；灭同姓，名。

为人臣之礼，不显谏。三谏而不听，则逃之。子之事亲也，三谏而不听，则号泣而随之。

君有疾饮药，臣先尝之。亲有疾饮药，子先尝之。医不三世，不服其药。

儗人必于其伦^⑧。

问天子之年，对曰："闻之，始服衣若干尺矣。"问国君之年，长，曰："能从宗庙社稷之事矣。"幼，曰："未能从宗庙稷社之事也。"问大夫之子，长，曰："能御矣。"幼，曰"未能御也"。问士之子，长，曰："能典谒矣^⑨"。幼，曰："未能典谒也。"问庶人之子，长，曰："能负薪矣。"幼，曰："未能负薪也。"

问国君之富，数地以对，山泽之所出。问大夫之富，

夫人自称于诸侯，曰"寡小君"。

天子的配偶叫作后，诸侯的配偶叫作夫人。

为人臣之礼，不显谏。三谏而不听，则逃之。

曰："有宰食力⑩，祭器衣服不假。"问士之富，以车数对，问庶人之富，数畜以对。

天子祭天地，祭四方，祭山川，祭五祀，岁遍。诸侯方祀，祭山川，祭五祀，岁遍。大夫祭五祀，岁遍。士祭其先。

凡祭：有其废之，莫敢举也；有其举之，莫敢废也。非其所祭而祭之，名曰淫祀⑪。淫祀无福。

天子以牺牛，诸侯以肥牛，大夫以索牛，士以羊、豕。

支子不祭，祭必告于宗子。

凡祭宗庙之礼，牛曰"一元大武"⑫，豕曰"刚鬣"⑬，豚曰"腯肥"⑭，羊曰"柔毛"，鸡曰"翰音"，犬曰"羹献"，雉曰"疏趾"，兔曰"明视"；脯曰"尹祭"⑮，槁鱼曰"商祭"⑯，鲜鱼曰"脡祭"⑰；水曰"清涤"，酒曰"清酌"；黍曰"芗合"⑱，粱曰"芗萁"，稷曰"明粢"⑲，稻曰"嘉蔬"；韭曰"丰本"，盐曰"咸鹺"⑳，玉曰"嘉玉"，币曰"量币"㉑。

天子死曰崩，诸侯死曰薨，大夫曰卒，士曰不禄，庶人曰死。在床曰尸，在棺曰柩。

羽鸟曰降，四足曰渍。

死寇曰兵。

祭王父曰皇祖考，王母曰皇祖妣。父曰皇考，母曰皇妣，夫曰皇辟。

生曰父，曰母，曰妻；死曰考，曰妣，曰嫔。

寿考曰卒，短折曰不禄。

天子视不上于袷㉒，不下于带。国君绥视㉓，大夫衡视，士视五步。凡视，上于面则敖，下于带则忧，倾则奸。

君命，大夫与士肄。在官言官㉔，在府言府㉕，在库言库㉖，在朝言朝。朝言不及犬马。辍朝而顾，不有异事，必有异虑。故辍朝而顾，君子谓之固㉗。在朝言礼，问礼对以礼。

大飨不问卜，不饶富。

凡挚，天子鬯㉘，诸侯圭，卿羔，大夫雁，士雉，庶人之挚匹。童子委挚而退。

野外军中无挚，以缨、拾、矢，可也。

妇人之挚：椇，榛，脯，脩，枣，栗㉙。

纳女于天子，曰"备百姓"㉚；于国君，曰"备酒浆"；于大夫，曰"备扫洒"。

【注解】

①衡：平的意思。此指平正当心的位置。②绥（tuǒ）之：指低于心的位置。③尚：上。④磬折：指臣子为表示恭敬而伛偻着身子，样子像磬的背一样。⑤世妇：指两媵，其地位仅次于夫人而贵于诸妾。⑥世臣、侄娣：世臣，指父亲时代的老臣。侄，指妻子兄长的女儿。娣，指妻子的妹妹。

子之事亲也，三谏而不听，则号泣而随之。

生曰父，曰母，曰妻；死曰考，曰妣，曰嫔。

短折曰不禄。

天子祭天地，祭四方，祭山川，祭五祀。

祭祀宗庙的牲物都有特殊的称号。

⑦家相、长妾：家相，又叫家宰，是帮助治理家事的家臣的首领。长妾，指家中生有儿子的妾。⑧余小子：天子居丧时的自我称呼。君大夫的儿子应当避讳。⑨嗣子某：诸侯守丧时的自我称呼。大夫、士的儿子应当避讳。⑩世子：天子、诸侯的嫡长子。⑪负薪之忧：这是有病的谦虚的说法。⑫修：循，遵循的意思。⑬反告：是指冠、娶妻必通报，死亡必奔丧。⑭兴：是指被国君起用为卿大夫。⑮暴贵：指士庶被起用为诸侯，有连升数级的意思。⑯振书：书，指文书。振书，是指去掉文书上的灰尘。⑰袗（zhěn）：单也。⑱扱（chā）衽：将上衣前襟插入腰带中，是为初丧父母所服的丧服。⑲厌冠：即丧冠，因形状低伏而称厌冠。厌者，伏也。⑳凶器：指冥器，古代的殉葬器物。㉑牺赋：牺，指祭祀用甩的牺牲，大夫所用牺牲可以向人民征收，因此叫牺赋。㉒粥：通"鬻"，卖。㉓寓：藏，寄放。㉔缘：衣服的绲边。㉕鞮（dī）屦：革屦。㉖素幦（mì）：素，白狗皮。幦，同"幭"，车轼上的覆盖物。㉗蚤、鬄：蚤，通"爪"。鬄，通"剪"，指剃治须发。㉘稽首：古代的一种拜礼，其拜法是用手扶地，头先拜至手，然后再把头碰至地上，完成一套动作就叫一稽首。㉙拜其辱：拜其自屈辱至此。㉚泽：指猎场。㉛麛（mí）：幼鹿，此泛指幼兽。㉜祭肺：周人重肺，因此，吃牲肉前先用牲的肺行食前祭礼，即从肺的末端掐取一小块儿，放进祭器里祭祀先人。㉝县：通"悬"，悬挂。㉞去其国：指出国征伐。㉟大夫："大夫去其国"的省略说法，指大夫因获罪于国君而被迫离开祖国。㊱众：指讨贼御敌。㊲践阼：指上下庙堂和郊坛（设于郊外以祭祀天地、山川诸神之坛）的主阶。㊳畛（zhěn）：告诉，祷告。㊴大：太。㊵享：献。㊶九州之长：天下九州，天子于每一州中选择一位诸侯中的贤才，加之一等官爵，使他主持一州之内的列国。取牧养下民之义，故叫作牧。㊷不穀：谦称。穀是善的意思，不穀即不善之人。㊸依：通"扆"，又名斧依，户牖之间绣有斧纹的屏风。㊹宁：古代宫殿的门、屏之间，为群臣朝帝王的地方。㊺邻地：邻，间也，指两国之间的边境。㊻臣某侯某：上"某"代表国名，下"某"代表诸侯名。㊼类见：类，像也。类见，指类似于正式朝见天子的礼节，但又不是正式的朝见礼节。㊽儗：拟，比。㊾谒：请的意思。㊿宰：通"采"，采食力，指采集土地的租税，收集老百姓的贡赋。51淫祀：过多而滥的祭祀。52一元大武：元，头也。武，迹也。牛若肥则脚大，因此，一元大武，犹言一头大肥牛。53刚鬣（liè）：猪肥大则鬣硬长。鬣，指猪鬃。54腯：肥。55尹祭：尹者正也，指将脯裁截方正后用于祭祀。56商祭：商者量也。祭用干鱼，应当干湿适中。57脡（tǐng）祭：脡者直也。用活鱼祭祀必须是鲜鱼。鱼鲜煮熟才能挺直。58芗合：芗，通"香"。合，指黍熟后则黏聚不散。芗合指煮熟的黍饭。59明粢：明，洁白。粢，稷。60盐醝（cuó）：盐的咸味比较浓。61量币：量者度也，币者帛也。62袷（jié）：古代人所穿中衣的交领。63绥：通"妥"，绥视，指视于面部以下。64官：放版图文书之处。65府：放宝藏货贿之处。66库：车马兵甲之处。67固：固陋，指鄙野不懂礼节。68鬯（chàng）：酒名。用黑黍酿制，其味芳香。69椇（jǔ）榛（zhěn）：两种植物的果实。70备：充数。以下几句都是谦卑之辞，不敢以伉俪期望，仅充数而言。

【译文】

凡捧东西的人要捧在当心处，提东西的人要提至腰带处。

为天子拿器物，就要高过胸口；为国君拿器物，要和胸口一平；为大夫拿器物，要低于胸口；为士人拿器物，提到腰际就可以了。

凡为主人拿器物，要举轻若重，即使东西很轻，也要做出不胜重负的样子（以表示小心恭敬）。为主人拿器物，如币、圭、璧等物时，要左手在上（右手在下）；行走时，不要高抬脚步，要像车轮辗地一样脚擦地而行。站立时，上身要微向前倾，使佩玉悬垂下来。如果主人直立，腰佩依贴在身上，臣下就要弯腰，使腰佩悬垂下来。如果主人弯腰，腰佩悬垂下来，臣子就要俯身使腰佩垂到地上。（行聘礼时）手拿玉器，如果玉器衬垫有束帛，就要袒露出里面的裼衣；如果没有衬托，就要披上外衣。

国君不直接呼唤上卿、世妇的名字。大夫不直接呼唤世臣、侄娣的名

父亲过世后，即使能够大富大贵，也不为亡父追赠谥号。

字。士人不直接呼唤家相、长妾的名字。

君大夫的儿子，不敢自称"余小子"，大夫、士的儿子不敢自称"嗣子某"，不敢和世子同名。

如果国君使士与自己一块儿射箭，而士不会射，就应当以有病为托词，说："我有负薪之忧。"

侍奉君子，如果君子发问，（应当观察一下在座诸位有无超过自己的，然后再做回答。）如果目中无人，抢先回答，这便是失礼了。

徙居他国的君子，不可改变原来的礼俗。祭祀的礼仪，守丧的服制，哭泣死者的位置，应当一如祖国的礼法，并谨慎地遵循，认真地实行。

如果离开母国已经三代了，但族人中仍然有人在朝居官，那么出入来往别国仍然需要向国君报告。如果本国仍有宗族兄弟，自己遇有婚丧诸事，也应当回去告诉族长。

如果离开母国已经三代了，族中已经没有人在朝廷做官，出入来往别国就不需要再向国君报告，但只有做了别国的卿大夫，才可以遵从新国的礼法。

君子在父亲过世后不可更换名字。父亲过世后，即使能够大富大贵，也不为亡父追赠谥号。

守丧而未下葬，应当研读有关丧礼的书；下葬之后就要研读祭礼的书；除丧恢复正常之后，就可以研读诗书了。守丧期间不谈论乐事，祭祀当中不谈论凶事，公庭之上不谈论妇女。

到国君面前（才）拂去书簿上的尘土，整理散乱的书籍，是要治罪的。当着国君的面，颠倒筮策、翻倒卜龟，也要受到处罚。

卜问吉凶的龟策，老人使用的几杖，丧车专用的席盖，以及穿戴纯白色的衣冠和露出身体的单内衣，都不能进国君的宫门。穿丧鞋，戴丧冠，孝服装束，也不能进入国君的宫门。记录宾客赠送葬礼的方板、丧服以及丧葬所用的冥器，不事先禀告，也不得拿进国君的宫门。

凡是公家的事情，不许私下议论。

君子将要营建宫室，首先应建造宗庙，其次是马厩和库房，最后才建自己的住房。大夫家中制造器具，要先造祭器，其次造祭牲的圈牢，最后造日常使用的饮食器皿。

没有田地俸禄的人，可以不置备祭器；有田地俸禄的人，要先制作祭服。君子即使贫穷，也不能出卖祭器；即使天气寒冷，也不能随便穿上祭服。营造宫室，不砍伐墓地的树木。

士、大夫离开自己的国家，不可把祭器带出国外。大夫的祭器应寄放在大夫家中，士的祭器则应存放于士的家里。

大夫、士离开自己的母国，一出国境，就应当设置祭坛，面向母国伤心地哭泣；应当穿素衣、素裳，戴素冠；要拆去衣裳和帽子的镶边，穿生皮革做的鞋，用白狗皮覆盖车轼；要乘不修剪毛的马，不能修剪手脚指甲和胡须头发，吃饭之前也不用行食前祭礼；不向人辩解自己冤屈无罪；不同妇女行房事。这样经过三个月后，才可以恢复原来的生活。

大夫、士晋见国君，如果国君亲自对他们表示慰问，大夫、士就应当后退避让，并两次稽首拜谢国君。国君如果迎接大夫、士并行拜礼，大夫、士就应该后退避让，并且不敢回礼答拜（以此表示自己不敢接受国君的拜礼）。

大夫、士相见，彼此虽然贵贱悬殊，但如果主人尊敬客人，就可以先拜客人；如果客人尊敬主人，就可以先拜主人。除非吊丧和进见国君这两种情况，受过拜礼都要回拜答礼。

大夫去见别国国君，国君要拜谢他屈尊来访。士去见别国大夫，大夫要拜谢士屈尊来访。同国之人初次相见，主人要拜谢客人驾临寒舍。但是，国君对于士则可以不回礼答拜。如果是别国的士，国君就要答拜。大夫对于自己的家臣，即使家臣地位卑贱，也一定要回礼答拜。

男女之间一定要互相回礼答拜。

国君春天打猎不合围猎场，大夫打猎不对群处的野兽赶尽杀绝，士打猎时不获取幼兽和鸟卵。

灾荒年月，收成不好，国君用膳不杀牲，喂马不用谷物；驰道不加修整，祭祀不悬钟磬；大夫不吃稻粱饭，士请客饮酒不奏乐。

国君无故不让佩玉离身，大夫无故不撤去钟磬，士无故不撤掉琴瑟。

士向国君献礼。如果有一天国君问："（你）是从哪里得来这些东西的？"士先要跪拜叩头，然后再回答。

大夫因私出国，行前必先请示君王，回来后一定要对君王有所馈献。士因私出国，行前必先请示君王，回来后一定要向君王报告。国君慰劳他们，他们应该拜谢；国君询问他们旅途的见闻，他们应该先下拜，然后回答。

国君离开自己的国家，群臣应该劝止他说："为什么要抛弃自己的社稷呢？"大夫离开自己的国家，应当劝止说："为什么要离开自己的宗庙呢？"如果是士，就应当劝止说："为什么要抛弃自己的祖坟呢？"

国君应当为社稷效死，大夫应当为黎民百姓效死，士应当为国家法制效死。

君临天下称为"天子"。朝会诸侯，分派官职，授予政事，委任事功，（天子在行使这些政务时）就称"予一人"。以主人身份主持祭祀，如果祭祖宗，就称"孝王某"；如果祭天地神祇，就称"嗣子某"。天子临幸诸侯国内，祭祀鬼神时就称"天王某"。天子去世，要说"天王崩"。为天子招魂，要说："天王，魂兮归来。"为天子讣告天下，要称"天王升天了"。将天子的神灵安置于宗庙，敬立牌位，要称"帝"。天子守丧而未除，要称"予小子"。活着守丧如此称呼，未除丧而去世也如此称呼。

天子的女官，有后，有夫人，有世妇，有嫔，有妻，有妾。

诸侯北面而见天子，曰觐。

天子站在屏风和路门之间，诸公站在天子的西边面朝东、诸侯站在天子的东边面朝西叫作朝。

遇

会

聘

誓

盟

天子设立治天道、事鬼神的官职，名为六太，即太宰、太宗、太史、太祝、太士、太卜，其职责是掌管六种法典制度。天子设立的五官名叫司徒、司马、司空、司士、司寇，其职责是管理五个方面的臣属。天子设立的六府之官名叫司土、司木、司水、司草、司器、司货，其职责是掌握分类职事。天子设立的六种工匠之官名叫土工、金工、石工、木工、兽工、草工，负责六个方面的器材和制作。

公、侯、伯、子、男五等诸侯向天子呈献各自的政绩，称为"享"。诸侯之长称作"伯"，主管一方的政事。他辅佐天子治理天下，因此又称"天子之吏"。伯如果与天子同姓，就称为"伯父"；如果与天子异姓，就称为"伯舅"。伯对诸侯们自称"天子之老"，在封国之外称"公"，在封国之内称"君"。

九州之长进入天子京畿内，就称为"牧"。如果他同天子同姓，就称为"叔父"。如果与天子异姓，就称为"叔舅"。在封国之外称"侯"，在封国之内称"君"。

其他诸如东边的夷人、北边的狄人、西边的戎人、南边的蛮人，即使拥有广袤的土地，也只能称"子"。他们在国内自称"不穀"，在国外自称"王老"。

作为荒蛮之地的方国小侯，进入天子王畿就称"某人"。他们在国内自称"子"，在国外自称"孤"。

天子背对着屏风南面站立，诸侯面朝北而见天子叫作觐。天子站在屏风和路门之间，诸公站在天子的西边面朝东、诸侯站在天子的东边面朝西叫作朝。

诸侯之间未曾预约见面时间和地点而相见叫遇，按约定时间在两国边境附近相见叫会。诸侯派大夫向别国诸侯慰问叫作聘。诸侯之间以言语相约束以取信叫作誓。面对神灵杀牲缔约叫作盟。

诸侯去见天子，自称"臣某侯某"。对臣民讲话，自称"寡人"。服丧期间会见外国宾客，自称"嫡子孤某"。在宗庙主持祭祀，自称"孝子某侯某"。在郊坛主持祭祀自称"曾孙某侯某"。诸侯去世叫作"薨"，招魂时要说："某甫回来吧。"诸侯下葬后，嗣君未除丧而见天子叫"类见"。将要出葬时向天子请赐谥号叫"请类"。

诸侯派使者出使别的诸侯国，使者要自称"寡君之老"。

天子的仪容，幽深和敬；诸侯的仪容，雄壮显明；大夫的仪容，齐齐整整；士的仪容洒脱舒扬；庶人的仪容，匆匆忙忙。

天子的配偶叫作后，诸侯的配偶叫作夫人，大夫的配偶叫作孺人，士的配偶叫作妇人，庶人的配偶叫作妻。公侯有夫人，有世妇，有妻，有妾。公、侯的夫人对天子自称为"老妇"，向别国诸侯自称"寡小君"，对自己的国君自称"小童"。从世妇以下，都自称"婢子"。

子女在父母面前都自称名。

各诸侯国的大夫，进入天子的畿内就称为"某士"；自己称为"陪臣某"。在别国被称为"子"，对本国被称为"寡君之老"。使者出使别国，应称为"某"。

史书记载天子的事迹不用"出"字。诸侯去世，史书不直呼其名。君子不原谅作恶的天子与诸侯。因此，如果诸侯丧失自己的国土，或者攻灭自己的同胞，史书记载这些事情时可以直呼其名。

作为臣子，不当面指责国君的过错（应当微言讽谏以劝国君纠正错误）。但是，如果再三劝谏，君王死活听不进去，做臣子的就可以离开国君而出走。然而，作为儿子，在侍奉父母的时候，如果再三劝谏，父母仍不听从，就应当号啕哭泣跟从父母（而不能离开他们而去）。

国君有病需要吃药，做臣子的应当预先尝一下。父母有病需要吃药，做儿子的应当预先尝一下。行医治病相传不过三代的医生，不服用他的药物。

要比较一个人，必须把他置于同类人中间（如大夫同大夫相比，士与士相比）。

询问天子的年龄，如果年长，可以说："听说可以穿多大的衣服了。"询问国君的年龄，如果年长，可以说："能主持宗庙祭祀和国家大事了。"如果国君年幼，则可以说："还不能主持宗庙祭祀和国家大事。"询问大夫儿子的年龄，如果儿子年龄已大，就可以说："（您儿子）可以驾车了吧？"如果儿子年纪尚幼，则可以说："（您儿子）还不会驾驶车吗？"问询士的儿子的年龄，如果儿子尚幼，就可以问："（您儿子）还不能主持接待宾客的事吧？"如果儿子已经长大，就可以问："（您儿子）可以主持接待宾客的事了吧？"询问庶人的儿子的年龄，如果儿子已经长大，就可以说："（您儿子）可以背柴薪了吧？"如果儿子年纪尚幼，则可以说："（您儿子）还不能背柴薪吧？"

问询国君的财富，应当历数国土上山川、土地出产的物产，然后再作回答；问询大夫的财富，应当回答说："有采地可以收取租赋，祭祀时不需向人求借祭器和祭服。"问询士的家财，就用有多少车轫来回答。问询庶人的家产，就用有多少牲畜来回答。

天子应当祭祀天地之神，四方神灵，山川之神，以及户神、灶神、溜神、门神、行神等五祀之神。一年要祭祀一遍。诸侯应当祭祀封国之内的山川之神，以及户神、灶神、溜神、门神、行神等五祀之神，一年也要遍祭一次。大夫应当祭祀户神、灶神、溜神、门神、行神等五祀之神，一年也要遍祭一次。士则只需要祭祀各自的祖先。

凡是祭祀，（应当注意把握以下原则：）如果有已经废弃不再祭祀的，就不敢再祭祀；如果已经开始祭祀，就不敢再废弃了。不是自己应该祭祀的神而加以祭祀，就叫"淫祀"，淫祀不会给祭祀者带来福音。

天子祭祀用纯一毛色的牛，诸侯祭祀用经过精心饲养的牛，大夫祭祀可以用临时挑选的牛，士祭祀可以用羊和猪。

庶出的子孙不主持祭祀，（如果有特殊情况需要）主持祭祀，必须事先报告嫡系子孙。

凡祭祀宗庙所用的礼物（牲物都有特殊的称号）：牛叫作"一元大武"，猪叫作"刚鬣"，小猪叫作"腯肥"，羊叫作"柔毛"，鸡叫作"翰音"，狗叫作"羹献"，野鸡叫作"疏趾"，兔叫作"明视"，干肉叫作"尹祭"，干鱼叫作"商祭"，鲜鱼叫作"脡祭"，水叫作"清涤"，酒叫"清酌"，黍叫作"芗合"，粱叫作"芗萁"，稷叫作"明粢"，稻叫作"嘉蔬"，韭叫作"丰本"，盐叫作"咸鹾"，玉叫作"嘉玉"，币叫作"量币"。

天子死叫作"崩"，诸侯死叫作"薨"，大夫死叫作"卒"，士死叫作"不禄"，庶人死叫作"死"。死人放在床上叫作"尸"，装进棺材里叫作"柩"。

有羽毛的鸟死叫作"降"，四脚的动物死叫作"渍"。

抵御贼寇而死叫作"兵"。

祭祀祖父称为"皇祖考"，祭祀祖母称为"皇祖妣"，祭祀父亲称为"皇考"，祭祀母亲称为"皇妣"，祭祀丈夫称为"皇辟"。

当他们在世时就分别称为父、母、妻；死后就称为考、妣、嫔。

长寿而死叫作"卒"，短寿夭折叫作"不禄"。

瞻望天子，视线往上不可高于他的交领，往下不可低于衣带。瞻望国君，视线要稍低于面部。至于士人，视线可以旁及士周围五步以内的地方。凡是瞻望他人，视线高于对方的面部就显得傲慢，低于衣带就显得忧愁，歪着头、乜斜着眼睛看人就显得似有奸邪之心。

国君有命令，士和大夫要认真研究学习。在官署就谈论官署的事，在府中就谈论府中的事，在库中就谈论库中的事，在朝廷就谈论朝廷的事。在商讨国家政事的地方，不谈论犬马等私事。退朝之后，（臣子们应当各自退去，不要回头观望），如果回头观望，则不是另有他事，就是心里转换了别的念头，因此退朝而回头看，君子称之为"固"。上朝时，言谈举止都应该符合礼仪：提问题要有礼，回答问题同样要有礼。

天子设宴大缥诸侯，事先不必预卜吉日；（所用酒食器物）符合缥礼即可，无须奢侈浪费。

凡是送见面礼，天子用鬯，诸侯用圭，卿用小羊，大夫用雁，士用野鸡，庶人用鸭。儿童送见面礼，把礼物放在地上就应该退避到一旁去。

在野外行军打仗，没有别的见面礼，就可以用马缨、射箭时束袖的臂套或箭代替。

妇女的见面礼，用榛子、棒子、肉脯或干肉、枣子、栗子等物。

把女儿嫁给天子时应当说"备百姓"，嫁给国君时应当说"备酒浆"，嫁给大夫时应当说"备扫洒"。

瞻望天子，视线往上不可高于他的交领，往下不可低于衣带。瞻望国君，视线要稍低于面部。

礼运第九

【原文】

昔者仲尼与于蜡宾①，事毕，出游于观之上②，喟然而叹。仲尼之叹，盖叹鲁也。

言偃在侧③，曰："君子何叹？"孔子曰："大道之行也④，与三代之英⑤，丘未之逮也⑥，而有志焉⑦。大道之行也，天下为公，选贤与能，讲信修睦。故人不独亲其亲，不独子其子；使老有所终，壮有所用，幼有所长，矜寡、孤独、废疾者皆有所养；男有分，女有归⑧。货，恶其弃于地也，不必藏于己。力，恶其不出于身也，不必为己。是故谋闭而不兴，盗窃乱贼而不作。故外户而不闭，是谓大同。"

子曰："今大道既隐，天下为家，各亲其亲，各子其子，货、力为己；大人世及以为礼⑨，城沟池以为固⑩，礼义以为纪，以正君臣，以笃父子，以睦兄弟，以和夫妇，以设制度，以立田里，以贤勇知，以功为己。故谋用是作⑪，而兵由此起。禹、汤、文、武、成王、周公，由此其选也⑫。此六君子者，未有不谨于礼者也，以著其义，以考其信⑬，著有过，

大道之行也，天下为公。

父慈，子孝，兄良，弟悌，夫义，妇听，长惠，幼顺。

刑仁讲让⑭，示民有常。如有不由此者，在执者去，众以为殃。是谓小康。"

言偃复问曰："如此乎礼之急也？"孔子曰："夫礼，先王以承天之道，以治人之情，故失之者死，得之者生。《诗》曰：'相鼠有体，人而无礼。人而无礼，胡不遄死⑮！'是故夫礼，必本于天，淆于地⑯，列于鬼神⑰，达于丧、祭、射、御、冠、昏、朝、聘。故圣人以礼示之，故天下国家可得而正也。"

言偃复问曰："夫子之极言礼也，可得而闻与？"孔子曰："我欲观夏道，是故之杞，而不足征也，吾得《夏时》焉⑱。我欲观殷道，是故之宋⑲，而不足征也，吾得《坤乾》焉。《坤乾》之义，《夏时》之等，吾以是观之。"

子曰："夫礼之初，始诸饮食，其燔黍捭豚⑳，汙尊而抔饮㉑，蒉桴而土鼓㉒，犹若可以致其敬于鬼神。及其死也，升屋而号，告曰：皋——某复㉓！'然后饭腥苴孰㉔。故天望而地藏

也㉕，体魄则降，知气在上。故死者北首，生者南向，皆从其初。昔者先王未有宫室，冬则居营窟，夏则居橧巢㉖；未有火化，食草木之实、鸟兽之肉，饮其血，茹其毛；未有麻丝，衣其羽皮。后圣有作，然后修火之利，范金㉗，合土，以为以台榭宫室牖户；以炮，以燔，以亨，以炙，以为醴酪㉘；治其麻丝，以为布帛；以养生送死，以事鬼神上帝，皆从其朔。故玄酒在室㉙，醴盏在户㉚，粢醍在堂㉛，澄酒在下㉜，陈其牺牲，备其鼎俎，列其琴瑟、管磬、钟鼓，修其祝嘏㉝，以降上神与其先祖，以正君臣，以笃父子，

夫礼之初，始诸饮食。

以睦兄弟，以齐上下，夫妇有所，是谓承天之祜。作其祝号㉞，玄酒以祭，荐其血毛，腥其俎，孰其肴；与其越席㉟，疏布以幂；衣其浣帛㊱；醴盏以献，荐其燔炙㊲。君与夫人交献，以嘉魂魄，是谓合莫㊳。然后退而合亨㊴，体其犬、豕、牛、羊，实其簠簋、笾、豆、铏、羹㊵，祝以孝告，嘏以慈告，是谓大祥。此礼之大成也。"

孔子曰："呜呼哀哉！我观周道，幽、厉伤之，吾舍鲁何适矣！鲁之郊禘㊶，非礼也，周公其衰矣！

"杞之郊也，禹也。宋之郊也，契也。是天子之事守也㊷。故天子祭天地，诸侯祭社稷。"

子曰："祝嘏莫敢易其常古，是谓大假。祝嘏辞说，藏于宗祝巫史，非礼也，是谓幽国。盏斝及尸君㊸，非礼也，是谓僭君。冕弁兵革，藏于私家，非礼也，是谓胁君。大夫具官㊹，祭器不假，声乐皆具㊺，非礼也，是谓乱国。故仕于公曰臣，仕于家曰仆。三年之丧与新有昏者㊻，期不使。以衰裳入朝，与家仆杂居齐齿㊼，非礼也，是谓君与臣同国。故天子有田以处其子孙，诸侯有国以处其子孙，大夫有采以处其子孙，是谓制度。故天子适诸侯，必舍其祖庙，而不以礼籍入㊽，是谓天子坏法乱纪；诸侯非问疾吊丧，而入诸臣之家，是谓君臣为谑。是故礼者，君之大柄也，所以别嫌明微，傧鬼神㊾，考制度，别仁义㊿，所以治政安君也。故政不正则君位危，君位危则大臣倍、小臣窃。刑肃而俗敝，则法无常；法无常而礼无列，礼无列则士不事也。刑肃而俗敝，则民弗归也。是谓疵国。"

子曰："故政者君之所以藏身也，是故夫政必本于天，殽以降命[51]。命降于社之谓殽地，降于祖庙之谓仁义，降于山川之谓兴作，降于五祀之谓制度。此圣人所以藏身之固也。"

子曰："故圣人参于天地、并于鬼神[52]，以治政也；处其所存，礼之序也；玩其所乐，民之治也。故天生时而地生财，人其父生而师教之，四者君以正用之，故君者立于无过之地也。"

子曰："故君者所明也[53]，非明人者也；君者所养也，非养人者也；君者所事也，非事人者也。故君明人则有过，养人则不足，事人则失位。故百姓则君以自治也，养君以自安也，事君以自显也。故礼达而分定，故人皆爱其死而患其生。"

子曰："故用人之知去其诈，用人之勇去其怒，用人之仁去其贪。"

子曰："故国有患，君死社稷，谓之义；大夫死宗庙，谓之变[54]。"

子曰："故圣人耐以天下为一家、以中国为一人者[55]，非意之也[56]，必知其情，辟于其义[57]，

明于其利，达于其患，然后能为之。何谓人情？喜，怒，哀，惧，爱，恶，欲，七者弗学而能。何谓人义？父慈，子孝，兄良，弟悌，夫义，妇听，长惠，幼顺，君仁，臣忠，十者谓之人义。讲信修睦，谓之人利。争夺相杀，谓之人患。故圣人之所以治人七情，修十义，讲信修睦，尚辞让，去争夺，舍礼何以治之？饮食男女，人之大欲存焉。死亡贫苦，人之大恶存焉。故欲恶者，心之大端也。人藏其心，不可测度也。美恶皆在其心，不见其色也，欲一以穷之，舍礼何以哉？"

子曰："故人者，其天地之德、阴阳之交、鬼神之会，五行之秀气也。故天秉阳，垂日星；地秉阴，窍于山川，播五行于四时，和而后月生也。是以三五而盈，三五而阙。五行之动，迭相竭也。五行、四时、十二月，还相为本也。五声、六律、十二管，还相为宫也[58]。五味、六和、十二食，还相为质也[59]。五色、六章、十二衣，还相为质也[60]。"

子曰："故人者，天地之心也，五行之端也[61]，食味、别声、被色而生者也。故圣人作则，必以天地为本，以阴阳为端，以四时为柄[62]，以日星为纪，月以为量，鬼神以为徒，五行以为质，礼义以为器[63]，人情以为田，四灵以为畜[64]。以天地为本，故物可举也。以阴阳为端，故情可睹也。以四时为柄，故事可劝也。以日星为纪，故事可列也。月以为量，故功有艺也[65]。鬼神以为徒，故事有守也。五行以为质，故事可复也。礼义以为器，故事行有考也。人情以为田，故人以为奥也[66]。四灵以为畜，故饮食有由也。"

子曰："何谓四灵？鳞、凤、龟、龙，谓之四灵。故龙以为畜，故鱼鲔不淰；凤以为畜，故鸟不獝；麟以为畜，故兽不狘[67]；龟以为畜，故人情不失。"

子曰："故先王秉蓍龟，列祭祀，瘗缯[68]，宣祝嘏辞说，设制度。故国有礼，官有御，事有职，礼有序。"

子曰："故先王患礼之不达于下也。故祭帝于郊，所以定天位也；祀社于国，所以列地利也；祖庙，所以本仁也；山川，所以傧鬼神也；五祀，所以本事也。故宗祝在庙，三公在朝，三老在学，王前巫而后史，卜筮瞽侑皆在左右[69]，王中心无为也，以守至正。故礼行于郊，而百神受职焉[70]；礼行于社，而百货可极焉；礼行于祖庙，而孝慈服焉[71]；礼行于五祀，而正法则焉。故自郊社、祖庙、山川、五祀，义之修而礼之藏也。"

子曰："是故夫礼，必本于大一[72]，分而为天地，转而为阴阳，变而为四时，列而为鬼神，其降曰命，其官于天也[73]。夫礼必本于天，动而之地，列而之事，变而从时，协于分艺。其居人也曰养[74]，其行之以货力、辞让、饮食、冠昏、丧祭、射御、朝聘。"

子曰："故礼义也者，人之大端也，所以讲信修睦，而固人之股肤之会、筋骸之束也；所以养生、送死、事鬼神之大端也，所以达天道、顺人情之大窦也。故唯圣人为知礼之不可以已也。故坏国、丧家、亡人，必先去其礼。"

子曰："故礼之于人也，犹酒之有蘖也，君子以厚，小人以薄。故圣王修义之柄、礼之序，以治人情。故人情者，圣王之田也，修礼以耕之，陈义以种之，讲学以耨之，本仁以聚之，播乐以安之。故礼也者，义之实也；协诸义而协，则礼虽先王未之有，可以义起也。义者，艺之分、仁之节也。协于艺，讲于仁，得之者强。仁者，义之本也，顺之体

子曰：故人者，其天地之德、阴阳之交、鬼神之会，五行之秀气也。

也，得之者尊。故治国不以礼，犹无耜而耕也，为礼不本于义，犹耕而弗种也；为义而不讲之以学，犹种而弗耨也，讲之于学而不合之以仁，犹耨而弗获也；合之以仁而不安之以乐，犹获而弗食也；安之以乐而不达于顺，犹食而弗肥也。四体既正，肤革充盈，人之肥也；父子笃，兄弟睦，夫妇和，家之肥也；大臣法，小臣廉，官职相序，君臣相正，国之肥

礼行之以货力、辞让、饮食、冠昏、丧祭、射御、朝聘。

也；天子以德为车，以乐为御，诸侯以礼相与，大夫以法相序，士以信相考，百姓以睦相守，天下之肥也。是谓大顺。大顺者，所以养生、送死、事鬼神之常也。故事大积焉而不苑[75]，并行而不缪，细行而不失；深而通，茂而有间，连而不相及也，动而不相害也：此顺之至也。故明于顺，然后能守危也。"

子曰："故礼之不同也[76]，不丰也，不杀也，所以持情而合危也。

"故圣王所以顺，山者不使居川，不使渚者原中原，而弗敝也。用水、火、金、木，饮食必时。合男女，颁爵位，必当年德。用民必顺。故无水旱昆虫之灾，民无凶饥妖孽之疾。故天不爱其道，地不爱其宝，人不爱其情。故天降膏露，地出醴泉，山出器车，河出马图[77]，凤凰麒麟皆在郊椒[78]，龟龙在宫沼，其余鸟兽之卵胎，皆可俯而窥也。则是无故，先王能修礼以达义，体信以达顺，故此顺之实也。"

【注解】

①蜡（zhà）：古代国君于十二月举行的祭祀。宾：指陪祭者。②观：指宗庙门外两旁的高建筑物。③言偃：即子游。④大道：指五帝时代的治理天下之道。⑤三代之英：指夏、商、周三个朝代的杰出人物，如文、武、成、汤、周公等人。⑥逮：赶上。⑦志：记载。⑧归：女子出嫁。⑨世及：父子相传称为"世"，兄弟相传称为"及"。⑩沟池：指护城河。⑪用：由。⑫选：即选拔杰出人物。⑬考：成全。⑭刑仁：对民众中有仁德的人，用礼赏赐，作为众人效法的标准。刑，法则。⑮遄死：迅速死掉。⑯淆：通"效"，效法。⑰列于鬼神：郑《注》曰："取法度于鬼神。"⑱"是故"三句：杞：国名，由夏禹的后代建立。《夏时》：夏代的历法。⑲宋：国名，由商汤的后代建立。⑳燔、捭：均为炙烤的意思。豚：猪肉，这里泛指兽肉。㉑汙（wū）尊：指凿地成坑以为尊。抔（póu）饮：用手捧而饮之。㉒蒉（kuì）桴：指用土抟成鼓椎。桴，鼓椎。土鼓：指用土筑成鼓形。㉓皋：呼号的声音。㉔苴：蒲包。孰：通"熟"。㉕天望：指人死后到屋顶上向天号告以招魂。地藏：指不用棺椁，直接将尸体埋入土中。㉖橧（zēng）巢：指用柴草搭成的巢穴。㉗范金：用模型浇铸金属器皿。㉘酪：醋。㉙玄酒：指水。㉚醴盏：初酿成的酒。㉛粢醍：一种甜而醇厚的浑酒。㉜澄酒：没有沉淀物的清酒。㉝祝：人享神的祝词。嘏：尸代表神、祖先向祭者的祝福之辞。㉞祝号：祝福中美好的称号。㉟越席：蒲蒲织成的草席。㊱浣：煮染。㊲燔炙：燔肉炙肝。㊳莫：指冥漠世界。㊴合亨：合烹，指将未煮熟的食物重新加工。㊵铏（xíng）：古代盛菜羹的器皿。㊶郊：天子祭天。禘：子孙祭祖。㊷天子之事守：陈澔曰："唯此二国（杞、宋），可世守天子之事以事其祖。"㊸盏：夏代的酒杯。斝：殷代的酒杯，其形状为大口，圆腹，下有三锥形足。㊹具官：措各种执事皆备。㊺祭器不假，声乐皆具：按照礼的规定，无地的大夫不得制造祭器，有地的大夫可以制造祭器但不得全备，因此祭祀时必须假借。大夫拥有的乐器和乐人也都有一定的限制，不得逾制而全备。㊻新有昏者：指刚结婚的人。昏，通"婚"。㊼齐齿：指没有上下尊卑之分。㊽礼籍：记载礼的简策，上面载有进入诸侯宗庙应当注意的忌讳。㊾傧鬼神：指礼敬鬼神。傧，接待宾客。㊿别仁义：孙希旦曰："仁主于慈爱，义主于断制，以礼别而用之，而刑赏、黜陟当矣。"[51]殽：效法。[52]并：比方。[53]所明：指通过兼听使自己变得聪明。[54]变：通"辩"，正道。[55]耐：通"能"。[56]意：私意测度。[57]辟：通"通"，明白，与下文的"知""明""达"义意相似。[58]五声：宫、商、角、

徵、羽。(59)五味：酸、苦、辛、咸、甘。六和：指春多酸，夏多苦，秋多辛，冬多咸，调以滑、甘，合而为六。(60)五色：青、赤、黄、白、黑。(61)五行之端：五行之性不可见，体现在人的身上表现为仁、义、礼、智、信，然后可以通过它们发现五行的本性。(62)柄：权衡。(63)器：器具。(64)四灵：指麟、风、龟、龙四种动物。(65)艺：事之界限。(66)奥：主宰。(67)“故龙”六句：鲔：泛指大鱼。淰（shěn）：水搅动而鱼惊走。獝（xù）：禽惊骇而乱飞。狘（xuè）：惊走。(68)瘗（yì）缯：一种祭祀方式。瘗，埋葬。缯，币帛。(69)侑：膳宰。(70)百神受职：古人认为，风雨寒暑，四时节候，都为百神掌管，百神各受其职，则风调雨顺，就不会发生自然灾害。(71)服：行。(72)大一：即太一，古代哲学的一个范畴，指处于混沌未分的元气状态的天。(73)官：效法。(74)养：当作“义”字。(75)苑：积聚，郁结。(76)礼之不同：指人有贵贱等级的不同，相应地礼也分为不同的等级。(77)河出马图：传说伏羲氏时，有龙马从黄河出现，背负“河图”；有神龟从洛水出现，背负“洛书”。伏羲氏根据“河图”“洛书”发明了八卦，即《周易》的来源。(78)椒（zōu）：湖泊地带。

【译文】

从前孔子参加蜡祭仪式，担任陪祭。祭礼结束后，来到门阙的楼观上游览，不禁喟然长叹。孔子的叹息，大概是叹息鲁国吧。

子游在旁问道：“先生因何叹息呢？”孔子回答说：“大道通行的时代，以及夏、商、周三朝圣贤当政的时代，尽管我都没有赶上，但是却有文献（把那两个时代的事迹）记载下来。大道通行的时代，天下为民众所公有，德才兼备的人被民众选举出来。人与人之间互讲诚信，邻里之间和睦相处。因此，人们不只是亲爱自己的双亲，也不只是抚养自己的子女，而是使老年人都能善终，成年人都能人尽其用，幼童都能得到抚养，鳏寡、孤独、残疾者都能得到抚恤；男子各有各的职责，女子都能适时出嫁。人们痛恨糟蹋浪费财货的行为，但是绝没有将财货据为己有的心思。人们厌恶有力气而偷奸耍滑的行为，但是绝不自恃气力谋取私利。所以，阴谋诡计因没有门路而受到扼制，大盗和乱贼也不会出现。夜不闭户，这就叫作大同社会。”

孔子说：“如今大道已经消隐不现，天下变为私人的天下，人们只亲爱自己的亲人，只抚养自己的子女，财货、气力均为己所用；天子、国君世袭相传以为礼，修筑城墙和护城河作为防御工事，用礼仪作为纲纪，以端正君臣关系，加深父子情感，使兄弟之间关系和睦，使夫妻之间关系和谐，设立各项制度，划分各家田地，尊重智勇之士，重用有功之人。因此，权谋开始兴起，战事频繁发生。夏禹、商汤、周文王、周武王、周成王、周公旦，便是涌现出来的杰出人才。这六位人才，无不谨慎恪守礼制，用礼表彰民众的道义之举，用礼成全民众的诚信之举，用礼揭露各种过失，用礼标榜仁爱，用礼提倡谦让，用礼指示民众遵守法规。如果有人不遵行礼义，民众就废黜他，并将其视为祸殃。这便叫作小康社会。”

子游又问道：“这么说礼是很要紧的事情了？”孔子回答说：“礼制，是古代圣贤承接天道，用来治理人类情欲的，因此，丧失礼制便无法生存，遵循礼制才能生存。《诗经》上说：‘看那老鼠尚且还有肢体，做人反而没有礼。做人如果没有礼，何不快点去死呢！’所以说礼必须承接天道，仿效地理，取法于鬼神，而贯彻到丧事、祭祀、射箭、驾车、冠礼、婚礼、朝礼、聘礼等各项礼仪中去。所以圣贤用礼教育万民，天下国家就可以治理好了。”

子游又问道：“先生您这样推崇礼制，可以说给我听听吗？”孔子说：“我想要了解一下夏朝的礼制，所以去了杞国，但是杞国的礼不足以代表夏朝的礼，我只得到了《夏时》这本书。我想要了解一下殷朝的礼制，所以到了宋国，但是宋国的礼也不足以代表殷朝的礼，我也只得到了《坤乾》这本书。《坤乾》一书体现了事物变化的道理，《夏时》一书记载了四时运转的程序，我就是据此来考察夏、殷两代的礼制的。”

孔子说：“最初的礼，起源于饮食。人们烧烤黍米、猪肉，凿地成坑为樽，用手捧着喝水，用土抟成鼓槌，用土筑成鼓形，以此表达对鬼神的敬意。人死之后，（死者亲人）就爬上屋顶，对天呼叫道：‘某某，魂兮归来。’然后用生米为死者含饭，用蒲包裹肉为死者祭奠。所以，望天而招魂，掘地而藏尸，肉体埋入地下，灵魂上升到天上。因此，今天人死后头朝北而葬，活人则屋朝南而居，都是当初流传下来的习俗。从前，先王没有宫室，冬天居住在洞窟之中，夏天则居住在用柴草搭成的巢穴里；不会使用火，只能吃植物的果实，或是茹毛饮血；没有丝麻，只能身穿羽毛和兽皮。后来，圣人出世，教导百姓用火烧铸金属器皿，使用泥烧制砖瓦，建造台榭、宫室，制造窗户和门；还教导民众

冕、弁、兵器等器物收藏于私人家里，这是不合乎礼制的。

将食物或裹泥而烧，或用火烧烤，或用镬烹煮，或直接贯入火中；用火蒸酿醴酒和醋；煮染麻丝，将其织成布帛，用以养生送死，祭祀鬼神上帝，所有这些都是从圣贤教会人们使用火开始的。因此，玄酒放在屋中，醴、盏放在门口，醍齐放在堂上，澄酒放在堂下，陈列祭祀用的牺牲，置备鼎俎，又陈列琴、瑟、管、磬、钟、鼓等乐器，撰作祝告神鬼之辞和尸向主人的祝福之辞，恳请上天和祖先降临，以端正君臣之间的名分，加深父子之间的感情，使兄弟之间关系和睦，改善上下级之间的关系，使夫妇二人各尽其责，这就是承受天赐之福。选定祝词中美好的称号，用玄酒来祭祀，献上宰杀的牺牲，奉上盛有生肉的俎，敬献煮熟的牲肉；铺设用蒲编织而成的席子，用粗布遮盖酒樽，穿上用煮染过的帛做成的祭服，献上醴和盏，进献烧烤过的牲肉和肝脏，国君和夫人可以交替向尸献酒，以使先人灵魂快乐，这就称作合莫。祭祀完毕后，将祭品撤下来，再合在一块儿煮熟，把狗、猪、牛、羊的骨头和肉分开来，装在箪笾、笾、豆以及刑器盛的羹汤里，分别敬献给参加祭礼的宾客们。人对神的祝词要以'孝'来立言，神对人的致福之辞则要以'慈'来立言，这叫作大吉大利。这就是礼达到相当完备的程度了。"

孔子说："呜呼哀哉！我考察周朝的治国大道，至幽王和厉王时代已经衰微了。（如果）舍弃鲁国，我还能到什么地方呢？鲁国举行郊祭和禘祭之礼，这不合乎礼制。周公制定的礼都已经衰微了！

"杞国举行郊祭之礼，用禹配祭。宋国举行郊祭之礼，用契配祭。这些都是先王的后世子孙应当继续遵守的祭礼。因此，天子祭祀天地，诸侯只能祭祀社稷。"

孔子说："祭神辞和祝福辞，不能变更古代流传下来的法度，这是礼的大节。祭神辞和祝福辞，收藏于宗、祝、巫、史手里，这是不合乎礼制的，这样的国家称为昏暗之国。用盏和斝向尸君献酒，这是不合乎礼制的，这样的君主称为僭礼之君。冕、弁、兵器等器物，收藏于私人家里，这是不合乎礼制的，称为威胁君主。大夫之家，如果各种执事具备，祭祀用具齐备，乐器和乐人全备，这是违背礼制的，这样的国家称为乱礼之国。因此，为王公做事称之为臣，在私人家里做事称之为仆。服三年之丧及新婚不久的人，朝廷有事也不征召他们服役。身穿丧服上朝，或者与家里的仆人没有上下尊卑之分，都不合乎礼制的规定，这样的国家称为君臣同国。所以，天子有田地用以安置子孙后代，诸侯有封国用以安置子孙后代，大夫有采地用于安置子孙后代，这就叫作制度。因此，天子来到诸侯的封国，一定要下榻于诸侯的祖庙中，如果天子不按照礼籍上的规定去做，便称之为天子坏乱法纪；诸侯如果不是探望疾病或是吊唁死者，而经常在诸臣之家出入，称之为君臣互相戏谑。所以，礼是国君治理天下的工具，它可以辨别嫌疑，明察幽微，礼敬鬼神，考察制度，根据不同的对象区别运用仁或者义，是用来治理国家安定君位的。因此，朝政不正君位就危险了，君位危险了大臣就会背叛君主，小臣就会窃权。如果刑罚严峻而风俗败坏，那么法令就会经常变更；法令更变不定，就不能区分等级，上下等级不能区分，那么士人就不会恪尽职守了。刑法严峻而风俗败坏，民众就不会归附国家，这样的国家称为病国。"

孔子说："国政是君王用以藏身的手段。因此国政必须根源于天理，君王必须依据天理来下达政令。根据土地的自然状况发布政令称为效地利，根据祭祀祖庙的需要发布政令称为仁义，根据山川的四季出产发布政令称为兴作，根据五祀的需要发布政令称为制度。这是圣人用来牢固藏身的所在。"

孔子说："因此，圣人参照天地运行的规律、比照鬼神的秉性来处理政事。圣人所处的环境，到处都是礼制下井然的秩序；圣人所感到欢乐的，是民众得到了治理。因此，上天使四时运行，土地出产财富，人由父母所生，由老师教导，这四个方面，国君能够正确运用，那么国君也就可以立于不败之地了。"

　　孔子说："所以国君使自己变得聪明，而不是使别人变得聪明；国君由万民所供养，而不是供养万民；国君由别人所服侍，而不是服侍别人。因此国君使别人变得聪明，他就会犯错误；国君供养别人，就会资用匮乏；国君服侍别人，就会失掉君位。所以，百姓以国君为榜样来实现自我管理，以供养国君来求得生活安定，以为国君办事来求得显贵。礼制实现了，上下名分也就确定了，所以人人都乐于为守义而效死，耻于背义而偷生。"

　　孔子说："国君应当利用别人的智慧，而提防他们的伪诈；应当利用别人的勇敢，而提防他们的鲁莽；应当利用别人的仁爱，而提防他们的贪欲。"

　　孔子说："国家一旦遇上大患，国君就应当为社稷而死，这称为大义；大夫应当为宗庙而死，这称为正道。"

　　孔子说："圣人把天下统一为一家，把天下人团结成一人，这并非异想天开。必须懂得人情，通达人生义理，知道人们的利益所在，了解人们所忧患的事情,然后才能实现。什么叫作人情？喜、怒、哀、惧、爱、恶、欲，这七种情欲是人生来具备而无须后天学习的。什么叫作人生义理？父亲慈爱、子女孝顺、兄长贤良、弟弟恭敬、丈夫仁义、妻子顺从、长者关怀少者、少者顺从长者、君主仁义、臣子忠诚，这十个方面统称为人生义理。讲究信义，和睦相处，称为人利；相互争夺残杀，称为人患。因此，圣人用以治理人的七情，培养人的十义，促使诚信、和睦风气的形成，崇尚谦让，放弃争夺，除了礼还能用什么来治理呢？饮食男女之事,这是人的基本欲望。死亡贫苦之患，这是人生最厌恶的事情。因此，所欲和所恶，是人们心目中两个最基本的出发点。人们隐藏自己的思想，很难让人测度。美恶都深藏于人们心中，从表面上不容易看出来，要想看穿人们的思想，除了用礼还有什么途径呢？"

　　孔子说："因此，人承接天地之德，体现了阴阳的交感、鬼神的聚会，积聚了五行运转的灵秀之气。所以，上天秉持阳气，通过日月星辰垂照万物；大地秉持阴气，通过山川沟通发泄，分布五行于四时之中，四时和顺于是生出了十二个月。因此，过十五天月亮就会圆满，再过十五天月亮就会亏缺。五行的运行，循环相接。五行、四时、十二个月，周而复始，循环往复。五声、六律、十二管，轮流用以确定宫音的高低。五味、六和、十二月的食物，轮换以酸、苦、辛、咸、甘作为本味。五色、六章、十二月的衣服，轮换以青、赤、黄、白、黑作为本色。"

　　孔子说："因此，人是秉承天地的自然法则，体现五行的禀赋特性，能尽食五味六和、尽辨五声、六律，尽分五色六章的（高级）生灵。因此，圣人制定法则，一定以天地之道为根本，以阴阳变化为开端，以四季运转为权衡，以太阳星辰为纲纪，以十二月为分限，以鬼神为依傍，以五行为本体，以礼义为工具，以人性为田地，以四灵为家畜。以天地德行为根本，因此天地万物都可以利用；以阴阳变化为开端，因此各种人情变化都可以洞察；以四季运转为权衡，因此各种耕作事宜均能取得成功；以太阳星辰为纲纪，因此万事都可以处理得有条理；以十二月为界限，因此做事就有了准则；以鬼神为依傍，因此政事就可以守而不失；以五行为本体，因此凡事都可以周而复始，以礼义为工具，因此做任何事情都会取得成效；以人情为田地，人就能主宰自我；以四灵作为牲畜，因此饮食就有了保障。"

　　孔子说："什么是四灵呢？四灵就是麒麟、凤凰、龟和龙。因此，以龙作为家畜，各种鱼类就不会随意游走；以凤凰作为家畜，各种鸟类就会惊飞乱跳；以麒麟作为家畜，百兽就不会惊走乱窜；以龟作为家畜，就可以预卜而不至于出现偏差了。"

　　孔子说："因此，先王们用蓍草和龟甲卜筮，依次举行各种祭祀，埋牲、赠币帛献给神，宣读告神和祝福的文辞，设立各种规章制度，因此国家才有礼制，官吏各司其职，职事各有所属，礼仪也有了秩序。"

　　孔子说："前代的国君担心礼制不能一直贯彻下去，因此，在南郊祭祀上帝，以确定天帝至高无上的地位；在国中祭祀社神，以列举土地养育万物的功绩；在宗庙祭祀先祖，以体现仁爱的根本；祭祀山川，以敬事鬼神；祭祀五祀，以体现事功。所以，在宗庙中设置宗人和祝官，在朝廷中设置三公，在学校里设置三老，天子的前面有掌管神事的巫，后面有礼载人事的史，卜人、筮人、乐官、膳宰都在天子左右服侍，而天子不必劳神苦思，亲自操劳，只需坚守正道就可以了。因此，祭祀天帝，众神就能尽职尽责；祭祀社神，百姓就能货尽其用；祭祀祖庙，孝悌之道就能通行于天下；祭祀五祀之神，天下的法则就能各得其正了。因此，祭祀天神、社神、先祖之神及山川之神，就是培养道义、保存礼制的所在。"

礼之起源与发展

周公辅佐成王

周代 ——— 规范

礼治

春秋战国 ——— 先秦儒家 ——— 治国之本

修身之道

孔子

孔子——"上好礼，则民易使也"，"克己复礼为仁"，"礼"是君主治理国家的手段，而且是达到人生最高道德境界——"仁"的途径。

孟子

孟子——从人性本善的角度，把礼与仁、义、智并列，认为礼是人内心所固有，人遵守礼是人的一种内在的道德自觉。

荀子

荀子——从人性本恶的角度，把礼看作是先王制定的约束人们的贪欲之心并制止由此产生的各种争斗以使社会各成员协调相处的强制性的外在行为规范。

汉代 ———  以叔孙通为代表的汉儒

数——具体的礼仪

义——关于礼的哲学理论

《礼记》中的孝道思想

孝的层次

大孝尊亲
使父母得到天下人的敬重

其次弗辱
不辱没父母的名声

其下能养
能奉养父母

最高层次——安：让父母身心得到安乐，没有丝毫的忧虑

↑

更高层次——敬：对父母至诚恭敬

↑

第四层次——爱惜自己的生命

↑

第三层次——"不登高，不临深"，"不服闇，不登危"，不让父母担心自己

↑

其次——出必告，反必面

↑

最基础要求——冬温而夏清，昏定而晨省

丧事之孝

生则养，没则丧，丧毕则祭。养则观其顺也，丧则观其哀也，祭则观其敬而时也。

　　孔子说："所以，礼应以天地的原始物质太一为根本。太一分离而为天地，运转而为阴阳，变化而成四季，分布起来而为鬼神。太一这一元气降临人世则称为命，这就是效法于天理。礼应以天道为根本，然后通行于天下，分布于众事之中，并随着四时的变化而变化，以配合月份变化制定出评定事功的标准。礼体现在人身上，就称之为义，礼在实行的时候要通过货财、劳力、辞让、饮食、冠礼、丧礼、祭祀、射箭、驾车、朝觐、聘问等表现出来。"

喜怒哀乐爱恶欲

人情如田地，先王用礼作为工具耕种它，用义栽培它，用加强教育来铲除杂草。

　　孔子说："因此，礼义是人们做一切事情的出发点，它可以促使人们讲究信义、和睦相处，也可以加固人们肌肤的组合，强固人们筋骨的联结；它是养生送死、祭祀鬼神的基本指导原则；也是体现天理、顺适人性的重要渠道。所以，只有圣人才懂得礼不可废弃的道理。因此，国家灭亡，家庭破裂，个人死亡，都是先从废弃礼开始的。"

　　孔子说："因此，礼对于人而言，就像是酒曲对酒的关系：君子因此变得厚道，小人因此变得刻薄。因此，圣人以义为手段，以礼为秩序，用来治理人情。所以，人情正如先王的田地，先王用礼作为工具耕种它，用义栽培它，用加强教育来铲除杂草，用施行义来凝聚人心，用传播音乐来安定民心。因此，礼是义的定制，只要协调礼和义的关系，那么即使是先王没有实行的礼，也可以根据义的要求制定出来。义是区分法则的依据，是施行仁义的节度，只要把义和法则结合起来，并据以施行仁义，就可以变得强盛。仁是义的根本，也是通达天理人情的具体表现，施行仁义的人就能受人尊重。因此，治理国家而不用礼，就好像耕种田地而没有农具一样；制定礼而不符合义，就好像耕耘农田而不播种一样；施行义而不推行教化，就好像播了种而不铲除杂草一样；推行教化而不合乎仁，就好像铲除杂草而不收获庄稼一样；以仁为指导推行教化而不用音乐来安定民心，就好像收获之后不去享用一样；用乐安定民心而不顺达天理人情，就好像品尝果实而无益于健康一样。因此，四肢端正，皮肤丰盈，称之为健康的人；父子情深，兄弟和顺，夫妻和睦，称之为幸福的家庭；大臣遵纪守法，小臣清正廉洁，官吏尽职尽责，君臣以正道相处，称之为开明的国家；天子以德作为乘坐的车辆，以乐作为驾车的驭手，诸侯们以礼相处，大夫们遵行法令，士以诚信互相勉励，百姓和睦相处，称之为天下大治，（这种境界）叫作大顺。大顺就是养生丧死，就是侍奉鬼神的正常道理。所以，国事成堆而不积聚，政令并行而不矛盾，事情细小而不遗漏。虽然深幽也可以通达，虽然茂密也能留有余地，相互连接而不抵触，实行起来而互不妨害，这就是大顺了。因此，了解顺的各项目标，就能够时刻保持警惕。"

　　孔子说："所以，礼有一定的标准，根据等级贵贱的差别，既不能超越标准，也不能低于标准，这才是合乎人情、避免偏差的依据。

　　"因此，圣王顺乎天理人情而统治四方；在山区住惯的人，就不要把他们迁徙到水边；在水乡住惯的人，也不要把他们迁徙到平原大陆，这样做是为了不打乱居民的生活习性。使用水、火、金、木、土等各种资源，以及形成一定的饮食习惯，都要顺应四季的变化；使男女婚配，封赐爵位，都必须与人们的年龄和德行相适应；征用民力必须顺应农时。因此，没有水、旱、害虫等自然灾害，民众也就不必担心忍饥挨饿和天下出现妖孽了。因此，上天不隐藏生育万民之道，大地不隐藏养育万民之宝，人们不隐藏自己的真实感情。因此，天降雨露，地出甘泉，山川出产各种资源，黄河中有龙马负图而出，凤凰、麒麟都出现在郊区的沼泽中，龟、龙都出现在宫廷的水池里，其他各种鸟的卵和怀孕的野兽，都可以俯首拾到。做到这些并没有其他的原因，只是先王能够修整礼制通达义理，体现诚信而通达顺畅，所以能够获得这种大顺的结果。"

学记第十八

【原文】

发虑宪①，求善良，足以谀闻②，不足以动众。就贤体远，足以动众，未足以化民。君子如欲化民成俗，其必由学乎！

玉不琢，不成器。人不学，不知道。是故古之王者建国君民，教学为先。《兑命》曰③："念终始典于学④。"其此之谓乎？

虽有嘉肴，弗食，不知其旨也；虽有至道，弗学，不知其善也。是故学然后知不足，教然后知困。知不足，然后能自反也；知困，然后能自强也。故曰"教学相长"也。《兑命》曰"学学半"⑤。其此之谓乎？

君子安其学而亲其师。

古之教者，家有塾，党有庠，术有序，国有学⑥。比年入学，中年考校。一年，视离经辨志。三年，视敬业乐群。五年，视博习亲师。七年，视论学取友，谓之小成。九年，知类通达，强立而不反，谓之大成。夫然后足以化民易俗，近者说服而远者怀之。此大学之道也。《记》曰："蛾子时术之⑦。"其此之谓乎？

大学始教，皮弁、祭菜⑧，示敬道也。《宵雅》肄三⑨，官其始也⑩。入学鼓箧，孙其业也⑪。夏、楚二物⑫，收其威也。未卜禘⑬，不视学⑭，游其志也。时观而弗语，存其心也。幼者听而弗问，学不躐等也⑮。此七者，教之大伦也。《记》曰："凡学，官先事，士先志。"其此之谓乎？

大学之教也，时教必有正业，退息必有居。学：不学操缦⑯，不能安弦；不学博依⑰，不能安诗；不学杂服⑱，不能安礼；不兴其艺⑲，不能乐学。故君子之于学也，藏焉修焉⑳，息焉游焉。夫然，故安其学而亲其师，乐其友而信其道，是以虽离师辅而不反也。《兑命》曰："敬孙务时敏㉑，厥修乃来㉒。"其此之谓乎？

今之教者，呻其佔毕㉓，多其讯㉔，言及于数进而不顾其安㉕，使人不由其诚，教人不尽其材。其施之也悖，其求之也佛㉖。夫然，故隐其学而疾其师，苦其难而不知其益也。虽终其业，其去之必速。教之不刑㉗，其此之由乎？

大学之法，禁于未发之谓豫，当其可之谓时，不陵不节而施之谓孙㉘，相观而善之谓摩。此四者，教之所由兴也。

发然后禁，则扞格而不胜㉙；时过然后学，则勤苦而难成；杂施而不孙，则坏乱而不修；独学而无友，则孤陋而寡闻。燕朋逆其师㉚，燕辟废其学㉛。此六者，教之所由废也。

君子既知教之所由兴，又知教之所由废，然后可以为人师也。故君子之教喻也。道而弗牵，强而弗抑，开而弗达。道而弗牵则和，强而弗抑则易，开而弗达则思。和易以思，可谓善喻矣。

学者有四失，教者必知之。人之学也，或失则多，或失则寡，或失则易，或失则止。此四者，心之莫同也。知其心，然后能救其失也。教也者，长善而救其失者也。

善歌者，使人继其声。善教者，使人继其志。其言也约而达，微而臧^㉜，罕譬而喻，可谓继志矣。

君子知至学之难易，而知其美恶，然后能博喻^㉝；能博喻，然后能为师；能为师，然后能为长；能为长，然后能为君。故师也者，所以学为君也^㉞，是故择师不可不慎也。《记》曰："三王四代唯其师^㉟。"此之谓乎？

凡学之道，严师为难。师严，然后道尊。道尊，然后民知敬学。是故君之所不臣于其臣者二：当其为尸，则弗臣也；当其为师，则弗臣也。大学之礼，虽诏于天子，无北面，所以尊师也。

善学者，师逸而功倍，又从而庸之^㊱。不善学者，师勤而功半，又从而怨之。善问者，如攻坚木，先其易者，后其节目，及其久也，相说以解。不善问者反此。善待问者如撞钟，叩之以小者则小鸣，叩之以大者则大鸣；待其从容，然后尽其声。不善答问者反此。此皆进学之道也。

记问之学，不足以为人师。必也其听语乎？力不能问^㊲，然后语之。语之而不知，虽舍之可也。

凡学之道，严师为难。师严，然后道尊。

过其时而学则难成。

良冶之子，必学为裘^㊳。良弓之子，必学为箕^㊴。始驾马者反之，车在马前^㊵。君子察于此三者，可以有志于学矣。

古之学者，比物丑类^㊶。鼓无当于五声^㊷，五声弗得不和。水无当于五色^㊸，五色弗得不章。学无当于五官^㊹，五官弗得不治。师无当于五服^㊺，五服弗得不亲。

君子曰：大德不官，大道不器，大信不约，大时不齐。

察于此四者，可以有志于学矣。三王之祭川也，皆先河而后海，或源也，或委也，此之谓务本。

【注解】

①宪：法则。②谀（xiǎo）闻：小有名气。③《兑命》：《尚书》中的篇名。兑，当为"说（yuè）"。④典：经常。⑤学（xiào）学半：前一学指教学。学学半，意思是说，教别人，一半也是向人学习。⑥"家"至"学"：塾、庠、序、学，均为学校的名称。术，当为"遂"，古代五百家为党，一万二千五百家为遂。⑦蛾子时术：蛾，即蚁。术，为"衔"字之误。⑧皮弁：皮弁服。祭菜：指举行释菜礼祭祀先师、先圣。⑨《宵雅》肄三：《宵雅》，即《小雅》，

《诗经》中的篇名。肄三，指学习《小雅》中的三篇诗歌，即《鹿鸣》《四牡》《皇皇者华》。⑩官其始：以居官受任的优越之处诱导人们致力于学习。⑪孙：顺也，指恭顺的意思。⑫夏、楚：古代惩罚学生用的教鞭。夏，指用榎木做的教鞭；楚，指用荆条做的教鞭。⑬卜禘：禘，大的祭祀。在举行禘祭之前要进行占卜，因此称为卜禘。⑭视学：考察学校的优劣。⑮躐（liè）：越过，超越。⑯操缦：练习弹奏音乐的指法。⑰博依：即博喻，指博通于鸟兽、草木、天时、人事之情状。⑱杂服：指洒扫、应对、投壶、沃盥等细碎的小事。⑲兴：喜欢。⑳藏：心怀学习之志。㉑敬：敬道。孙：逊，顺业。务：努力学习。敏：快速。㉒厥修乃来：指所习修的学业学有所成。㉓呻其佔毕：呻，吟诵。佔，看视。毕，简册，书籍。㉔多其讯：讯者难也。指教师自己并不通晓义理，在外面又不肯承认，因此假装知识丰富，向学生们提问一些疑难问题，以掩饰自己的无知。㉕数：指名物制度。㉖佛：通"拂"，违背。㉗刑：成功。㉘陵节：超过限度。㉙扞（hàn）格：互相抵触，格格不入。㉚燕朋：燕者亵也。指不正当、不庄重的朋友。㉛燕辟：指贪图享受玩乐。㉜臧：善，美。㉝博喻：此指广泛地因材施教。㉞所以学为君：指向教师学习做国君的品德。㉟三王四代：三王，指夏、商、周。四代，指夏、商、周、虞。㊱庸：功劳。㊲力不能问：指学生的能力不足于回答教师的提问。㊳良冶之子，必学为裘：孔《疏》曰："善冶之家，其子弟见其父兄世业陶铸金铁，使之柔合以补治破器，皆令全好，故此子弟仍能学为袭袍补续兽皮，片片相合，以至完全也。"㊴良弓之子，必学为箕：孔《疏》曰："言善于弓之家，使干角挠屈调和成其弓，故其子弟亦细挠其父兄世业，仍取柳及软挠之成箕也。"㊵车在马前：指将初学驾车的马拴在车后面，使之熟悉驾车之事。㊶丑：比。㊷五声：宫、商、角、徵、羽。㊸五色：青、赤、黄、白、黑。㊹五官：泛指各级政府官员。㊺五服：斩衰、齐衰、大功、小功、缌麻。

【译文】

思考问题先考虑到法度，热衷于求得贤才，这样的人可以取得一点名气，却不足以感动民众。亲近贤良的人，体察关心关系疏远的人，就足以感动民众，却不足以教化人民。君子如果要想教化人民，移风易俗，就一定要从办学兴教做起！

玉石不经过雕琢，不能成为（精美的）玉器。人不经过学习，不会懂得（世间的）道理。所以说，古代的君王，建立国家，统治人民，都会把办学兴教放在第一位。《说命》里说："应该自始至终经常地想着学习。"说的大概就是这个意思吧？

即使有美味佳肴，不亲口尝一尝，就不会知道它的滋味；即使有非常好的道理，不去认真学习，就不会懂得它的美妙。因此，通过学习，才知道自己的不足；通过教育别人，才能发现自己的学识哪里还有未通达的地方。知道了自己的不足，然后才能自我反省；知道了自己还有未通达的地方，然后才能自强不息，不断进步。因此说，教和学是互相促进的。《说命》里说："教育别人，同时也是在增长自己的知识。"大概说的就是这个意思吧？

即使有美味佳肴，不亲口尝一尝，就不会知道它的滋味。

古代的教育，家里有私塾，党中有学校，遂中和国都有学校。学子们每年入学一次，隔年考试一次。学习一年过后，要考察学子们读经断句的能力以及他们的学习志趣；学习三年过后，要考察学子们是否专心致力于学业以及是否与同学们和乐相处；学习五年过后，要考察学子们是否能够广博地学习并亲敬师长；学习七年过后，要考察学子们谈论学问的深浅以及结交什么样的朋友，至此，学子们的学习便可以称之为学业小成。学习九年过后，学子们要能够触类旁通，有自己独立的见解而不违反师道，这就可以称之为学业大成。这之后，就可以教化人民，移风易俗，使自己身边的人心悦诚服，使远方的人也都慕名归附，这便是大学教育的宗旨。《记》中说："蚂蚁随时都在衔泥，（久而久之）也就积成土堆。"大概说的就是这层意思吧？

大学开学的时候，要头戴皮弁帽身穿皮弁服，用释菜礼祭祀先圣、先师，用来表示尊师重道之意。

教学子们学习并歌唱《诗·小雅》中的《鹿鸣》《四牡》《皇皇者华》三首诗歌，以居官受任的优越处诱导人们致力于学习。学生入学，学官要击鼓召集学生，打开书箱发放书籍，以使学子们以恭敬顺从的态度对待自己的学业。教鞭是用来鞭笞不听教的学子，以整肃校风。国君不举行卜禘活动，不到学校考察学生的学业，目的在于让学生们从容畅游地用心学习。老师时时对学子们认真观察而不轻易开口解说，目的在于使学生们心存疑问（从而激起学子们努力学习的动力）。低年级的学子们只听（教师）讲解而不提出问题，是因为学习应当一级一级上升而不能一蹴而就。以上七项，便是教学的大原则。《记》中说："凡教学，学官应当安排好教学的相关事宜，学子们则要先树立学习的志向。"大概讲的就是以上的道理吧？

大学的教学，一定要按照季节时令安排教学内容，所教内容一定要是古籍经典，课后休息一定要有固定的场所。学习（要循序渐进，不能急于求成）：不练习弹奏音乐的指法，就不能演奏琴瑟；不广泛地学习博喻比兴手法，就学不会作诗；不学习各种服饰细碎的制度，就学不好礼仪；对技艺的学习缺少兴趣，就不可能掌握这些技艺。因此，君子对于学习，心中常怀向学的志向，经常修整学习思路而不废弃，无论是休息时间，还是闲暇游乐的时候都能如此。这样的话，所以便能够安心向学而亲敬师长，与同学和乐友善而笃信道义，因此，即使离开了老师和同学，也不会违背道义。《说命》中说："重视道义，顺从学业，努力学习，不断精进，不断实践，那么他修习的学业也可以取得成功了。"大概说的就是上面的道理吧？

现如今的教师，只会照本宣科，（却不懂得其中的深奥道理；）还经常向学生提一些疑难问题，（以掩盖自己的无知；）还只讲那些名物制度，（而不去深究其中的义理；）只顾盲目地赶教学进度，而不考虑学子们的接受能力；教育学生时也并不竭尽所能地把自己的知识毫无保留地传授给学生，而是有所保留；教授给学生们的知识错误百出，向学生们提出的问题也不符合情理。像这样下去的话，学生们学得不清不楚，对老师又心怀怨恨，苦于学习的艰难而又不知道学习到底有什么用处，虽然最后毕业了，学过的知识也一定就很快忘记了。教育的不成功，大概就是这个缘由吧？

大学的教育方法：在学子们的邪念还没有萌发之前就能够及时制止便称之为"预防"，在学子们到了适龄的时候及时开始教育便称之为"适时"，不超越阶段而循序渐进地开展教育叫作"顺序"，相互观察学习对方身上的优点长处就叫作"观摩"。以上四个方面，便是教育兴盛成功的方法。

如果坏事发生了之后才加以制止，就会互相抵制、格格不入而难以奏效；错过了适学年龄才开始学习，就会既费工夫力气而又难有所成；如果杂乱无章地而不是循序渐进地教学，教学秩序就会变得混乱不堪；如果一个人独自学习而没有良师益友，就会孤陋寡闻。结交不正当的朋友，就会违背师教；沉溺在享受游乐中，就会荒废自己的学业。以上六者，是教育失败的原因所在。

君子知道了兴盛教育的办法，又懂得了造成教育失败的原因，这样之后就可以作为教师去从事教学了。因此，君子教育学生的方法，是去引导学生而不是强制灌输，是去鼓励学生进取而不是去抑制思维，是去多方面加以启发且又不说透的教学方法。加强引导而不强制，就能使学生心平气和地学习；鼓励进取而不抑制，就会使学生感到知识容易接受；加以启发且不说透，就会使学生勤于思索。学生在学习过程中就能够做到心平气和地学习，而且感到学习起来比较容易，而又养成了勤于思索习惯，这就可以称之为善于教学了。

学生容易犯四种错误，教师在教学过程中一定要注意。人们在学习过程当中，有的失于贪多，有的失于求少，有的失于求易，有的失于半途而废。以上四者，心理变化都是不一样的，各有各的特点。只有了解学生们的各种心理，才能纠正他们容易犯的各种错误。教育目的的根本，就在于使人的长处得到发扬、使他们的错误得到纠正。

如果一个人独自学习而没有良师益友，就会孤陋寡闻。

善于唱歌的人，能够吸引别人跟着自己一块儿唱；善于教学的人，能够影响别人继承自己的治学志向。老师的语言应该言简意赅，含蓄精妙，比喻要少用且明白易懂，（能做到以上几点）就可以称得上能使人继承他的志向了。

君子懂得治学上的难易，而又知道学问上的是非，这样以后就能够广泛地因材施教。能广泛地因材施教，就能够为人师表；能够做别人的老师，就能够做国家的官吏；能够做官吏，就可以做一国之君。因此，跟随老师学习，就是在向他学习做国君的道理。因此，选择老师一定要慎重。《记》中说："三王四代（时的君主之所以圣明）就是因为他们选择了优秀的老师。"说的大概就是这个意思吧？

大凡在求学的过程中，学生尊敬老师是最难做到的。只有老师受到了尊敬，他所教授的道理才能受到尊重；道理被人尊重了，人们才会懂得崇尚学习，养成学习之风。因此，只有两种情况国君才可以不对待臣子的礼仪对待臣下：一是当臣子充当尸的时候，国君不把他当成臣子；再就是当臣子担任自己的老师时，也不把他当臣子看待。根据大学的礼仪，老师即使被召到国君那儿去讲学，也不面朝北坐在臣子的位置上，这都是为了表现对老师的尊敬。

善于学习的人，老师无须费多少力气就可以取得事半功倍的效果。

善于学习的人，老师无须费多少力气就可以取得事半功倍的效果，而且还能够将功劳归于老师。不善于学习的人，老师辛辛苦苦的教学也只能取得事倍功半的效果，而且还会怨恨老师。善于提问题的人，如同砍削坚硬的木头，先从比较容易砍削的部位入手，然后再是较难的结节处，砍到一定程度后，木头自然就会分解。不善于提问题的人，就刚好与此相反。善于回答问题的人就像撞钟一样，轻轻地撞击会发出轻微的声音，重重地撞击就会发出震耳的轰鸣，等到钟声渐渐消失，问题也就迎刃而解了。不善于回答问题的人，刚好与此相反。所有这些，都是促进学业进步的办法。

死记硬背书上的一些内容来等待学生的提问，作为老师就不合格。必须等学生提出问题，再（根据这些问题）一一解答才行。只有当学生们没有能力提出问题时才能够直接给他讲解；如果讲解之后他们仍然不能理解，这个问题就可以先放弃不用管了。

君子知至学难易而知其美恶，然后能博喻；能博喻，然后能为师；能为师，然后能为长。

优秀的铁匠的儿子，一定先学会缝补衣裳。优秀的弓匠的儿子，一定先学会编制畚箕。刚开始学习驾车的小马驹，要将它拴在车子的后面（以逐渐适应驾车）。君子明白这三件事情里面的道理，就可以树立学习的志向了。

古代的学者，在各类事物的类比上都很擅长。鼓声，并不能归入五声之中，但若缺了鼓声，五声就难以和谐。水，并不能归入五色之中，但若缺少了水，五色就不可能鲜亮。学习，并不能归入五官的分内职能之事，但若缺少了学习，各级官吏就难以掌管好自己的职事。老师，并不属于五服之亲的任何一种，但若没有老师的教育，五服之亲就不会懂得相亲相爱这个道理。

君子说：具有大德行的圣人，不会局限在一官一职；掌握大道理的贤才，不会专于一种才能；拥有大信用的人，无须订章立约；懂得把握大时机的人，绝不讲究整齐划一。明白了这四个方面的道理，就可以明确学习的根本、确立学习的志向了。

三王在祭祀河流的时候，都是先祭祀河流，后祭祀大海。河是海的源头，海是河的归宿，这种祭祀就叫作致力于根本。

儒行第四十一

【原文】

鲁哀公问于孔子曰："夫子之服，其儒服与？"孔子对曰："丘少居鲁，衣逢掖之衣①。长居宋，冠章甫之冠②。丘闻之也：君子之学也博，其服也乡③。丘不知儒服。"

哀公曰："敢问儒行。"孔子对曰："遽数之④，不能终其物。悉数之，乃留，更仆未可终也。"

哀公命席。孔子侍曰："儒有席上之珍以待聘⑤，夙夜强学以待问，怀忠信以待举，力行以待取。其自立有如此者。

鲁哀公问于孔子曰：夫子之服，其儒服与？

"儒有衣冠中，动作慎；其大让如慢，小让如伪，大则如威⑥，小则如愧；其难进而易退也。粥粥若无能也⑦。其容貌有如此者。

"儒有居处齐难⑧，其坐起恭敬，言必先信，行必中正，道途不争险易之利，冬夏不争阴阳之和；爱其死以有待也，养其身以有为也。其备豫有如此者⑨。

"儒有不宝金玉，而忠信以为宝；不祈土地，立义以为土地；不祈多积，多文以为富；难得而易禄也⑩，易禄而难畜也⑪。非时不见，不亦难得乎？非义不合，不亦难畜乎？先劳而后禄，不亦易禄乎？其近人有如此者。

"儒有委之以货财，淹之以乐好⑫，见利不亏其义；劫之以众⑬，沮之以兵⑭，见死不更其守；鸷虫攫搏⑮，不程勇者⑯；引重鼎，不程其力；往者不悔，来者不豫；过言不再，流言不极；不断其威，不习其谋⑰。其特立有如此者。

"儒有可亲而不可劫也，可近而不可迫也，可杀而不可辱也。其居处不淫⑱，其饮食不溽⑲，其过失可微辨而不可面数也。其刚毅有如此者。

"儒有忠信以为甲胄，礼义以为干橹⑳；戴仁而行，抱义而处；虽有暴政，不更其所。其自立有如此者。

"儒有一亩之宫㉑，环堵之室㉒，筚门圭窬㉓，蓬户瓮牖㉔；易衣而出，并日而食；上答之㉕，不敢以疑；上不答，不敢以谄。其仕有如此者。

"儒有今人与居，古人与稽；今世行之，后世以为楷；适弗逢世，上弗援，下弗推，谗谄之民有比党而危之者；身可危也，而志不可夺也；虽危，起居竟信其志㉖，犹将不忘百姓之病也，其忧思有如此者。

"儒有博学而不穷，笃行而不倦，幽居而不淫，上通而不困；礼之以和为贵，忠信之美，优游之法㉗；举贤而容众㉘，毁方而瓦合㉙。其宽裕有如此者。

"儒有内称不辟亲㉚，外举不辟怨；程功积事，推贤而进达之，不望其报；君得其志，苟利国家，不求富贵。其举贤援能有如此者。

"儒有闻善以相告也，见善以相示也，爵位相先也，患难相死也，久相待也，远相致也。其

任举有如此者。

"儒有澡身而浴德，陈言而伏，静而正之，上弗知也；粗而翘之[31]，又不急为也；不临深而为高，不加少而为多；世治不轻，世乱不沮；同弗与，异弗非也。其特立独行有如此者。

"儒有上不臣天子，下不事诸侯；慎静而尚宽，强毅以与人，博学以知服；近文章，砥厉廉隅[32]；虽分国，如锱铢；不臣，不仕。其规为有如此者。

"儒有合志同方，营道同术；并立则乐，相下不厌；久不相见，闻流言不信；其行本方立义；同而进，不同而退。其交友有如此者。

"温良者，仁之本也。敬慎者，仁之地也。宽裕者，仁之作也。孙接者[33]，仁之能也。礼节者，仁之貌也。言谈者，仁之文也。歌乐者，仁之和也。分散者，仁之施也。儒皆兼此而有之，犹且不敢言仁也。其尊让有如此者。

"儒有不陨获于贫贱[34]，不充诎于富贵[35]，不慁君王[36]，不累长上[37]，不闵有司[38]，故曰儒。今众人之命儒也妄，常以儒相诟病。"

孔子至舍，哀公馆之，闻此言也，言加信，行加义："终没吾世，不敢以儒为戏。"

儒者不祈多积，多文以为富。

儒者是用忠信作为盔甲，用礼义作为盾牌从而不被人欺侮。

【注解】

①逢：宽大。掖：通"腋"，腋下。②章甫：殷玄冠之名，宋人戴它。③乡：郑玄说，衣少所居之服，冠长所居之冠，是之谓乡。④遽：匆忙，急促。⑤珍：玉。待聘：指待诸侯聘问之事而能被用上。⑥威：通"畏"，畏惧。⑦粥粥：柔弱的样子。⑧齐难：郑玄说，"齐庄可畏难。"⑨备豫：预先有所准备。⑩禄：供给俸禄。⑪畜（xù）：容留。⑫淹：浸渍。⑬劫：劫胁。⑭沮：郑玄说，"恐怖之。"⑮鸷虫：凶猛野兽。⑯不程勇者：王引之说："不程勇者"应作"不程其勇"与"不程其力"对文。程，量度。⑰习：俞樾说，习乃是重复之意。⑱淫：奢侈。⑲溽：浓厚。⑳干橹：小盾，大盾。㉑一亩：孔疏说，经一步，长百步也，折而方之，则东西南北各十步。宫：墙垣。㉒环堵：四面每面一堵。堵，五版为一堵。㉓圭窬：穿墙而做成的门边小户，上锐下方，形状像圭。㉔牖：窗户。㉕上答之：郑玄说，谓君用其言。㉖信：通"伸"，伸展。㉗优游之法：郑玄说，法和柔者。㉘"举贤"句：据孔疏改。㉙毁方而瓦合：据《汉书·陈汤传》说："瓦合"是杂凑的意思。㉚辟：避。㉛翘：陈澔说："'翘'与'招其君之过'的'招'字同，举也。举其过而谏之也。"㉜厉：磨。廉隅：棱角。㉝孙：通"逊"，谦逊。㉞陨获：困迫失志之貌。㉟充诎：欢喜失节之貌。㊱慁（nùn）：污辱。㊲累：系。㊳闵：病。

【译文】

鲁哀公问孔子说："先生的衣裳，大概就是儒者应该穿的服装吧？"孔子回答说："我幼年的时候居住在鲁国，所以穿的都是腋下袖子宽大的衣服。长大以后居住在宋国，所以戴殷代的章甫冠。我听说,君子的学问一定要广博,服装穿着要遵从遵循乡土的风俗。我不知道儒者的服装是应该怎么回事。"

哀公说:"那么,请问儒者的行为是怎样的呢?"孔子回答说:"匆忙之问要一一讲述,是说不完那些事的。如果要全部一一讲述出来的话,那就非久留不可,即使随从的仆人换班休息也讲不完。"

哀公就让人摆设了坐席。孔子陪侍哀公坐着,说:"儒者有如筵席上的珍玉,等待被诸侯聘问;早晚勤勉努力地学习,等待别人来咨询;心怀忠心诚实,等待别人的荐举;努力修身行道义,等待别人来录用。儒者的修养立身就是这样的。

"儒者是衣服帽子都合礼,动作也均谨慎。对那些大事推让不敢接受,就像有点傲慢的样子;对小事也推让不敢接受,就像有点虚伪一样;做大事情好像有所畏惧,做小事情又好像有所惭愧。他们难于很难进取,却易于引退,柔弱得就好像一点本领都没有。儒者的容貌就是这样子的。

"儒者是起居严肃可畏,坐立毕恭毕敬,讲话必定先讲信用,行为动作必定不偏不倚。在道路上不和别人争走易行好走的路而避开险难不好走的路,在冬天和夏天不和别人争冬暖夏凉的地方;舍不得轻易一死而要等待命运的改变,保养自己的身体而准备更有作为。儒者做事必定预先有所准备就是这样子的。

"儒者不会把金玉当作珍宝,而是把忠信当作珍宝;不希求土地,而将树立正义道义看作土地;不希求多积钱财,而将多学文章技艺当作自己的财富;要儒者出来做官这是很难办到的,但是给他的俸禄却是可以简易做出的。虽然给的俸禄可以简易做出,但是要想容留他又还是很难的。因为若不是光明的世道就不能见到儒者,像这样要容留他不是也很难吗?先效劳勤勉做事后取俸禄,像这样供给他俸禄不是很简易的事情吗?儒者与人接近就是这样子的。

"儒者是即使用钱财物品来馈赠他,用娱乐玩好的事情来浸渍他,他也不会因见了利就亏损忘了义;即使用让许多人胁逼他,用兵威吓他,他也不会因正面对着死亡而选择改变操守;遇到凶猛的野兽就去搏斗,他也不先估量一下自己的勇猛之力够不够;要举重鼎,他也不先估量一下自己的力气够不够;对过去以往的事情从不后悔,对未来的事情也不妄加揣测;错误的言论不会犯第二次,流言蜚语不去查追根究底;时时保持着威严,计划定了不再重复考虑。儒者的独立精神就是这样的。

"儒者可以亲近,却但不可以挟制;可以接近,却不可以逼迫;可以杀死,却不可以被侮辱。他居住的地方并不奢侈豪华,饮食也并不丰富多样,有过失,可以轻微委婉地给他示意,却不可以当面一一斥责。儒者的刚强坚毅就是这样子的。

"儒者是用把忠信作为盔甲,用礼义作为盾牌从而不被人欺侮;在外遵循仁道行路,在日常生活中也守护正义居家;即使遇到暴虐的统治,也不改变自己的立场。儒者自立就是这样的。

"儒者是仅有一亩大小的居住地方居所,四面各都围着一堵高墙的屋子,竹子编成的门,门旁又有一扇圭形的小门,是用蓬草编成,又并且用瓮嵌成的窗洞;(全家只有一件体面的衣服,)要相互替换着才能出门,(也不是天天粮食充足,)两天只能吃一天的饭食;上面朝廷要用他的时候,他不怀猜疑之心(做官竭尽忠心);朝廷上面不用他的时候,他也不会为谄媚巴结(以求得做官)。儒者做官就是这样的。

"儒者虽是同和当代人一起居住的,却能合乎古代君子的道理;在今世所做的事,却可以做后世的楷模;如果正好没有遇上政治光明的时代,上面的人不提拔,下面的人不推荐,谗言谄媚的人又结成党羽对他陷害,但是也只可能伤害他的身体,而不可能改变他的志向;虽然受到危害,但是在日常生活中却始终能伸展自己的志向,而且还是时刻不忘百姓的痛苦。儒者忧虑深思就是这

儒者是起居严肃可让人敬畏,坐立毕恭毕敬。

样子的。

"儒者是会广博地学习而没有止境，笃实行道而从不厌倦。在个人独处的时候，不颓废放荡；在自己通达而得到上面任用的时候，不感到才德不足的窘困。礼节以和谐为贵，以忠信为美，以宽和为法则。仰慕贤人却又能涵容众人，可以摧抑自己方正端直的锋芒而能和众人相处随和。儒者宽容充裕就是这样的。

"儒者推荐人才时对内不回避自己的亲属，对外不避开和自己所怨恨的人；考核对方的功业必积累很多事实，然后推举其中的贤人而使他得到任用，但不企望能得到报答；只要能使国君任用

儒者是会广博地学习而没有止境，笃实行道而从不厌倦。在个人独处的时候，不颓废放荡。

荐举的贤人而能够实现他的志向，并且有利于对国家，自己并不贪图富贵。儒者推举贤人、引荐贤能之人就是这样的。

"儒者是听到好的话就互相转告看见好的事就互相介绍。有爵位互相推让，要让对方居先；如果有患难就相互争先，甚至不惜牺牲自己。若有朋友久处下位，就等待和他一起迁升；若有朋友远在别国尚未得志，就招致来推荐给明君。儒者任用举荐就是这样的。

"儒者是不仅清洁身体洗去污浊，而且又能沐浴于道德而洁净自己的品格；陈述自己的意见，而又敬服地听候国君的命令。安静地谨守正道，而自己有善言正行也不一定为国君所知道；国君有过失，委婉地启发劝谏，而且不急切地去做；（如果自己地位尊贵了）就不在地位卑下的人面前显耀自己的高位，（当自己有了一点小胜利）也不夸大它而自以为成绩很多；处在太平时期，（虽然和许多贤人在一起）也并不轻视自己，身处在混乱时期，（虽然大道不能被推行）并不灰心丧志；见解相同的不和他们结成党羽，和自己见解不同的也不对他们加以诋毁。儒者立身行动独特就是这样子的。

"儒者是对上不做天子的臣子，对下也不为诸侯做事；谨慎安静而崇尚宽厚，坚强刚毅而不苟同他人，学问渊博而知道服膺前贤；所接近的是文章一类的事，而同时磨砺锻炼自己，使自己行为品性方正不苟；即使分国土作为俸禄给他，也看得像锱铢一样微不足道；既不为臣子，也不求做官。儒者的规矩行为就是这样的。

"儒者交朋友要有相同的志向和意趣，研习道艺有相同的方法；和朋友地位相同并立的，那是很愉快的，而即使地位在下面，也不厌恶卑贱；和朋友很久不相见了，听到诽谤朋友的谎言也不会相信；儒者必定以方正为行为的根本，做事必定依存遵循义理；与自己志同道合的就进而相交，不相同的就退而避开。儒者交朋友就是这样子的。

"温和善良是仁义的根本，恭敬谨慎是仁义的基础，宽容充裕是仁义的作为，谦逊待人是仁义的技能。礼节是仁义的外貌，言谈是仁义的文章，歌咏舞乐是仁义的和悦，分散积蓄是仁义的施行。儒者兼有这许多方面，但还不敢说自己已经全部做到仁义了。儒者恭敬谦让地待人接物就是这样的。

"儒者在贫贱的时候不丧失他的一贯志向，在富贵的时候不骄奢而丧失原先的节操。不因为被君王侮辱而就违反道义，不因为卿大夫的困迫而丧失志气，不因为群吏的困扰而违背道义。所以这就叫作'儒'。现在被众人称为儒者的，却没有儒者的实质，因此常常用儒者的名称互相讥讽。"

孔子从卫国返往回鲁国回家来时，鲁哀公招待让他住在馆舍；鲁哀公自从听了这番话后，讲话更加注重信用问题，行为更加合乎义理。鲁哀公说："我终身再不敢拿儒者开玩笑了。"